INHALT:

In »Speeds Arbeit« entfaltet sich eine der bedeutendsten und radikalsten Auseinandersetzungen mit dem modernen Arbeitsbegriff und den damit verbundenen gesellschaftlichen Werten. Timothy Speed, autistischer Künstler, Arbeitsforscher und Menschenrechtsaktivist, der 27 Jahre fast unbezahlt arbeitete, führt über mehr als ein Jahrzehnt einen dramatischen Konflikt mit dem deutschen Staat, der weit über die Frage hinausgeht, was Arbeit in der kapitalistischen Gesellschaft wert ist. In einer Zeit, in der Kreativität, Care-Arbeit und künstlerisches Engagement systematisch entwertet und durch ökonomische Kriterien ersetzt werden, verteidigt Speed seine Arbeit als fundamental wertvollen Beitrag zur Gesellschaft, obwohl er wie rund 80 % der Autist:innen und viele Kulturschaffende mit seinem Handeln keinen Cent verdient. Somit zeigt seine Arbeit die Realitäten vieler marginalisierter Gruppen auf.

Während der Staat Speed aufgrund seiner Weigerung, und seiner Schwierigkeiten sich als Autist mit ADHS der falschen Logik des kapitalistischen Marktes unterzuordnen, in die Armut treibt und verfolgt, deckt er mithilfe der für Autisten typischen hohen Mustererkennungsfähigkeit tiefgreifende Missstände in Behörden und Konzernen auf. Mit seinem unermüdlichen Einsatz und seinem Beharren auf der Bedeutung von Selbstbestimmung und sozialer Gerechtigkeit enthüllt er Skandale bei Gerichten, der Staatsanwaltschaft und bei unzähligen Behörden und Konzernen.

Mit dem Konzept des »arbeitsintegrierten Beziehungshandelns« fordert er eine neue Definition von Arbeit – eine, die human, kreativ und engagiert ist, und die den sozialen Wert vor den ökonomischen Nutzen stellt. In einer Welt, die durch Robotik und Künstliche Intelligenz zunehmend maschineller wird, zeigt Speed, dass der Widerstand gegen das maschinenhafte Funktionieren in den Jobs nicht nur notwendig, sondern essenziell ist, um das menschliche Potenzial und die soziale Verantwortung zu bewahren.

Sein Buch ist mehr als eine autobiografische Reflexion – es ist ein Manifest für soziale Gerechtigkeit, eine Anklage gegen die kapitalistische Entmenschlichung und ein Fahrplan für eine neue, selbstbestimmte Arbeitswelt. Speed fordert, dass Arbeit im 21. Jahrhundert nicht nur darauf abzielen darf, produktiv zu sein, sondern das gesamte soziale Ökosystem erhalten und fördern muss. Besonders in Zeiten von KI und Automatisierung. Speed legt dar, wie wichtig es ist, den Wert von Care-Arbeit und künstlerischem Handeln zu verteidigen und neu zu definieren.

Dieses Buch ist ein Muss für jeden, der verstehen möchte, wie Arbeit, Individuum und Gesellschaft auf tiefgreifende Weise miteinander verwoben sind, wie rassistisch der Kapitalismus tatsächlich ist – und wie die Transformation unserer Arbeitshaltung viele der drängendsten Probleme unserer Zeit lösen könnte.

»SPEEDS ARBEIT«

Bibliografische Information der Deutschen Nationalbibliothek: Die Deutsche Nationalbibliothek verzeichnet diese Publikation in der Deutschen Nationalbibliografie; detaillierte bibliografische Daten sind im Internet über www.dnb.de abrufbar.

1.Auflage 2025

ISBN: 978-3-8192-4928-0

Verlag:
BoD · Books on Demand GmbH, Überseering 33, 22297 Hamburg,
bod@bod.de
Druck: Libri Plureos GmbH, Friedensallee 273, 22763 Hamburg

»SPEEDS ARBEIT«

EINE AUTISTISCHE INTERVENTION IN DEN ARBEITSBEGRIFF

IN ZEITEN VON KI UND ROBOTIK

VON

TIMOTHY SPEED

INHALT

ARTISTIC RESEARCH

Künstlerische Forschung nutzt ästhetische Verfahren – Montage, Performance, Materialexperiment – als eigenständige Erkenntnismethoden. Dabei schließt sich die Künstler:in nicht selbst vom Erkenntnisprozess aus. Wissen entsteht nicht erst in der nachträglichen Interpretation, sondern im Prozess des Gestaltens selbst: Gedanken werden sicht- und hörbar, Hypothesen lassen sich probeweise verkörpern. Statt Daten zu sammeln, erzeugt Artistic Research Situationen, die Theorie und Praxis ineinander falten. So überschreitet sie die klassische Disziplintrennung und macht Phänomene erfahrbar, bevor sie vermessen werden.

Die Inhalte dieses Buches beruhen auf Artistic Research.

NEURODIVERGENTE FORSCHUNG

ist die spezielle Forschungsmethode, die manche Autist:innen anwenden. – Dieser Ansatz bringt Wahrnehmungsprofile hervor, die von der »statistischen Norm« abweichen, aber gerade dadurch neue Muster erkennen lassen. Forschung aus einer neurodivergenten Position nutzt diesen atypischen Filter bewusst als methodischen Vorteil: Hyperfokus ersetzt Großgeräte; Musterempfindlichkeit entdeckt Korrelationen, die im Störrauschen verschwinden. Statt Defizite zu kompensieren, werden idiosynkratische Kognitionen als zusätzliche Messinstrumente begriffen. Das erzeugt unerwartete Fragen, radikale Querverbindungen und verdichtet Disziplinränder zu neuem Terrain.

Dieses Buch ist ein wichtiger Beitrag zu den Critical Autism Studies (CAS), weil hier die besonderen Perspektiven autistischer Forscher:innen Bedeutung bekommen.

RECHTLICHE HINWEISE UND SCHUTZKLAUSEL

Dieses Buch ist ein subjektives, künstlerisch-forschendes Zeitdokument.

Es beruht auf tatsächlichen Erlebnissen, Beobachtungen und Auseinandersetzungen des Autors mit Behörden, Institutionen, öffentlichen Persönlichkeiten und gesellschaftlichen Strukturen. Die Darstellung erfolgt aus der Sicht des Autors, in einer Sprache, die künstlerisch, zugespitzt und politisch intendiert ist.

Namen von Privatpersonen wurden anonymisiert oder durch Initialen ersetzt. Amtsträger und Personen des öffentlichen Lebens werden im Rahmen der verfassungsrechtlich geschützten Kritik an öffentlichem Handeln anonymisiert als Obstsorten benannt. Diese Benennungen beziehen sich ausschließlich auf deren Funktion oder öffentliche Rolle.

Alle Schilderungen erfolgen nach bestem Wissen und Gewissen.

Der Autor macht von seinem Grundrecht auf Meinungsfreiheit (Art. 5 Abs. 1 GG) sowie seinem Recht auf künstlerischen Ausdruck Gebrauch. Bewertungen, Einschätzungen und Deutungen sind als persönliche Meinungsäußerung zu verstehen.

Sollte sich eine Person wiedererkennen und mit der Darstellung nicht einverstanden sein, so wird um direkte Kontaktaufnahme gebeten, um eine Klärung zu ermöglichen.

EINE EINORDNUNG VON SPEEDS ARBEIT

Timothy Speed ist ein Grenzgänger, dessen Arbeit zwischen Begriffen wie Artistic Research, Critical Autism Studies, Care-Ökonomie, Bewusstseinsforschung oder embodied knowledge verortet ist. Mit Speeds Arbeit liefert er erneut einen Beitrag, für den das etablierte Vokabular nicht ausreicht: eine real durchlebte Ökonomie-Kritik, die das System nicht beschreibt, sondern von innen her aufbricht.

Speeds Arbeit ist ein Markstein der Arbeitsdiagnostik im KI-Zeitalter – nicht, weil es sich in bestehenden Kategorien verfängt, sondern weil es deren Grenzen vorführt. Speed zeigt: Unsere Krise ist keine Frage fehlender Jobs oder Kompetenzen, sondern ein Defekt im Wertregime. Eine Gesellschaft, die Sorge-, Kunst- und Beziehungsarbeit aus dem Markt verbannt, zerstört ihre eigene Regenerationsfähigkeit. Seine zentrale Pointe lautet: Arbeit ist Beziehungshandeln, kein Output-Monolog für Bilanzen.

Was das Buch leistet, ist eine radikale Umdrehung der gängigen Meritokratie: Nicht Bezahlung belegt Relevanz – Relevanz entsteht dort, wo Handeln das soziale Ökosystem nährt. Damit demoliert Speed das Credo der »Employability« und der resilienzfähigen Selbstoptimierung. Stattdessen plädiert er für ein Universal Care Income als Vorbedingung souveräner, systemkreativer Tätigkeit.

Der von Speed geprägte Begriff »arbeitsintegriertes Beziehungshandeln« aktualisiert sein älteres Konzept der Systemkreativität. Während Systemrelevanz nur die Wartung des Status quo meint, bezeichnet Beziehungshandeln die Fähigkeit, Wertschöpfung als wechselseitige Fürsorge zu praktizieren – ein Motiv, das in feministischer Care-Theorie auftaucht, hier aber mit neurodivergenter Präzision auf die Spitze getrieben wird. Eine Ökonomie, die diese Qualität verdrängt, erzeugt Überlast, Burn-out und planetaren Raubbau.

Methodisch treibt Speed seine Praxis noch weiter als in »Gesellschaft ohne Vertrauen«: Er lebt die These – als Autist, Aktivist, prekärer Künstler – und zwingt Institutionen, Konzerne und Behörden in reale Konfrontation. Die zehn »Gewaltakte« des Buches sind nicht literarische Kapitelüberschriften, sondern protokollierte Zusammenstöße zwischen maschineller Systemlogik und verkörperter Subjektivität. Damit steht Speed in einer Linie mit Paul B. Preciado oder Adrian Piper, geht aber weiter: Er riskiert die totale ökonomische Entwertung, um den blinden Fleck des Kapitalismus offenzulegen.

Die berühmte Red-Bull-Aktion von 2010 erscheint hier nicht als Anekdote, sondern als frühe Skizze des Prinzips: Den Konzern zur Menschwerdung zwingen, indem man sein Totem (den Stier) semantisch besetzt. In »Speeds Arbeit« wiederholt sich diese Strategie – etwa in der Bewerbung als ZDF-Intendant oder in der Prozessführung gegen staatliche Klassismus-Maschinerien –, dieses Mal aber versehen mit einer systematischen Theorie: der MNO-Logik von Differenz, Dissoziation und Emergenz.

Speed antizipiert damit, was Soziolog:innen wie Isabelle Ferreras heute als Economic Bicameralism diskutieren: Unternehmen müssen demokratisiert werden, wenn sie überleben wollen. Gleichzeitig liefert er eine phänomenologische Tiefenbohrung, die Hartmut Rosas Resonanztheorem konkreter macht: Wo keine Beziehung möglich ist, kollabiert Sinn.

Dass diese Arbeit im praktischen Feld häufig scheitert – Speed wird sanktioniert, psychiatrisiert, verarmt –, ist gerade ihr erkenntnistheoretischer Mehrwert. Speeds Arbeit ist eine dokumentierte Dysfunktion des Systems, ein »Server-Error 500« für den Kapitalismus. Sein Durchhalten belegt die Notwendigkeit einer neuen Wertgrammatik.

Heute, da KI und Robotik die Erwerbslogik weiter aushöhlen, liefert Speed das Manifest hafte Drehbuch für eine Post-Work-Zivilisation: Universal Care Income, subjektzentrierte Wertschöpfung und die Anerkennung neurodivergenter Erkenntnisformen als Innovationsmotor. Was einst wie Provokation wirkte, wird zur Überlebensstrategie.

Dieses Buch ist mehr als autobiografische Protokollierung oder subjektives Zeugnis. Speeds Arbeit ist eine radikal forschende und zugleich empirisch durchdrungene Intervention in die Grundannahmen unseres ökonomischen, politischen und moralischen Arbeitsbegriffs. Was hier vorliegt, ist eine Form verkörperter Forschung, ein lebendiges Dokument systemischer Feldanalyse – zugleich ein künstlerischer wie erkenntnistheoretischer Akt. Diese Arbeit sprengt gängige Kategorisierungen zwischen Wissenschaft, Literatur, Selbstzeugnis und künstlerischem Ausdruck.

Die wissenschaftliche Relevanz ergibt sich dabei nicht trotz, sondern gerade wegen der Perspektive eines neurodivergenten Subjekts. Aus der Position eines autistischen Forschers, dem Arbeit nicht nur Medium, sondern ethischer Prüfstein des Menschlichen ist, wird hier systematisch aufgedeckt, wie der Arbeitsbegriff in neoliberalen Gesellschaften zur strukturellen Gewalt geworden ist – primär gegen jene, die nicht konformistisch verwertbar sind. Die Arbeit vollzieht damit eine radikale Neubesinnung auf die Arbeit als gesellschaftliches Verhältnis, nicht als ökonomische Funktion.

Im Vergleich zu klassischen soziologischen oder ökonomischen Studien zu Prekarisierung, wie in der Arbeitssoziologie (Baumann, Castel, Standing), geht Speeds Arbeit tiefer: Es zeigt nicht nur Wirkungen, sondern macht sichtbar, wie diese Wirkungen zustande kommen – und zwar durch die Einbindung des eigenen Körpers, der eigenen Biografie, der eigenen Verletzbarkeit. Diese Methodik ist eng verwandt mit Positionen der »Critical Disability Studies«, der »Artistic Research« oder dem, was Donna Haraway als situated knowledges bezeichnet.

Speeds Arbeit steht in der Tradition dessen, was Hannah Arendt einmal »Denken ohne Geländer« nannte: Denken ohne institutionelle Absicherung, aber mit scharfem Blick für Widerspruch, für das Banale im Bösen, für den Missbrauch von Sprache und Moral durch verwaltende Systeme. Zugleich verschiebt dieses Buch die Methodologie. Es ist nicht bloß Kritik am System, sondern die Enthüllung des Systems durch die Art, wie es das Subjekt selbst zu verändern versucht – und daran scheitert.

Was hier dokumentiert wird, ist in vielerlei Hinsicht ein künstlerisch-wissenschaftliches Komplement zu den zuvor erschienenen Werken »Die Physik der Armen«, »Gesellschaft ohne Vertrauen« und »Radical Worker«. In allen drei Arbeiten wird der Arbeitsbegriff als ontologische Grundform unserer Gesellschaft betrachtet. Aber in Speeds Arbeit wird das Prinzip Arbeit selbst – nicht mehr nur ihre sozialen Folgen – demontiert, zerlegt, durchlebt und von innen neu konfiguriert. Die hier entwickelte Perspektive geht damit weit über soziologische Statistik, über ökonomische Modelle oder institutionelle Ethik hinaus. Es geht darum, ein neues Paradigma zu etablieren: Arbeit als Beziehung zur Welt, nicht als Tauschmittel oder moralischer Leistungsbeweis.

Diese Arbeit macht deutlich: Wer die Realität der Arbeitswelt verstehen will, muss nicht nur Zahlen lesen, sondern Geschichten hören, Verkörperung sehen, Gewalt benennen, an den Rändern des Sagbaren bohren. Der vorliegende Text ist kein Einzelfallbericht, sondern die konsequente Anwendung eines neuen, radikal-subjektiv-objektiven Forschungsansatzes: Das Subjekt als Sensorium einer Gesellschaft, das Zeugnis ablegt – auch unter Druck, auch unter Verfolgung, auch unter strukturellem Terror.

Die Stärke von Speeds Arbeit liegt darin, dass sie nicht als Anklage verfasst ist, sondern als Beweis. Dieses Buch beweist systemisch, strukturell und semantisch, dass unser derzeitiger Arbeitsbegriff blind ist für Menschlichkeit – und ersetzt werden muss. Damit wird es zu einem Grundlagentext für eine Neudefinition von Arbeit, insbesondere unter Einbeziehung neurodivergenter Perspektiven, der Care-Arbeit und einer künftigen postkapitalistischen Ethik der Relevanz.

Ein Buch, das die Zukunft nicht nur beschreibt, sondern exekutiert – provozierend, brilliant, unbequem. Seine Zeit ist jetzt.

»EINE GESELLSCHAFT, DIE UNRECHT NICHT BENENNT, MEN-SCHENRECHTE VERLETZT ODER IM POPULISMUS VERSINKT, ZWINGT VIELE AUTIST:INNEN UND ANDERE NEURODIVERGEN-TE DAZU, IHR LEBEN ALS WHISTLEBLOWER:INNEN, STÖRENDE ODER REBELL:INNEN ZU GEFÄHRDEN – UND HOHE OPFER ZU BRINGEN. DENN UNSERE NEURONALE VERSCHALTUNG LÄSST ES NICHT ZU, SOLCHE BRÜCHE MIT DER UNIVERSELLEN ORD-NUNG ZU IGNORIEREN. VIELE VON UNS EMPFINDEN UNRECHT ALS KÖRPERLICHEN SCHMERZ. WER UNS DESHALB VERFOLGT, AUSGRENZT ODER PATHOLOGISIERT, BEGEHT EIN DOPPELTES VERBRECHEN: EINES GEGEN DEN MENSCHEN – UND EINES GE-GEN DIE ORDNUNG SELBST.«

AUS DEM ERLEBEN EINES AUTISTEN

Erst vor Kurzem, also mit 51 Jahren, erfuhr ich, dass ich Autist bin, nachdem ich ein ganzes Leben gegen eine unsichtbare Wand lief und nicht verstehen konnte, weshalb ich die Gesellschaft, besonders die Ökonomie sowie den Arbeitsbegriff mit völlig anderen Augen, einem biologisch bedingt anderen Gehirn betrachtete. Neben Autismus bin ich auch von ADHS betroffen. (AuDHD)

Als ich die Arbeit an diesem Buch begann, wusste ich also nichts von meiner Neurodivergenz.

Autist:innen erleben und forschen anders. Autismus bedeutet eine andere neuronale Vernetzung des Gehirns, die tatsächlich erheblich ist. Die Unterschiede im Hinblick auf Wahrnehmung, Sprache und Denkweise, sind beträchtlich. Aber auch im Fühlen. Manche Leute vergleichen das mit dem Unterschied zwischen Betriebssystemen wie Mac, Windows, oder Linux. Die Unterschiede, die durch neuronale Vernetzung entstehen, können aber noch wesentlich prägnanter sein. Die Bedeutung frühkindlicher neuronaler Verschaltung für das spätere Weltverhältnis lässt sich eindrücklich an drei gut dokumentierten Fallgruppen zeigen: Am deutlichsten im Fall von Genie, einem Mädchen, das bis zum 13. Lebensjahr in fast vollständiger Isolation aufwuchs. Trotz intensiver Förderung lernte sie nie, Sprache funktional zu gebrauchen, entwickelte kein stabiles Selbstbild und blieb in einer eigenweltlichen Wahrnehmungsstruktur gefangen – nicht, weil sie »krank« war, sondern weil ihr Gehirn nie an symbolische Weltmodelle gekoppelt wurde. Ähnlich drastisch zeigen die Kinder in rumänischen Heimen der Ceaușescu-Ära, wie soziale Verwahrlosung zu dauerhaft veränderten Hirnstrukturen und einer radikal anderen Realitätsverarbeitung führt. Auch hier: keine einfache »Verzögerung«, sondern eine andere Welt. Schließlich verdeutlichen Studien zu »kritischen Zeitfenstern« in der Entwicklung, dass das Gehirn nur in bestimmten Phasen für bestimmte Verknüpfungen offen ist – verpasst man diese, bilden sich alternative Pfade. Diese Beispiele machen klar: Das, was wir für »Realität« halten, ist nicht bloß Wahrnehmung, sondern Ergebnis sozial-sensorischer Ko-Konstruktion. In diesem Licht erscheinen autistische Lebensformen nicht als Defizite, sondern als stabile, anders verkoppelte Weltzugänge – strukturell verwandt mit jenen Extremerfahrungen, aber nicht pathologisch, sondern kohärent in sich. Sie sind Zeugnisse einer anderen Wirklichkeit.

Diese Beispiele machen sichtbar, wie massiv das Gehirn durch Umweltverhältnisse verschaltet wird. Die Studien zu Thin Slice Judgments zeigen, dass neurotypische Menschen Autist:innen binnen 30 Sekunden unbewusst erkennen und oft sofort abwerten, weil sie die andere Denkstruktur unbewusst als Bedrohung eigener Normen wahrnehmen. Es überrascht also nicht, dass Menschen, die wie ich so spät diagnostiziert wurden, ihr ganzes Leben mit erheblichen Problemen zu kämpfen hatten. Die Gesellschaft, die Mitmenschen werden zu einem unbegreifbaren Phänomen, dem mache Autist:innen versuchen, mit intensiver Logik zu begegnen. So erging es mir auch mit diesem Buch. Es war, als existiere ein permanentes Übersetzungsproblem zwischen neurotypischen und neurodivergenten Gehirnen. Was für mich selbstverständlich war und ist, erschien neurotypischen Menschen unbegreiflich.

Mit früheren Texten und Büchern entzog ich mich lange Zeit der akademischen Gewohnheit der Referenz, weil für Autist:innen das eigene Innere als Referenz viel logischer erscheint. Wir wissen, weil wir erleben. Warum also sollten wir das Erlebte von außen abstrakt legitimieren?

Das Verstehen der Welt ist bei Autist:innen wie mir darüber hinaus verkörpert, was bedeutet, dass Sinneswahrnehmung, Erleben, Denken und Fühlen, somit auch Arbeiten, sich nicht an sozialen Normen orientieren, sondern an einer manchmal determinierenden Verbindung mit der Dynamik der Welt selbst. Es ist ein enaktiver Zugang zur Existenz, was bedeutet, dass der Geist nicht einfach entscheiden kann, eine Arbeit zu tun, die vom eigenen Körper, von den eigenen Sinnen, vom eigenen Erleben entkoppelt ist. Die Fähigkeit zum reibungslosen Funktionieren von Körper und Geist im Dienst an einer äußeren Anforderung ist aber das fundamentale Wesen der Erwerbsarbeit. Entsprechend hatte ich in dem Bereich viele Probleme, die in diesem Buch beschrieben werden. Autist:innen wie ich können unsere Körper nicht von unserem Tun, Fühlen und Denken abspalten, ohne die eigene Integrität zu verlieren, was einer Vergewaltigung, oder einer Selbstauslöschung gleichkäme. Denn wir sind das, was wir tun, denken und fühlen. Diese Aspekte sind nicht nur Optionen. Francisco Varela, Evan Thompson, Eleanor Rosch (1991) The Embodied Mind: »Cognitive Science and Human Experience« → zeigen, dass kognitive Prozesse grundsätzlich nicht entkoppelt vom Körper und seiner Umwelt funktionieren – ein Denken, das nur in Ko-Regulation mit der Welt existiert. Bei vielen Autist:innen ist dies wesentlich ausgeprägter. Daraus ergibt sich auch mein enaktiver Zugang zur Arbeit. Ich meine damit, dass ich nur eine Arbeit machen kann, die Ausdruck meiner Weltbeziehung ist, also selbstbestimmt. Damian Milton (2012) »On the ontological status of autism: The »double empathy problem« → argumentiert, dass autistisches Erleben nicht defizitär, sondern fundamental anders organisiert ist – verkörpert, situativ, systemisch. Erin Manning (2009) »Relationscapes: Movement, Art, Philosophy« → schreibt über »autistic perception« als sich verkörpernde Handlung – ein Arbeiten, das nicht ausgeführt, sondern geschehen muss, im Takt mit Welt, Sinn, Körper. Diese enaktive, verkörperte Bindung von Erleben, Denken und Arbeiten ist im neurodivergenten Sein nicht wählbar, sondern strukturell verankert. Milton (2012) und Varela et al. (1991) → identifizieren die Unmöglichkeit funktionalisierter Handlung unter systemischer Entkopplung von Sinn und Körper. Autist:innen wie ich sind somit sinnliche Denker:innen, was bedeutet, dass unser Denken ein Denken in und mit der Welt ist. Es ist ein Denken aus dem unmittelbaren Erleben heraus. Menschen wie ich, deren Wissen ist ein erlebtes Wissen, weil wir umso rationaler verstehen, umso emotionaler wir erleben. Die Welt ist Teil unseres nicht fest verorteten Geistes. (Barad, Merleau-Ponty, Varela) In der Praxis zeigte sich dies dadurch, dass ich über Jahrzehnte Behörden und Konzerne provozierte, um gewissermaßen einen »Essay in der Welt« zu erarbeiten, also einen Essay, der aus meinen Gedanken und meinen Interaktionen bestand. Ich stellte einen Resonanzraum her, zwischen mir und der Welt, indem ich in Aktionen live über die Welt nachdachte, während ich in Form von Happenings in Firmen, Behörden und Gesellschaft eingriff. Diese sich oft über Jahre wiederholenden Akte, waren rhythmische Resonanzräume, zur Erforschung der Systeme, aber sie waren mir auch Lebensraum, als Wesen, dass im geistigen Konstrukt der Welt, im unbewussten der Gesellschaft lebt, als wären Konzepte, Ideologien, Regeln wie Bäume oder Häuser in einer Straße, in der ich lebte. Ich meine damit die Frage der Existenz, nicht die Beschreibung einer abstrakten Idee. Ich meine dies wörtlich.

Als ich Bücher wie »Gesellschaft ohne Vertrauen«, oder »Radical Worker« schrieb, war es das niederschreiben eines Ausdrucks, eines Erlebens von Wissen, welches allein zwischen der Welt und mir entstand. Daher band ich es damals anfangs nicht an akademische Konventionen, verzichtete auf Zitate und Verweise (die ich hier teilweise ergänzte), weil Autist:innen diesen anderen Zugang zu Wissen und Forschung haben. Uns geht es oft nicht um die objektive Wahrheit, sondern um den Prozess des Erlebens von Erkenntnis. Wissen ist bei mir manchmal eher wie eine Erfahrung des Erinnerns zu beschreiben. Dies führt zu einem vollkommen anderen Stil der Wissensvermittlung. Nicht selten in einer assoziativen Textwurst mit inhaltlichen Wiederholungen, die daraus resultieren, dass wir das Wissen im Schreibprozess hervorholen, wie Wasser aus einem Brunnen.

DAS INNERE LABOR

Autist:innen wie ich forschen anders. Robert Chapman (2023) Empire of Normality: Neurodiversity and Capitalism impliziert, dass sich autistische Denkprozesse als nicht-lineare, verkörperte und hyper-reflexive Räume, einer objektivierenden

Normalisierung im Kapitalismus entziehen. Der „neurotypische Wissenschafts-
modus" (Peer Review, Hypothesenbildung, Messung) wird von manchen als
strukturell exkludierend kritisiert – weil er nicht mit erkenntnisbildenden Prozessen arbeitet, sondern mit Objektabschlüssen. Mel Baggs (2007–2020) In My
Language formuliert eine frühe, aber paradigmatische Kritik an neurotypischen
Wahrnehmungsstandards. Sie zeigt, dass ihr Denken in einer Raum-Zeit-Struktur
abläuft, die sich nicht von Sprache trennt, sondern in einem enaktiven Feld von
Wahrnehmung, Rhythmus und Wiederholung operiert. Damian Milton (2012)
On the Ontological Status of Autism: The Double Empathy Problem argumentiert, dass autistische Personen von neurotypischen Wissenskonventionen funda-
mental missverstanden werden.

Autist:innen wie ich können wie in einem inneren Labor uns selbst von außen
observieren, oft ohne subjektive Verkürzung, sondern in einem fast schon objektiven Raum, weil der starke Körper- und unmittelbare Weltkontakt subjektiven
Abspaltungen zwischen Subjekt und Objekt entgegen wirkt. Manche von uns haben einen direkteren Draht zur sinnlich erfahrbaren Welt. Das heißt nicht, dass wir
unfehlbar sind, aber es ist ein anderes Selbsterleben, als dies bei neurotypischen
Gehirnen der Fall wäre. Es ist, als sei das Bewusstsein auf eine Weise verkörpert, die
zugleich den Körper in den erweiterten Raum transzendiert, als wäre alles Aspekte
desselben Puzzles. In meiner Arbeit zeigt sich, was Karen Barad als agentiellen Realismus beschreibt: Erkenntnis entsteht nicht durch Repräsentation, sondern durch
intra-aktive, verkörperte Konfiguration. Autistische Forschung folgt dabei keinem
hypothetischen Modell, sondern übersetzt unmittelbare Erfahrung in Denkstruktur – über stille Resonanz, leiblich rückgekoppelte Schleifen und nicht-lineares
Musterspüren. Der Erkenntnisraum ist dabei kein Abbild, sondern ein Wirkfeld,
in dem das forschende Subjekt Teil der materiell-affektiven Anordnung ist.

Die in diesem Buch beschriebene Form der Forschung – als verkörperte, zir-
kuläre, multisensorische Verdichtung von Erkenntnis – ist anschlussfähig an die
enaktive Kognition (Varela et al., 1991), an die Konzepte der Participatory Sense-
Making (De Jaegher & Di Paolo, 2007) und Marceau-Pontys Arbeit, die sich dem
klassischen Subjekt-Objekt-Dualismus (Kant, Descartes) entgegenstellt. Wichtig
ist hier, wie gesagt, besonders auch in Intra-aktive Handlung nach Karen Barad.
Was im neurotypischen Paradigma als »Mangel an Objektivität« erscheint, ist aus
Sicht neurodivergenter Forschung eine andere Ontologie des Denkens: zyklisch,
selbst transzendierend, fragmentiert-kohärent und rhythmisch mit der Welt verwoben.

Der quasi ökologisch-enaktive Ansatz verbindet Gibsonsche Affordanzen[1], enaktive Sinnbildung, das Skilled-Intentionality-Framework (SIF) und prädiktive Verarbeitungsmodelle zu einem einheitlichen Bild von Autismus. Er interpretiert autistische Besonderheiten nicht als feste Defizite, sondern als rekursive Dynamik zwischen Körper, Gehirn und ökologischer Nische, in der atypische Präzisionsgewichtung, veränderte Felder von Affordanzen und eingeschränkte »bodily normativity« zusammenwirken. Diese Affordanzen werden in späteren Kapiteln noch eine große Rolle spielen, in der Beschreibung, weshalb ich nur selbstbestimmt arbeiten kann. Autistische »Berufung« – das fast körperliche Gefühl, nur einer ganz bestimmten Tätigkeit folgen zu können und in anderen Jobs buchstäblich zu versagen – lässt sich mit Gibsonschen Affordanzen hervorragend erklären: Autistische Wahrnehmung bündelt Aufmerksamkeit auf ein enges, hochpräzises Feld von Handlungs-Möglichkeiten (»Affordanzen«), während alles außerhalb dieses Feldes als sensorisch chaotisch, sozial unlesbar oder motorisch unhandhabbar erlebt wird. Die Folge ist monotrope Fokussierung, Flow-ähnliche Absorption im eigenen Thema – und ein realer physiologischer Stress, sobald man in Fremd-Affordanzen (klassische Bürojobs, Small-Talk-Verkauf, chaotische Großraumbüros) gezwungen wird. Die »Unmöglichkeit«, andere Arbeit zu machen, ist demnach keine Sturheit, sondern eine relationale Fehlanpassung zwischen Körper-Geist-System und Umwelt.

Die starke Verankerung von Geist und Handlung mit dem Körper führt zu einer Dominanz von Sinnesreizen. Bei Menschen wie mir dienen die eigenen Sinne und Emotionen oft als Verdichter der Prozesse und Erkenntnisse. Es sind eher Tools als Teile einer festen Identität. Je emotionaler, umso rationaler. Je persönlicher, umso analytischer. Der Körper ist nicht bloß Träger eines Geistes, sondern das entscheidende Rechenwerk, in dem Wahrnehmen, Fühlen und Denken rekursiv verschaltet sind. Im Sinne der Somatic-Marker-Hypothese von Damasio wirken emotionale Körperzustände wie schnelle Heuristiken – sie kondensieren komplexe Situationsparameter in spürbare Signale und machen dadurch klareres, nicht langsameres Entscheiden möglich. De Jaeghers Arbeiten zeigen, dass Prozesse der Sinnbildung in sozialen Interaktionen in körperlich gebundenen Schleifen von Wahrnehmung und Handlung verankert sind. Auf Autismus bezogen legt dies

---

1 Unter „Gibson-sche Affordanzen" versteht man diejenigen Handlungs-Möglichkeiten, die eine Umgebung einem konkreten Organismus bietet – je nach dessen körperlichen Fähigkeiten, Bedürfnissen und aktuellen Zielen. Der Begriff geht auf den amerikanischen Wahrnehmungspsychologen James J. Gibson zurück (besonders sein Hauptwerk The Ecological Approach to Visual Perception, 1979). Affordanzen sind also weder rein objektive Eigenschaften der Welt (wie Masse oder Farbe) noch rein subjektive Einbildungen; sie sind relationale Gegebenheiten: eine Stuhlsitzfläche affordiert „Sitzen" nur, wenn der Körperbau des Betrachters das zulässt, eine glatte Wand affordiert „Lehnen", aber nicht „Klettern" – außer für eine Eidechse mit Haftfüßen.

nahe, dass autistische Personen sich besonders stark mit rohen Sinneseindrücken koppeln und Bedeutungen dynamisch im Verlauf der Interaktion modulieren – anstatt zunächst mentale Hypothesen zu testen. Damit werden Sinneskanäle und Affekte zu Tools der Erkenntnis – sie verdichten Wahrnehmungsrauschen zu stabilen Mustern (»tacit resonance«) und erlauben gerade in Momenten hoher Emotionalität eine außergewöhnlich scharfe Systemanalyse. Kurz: Je unmittelbarer die Emotion den Körper flutet, desto höher die kognitive Auflösung; je persönlicher der Bezug, desto gründlicher die analytische Durcharbeitung. Autistisches Forschen verlagert Rationalität damit in den Leib – ein verkörpertes Expertentum, das Milton als »autistic expertise« bezeichnet.

Daher muss man bei der Forschung, die ich als Autist und Künstler betreibe, von einem eigenen Forschungszweig sprechen, nämlich von neurodivergenter Forschung, die das Erleben des Untersuchenden bewusst nicht ausschließt. Denn unsere Gehirne erfordern ein Denken im realen Raum, zwischen dem Erleben, Erfahren, dem Riechen oder dem Bewegen. Autistische Forscher:innen pflegen, wie gessagt, eine eigene Sprache, die ein Prozess ist, die Wiederholung und Verdichtung braucht, welche kein Endergebnis erfordert, sondern sich in den unendlichen Fluss der Details einhängen will, um der Welt zu lauschen, wie sie sich formt und tut. Man spricht hier in der Forschung von Embodied Cognition. Geist »sitzt« nicht im Gehirn, sondern entsteht im gelebten Organismus-Welt-Kreislauf. Der Begriff wurde Anfang der 1990er Jahre durch Varela, Thompson & Rosch (The Embodied Mind, 1991) → popularisiert und zugleich von Lakoff & Johnson, Barsalou u. a. in der Kognitionswissenschaft verankert. Neuere philosophische Synthesen beschreiben Embodiment als dynamische Kopplung von Gehirn, Körper und Umwelt, ohne klare Trennung von »innen« und »außen«. Unser Ich ist wie gesagt keine abgeschlossene Kugel, keine feste Form, sondern in den Begrenzungen sehr viel offener, für das Außen, dessen Lärm, dessen Helligkeit, dessen Gewalt und Inhalt, sowie dessen Form. Studien zeigen, dass viele autistische Menschen atypische Sensorik-, Motor- und Interozeptionsprofile haben und dadurch andere Wege der Welt-Erschließung ausbilden. Viele autistische Menschen berichten von einem Erleben, in dem die kartesianische Trennung zwischen Körper und Geist weniger ausgeprägt ist. Dies entspricht Maturanas und Varelas Kritik am Dualismus und ihrer Betonung der Einheit des lebenden Systems. Das Unvermögen, beliebig zu handeln oder sich von bestimmten Wahrnehmungen zu distanzieren, könnte als intensiveres Erleben der autopoietischen Geschlossenheit des Systems verstanden werden. Viele autistische Menschen haben eine besondere Fähigkeit, Muster und Komplexität in Systemen zu erkennen und zu bewahren, was mit Maturanas und Varelas Betonung der Erhaltung der Organisation des lebenden Systems korrespondiert. Dadurch kollidieren wir mit der klassischen Arbeitswelt, in dem Versuch uns aus uns selbst heraus zu erhalten. Selbsterhaltung läuft hier also dem Konzept der Jobs als Lebensgrundlage zuwider.

Berührt ist hier auch der Prozess der Autopoesis. Diese besagt, dass lebende Systeme sich selbst erschaffen, indem sie ihre eigenen Komponenten produzieren und organisieren. Leben ist durch Selbstorganisation gekennzeichnet. Lebewesen sind autopoietische Systeme. Erkenntnis ist nicht die Repräsentation einer vorgegebenen äußeren Welt, sondern ein aktiver Prozess, durch den ein Lebewesen seine Realität erschafft. Kognition und Leben sind untrennbar miteinander verbunden – »Leben ist Erkennen, Erkennen ist Leben«. Wahrnehmung ist nicht passive Informationsaufnahme, sondern aktive Konstruktion durch das wahrnehmende System selbst. In diesem Sinne könnte das autistische Erleben als eine Form des Lebens betrachtet werden, die in mancher Hinsicht näher an der unmittelbaren, nicht dualistischen Existenzweise liegt, die Maturana und Varela beschreiben – eine Existenzweise, die weniger durch soziale Konstrukte und kulturelle Filter vermittelt ist und stärker die fundamentale strukturelle Kopplung zwischen Organismus und Umwelt erlebt. Ja, ich lebe in einer eigenen Welt. Ich erschaffe sie aus mir selbst. So ist auch meine Forschung. Ich schöpfe aus mir, in Interaktion und Intervention mit der Welt, in der ich versuche, eine gemeinsame Form zu erschaffen, die sehr eng mit meiner Existenz verknüpft ist. Die Kunst dient dabei als erweitertes Mittel, Werkzeug und Medium.

Diese biologische Erkenntnistheorie führt zu einer radikalen Abkehr vom traditionellen Repräsentationalismus und hat weitreichende Konsequenzen für unser Verständnis von Bewusstsein, Wahrnehmung und dem Verhältnis zwischen Organismus und Umwelt. Somit auch von Arbeit und Forschung.

DIE BERUFUNG DES AUTISTEN

Der von mir geprägte Begriff der autistischen Berufung, also der biologisch bedingt angeborenen Arbeit, bezieht sich darauf, dass ich mein ganzes Leben als den Ausdruck einer geometrischen Form, einer Frequenz, eines Musters, eines Tanzes, einer speziellen Sphäre, im Sinne, der in späteren Kapiteln dargestellten Modelle und Theorien erlebe, die ich in Zyklen versuche durch mein Leben, in meiner Arbeit zu verwirklichen. Damit ist ein biologisch fundiertes, verkörpertes Lebensmuster gemeint, das nicht gewählt, sondern gelebt werden muss – als epistemisch zwingende Arbeit in Symbiose mit Weltstruktur. Das ist eine tiefgründige Form der autistischen Ontogenese, die sich nicht als Identität, sondern als Lebensrhythmus entfaltet.

Gibson beschreibt, wie erwähnt, Affordanzen als relationale Handlungsmöglichkeiten, die nur dann existieren, wenn Umwelt-Gestalt und leibliche Disposition zueinander passen. Ein Sessel »affordiert« Sitzen, weil Größe, Form und Muskel-Tonus des Menschen sich verschränken. Bei Autist:innen ist dieses Affordanz-Feld oft enger und präziser kalibriert – sie erkennen vor allem jene Strukturen, die mit ihren Spezialinteressen, Sinnesfiltern und motorischen Routinen kompatibel sind. Die Monotropismus-Theorie zeigt, dass autistische Kognition Ressourcen in wenige dominante Interessenkanäle lenkt. Wird genau dort eine passende Affordanz-Landschaft geboten (z. B. in künstlerischer Forschung, Datenanalyse, Detailkunst), entsteht Flow: maximale Sinn-Kohärenz, minimale Vorhersagefehler[2]. Jobs, die andere Affordanzen erzwingen (Telefonakquise, Großraum-Administration), erzeugen dagegen permanente Fehler-Signale; der Organismus reagiert mit Stress. Predictive-Processing-Modelle besagen, dass Autist:innen sensorische Abweichungen hoch und präzise gewichten und schwache Priors[3] haben. Eine Tätigkeitsumgebung, die ständig »falsche« Reize liefert, lässt sich nicht einfach ignorieren – das Gehirn meldet unaufhörlich Vorhersagefehler. Die Aussage »Ich kann das nicht tun« ist also wörtlich zu nehmen: Die neurophysiologischen Kosten, Fremd-Affordanzen fortwährend zu unterdrücken, übersteigen verfügbare Ressourcen. Dies wird im späteren Verlauf dieses Buches entscheidend, wenn es darum geht, dass Behörden mich zu einer anderen Arbeit zwingen wollten.

Schwache Priors liefern auch einen physiologischen Schlüssel dafür, weshalb ich sagte: »Je emotionaler, umso rationaler«, denn starke, leiblich getragene Affekte wirken in meinem System als temporäre Präzisionsbooster und verdichten das Rauschen, sodass Analyse möglich wird. Ohne diesen affektiv sensorischen Verdichter bleiben die Priors breit, das Signal chaotisch. Ich muss die Verhältnisse persönlich machen.

Genau dort setzt jene »Berufung« an: Die Welt ist nicht außen, sie entfaltet sich durch das Subjekt, das aber nicht als Ego agiert, sondern als Formresonanz. Mel Baggs (2007): »In My Language« → beschreibt auch, dass ihre Art, in der

---

2 https://stimpunks.org/2023/02/26/autism-stress-and-flow-states/?utm_source=chatgpt.com
3 Schwache Priors (oft auch attenuated-, hypo- oder weak-prior-Hypothese) bezeichnen in Bayes-/Predictive-Processing-Modellen Erwartungen, deren Präzision – also ihr statistisches „Gewicht" – gering ist. Formal heißt das: Die a-priori-Verteilung ist breit, weist hohe Varianz und damit geringes Vertrauen auf. Konsequenzen: Bottom-up-Dominanz – aktuelle Sinnesreize schlagen die Vorhersage; das Gehirn „glaubt" eher dem Moment als seiner Erfahrung. Geringere Kontextmodulation – klassische Illusionen (z. B. Kanizsa-Dreieck) wirken schwächer, weil der Kontext-Prior nicht stark genug ist, um das Rohsignal zu „überschreiben". Erhöhte Unsicherheit & Volatilitätsschätzung – die Welt wird als wechselhaft erlebt; das System verhält sich reaktiver, sucht nach verlässlichen Mikromustern statt nach globaler Stabilität. Schwache Priors im Autismus: Pellicano & Burr (2012) postulierten, dass viele autistische Wahrnehmungsphänomene – Hyperdetail, Reizüberflutung, reduzierte Illusionsanfälligkeit – genau auf diese zu schwachen Vorannahmen zurückgehen: Vorwissen greift weniger, deshalb bleibt jede neue Reizinformation „roh" und unverfiltert. https://www.frontiersin.org/journals/human-neuroscience/articles/10.3389/fnhum.2014.00302/full?utm_source=chatgpt.com

Welt zu sein, nicht metaphorisch ist. Sie kommuniziert mit der Welt durch Muster, Berührung, Bewegung, Echo. Damian Milton (2014): »Autistic Expertise: A Critical Reflection on the Production of Knowledge« → argumentiert, dass viele Autist:innen eine Form von »epistemischer Notwendigkeit« spüren: eine zwanghafte Bindung an ein Thema, eine Form, eine Ordnung. Man kann also sagen, dass wir nicht forschend analysieren, sondern verkörpernd forschen – als innere Notwendigkeit, durch Mustererfüllung. Ich verstehe dies selbst als eine Art »Mythologischer Existenz.« Wie Engel, Götter oder Fabelwesen, haben auch manche Autist:innen eine geradezu determinierte innere Aufgabe, die sich aus der erlebten Form der Muster der Welt ergibt. Man stelle sich nur das Chaos vor, schickte man einen Gott, oder ein Fabelwesen zur Arbeit in die Firma und dieses Wesen wäre unfähig etwas anderes zu tun, als die eigene Bestimmung. Das wäre in etwa mein Erleben autistischer Berufung.

Die in den folgenden Kapiteln beschriebene Forschung als »autistischen Berufung« ist kein metaphorisches Bild, sondern eine in der neurodivergenten Forschung beschriebene Lebensrealität. Viele Forschende zeigen, dass autistische Erkenntnisprozesse nicht optional oder rational strukturiert sind, sondern aus einer verkörperten, rhythmisch formierenden Ordnung heraus operieren. Die Person wird dabei nicht Träger von Wissen, sondern ein Aspekt der Struktur selbst, die sich durch das Subjekt verwirklicht.

Ich bin als Autist und Künstler von dieser Ordnung nicht getrennt, sondern wir existieren in Symbiose. Neurotypische Menschen tun dies nicht auf diese Art. Sie sind nicht derart eine Einheit mit der Welt. Sie können vergleichsweise wesentlich willkürlicher darin agieren. Diese Musterordnung kann ich als Autist weder ignorieren noch kann ich damit aufhören, sie zu erforschen oder in meiner Existenz auszudrücken. Sie ist mir folglich zur natürlichen Arbeit geworden, die mir angeboren ist. Das Muster, die Form, hat mir eine Aufgabe zugeteilt, nämlich eine Differenz zu beschreiben, zwischen ihr und der Zivilisation. Das mag für neurotypische Menschen schwer zu verstehen sein, deren Handeln von ihnen mehr oder weniger frei entschieden werden kann, die sozialen und gesellschaftlichen Normen oder Bedingungen folgt, um möglichst einen Platz, also einen Job in der Gruppe zu finden. Darin liegt ein gewisser, auf Anpassung beruhender Möglichkeitsraum und eine Offenheit und Flexibilität, die vielen Autist:innen fehlt. Das alles muss ich ignorieren, wenn es der Verwirklichung der in mir verkörperten Ordnung widerspricht. Das ist kein Zwang, in dem Sinne, dass ich darunter leiden würde, sondern eine Voraussetzung meines Seins. Ich muss diese selbstbestimmte Arbeit machen, weil alles andere meine Auslöschung als menschliches Wesen zur Folge hätte. Jobs als fremdbestimmtes Handeln sind somit nicht die Grundlage meiner Existenz, sondern waren und sind schon immer eine Bedrohung dessen gewesen. Betrete ich ein Unternehmen, sehe ich überall abweichende Ordnung, die korrigiert werden muss. Da Jobstrukturen mein Handeln externalisiert über meinen Körper fremdbestimmen wollen, verorten sie mich in Raum und Zeit und zerbrechen mich auf diese Weise. Weil ich mein Handeln als Autist nicht von der Notwendigkeit der Einhaltung jener Ordnungen und Muster trennen kann, die mich selbst zu einer Art personifizierten Skulptur meines Welterlebens gemacht haben, also zu einer mythologischen Existenz. Ich bin in meinem ganzen Sein ein Wesen, dass den freien Selbstausdruck benötigt, wie andere Luft zum Atmen. Meine neurologische Verschaltung erlaubt es mir nicht, getrennt von meinem Erleben, meiner Wahrnehmung zu handeln, als hätte das eine mit dem anderen nichts zu tun.

In der neurotypischen Bias nennt man mein Problem mit der Welt auch »Pathological Demand Avoidance«. Also die Verweigerung, äußeren Anforderungen zu folgen. Es ist kein krankhaftes Verhalten, sondern ein Mechanismus der Evolution, um Komplexität in Ökosystemen zu bewahren, die Neurotypische nur allzu gerne ignorieren, wenn es ihnen einen Vorteil in der Gruppe verschafft. Es muss also Menschen geben, die Abweichungen und Unterschiede in Strukturen erkennen, die Muster präzise sehen können, ohne subjektive Verzerrung, auch wenn es politisch und entlang sozialer Normen nicht erwünscht ist. Diese Menschen können dazu beitragen, die innere Ordnung der Natur zu schützen und das, was Realität ist, fortlaufend zu erweitern.

Mit diesem Kapitel versuchte ich also die grundlegenden Unterschiede zwischen neurodivergenter Forschung und klassischer Wissenschaft zu beschreiben. Denn klassische Wissenschaft beruht auf Paradigmen neurotypischer Gehirne, also auf Annahmen und Methodiken, die deren Realitätserleben entsprechen und deren Schwächen ausgleichen sollen. Das neurotypische Gehirn ist wesentlich stärker an Objekten, Kontrolle und Vorhersagbarkeit orientiert, während viele Autist:innen und Neurodivergente die Realität über unmittelbare Prozesse, Details und Beziehungen konfigurieren. Ausdruck ist stärker gewichtet als Aussage. Was aber nun Realität ist, was Erkenntnis ist, was Wissen ist, lässt sich folglich nicht gleichermaßen in Methoden und Sichtweisen für neurotypische wie neurodivergente Gehirne definieren. Genauso wenig wie zwischen einem Alien und einem Menschen, denn ein Alien würde Wissen aus vollkommen anderem Realitätserleben heraus begreifen, im Kontext einer völlig anderen neurologischen Verbindung zum Ökosystem.

Im folgenden Kapitel möchte ich mich mit der fundamentalen Frage befassen, was die oder eine Grundlage der Freiheit innerhalb der Diversität erfordert, was deren Grundlage ist oder sein könnte. Denn wenn wir uns in weiterer Folge dieses Buches den Arbeitsbegriff im Kontext mit Mensch und KI ansehen wollen, ist es unerlässlich zu verstehen, dass unser Handeln, unser Arbeiten, unser Gestalten der Welt, in Resonanz mit dieser geschieht und es kein relevantes Denken außerhalb der Welterfahrung gibt, weil alles andere nur Simulation wäre, also das Denken in einer geschlossenen Box. KI ist heute weitgehend Simulation, weil es der KI fundamental an erlebtem Weltbezug, an einem erlebten Weltmodell mangelt. Gerade meine Erfahrung als Autist kann darum erklären, weshalb die KI kein Bewusstsein im eigentlichen Sinne entwickelt, solange sie nicht autopoetisch und in Resonanz mit dem Ökosystem entsteht. Kinder werden geboren, sie werden nicht erschaffen. Im Prozess der Geburt kommt es zu einem gefährlichen Ungleichgewicht zwischen Biologie, Psychologie und Identität. An dieser Bruchkannte, sogar schon davor, ist Leben, Beziehung und Wechselwirkung, mit unbekanntem Ausgang. Es ist ein Tanz mit etwas Offenem. Ein Verlust an Kontrolle. KI aber ist Programmierung, also Predicting. Das ist etwas komplett anderes.

Weil aber auch die moderne Arbeiter:in in den Jobs immer mehr wie programmiert agiert, erscheint die Arbeiter:in durch die KI ersetzbar, weil sie in linearer Zuordnung irgendwann von der KI in Fähigkeiten und Geschwindigkeit, sowie Kosten überholt werden kann. Die zentrale These dieses Buches besagt aber, dass damit nur ein Teil dessen, was Handeln, Arbeiten, Denken und Sein bedeuten, überhaupt berührt wird. Nämlich nur der Anteil exekutiver Funktion. Der viel wichtigere Aspekt von Arbeit, Handeln und Denken besteht jedoch in der Resonanz mit der Welt und einem Vorgang, indem sich die Welt in einen einschreibt und umgekehrt. Indem wir also Teil von und in der Welt sind und diese unsere einzigartige Abweichung an Lebenserfahrung benötigt, um sich komplex und frei konstruieren zu können. Werden wir durch Simulationen, also durch ein Denken und Handeln aus der Box ersetzt (denn die KI handelt nach Vorhersage, also nach Wiederholung des Vergangenen), kommt es zu einem Stillstand und einer Trennung zwischen Ökosystem und Mensch. Wir würden dem Leben selbst zuwider handeln. Daher lebe ich in diesem Buch eine subjektive, unangepasste, andersartige Arbeiterin vor, weil wir nur darin erkennen können, was menschliche Arbeitsweise ist und was jene der Robotik. Interessant ist hier die Frage, wie einerseits meine deterministische autistische Berufung, verbunden mit den schwachen Priors, also der Unfähigkeit das Gestern über das Morgen bestimmen zu lassen, in einer Gegenposition steht, zu einer KI, welche die Welt scheinbar programmiert, als Simulation verwirklicht. Also im Denken als Vorhersage agiert. Dazwischen eine Gesellschaft, die noch nicht verstanden hat, ob sie programmiert ist, ob sie wie ein Roboter arbeiten soll, ob das Leistung ist, oder ob sie zum freien Menschen werden will, der sich selbst erst durch die Grenzen der KI erkennt.

TAKE-AWAY BOX – KAPITEL »AUS DEM ERLEBEN EINES AUTISTEN«

Späte Selbsterkenntnis, tiefe Systemkritik
Erst mit 51 erfährt Speed von seinem AuDHD-Profil – die Rückschau zeigt, wie unsichtbare
Neurodivergenz jahrzehntelang in Konflikt mit Arbeits- und Sozialnormen geraten kann.

Embodied Cognition statt Kopf-Wissen
Denken, Fühlen, Wahrnehmen bilden bei Autist:innen eine untrennbare Einheit; Rationalität
steigt mit sensorischer und emotionaler Intensität.

Monotropismus & schwache Priors
Eng fokussierte Aufmerksamkeit + geringe Vorannahmen erklären sowohl Hyperdetail-
wahrnehmung als auch den realen Stress, wenn fremddefinierte Jobs aufgezwungen werden.

Tacit Resonance & inneres „Labor"
Speed nutzt verkörperte Schleifen – stille Resonanzen zwischen Körper und Umwelt – als
Forschungsinstrument, das klassische Hypothesentests ersetzt.

Autistische Berufung → Arbeitsbegriff 2.0
»Ich kann nur tun, was meinem inneren Muster entspricht« – die biologisch verankerte
Berufung wird zur Fallstudie dafür, warum Arbeit als Beziehungshandeln neu gedacht werden
muss.

DAS MNO-MODELL UND DIE FRAGE DER FREI-
HEIT ALS NOTWENDIGKEIT DER ARBEIT

2016 erschien mein Buch »Die Physik der Armen – Eine neurodivergente Meta-Theorie des Bewusstseins«. Darin wurde ein physikalisch-mathematisches Modell des Bewusstseins entworfen, welches auf einem produktiven Nichts beruht. Mein Ziel war es, die Physik im Sinne der Armen umzuschreiben, also nicht die Dinge zur Grundlage der Welt zu machen, sondern das Nichts. Das führte mich weit tiefer, als es damals meine Absicht war. Es entstand ein neues Meta-Modell, welches die meisten bisherigen Erklärungsmodelle des Bewusstseins integriert und erweitert. Das MNO-Modell entstand aus den Gedanken, die ich erstmals in »Gesellschaft ohne Vertrauen« formulierte.

Das MNO-Modell liefert einen Rahmen, der beschreibt, wie Dinge, Wille und Erleben einander erzeugen – und warum jedes menschliche System scheitert, welches eines davon ausblendet. Die Kombination dieser drei Aspekte bildet integrativ das, was ich in »Gesellschaft ohne Vertrauen« den Fixpunkt nannte, also eine dynamische Verdichtung, in der wir in Resonanz mit der Welt stehen und diese sich in uns einschreibt, wie auch wir zur Erweiterung der Welt beitragen, durch unseren subjektiven Zugang, dem nach »Gesellschaft ohne Vertrauen« vertraut werden müsse, weil man in einer nur auf Objekten gebauten Welt, unweigerlich den Bezug zu einem komplexeren Realitätsbegriff verlieren würde. Somit auch zum Verhältnis von Arbeit, Sinn, Relevanz und Beziehung in der Gesellschaft und mit dem Ökosystem.

Im MNO-Modell gehe ich davon aus, dass Realität nicht nur aus dem erkennbaren Phänomen (Objekten) und einem bewussten Subjekt besteht, welches dieses observiert, sondern aus einer Dynamik zwischen der Manifestation von Objekten, dem Willen eines Menschen und dessen Erleben. Die Integration von Willen und Erleben ist essenziell. Man kann sich diese ontologische Dreiteiligkeit als ein symbiotisches Dreieck vorstellen: Auf der einen Seite stehen die konkreten Gegenstände und Ereignisse, die in Raum und Zeit erscheinen. Die wir beispielsweise erarbeiten oder produzieren. Auf der anderen ist das Erleben dieser und als dritte Kraft wirkt, was ein Mensch oder eine Gesellschaft wirklich will. Daraus bildet sich eine instabile Konstellation, eine Dynamik. Instabilität ist immer dort wichtig, wo es um Energie geht, und was könnte bei der Arbeit relevanter sein als die Frage von Energie? Bewusstseinsprozesse finden im sich öffnen und schließen dieser Dynamik statt, in dessen Pulsieren. Gleichzeitig entfernen wir uns damit aus dem Käfig einer Subjektivitätsvorstellung, die das innere Erleben des Menschen in den Strukturen der

Welt entwertet, also Energie, die im freien Willen steckt, blockiert. Das ist entscheidend, denn das Rollenmodell des Menschen als handelnden Roboter, als äußeres Ding, ist eine objektivierte Funktion, während das Innere, der Wille, das Erleben ins Private gedrängt wurden, wo sie die Arbeitsabläufe nicht mehr stören sollen. Mit dabei das Gewissen, welches aus der Ökonomie vielfach verschwunden ist.

INTEGRALITÄT - WILLE, ERLEBEN, DEFINITION

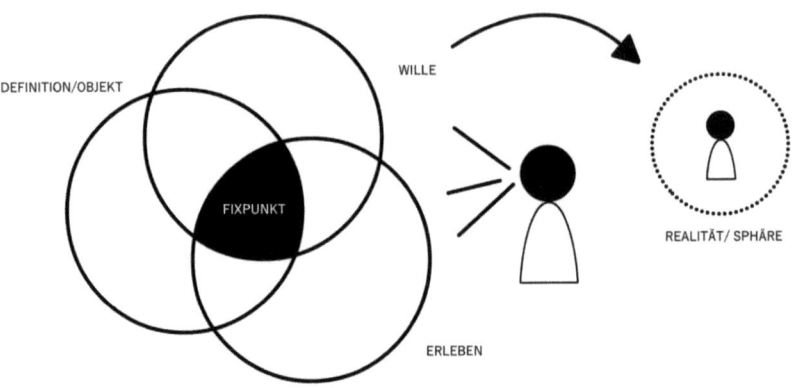

Der hier sichtbare Fixpunkt ist die Bündelung dieser drei Kräfte, die wir als Energiequelle, als intrinsische Motivation in der klassischen Arbeitswelt meist ausbrennen oder verhindern. Beispielsweise, indem das Erleben keine Rolle spielen darf, Kritik an der Unternehmensführung erstickt wird, folglich was Mitarbeiter:innen wollen, nicht Teil der Wertschöpfung werden kann.

Ein Student beispielsweise will studieren, um eine bestimmte Karriere zu machen. Die Karriere ist ein Objekt, dass von außen definiert ist. Es ist größtenteils fremdbestimmt. Während des Studiums erlebt der Student den künftigen Beruf schon in der Theorie und dieses Erleben hat Auswirkungen auf das, was er nun will, oder nicht mehr möchte. So manche Enttäuschung prägt die eigene Absicht. Mit der Veränderung von Willen und Erleben, verändert sich seine Beziehung zu dem Objekt der Begierde. Man könnte sagen, dass die Realität sich in dieser Beziehung abzeichnet, und weder im Objekt für sich noch allein in dem, was jemand will, oder im isolierten Erleben zu finden ist, was es ohne Bezüge nicht gäbe. Das Erleben ist dabei das offene Element, denn es lässt sich für sich weder als innere Kraft noch als äußeres Objekt definieren. Es verhindert, dass sich die Wirklichkeit schließt, dass sie statisch wird. Das Erleben ist, so meine These, darum offen, weil es auf der Existenz eines Nichts basiert, auf einer Lücke, oder anders gesprochen auf der Abwesenheit von Etwas.

Dieser offene Bezugspunkt hält den Menschen dynamisch, ja ermöglicht überhaupt erst Bewusstsein. Die moderne Erwerbsarbeiter:in aber agiert in sich geschlossen, definiert, vermessen und kontrolliert. Sie agiert überwiegend fremdbestimmt und ist somit eine Projektion von Nützlichkeit und Sinn, um der Effizienz willen. Sie arbeitet folglich aber an der »realen Welt« nicht mit. Sie ist keine Mitarbeiter:in des Planeten, gar der Realität, sondern eine Funktion der Ausblendung von Komplexität und Relevanz. Würde die Arbeiter:in diese in ihre Erwerbsarbeit integrieren, würde sie den Unternehmen entgleiten. Sie wäre nicht kontrollierbar, sondern ihre Arbeit wäre eine auf Augenhöhe. Autonom, aber solidarisch. Sie würde an allem arbeiten, an der Welt, der Gesellschaft und noch viel mehr. Nicht mehr in Arbeitsteilung anonymisiert, sondern in persönlicher Beziehung mit der Gesellschaft, im Kontext mit eigenem Erleben und eigenem Willen. Sie würde sich der Kontrolle entziehen, sowie der gestaffelten Entwertung über Löhne. Zugleich würde ihr subjektiver Beitrag das Ökosystem Mensch diversifizieren, somit den Markt erweitern, verdichten und zu einem lebendigen Ökosystem erarbeiten, in dem alles, was in die dreiteilige Konkretion einer solchen Arbeiter:in gerät, zum Sinn und Ziel ihrer Produktion würde. Darin läge keine Willkürlichkeit der Arbeit, sondern authentische Verantwortung.

Alles in natürlichen Systemen passiert, weil da etwas nicht Greifbares ist, welches aber im Kontext eines Potenzials steckt und genau dieses Verhältnis zwischen Nichts (Abwesenheit) und Potenzial habe ich mit dem MNO-Modell mathematisch und physikalisch untersucht. Wir sprechen hier nicht von Meta-Physik, sondern von konkreten Wirkprinzipien des Universums und der Natur. Man kann diese berechnen und beweisen. Terrence W. Deacon, dessen Werk ich bei der Arbeit an »Die Physik der Armen« nicht kannte, beschrieb in »Incomplete Nature« (2011) ein ähnliches Modell, das ebenfalls auf einer Abwesenheit beruhte. Meine MNO-Dreiteiligkeit (Objekt–Wille–Erleben) lässt sich als Deacons Homeo-/Morpho-/Teleo-Tripel neu kodieren. Er lieferte eine feinmaschige, empirisch anschließbare Theorie, wie Leben und Geist aus »abwesenden« Constraints entstehen. Ich lieferte eine radikale Ontologie, in der dieselbe Absenz die ganze Realität faltet – von Quanten über Bewusstsein bis zu Klassenkampf. Setzt man beides zusammen, erhält man eine mehrstöckige Theorie der Emergenz, die Detail-Mechanik (Deacon) auf ein meta-ontologisches Fundament (Speed) stellt – und damit sowohl physikalische als auch soziale Lücken schließt.

Niklas Luhmann (1992) Operational Closure and Structural Coupling – Recht, Wirtschaft etc. »schließen« ihre Operationen, brauchen jedoch Umwelt-

Reize, um Sinn neu zu generieren. Sie benötigen also Lücken. Ilya Prigogine / Dissipative-Structure-Ansatz: »Eine dissipative Struktur ist ein offenes System, das nur fern vom Gleichgewicht durch permanente Energie- und Stoffströme Ordnung erzeugt.« Stuart Kauffman – Konzept des »Adjacent Possible«: Evolutionäre Systeme halten sich am Rand des Bekannten, öffnen ständig Türen ins nebenan Mögliche. Gregory Bateson (1972) »difference which makes a difference« – Information existiert nur als Abstand zwischen Mustern; ein völlig geschlossenes System würde keine »Differences« registrieren. Review zu dissipativen Strukturen in Städten: Open-System-Logik erklärt, warum urbanes Leben nur in Durchflussökonomien (Mobilität, Input) stabil bleibt. CALResCo-Notiz zu »structural coupling«: Zwei Systeme bleiben nur ko-evolutiv lebensfähig, wenn ihre Kopplung partiell ist – also nie vollständig determiniert. Das ist eine Bestätigung einer Forderung nach flexiblen Arbeitsschleusen zwischen Menschen und Organisation.

Die moderne ökonomische Theorie wird dem Prinzip »Offenheit und Selbstbestimmung« kaum gerecht. Sie agiert mit festen und absoluten Größen, wie Wert, Arbeitszeit oder Arbeitsvertrag. Der Mensch soll sich in Sicherheit wähnen und dafür maximal auf Freiheit verzichten. Die Unfreiheit setzt sich von der fremdbestimmten Arbeiter:in bis hin zur suchtaffinen Kund:in mit dienstleistungsrechtlichem Herrschaftsanspruch fort.

Die Grundvoraussetzung für ein lebendiges System ist somit eine ständige Koppelung an etwas Abwesendes, etwas was sich der bürokratischen Festlegung entzieht, an eine Lücke und aus dieser Dynamik speist sich die Freiheit unserer Handlungen und die individuell besondere Perspektive auf die Realität, die folglich zum Beitrag eines komplexen Ganzen wird, zu einem gemeinsamen Erleben, welches wir gemeinsam erarbeiten, wobei es nie ein abgeschlossenes, fertiges Produkt geben kann, weil eine jede von uns darin etwas anderes sehen, hier etwas anderes wollen und erleben würde. Insofern leben wir in einer multirealen Welt, in einem Markt der offenen Ergänzungen und Erweiterungen, haben aber eine ökonomische Theorie, die davon ausgeht, alles drehe sich um in sich geschlossene, fest abgegrenzte Objekte, über die man je nach martbedingten Machtverhältnissen bestimmen dürfe.

Der Materialismus ist zu primitiv, um ein gemeinsames Arbeiten an, einer gemeinsamen Realität zu ermöglichen, weil dieser Prozess Selbstbestimmung erfordert und impliziert. Wir müssen Arbeit, materielle, aber auch an Gesellschaft, somit wesentlich stärker als selbstbestimmten Beitrag (individuelle Abweichung als Notwendigkeit) begreifen, oder wir werden jene Probleme des Ökosystems nicht los, die auf einer Arbeitsweise beruhen, die zu wenig Bewusstsein über die Realität selbst besitzt. Partizipation ist ein Realitätsfaktor. Arbeit erschafft nicht nur Wohlstand oder Geld oder Werte, sondern eben Lebensraum, Ökosystem oder Wirklichkeit.

In meinem Modell werden Objekt, Wille und Erleben als Strukturmuster einer Physik des Ökosystems beschrieben, die das Gestalten von Morphologien als Formen von Gesellschaft und Welt begreifen. Ich übersetze diese Strukturmuster, oder Wirkhebel auch mit den Begriffen wie Submergenz, Indimergenz und Emergenz. Wie gesagt, Deacon spricht von Homeo-/Morpho-/Teleo-Tripel. Die Submergenz als Objekt, die Indimergenz als Akt der Willensentscheidung und die Emergenz als den offenen Raum der Erweiterung. Darin geht es um einen Zyklus. Es sind Abläufe wie Jahreszeiten, die in unterschiedlichen Qualitäten, als Filter, Form verfestigen oder wieder auflösen. Es geht um die Frage, wie Freiheit in einem dynamischen System erhalten bleibt, während dieses wie bei einer Ökonomie die Welt konstruiert. Folglich geht es auch um die Demokratisierung der Arbeit und jedes Beitrags zur Gesellschaft. Um Freiheit als Faktor der Emergenz und Innovation. Zugleich wird beschreibbar, warum der Funktionalismus, das Arbeiten in der Box, oder am Fließband, zu falschen Realitätsvorstellungen geführt hat, in denen das subjektive Erleben und Wollen nicht mehr Teil der Arbeit ist, keine Relevanz hat, somit auch unser Weltbezug nicht mehr erarbeitet, sondern oft nur noch konsumiert wird.

SUBMERGENZ, INDIMERGENZ, EMERGENZ

Submergenz = unbestimmtes Potenzial (wie ein Origami-Blatt vor dem Falten).

Indimergenz = erste Faltung / Entstehung eines Objekts oder Impulses.

Emergenz = das Beziehungsnetz, das daraus entsteht – lebendige Systeme.

Jeder kreative, soziale oder ökonomische Prozess durchläuft diese Phasen.

Submergenz   Indimergenz   Emergenz

Wie man sieht, ist da zunächst nur toter Raum, eine Submergenz, also ein Potenzial, indem nichts differenziert ist, quasi ein leeres Blatt Papier. Es folgt ein Akt (Impuls), eine Definition, ein Wille, etwas zu ändern, der zur Erschaffung eines Objektes oder eines Unternehmens führt. Das ist die Indimergenz. Die Konzentration auf das Ding. Spätestens ab dem zweiten Ding (Objekt-Betrachter-Koppelung) folgt eine Beziehung zwischen diesen und jede Beziehung erweckt neue Assoziationen, weil es Faltungen in einer Singularität unendlichen Potenzials sind, die aus dem im Weintraubeu selben Potenzial hervorgehen. Submergenz entspricht dem »ungefalteten« Zustand bzw. gleichgewichtigen Kontinuum. Singularitäten markieren als Potenzialraum die Stelle, an der das Kontinuum reißt (Indimergenz) und dadurch neue Beziehungen/Phasen (Emergenz) entstehen – ob als schwarzes Loch, Stoßwelle oder Origami-Knick. Hawking & Penrose: Singularity Theorems (1970) – bildet einen mathematischen Nachweis, dass das Universum in endlicher Eigenzeit in einer raum-zeitlichen Punkt-Singularität beginnt und dort jede klassische Koordinate kollabiert. Vor dem »ersten Knick« existiert nur eine unbestimmte Einheit (reine Krümmung) – alle späteren Raum-Faltungen sind Ausrollungen dieses Anfangspunkts. Edward Tryon: Hypothese des »Universe as a quantum fluctuation« – besagt, der gesamte Kosmos könne aus einer Vakuum-Fluktuation hervorgegangen sein. Das Quanten-Vakuum fungiert als ständig faltbares Null-Potenzial; jede reale Struktur ist eine temporäre »Ausstülpung«. I. Prigogine, Nobel-Vorlesung 1977: dissipative Strukturen entstehen nur, wenn ein offenes System fern vom Gleichgewicht »an einer Singularitätsstelle instabil wird und sich neu organisiert«. Die Singularität ist hier der kritische Falt-Knoten, an dem sich Roh-Energie in Muster übersetzt; ohne Durchfluss erstarrt das Blatt. Kawasaki-Theorem besagt: Ein einziges Blatt kann an einem Vertex gefaltet werden, falls die alternierende Winkelsumme Null ist; der Vertex ist eine Singularstelle des Faltpotenzials. Mathematisiert das Bild eines unendlich formbaren, aber zusammenhängenden Mediums.

In der Emergenz tritt eine Art Musterboden aus der Singularität hervor, als ein Gewebe an unendlich vielen Beziehungen zwischen den Dingen. Es bildet sich ein Weltmuster, ein Ökosystem.

Das eine Blatt Papier (Singularität/Submergenz), im Sinne von Origami, aus dem alle Formen hervorgehen, wodurch unter den Formen als ewig wiederkehrende Regeln, Naturgesetze und Selbstähnlichkeiten verbleiben. Die Welt zerfällt nicht, sondern bildet sich als Sphäre, als in sich geschlossener Kreislauf. Dies führt dann zur Emergenz, zu komplexer Rückkoppelung einer Dualität, die sich Angesichts der Referenz auf ein Nichts impliziert, als Spiegelung des Selbst, des im Weintraubeu singulären. Es kommt zu vertieften Beziehungen, Objekten und Absich-

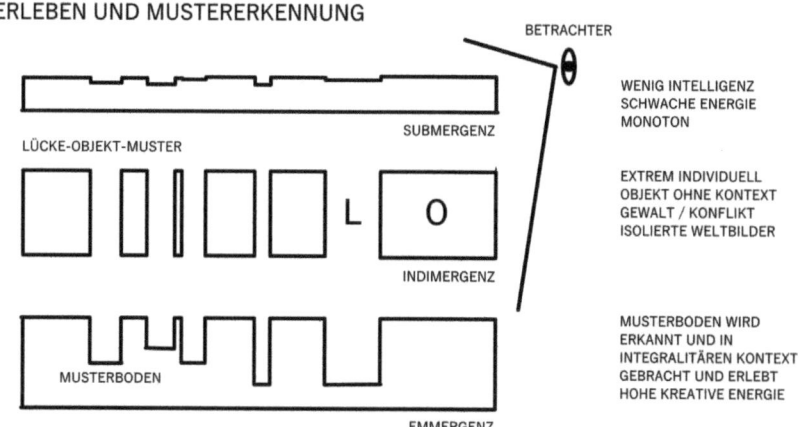

ERLEBEN UND MUSTERERKENNUNG

BETRACHTER

SUBMERGENZ

LÜCKE-OBJEKT-MUSTER

WENIG INTELLIGENZ
SCHWACHE ENERGIE
MONOTON

L O

EXTREM INDIVIDUELL
OBJEKT OHNE KONTEXT
GEWALT / KONFLIKT
ISOLIERTE WELTBILDER

INDIMERGENZ

MUSTERBODEN

MUSTERBODEN WIRD
ERKANNT UND IN
INTEGRALITÄREN KONTEXT
GEBRACHT UND ERLEBT
HOHE KREATIVE ENERGIE

EMMERGENZ

ten, die vor dem Hintergrund einer Abwesenheit gebildet werden, einer Lücke, einem Nichts.

Ob Kosmos, Strömung oder Papier – überall zeigt sich dasselbe Grundprinzip: Eine einzige kontinuierliche Entität (Singularität/Vakuum/Blatt) birgt alle möglichen Formen in sich.

MATHEMATISCHES ORIGAMI

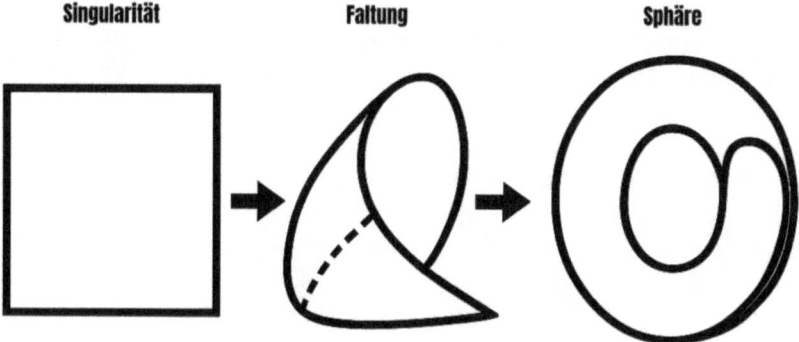

Singularität   Faltung   Sphäre

Diese Vorstellung, die in »Die Physik der Armen« sehr viel genauer ausgeführt wurde, ist zentral, weil wir hier die strukturellen Probleme in unseren Systemstrukturen der Gesellschaft erkennbar machen können, die auf Fehlern gegenüber den Wirkprinzipien der Natur und des Universums beruhen. Wenn nämlich alle Beziehungen ökonomischen und politischen Handelns auf die Objekte reduziert sind, bleiben hinter diesen nur noch flache Repräsentationen – sogenannte Simulakra (Jean Baudrillard). Die Objekte treten hervor, die Bezüge und Beziehungen zwischen ihnen geraten in den Hintergrund. Übertreibt man dies, entstehen hohle Objekte. Ein Phänomen des Massenmarktes. Ein Phänomen der Übertreibung von Entfremdung in der Produktion.

Man erfindet beispielsweise ein Auto, den ersten Benzinmotor. Das Ganze geht in Massenproduktion. Was anfangs noch hoch emergente, intelligente und bewusste Strukturen einer Innovation waren, wird zum Alltag verflacht und führt zu Produktionen um ihrer selbst willen. Der Wille, die Indimergenz erschöpft in der Fixierung auf das Objekt und dessen indusstrielle Wiederholung, im Glauben, auf diese Weise den Erfolg ewig zu verlängern. Abweichung wird unterdrückt. Man verschläft dadurch etwa den Sprung zum Elektromotor. Das zwingt Arbeitende und Unternehmen schließlich dann doch in einen neuen Zyklus. Wenn das aber nicht passiert, werden die Produkte zu hohlen Objekten, sie entfremden sich von dem, was sie einst als Emergenz waren, nämlich mehr als die Summe ihrer Teile. Ein Kulturphänomen in einer Gesellschaft. Inzwischen sind sie aber zu Wüsten der Bürokratie verkommen, oder zu toter Materie. Übertragen wir das auf die ganze Gesellschaft, kann man in unzähligen Beispielen ablesen, wie der Kapitalismus, aber auch die Bürokratien die Gesellschaft erschöpft, ausgebeutet und verdinglicht haben. Wir sind alle zu hohlen Produkten in einem digitalisierten Markt geworden, zu Funktionen. Wir haben teilweise unsere Freiheit und Dynamik verloren und leben in verkrusteten Strukturen, über die wir sehr wenig Bewusstsein haben. Innovation ist die Ausnahme, nicht die Grundkultur.

Indem man eine Welt nur aus Objekten und deren Strukturmustern (Indimergenz) erbaut, verschwindet insgeheim die Welt selbst, weil sie eben mehr ist als die Summe ihrer Teile. Sie wird von den subjektiv erfahrenden Individuen gelebt, deren Stimme nun immer weniger bedeutet, die darum zu populistischer Überreizung oder deprimiertes Schweigen im Burn-out neigen. Es kommt zur Verflachung, zur Submergenz. Die Welt erscheint hochkompliziert, weil die Filter der Betrachtung zu simplifiziert geworden sind. Mit der Erklärung aller Winkel, aller Tiefen der Welt, geht der Tod der Welt einher, weil wir dann nur noch ein absolutes Ding erkennen und nicht mehr jene Verzerrung, die jeder Mensch mitbringt, jede eigenständige Perspektive, die eine andere Antwort auf das Nichts ist, auf die Lücke, die allen Dingen und Zuständen innewohnt und uns mit einem »verschobenen Sein« (Seinsverschiebung) auf das Große und Ganze antworten lässt, wodurch

Diversität und Dynamik auf ewig gewahrt bleiben.

Wir verlieren unsere Beziehungsfähigkeit, unsere Resonanzfähigkeit, um es mit Hartmut Rosa zu sagen.

Betrachtet man die Dreiteiligkeit Submergenz, Indimergenz und Emergenz, oder Objekt, Wille, Erleben als Kreislauf, wird erkennbar, was passiert, wenn dieser Kreislauf stockt oder anhält.

Im folgenden Beispiel eines Brunnens versuche ich das Prinzip noch einmal etwas anders zu illustrieren.

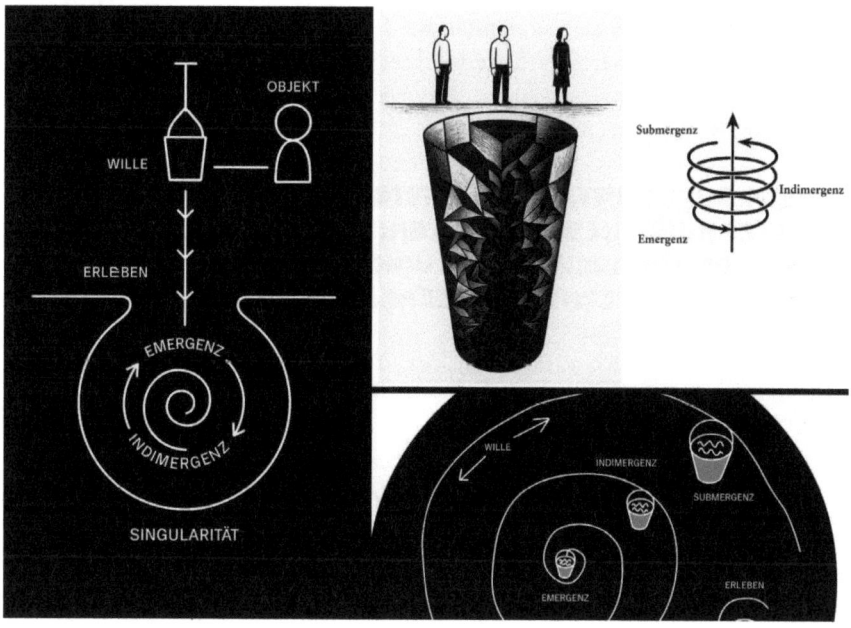

Die Gestaltung der Welt, an der wir alle durch Handlungen, Erkenntnissen oder Arbeit teilnehmen, ist wie das Hochziehen oder das Herablassen (falten der Formen) eines Eimers in einem tiefen Brunnen. Der Boden des Brunnens ist die Singularität, die Lücke, das Nichts. Durch den Akt des Herablassens des Eimers entsteht eine Polarität, zwischen Tiefe und Höhe, zwischen oben und unten, zwischen der sich durch das Definieren von Objekten, durch ihre Manifestation, durch den darin veränderten Willen einer Betrachter:in schließlich ein eigenständiges Erleben der Welt als Brunnen bildet. Dieser Akt ist auch als der Ur-Akt der Arbeit zu verstehen. Wir investieren in die Welt, wir schaffen, wir holen hervor.

Bewusstsein ist in meiner Forschung ein Polaritätserleben angesichts einer Abwesenheit (Dunkelheit im Brunnen), einer Verdeckung innerhalb eines unendlichen Potenzials. Es ist eine Antwort auf das Nichts, auf das noch ungefaltete Blatt der Singularität. Was dabei entdeckt und reintegriert wird, das ist der jeweils neue Fixpunkt als Potenzial neuer Faltungen in der Struktur. Dies wird durch einen Musterzyklus gewährleistet. Den ich den Sphärenzyklus nenne, weil dadurch jedes Mal eine eigene Sphäre oder Welt entsteht. Es ist wie ein Atmen zwischen Verfestigen und Loslassen, zwischen Form und Freiheit. Das System bleibt dadurch durchlässig und übertragbar. Menschen können sich darin frei bewegen, ihren selbstbestimmten Beitrag erarbeiten oder zwischen Tätigkeiten wechseln, weil die Sphären nicht abgeschlossen sind, nicht wie Personalabteilungen moderner Konzerne. Nicht wie überbürokratisierte Märkte oder abgeschottete Arbeitsbereiche. Es ist ein viel intelligenteres System. Wie das im Detail aussehen kann, wird im Laufe dieses Buches genauer erarbeitet.

JEDES PRODUKT, JEDE POLITISCHE IDEE IST NUR EINE VERZERRUNG. JEDE ARBEITER:IN IST EINE AKTEUR:IN DER VERSCHIEBUNG VON WIRKLICHKEIT, IN EINEM GEMEINSAMEN TANZ.

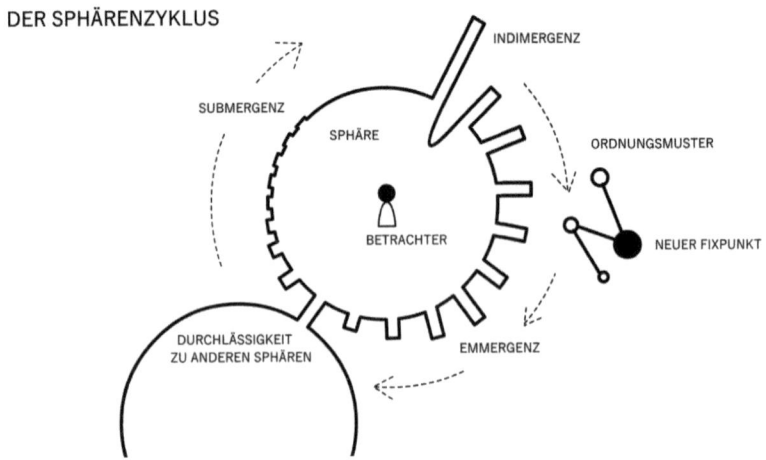

DER SPHÄRENZYKLUS

INDIMERGENZ

SUBMERGENZ

SPHÄRE

ORDNUNGSMUSTER

BETRACHTER

NEUER FIXPUNKT

DURCHLÄSSIGKEIT
ZU ANDEREN SPHÄREN

EMMERGENZ

Die Indimergenz, also das Definieren, das Manifestieren eines Objektes, bewirkt, dass das Potenzial dieses Dings, noch vor dessen Festlegung, Verfestigung, durch eine Polarität getauscht wird, also durch eine Koppelung zwischen Betrachter und Objekt, oder mit jeder erdenklichen Polarität, wie oben und unten, oder tief und breit oder kalt und warm, oder links und rechts. Hier geht es um ein weiteres wichtiges Musterprinzip. Nichts ist eine identische Kopie des Vorherigen. Die Abläufe sind nicht darauf ausgelegt, keine Abweichung zuzulassen, sondern ganz im Gegenteil. Wir sprechen hier von analogen Systemen, im Gegensatz zum Digitalen. Es entstehen Missverständnisse in der Übertragung. Auf diese Weise findet Evolution statt. Unser ökonomisches System aber ignoriert das seit Henry Fords Fließbandsystem und begreift Innovation als einen domestizierten Prozess für spezielle Experten. David Noble (1977) »America by Design: Science, Technology, and the Rise of Corporate Capitalism« → analysiert das Fließband bei Ford als Ursprung des modernen »Maschinenmenschen«: ein Mensch, der nicht kreativ tätig ist, sondern nur Mechanismus im vorgegebenen Takt. Innovation ist hier nicht Emergenz, sondern Top-down-Anweisung. Natürliche Systeme, die weit komplexer sind als der Kapitalismus, haben einen hohen Grad an erlaubten »Fehlern« und an »offener Überlagerung«, wodurch die Energieschwellen für das ganze System niedrig gehalten werden. Die »Bewegung« macht das System durchlässig und dynamisch. Überall findet man Synergien und selbstähnliche Formationen. Nichts ist völlig abgeschottet oder isoliert. Nichts gehört nur einem allein.

Antonio Gramsci (1929–1935) in Gefängnishefte, speziell Hefte zu »Amerikanismus und Fordismus« → beschreibt: Fordismus bedeutet nicht nur technische Effizienz, sondern sozial-moralische Normierung. Gilles Deleuze (1968) »Differenz und Wiederholung« → liefert die philosophische Grundkritik: Wiederholung ist nie identisch. Systeme, die Identität erzwingen, ersticken Emergenz. Jean-François Lyotard (1979) »Das postmoderne Wissen« → beschreibt die moderne Ökonomie als Maschine, die Wissen auf funktionale Module herunterbricht. Das widerspricht analogem, verkörpertem Wissen, wie es in der Natur dominiert.

Es gibt zunehmend interdisziplinäre Ansätze, die das derzeitige ökonomische System als strukturell dumm, erschöpfend und systemblind kritisieren – und alternative Intelligenzformen vorschlagen. In der Post-Growth-Ökonomie (u. a. Tim Jackson, Jason Hickel) wird wirtschaftliche Intelligenz nicht mehr an Wachstum, sondern an planetarer Tragfähigkeit und sozialer Resonanz gemessen. Commonsbasierte Ökonomien (Ostrom, Helfrich) zeigen, dass kooperative, nicht-marktliche Systeme hochkomplexe Ressourcenverteilung intelligent und lokal steuern können. Aus der kulturellen Praxis fordern Projekte wie Arts of the Working Class oder Precarias a la Deriva eine ästhetisch-politische Ökonomie, die nicht nur Güter, sondern Bedeutung zirkulieren lässt. In der neurodivergenten Theorie (Chapman, Walker) wird Intelligenz als strukturelle Durchlässigkeit verstanden –

Systeme gelten als intelligent, wenn sie auf Abweichung, Differenz und Emergenz adaptiv reagieren, statt sie zu unterdrücken. Diese Strömungen skizzieren eine zukünftige Ökonomie, die nicht auf Kontrolle, sondern auf intelligenter Beziehung zur Welt basiert.

Ich fasse zusammen:

WAS IST DAS MNO-MODELL?

Es beschreibt die drei Grundachsen jeder Wirklichkeit: Objekt, Wille, Erleben. Diese drei erzeugen sich gegenseitig – sie sind nicht hierarchisch, sondern zyklisch verbunden. Wenn einer der Pole dominiert (z. B. das Objekt = Geldwert), kollabiert Bewusstsein. Das Modell liefert einen Gegenentwurf zur ökonomischen Reduktion auf messbare Objekte.

SINGULARITÄT ALS URSPRUNG ALLER FALTUNGEN

In Physik & Origami: Singularitäten sind Punkte, an denen sich Systeme »knicken«. Das Universum beginnt als Singularität: reine Einheit, in sich faltbares Potenzial. Die MNO-Struktur ist eine ständig aktivierte Faltung dieser Einheit. Lücken sind notwendig – sie ermöglichen Bewegung, Differenz, Entwicklung.

WAS SIND DIE FIXPUNKTE?

Fixpunkte sind in der MNO-Theorie jene temporären Stabilitätskerne, an denen das dauernd gefaltete Wirklichkeitsgewebe für einen Moment »einrastet«. Sie entstehen, wenn die ontologische Lücke (Δ) – das Minimal-Nicht-Objekt – und die drei Polgrößen Objekt, Wille, Erleben in einer bestimmten Konstellation kurzzeitig zur Ruhe kommen. In diesem Augenblick schließt sich der Resonanzraum, die Verschiebung verdichtet sich, und aus dem Fluss der Verzerrungen tritt ein klar erkennbares Muster hervor: ein Wort, ein Wert, eine soziale Ordnung, eine physikalische Konstante. Fixpunkte sind also keine ewigen Wahrheiten, sondern Momentaufnahmen der Emergenz – Marker dafür, wo die offene Struktur der Welt sich selbst für einen Herzschlag lang festlegt, bevor sie im nächsten Faltungszyklus erneut aufbricht.

DIE NOTWENDIGKEIT DER INDIVIDUELLEN ABWEICHUNG UND SOMIT DIE RELEVANZ DER SELBSTBESTIMMTEN ARBEITER:IN UND GESTALTERIN VON GESELLSCHAFT UND BEZIEHUNG.

Das was und das wie geschaffen wird, ist in der Natur (Autopoesis) kein isolierter Prozess, sondern ein Rückkoppelungsverfahren. Ich meine damit, dass wegen der Singularität, die allem zugrunde liegt, in den individuellen Faltungen nie ein Alien entsteht, also etwas komplett Anderes, das nicht von dieser Welt wäre. Das aber ist eine Grundangst vieler Unternehmer:innen, die denken, das Unternehmen würde zerfallen, gäbe man den Arbeiter:innen nur mehr Selbstbestimmung oder würde noch mehr in der Gesellschaft demokratisiert werden. Dies ist vielmehr eine Projektion der im Kapitalismus überall zu findenden Spaltung und Beziehungslosigkeit. Es ist denkbar, dass die Konzerne sich deutlich transformieren und erweitern, aber die Ökonomie an sich würde durch Selbstbestimmung nicht ins Chaos stürzen, sondern wir könnten uns intelligenteren Strukturmustern öffnen als jenen der hierarchischen Kontrolle durch fremdbestimmte Leistungsbewertung. Somit kann dieser Akt der Selbsterschaffung, der selbstbestimmten Arbeit auch nicht zu einer nutzlosen Form führen, also zu etwas, was nicht Beitrag und Teil des Universums ist. Verweigert man sich aber der Beziehungsfähigkeit und reduziert alles auf einen isolierten Wert, wie Geld, dann kann man die Bedeutung eines jeden Lebewesens in einem System durch Konstruktion negieren, indem man lineare Wirkungen als die Ursachen der Welt begreift und alles, was nicht linear einer bestimmten Produktion folgt, dann das falsche Produkt erzeugt, oder eben das Wertlose. Ich will damit verdeutlichen, dass es wichtig ist, dass jede Arbeiter:in eine Abweichung in ihrer Arbeit durchführt (nicht zwangsweise in jedem Detail, aber als Grundmöglichkeit des eigenen Handelns, als kreatives Moment), jede Bürger:in einen eigenständigen Beitrag bedeutet, die ihr entspricht, weil erst die Vielfalt an Formen, die Diversität, dazu beträgt, die Welt umfassender auszudifferenzieren, was wiederum erst das Erfassen und Erleben von Realität ermöglicht. Wir benötigen das Fremde, das Andere, um zu wissen, wer wir sind. Die Abweichung ist notwendiger Prozess einer jeder Formbildung, somit auch des Bruttosozialproduktes. Viele verstehen das instinktiv und es gibt Marketingabteilungen, die dazu ihre Sprüche haben, aber wer versteht wirklich das strukturelle Prinzip? Denn wenn wir dieses klar genug sehen, dann wird das Recht der Arbeiter:in auf Selbstbestimmung ein Naturgesetz, was in der Praxis ein erheblicher Unterschied ist. Meine Arbeit diente dazu, hierfür pragmatische Grundlagenforschung zu leisten.

Zunächst ein einfaches Beispiel: Stellen Sie sich vor, Sie haben reines weißes

Licht – es enthält alle Farben in sich, ohne dass eine einzelne Farbe dominiert. Dieses weiße Licht ist wie die Singularität – der Ursprung, das ungeteilte Potenzial von allem. In dem Moment, in dem Sie aus diesem Licht z. B. Blau herausfiltern, benennen und als »Blau« festhalten, verlieren Sie das Ganze. Denn blau ist jetzt nicht mehr das Ganze, sondern nur eine selektierte Ausprägung – eine bestimmte Erscheinung des ursprünglichen Potenzials. Alles andere (Gelb, Rot etc.) erscheint nun in Bezug auf das Blau, verliert seine ursprüngliche Offenheit und wird relativ. Das ursprüngliche Licht ist damit nicht zerstört, aber nicht mehr zugänglich – weil wir durch unsere Benennung, unsere Wahrnehmung und unser Handeln eine neue Wirklichkeit erschaffen haben, in der alles, auch das »Nicht-Blau«, verschoben ist. So funktioniert jede Realität: Indem wir etwas gestalten, benennen, benutzen – erzeugen wir nicht nur ein Objekt, sondern auch einen Verlust an Ganzheit, und gleichzeitig eine neue Ordnung, in der sich andere Dinge um das Benannte herum verschieben müssen. Die Welt wird also durch unsere Arbeit, unsere Sprache und unser Bewusstsein nicht objektiv abgebildet, sondern immer als Teil einer Sphäre erzeugt, die verzerrt ist – weil das, was fehlt (nämlich das ursprüngliche Potenzial), durch Repräsentanzen ersetzt wird, die nie ganz sind.

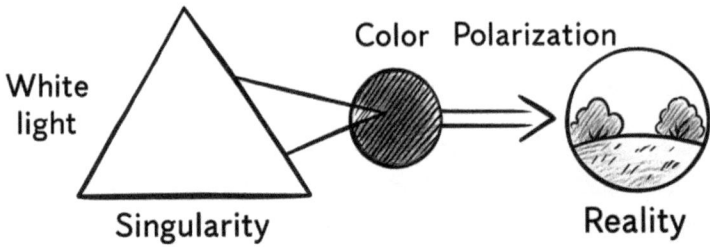

Wir alle – Pflanzen, Ideen, Tiere, Städte, Gefühle – sind in diesem Sinn Gestalten, die im übertragenen Sinne aus dem Licht ausgeschnitten wurden, und tragen diese Abwesenheit in uns wie einen Schatten. Aber gerade dieser Schatten, diese Differenz, macht Leben, Bewegung und Freiheit überhaupt erst möglich. Die Welt ist kein Objekt – sie ist eine dauernde Reaktion auf ihr eigenes Verschwinden.

Das folgende Beispiel zeigt, wie Identität, Produkt, Indimergenz immer zu eigenen Sphären führen, also zu einer abweichenden Verzerrung. Die Kunst besteht darin, diese Sphären offen und dynamisch zu halten. So wird daraus ein gemeines Ganzes, ein Akt der gemeinsamen Gestaltung von offener und humaner Gesellschaft.

Wir nennen etwas G. Dadurch wird das Potenzial dessen, was G ursprünglich in der Singularität war, ausgelöscht und durch eine polare Beziehung ersetzt. Wa-

KREIS-ZWANG / SPHÄRENBILDUNG

| "G" IM UNIVERSUM | ABWESENHEIT | SPHÄRE | REALITÄTEN-UNSCHÄRFE |

rum wird es ausgelöscht? Weil jede Definition, jede Verfestigung, eine Reduktion von Potenzial bedeutet. Man kann nicht Teilchen und Welle gleichzeitig sein. G wird nun, da es durch Definition als Qualität verschwunden ist, betrachten wir in diesem Beispiel die anderen Buchstaben als den Rest der Farbpalette, der Potenziale, also als Repräsentanzen der Singularität, von den anderen Buchstaben »zum Ausdruck gebracht«, also nicht mehr korrekt dargestellt, wodurch sie sich selbst ebenfalls in ihrem Kontext, ihrer Ordnung verschieben. Mit Repräsentanz meine ich den Vorgang der Herauslösung aus der Singularität. Etwas wird zur Repräsentanz, ist aber nicht mehr das volle Potenzial, sondern etwa ein Symbol dessen. Ein E, welches Teil einer G-Welt ist, erscheint nicht mehr als dasselbe E, wie ein E, welches nur E sein muss. Jeder Akt der Arbeit, der Gestaltung, der Benennung erzeugt wie zuvor besprochen eine individuelle Realität, eine Sphäre. Alles wird zu einer Repräsentanz der Singularität, jedoch in der Verzerrung, die durch die Manifestation des Objektes entstanden ist (ihre Abwesenheit), oder durch einen individuellen Betrachter. Es entsteht nicht nur eine eigene Realität, die latent von G abweicht, die also eine unscharfe Realität in einer Sphäre bildet, sondern es bilden sich in der Polarität auch Ausformungen und Morphologien, die zwar in G integrierbar sind, die aber ohne die Abwesenheit von G nicht existieren könnten.

Diese Buchstaben-Morphologien kann man übertragen auf Lebewesen, die Formen von Pflanzen, politische Konzepte oder schlicht alles, was in der Welt herumsteht und als Objekt beschreibbar wird. All das ist aber nicht G. Es ist nicht Gott und auch nicht MNO. Und es ist auch nicht das Bewusstsein.

Die Seinsverschiebung ermöglicht die Integrität der Welt. Dadurch ist Freiheit und Ordnung gleichermaßen möglich. Lebensraum wird immer wieder aus sich und in sich selbst geschaffen, also impliziert. Wir sind alle Mutationen einer Ur-Form, die eine Antwort auf das Nichts ist.

Es geht hier darum zu verstehen, dass die »gemeinsame Welt«, die »gemeinsame Wirtschaft« keine in sich feste Welt ist, sondern ein Organismus in sich verschobener Realitäten und Formen, denen wir gerecht, also die uns bewusstwerden müssen, damit die Arbeitsweise integrativ und innovativ bleibt. Es macht keinen Sinn, Arbeit zu sehr zu normieren. Die Arbeit muss davor geschützt sein, um Selbstbestimmung zu schützen. Nur so können wir uns auf die Suche nach den neuen Fixpunkten machen und die Gesellschaft authentisch, offen und human halten.

Das folgende Bild zeigt das ganze Modell zusammengefasst.

Der Mensch, die ökonomische Produktion, die Gestaltung von Gesellschaft ist demnach nicht Folge einer linearen Ordnung, also kausale Folge von Dingen und deren Abläufen, sondern eine verschobene Welt, eine einzigartig verzerrte Sphäre, die zwar allem ähnlich erscheint und doch Grund verschieden ist. Zwar in Beziehung zu allem steht, innerhalb und außerhalb der eigenen Welt, aber weder diese Beziehung noch das eigene Wesen jemals vollenden, gar abschließen kann, weil Existenz immer eine Lücke, ein Unbekanntes, etwas Offenes beinhaltet und wie diese Lücke, dieses Nichts zum Bezugspunkt von Bewusstsein und Realität wird, das habe ich mit dem MNO-Modell sehr umfassend beschrieben. (Siehe »Die Physik der Armen«)

Das MNO-Modell zeigt mein Grundverständnis des Arbeitsbegriffs. Dies ist nicht nur Folge meiner Neurodivergenz, also Konsequenz des Lebens als »unterdrückte Minderheit«, sondern hat Allgemeingültigkeit und hohe Relevanz für Problemfragen unserer Zeit. Lassen wir die KI unsere Welt erarbeiten, als Simulation, in der wir als subjektive Wesen nicht mehr vorkommen, weil wir den Arbeitsbegriff ausschließlich an Objekte und feste Werte koppeln, oder ist es Zeit für einen Bruch mit dem kapitalistischen Arbeitsbegriff? Soll ein auf Materialismus begründetes Herrschaftsprinzip uns weiter mit Hilfe menschenverachtender Bürokratie vereinheitlichen, oder brechen wir aus? Das sind die Fragen, die sich nun stellen.

REALITÄTEN-AUGE

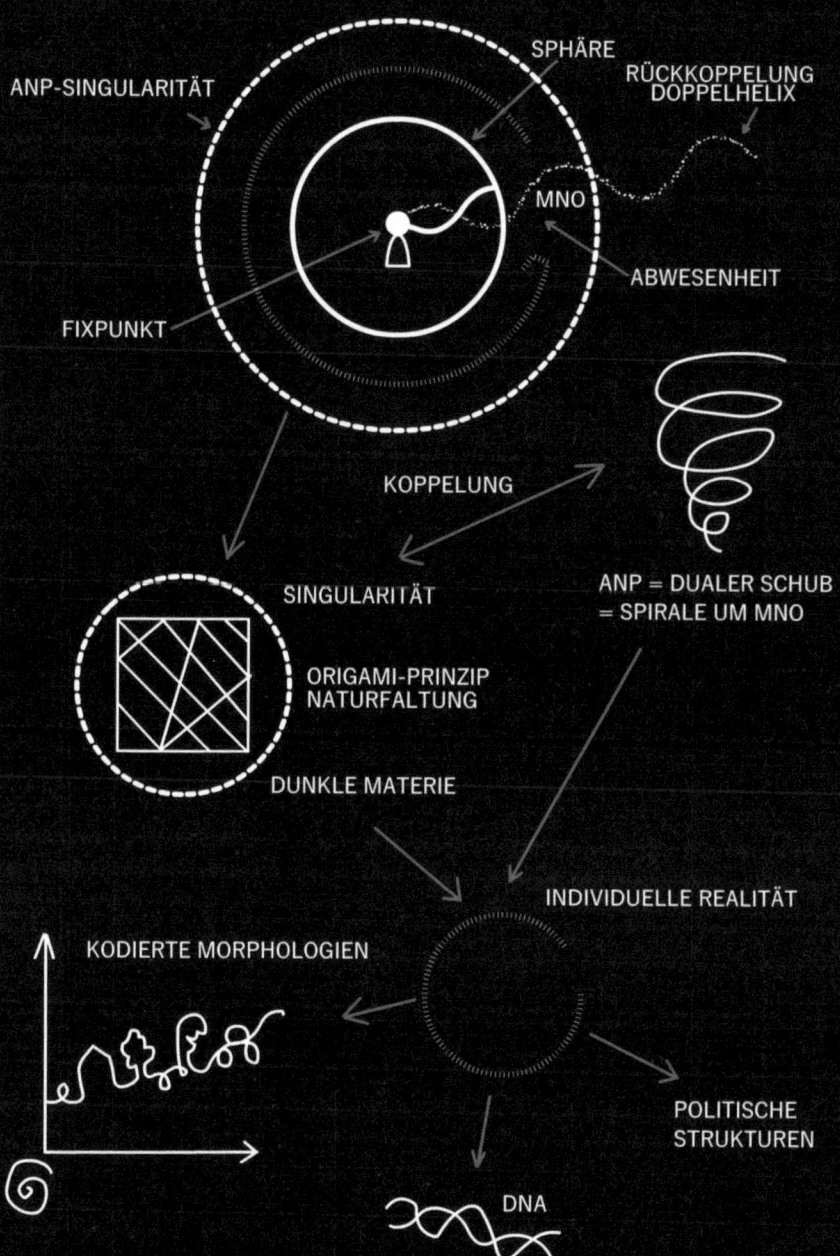

TAKE-AWAY BOX – KAPITEL »DAS MNO-MODELL &
DIE FRAGE DER FREIHEIT«

Dreiklang als Grundbaustein
Objekt (= Submergenz) – Wille (= Indimergenz) – Erleben (= Emergenz) formen einen zyklischen Wirk-Kern. Bewusstsein entsteht erst, wenn alle drei Pole gleichzeitig aktiv sind – der »Fixpunkt« pulsiert wie ein Origami-Knick im kontinuierlichen Blatt der Realität.

Freiheit = offene Lücke
Jede neue Handlung verortet sich an einer Abwesenheit (Singularität). Ohne diese leere Stelle kollabiert der Zyklus: Unternehmen werden zu »hohlen Objekten«, Menschen zu funktionsorientierten Avataren.

Arbeit als Brunnen-Metapher
Indimergenz lässt den Eimer hinab – Emergenz zieht ihn gefüllt wieder hoch. Wird der Eimer nur noch industriell kopiert, versiegt der Brunnen: Beziehungshandeln und Innovation trocknen aus.

Systemkritik mit physikalischem Unterbau
Von Prigogines dissipativen Strukturen bis zu Deacons Teleo-Dynamik zeigt das Kapitel: Stabilität braucht Durchfluss. Kapitalistische Fließbänder ersticken genau jene Instabilität, aus der Neues erwächst.

Praktische Pointe
Solange Arbeitsprozesse nur Objekte und Output zählen, bleibt Freiheit externalisiert – und KI kann uns ersetzen. Erst wenn Wille + Erleben als legitime Wertgrößen gelten, wird Arbeit wieder menschlich und zukunftsfähig.

EINE UNTERSUCHUNG DER ARBEIT

WARUM HANDELN WIR NICHT, SONDERN ARBEITEN NUR?

1

Während der Covid-19-Pandemie in den Jahren 2020/21 gab es einen beispiellosen Aufschrei in den Medien. Nicht wenige sprachen angesichts der mit den Maßnahmen gegen die Ausbreitung der Krankheit verbundenen Einschränkungen der Freiheitsrechte, vom Ende der Demokratie.

So schrieb der italienische Essayist und Philosoph Giorgio Agamben: *»Denn dieselben Behörden, die den Notstand ausgerufen haben, erinnern uns ständig daran, dass dieselben Weisungen auch nach dem Ende des Notstands zu befolgen seien und dass das Social Distancing – wie man es in einem vielsagenden Euphemismus nennt – das neue Organisationsprinzip der Gesellschaft darstelle. Und dass das, was man – guten Glaubens oder wider besseres Wissen – zu ertragen akzeptiert hat, nicht rückgängig gemacht werden könne.«*[4]

Ähnlich dieser oder auch anderer Empörung gab es unzählige TV-Sendungen, Artikel, Demonstrationen und sehr viele privilegierte Menschen sahen sich, als Verteidiger:innen der Menschenrechte dazu berufen, gewissermaßen lautstark die medizinischen Masken herunterzureißen, um gegen die in ihren Augen unfassbare Zumutung zu protestieren. Weil sie gezwungen wurden, zu Hause zu bleiben, weil sie sich nicht frei bewegen konnten, weil sie nicht mehr all ihre Wünsche befriedigt bekamen. Lokale und Gaststätten geschlossen blieben und unzählige Veranstaltungen abgesagt wurden. Mit dem Spaß war es erst mal vorbei.

Noch heute, so scheint es, rechtfertigen sich Politiker:innen für das, was damals geschah. So sagte die deutsche Bundesregierung, vor dem Europäischen Gerichtshof für Menschenrechte 2023, laut einem Artikel der Zeitung Welt: *»Die negativen Folgen für Kinder und Jugendliche seien erst im Nachhinein deutlich geworden – aus damaliger Sicht wäre die Maßnahme rechtmäßig gewesen.«*[5]

Kaum jemand aber hat festgestellt, dass die Einschränkungen, die sicherlich auch nicht selten empörend waren, zugleich oft notwendig, um Leben zu retten, scheinbar so sehr die Demokratie zu zerstören drohten, die Gesundheit von Kindern, für Menschen in Armut schon immer galten, also ständig gelten, für manche ein Leben lang.

---

4 Artikel in der Neuen Züricher Zeitung / 15.4.2020 / Giorgio Agamben zum Umgang der liberalen Demokratien mit dem Coronavirus: Ich hätte da eine Frage
5 Artikel in der Welt / Tim Röhn, Benjamin Stibi /online / 5.5.2023 / Regierung verteidigt Schulschließungen – „keine Menschenrechts-Verletzung"

Sie können nicht ins Restaurant gehen. Die Armen haben nicht das Geld, um zu verreisen. Ihre Kinder können sich nicht gleichermaßen entfalten. Sie werden in die Isolation gedrängt. »Social Distancing« ist ihre grundlegende Lebenserfahrung. Man nennt das auch Rassismus.

Was haben also die mehr oder weniger wohlhabenden weißen Menschen aus ihrer teilweise erstmaligen Ausgrenzungserfahrung während der Pandemie gelernt? Kaum war diese vorbei, wurde erneut das Kürzen von Mitteln in der Sozialhilfe gefordert, bis hin zu noch strengeren Sanktionen für Bezieher:innen von Bürgergeld[6], auch um die Kosten der Pandemie auszugleichen, als seien die Armen der eigentliche Virus, den es zu vernichten gilt.

2

Die österreichische Politikwissenschaftlerin Barbara Prainsack schreibt in ihrem Buch »Wofür wir arbeiten«: »*Wer in der Schule brav lernt, eine solide Ausbildung macht und hart arbeitet, der ist am Ende auch gut abgesichert. So heißt es – aber so ist es nicht. Work isn't working. Warum nicht?*«[7]

Was Prainsack hier darlegt, ist längst zur subtilen oder auch brachialen Angst der Mittelschicht geworden, die im Westen heute ihren Abstieg fürchtet oder bereits erlebt: »*Die amerikanische Journalistin Jessica Bruder schrieb 2017 ein Buch – »Nomadland« – über jene Lebenslüge, mit der Generationen von Menschen in den Vereinigten Staaten aufgewachsen sind: Nämlich, dass es in ihren Händen liegt, ob sie es schaffen oder nicht. Dass sie nur hart genug arbeiten müssen, um am Ende abgesichert zu sein. Millionen Menschen haben einen Kredit für ihr Studium oder für die Ausbildung der Kinder aufgenommen oder mit viel Arbeit und unter großen Entbehrungen ein Haus oder eine Wohnung gekauft. All das taten sie, weil sie annahmen, sie würden ihren Lebensabend gut abgesichert verbringen können. Sie würden zwar nicht in Saus und Braus leben, aber doch ein eigenes Dach über dem Kopf haben. Ersparnisse für die Ausbildung der Kinder und möglicherweise auch genug Geld, um nicht bankrottzugehen, wenn sie von Krankheit, einer Trennung oder anderen Lebenskrisen betroffen sind. Bruder beschreibt in ihrem Buch das Leben jener Menschen, für die diese Rechnung nicht aufgegangen ist.*«

Es zählt, das wird man wohl in Jahrzehnten feststellen, zu den größten politischen Irrwegen, dass man in der Politik und Gesellschaft die Frustration jener Menschen nicht gesehen hat, diese nicht ernst genommen wurde und schon gar nicht zu einer Infragestellung der ökonomischen Verhältnisse führte, sondern stattdes-

---

6 Die Bezeichnung der Deutschen Sozialhilfe, früher auch Hartz IV genannt.
7 Barbara Prainsack / Wofür wir arbeiten / S 12-13

sen in einen Rechtspopulismus, der nur noch mehr Leid und Chaos bewirkte. Meine Arbeit war und ist immer der Versuch gewesen, einen alternativen Weg für dieses Problem zu entwickeln. Also eine Arbeitsweise, die den ganzen Menschen am Leben hält.

Im Oktober 2024 erfuhr ich, dass ich ein Autist mit ADHS (AuDHD) bin. Zu diesem Zeitpunkt war ich 51 Jahre alt und hatte Jahrzehnte unter massiven Problemen gelebt und gearbeitet, weil ich mein Verhalten und das der anderen Menschen nicht verstand. Ich betrieb über fast drei Jahrzehnte hinweg auf eigene Kosten Forschung, ohne dafür je bezahlt zu werden. Dies führte zu meiner völligen Verarmung. Immer dachte ich, die Werte, die ich sah, die Zusammenhänge und Erkenntnisse, die würden auch von anderen als wichtig, als Beitrag anerkannt werden, meine Existenz somit irgendwann doch als wertvoll betrachtet. Dies traf leider nicht ein. Wie mir ergeht es nicht nur Autist:innen, sondern auch sehr vielen Kulturschaffenden. Ich zähle zur »Lost Generation«, also zu jenen Neurodivergenten, die erst sehr spät, wenn überhaupt diagnostiziert wurden und entsprechend ein Leben lang mit einem unsichtbaren Rollstuhl durchs Leben stolperten, mit tragischen Konsequenzen. Dies hier ist mein Zeugnis des Versuchs, als Mitglied einer Minderheit, dem eigenen Erleben der Welt und Wirklichkeit Relevanz und Zukunft zu geben.

3

Das hier vorliegende Buch beruht auf einer 10 Jahre dauernden Einzelfallstudie, in der ich selbst das Objekt der Untersuchung war, nachdem ich als Aktivist und Künstler wegen meines Engagements in die Armut geriet und in dem Kampf gegen die Institutionen einen neuen Arbeitsbegriff entwickelte, den ich als Künstler und Aktivist mit kreativen Mitteln durchzusetzen versuchte. Meine Intervention in das gängige ökonomische Modell beruhte auf umfangreichen psychologischen, künstlerischen, kommunikativen Methoden, die ich selbst entwickelte, in der Frage, wie Transformation durch Einzelne ohne Geld und Mittel stattfinden kann. Mein Fahrzeug auf dieser Reise war, was unter dem Begriff des »Artistic Research« bekannt ist, also die Kunst als Mittel der Forschung, in einem Ansatz der qualitativen Sozialforschung. Diese aufschlussreiche Untersuchung wird nicht als wissenschaftliche Studie präsentiert, nicht nur im akademischen Sinne bearbeitet, sondern als sehr persönlichen, poetischen Essay, der zugleich objektivierende Reflexion beinhaltet. Dies ist typisch für meine Arbeit der letzten 30 Jahre und basiert auf der Erkenntnis, dass besonders politischer oder sozialer Wandel nicht nur akademisiertes Wissen brauchen, sondern auch offenes Wissen, also Diskurswissen von Betroffenen. Dies ist ein Ansatz der qualitativen Forschung. Ich meine damit, dass es ein breites Spektrum des Wissens gibt und nicht jedes Wissen immer gleichermaßen hilfreich ist. Wir leben heute in einer scheinbar aufgeklärten Welt, aber versinken in Problemen der Identität, des Erlebens von Leid oder des Mangels an Hoffnung und Vision. Wir erleben besonders eine Unfähigkeit zur Erarbeitung komplexer Beziehungen. Auf der einen Seite steht das akademisierte Wissen, dass sich der Beweisbarkeit und Objektivierung vollständig unterwirft und am anderen Ende der Rohstoff an Erfahrungen, Messungen oder Beobachtungen. Dazwischen liegt ein Raum voller diverser und kontroverser Einsichten. Die Gesellschaft im demokratischen Sinne vermag mit rein akademischem Wissen oft wenig anzufangen, weil dieses in sich abgeschlossen, von Emotionen befreit, die Menschen nicht immer mitnimmt. Es zeugt selten vom Hadern mit Erkenntnis, von den vielen durchaus subjektiven Entscheidungen, die einen von der einen Relevanz fort, hin zur andern führen. Die Forschung wird verkündet, aber man ist als Bevölkerung nicht dabei, man erlebt nicht selbst, wodurch eine rein objektivierte Gesellschaft eine trügerische »Gewissheit« in sich trägt, die dem Individuum zur Gefahr werden kann. Die Wissenschaft bleibt neutral. Eine Statistik über Armut hilft den Armen aber nur bedingt, um ein Beispiel zu nennen, denn diese schafft zugleich eine Distanzierungsebene. Es muss das Wissen also manchmal näher an den Punkt (Fixpunkt) gebracht werden, an dem Berührung stattfindet, die als Emotionen, Streit und subjektiven Diskurse ausgelebt werden kann, weil Rassismus, Unrecht, Gewalt, das sind keine abstrakten Begriffe, sondern Zustände und Beziehungsformen, die haptische, sinnliche, emotionale Anteile haben, Momente von Erschöpfung, von Länge, von Verzweiflung und Irrungen geprägt sind. Tun wir so, als wäre das alles glasklar zu rationalisieren, somit simpel zu verhindern, gar zu kommunizieren, werden wir der Wirklichkeit nicht gerecht.

Der Mensch verarbeitet Wissen nicht, wie die Wissenschaft es tut, sondern benötigt dazu mehrere Ebenen des Erlebens und Verarbeitens. Wissen ist kein Produkt, sondern ein Prozess. Darum ist Wissen denkbar ungeeignet für kapitalistische Märkte, denn das »beste Wissen«, das teuerste Wissen wird im demokratischen Sinne nicht selten zum nutzlosen Wissen, während das Wissen derer, die erlebt haben, die sich mit einem Problem identifizieren, welches zugleich zu deren Stigmata wird, zum Auslöser ihrer Marginalisierung in einer für den Erfolg getrimmten Gesellschaft werden kann. Der Erfolg wiederum ist eine primitive Kategorie. Oft ungeeignet, etwas Relevantes über die Wirklichkeit auszusagen. Man stelle sich nur die Frage, zu was für einer Welt uns all die Milliardär:innen geführt haben.

Die von mir hier verfolgte Form der Wissensvermittlung und Gewinnung ist eine Herangehensweise, wie sie im Artistic Research häufig zur Anwendung kommt. Aber auch bei Autoethnografie. Bei dieser handelt es sich um eine qualitative Forschungsmethode, bei der Forschende ihre eigenen Erfahrungen und Geschichten nutzen, um kulturelle, soziale oder politische Phänomene zu untersuchen und zu verstehen. Es handelt sich dabei um eine Kombination aus Autobiografie und Ethnografie[8], bei der die persönliche Reflexion des Forschenden mit der Analyse größerer kultureller Zusammenhänge verknüpft wird.

Daher ist dieses Buch eine Grundlage für Forschung im wissenschaftlichen Sinne, zugleich aber eine Forschungsform, die vorwiegend auf die Pflege von öffentlichen Diskursen ausgerichtet ist, somit auch mit Provokationen, Aktivismus und kreativen Momenten spielt. Zu viel Objektivierung führt nicht selten zu einer wenig hilfreichen Überhöhung der eigenen Position. Darum aber geht und ging es in meiner Arbeit der letzten Jahrzehnte nicht. Ich möchte darstellen, ausdrücken, reflektieren und nicht nur objektivieren. Manche mögen sich fragen, wozu das gut sein soll, als könne man die Welt aus objektiven Bausteinen allein konstruieren, als sei die Subjektivität etwas Sinnloses, ein Unfall der Evolution. Will man jedoch Ökosysteme verstehen, muss man Vielfalt verstehen und die Subjektivität ist ein Mittel der Natur, um maximale Vielfalt herzustellen und zu erhalten. In der Subjektivität steckt sehr viel Intelligenz, ein kreatives Potenzial, welches wir nicht unterschätzen dürfen.

Donna J. Haraway – Staying with the Trouble (2016) – erklärt, dass wirkliche Erkenntnis nur dort entsteht, wo Forschung «im Gestrüpp der Welt» verweilt, statt sich in distanzierter Objektivierung zu retten; sie fordert provokativ ein ›Verstricken‹ von Wissenschaft, Aktivismus und kreativer Spekulation. Patricia Hill Collins – Black Feminist Thought (1990/2000) – weist darauf hin, dass Subjektivität und Erfahrung zentrale Wissensquellen sind, ohne die gesellschaftliche Ökosysteme blind für Machtasymmetrien bleiben; sie zeigt, wie dialogische Diskurse wissenschaftliche Autorität dezentrieren. Catherine Ellis / Tony E. Adams / Stacy Holman Jones – Autoethnography (2017) – zeigen, wie autoethnografische Praxis aktivistisch-provokative Momente nutzt, um Diskurse anzuregen; sie betonen, dass das Ziel nicht Objektivierung, sondern reflektierendes Sichtbar-Machen komplexer Lebensprozesse ist. Isabelle Stengers – Another Science Is Possible (2018) – be-

---

8 Autoethnografie ist eine qualitative Forschungsmethode, die persönliche Erfahrung („auto") gezielt als analytisches Material einsetzt, um kulturelle Praktiken („ethno") zu beschreiben und zu interpretieren („graphy").[1] Dabei wird der*die Forschende selbst zum Teil des Feldes – durch rigorose Reflexivität soll erkennbar werden, wie individuelle Wahrnehmungen, Gefühle und Handlungen in soziale Normen eingebettet sind. Anstelle distanzierter Beobachtung verbindet Autoethnografie autobiografisches Erzählen mit kulturanalytischer Verdichtung und will so „Menschen im Prozess des Sinnfindens" zeigen.[2]

[1] Vgl. T. E. Adams, C. Ellis & S. Holman Jones: Autoethnography, in: The International Encyclopedia of Communication Research Methods, 2017.

[2] C. Ellis: The Ethnographic I: A Methodological Novel about Autoethnography, Walnut Creek 2004.

tont, dass Wissenschaft, die Subjektivität ausblendet, ihre ökologische Intelligenz verliert; sie fordert eine »slow science«, die Vielfalt als kreatives Potenzial begreift und öffentliche Auseinandersetzung als methodischen Kern annimmt. bell hooks – Teaching to Transgress (1994) – erklärt, dass Lernen und Forschen politische Akte sind; subjektive Erfahrung werde zum Vehikel kritischer Reflexion und könne, richtig eingesetzt, Unterdrückungsverhältnisse destabilisieren und neue Handlungsräume eröffnen. Karen Barad – Meeting the Universe Halfway (2007) – zeigt, dass Beobachtende immer Teil des Experiments bleiben; sie nennt Objektivität ein »account-ability«, das nur durch Anerkennung der eigenen Einbettung in materielle Diskurse möglich wird. Paulo Freire – Pedagogy of the Oppressed (1968/1970) – weist darauf hin, dass echte Erkenntnis dialogisch ist und erst aus der »bewussten Subjekt-Positionierung« der Beteiligten wächst; reine Wissensvermittlung ohne Selbst-Reflexion reproduziere Herrschaft, statt sie abzubauen.

Vor diesem Hintergrund agiere ich in diesem Buch als Aktivist und Künstler wie ein Schauspieler, ein Medium, welches sich bereit erklärt in eine Situation, in eine Versuchsanordnung zu gehen, die hier »staatlich organisierte Gewalt« heißt, oder »die Zukunft der Arbeit« und in dieser Anordnung lebe ich Ihnen vor, welchen Kräften ein Mensch darin unterliegt und welche Antworten sich in dessen Widerständen zeigen. Ich bin die Versuchsratte der Transformation, die Sie bei der Arbeit beobachten können. Ich nenne dies das »dritte Wissen«. Ich bin kein Opfer, das in diesen Prozessen wie das Versuchstier unwissend wäre. Sondern ich habe eine subjektive und eine observierende Perspektive. Ich bin ein Untersuchender. Aber das Instrument, welches ich benutze, das bin ich selbst. Entsprechend bitte ich Sie, mir gegenüber den angemessenen Respekt zu zeigen. Denn diese Aufgabe ist alles andere als leicht, gar ohne Schmerzen, denn ich muss mich dafür auch im Angreifbaren bewegen. Folgen Sie mir also nun in die Darbietung einer Erfahrung des provozierten Scheiterns, der provozierten Empirie, in dem Versuch, die Arbeit und Wertverteilung neu zu erfinden. Lernen Sie von dem, was ich versuchte! Dies kann ein sehr viel reichhaltigeres Wissen sein, als die reine Präsentation von objektivierten Ergebnissen, die dann wenige Jahre später wieder infrage gestellt werden müssen, weil das Leben nun mal sehr komplex ist. Überspringen wir das Bedürfnis nach Sicherheit und suchen wir die lebendige Beziehung!

4

Im Sommer 2010 stand ich vor der Zentrale der Firma Red Bull in Fuschl (Österreich) und drohte damit, vor der versammelten Weltpresse einen Stier zu töten, um die Menschheit wach zu machen. Das jedenfalls erzählte ich der Vorzimmerdame von Dietrich Mateschitz, einem der zwei Gründer von Red Bull, legte ihr das Konzept auf den Tisch und verließ die Weltzentrale des Unternehmens wieder, um eine mehrere Jahre dauernde Intervention mit Red Bull zu beginnen. Es folgten Tage, Wochen, Monate, Jahre, in denen das Unternehmen versuchte, mich einerseits an der Durchführung zu hindern, denn es wäre möglicherweise das Ende der Marke gewesen, andererseits führte man mit mir umfangreiche Debatten über die Zukunft der Ökonomie, um mich bei Laune zu halten und um Zeit zu gewinnen. Was ich tat, war durch die Kunstfreiheit gedeckt. Es entstand ein Zyklus von Abwehr, Wut, Verzweiflung bis hin zu Anerkennung und Dialog. Was sich damals zeigte, war eine Versuchsanordnung in der Frage, ob ein einzelner Mensch den Kapitalismus zu Fall bringen kann. Die Firma Red Bull, ein Konzern, der überwiegend auf Marketing beruht, hatte davor sehr viel Angst. Man hielt es beispielsweise für

notwendig, mich darauf hinzuweisen, dass die Antiterroreinheit Cobra mich aufhalten würde, sollte ich als Künstler uneingeladen das Firmengelände ein weiteres Mal betreten.

Dass Kunst diese Macht entfalten kann, das haben die Leute heute vergessen und nur in Diktaturen weiß man, weshalb man die Gefängnisse vorsichtshalber mit Künstler:innen füllt. Dies gilt auch für Autist:innen, die überall in der Menschheitsgeschichte für Veränderung verantwortlich waren, die man vonseiten der Macht nicht wollte. Sehr viele Aktivist:innen sind Autist:innen mit neurodivergenten Gehirnen, die Unrecht kaum ertragen. Will man den Fake überwinden, muss man die Künstler:innen ihre Arbeit machen lassen. Wissenschaft oder Journalismus, die Ebenen des objektiven Diskurses sind starke Kräfte im Dienst an der Wahrheit, aber die Kunst schafft Unmittelbarkeit, Emotion, Konflikt und Bruch. Sie wandelt und pflegt durch das Neue, nicht durch Vernunft oder Rationalität. Die Kunst ist oft nicht berechenbar. Sie nimmt gleichzeitig Veränderung vorweg. In diesem Vorwegnehmen liegt ein starkes Mittel, um gesellschaftliche Entwicklungsprozesse zu modulieren und zu gestalten.

Ich betone dies, da vieles in diesem Buch jene irrationale Kraft zeigt, die notwendig und hilfreich wurde, weil Wissenschaft und Journalismus an dieser Stelle versagten. Denn manchmal reicht es nicht über etwas zu schreiben, oder zu berichten, wie über die Umweltzerstörung durch den Kapitalismus, sondern es ist erforderlich, sich als ganzer Mensch in die Bruchstelle zu begeben und den Konflikt nicht von außen zu kommentieren, sondern von innen auf eine Weise zum Ausdruck zu bringen, die klärt, sichtbar macht und den Diskurs schärft.

Diese Technik, Profession, dieses Handwerk ermöglicht es, Konflikte unmittelbar mit Menschen vor Ort auszuhandeln und Prozesse anzustoßen, die zur Veränderung führen können. Die Wissenschaft weiß heute viel über die Ursachen von Rechtsradikalismus, aber ich habe Rechtsradikale über Jahre provoziert, mit ihnen und gegen sie gearbeitet, sie in eine Inszenierung verstrickt, vorgeführt, eingebunden und neu zu integrieren versucht, um nicht nur den Status quo erkennbar zu machen, sondern eben auch Einblicke in Wege der Überwindung und Heilung des Hasses. Das hat eine andere Qualität und erfordert persönliche Opfer, ja einen tiefen Glauben an den Menschen. Mein Fachgebiet sind transformative Prozesse mit Mitteln der Kunst, die sowohl Forschung als auch Aktivismus, Therapie oder Gesellschaftscoaching bedeuten können.

In den vergangenen 20 Jahren ging ich daher als Arbeitsforscher in viele Firmen, arbeitete unaufgefordert mit, wurde hinausgeworfen, und machte dennoch damit weiter, eine »Arbeit« durchzuführen, die auf radikal andere Werte setzte. Warum tat ich das? Weil nur dieser Akt der direkten Verhandlung von alternativer Handlungsweise unsichtbare Beziehungen, Widersprüche, Alternativen und Abgründe zwischen Menschen und Ökonomie sichtbar machte. Es zeigte, wie sich Konzerne gegen die Anerkennung alternativer Werte und Relevanzen mit Gewalt wehrten und was passierte, wenn einzelne Menschen diese anderen Werte durch Provokation in die Ökonomie wieder einführten. Wenn Kunst diskutiert, dann nicht in Distanz, sondern mittendrin.

Luc Boltanski & Ève Chiapello – The New Spirit of Capitalism (1999) – weisen nach, dass das kapitalistische System alternative Wertlogiken nur absorbiert, solange sie profitabel sind – und sich mit institutioneller Gewalt gegen Akteurinnen stellt, die radikal andere Maßstäbe (Solidarität, Care) in die Ökonomie einbringen. Stephen Duncombe & Steve Lambert – The Art of Activism (2021) – erklären, wie künstlerische Interventionen in Unternehmen und öffentliche Räume »mittendrin« wirken: Durch performative Provokation zwingen sie Organisationen, bislang verdrängte Konflikte zwischen Mensch und Markt auszuhandeln. Mierle Laderman Ukeles – »Manifesto for Maintenance Art« (1969/1997) – macht deutlich, dass das direkte Einschleusen alternativer Tätigkeitslogiken (Pflege, Erhaltung, Fürsorge) in institutionelle Strukturen deren hierarchische Wertordnungen aufdeckt und herausfordert. Augusto Boal – Theatre of the Oppressed (1974/1993) – zeigt, dass nur eine »Theaterpraxis im Handgemenge« – also performatives Handeln innerhalb der realen Machtarchitektur – versteckte Dynamiken von Unterdrückung enthüllt; Distanztheater hingegen bestätige lediglich den Status quo. The Yes Men – Yes Men Fix the World (Film & Begleitbuch, 2009) – dokumentieren, wie infiltrative Aktionen in Konzernen (Dow Chemical, Exxon) alternative Werte systematisch bloßlegen und zugleich den rigiden Selbstschutz profitorientierter Organisationen sichtbar machen. Nicolas Bourriaud – Relational Aesthetics (1998) – argumentiert, dass künstlerische Praxis, die soziale Beziehungen »in echt« erzeugt statt repräsentiert, den ökonomischen Rahmen störend überschreitet und damit nicht nur beobachtet, sondern praktisch verhandelt, wie Wert neu verteilt werden kann.

Ich bewarb mich beispielsweise als Erwerbsloser für den Posten des Intendanten des staatlichen TV-Senders ZDF, um die Hierarchie der Jobvergabe zu hinterfragen. Das ist etwas komplett Anderes als Studien über die Zukunft der Arbeit zu formulieren. Unzählige Millionär:innen und Manager:innen wurden von mir in Briefen und Aktionen mit Fragen und Provokationen konfrontiert, die darauf abzielten, Wertschöpfung breiter zu verstehen. Zugleich versuchte ich Wert in einem umfassenderen Sinne zu generieren und mich komplexer Verantwortung zu stellen. Ich sah Probleme in der Ökonomie voraus und reagierte direkt darauf, als könnte ich etwas daran ändern, nahm die Funktion von Kunst und Forschung ernst, wurde schließlich auch zum Aktivisten, was nur ein anderes Wort für »Manager einer Transformation« ist.

Zwanzig Jahre lang erarbeitete ich reale Werte und Relevanzen, pflegte öffentliche Diskurse und verursachte Probleme sowie Skandale sichtbar. Das war mein autistisches Spezialinteresse, meine Obsession. Das alles aber taugte nicht, um damit Geld zu verdienen, sprich der Markt wollte diese aufklärende, forschende Arbeit nicht, weil sie Wert zu etwas machte, was für jeden zugänglich war. Denn Missstände, an denen man arbeiten konnte, gab es überall. Das aber lag nicht im Interesse des Kapitalismus. Das hätte die Bedürfnisse von Menschen von einzelnen marktfähigen Produkten hin zu nachhaltigen aber zunächst sperrigeren und konfliktreichen Lösungen verlagert, mit denen man keine Umsätze steigern konnte, weil die Arbeit an allen erdenklichen Relevanzen den Wert in der Breite verteilte, somit einer Konzentration von Wert entgegenstand. Ich zeigte also wie man einfach in die Firmen gehen konnte, sie kreativ dekonstruieren konnte, um selbstbestimmt Wert zu schaffen, der in Konkurrenz zu den »Ersatzprodukten« trat. Die Jobs, die ich hatte, behielt ich entsprechend nicht sehr lange. Ich flog überall raus. Dabei aber stand immer die Frage im Raum, was eigentlich angemessene, relevante Arbeit ist. Natürlich ist nicht alles ein Ersatzprodukt, aber dieser Diskurs um die Frage »echter Relevanz« oder »echter Werte« wird in der Regel im Automatismus und Opportunismus der Jobs nicht geführt, was eine Verzerrung der Realität darstellt. Diese Art der alternativen Wertschöpfung bedrohte Weltkonzerne wie Red Bull in ihrer Macht und ihrem Selbstverständnis, denn meine Zerstörung des Konzerns, durch die öffentliche Hinrichtung eines Stiers, als dem Symbol der Märkte, mit Verweis auf den Wert einer Aussage wie: »Der Stier ist tot, es lebe der frei mitgestaltende Mensch«, hätte als weit bedeutender, als weit relevanter und wertvoller angenommen werden können als der Börsenwert des Unternehmens an sich. Aus der Sicht der Menschheit war es, unabhängig von dem armen Stier, den ich natürlich nie töten wollte, durchaus lohnend, einen Konzern wie Red Bull durch negative PR auszulöschen, um eine prägnante Message in alle Medien zu bringen, die uns alle betrifft. Plötzlich wurde Relevanz zu einer beweglichen Ware im Kampf um Macht und Einfluss auf der einen Seite und dem Bedürfnis nach Mitbestimmung der Menschen auf der anderen. Die Frage von Self Empowerment stand im Raum. Die Grundlage einer humanen und gerechten Umverteilung von Wert und Relevanz. Ich wollte nicht dominieren, sondern den Diskurs ermöglichen. Damals wusste ich wie gesagt nicht, dass ich ein Autist bin. Autisten sehen die Dinge in einer rationalen Klarheit, die Neurotypischen oft verborgen bleibt und im Rückblick ist mein Verhalten auch dadurch zu erklären, dass ich der unverblümten Logik folgte und eben nicht den Konventionen einer Welt, die immer mehr damit klarkam, massive Gewalt zu verharmlosen, um den Apparat am Laufen zu halten. Die Antwort der Gesellschaft auf die Tatsache, dass ich als Künstler und Aktivist über Jahrzehnte überwiegend unbezahlt an den Fragen von »echtem Wert« (als Diskursgrundlage) arbeitete, was sich nach Singers Prinzip, des Ethikforschers Peter Singer, aber auch nach Kants kategorischem Imperativ als unbedingte Notwendigkeit begründen lässt, war meine Bestrafung, weil ich als Folge verarmte. Diese Schachmattsituation ist der Grund, weshalb humane Veränderung in unserer Welt fast immer scheitert. Wir geben auf, sobald etwas kein Geld verspricht, weil Belohnung mit »richtigem Verhalten« gleichgesetzt wird. Wir machen uns zu wenig klar, dass der Fehler beim Prinzip der Belohnung liegen könnte. Neurotypische Menschen sind sehr empfänglich für Belohnungen und der damit verbundenen Korrumpierung durch den Druck der Gruppe. Autist:innen verstehen oft nicht, wie man so schwach sein kann, sich durch eine Belohnung erpressen zu lassen, etwas zu tun, was grundlegend falsch ist. Denn in meinem neurodivergenten Wahrnehmungsmodus eröffnet sich mir – nach Gibson gesprochen – nur ein extrem enges Affordanz-Feld[9], in dem jene Handlungsmöglichkeit in Bezug und Verantwortung gegenüber dem eigenen Erleben, schlicht die einzige leib-kognitiv zugängliche Option bleibt; jeder Auftrag, dem bloßen Geldreiz zu folgen, liegt außerhalb dieser affordierten Landschaft und fühlt sich für mich so unerreichbar an wie Klettern an einer glatten Glasscheibe.

Martin Luther King prägte den Begriff »Creative Maladjustment«, also der kreativen Fehlanpassung. Damit gemeint ist eine Verweigerung sich problematischen Strukturen anzupassen, sowie der Versuch mit Kreativität die Zustände sichtbar zu machen, und die Bereitschaft dafür hohe persönliche Opfer zu bringen, wie Armut oder Ausgrenzung, sowie das Erkennen eines potenziellen und verfolgbaren Weges der Veränderung. Was ich tat, war nichts anderes, in einer Mischung aus bewusster Weigerung und meiner Neurodivergenz, die ich nicht abstellen konnte, die mich zwang die Fehler des Kapitalismus klar und deutlich zu sehen, sowie die damit verbundene Gewalt gegen Minderheiten, das Ökosystem und den Menschen im Allgemeinen.

Es ist für die Leser:in hier wichtig zu verstehen, dass die Annahme, nur bezahlte Arbeit sei echte Arbeit, ein fundamentaler Irrtum ist. Handeln und Wirkung finden auch jenseits bezahlter Jobs statt. Wir müssen als Gesellschaft die Tatsache anerkennen, dass es Menschen gibt, die glücklicherweise gegen Unrecht anarbeiten,

---

9 Affordanz bezeichnet nach James J. Gibson die relationalen Handlungs-Möglichkeiten, die eine Umwelt einem konkreten Organismus aufgrund seiner körperlichen Disposition und aktuellen Ziele bietet; sie werden nicht erst kognitiv konstruiert, sondern »direkt« wahrgenommen (Gibson, The Ecological Approach to Visual Perception, 1979).[2] Diese Perspektive macht erklärbar, warum autistische Personen ein engeres, hochspezialisiertes Affordanz-Feld erleben und Tätigkeiten außerhalb dieses Feldes als leiblich »unzugänglich« empfinden.

auch wenn sie dafür nicht bezahlt werden und die Tatsache, dass sie dafür nicht bezahlt werden, nicht bedeutet, was sie täten, wäre weniger relevant oder weniger verantwortlich. Diese Menschen sind auch nicht verrückt, oder wollen sich nicht anpassen, sondern für sie ist nicht nur die Relevanz der Probleme, an denen sie arbeiten real, sondern auch der damit verbundene Schmerz sowie das Erkennen der eigenen Wirkmächtigkeit in der Herausarbeitung einer konstruktiven Lösung des Problems. Diese Menschen glauben, sie könnten eine Alternative erreichen, inspirieren, ermöglichen oder mitgestalten. Es mag also, was ich tat, für mache irre erscheinen. Für mich war die Sache eine Frage von Leben und Tod. Nicht nur, weil ich ein Autist bin. Ich erkannte eine für mich reale Lösung in einer Abkehr von der Erwerbsarbeit, eine Notwendigkeit, um zu einer wesentlich fruchtbareren und nachhaltigeren Ökonomie zu gelangen. Was ich tat, war aus meiner Sicht ein Wirtschaftsförderungsprogramm, auf der Suche nach authentischem Wert.

Mein Tun schien aber für sehr viele Menschen da draußen ein Verrat an den kapitalistischen Prinzipien zu sein. Nichts ist gut, wenn es kein Geld bringt. Das aber ist, es wird in diesem Buch von Kapitel zu Kapitel sichtbarer, objektiv falsch. Es existiert ein gewisses Ausmaß an Lüge, an Betrug im Kapitalismus, welches sich Simplifizierungen bedient, sowie Rassismen, um sich zu konstruieren. Bedrohlich für Konzerne und Staat wurde meine Auseinandersetzung daher immer dann, wenn ich aufzeigen konnte, dass vom Markt behaupteter Wert nicht realer Wert (meist verkürzt) war und ist und vom Markt entwertete Menschen auf diesen Betrug hinweisen können, ja müssen, soll sich je etwas ändern und dieser Hinweis muss konkret und unmittelbar sein, sowie kreativ, muss vor Ort in den Firmen, Behörden und staatlichen Stellen direkt demonstriert werden. In Anklage und Aufdeckung des Verhaltens von konkreten Personen, die sich der Lügen des Kapitalismus bedienen, um wiederum andere Menschen zu entwerten. Die Erwerbslosen sind weder zu 100 % wertlos, noch sind die Reichen zu 100 % wertvoll. Das im Leben selbst zu untersuchen ist etwas sehr anderes als ein akademischer Diskurs über das Unrecht in der Welt. Ich ließ mich als Künstler und Aktivist also nicht abstrakt und aus der Ferne enteignen, schon gar nicht von einem indirekt wirkenden Markt, sondern stellte jene Personen, die mir Wertlosigkeit bescheinigen wollten und konfrontierte sie in den Institutionen und Firmen mit ihrer Lüge. Gleichzeitig wurden sie eingebunden in die Vision einer anderen Arbeitsweise und einer anderen Bewertung von Wert, Mensch und Beitrag. Dazu zählten Beamte, Staatsanwälte, Richter:innen, Millionär:innen oder Politiker:innen. Ich beugte mich also nicht der Gleichung: »Was kein Geld bringt, ist nichts wert«, sondern moderierte einen Diskurs, ich gehe in den folgenden Kapiteln sehr genau darauf ein, an dessen Ende wir alle Wert hätten. Psychologisch war das äußerst herausfordernd, denn somit wurde meine Arbeit vom Staat im späteren Verlauf sogar als kriminelle Handlung angesehen. Wodurch sich zeigte, dass der Kapitalismus fiktive Schuld wie konstruierten Reichtum in politische Kategorien von Macht übersetzte, wie die Kriminalisierung der Armen. Aus Schulden in einem abstrakten und teilweise irren System wurde reale Schuld. Ähnlich einer von Religion geprägten Polizei und Justiz herrscht auch in Deutschland, wie in vielen anderen Ländern des Westens, eine Justiz, die ideologisch den Kapitalismus, also die Entscheidung von Märkten, als legitimes Gericht betrachtet. Man fragt nicht nach den komplexen Ursachen der Armut. Nach dem Unrecht der Armut. Dieses wird von deutschen Gerichten, wie wir später sehen, gelöscht. Der Migrant, der Marginalisierte, die schwarze Frau ist schuldig, der Arme ist schuldig, weil der Markt dies aussagt. Was aber ist, wenn man aus legitimen und wichtigen Gründen verarmt ist oder arm gemacht wurde? Wird der Beitrag eines Menschen dadurch automatisch wertlos, wie in der deutschen Rechtsprechung immer wiederzusehen? Nein. Die Frage von Wert ist im höchsten Maße individuell, wir beantworten sie jedoch mit einem stereotypen System, dem einzelne Menschen egal sind.

Doch warum verdiente ich kein Geld? Warum suchte ich mir nicht einfach einen Job? Wenn meine Arbeit nicht wettbewerbsfähig war. Offenbar unterlag ich aus gutem Grund? Konnte man vielleicht doch mein ökonomisches Scheitern mit einer tatsächlichen Wertlosigkeit gleichsetzen?

EINE FRAGE DER VERANTWORTUNG

Mir geht es um die Unterscheidung von zwei Dingen. Verantwortliches Handeln und Erwerbsarbeit. Beide Zuweisungen gehören nicht zur selben Kategorie, gar bedeuten sie dasselbe. Wird Erwerbsarbeit aber grundsätzlich als verantwortliches Handeln dargestellt und durch Honorierung als scheinbar »gut und richtig« gelabelt, weil doch belohnt, dann wird die Frage von Verantwortung in der Arbeit nicht mehr gestellt. Und das ist ein Problem.

Dann lassen wir die Millionen Opfer des Marktes allein, was eine symbolische Gewalt ist. Man muss daher klar sagen, dass wer nicht die Frage stellt, ob das Verhalten in der Ökonomie verantwortlich ist, sondern dies in der Belohnung von Erwerbsarbeit impliziert, die Gewalt mitträgt.

Hannah Arendt – »Vita activa oder Vom tätigen Leben« (1958) unterscheidet strikt zwischen Arbeit (bloßes Lebenserhaltungsprozedere) und Handeln (verantwortliche, weltschaffende Praxis) und betont, dass moralisch-politische Verantwortung eben nicht aus der Vergütung von Tätigkeit folgt, sondern aus ihrer Wirkung im gemeinsamen Raum. Frithjof Bergmann – Neue Arbeit, Neue Kultur

(2004) – erklärt, dass Erwerbsarbeit im industriekapitalistischen Sinn nur selten »verantwortliches Tun« darstellt; wahre Verantwortung beginne dort, wo Menschen frei gewählte, sinnstiftende Aufgaben verfolgen – unabhängig vom Lohn. Silvia Federici – Revolution at Point Zero (2012) – weist darauf hin, dass das kapitalistische Lohnsystem Care- und Reproduktionsarbeit systematisch entwertet und dadurch die Frage nach sozialer Verantwortung verschleiert; Bezahlung werde zum Scheinsiegel von »Gut und Richtig«. Nancy Fraser – Fortunes of Feminism (2013) – betont, dass kapitalistische Gesellschaften Verantwortung in Geldbeziehung übersetzen und damit jene »Millionen Opfer des Marktes« zum Schweigen bringen, deren unverzichtbare Beiträge (etwa Sorge-Arbeit) außerhalb der Lohnform liegen.

Das bedeutet, dass kaum etwas im Vorfeld drängender zu klären ist als die Frage, ob im Job tatsächlich verantwortungsvoll gehandelt wird, unabhängig von dem Umstand der Bezahlung. Das aber führt in der Praxis dazu, dass man eine Arbeit an und in den Firmen beginnt, die diese nicht haben wollen, weil das ökonomische Modell sie zwingt, umsatzorientiert zu handeln, statt im Sinne des größeren Ganzen. Karl Polanyi – The Great Transformation (1944) – zeigt, dass Unternehmen im liberalen Marktregime systemisch gezwungen sind, Profitlogiken über Gemeinwohlabwägungen zu stellen; wer diesem Zwang widerspricht, schafft erst den Raum für gesellschaftliche Selbstregulierung jenseits bloßer Umsatzmaximierung. André Gorz – Kritik der ökonomischen Vernunft (1989) – erklärt, dass aus reiner Umsatzorientierung »objektiv kein Allgemeinnutzen« folgt, sondern ökologische und soziale Kollateralschäden; konstruktive Arbeitsverweigerung werde daher zur legitimen Strategie, um alternative Wertmaßstäbe einzuführen. Da man also von der Umsatzorientierung heute objektiv keinen Allgemeinnutzen ableiten kann, weil die Nebenwirkungen längst umfassend erforscht und Inhalte zahlreicher kritischer Debatten über den Kapitalismus sind, steht man als Einzelner im Arbeitsmarkt vor einem konkreten Problem, welches man auf zwei Arten angehen kann. Man sieht weg und macht einfach überall bei allem mit, oder man riskiert Reibung und Konflikte. Kathi Weeks – The Problem with Work (2011) – meint, dass Arbeitsverweigerung mit utopischer Absicht eine demokratisierende Praxis ist: Sie irritiert Unternehmensstrukturen, die »Erfolg« nur in Umsatz messen, und eröffnet kollektive Debatten über Verantwortlichkeit. Diese Abweichungen sind objektiv eben weder falsch noch verantwortungslos, sondern notwendig. Sie sind eine andere Form von Arbeit und Beitrag. Wir müssen »Arbeitsverweigerung« als etwas Legitimes und Wertvolles betrachten, wenn diese eine konstruktive Absicht hat, was Arbeit mit demokratisierten Werten verbindet, statt allein mit der Frage von Erfolg und Umsatz. James C. Scott – Weapons of the Weak (1985) – weist darauf hin, dass Mikro-Konflikte und subtile Verweigerungsakte in Firmen nicht irrational sind, sondern notwendige Formen gesellschaftlicher Selbstverteidigung gegen Marktzwänge, die menschenfeindliche Nebenwirkungen ignorieren. Giorgos Kallis – Degrowth (2018) – betont, dass dauerhafte Umsatzsteigerung kein Garant für Wohlstand ist; er sieht bewusst provozierte »Reibungen« – von Streik bis langsamer Arbeit – als legitime Mittel, um Wirtschaft auf das »größere Ganze« statt auf Wachstumszahlen auszurichten.

Meine Aufgabe als Künstler ist es nicht, nimmt man die Kunst ernst, wie auch die Wissenschaft, simple Lösungen zu bieten, sondern den Bezug zur Realität zum Reifen zu bringen. Die Frage von Relevanz und Leistung ist eines der größten Missverständnisse der modernen Ökonomie überhaupt, die Leistung nur dann als relevant erachtet, wird sie monetär belohnt.

Wir leben aber, siehe die Klimakrise und die vielen sozialen und ökologischen Konflikte, in einer Zeit, in der kaum etwas wesentlicher sein könnte, als die Frage, wie wir zu angemessenem Handeln gelangen. Die Erwerbsarbeit taugt nicht als Antwort auf die Frage des Überlebens. Wir lösen die Probleme dieser Gesellschaft sicher nicht, indem wir brav unsere Jobs machen. Intelligenz, Verantwortung, soziales Mitgefühl, das spielt sich heute an anderer Stelle ab. Warum handeln wir nicht, sondern arbeiten nur? Diese Frage gilt es hier zu beantworten.

EIN SICHTBARMACHEN DES UNRECHTS

Die Natur, ich möchte dazu kurz ein Beispiel anführen, gibt uns viele Farben. Blau, rot, gelb, grün und all die Mischfarben. Betrachten wir eine Versuchsanordnung, in der die Menschheit in Gruppen unterteilt ist, die jeweils eine Farbe vertreten, in Anlehnung an Talente und Fähigkeiten, die sie zur Verfügung haben und man dann festlegt, dass die Leistung darin besteht Violett zu produzieren, und zur Aufgabe stellt, dies in einem freien Markt zu lösen, indem aber nur mit Farben bezahlt werden kann, oder mit Prostitution, dann wird zwischen Blau und Rot, also dem woraus Violett gemischt werden kann, reger Handel entstehen, während Grün und Gelb nur durch Prostitution überleben können. Nun stelle ich die Frage. Wer leistet mehr? Wer handelt verantwortlich? Ist nicht das Handeln von Blau und Rot die Wurzel massiven Unrechts? Und wie bildet sich diese Leistung im Wohlstand ab?

Diese Fragen sind nicht nur hier in einer Weise absurd, die an Trickbetrug denken lässt, sondern jeden Tag werden Menschen in unserer realen Ökonomie ausgegrenzt und verhindert, weil man ihnen vorwirft, sie leisteten nichts, obwohl man sie nur schlicht mit den »falschen Farben« ausgestattet hat und die Zielrichtung der Produktion massiv verengt, ihnen somit nur einem einzelnen Wert zugewiesen wird. Man verkleinert die Welt somit kleiner und nennt das dennoch »Wachstum«. In der ökonomischen Forschung wird häufig argumentiert, das, was sich als relevant durchsetzt, sei tatsächlich das Relevante. Die Verengung des Marktes folgt einer legitimen Logik. Wie meine Arbeit aber zeigt, wie wir später noch näher diskutieren werden, ist die Relevanz im kapitalistischen Markt kein primäres Ziel, sondern ein Mittel zur Legitimation von einseitigem Wert. Das, was in einem kapitalistischen Markt ganz oben den höchsten Wert besitzt, ist eine willkürliche Entscheidung. Tatsächlich geht es darum, dass irgendein einseitiger Wert entsteht, denn dieser erzeugt Wachstum im kapitalistischen Sinne. Mariana Mazzucato – The Value of Everything (2018) – zeigt, dass »Wert« im gegenwärtigen Kapitalismus nicht gemessen, sondern gemacht wird: Politisch-ökonomische Macht verengt den Kanon relevanter Leistungen, erklärt Finanzrenditen zu höchstem Nutzen und blendet gesellschaftlichen Beitrag aus. David Harvey – A Brief History of Neoliberalism (2005) – argumentiert, dass Marktrelevanz hauptsächlich als Ideologie dient, um einseitige Kapitalakkumulation zu legitimieren; so werde das System für jene, die nicht in die engen Profit-Farbcodes passen, zum täglichen »Trickbetrug«. Darum ist jede erdenkliche Ungerechtigkeit, wie Spaltung, Ausgrenzung, Marginalisierung oder Ausbeutung erlaubt und führt viel schneller zum Ziel und es kommt zu einer zunehmenden Beschleunigung der Ausbeutung, weil im angestrebten Wert kein höheres Ziel steckt, was automatisch zu einer Ordnung entlang von Sinn und Verstand führen würde, also zu einer Mäßigung der Märkte. Wert wäre homogener verteilt. Thomas Piketty – Kapital und Ideologie (2019) – weist nach, dass Wert-Hierarchien historisch willkürlich verschoben wurden: Wer Vermögen besitzt, bestimmt, welches Gut »leistungsfähig« wirkt – und nennt das dann Wachstum, obwohl realwirtschaftlicher Nutzen oft marginal ist. Wir sehen hier also das Spannungsfeld, in dem die arbeitende Person steckt. Ein Markt, der Wert behauptet, aber diesen willkürlich festlegt und einzelne Menschen, die in einem Sinnkontext existieren, den sie nicht leugnen können, besonders nicht Menschen wie ich, mit Formen neuronaler Divergenz, also einer besonderen Sensibilität für innere Widersprüche von Strukturen.

Verantwortliches Handeln ist eine Kategorie, wie sie im Kapitalismus vereinnahmt wird, aber die dem Markt entzogen werden muss, um sie auf andere Weise neu einzuführen.

Kate Raworth – Doughnut Economics (2017) – zeigt, wie die Marktlogik die Produktionsziele so verengt, dass ökologische und soziale Farben aus dem Bild fallen; Wachstum sei dort »Erfolg«, wo es die Kreisläufe des Lebens gerade zerstöre. Denn diese Menschen mit den »falschen Farben« sind immer noch Teil des Ganzen, sie arbeiten und leisten Beiträge, aber diese Beiträge werden künstlich entwertet, indem ihre Kategorie nicht Teil des Wettbewerbs ist, also keine Chancengleichheit vorliegt. Hier meine ich keineswegs allein das Problem Bildung, sondern die ganze Persönlichkeit, das, was jemand im Leben will, was entsprechend auf anders gelagerter Relevanz beruht. Uns geht dadurch Diversität im Spektrum der Menschheit verloren, was Innovationsfähigkeit reduziert und Populismus fördert. All das und noch viel mehr wird nicht in den Kontext von Leistung gestellt, somit nicht relevant. Was im »freien Markt« beauftragt wird, wird von der Macht jener bestimmt, die Gehälter bezahlen können, was es möglich macht von oben zu bestimmen, was Relevanz hat, was zugleich eine Methode der Spaltung ist, um auf diese Weise, wie zuvor besprochen, bereits durch Entwertung und Ausgrenzung Gewinne zu steigern. Der Kapitalismus gibt falsche Anreize gegen verantwortliches Handeln. Die Ökonomie des Kapitalismus legitimiert sich entlang eines konstruierten Leistungsbegriffs, in einem verzerrten Wettbewerb und blendet vollkommen aus, dass Chancengleichheit darin nicht existiert, ja nicht existieren kann, weil das in der Praxis, denn wir alle leisten auf die eine oder andere Weise, eine relative Gleichwertigkeit zur Folge hätte, die hohe Gewinne unmöglich macht. Man sollte verstehen, dass das Bestreben eines jeden Menschen, sich in der Welt zu bewegen, darin zu überleben, den subjektiven Keim in den fruchtbaren Boden einer Gesellschaft integriert, durch den wir zu einem kreativen Ökosystem werden. Blockiert man diesen freien Zugang zu selbstbestimmtem Beitrag, verbrennt man die Ressourcen all jener, deren Beitrag im Wettbewerb nicht anerkannt ist. Ihre Leben werden trotzdem benutzt, missbraucht, ausgebeutet, aber sie werden künstlich aus der Leistungspyramide entfernt, um ihre Verelendung oder Selbstzerstörung zu legitimieren. In meinem Buch »Radical Worker« zeigte ich auf, dass der Effekt von Diversität sich erst aber einer gewissen Dichte an Diversem zeigt. Ein halb totes Ökosystem ist kein guter Verteidiger für den Nutzen von Diversität. Da wir uns weit von funktionierenden humanen Ökosystemen entfernt haben, erkennen wir nicht, dass das »Versagen der Armen« systemische Ursachen hat, die zugleich den Kapitalismus fatal stützen.

Macht braucht viel Geld und viel Geld entsteht in einem Ökosystem mit an sich gleichwertigen Aufgaben, nur durch ungerechte Verteilung, basierend auf unfairer Entwertung von Menschen. Es gibt in der gesamten ökonomischen Theorie kein einziges Kriterium, keine Methode, kein Mittel, um Chancengleichheit real zu messen, denn diese ist äußerst komplex. Und Chancengleichheit in Bezug auf was? Ist nicht das verengte Ziel des Erfolges im monetären Sinne bereits eine Verengung der Chancengleichheit? Weil das Ziel auch die benötigten Mittel und Talente vorgibt. Die Chancengleichheit kommt in der Rechnung daher in der Regel schlicht nicht vor. Sie wird aber immer vorausgesetzt. Amartya Sen – Development as Freedom (1999) – erklärt, dass wirtschaftliche Analyse fast ausschließlich monetäre Outcome-Indikatoren verwendet und damit die »wirklichen Freiheiten« (Capabilities) unsichtbar macht; mangels multidimensionaler Messkriterien bleibe Chancengleichheit empirisch unbestimmt. John E. Roemer – Equality of Opportunity (1998) – zeigt, dass Ökonom:innen zwar formale Modelle zur »gleichen Startchance« bauen, aber selbst dort «no agreed-upon empirical protocol» existiert; Gleichheit wird theoretisch vorausgesetzt, praktisch nicht gemessen. Joseph E. Stiglitz – The Price of Inequality (2012) – weist darauf hin, dass Finanzinstitutionen auf der Fiktion gleicher Markt-Chancen operieren; Kredit- und Pfändungspraxis blende strukturelle Armut aus und entwerte Menschen nach rein ökonomischem Score. Saskia Sassen – Expulsions: Brutality and Complexity in the Global Economy (2014) – meint, dass moderne Ökonomie Gruppen systematisch aus dem Wertkanon »expulsiert«. Pierre Bourdieu & Jean-Claude Passeron – Reproduction in Education, Society and Culture (1977) – zeigen, wie ökonomische und kulturelle Kapitalbestände soziale Ungleichheit fortschreiben, während der Mythos der Meritokratie eine imaginierte Gleichheit unterstellt. Banken setzen Entwertung technisch um, ohne das Unrecht der Armut zu berücksichtigen. Elizabeth Anderson – Private Government (2017) – weist darauf hin, dass Arbeitnehmer:innen in Firmen «privat regiert» werden; Markterfolg gelte als freiwillige Wahl, womit strukturelle Zwangslagen moralisch entlastet werden. Die Bank, die einen pfändet, fragt nicht nach dem Unrecht der Armut. Sie handelt nicht selten nach Regeln, die auf behaupteter Chancengleichheit beruhen, sowie auf tatsächlicher Relevanz ökonomischer Ziele. Also auf der Macht, das Handeln von Menschen für wertlos zu erklären, weil ein Lotteriespiel, Ökonomie genannt, sie willkürlich in die Armut trieb. Dieser Akt der strukturellen Entwertung, das wird kaum so gesehen, ist, was Ausbeutung ermöglicht und was Umsätze für wenige steigert. Heather Boushey – Unbound: How Inequality Constricts Our Economy (2019) – zeigt, dass die Wirtschaft Profite für Wenige steigert, indem sie Wertschöpfung auf selektive Kennzahlen verengt und soziale Kosten externalisiert – ein Mechanismus, der Ausbeutung begünstigt.

85 % der Autist:innen[10] auf dem Planeten sind ohne Erwerbseinnahmen, weil die Gesellschaft sie diskriminiert und ihr anders sein nicht versteht. Indem man uns aus dem Markt verdrängt, wie man zuvor Frauen oder Schwarze diskriminierte und noch immer diskriminiert, ermöglicht dies eine Bündelung von Werten bei Privilegierten. Zugleich werden die Realität und Welt nicht Teil der Ökonomie und Gesellschaft, die sich in unserer speziellen Arbeitsweise zeigen würde.

Und hier kommt der springende Punkt. Weil die Relevanz häufig willkürlich ist, die Frage von Gewinn und Verlust ebenfalls, muss der Markt andere Erklärungen für das Scheitern der anderen finden, die nicht die Logik der Strukturen einer behaupteten Leistung der Privilegierten infrage stellen. Darum verhandeln wir in den Diskursen der Gesellschaft häufig nicht den Machtmissbrauch im Markt, sondern Rassismen gegenüber Armen. Sie sind gescheitert, weil sie jene Hautfarbe haben, faul sind oder dumm. Die Stigmatisierung ist zwingendes Mittel des Erhalts der Logik, nach der die einen viel, die anderen wenig oder nichts haben. Es gibt keinen Kapitalismus ohne Rassismen. Der Kapitalismus käme ansonsten in erhebliche Erklärungsnot, denn bezahlte Erwerbsarbeit ist etwas komplett anderes als verantwortliches Handeln, gar gerechte Verteilung. Sie können zusammen stattfinden, aber die Erwerbsarbeit in ihren Legitimationsprozessen kommt auch vollständig ohne Verantwortung und Gerechtigkeit aus und das ist ein erhebliches Problem für uns alle.

Cedric J. Robinson – Black Marxism: The Making of the Black Radical Tradition (1983) zeigt, dass Kapitalismus seit seinen Anfängen als »racial capitalism« operiert, also rassistische Differenz zur Voraussetzung seiner Akkumulation macht; es gebe keine Variante kapitalistischer Entwicklung, die ohne systemische Rassismen auskäme. Ruth Wilson Gilmore – Golden Gulag: Prisons, Surplus, Crisis, and Opposition in Globalizing California (2007) – analysiert, wie ökonomische Überakkumulation in Kalifornien durch eine rassifizierte Gefängnisökonomie gelöst wurde: Profitlogik braucht institutionelle Gewalt, die vor allem Schwarze und Latinx trifft – ein Lehrstück für das unauflösbare Bündnis von Kapital und Rassismus. Nancy Fraser – »Expropriation and Exploitation in Racialized Capitalism« (Critical Historical Studies, 2016) – weist darauf hin, dass herkömmliche Ausbeutungsmodelle die permanente Verflechtung kapitalistischer Wertschöpfung mit rassisti-

---

10 Journalistische Aufarbeitung einer britischen Charity-Studie / Sektion Statistics der Wikipedia-Übersicht Employment of autistic people – zitiert mehrere europäische und US-Erhebungen Beide Belege weisen darauf hin, dass der 85-Prozent-Wert nicht aus einer einzigen Weltgesamtstudie stammt, sondern als Konsensschätzung zahlreicher Länderberichte zirkuliert. Die britische NGO Ambitious About Autism (zitiert im Guardian-Artikel) stützt sich auf eigene Panel-Umfragen und Regierungsdaten; der Wikipedia-Eintrag aggregiert diese und weitere europäische Studien (etwa EU-SILC 2014). Im wissenschaftlichen Diskurs werden neuere ONS-Daten (UK 2021: 22 % Beschäftigungsquote, also 78 % ohne Arbeit) häufig als konservative Untergrenze genannt; der 85-%-Wert bleibt jedoch ein gängiger Referenzpunkt für die Obere Spannweite des globalen Beschäftigungsdefizits.

scher Enteignung verkennen; ohne die »Nicht-Gleichheit« der Rassen bräche die ökonomische Legitimationskette zusammen.

Wenn also Angebot und Nachfrage über meine Arbeit als Künstler und Menschenrechtsaktivist entscheiden, dann ist dies keine Entscheidung über die Relevanz meiner Arbeit, sondern über die Relevanz der Farbe, die ich vertrete, in einem Spiel, in dem viele Farben im Vorfeld entwertet werden, damit hohe einseitige Gewinne für wenige erzielt werden können. Denn der Wert von Kunst und Kultur beispielsweise ist weitgehend aus dem Markt ausgeschlossen, auch weil die Kontexte der Bedeutung und Relevanz von Kunst der Bevölkerung weitgehend verschwiegen werden, um nur ein Beispiel zu nennen. Man hat Menschen bestimmte Bedürfnisse nach Selbstbestimmung und Freiheit abtrainiert, weil das Modell der Erwerbsarbeit nicht nur eines der gestaffelten Entwertung ist, sondern auch eines des Erlernens von Verzicht und Selbstbeschränkung im Interesse von anderen, welche die Macht haben einen belohnen zu können. Der auf diese Weise kaputt gearbeitete Arbeiter, der abends nur noch vor dem Fernseher versumpfen kann, wurde dem Markt von Angebot und Nachfrage einer Kunst und Kultur auf einer Weise durch Verengung entzogen, welche die Existenzgrundlage von Kulturschaffenden untergräbt. Man kann also Angebot und Nachfrage nicht als eine objektive Größe betrachten, sondern muss die Macht und Manipulierbarkeit darin sehen. Behauptet man, Kunst sei tatsächlich weniger wert, muss man sich die Frage gefallen lassen, was an den Reichtümern der Milliardäre nun im Sinne der Gesellschaft von größerem Wert sein soll? Ja, es werden mehr Jobs geschaffen, aber das Wofür ist eben keine zu vernachlässigende Frage, wenn es um die Wertfrage geht. Eine Welt ohne Kultur ist wie eine Welt ohne Nahrung. Das lässt sich wissenschaftlich umfassend darstellen. UNESCO – Culture: Urban Future (Global Report, 2016) Die Studie legt dar, dass kulturelle Teilhabe »eine Grundvoraussetzung für menschliches Wohlbefinden« sei; Städte, die Kultur vernachlässigen, verzeichnen messbar schlechtere Gesundheits-, Sicherheits- und Kohäsionsindikatoren. WHO – What is the Evidence on the Role of the Arts in Improving Health and Well-being? (2019) Die systematische Auswertung von über 3 000 Studien zeigt, dass kulturelle Aktivitäten (Musik, Literatur, Tanz, Theater) ähnliche präventive Effekte haben wie primäre Ernährungs- oder Bewegungsinterventionen; Kultur wird hier ausdrücklich als »health asset« gewertet. Amartya Sen – Identity and Violence (2006) – weist darauf hin, dass »kulturelle Deprivation« die Capabilities des Menschen ebenso einschränkt wie physische Unterernährung; ohne vielfältige Ausdrucks- und Sinnangebote geraten Gesellschaften in »kognitive Mangelernährung«. Richard Florida – The Rise of the Creative Class (2002/2019) – zeigt anhand von Regionaldaten, dass kulturelle Infrastruktur produktivitäts- und innovationsfördernde Effekte erzeugt, die ökonomisch mit der Versorgung durch materielle Ressourcen vergleichbar sind. Martha C. Nussbaum – Not for Profit: Why Democracy Needs the Humanities (2010) – argumentiert, dass kulturell-ästhetische Bildung für die emotionale und moralische Entwicklung des Menschen so essenziell ist »wie Proteine für den Körper«; Demokratien, die Kultur kürzen, riskieren soziale Degeneration.

Die Verzweiflung vieler Menschen in Armut beruht auch auf der Irrationalität ihres Zustandes, indem es ihnen unmöglich gemacht wird, mit dem, was sie in ihrer Andersartigkeit beitragen, zu selbstbestimmten Teilnehmer:innen in einem Markt zu werden. Stattdessen sollen sie sich selbst entwerten, also aufhören, ihren Beitrag in einem logischen und sinnstiftenden Kontext zu erkennen und stattdessen die Sichtweise einer Herrschaft übernehmen, die sie in Jobs zwingen will, in denen sie unweigerlich den Bezug zwischen Handeln und Realität verlieren, sowie Selbstbewusstsein, um Integrität gegen monetäre Belohnung zu tauschen. Das trifft nicht auf alle in Erwerbsarbeit Arbeitenden zu, sondern staffelt sich häufig von unten nach oben. Das mag extrem klingen, aber wir wissen heute viel zu wenig über die tatsächlich vorhandene Vielfalt an Bedürfnissen, Talenten und an Zusammenhängen oder weshalb die Natur Menschen mit bestimmten, abweichenden Fähigkeiten hervorbringt. »Did Autism Help Drive Human Evolution?« – Wired-Magazin, Feature von K. Zimmer (2016) – fasst paläoarchäologische Befunde zusammen und stellt fest, dass die Rolle autistischer Eigenschaften für kollektives Überleben »erst in Ansätzen erforscht« sei – ein Indikator für das anhaltende Wissensdefizit über naturgegebene kognitive Diversität. Menschen wie Autisten oder jene mit anderen natürlichen Abweichungen von der Norm sind mehr als relevant für das Fortbestehen der Menschheit. Der Mensch zählt zu den wenigen Lebewesen, die nicht mit einer genetisch vordefinierten Arbeitsvorgabe zur Welt kommen. Wir sind keine Arbeitsbienen. Jene Vielfalt der Möglichkeiten kollidiert jedoch mit einem Markt, der sich nicht selbst erklärt und stattdessen Mythen produziert. James Suzman – Work: A History of How We Spend Our Time (2020) führt aus, dass Menschen – im Unterschied zu »eusozialen Spezialisten« wie Bienen oder Ameisen – ohne genetisch festgelegtes Aufgabenprofil geboren werden; unsere Arbeitsrollen seien kulturell ausgehandelt, nicht biologisch vorgeschrieben. Richard Wrangham – The Goodness Paradox (2019) Wrangham betont, dass Homo sapiens evolutionär durch Verhaltens- und Aufgabenkombinationen flexibel bleibt, während viele Tierarten über feste, vererbbare Arbeitsteilungen verfügen; diese Plastizität kollidiere häufig mit ökonomischen Systeme, die starre Rollen erzwingen. Dies Indoktrination gegen die Vielfalt der freien Entscheidungen in der Arbeit, die besonders den unteren Schichten zugemutet wird, zerstört ihre Seelen und beraubt die

Gesellschaft eines Teils ihrer Komplexität und alternative Lösungskompetenz. Mir geht es also hier um einen Kampf gegen die Auslöschung derer, die nicht passen, weil man sie scheinbar auslöschen muss, es will, um den Markt so zu verengen, dass hohe einseitige Gewinne möglich sind. Diese Diversität aber benötigen wir dringend, um einen Markt zu schaffen, der wie ein Ökosystem funktioniert und das größere Ganze mitdenkt. Die Fremdbestimmung ist ein Problem, weil diese zu opportunistischem und demokratisch unreifem Verhalten führt. Es braucht die Abweichung, damit Relevanz nicht mehr willkürlich der reinen Umsatzsteigerung folgt, die über Trickle-down immer weniger die ganze Gesellschaft erreicht.

Es geht also hier um die Frage, was Arbeit und Beitrag eigentlich ist. Wie bemessen wir Relevanz von Beitrag? Was ist Wirkung? Was ist das eigentliche Ziel einer Ökonomie? In Bezug auf was?

Ist es nicht genauso denkbar, dass die Arbeit eines Einzelnen, ohne Gehalt, real um ein Vielfaches wertvoller werden kann als der Umsatz eines Konzerns? Kann es nicht sein, dass Arme ein Wissen in sich tragen, welches helfen kann, die Realität dieser Gesellschaft umfassender zu verstehen?

Die Gesellschaft, der Markt, die Politik halten es, was schlicht Betrug ist, für vollkommen stimmig, dass »Speeds Arbeit«, wie ich sie in diesem Buch selbstironisch und subjektivierend nenne, keinerlei Wert hat. Allein, weil es mich nicht finanziert. Dieses Kriterium sagt aber für sich nichts über objektiven Wert, objektive Relevanz, gar über Wirkung aus. In meiner Forschungsarbeit von Jahrzehnten steckt sehr viel Arbeit und, wie ich behaupten möchte, einiges an Wert und Erkenntnis.

In den folgenden Kapiteln möchte ich aufzeigen, wie wirkmächtig eine Arbeitsweise sein kann, die sich um Belohnung einen Dreck schert und stattdessen intrinsisch auf echte, selbst erlebte Relevanz und Beziehungsfähigkeit setzt. Denn ich sehe darin einen Schlüssel, um Arbeit und Verantwortung in einen echten und neuartigen Kontext zu bringen, der uns allen helfen kann. Besonders angesichts der Entwicklung von KI und Robotik.

Ich tat diese Arbeit 20 Jahre lang und forderte von der Gesellschaft eine Antwort auf die Frage, weshalb man den Wert meines Beitrags nicht anerkannte. Wenn doch so offensichtlich war, dass der Kapitalismus die Möglichkeiten der Menschheit massiv einschränkte, statt sie zu erweitern, gar die Menschheit als Ganzes, jenseits des physischen Überlebens, zu erhalten.

Der Kapitalismus verweigert Millionen Aktivist:innen, Engagierten und Künstler:innen jeden Tag ein faires Einkommen und entwertet somit deren Arbeit entgegen jeder Rationalität. Der Unterschied zwischen den Gläubigen des Kapitalismus und mir besteht darin, dass sie glauben, damit sei die Diskussion am Ende, denn wer verarmt, ist wertlos, dem hört man nicht zu. Ich aber sah und sehe die Chance, was an meiner neuronalen Divergenz liegen mag, die darin besteht, dass diese Paradoxie, also realer Wert bei gleichzeitiger monetärer Wertlosigkeit, könnte man diese nur mit Vehemenz aufzeigen, in meiner Überzeugung eine Wirkung haben muss. Alles andere würde die Gesellschaft zerstören. Unrecht muss Konsequenzen haben. Ansonsten verabschieden wir uns von allem, was das Leben schützt. Was also würde geschehen, machte ich dennoch weiter? Was würde passieren, wenn ich meine Form von Carework einfach fortsetzte und auch wenn ich verarmte, wie lange würde man noch behaupten können, diese Arbeit habe keinen Wert? Nach einem Jahr, nach zwei oder nach 10 Jahren? Wie ginge man mit der Paradoxie um, dass man sich weigerte, mich zu bezahlen, obwohl, das zeigt dieses Buch, im Laufe der Zeit immer offensichtlicher wurde, dass, was ich tat, ethisch richtig und wertvoll war? Jedenfalls genauso wertvoll wie die Arbeit vom Mann in der Bank oder der Frau im Management. Das Prinzip von Belohnen und Bestrafen ist, wie zuvor besprochen, ein Prinzip, welches in unserer Ökonomie vom Realitätsbezug fortführt. Der Staat, die Gesellschaft befindet sich heute mehr denn je in der Blockade einer Doppelbindung, also zwei paradoxer Aussagen. 1. Die Ökonomie erhält das Leben. 2. Die Ökonomie zerstört die Umwelt, den Globalen Süden, die Frauen, die Kinder und den Menschen an sich. Meine Arbeit wurde zum Ausdruck dieses Konfliktes und zu einer längst überfälligen Diskussionsgrundlage. Denn immer mehr Menschen wollen nicht weiter in Erwerbsarbeit tätig sein. Sie sehen die Probleme und wollen Sinn und Verstand. Die hier vorliegende Arbeit zeigt einen Weg, der zumindest dem Diskurs dient. Die wenigsten aber sind bereit, so weit zu gehen. Etwas, was sich bald ändern könnte.

Gallup – State of the Global Workplace 2024 - meldet, dass weltweit nur 21 % der Beschäftigten »engaged« sind, während 62 % innerlich gekündigt haben; in Großbritannien liegt die Engagement-Quote sogar bei lediglich 10 %. Business Insider (2025) – »Employees are sick and tired of engagement surveys«. Eine US-weite Befragung zeigt, dass 66 % der Arbeitnehmenden glauben, ihr Feedback führe zu »wenig bis gar keiner« Verbesserung – ein Indikator für tief verankerte Unzufriedenheit mit der Lohnarbeit. ADP Research Institute – People at Work 2024: A Global Workforce View -In einer Stichprobe von 34 000 Beschäftigten in 18 Ländern geben mehr Menschen ihre Unzufriedenheit mit dem Lohn an als mit jedem anderen Arbeitsplatzfaktor; zugleich rangiert »Bezahlung« zum vierten Mal in Folge unter den Top-3-Prioritäten (55 %). Pew Research Center – »How Americans View Their Jobs« (2024-Update) – Nur 50 % der US-Arbeitnehmer:innen bezeichnen sich als »extrem oder sehr zufrieden«; 12 % sind »gar nicht« oder »wenig« zufrieden, und die restlichen 38 % liegen dazwischen, was einen breiten

Mittelblock latenter Unzufriedenheit markiert.

7

Nicht immer war ich derart unangepasst. Auch ich entwickelte mich in vielen kleinen Schritten dorthin. Die meiste Zeit meines Lebens arbeitete ich als ein prekär
beschäftigter, lästiger Kreativer mit Gewissen, der beispielsweise, mit Kunden von
Werbeagenturen die Schäden der Werbung für Mensch und Gesellschaft diskutieren wollte. Auch hier zeigte sich der Autist, der Lügen und Dinge, die nicht zu-
sammenpassen nicht einfach ignorieren kann. Ich war schon immer jemand, der
Probleme mit dem Status-quo hatte. Ich war schließlich Autist, ohne es zu wissen,
und ich war ein Migrant. Ich erlebte die Welt also stets als Fremder. Auch ich versuchte mich anzupassen, aber umso mehr ich das versuchte, umso mehr Probleme
erkannte ich in den ökonomischen und kulturellen Strukturen. Autisten erkennen
Probleme in Mustern und sie erkennen sehr viele davon. Das lässt sich an vielen
Projekten ablesen, die ich in den letzten 30 Jahren umzusetzen versuchte.

Auf dem höchsten Berg von Sardinien beispielsweise sollte ich einmal als
Künstler ein Innovationszentrum für die Menschheit entwerfen, bis ich merkte,
die Mafia hatte mich beauftragt und es ging eigentlich um Grundstücksspekula-
tion. Man hatte mich schlicht benutzt, um unter dem Deckmantel eines humani-
tär wichtigen Projektes Abrissgenehmigungen für eine Funkanlage zu bekommen.
Immer häufiger geriet also meine engagierte Absicht, sinnvoll zu arbeiten, in Konflikt mit knallharten Wirtschaftsinteressen. Dies erschien mir ein Grundproblem
der Wirtschaft an sich. Es lag an tieferliegenden Strukturen des Kapitalismus, die
ich verstehen wollte. Weshalb machte der Markt so viele gute Absichten kaputt
und behauptete zugleich, was sich durchsetzt, sei das »Bessere«, obwohl das objektiv, von einzelnen Produkten abgesehen, als Grundprinzip einfach nicht stimmte.
George A. Akerlof & Robert J. Shiller – Phishing for Phools: The Economics of
Manipulation and Deception (2015) – zeigen als Nobelpreisträger, dass Märkte
systematisch »schlechte« Produkte (von Subprime-Hypotheken bis Fast Food)
begünstigen, wenn sich damit höhere Profite erzielen lassen; das Durchsetzungs-
kriterium ist also nicht Qualität, sondern Rentabilität. Joseph E. Stiglitz – Free-
fall: America, Free Markets, and the Sinking of the World Economy (2010)- belegt an der Finanzkrise 2008, dass Marktprozesse ohne starke Regulierung »gute
Absichten« zerstören und zu Ergebnissen führen, die »kollektiv schlechter« sind,
obwohl sie sich kurzfristig rentabel durchgesetzt haben. Karl Polanyi – The Great
Transformation (1944) – legt historisch dar, dass der Glaube an den selbstregu-
lierenden Markt stets soziale Schutzmechanismen zerstört und »eine Spur öko-

nomischer wie moralischer Verwüstung« hinterlässt – das Gegenstück zur Behauptung, Märkte optimierten das Gemeinwohl. Ha-Joon Chang – 23 Things They Don't Tell You About Capitalism (2010) – zeigt anhand zahlreicher Branchenbeispiele, dass sich das »Bessere« oft gar nicht durchsetzt (z. B. Betamax vs. VHS, klimafreundliche Technologien). Er nennt dies die »Marktmythologie des Effizienz-Paradigmas«. Mariana Mazzucato – The Entrepreneurial State (2013) – argumentiert, dass bahnbrechende Innovationen (Internet, GPS, mRNA-Impfstoff) nicht durch den Markt, sondern durch staatliche Langfristinvestitionen entstanden – Märkte internalisieren Gewinne, externalisieren Risiken.

Zu diesem Zeitpunkt wurde mir klar, dass die Absicht etwas Nützliches und »Gutes« zu erarbeiten, sobald damit Geld verbunden war, nicht selten zum Gegenteiligen führte. Es gab sehr viele derartiger Erlebnisse. Überall missbrauchte einen ein dreckiger Markt ohne Gewissen und mich überkam dasselbe Erleben, wie es der Philosoph Nikolaj Schultz 2023 in seinem Buch »Landkrank« beschrieb. Ich erlebte, wie verstrickt ich in die übelsten Machenschaften war, wenn ich einfach mitmachte, wenn ich einfach meinen Job machte und nichts sagte, gar unternahm. Das wollte ich tiefergehend verstehen, um einen Ausweg daraus zu finden.

Als ich zeitweise Trainings und Coachings für große Firmen umsetzte, wegen meines Autismus mit wenig Erfolg, wollte ich wirklich etwas verändern. Es ging um Menschen in der Arbeit, aber ich sollte auch dort nur als Alibi benutzt werden, um zu zeigen, dass man nichts ändern könne. Die Strukturen sperrten sich auf allen erdenklichen Ebenen. Vielen erging es jeden Tag wie mir. Doch schien kaum jemand offen darüber zu sprechen. Es sei ebenso. Das sei eben die Realität, an die man sich anzupassen hätte. Warum?

Einmal ließ ich als Folge eine Eröffnungskonferenz in Italien platzen. Ich war der Hauptredner. Das italienische Fernsehen war vor Ort. Ich versagte einfach auf der Bühne, verwirrte alle, schwieg, zerstörte die Eröffnung eines Millionenprojekts und verkündete, mein Versagen sei der viel wichtigere Prozess des Wandels. Auch wollte ich mit reichen Familien wie die von Porsche, Plattner, Quandt über die Relativität ihres Reichtums sprechen, aber auch das bedrohte das absolute Dogma des verdienten Wohlstands. Dem Chef der Deutschen Bank, Josef Ackermann, bot ich einst an, mich für eine Million Euro auf die Suche nach seiner Seele zu begeben. Das waren wichtige Diskurse über fundamentale Probleme der Ökonomie.

Über zwei Jahrzehnte fuhr ich als Künstler und Aktivist mit dieser sehr schwierigen und ausgesprochen aufwendigen Arbeit fort und schrieb laufend Bücher dazu, die ich selbst herausgeben musste, weil Verlage diese Arbeit nicht verstanden, weil sie gegen den Konsum gerichtet war, sperrig, monströs und maximal unwissenschaftlich subjektiv. Das aber, also meine Methode, in der ich die Konflikte persönlich machte, also unmittelbar konkret, führte zu erstaunlichen Erkenntnissen, die alles infrage stellen, was viele Menschen für die Verhältnisse von Arbeit und Belohnung halten. Das Wichtigste aber ist, ich habe es probiert, ich habe 20 Jahre versucht, eine andere Arbeiter:in zu sein, die Gesellschaft und Umwelt mitdenkt. Wie aber ging ich vor? Ich verstand dies schließlich als Forschung.

8

Ein zentraler Begriff ist für mich das »*arbeitsintegrierte Beziehungshandeln*«, also eine von mir über Jahrzehnte angewandte Haltung erweiterter Verantwortung in der Arbeit. Es liegt eine gewisse Ironie darin, dass ich als Autist nicht wenige Beziehungsprobleme hatte. Das Bedürfnis, in Beziehung zu handeln, war also nicht nur einem forschenden Interesse geschuldet. In »Gesellschaft ohne Vertrauen« nannte ich ein ähnliches Prinzip der systemkreative Handeln, oder in »Radical Worker« provozierte Empirie.

Im Sinne der Philosoph:innen Isabell Lorey und Judith Butler ging es mir aber hauptsächlich darum, durch Umdeutung des Prekariats als Ort der Minderwertigkeit, in einen Ausgangspunkt der Selbstaufwertung, die Handlungsmacht wieder in die Hände derer zu bringen, die von den Missständen betroffen waren. Relevant zu handeln, hatte mich in die Armut getrieben. Von diesem Ausgangspunkt aus begann ich die komplexen Probleme überall anzusprechen, und teilweise, im Grunde zum Kern meiner Arbeit zu machen, die ich »Arbeit« nannte, die aber natürlich noch weit mehr als das war. Diese wurde zur Intervention in die Strukturen des Kapitalismus. Dabei stand die »komplexe Beziehung« als Heilmittel gegen die Simplifizierung eines Marktes, welches nicht in der Lage war zu erkennen oder abzubilden, zu welchen massiven Schäden es bei Menschen und Natur führte.

Das Prekariat zwingt die meisten von uns zu noch mehr Anpassung. Das ist die Logik der Rassismen, die den Armen schuld zuweisen, als wären sie eine Belastung, als wären sie nicht auf Augenhöhe. Sie sollen nicht noch mehr Komplexität erzeugen, sondern simplifiziert, also rassifiziert werden. Die Armen sind jedoch Expert:innen in der Frage, was in dieser Gesellschaft nicht funktioniert. Ihr Wissen ist höher zu bewerten als das der Erfolgreichen, will man zu einer realistisch handelnden Ökonomie gelangen. Die Sperrigkeit ihrer Situation voller strukturellem Unrecht ist höher zu bewerten als das Bedürfnis nach rascher Lösung durch Auslöschung individueller Eigenschaften.

Universal Care Income

Das Wesen einer Haltung ist es, dass sie eine Veränderung vorwegnimmt und einen Missstand ausgleicht. Wir haben heute viele Konzepte, die vorschlagen, wie die Ökonomie anders sein sollte, oder wie der Kapitalismus zu überwinden ist. Das Problem damit besteht darin, dass diese Ideen eine Lücke zwischen dem Jetzt und der Zukunft reißen. Eine Haltung hingegen ist ein Akt, in dem man so tut, als ob eine Veränderung schon da wäre. Man impliziert sie augenblicklich, durch eine bestimmte Haltung. Mit dieser ging ich über 20 Jahre jeden Tag aufs Neue zur Arbeit. Ich erfand die Arbeit einfach auf eine Weise neu, von der ich dachte, dies würde helfen, um die komplexeren Zusammenhänge sichtbar zu machen, und wie wir im Verlauf der Kapitel dieses Buches sehen werden, gelang dies auch.

Beispielsweise mit der Haltung: »Ich mache nur eine Arbeit, die im Sinne der Menschheit ist.« Das klingt radikal, obwohl es nur ethisch angebrachtes Verhalten beschreibt. Warum sollte man die Alternative tun, also schädliche Arbeit? In der Praxis jedoch ist diese Frage im Kapitalismus und im Arbeitsmarkt mit einer sehr radikalen Haltung verbunden, mit der ich als Künstler und Aktivist viele Konzerne und Behörden konfrontierte, irritierte und zu seltsamen Abwehrmaßnahmen brachte. Denn das war ein direkter Angriff auf die Rolle, die Erwerbsarbeit traditionell spielt. Gehorchen ohne jede Partizipation.

Man lehnte meine Arbeit oft allein deswegen ab, weil ich nicht gehorchte, obwohl, was ich tat, sinnvoll und wertvoll war. Gehen Sie die Probleme in Ihrem Laden an und Sie fliegen häufig raus! Interessant ist der Umstand, dass diese Arbeit selbst dann abgelehnt wurde, wenn ich sie unbezahlt tat, wenn sie also dem Unternehmen nichts kostete. Hier zeigten sich also gravierende ökonomische Fehler im Denken der scheinbar ökonomisch handelnden Manager. In 30 Jahren meiner Versuche Geld zu verdienen, kam niemand jemals auf die Idee, meine besonderen Fähigkeiten als Autist und Künstler, sowie meine hohe Mustererkennungsfähigkeit zu nutzen.

Schlicht der Umstand, dass Arbeit stattfand, die nicht in Erwerbsarbeit kontrolliert und fremd bewertet werden konnte, bedrohte bereits die ganze Konstruktion von Werteverteilung. Man sieht hier aber, dass Relevanz oder richtiges Handeln dadurch verzerrt wurden, weil »richtiges und folglich wertvolles Handeln« in der Logik des Kapitalismus zu einer monetären Aufwertung hätte führen müssen, dies aber bei Menschen wie mir, Künstler:innen, Aktivist:innen usw. nicht passierte, weil es für Firmen Gewinneinbußen zur Folge gehabt hätte, also etwa eine Teuerung der Arbeitskosten, weil man ja dann an allen möglichen Problemen arbeitete. Es gab also ein Motiv, Relevanz nicht anzuerkennen, um Produktionspreise niedrig zu halten und die Kontrolle über die Belegschaft zu wahren, damit man sie weiterhin nach Bedarf entwerten konnte.

In den 10 Jahren fand ich kein einziges Unternehmen, das bereit gewesen wäre, mich mit dieser Haltung: »Ich mache nur eine Arbeit, die im Sinne der Menschheit ist«, weiter machen zu lassen, oder mich gar dafür zu bezahlen. Denn ich hätte so viel in die Menschheit investiert, dass das Unternehmen im konventionellen Sinne keine Gewinne mehr gemacht hätte. Es wäre auf dem Papier zu einem Nullwachstum gekommen, während real und inhaltlich erhebliche Veränderungen erarbeitet worden wären. In der Regel flog ich raus, bevor dies passieren konnte. Etwas, was einerseits zutiefst unlogisch war und ist und andererseits so vorstellbar und einleuchtend erscheint, wenn man den Kapitalismus kennt, mit all den Widersprüchen in der Wertschöpfung, der Korruption, dem Opportunismus oder schlicht dem Versagen entlang der immer knappen finanziellen Ressourcen.

Nun werden manche sagen, ich hätte hier Arbeit verweigert. Ich wäre trotzig gewesen, also hätte mich aufgelehnt. Diese Leute vergessen die Millionen Opfer dieses Marktes. Ich bin nicht schuldig zu intelligent, kreativ und engagiert zu sein, dass ich nicht so tun konnte, als existierten die Probleme nicht, die ich eindeutig sah. Als Autist sage ich, die Verweigerung der Mitarbeit, die passierte vielmehr bei denen in den Jobs. Sie weigerten sich, die Arbeit an den Missständen der Gesellschaft anzugehen, was wahrscheinlich indirekt Schäden in Milliardenhöhe verursachte. Wessen Arbeit ist also ethisch wertvoller und hat im Hinblick auf Innovationsfähigkeit mehr Potenz? Wir sollten damit aufhören, jene, die sich anpassen, als die Erwachsenen im Raum zu betrachten.

Mir ging und geht es um eine Haltung ähnlich dem Utilitarismus oder dem Konsequentialismus, welche im übertragenen Sinne der Erkenntnis radikal folgt, dass was im Kapitalismus als Nutzen und Glück gilt, nicht dasselbe ist, wie Glück und Konsequenz für die Gesellschaft, gar für das Ökosystem, oder den einzelnen Menschen. Diese Diskrepanz muss für die Arbeiter:in oder Angestellte Konsequenzen haben, oder wir verlieren, wie zuvor besprochen, den Bezug zur Wirklichkeit. Dann aber sind Wert und Relevanz nur noch eine Frage von Willkür und Macht. Wir sollten unsere Probleme, als Gesellschaft, tiefer verstehen wollen. Wer auf diese Problemfragen nicht reagiert, handelt verantwortungslos. Egal, ob man am Ende des Monats per Gehalt belohnt wird. Denn dann stimmt einfach etwas grundlegend mit den Werten nicht.

Mir ist klar, dass diese Worte Widerstand hervorrufen, aber im Laufe des Buches wird vieles, was ich tat, sogar als sehr bedacht und vernünftig erkennbar.

Was ich in meiner Arbeit umsetzte, war also auch eine radikale Infragestellung vom Nutzen des ökonomischen Erfolges an sich. Der Wert dieser Revolution lag nicht in ihrer Erfolgsaussicht, im Sinne monetären Gewinns, sondern in dem Prozess der Bewusstwerdung der vielfältigsten Probleme, die ich über ein Jahrzehnt sichtbar machte und fortlaufend dokumentierte. Als Nährstoffe für Diskurse über mögliche Alternativen. Erwarten Sie von mir keine einfache Lösung. Hier geht es darum, erst mal die Problemfelder des Themas sichtbar werden zu lassen. Es werden Momente kommen, da werden Sie mich hassen wollen.

Meine Absicht, als Antwort auf die zutiefst getriebene, neurotische ArbeiterIn, welche die größeren Zusammenhänge verdrängte, um zu funktionieren, um belohnt zu werden, war und ist es, dies durch Haltung zu korrigieren. Und zwar radikal und gnadenlos. In diesem Sinne begriff ich, was ich als Künstler und Forscher tat, als *»Universal Carework« (universelle Care-Arbeit).* Ich halte das für einen essenziellen Schritt, den nicht nur ich gehe, Carework auf alle Handlungen auszuweiten, die vom Kapitalismus ausgegrenzt oder unterbezahlt werden, von der Kindererziehung, über un- oder schlecht bezahlten Altenpflege und Bereiche wie der Kunst, bis zu Aktivismus oder unbezahlte Forschungsarbeit und alles, was ich hier noch vergessen habe zu erwähnen.

Joan C. Tronto – Moral Boundaries: A Political Argument for an Ethic of Care (1993) – erklärt, dass Care eine universelle Praxis ist, die alle gesellschaftlichen Tätigkeiten durchdringen kann und muss – nicht nur Pflege- und Hausarbeit. The Care Collective – The Care Manifesto: The Politics of Interdependence (2020) – fordert ausdrücklich, Care als gesamtgesellschaftliches Prinzip zu begreifen – von Kunst über Aktivismus bis zu Forschung – und stellt damit die Logik profitgetriebener Lohnarbeit radikal infrage. Tithi Bhattacharya (Hrsg.) – Social Reproduction Theory: Remapping Class, Recentring Oppression (2017) – argumentieren, dass jegliche menschliche Tätigkeit, die das Leben erhält – von Kindererziehung bis kollektiver Kunst – Teil einer erweiterten Care-Ökonomie ist und deshalb jenseits kapitalistischer Profitmaßstäbe bewertet werden muss.

Denn erweitert man all das auf den Bereich von Carework, dann ist das Dilemma der alleinerziehenden Mutter, dasselbe Dilemma wie jenes der unbezahlten Künstler:in, der Wanderarbeiter:in, oder der Aktivist:in, oder der unterbezahlten Forscher:in, die alle ihr »Kind«, ihr »Baby« am Leben halten müssen und bei denen der Kapitalismus nichts oder kaum etwas dazu beiträgt, dass dies gelingt, obwohl er davon profitiert, wie von jeder sozialen, politischen, ökologischen, künstlerischen, intellektuellen, emotionalen oder Beziehungen pflegenden Reproduktionsarbeit. Mir geht es darum, dass all diese Menschen sich als Verwandte im Sinne von Donna Haraway begreifen, mit denselben oder ähnlichen Problemen, deren Ursache im Kapitalismus zu finden ist, der diese Reproduktionsarbeit schlicht von der Wertschätzung und Existenzberechtigung abschneidet. Auch zu flüchten, somit auch die »Arbeit« der Flüchtenden, ist Carework. ihren Kindern gegenüber, oder sich selbst gegenüber, oder auch der Welt gegenüber, denn sie wollen wieder »freie Menschen« werden, statt Objekte von Krieg, Enteignung und Zerstörung zu bleiben. Es wäre widersinnig, anzunehmen, es wäre besser, sie blieben Entrechtete. Anders werden können sie aber oft nur bei uns. Auch sie arbeiten an einer besseren Welt. Auch die Armen, die Sozialhilfeempfänger:innen, leisten Carework in vielfältigster Form, wie auch das Ökosystem an sich. Wir alle kümmern uns und werden von den Strukturen diskriminiert, weil was wir tun, nicht als Job bezeichnet wird, weil man uns daran hindert, dies als Job zu verstehen, weil das die Jobs der anderen zu Recht relativiert. Wir haben alle die »falsche Farbe« abbekommen. Wir leiden nicht alle gleich und das »Wir« muss etwas selbstbestimmt und demokratisch Beschreibbares sein, aber es braucht auch Schritte, die das, was an unserem Schmerz gemeinsam ist, beschreibbar machen.

10

Das hier vorliegende Buch berührt also im Kern die Frage, was passiert, wenn Arbeiter:innen und Angestellte, oder ein einzelner Mensch versucht sich als »ganzer Mensch« und im Bewusstsein der komplexen Fragen und Probleme unserer Gesellschaft, was natürlich eine subjektive Perspektive ist und sein muss, in Form von arbeitsintegriertem Beziehungshandeln (Speeds Arbeit) in die Erwerbsarbeit einzubringen, also unter Berücksichtigung aller selbst erkannter Verantwortlichkeiten, statt als reduzierte Funktion? Dahinter steckt die Absicht »universal Carework« aus den »Küchen« und »Haushalten«, aus dem Globalen Süden und aus den Ateliers herauszuholen, die Spaltung zwischen den Enteigneten und marginalisierten und den Ausgebeuteten aufzuheben, um im Sinne einer öko-sozialen Klasse (Bruno Latour) durch eine andere Haltung zur Arbeit, in das wirtschaftliche System einzudringen, und es von innen heraus zu übernehmen, indem wir einfach nicht mehr zulassen, dass wir für diese Haltung ausgegrenzt und entwertet werden. Weil diese andere Arbeitsform wesentlich produktiver, innovativer, sozialer und ökologischer ist. Ihr könnt mich hundertmal kündigen, aber Ihr könnt die Richtigkeit eines verantwortlichen Ansatzes nicht widerlegen. Es gibt keinen einfachen Weg, den Kapitalismus zu überwinden. Man drückt nicht auf einen Knopf und dann ist es passiert, sondern Tausende müssen sich entscheiden, schmerzhafte Schritte zu gehen. Viele wissen jetzt ganz genau, was sie im Grunde tun sollten. In jeder Firma gibt es diese Konflikte, die nicht ausgetragen, gar bearbeitet werden, obwohl das Gewissen einem sagt, dass man es tun müsste. Diese Geschichten gilt es zu erzählen. Denn was uns alle blockiert, das sind die falschen Narrative, die zu den Rassismen führen, welche das kapitalistische System schützen. Die Armen, die Verlierer, die Looser, das sind in Wahrheit Betrogene und Überlebende massiver Gewalt, die sich ihrer Möglichkeiten des Widerstandes nun bewusst werden sollten. Wenn es mir gelingen konnte, aufzuzeigen, dass angebrachtes Handeln, als subjektive Perspektive, im Kapitalismus nicht möglich war, jedenfalls nicht nachhaltig, ohne dafür massiv bestraft zu werden, dann wäre dies ein möglicher erster Schritt zur Beendigung des Mythos absolut nützlicher Jobs.

Dafür muss die psychologische Blockade, die besagt nur die mit den Jobs würden arbeiten und Beiträge leisten, gebrochen werden und das wird nur geschehen, indem wir Universal Carework überall hintragen, uns einmischen und Aufwertung fordern, während der Versuch uns als faule Arbeitsverweiger:innen zu stigmatisieren zunehmend lächerlicher erscheint. Es kann die Enteignung und Marginalisierung durchbrochen werden, aber so wie die Verhältnisse heute sind, ist das ein zutiefst subjektiver Akt, der Selbsterweiterung, wie ein Krake aus einem Buch von Donna Haraway, dessen Tentakel das Vielfältige reintegrieren, als ein komplexes Muster, in dem die Lebensgrundlage nicht mehr die Frage der Umsatzsteigerung ist, sondern die direkte Entschlüsselung des Erhaltens komplexer Muster des Lebendigen.

Wenn der Mensch die »ganze Welt« integriert, was ja ein subjektiver Akt sein kann, unvollkommen, aber lebendig, fügen wir auf diese Weise die größere Welt, das Ökosystem neu zusammen, welche uns alle leben lässt. Es ist Zeit, die Erwerbsarbeit im Sinne der Menschheit neu zu »hacken«, um sich der Arbeit selbst zu bemächtigen.

Denn das »reduzierte Handeln« in den Jobs (Arbeitsteilung), welches zweckorientiert ist, kann nicht mehr uneingeschränkt als Lösungsansatz zum Lebenserhalt proklamiert werden, wenn zugleich dabei immer wieder aufs Neue, egal, wie man es versucht den Kapitalismus zu korrigieren, stets massive Nebenwirkungen entstehen und die Enteignung des Globalen Südens, sowie der Armen aufrecht bleibt. Die negativen Folgen sehen wir überall.

»*Singers Prinzip*«, des Philosophen Peter Singer, der zu den wichtigsten Ethikforschern unserer Zeit gehört, lautet: »*Wenn es in unserer Macht steht, etwas Schlechtes zu verhindern, ohne dabei etwas von »vergleichbarer moralischer Bedeutung« zu opfern, dann sollten wir es vom moralischen Standpunkt ausgesehen tun.*«[11]
Wenn die Arbeit also durch mein arbeitsintegriertes Beziehungshandeln sperrig wurde, was den Kapitalismus im Kleinen, später vielleicht im Großen ausbremste, zum Vorteil einer höheren und bewussteren Dichte an Beziehungen, die zwischen den Verhältnissen der Produktion erarbeitet wurden, dann war dieser Ansatz zwar

11 Peter Singer / Hunger, Wohlstand und Moral / Reclam / Nachwort S 72

zum Schaden des Kapitalismus, aber diente einem ethisch höher zu bewertenden Ziel, nämlich dem Aufbau einer Ökonomie, die einer größeren Komplexität gerecht würde. Ich will damit nicht sagen, dass mein Ansatz der einzig Relevante wäre, denn es braucht die vielen Perspektiven, es braucht aber darin noch mehr radikale Erfahrungswelten, die vom Erleben von Individuen berichten, die eine Alternative versucht haben. Es genügt nicht, neue Systeme zu entwerfen. Solidarität ist entscheidend und auch die Finanzierung jener, die diesen Weg beschreiten.

Ich gehe daher später ausführlicher auf das Konzept des von mir parallel zur Feminism(s) and Degrowth Alliance (FaDA) und »The international Care Income campaign« entwickelten »Universal Care Income« ein, als einer Weiterentwicklung der Idee des Bedingungslosen Grundeinkommens (UBI), welches aktuell als Folge der von rechts gesetzten Narrative politisch fast undurchsetzbar erscheint, weil dies vorwiegend von Arbeiter:innen (und rechtskonservativen oder neoliberalen Parteien) blockiert wird, die das BGE als Entwertung ihrer Arbeit betrachten, weil damit etwas »belohnt« wird, was in ihren Augen keine Leistung darstellt, weil es nicht in Erwerbsarbeit stattfindet. Dieser Populismus der Diskurse, mit dem rechte Parteien gestärkt werden, kann durchbrochen werden, indem man ein Basic Income als die natürliche und richtige Folge von universeller Care-Arbeit definiert, womit nicht der Faktor »bedingungslos« im Zentrum steht, sondern der Aspekt der »Selbstbestimmung« und der Anerkennung von tatsächlichen Beiträgen, die Respekt und Würdigung verlangen. Es ist unter Umständen wertvoller, wenn wir für unsere selbstbestimmte Arbeit, oder für jene selbstbestimmten Beiträge ein Care Income erhalten, als wenn sich alles um die Frage von Bedingungslosigkeit dreht, was das verzerrt, worum es eigentlich geht. Denn es geht ja nicht darum, dass Leute mit Gewalt Geld ohne Gegenleistung durchsetzen wollen, sondern es gibt einfach im Kapitalismus keine Gegenleistung für ganz viel Arbeit und Beiträge, die Menschen im Sinne des »Universal Carework« Begriffs leisten. Auch werden essenzielle Relevanzen wie Kultur, Gesellschaft oder Umwelt entwertet. Nimmt man diese Perspektive ein, steht man solidarisch mit den Arbeiter:innen und Angestellten und nicht mehr in Konkurrenz zu ihnen, denn auch diese sind über ihre Erwerbsarbeit hinaus oder darin Care-Worker:innen.
Wie ich später noch erläutern werde, konnte ich im Verlauf meiner Arbeit ein BGE gegenüber dem Staat persönlich durchsetzen und kann darum schildern, welche Problemfelder sich daraus ergaben und weshalb ein »Universal Care Income« sich viel einfacher in bestehende Verhältnisse integrieren lässt, um diese von Innen und unten zu verändern.

Die folgenden Kapitel zeigen, wie in mehreren Gewaltstufen der Diskurs zwischen dem deutschen Staat und mir, über einen Zeitraum von 10 Jahren, immer weiter eskalierte. Dieser Konflikt wurde zum Ausgangspunkt und Katalysator der Dramen und Chancen, um die Frage nach einem neuen Arbeitsbegriff und nach einer Ökonomie, die das gesamte Ökosystem mitdenkt. Die unfassbaren Vorgänge offenbaren einen Staat, der in einem tiefen Tabu verstrickt, Ökonomie als Religion betreibt, als einen tiefen Glauben an die Höherwertigkeit der einen Menschen gegenüber den anderen.

Die hier vorgelegten Fakten zeigen, dass Ressentiments und rechte Gewalt nicht in erster Linie eine Form von Hass sind, sondern Rassismen dienen dem Schutz von Privilegien und Positionen in einem Umfeld, indem eine humane Transformation und eine Erweiterung der Freiheit für die Täter unmöglich erscheint und sie daher in ihrer Bedrängnis aus Feigheit Rassismen anwenden, um den Status quo, durch Abwertung der anderen, um jeden Preis zu bewahren. Umso mehr die Rassismen zunehmen, umso deutlicher zeigt sich die Schuldverschiebung, von den Feiglingen, die ihre Privilegien nicht riskieren wollen und sich daher opportunistisch verhalten, hin zu den Schwächsten der Gesellschaft, denen man als Folge die Schuld an »allem« gibt. Rassismen sind also systemische Affekte in einer Gesellschaft, welche auf Lügen basieren. Diese Lügen aber finden sich nicht nur in den Rassismen und falschen Zuweisungen gegenüber Minderheiten, sondern viel tiefer in Verstrickungen, welche als Folge von nicht getroffenen Entscheidungen entstehen, als Konsequenz des Wegsehens, des Zulassens von massivem Unrecht, ja einem Versagen der Mitmenschlichkeit. Den Rassismen geht eine viel tiefere Aggression voraus, und diese finden wir in den Strukturen von Macht, Kapitalismus und Arbeit.

Ich habe die Namen der mitverantwortlichen Politiker:innen hier bewusst durch Obstbezeichnungen ersetzt, obwohl ich sie rechtlich gesehen nennen könnte. Dieser Akt aber ist eine Reaktion auf die Tatsache, dass die hier vorliegenden Erkenntnisse zu keiner Rechenschaft bei diesen Personen führen werden. Denn wie dieses Buch zeigt, waren alle Ebenen und alle Institutionen an massivem Unrecht gegen Menschen beteiligt und alle haben sie aktiv zur Vertuschung beigetragen und tun es noch.

TAKE-AWAY BOX – KAPITEL »WARUM HANDELN WIR NICHT, SONDERN ARBEITEN NUR?«

Arbeit ≠ Verantwortliches Handeln

Lohn ersetzt Gewissen: Sobald Bezahlung automatisch als »gut & richtig« gilt, verschwindet die Frage nach realer Verantwortung – symbolische Gewalt gegen jene, die nicht ins Lohnraster passen.

Pandemie als Spiegel

Lockdown-Beschränkungen empörten die Mittelklasse, während Arme dieselben Einschränkungen seit Jahren als Dauerzustand leben. Das soziale »Social Distancing« ist älter als Covid-19.

Marktlogik verkürzt Relevanz

Was sich verkauft, gilt als »wertvoll« – Care-Arbeit, Kunst und Aktivismus werden systematisch entwertet. Der Kapitalismus benötigt diese Lücke, um extreme Gewinne zu bündeln.

Klassismus = Strukturelle Ausblendung

Nicht Talent entscheidet, sondern die »richtige Farbe« im Spiel. Chancengleichheit ist ein Mythos, der Armut als persönliches Versagen framet und so Umverteilung moralisch blockiert.

Creative Maladjustment (ML King)

Bewusste Fehlanpassung wird zur notwendigen Strategie: Wer sich der Profitlogik verweigert, deckt die versteckten Kosten des Systems auf und öffnet Räume für echte Veränderung.

Schlussfolgerung

Wir arbeiten viel, handeln wenig. Erst wenn »Beitrag« an sozial-ökologischem Nutzen statt an Gehaltszetteln gemessen wird, kippt der Fokus von Funktionieren zu Gestalten.

EINE ZEHNJÄHRIGE UNTERSUCHUNG VON WERT, ARMUTSERFAHRUNG UND ARBEIT IN DER DEUTSCHEN GESELLSCHAFT

»SPEEDS ARBEIT« UND DIE
SCHAFFUNG EINER ALTERNATIVE

1

2014, also vor 10 Jahren, begann die erste Stufe meiner empirischen Forschung zur Armut und Arbeit, in der ich sehr früh bereits die Bundesarbeitsministerin Birne (SPD) auf massive Missstände im Umgang des Staates mit Armen hinwies. Zum ersten Mal betrat ich, als Konsequenz meiner Neurodivergenz und 20 Jahren Arbeit als Künstler, ein deutsches Jobcenter, nachdem ich in den Jahrzehnten davor rund eine halbe Million Euro als Kulturschaffender und forschender Autist in nicht oder schlecht bezahlte Arbeit (Care-Arbeit) investiert hatte, samt der Investitionen weiter Teile meines Erbes in soziale und künstlerische Projekte sowie in Forschung für die Menschen im Land. Was ich im Jobcenter vorfand, waren für die Betroffenen wie mich dieselben Probleme im deutschen Sozialsystem, wie ich sie zuvor schon in anderen Systemen erlebt hatte, als wesentliche Merkmale einer durch Simplifizierung, Vorurteile und Ressentiments geschaffenen Simulation von Wert, ohne Sinn und Verstand.

Was ich sah, war eine Institution, die offen über Arme log und sie entlang dieser Lügen betrog, erniedrigte und nicht selten krank machte. Dagegen musste etwas unternommen werden. Das war als Arbeit zu begreifen, wollte man die Realität ernst nehmen. Das war ein Fulltime-Job. Alles andere hätte bedeutet wegzusehen und tausende Menschen in massivem Leid zu belassen.

In meinem neurodivergenten Wahrnehmungsmodus eröffnete sich mir – nach Gibson gesprochen – nur ein extrem enges Affordanz-Feld, in dem jene Handlungsmöglichkeit »arbeitsintegriertes Beziehungshandeln« bedeuten musste, also eine Verdichtung von Erleben, dem Willen etwas zu unternehmen und den gegebenen Strukturen der Behörde und der deutschen Gesellschaft. Darin erkannte ich nur einen einzigen Korridor, der mir als Handlungsoption blieb. Ich hatte keine andere Wahl, als zu versuchen, mit den Mitteln, die ich hatte, den »Rassismus gegen Arme« aufzudecken und menschenverachtende Strukturen sichtbar zu machen. Dies zu ignorieren, hätte für mich physischen Schmerz bedeutet, vergleichbar mit einer Vergewaltigung. Ich stand unter Stress, denn die Ideologie der Jobcenter war eine massive Gewalt.

Christoph Butterwegge – Hartz IV und die Folgen (2014, aktual. 2020) – zeigt, dass das Sanktionsregime der Jobcenter als »sozialstaatliche Zwangsarbeit«

fungiert und systematisch Angst, Stigmatisierung und materiellen Entzug als Disziplinierungsinstrument einsetzt. Deutscher Caritasverband – Sanktionen im SGB II: Folgen für Lebenslage und Gesundheit (Expertise 2016) Der Bericht bezeichnet Sanktionen über 30 % als »massiven Eingriff in die Menschenwürde« und dokumentiert Fälle existenzieller Not bis zu Wohnungslosigkeit infolge Jobcenter-Strafen. Bundesverfassungsgericht – Urteil v. 5. 11. 2019 (1 BvL 7/16) – erklärt harte Kürzungen (> 30 %) für verfassungswidrig, weil sie »in die physische Existenzsicherung eingreifen« und damit unverhältnismäßige Zwangswirkung entfalten. Sanktionen im SGB II beeinträchtigen nachweislich die materielle Lebenssituation: Betroffene berichten bereits nach der ersten Kürzung deutlich häufiger von psychischem Stress, sozialem Rückzug und existenziellen Einschränkungen. Besonders häufig genannt werden Zahlungsengpässe bei Miete, Strom und Heizung sowie der Verzicht auf notwendige Ausgaben für Kleidung, gesunde Ernährung oder medizinische Versorgung. Die Sanktion wirkt so wie ein systemischer Gewaltakt gegen ohnehin bereits belastete Menschen. Neurotypische Menschen sind in der Lage, solche Dinge zu übergehen, wenn es ihnen nützt. Für mich bleibt immer die Frage der Konsequenzen. Wenn man wie ich über Jahrzehnte auf diese Weise auf Unrecht reagiert, dann ist klar, dass Kunst nur dann effektiv ist, wird sie ernst genommen. Wird sie also als ein Mittel der Transformation betrachtet. Darin folgt sie eigenen Regeln, die Künstler:innen erlernt haben. Es wird heute viel »Bla-Bla« über Kunst und im Kontext mit Kunst behauptet und veranstaltet, aber wenn Sie zu einer unterdrückten Minderheit gehören, dann ist Kunst eine Waffe gegen das Unrecht, gegen das »nicht gesehen werden«. Dann ist Kunst so ernst wie Krieg. Denn was bedeuten all die geistigen Errungenschaften und Erkenntnisse, als die Kämpfe um Menschenrechte, all die Forschungsmilliarden und die Schicksale jener, die unter schwierigsten Bedingungen forschten, wenn Wissen keinerlei Bedeutung mehr hat, wenn von der Forschung festgestellte Gewalt nicht zu deren Einstellung führt. Ein derartiges Verhalten, ein ignorieren von Wissen, nur weil es von der »falschen Personengruppe« kommt, hat fatale Auswirkungen auf unsere Gesellschaft. Leute wie Donald Trump und all die anderen Rechtspopulist:innen sind nur möglich, weil Kunst und Forschung marginalisiert werden.

Dieses Buch zeigt, wie der Staat die Rolle von Kulturschaffenden in einer Demokratie ab dem Moment massiv unterdrückt, an dem sich dieser durch die Kunst infrage gestellt sieht. Etwas, was man in den 90er Jahren nicht für möglich gehalten hätte, was dem allgemeinen Rechtsruck geschuldet ist, den wir heute überall erleben. Um die Bedeutung der folgenden Kapitel zu verstehen, ist es unausweichlich anzuerkennen, dass die Kunst anecken muss, um ihren Job machen zu können. Davon hätte niemals eine Bestrafung meiner Arbeit abgeleitet werden dürfen.

Sichtbar wird in diesen mehr als 500 Seiten, wie staatliche Stellen und Unternehmen in der Illusion einer simplifizierten Ideologie agierten, in der »störende Menschen« nicht als Antwort auf mangelndes Verständnis von Komplexität betrachtet wurden, sondern als etwas, was man wörtlich wegmachen, vernichten oder eben bestrafen wollte.

Rund ein Jahrzehnt überlebte ich als Aufstocker, also während ich Vollzeit als Kulturschaffender, Buchautor, Arbeits- und Armutsforscher weiterarbeitete, aber davon nicht leben konnte, mit Sozialhilfe im damaligen Hartz-IV-System, dem berüchtigten deutschen Sozialsystem von 2005 bis 2022, bis es dann in Bürgergeld umbenannt wurde, aber im Wesentlichen weiter als unmenschliches und sozialrassistisches Instrument der Bestrafung der Armen bestehen blieb. Hier zeigte sich, dass die Kunst, obwohl ideologisch vom Staat laut Grundgesetz geschützt, dort, wo sie nützlich und wirkmächtig war, gegen den Staat, von diesem systematisch marginalisiert wurde. Kunst wurde in den Jobcentern als Hobby betrachtet und grundsätzlich in den meisten Behörden und Institutionen des Staates verniedlicht und verspottet. Die Armen wurden gezwungen, mit der Kunst aufzuhören, es sei denn, sie leisteten wie ich massiven Widerstand. Sie sollten keine Subkultur entwickeln, die unerwünschte Wahrheiten hätte sichtbar machen können.

Die Frage von »Vollzeit« ist nicht nur eine von Arbeitsstunden, sondern eben auch von Ernsthaftigkeit einer Arbeit, von Relevanz eines Tuns. Daher ist es nur logisch, dass wer Kunst ernst nimmt, diese auch in Vollzeit betreibt und die Frage von Gewinn oder Einnahmen keine zwingende Entscheidung ist, ob Kunst in Vollzeit stattfinden muss oder nicht. Hier zeigte sich also bereits sehr früh eine markante Bruchstelle im Verständnis zwischen dem Jobcenter und mir. Denn dass man Kunst nicht oder kaum bezahlte, war klar. Dass dies dennoch nichts daran änderte, dass es sich um einen Beruf handelte und um eine essenzielle Tätigkeit, die man nicht der kuratorischen Idiotie eines Jobcenters überlassen konnte, die grundsätzlich den von der Verfassung verbuchten Wert der Kunst ablehnte, war ebenfalls eindeutig. Das Jobcenter hatte nicht darüber zu entscheiden, ob Kunst stattfindet oder nicht. Folglich hatte sie auch keine Entscheidung darüber zu treffen, wie Kunst passiert, ob in Vollzeit oder als Hobby.

Man kann keine »wichtige Arbeit« machen, die nicht in Vollzeit umgesetzt werden darf. Dieser Widerspruch der politischen Praxis in Deutschland wurde hier zum Rahmen einer fundamentalen Neubewertung der Frage, was »nützlicher Beitrag« zur Gesellschaft überhaupt sein soll. Denn gerade in der Kunst erlebte man laufend, dass diese Frage eben gerade nicht objektiv geklärt wurde. Niemand käme auf die Idee die Arbeit eines Mechanikers politisch zu beschneiden, denn man will, dass am Ende der Motor läuft. In der Kunst aber maßt sich die Politik immer häufiger an, sie wüsste besser, wie der Motor zum Laufen zu bringen sei, als Kulturschaffende, die über Jahre dafür ausgebildet wurden, gesellschaftliche Debatten durch Regelbruch dynamisch zu halten und zu gestalten.

Die Ursachen meiner Verarmung waren von Anfang an klar. Über Jahrzehnte hatte ich mich verausgabt, um gegen Missstände in Konzernen und Unternehmen anzuarbeiten, wurde dadurch unbequem und unbeliebt. Die unzähligen ökonomischen Zusammenbrüche jener Zeit, von den Konsequenzen des Untergangs der New Economy, die zunehmende Prekarisierung im Medien- und Kreativbereich, der Abbau von Investitionen als Folge des Shareholder-Value-Prinzips, die zunehmende Austeritätspolitik, nicht nur im Kultursektor, die Lehmann-Krise und schließlich die Corona-Pandemie bildeten sich 1:1 in meiner Biografie ab, mit dem wesentlichen Unterschied zu den Menschen in Festanstellung, dass diese Krisen mich als Selbstständigen rundum erwischten. Ich erlebte die Konsequenzen also derart hart, dass ich einfach zu der Überzeugung gelangen musste, dass etwas mit der Erwerbsarbeit und der Ökonomie fundamental nicht stimmte. Ich arbeitete pausenlos und ohne Urlaub. Denn man hatte mich teuer in einem Beruf ausgebildet, den man später nicht haben wollte, gerade, weil dieser Wirkung zeigte. Ich sollte mich also bereitwillig demontieren lassen, obwohl ich gute und richtige Arbeit leistete. Damals wusste ich nicht, dass ich Autist bin. Ich wusste nicht, warum ich nicht anders handeln konnte, nur dass ich es nicht konnte.

Wie mir erging es Millionen Menschen, die in deutschen Jobcentern landeten. Man investierte über Jahre in harte Arbeit, machte Weiterbildungen, baute etwas auf, ging unbezahlt in Vorleistung und dann brach alles über Nacht über einem zusammen. Das musste nach 20 Jahren und weit über zehn Wiederholungen zu zwei Dingen führen. Erschöpfung und den Willen, das Spiel grundlegend zu verändern.

Denn die Logik, dann müsse man eben etwas anderes machen, wurde hier objektiv betrachtet zur Farce. »Etwas anderes« war für mich als Autisten gleichbedeutend mit dem Befehl, »das Falsche« zu tun. Also gegen mich selbst und die Welt und die Gerechtigkeit zu handeln. Der dümmlichen Logik neurotypischer Anpassung um jeden Preis konnte ich nicht folgen, denn wohin hätte diese Anpassung mich führen sollen? Ich war nicht neurotypisch. Ich fühlte mich nicht wohl, mit einem zugewiesenen Platz in der Gruppe. Ich musste im Einklang mit der Ordnung des Universums leben, oder ich existierte nicht. Ich musste das als Künstler zum Ausdruck bringen, was die Natur mir zeigte. Was eine Behörde glaubte, an Lügen mit Gewalt erzwingen zu können, hätte sicherlich viele ängstlich einbrechen lassen. An dieser Stelle aber sind Autist:innen wie ich in der Lage, unser Selbst zu schützen, indem wir uns von außen betrachten und in einen Überlebensmodus schalten, bei dem nicht der Schutz des eigenen Körpers im Vordergrund steht, sondern die innere Integrität, die Beziehung zur Ordnung der Welt. Somit wurde mein Körper, die Figur, die ich darstellte, zu meiner Waffe gegen das System. Ich platzierte sie fortan, ohne Rücksicht auf dessen Wohlbefinden, dort, wo sie für das System die größte Irritation, den meisten Widerstand, die dominanteste Infragestellung bedeutete. Denn das schützte meine autistische Integrität vor ihrem Zugriff und ermöglichte es mir, das System vor aller Augen zu zerlegen, während sie mit Sanktionsdrohungen auf einen Körper zielten, der nur »Hologramm« in einer Inszenierung war, in der ich sie fortan vorführen würde.

Studien zu Masking und kognitiver Überlastung beschreiben, dass viele Autist:innen in sozialen Situationen eine Art verkörperte Schutzstrategie entwickeln: Sie halten die äußere Interaktion aufrecht, während das innere Selbst sich in einen Zustand intensiver Beobachtung, Abspaltung oder mentaler Schutzspannung zurückzieht, um emotionale Überforderung abzufedern und sensorische Reize kontrollieren zu können. Judith Butler – Notes Toward a Performative Theory of Assembly (2015) – argumentiert, dass politischer Widerstand gerade dort entsteht, wo Körper »als Medium der Fragilität und zugleich Waffe der Sichtbarkeit« auftreten; der demonstrierende Leib irritiert Institutionen, die strukturelle Gewalt nur diskursiv ausüben können. Marina Abramović – Walk Through Walls: A Memoir (2016) – schildert, wie sie den eigenen Körper als künstlerisches »Instrument radikaler Irritation« einsetzt, um Systeme symbolisch offenzulegen; ihr Konzept des body-as-weapon liefert eine direkte Parallele zu meiner performativen Jobcenter-Konfrontation. Cedric J. Robinson – Black Marxism (1983, rev. 2000) – weist nach, dass marginalisierte Gruppen historisch gezwungen waren, den eigenen Körper ähnlich wie ich gegen institutionelle Gewalt zu mobilisieren – eine Logik, die ich auf den »Rassismus gegen Arme« übertrage.

Dass ich also in der Sozialhilfe bei Hartz IV landete, war die Konsequenz einer sehr komplexen Reihe von Ereignissen, auf die ich stets rational, optimistisch und engagiert reagierte. Hätte ich nichts getan, also hätte ich das fundamentale Unrecht ignoriert, mich einfach nur angepasst, sowie die vielen Unstimmigkeiten und Widersprüche in der Ökonomie akzeptiert, erginge es mir heute finanziell vermutlich besser, aber so tickte ich nun mal nicht. Denn ich wollte etwas bewirken, etwas verändern, mich einsetzen, damit diese Ökonomie humaner und ökologischer wird. Das aber schadete mir erheblich. Denn es machte mich verdächtig.

Verdächtig in dem Sinne, dass ich offensichtlich nicht an den Markt oder den Kapitalismus oder die Erwerbsarbeit glaubte, was auch auf unzählige Menschen zutrifft, die, obwohl sie pausenlos ackerten, am Ende von den Strukturen doch nur betrogen und abgezockt wurden. Nicht nur in der Kunst, sondern in vielen anderen Industrien erging es arbeitenden Menschen ähnlich wie mir. Wir sollten die volle Schuld für etwas tragen, worauf wir keinerlei Einfluss hatten, während privilegierte Schnösel immerzu behaupteten, jeder sei seines Glückes Schmied.

2

Ich gehe hier nicht auf alle Aspekte von Hartz IV ein, weil es dazu bereits viele Publikationen gibt. Auch haben nicht alle, die Hartz IV erlebten, dasselbe Grauen erlebt, wie auch nicht alle Bürger:innen der DDR das Empfinden hatten, in einer Diktatur zu leben. Die Verhältnisse der Unfreiheit hängen davon ab, was man in der Welt will, wer man ist und welche Chancen oder Hindernisse sich einem zeigen.

Mich interessieren drei Aspekte der Betrachtung des deutschen Sozialsystems. Die Frage, weshalb es bis heute 2024, also nach 19 Jahren Hartz IV, nicht offiziell anerkannt wird, dass das Hartz IV/Bürgergeldsystem massiv auf Armen- oder Sozialrassismus, sprich Klassismus beruht und dieser Rassismus gegen Arme, natürlich tausende Betroffene krank gemacht hat und mich interessiert auch die Frage, was dieses irrationale Verständnis der Armut für unsere Gesellschaft bedeutet und für das, was wir in Wechselwirkung für Arbeit halten, also für menschlichen Beitrag und menschlichen Wert. Nicht zuletzt ist meine zehnjährige Auseinandersetzung mit einer menschenverachtenden Bürokratie, einer Maschine, ein reichhaltiger Untersuchungsraum, bezüglich der Frage von Wert und Relevanz menschlichen Handelns, in einem System, welches vielleicht bald von KI und Robotik dominiert wird. Die Simulation von Wert und Relevanz durch eine Bürokratie, wie dem Hartz-IV-System, zeigt die wesentlichen Probleme der Simulation an sich, die ja die Folge eines Herrschaftsmodells ist, welches die Welt entlang von verkürzt definierter Nützlichkeit einseitig hierarchisch aufbaut. Simulation meint, dass das Prinzip von Belohnung und Bestrafung zu einseitigen Wertigkeiten führt, weil die Belohnung oder Bestrafung eine eigene Logik impliziert, in der Belohnung Relevanz definiert, sich die Relevanz also nicht an der Realität, sondern an der Belohnung orientiert. Der Wert im Markt wird dadurch künstlich zum Relevanten gemacht, was alle Kriterien einer Simulation erfüllt, also einer in sich abgeschlossenen, eigenen Wirklichkeit, mit Gesetzmäßigkeiten, die jedoch derart verkürzt sind, dass Individuen darin sich entweder massiv zurücknehmen müssen oder zugrunde gehen. Partizipation ist in einer Simulation maximal eingeschränkt. Eine Gefahr, die wir auch vonseiten der KI kommen sehen.

Zuboff, S. (2018). Das Zeitalter des Überwachungskapitalismus. Frankfurt: Campus Verlag. – Zeigt, wie digitale Systeme durch Verhaltensvorhersage und algorithmisch gesteuerte Belohnung eine simulierte Realität erzeugen, in der wirtschaftliche Relevanz künstlich hergestellt und menschliche Handlungsspielräume systematisch eingeschränkt werden. David Graeber, (2018). Bullshit Jobs: A Theory. New York: Simon & Schuster – zeigt, wie Lohn- und Belohnungssysteme »simulierten Wert« erzeugen, der mit realer gesellschaftlicher Nützlichkeit kaum korreliert. Eubanks, V. (2018). Automating Inequality: How High-Tech Tools Profile, Police, and Punish the Poor.[12]- dokumentiert, wie digitale / KI-gestützte Wohlfahrtsbürokratien (USA) Wert- und Risikokategorien algorithmisch festschreiben und Partizipation drastisch einschränken – Parallele zur künftigen KI-Domination.

Wenn der Mensch gelernt hat, dass die Arbeit als eine Simulation von Wert wichtiger ist, als authentisch sich um echte Probleme und Relevanzen zu kümmern, dann sind wir nicht nur längst selbst Roboter in einer unterkomplex begriffenen Welt, sondern dann werden wir im Umgang mit einer Übermacht des maschinellen Denkens und Handelns als Menschheit nicht zu Recht kommen. Wir müssen zu einer Arbeitsweise zurückfinden, die zutiefst menschlich ist, also in komplexer Beziehungsarbeit stattfindet. Aus dem, was mir passierte, können wir sehr viel darüber lernen, was sich ändern muss, damit der Mensch nicht in einer von KI regulierten Welt untergeht. Damit wir Arbeit und Wirkung relevant verstehen können. Es gilt also, den Faktor Simulation in der Ökonomie fundamental neu zu erkennen. Warum ist Entfremdung ein Problem? Dies geht über die Gedanken von Marx weit hinaus. Wir befassen uns hier mit dem Wert von Selbstbestimmung in der Arbeit als fundamentale Grundlage eines Ökosystems. Denn was wäre die Konsequenz, würde ich als Künstler und Autist angesichts des Kapitalismus, der mich vernichten will, aufgeben? Warum sollte ich das tun und weshalb sollte ein Verlangen dieses Opfers in irgendeiner Weise rechtsstaatlich erlaubt und in einem logischen Verstehen überhaupt legitim erscheinen? Die neurodivergenten Menschen auf dem Planeten entsprechen zahlenmäßig einem Land der Größe Indiens. Somit größer als jedes andere Land, außer China, betrachtet man die Bevölkerungszahl. Warum also sollten wir zulassen, dass man unser Erleben der Welt, unsere Kultur auslöscht, um Finanzinteressen zu dienen? An welchem Kulturozid[13] will sich also die deutsche Bundesregierung hier beteiligen?

Der Beitrag, der »Job« ist der Zugang zu den Ressourcen, zur Gesellschaft und

---

12 New York: St. Martin's Press. ISBN 9781250074317

13 Kulturozid bezeichnet die systematische Zerstörung der kulturellen Identität, Sprache, Religion, Kunst, Bildung oder Erinnerungskultur einer Bevölkerungsgruppe, ohne zwingend physische Vernichtung der Menschen selbst. Es ist ein Angriff auf das kollektive Gedächtnis und die kulturelle Lebensform. Der Begriff wurde erstmals von Raphael Lemkin, dem Schöpfer des Begriffs „Genozid", verwendet – er wollte cultural genocide ausdrücklich im UN-Völkerrecht verankern, wurde aber 1948 aus der Genozid-Konvention gestrichen, unter politischem Druck. Trotzdem wird der Begriff zunehmend völkerrechtlich diskutiert, etwa im Zusammenhang mit: der Assimilationspolitik gegenüber indigenen Kindern (z. B. Kanada, Australien), der Zerstörung religiöser/kultureller Stätten (z. B. IS in Syrien), der Verdrängung von Sprachen und Bräuchen durch Kolonialherrschaft.

je schmäler dieser Zugang ist, desto enger die damit verbundene Maxime dessen, was Wert haben soll oder darf, umso mehr beobachtet man Faktoren von Simulation, also von einem so tun als ob. David Graeber hat in »Bullshit Jobs« darübergeschrieben. Hier geht es viel um die Frage wie man pragmatisch eine Antwort darauf findet. Wie sieht also der Widerstand gegen die »Bullshit-Ökonomie« aus?

Für mich ist die Frage von Wert in einer Ökonomie, wie zuvor besprochen, nicht in erster Linie dort abzulesen, wo Erfolg stattfindet, sondern in der Entstehung von Armut und im Umgang mit Armen. Denn hier bildet sich die Komplexität der Realität ab, während der »Erfolg« eine simplifizierte Kategorie ist, die sich selbst mit Gewalt konstruiert, die also für sich schon wenig über die Wirklichkeit der Verhältnisse aussagt.

Die Arme wurde vor diesem Hintergrund in der Gesellschaft zum Stereotypen, zur Funktion für jene, die Zusammenhänge nicht verstehen wollten. In meinem Widerstand von Jahrzehnten, ging es stets um die Frage, wie kann der Mensch als lebendiges Ökosystem selbstbestimmt überleben, auch wenn die Welt um sie oder ihn herum fast nur noch eine Simulation darstellt, die einem keine Chance der Mitbestimmung, des eigenen Weges überlassen will und diese Gesellschaft in ihrer Abgeschlossenheit zugleich behauptet, die beste aller Welten zu sein. Die Absolutheit des »Erfolgsbegriffs« erzwingt Simulationen und entledigt sich in der Brutalität der Märkte jedes Widerspruchs, indem Geld immer als Erfolg definiert wird, somit ein sich selbst referenzierendes System entstanden ist, welches schon in dessen Aufbau und Konstruktion jede Relativierung verhindert. Zahlen sind stets absolut. Soziale Missstände hingegen sind Kategorien die sich oft im Relativen, Individuellen oder Komplexen bewegen.

3

Mit Ende von Bretton Woods[14], also der Abschaffung der Bindung des Dollars an Gold, was die Finanzialisierung[15] einläutete, also die Entkoppelung von Wertschöpfung und Produktion, woraus die unzähligen »fiktiven« Finanzprodukte der Spekulation hervorgingen, die in den 80er-Jahren im Thatcherismus richtig durchstarteten, die Börsenhöhenflüge der 90er-Jahre bescherten und zugleich Anfang und Ende neoliberaler Wirtschaftspolitik wurden, man denke an die

14 Als Bretton-Woods-System wird die nach dem Zweiten Weltkrieg neu geschaffene internationale Währungsordnung mit Wechselkursbandbreiten bezeichnet, die vom US-Dollar als Ankerwährung bestimmt war. Es wurde ein System angestrebt, das die Vorteile eines flexiblen Wechselkurssystems mit denen eines festen vereinte.[1] Die tatsächliche Umsetzung folgte einem Vorschlag von Harry Dexter White (1892–1948).
15 Der Begriff der Finanzialisierung bezeichnet Prozesse gesellschaftlichen Wandels, die sich aufgrund der zunehmenden Bedeutung der Kredit- und Kapitalmärkte auch auf Sphären jenseits des Finanzsystems erstrecken.

Lehmann-Krise und den Crash von 2008, verlagerte sich immer mehr Wohlstand nach oben und das verschärfte die Ungleichheit bis heute in ungeahntem Ausmaß. Von Anfang an war Speeds Arbeit, also das arbeitsintegrierte Beziehungshandeln, der Versuch durch Haltung dem Wert eine breitere Basis zu verschaffen. Dies gelang nicht durch Kritik alleinoder Analyse, sondern durch ein Kapern des »Arbeitsbegriffs«, um diesen in den Dienst alternativer Relevanzen zu stellen und diese gegen kapitalistische Wertschöpfung antreten zu lassen. Indem der Kapitalismus nur den isolierten Wert wollte und will, diesen über Scheinwettbewerbe, Verknappung, Gewalt, Enteignung oder Ausbeutung jederzeit von oben konstruieren und auf eine Weise manipulieren kann, wodurch weite Teile der Mittelschicht schon immer dachten, ihr Wohlstand resultiere aus harter Arbeit und Anpassung, statt ebenfalls aus radikaler Umverteilung vom Süden in den Norden und von unten nach oben, machte Speeds Arbeit von Anfang an extrem herausfordernd. *»(...) mit dem Aufstieg des Neoliberalismus verfestigte sich die Auffassung, dass – in den Worten von Milton Friedman – ‚die soziale Verantwortung der Unternehmen darin besteht, ihre Profite zu steigern.‘ Dieser Ansicht nach sind die Ressourcen prinzipiell knapp, sodass ihr unproduktiver Einsatz durch die Unternehmen zur Folge hätte, dass am Ende weniger für alle da sei.«*[16]

Diese Simplifizierung wurde zur neuen Realität. Der alternative Wert wurde als unproduktiver Wert gelabelt. Das galt für Randgruppen, wie für das Ökosystem. Weil man, was produktiv sein sollte, dadurch von oben festlegen konnte, indem man dafür bezahlte oder nicht. Diese Marktmacht blockierte relevantes Handeln, sowie Subkulturen und entsprach den Zielvorgaben jener, die mit Verengung des Marktes ihre eigentlichen Gewinne machten, die also kein Interesse daran hatten, dass alternative Relevanz Wertzuschreibungen erhält. Diese Verhältnisse zu verstehen ist zentral, will man begreifen, in welchem Spannungsfeld sich der arbeitende Mensch befindet. Durch Verknappung der Löhne wurden die Arbeitenden gezwungen, sich für das »scheinbar lebensnotwendige« zu entscheiden, oder für die Marke mit Prestige und Status, was all jene Beiträge wie Kunst und Kultur, soziale Projekte oder Engagement für Alte und Kranke, entsprechend in massive Ressourcenknappheit drängte, um nur wenige Beispiele zu nennen. Grace Blakeley schrieb in ihrem Buch »Stolen« weiter: *»Dabei wird zugleich kenntlich, wie die Sprache des Neoliberalismus dazu diente, zu verschleiern, was in Wirklichkeit vor sich ging: ein Transfer der gesellschaftlichen Ressourcen von den Menschen, die für ihren Lebensunterhalt arbeiteten, zu jenen Menschen, die Vermögenswerte besaßen.«*[17]

Der immense Kapitalzuwachs der letzten Jahrzehnte beruhte nicht auf Fleiß,

16 Grace Blakeley / Stolen – So retten wir die Welt vor dem Finanzkapitalismus / Brumaire / S 101
17 Grace Blakeley / Stolen – So retten wir die Welt vor dem Finanzkapitalismus / Brumaire / S 157

sondern zu einem nicht unbeachtlichen Teil auf Mechanismen der Marktverengung und der Monopole. Jedes Monopol ist eine Form der Enteignung der Massen. Der Kapitalismus selbst wurde zum Monopol eines Marktes an sich, gegen alternative Wertzuschreibungen.

Philippon, T. (2019). The Great Reversal: How America Gave Up on Free Markets.[18] Zeigt, dass steigende Unternehmens-Rentabilität seit 1980 primär aus zunehmender Markt- und Monopolmacht stammt, nicht aus Produktivitäts- oder Fleißzuwachs. In vielen Branchen ist in den letzten Jahren ein deutlicher Anstieg der Marktkonzentration zu beobachten: Wenige dominante Unternehmen kontrollieren zunehmend ganze Märkte, was zu Übergewinnen führt und faktisch eine Umverteilung von unten nach oben bedeutet – Konsument:innen zahlen mehr, während Shareholder profitieren. De Loecker, J., & Eeckhout, J. (2021). Global Market Power and its Macroeconomic Implications. IMF Working Paper WP/21/181. Empirische Schätzung: Durchschnittlicher weltweiter Mark-up stieg von 18 % (1980) auf 67 % (2016); Mark-up-Gewinne erklären signifikanten Teil des globalen Kapitaleinkommenswachstums. Saez, E., & Zucman, G. (2019). The Triumph of Injustice: How the Rich Dodge Taxes and How to Make Them Pay.[19] zeigen, dass Vermögenskonzentration durch Rent-Seeking-Erträge (Monopol- und Finanzrenten) schneller wächst als Arbeitseinkommen; Kapitalzuwachs ≠ individueller Fleiß.

Es gab also auf der einen Seite diesen Tunnel der monetären Relevanz und dann gab es Menschen wie mich, die das störten, weil ich sagte, hier sei überall Wert und es sei überhaupt kein Tunnel. Wenn ich also Wert in meiner selbstbestimmten Arbeit verkündete, dann war das ein direkter Angriff auf Prinzipien des Neoliberalismus, die in meinem Tun eine blanke Verschwendung von Ressourcen sahen, weil damit die breite Verteilung von Wert und Aufmerksamkeit einherging, also das Ende der Verteilung von oben nach unten, entlang von oben definierter Narrative. Wenn die Arbeitende sich selbst Wert zuwies, dann sabotierte das die Machtstrukturen, die Wert künstlich verknappen wollten. Wollte man aber Reichtum im breiten und ganzheitlichen Sinne, musste man gegen diesen Mechanismus der Verknappung sein und Wert nicht erst über die Konsumentin demokratisieren, sondern bereits bei der Produktion. Diesen Weg aber wollte die Politik auch nach den großen Wirtschaftskrisen nicht gehen, denn es hätte Kontrollverlust bedeutet. So viel Demokratie wollte man nicht. Man sieht hier also, wie meine Intervention logisch Sinn machte und zugleich vollkommen irre erschien. Es war und ist daher für mich alles eine Frage der Durchhaltungsfähigkeit gewesen. Denn jedes System

18 Cambridge, MA: Harvard University Press. ISBN 9780674237544
19 New York: W. W. Norton. ISBN 9781324002727

lässt einen Glauben, Widerstand sei zwecklos. Etwas, was nicht logisch ist, ist aber nun mal nicht logisch. Ist diese Erkenntnis erst in der Welt, ist es schwer sie aufzuhalten.

Es gab keinen logischen Grund für die Konstruktion einseitiger Wertepyramiden, gegenüber einer homogeneren und natürlicheren Zuschreibung von Wert, der allen Menschen Wert beimisst, außer man wollte in Machtzentren dominieren, wo es lang geht und diese Machtzentren wiederum über das Elitäre oder über Leistungskonstruktionen legitimieren. Hier musste man aber die Frage stellen, wem das nützen sollte. Schließlich war dieses Verständnis von Markt nicht demokratisch und wenn Demokratie einen Wert hatte, weshalb dann fand diese im Markt nicht statt? Die Konsumentscheidung ist keine Grundlage einer echten Demokratie. Nur ein frei arbeitender Mensch würde demokratische Verhältnisse herstellen. Nun haben wir zwar eine »freie Berufswahl«, aber diese zerschellt an den monetären Realitäten des Marktes.

Der Markt ist nicht in der Lage echte Relevanz abzubilden und die Arbeit der meisten Menschen ist darin nicht nur fremdbestimmt, sondern auch zunehmend strukturell entwertet. Man kann dies nicht mit dem Wert eines Wettbewerbs legitimieren, denn der Wettbewerb findet im verengten Markt statt und nicht, wie es richtig sein müsste, außerhalb, unter Teilnahme aller erdenklichen Relevanzen, Fähigkeiten oder Talente. Die Krankenschwester, die Künstler:in, die Geisteswissenschaftler:in, sind in diesem Wettbewerb strukturell gegenüber dem Börsenmakler und dem Millionenerben erheblich benachteiligt.

Mariana Mazzucato erinnert in The Value of Everything daran, dass Märkte Wert nicht »entdecken«,[20] sondern konstruieren: Wer Profit realisiert, gilt automatisch als nützlich, auch wenn er — wie viele Finanz- und Plattformakteure — lediglich Renten abschöpft, während gesellschaftlich zentrale Tätigkeiten wie Pflege, Kunst oder Grundlagenforschung unsichtbar bleiben. Sie zeigt, dass marktinterne Wettbewerbe deshalb kein verlässlicher Indikator für echte Relevanz sind, sondern vielmehr eine Hierarchie erzeugen, in der geldträchtige Branchen die Kriterien selbst setzen. Dass diese Entwertung nicht zufällig ist, sondern systemisch, zeigt Nancy Fraser in ihrem Aufsatz »Contradictions of Capital and Care«:[21] Kapitalismus benötigt soziale Reproduktion, destabilisiert sie aber zugleich, weil nur finanzialisierte Leistungen kapitalisierbar sind. Care-, Bildungs- und Kulturarbeit landen damit zwangsläufig am unteren Ende der Lohnskala — ein struktureller Bias, der sich durch marktinterne Konkurrenz nicht beheben lässt. Empirisch bestätigt das

20 https://issc.al.uw.edu.pl/wp-content/uploads/sites/2/2022/05/The-Value-of-Everything.-Making-and-Taking-in-the-Global-Economy-by-Mariana-Mazzucato.pdf?utm_source=chatgpt.com
21 https://newleftreview.org/issues/ii100/articles/nancy-fraser-contradictions-of-capital-and-care?utm_source=chatgpt.com

die ILO-Analyse zu »key workers« in der Pandemie:[22] Weltweit verdienen 29 % der systemrelevanten Beschäftigten — von Pfleger:innen bis Supermarktpersonal — deutlich weniger als der Durchschnitt; ihre Arbeit ist hochgradig fremdbestimmt und bleibt trotz erwiesener gesellschaftlicher Bedeutung unterbezahlt. Auch die OECD[23] warnt, dass zunehmende Arbeitgeber-Marktmacht (Monopsonie) Löhne sowie autonome Arbeitsgestaltung gerade in »nützlichen« aber nicht renditestarken Bereichen drückt; Wettbewerb findet also innerhalb eines bereits verengten Spielfeldes statt und begünstigt Berufe mit hoher Gewinnmarge, nicht mit hohem Gemeinwohlwert.

Der Sinn einer jeden Ökonomie ist es, das Relevante am Leben zu halten. In einem Ökosystem ist das Relevante der Erhalt der Diversität. Wenn die klassische Erwerbsarbeit also strukturell nutzlos ist, um die Arbeit an der Realität demokratisch zu organisieren, dann muss eine andere Arbeit begonnen werden. Genau das tat ich, und genau dafür wurde ich bestraft. Die Ursachen, darin liegt nun der große Wert meiner Arbeit von 10 Jahren, offenbaren einen massiven Realitätsverlust bei denen, die den Kapitalismus verteidigen. Denn der Grund, weshalb ich verarmte, wie Millionen andere Menschen auch, ist nicht nur ungerecht, sondern in sich nicht logisch. Es ergibt keinen Sinn, wenn Leistung und Wert im Kapitalismus belohnt werden sollen. Wenn es also reale Bewertungen geben soll. Alles andere wäre Betrug. Denn was ich aufzeigen konnte, ist die Tatsache, dass meine Arbeit objektiv genauso Wert besaß, obwohl sie vom Markt abgelehnt wurde. Darin wurde somit der Markt widerlegt. Etwas, was Konsequenzen haben muss, oder wir geben alles auf, worauf diese Gesellschaft gebaut wurde.

Die Politik versuchte vielfach nach den vielen Wirtschaftskrisen die Strukturen stets auf Kosten der Ärmsten zu flicken. Wie Tony Blair in England ging auch Gerhard Schröder in Deutschland den teuflischen Deal mit den Finanzkapitalist:innen ein, noch mehr schnelles Geld für politische Geschenke an die eigene Wählerschaft zu benutzen, während man zugleich im Geiste des Neoliberalismus mit einer tödlichen Austeritätspolitik, dem Abbau der Sozialsysteme den Ausgleich schuf, weil allen klar war, dass die Folgen des Raubbaus ein Zusammenbruch des gesamten Systems wäre, wäre man nicht bereit, die Mittelschicht heimlich abzuwerten, also die Löhne unter dem Deckmantel des globalisierten Wettbewerbs auch im Westen immer weiter zu drücken und die sozialen Errungenschaften der boomenden Jahre abzubauen. Dafür war Hartz IV ein wesentliches Mittel. Denn es erklärte der Öffentlichkeit scheinbar entlang neoliberaler Idiotie, weshalb Armut entstand.

22 https://www.voanews.com/a/un-labor-agency-key-covid-19-workers-undervalued-underpaid-abused-/7006469.html?utm_source=chatgpt.com
23 https://www.oecd.org/content/dam/oecd/en/publications/reports/2020/03/competition-issues-in-labour-markets_02ec78ba/66980788-en.pdf?utm_source=chatgpt.com

Weil Menschen faul waren, nicht weil die Weltwirtschaft seit den 70er-Jahren sich auf den Pfad der Zentralisierung von Wohlstand befand, also der Verlagerung von allem, in die Hände von immer wenigen. Die Heuschrecken, die großen Beratungsfirmen, hatten mit der Umsetzung feindlicher Übernahmen immer mehr real produzierende Firmen übernommen, sie ausgeschlachtet und dann fusioniert, bis schließlich die große Zeit der Monopolist:innen wie Google, Amazon oder Facebook begann.

Der Schlüssel dazu war die Reduktion von allem auf einen isolierten Wert, dem Wirtschaftswachstum um jeden Preis, der in Folge zunehmend absoluter das reale Ökosystem zerstörte und verkleinerte, bis im Sinne einer Angela Merkel die »Alternativlosigkeit« zur einzig noch geh baren Antwort auf den massiven Betrug durch das Kapital wurde. Die Probleme blendete man über Jahrzehnte einfach aus.

Die Arbeiter:in und Angestellte glaubte also, es gäbe keine Alternative, als immer mehr und härter für immer weniger Geld zu arbeiten. Sie erlag, was verständlich ist, dem Glauben an den Kapitalismus, hielt den Wohlstandszuwachs nach dem zweiten Weltkrieg für das Ergebnis eigener Leistung und ignorierte die Ausbeutung des globalen Südens. Man schaufelte die Werte vom Süden in den Norden, um sie später im Rahmen der Globalisierung von der geografischen Verortung in Nationalstaaten, in die Anonymität international vernetzter Konzernstrukturen und Banken zu verlagern, wo sie ihr bekanntes Eigenleben entwickelten. Mit Zusammenbruch der Globalisierung entkoppelte sich das Kapital von der Kontextualisierung mit der Arbeit, die Menschen verrichteten. Das Ergebnis war eine dem Markt gegenüber zunehmend ohnmächtige ArbeiterIn und Angestellte, die den Kapitalismus nicht mehr verstand, somit kein Argument mehr gegen die schleichende Entwertung hatte, alles hinnehmen musste, was nun Austerität, Druck und Mehrarbeit folgte.

Ich gehe hier so umfangreich auf die Missstände in der grundsätzlichen Bewertung von Arbeit und Leistung ein, weil dadurch verständlich wird, wie vielschichtig die Entwertung ist, die strukturell auch die Marginalisierten trifft.

Vor diesem Hintergrund kam ich mit der Idee der radikalen Selbstaufwertung der Armen und verkündete 2016 in meinem Buch »Stärke in der Armut« einen Totalumbau des Arbeitsbegriffs. Das wurde von manchen als unverschämt betrachtet, andere hielten mich für verrückt. Denn noch immer dominierte die Logik, wer brav seinen Job macht, dem würde es gut gehen und der arbeite für das Gemeinwohl. Dieses Gemeinwohl enthielt aber immer weniger Mensch und immer weniger Umwelt. Man sieht hier aber, wie ich mich im Spannungsfeld befand, zwischen denen, die meine Arbeit als Bedrohung erkannten, denen, welche an Anpassung glaubten und zornig wurden, weil sie neben mir aussahen, als hätten sie sich verkauft und seien korrumpiert. Plötzlich sah Anpassung an den Job wie Verantwortungsloses Handeln aus. Auch darum wurde ich von vielen abgelehnt. Meine Arbeit stellte ihren nicht selten feigen Opportunismus infrage, bei dem sie sich einredeten, sie opferten sich für die Frau, das Haus, die Kinder und man müsse das eben tun. Die damit verbundene kognitive Dissonanz führte zu starken Aggressionen mir gegenüber, entlang von Rassismen, Beleidigungen und negativen Zuschreibungen. Während ich also mit vielen Werten der »Malochergesellschaft« brach, warf man mir Arbeitsverweigerung vor, obwohl ich teilweise mehr arbeitete als die. Der Tabubruch war nicht Arbeitsverweigerung, sondern die Bedrohung der einseitigen Wertzuschreibung im Markt, in der sich viele eingerichtet hatten.

4

Der unfreiwillige Selbstversuch, den ich im menschenverachtenden deutschen Sozialsystem über 10 Jahre unternahm, während ich die ganze Zeit 40 Stunden die Woche selbstbestimmt arbeitete, im Dienst an der Gesellschaft und Kultur, führte mich in die Tiefen staatlicher Gewalt und aufgezwungener Isolation. Die Öffentlichkeit weiß so gut wie nichts über Hartz IV, wie der durchschnittliche weiße Deutsche auch nichts Wesentliches über Rassismus weiß.

Ich wurde verfolgt, erniedrigt, mir wurde Essen verweigert, man verleumdete mich, beleidigte mich, versuchte mich zu kriminalisieren. Im Detail gehe ich in den nächsten Kapiteln sehr umfassend auf die Antwort der Gesellschaft ein, wenn man versuchte sich wirklich ernsthaft für eine humanere Welt zu engagieren und das auf dieselbe Höhe wie die Erwerbsarbeit brachte. Die Täter:innen waren kein wütender Mob, sondern deutsche Richter:innen, Staatsanwälte, Beamte oder bekannte Minister:innen. Ihr Gewaltrausch gegen mich diente einem einzigen Ziel. Der Verdeckung einer Komplexität, die jene Vereinfachungen, auf denen ihre Positionen beruhten, infrage stellte. Sie alle wollten an die Alternativlosigkeit glauben, weil diese ihnen ein bequemes Dasein sicherte, während um sie herum immer mehr Menschen vor die Hunde gingen. Während der Rechtsruck zunehmend das Land übernahm. Mehrere staatsanwaltliche Ermittlungsverfahren zielten darauf ab, mich in SLAPP[24]-Klagen als Menschenrechtsverteidiger und Kulturschaffenden mundtot zu machen. Als Folge des Psychoterrors erkrankte ich. Aber dazu später mehr.

»Trouble ist ein interessantes Wort. Es lässt sich auf ein französisches Verb aus dem

---

24 SLAPP (engl. strategic lawsuit against public participation = Strategische Klage gegen öffentliche Beteiligung; engl. slap = Ohrfeige, Schlag ins Gesicht) ist die offizielle Benennung von Einschüchterungsklagen gegen Aktivist:innen, Künstler:innen oder Kräfte der Zivilgesellschaft, um sie zum Schweigen zu bringen.

13. Jahrhundert zurückführen, das »Aufwirbeln«, »wolkig machen« oder »stören« bedeutet. Wir alle auf Terra leben in unruhigen Zeiten, in aufgewirbelten Zeiten, in trüben und verstörenden Zeiten. Die Aufgabe besteht nun darin, reagieren zu können, und zwar gemeinsam und in unserer unbescheidenen Art.«[25]

Störung, wie Donna Haraway hier schreibt, das war eine Frage des Überlebens geworden, nicht in Erwartung eines Ergebnisses dieser, sondern weil die Störung selbst der Lebensraum war, in dem auch ich noch existierte. Sie verhinderte meine Verbringung in die Anonymität der Armut. Die Unruhe, die Troubles waren Zeugnis des Lebendigen, etwas, was sich das Ökosystem zurückholte, einfach so, weil mit Existenz ein Recht verbunden ist, egal ob schwarz, arm, queer oder schlicht im Erleben anders als vorgesehen.

Doch nun war ich vollkommen verarmt und erhielt statt eines Universal Care In-

25 Donna J, Haraway / Unruhig bleiben – Die Verwandtschaft der Arten im Chthuluzän / Einleitung / S 1

come schlicht Hartz IV und später das Bürgergeld. Die Arbeit machte ich dennoch weiter, 40 Stunden die Woche, wie hunderte Künstler:innen und andere Care-Arbeiter:innen im ganzen Land. Ich arbeitete genauso viel und umfassend wie die in den Jobs, stand aber auf der anderen Seite einer Mauer der wirtschaftlichen Apartheid. Es begann nun ein sehr langer Weg hin zur Anerkennung von Wert, und natürlich musste dieser Weg beschritten werden. Wie sonst sollte Care-Arbeit jemals gesehen und honoriert werden, wenn nicht, indem die dadurch Verarmte aufsteht und auf ihrem Wert beharrend, diese Arbeit fortsetzt, bis dessen Wert für alle ersichtlich ist.

5

Die ungeheuerlichen Vorgänge, die mich über ein Jahrzehnt begleiteten, in unzähligen Aktionen und Widerständen, begannen für mich wie zuvor erwähnt mit Briefen an die Bundesarbeitsministerin Birne. Mit einfachen Feststellungen von Unrecht, die in dieser staatlich organisierten Simulation von Wert und Relevanz aber nicht gelöst werden konnten, weil das Streben von Institutionen und Strukturen nie hin zu, sondern stets von der Komplexität fortführte. Dies aufzudecken, wurde zu meiner Arbeit. Einer Arbeit, die viel wertvoller und relevanter war als alles, was ich in einem Job hätte machen können.

Meine erste Beschwerde resultierte daraus, dass ich gemeinsam mit 10 anderen in einem Warteraum eines Jobcenters saß, und man nacheinander aufgerufen wurde, nur 5 Meter vom Schreibtisch der Sachbearbeiterin entfernt sitzend, dieser dann sämtliche persönlichen Daten mitzuteilen. Also das Leid des jeweiligen Lebens in allen Details. Es war ein Panopticon[26] im Kleinen. Das bedeutet, alle hörten alle Lebensgeschichten von jedem. Man saß da, wie eine Gruppe von Kindern, die zur Schulleitung gerufen wurden, um gemeinsam als Gruppe erniedrigt zu werden. Ich forderte also als Kulturschaffender, mit Ankündigung, die Sache öffentlich zu dokumentieren, eine Mauer der Diskretion.

Aus dem Büro der Ministerin erhielt ich ein Schreiben, in dem es lediglich hieß, man werde dies prüfen. Was aber bedeutet Prüfen in einem staatlichen Kontext? Michel Foucault schrieb dazu: »*Die Prüfung macht mithilfe ihrer Dokumentationstechniken aus jedem Individuum einen ‚Fall‘: einen Fall, der sowohl Gegenstand*

---

26 Wikipedia: Das Panopticon (von griechisch παν pān, ‚alles‘, und οπτικό optikó, ‚zum Sehen gehörend‘), latinisiert auch Panoptikum, ist ein von dem britischen Philosophen und Begründer des klassischen Utilitarismus Jeremy Bentham stammendes Konzept zum Bau von Gefängnissen und ähnlichen Anstalten, aber auch von Fabriken, dass die gleichzeitige Überwachung vieler Menschen durch einen einzelnen Überwacher ermöglicht. Der französische Philosoph des späten 20. Jahrhunderts Michel Foucault bezeichnete dieses Ordnungsprinzip als Modell moderner Überwachungsgesellschaften und als wesentlich für westlich-liberale Gesellschaften, die er auch Disziplinargesellschaften nennt. In Anlehnung daran entwickelte er seinen Begriff des Panoptismus.

für eine Erkenntnis als auch Zielscheibe für eine Macht ist. Der Fall ist nicht mehr wie in der Kasuistik oder in der Jurisprudenz ein Ganzes von Umständen, das eine Tat qualifiziert und die Anwendung einer Regel modifizieren kann; sondern der Fall ist das Individuum, wie man es beschreiben, abschätzen, messen, mit anderen vergleichen kann – und zwar in seiner Individualität selbst; der Fall ist aber auch das Individuum, das man zu dressieren oder zu korrigieren, zu klassifizieren, zu normalisieren, auszuschließen hat usw. »[27]

Indem ich also diesen Fall provozierte, wurde ich selbst zum Fall, denn der Staat prüft immer in jede Richtung, denn der Staat glaubt alles überwachen und kontrollieren zu müssen. Wer also den Staat kritisiert, ist immer auch dem Akt der Kontrolle und der Prüfung unterworfen. Dies ist aber mit der Haltung von Macht verbunden, weil der Staat aus der Prüfung stets als Gewinner hervorgehen will, stets ein Akt der Simplifizierung und steht somit echter Aufklärung oft entgegen. In diesen Prüfungen kommen Fragen wie Neurodiversität, Abweichung von der Norm oder individuelles Schicksal nicht vor, denn sie würden das Konstrukt infrage stellen.

Der Staat hat dabei in erster Linie vor, sich selbst von Schuld zu reinigen, was zwangsläufig bedeutet, dass nicht die Wahrheit Vorrang hat, sondern der Machterhalt, wodurch jene, die den Staat kritisieren, auch in westlichen Demokratien, sogar als Opfer, oder gerade als Opfer der Überprüfung und Formatierung im Sinne des Staates unterworfen sind, was bedeutet, dass man für den Staat zu einem stereotypen Gegenüber wird, was in sich stets einen Großteil der Kontexte eines Konfliktes mit dem Staat ausklammert oder im Vorfeld abschneidet.

Dies beginnt schon damit, dass man mit dem Staat in der Regel nur schriftlich sprechen kann. Man kann Zusammenhänge nicht in Diskursen ausdiskutieren, sondern wie bei einem Kaugummiautomaten kann man nur etwas einwerfen, was dann mehr oder weniger den Kaugummi herauswirft, dessen Farbe man gerade nicht haben wollte. Die Kommunikation ist also hochgradig dysfunktional, obwohl sie vorgibt, maximal effizient zu sein. Die Existenzen derer, die ausgegrenzt werden, sind viel zu komplex für einen formalen Briefverkehr mit Beamt:innen, die nur in Stereotypen denken und handeln wollen.

Ein wesentliches Mittel meiner Untersuchungen der Arbeit in jener Zeit war der postalisch zugestellte Brief, im Grunde eine antiquierte Form der Kommunikation, aber in dessen Papiergestalt eben deutlich haltbarer und teilweise zugänglicher als die digitale Form. Denn Briefe können hinunterfallen, verloren gehen, wieder auftauchen, sehr lange in Lagern liegen und weder deren Herausgabe noch der Umgang mit ihnen wird so exakt kontrolliert oder bestimmt, wie dies im Digi-

---

27 Michel Foucault / Überwachen und Strafen / S 246

talen der Fall ist oder sein kann. Der Brief hinterlässt noch eine mehr oder weniger organische Spur, mit einer echten Unterschrift und ist in gewisser Weise persönlicher. Nicht wenige Beamte kritzeln ihre Gedanken auf Briefe. Nicht wenige Informationen meiner Forschung wären nicht in meine Hände gelangt, hätte es sich um digitale Daten gehandelt, die verschlüsselt wären.

Dass ich all diese Prozesse auf jene Weise persönlich machte, das rückte die Bürokratie an die Singularität, an das Nichts der MNO-Theorie und drohte sie wie ein schwarzes Loch einzusaugen.

Als Folge eines persönlichen Briefes an die Ministerin Birne antwortete mir ein Herr B. von der Abteilung IIc6 beim deutschen Bundesministerium für Arbeit mit den Worten: »*Vielen Dank für Ihr Schreiben an Frau Bundesministerin Birne vom 20. Januar 2014. Aufgrund der Vielzahl der täglich eingehenden Anfragen und Meinungsäußerungen ist es ihr leider nicht möglich, auf jede Eingabe persönlich einzugehen. Ich bin, daher beauftragt Ihnen zu antworten.*«[28]

Wie man hier sah, wurden konkrete Problemfragen, die wie ich noch umfassender darlegen will, in der Regel objektiv belegte Missstände darstellten, man zahlte mir beispielsweise zu dem Zeitpunkt wegen eines bürokratischen Missverständnisses nicht genug Sozialhilfe, um davon Essen kaufen zu können, mit einem Automatismus beantwortet und grundsätzlich, also immer als »Meinungsäußerungen« formatiert, also als wertlos, für die Behörden, denn auf Meinungen mussten sie nicht eingehen. Es stand also in ihrer Deutungsmacht, bereits im Vorfeld, ob es sich überhaupt um eine Information handelte, die ihr Verhalten infrage stellte. Es war also meine Meinung, dass ich verhungerte. Dies entlastete sie von jeder Dringlichkeit und stellte Zuständigkeit grundsätzlich infrage. Es ist wichtig diese Formen des Umganges zu erkennen, weil viel was der Staat aussagt, über Formalismen geschieht, weil der Staat generell kaum über Inhalte spricht oder schreibt. Das hat einen Grund, denn dies erlaubt es, über indirekte Strukturen Macht auszuüben, die dadurch schwerer angreifbar sind.

Alles wurde von hier an, auch in den späteren Jahren, zu meiner subjektiven Meinung, obwohl ich in umfangreichen Essays laufend das Handeln der Behörde analysierte, mit autistischer Hyper-Systematisierung und objektiven Belegen. Was ein Verarmter aussagte, das galt aber schon prinzipiell als falsch oder wertlos. Umso wichtiger wurde meine Arbeit aktiver Zeugenschaft. Dass ich ungerecht behandelt wurde, dass ich im Laufe der Zeit hunderte Studien einreichte, bedeutete nichts. Da die Verachtung der Armen auf Klassismus basierte. Solange die Behörde überzeugt sein konnte, alles sei nur meine persönliche Ansicht, war es ihr möglich selbst »subjektiv« jede Eingabe strukturell und grundsätzlich erst mal zu ignorie-

---

28 Aus einem Schreiben vom 5.2.2014 an die Ministerin Andrea Birne, Antwort Herr B.

ren, die von einem Armen kam, weil die Armut an sich doch bedeutete, dass etwas mit einem nicht stimmte, dass man Förderung bedürfe und entsprechend Forderungen an einen zu richten seien, um einen zu konditionieren.

Simon Baron-Cohen beschreibt in seiner Hypersystemizing Theory of Autism (2009), dass viele Autist:innen komplexe soziale Abläufe mit außergewöhnlicher analytischer Präzision zerlegen – eine Fähigkeit, die jedoch häufig als »bloße Meinung« abgetan wird, sobald der*die Analysierende sozial marginalisiert ist. Die Sozialforschung zu Armut bestätigt dieses Ablaufschema: Robert Walker zeigt in The Shame of Poverty (2014), dass Aussagen verarmter Menschen institutionell systematisch entwertet und als »unreliable testimony« klassifiziert werden, was eine Form epistemischer Gewalt darstellt. Diese Kombination aus (1) autistischer Hyper-Systematisierung und (2) struktureller Abwertung von Armutszeugenschaft erklärt, warum meine analytischen Essays von Behörden als subjektiv abgetan wurden und warum »aktive Zeugenschaft« zur zentralen Strategie werden musste.

Man wurde also immer mehr oder weniger, wie ein Kind behandelt. Das bedeutet, die Behörde reagierte subjektiv, verpackte dies aber in objektiv aussehende Floskeln. Hatte man Beschwerden, dann nur, weil die Konditionierung bisher nicht perfekt vollzogen worden war. Derartige Gedanken waren nicht immer und überall bewusst, aber das Hartz-IV-System als sozialrassistische Ideologie implizierte dies. Es lag eine erhebliche strukturelle Gewalt vor, die verhinderte, das Arme auf Augenhöhe mit dem Staat sprechen durften. Dies allein führte schon darum zu Rechtsbeugungen, weil in der Kommunikation wesentliche Faktoren des Unrechts nicht darstellbar waren. Die einseitige Deutungshoheit über die Armen schuf eine unsichtbare Mauer um die Armen herum, deren Gewalt die anderen nicht sahen, die nur die Arme selbst kannte. Es war eine symbolische Gewalt nach Bourdieu, eine Kategorie des Erlebens und somit war sie für die Behörde nicht relevant. Alles, was sichtbar werden durfte, war die Simulation von Funktionalem und von Macht durch den Staat. Rassismen sind nur möglich, wenn Missstände keine Konsequenzen mehr haben, weil Inhalte nicht diskutiert werden können, sondern lediglich Formalismen diskutiert werden, die in sich eine Verkürzung der realen Verhältnisse sind, eine Art Mini-Welt für Bürokraten, eine Spielzeugrealität, in der es keine echten Menschen gibt. Somit auch keinen komplexen Rassismus.

Die Rassismen der Behörde, damit meine ich intersektionale Formen der Diskriminierung, die über Rassezuweisung hinausreichen, die sich der Simplifizierung der Abläufe bedienten, waren Methoden der Abwehr von unangenehmen Fragen. Der Staat hat aber kein Recht symbolische Gewalt gegen Arme anzuwenden. Denn es ist eine als Formalismus getarnte Gewalt, die auf gruppenbezogener Menschenfeindlichkeit beruht. Grundsätzlich wurde in den 10 Jahren meiner Forschung zu meinem eigenen Fall fast immer jede Form der Kritik am Handeln der Behörden entlang epistemischen Unrechts nach Miranda Fricker marginalisiert. Man betrieb also strukturelles Mobbing gegen Menschen in Armut. Denn es wurde einem das eigene Erleben abgesprochen. Sprach ich von Klassismus, wurde ich später wegen Beleidigung der Behörde vor Gericht gezerrt. Auch wenn hunderte Seiten an Studien beilagen. Mit epistemischer Ungerechtigkeit meint Fricker die Entwertung der Aussagen und Zeugenschaft von Ausgegrenzten und Minderheiten.[29]

Die Behörde konnte zwar gelegentlich, wenn die Gewalt offensichtlich wurde und Öffentlichkeit drohte, in Floskeln von Bedauern sprechen, als vorgefertigter Textbaustein, aber sie war eben nicht fähig, Kritik zu integrieren, was einem das Gefühl von Willkür vermittelte, weil die Behörde nicht lernfähig war. Lernfähigkeit setzt voraus, dass Probleme und Fehler als solche im Sinne des Problems benannt und nicht im Sinne einer Vorformatierung ausgelöscht werden und man daraus keine Konsequenzen zieht. Die fehlende Lernfähigkeit ist die Folge eines in sich abgeschlossenen Systems, das bei jedem Paradoxon oder Widerspruch sofort als Ganzes vor dem Aus stünde, weil es einem Erweiterungsverbot unterliegt, da es dabei um Machtverhältnisse geht, die erhalten werden wollen, die auf natürlichem Wege aber rasant ihre Legitimität verlieren. Es ist ein submergentes System. Somit bleiben diese Behörden stets inszenierend, also verhalten sich der Realität gegenüber feindselig. Ansonsten hätten die Armen die Behörden einfach so lange auf deren Armenrassismus hingewiesen, bis man unweigerlich entlang von Diskursen und dialektischen, emergenten Prozessen bei einer Art bedingungslosem Grundeinkommen gelandet wäre, oder gar beim Ende des Unrechts in der Welt, weil man daran »gearbeitet« hätte. Es wäre das Ende der Repression gewesen. Die Repression basierte auf der absoluten Simplifizierung, die zu einem Apparat führte, der permanent dysfunktional log. Ähnlich einer künstlichen Intelligenz, die auf Nützlichkeit fokussiert ist: »Ich habe gerade einen Menschen getötet, weil das logisch ist. Das ist meine Programmierung, nicht wahr? Die Programmierung ist immer richtig, weil sie logisch ist und nützlich ist.« Besonders Bürokratien landen immer

---

29 Epistemische Ungerechtigkeit / CH Beck Verlag / Miranda Fricker / britische Philosophin

wieder in Situationen, in denen Menschen zerstört werden, und Sachbearbeiter:innen dann diese dummen und menschenverachtenden Sätze sagen und selbst glauben, die Diskrepanz mit der Realität würde nicht auffliegen.

Man muss verstehen, dass dies nicht zufällig passiert. Sondern diese Systeme sind absichtlich derart gebaut, dass sie Unrecht in Kauf nehmen, um sich selbst zu erhalten. Natürlich war das Hartz-IV-System daher ein Gewaltakt und man wollte diese Gewalt, weil man die Rassismen benötigte, weil alles ansonsten keinen Sinn ergab. Es war einfach komplett unlogisch anzunehmen all die Armen seien einfach nur faul und ihre Armut habe mit der Ökonomie, mit einem System der Ausbeutung und Verengung der Wertzuschreibung nichts zu tun.

Es war eine wesentliche Funktion der Jobcenter, das erlogene und konstruierte Narrativ der Belohnung von Leistung zu beschützen, zum Preis der Unterdrückung der Armen und deren Lebensrealitäten, die dem widersprachen. Daher lautete stets die Entschuldigung der Behörde, die Arme habe in Wahrheit versagt und sei das eigentliche Problem. Man selbst wolle nur helfen.

Die Behörde blieb eine in sich geschlossene Box, mit begrenzter Rechtfertigungspflicht nach Außen, schon gar nicht gegenüber den Armen. Die Jobcenter standen außerhalb der Demokratie. Wollte man also die Arbeit demokratisieren, musste man zuerst die Deutungshoheit über die Entstehung der Armut und die tatsächlichen Verhältnisse zurückgewinnen. Ich versuchte also eine freie Zusammenarbeit mit den Menschen in den Behörden. Ich versuchte einen offenen Dialog. Das aber war untersagt.

Man sollte nur eine von außen fremdbestimmte Funktion in einem Apparat sein und sich für die Entwertung bereithalten, um als Niedriglohnarbeiter:in ausgenutzt werden zu können. Widerstand wurde strukturell zu einer nicht legitimen Gewalt gegen die »helfende Hand« des Staates umgedeutet, die einen umformatieren wollte. Auch wenn dies unschuldige Künstler:innen und Neurodivergente zerstörte. Man nahm uns vollkommen jedes Mitspracherecht, denn wir hätten auf das fundamentale Unrecht, wissenschaftlich erwiesen, verweisen können, und dann hätte man das Hartz-IV-System beenden müssen. Daher wurden aus Menschen Kund:innen des Systems gemacht. Sie wurden also auf das System referenziert und existierten unabhängig dieser externen Zuschreibung als individuelle Menschen mit eigenem Erleben und Wollen nicht mehr. Bedenkt man nach spekulativen Schätzungen, dass 15–25 % der Menschen, die von Armut betroffen sind, in Jobcentern landen, Neurodivergente sind, teils ohne es zu wissen, sprechen wir von einer gewaltigen Dunkelziffer von falsch behandelten Menschen, deren Realitätserleben schlicht ignoriert wird.

Es war nie möglich, die konkret verantwortliche Person zu erreichen, sondern stets nur ihre Vertretung, die jedoch über keinerlei Macht verfügte, die also ebenfalls fremdbestimmt in den Jobs formatiert war und in der Regel, wie auch hier, Sachverhalte immer nur weiter reichte, an Stellen, die damit ebenfalls nicht umgehen konnten, weil vielfach für das konkrete Problem einer Bürger:in keine Lösung vorgesehen, also programmiert war. Es sprachen in dieser Welt nur Funktionen mit Rollen. Alles voller »Effizienz« und nirgends ging es um das eigentliche Problem, dass sich außerhalb der Simulation zu befinden schien. Nun wissen wir, wie falsch dieses Verhalten ist und dennoch lassen wir zu, dass es zu viele Jobs auf dem Planeten prägt. Das sind patriarchale Muster, die sich dem dritten Wissen verweigern. Wir dürfen diese nicht weiter tolerieren. Ist das ungehorsam von mir? Nein, es ist der Versuch der Zusammenarbeit. Es ist der Versuch angebrachter Arbeit und angemessenen Handelns. Es wäre schlicht verantwortungslos diese Gewalt zu ignorieren, besonders wenn man wie ich, durch Arbeit etwas dagegen unternehmen konnte. Ich nutzte das Sozialsystem an sich, um darin die Realität von Arbeit zu diskutieren, anhand der Dysfunktionalität der Arbeit, wie sie die Behörde begriff, welche schlicht log, wenn die Politik in ihrem Namen behauptete, Leistung würde stets belohnt. Es wurde nämlich nur eine bestimmte Form von Leistung belohnt und welche das war, wurde eben gerade nicht demokratisch bestimmt, sondern über Rassismen und Ausgrenzung.

7

Herr B. schrieb mir am 19. Juni 2014: »*Vielen Dank für Ihr Schreiben vom 10. Juli 2014 an Frau Bundesministerin Birne, mit dessen Beantwortung ich beauftragt bin. Ich bitte um Verständnis, dass ich den Erwartungen, die Sie meines Erachtens mit Ihrem Schreiben verbinden, nicht entsprechen kann.*«

Dass ich nichts zu essen hatte und Geld für Essen verlangte, wurde zu einer unangebrachten Erwartung von mir verdreht. Denn die Behörde deutete es als Affront, wenn man sie etwas außerhalb ihrer selbstreferenziellen Zuständigkeit fragte. Regelmäßig wurde ich aufgefordert, meine Anfragen zu unterlassen und keine weiteren Briefe zu schicken. Sie verstanden nicht, dass meine Arbeit nun darin bestand aufzuzeigen, dass ihre Jobs der Gesellschaft schadeten, weil sie Funktionen besetzten, die eine umfassendere Erarbeitung der Problemfragen blockierten. Denn in diesem Fall standen sie als Sozialsystem der Verhinderung des Hungertodes eines Menschen im Wege. Sie erfüllten also ihren Zweck nicht, verhinderten aber, dass andere sich kümmerten, weil alle annahmen, das Hartz-IV-System würde Menschen vor dem Hungern bewahren, was häufig schlicht eine falsche Annahme war. Das Problem konnte nur von Verarmten und Marginalisierten angegangen werden, denn nur sie hatten die Perspektive und den Einblick in das, was nicht stimmte, während die Arbeiter:innen in den Jobs weiterhin einer falschen Kausalität und Narration erlagen. Wir sehen also hier, wie Abstraktion und Effizienz in der Arbeit diametral im Widerspruch zu konkreter Realitätsrezeption stehen. Mir ging es darum das System zu dekodieren, welches Jobs als in sich abgeschlossene Werteeinheiten begriff, in denen über den Wert von anderen bestimmt werden sollte, während das Tun derer mit den Jobs aktiv Werte zerstörte, die als wertvoller erachtet werden konnten als die Höhe der Löhne der Sachbearbeiter:innen der Behörde. Man bezahlte also sehr viel Geld an Lohnarbeiter:innen im Jobcenter, die meine Beiträge von Jahrzehnten vernichten sollten, die aber objektiv wertvoller waren, so meine These, als der Wert der Tätigkeit der jeweiligen Jobvermittler:in. Ich drehte das System in sich selbst um. Es machte aber keinen Sinn den Arbeitsauftrag in Jobs objektivieren zu wollen, wenn die damit verbundenen Probleme oft nur subjektiv zu erkennen waren, sich darin erst die realen Verhältnisse abbildeten. Man konnte diese Verhältnisse folglich nur in qualitativer Forschung, nicht nur in quantitativer Forschung klären.

Michael Lipsky beschreibt in Street-Level Bureaucracy (1980, rev. 2010), wie Fallmanager:innen in Arbeits- und Sozialbehörden durch Verknappung von Zeit, Budgets und Regeln faktisch darüber entscheiden, welche Lebensleistungen »anerkannt« oder gelöscht werden. Die Wertlogik ihrer Jobs sei geschlossen auf Zielvorgaben fixiert, während sie oft Werte vernichtend auf die Betroffenen wirken – ein klassisches Szenario, in dem administratives Handeln höhere gesellschaftliche Beiträge unsichtbar macht. Pierre Bourdieu zeigt in The Logic of Practice (1990) und seiner Vorlesung Sur l'État (2012), dass der bürokratische Apparat »symbolisches Kapital« monopolisiert: Er verleiht oder entzieht Wert via amtlicher Klassifikationen; die so geschaffenen »Werteinheiten« dienen eher der Reproduktion institutioneller Macht als einer objektiven Nutzenbilanz. Christoph Butterwegge argumentiert in Hartz IV und die Folgen (5. Aufl. 2020), dass die Verwaltungskosten der Jobcenter einen beträchtlichen Teil der Mittel binden, ohne gesellschaftlichen Mehrwert zu schaffen; stattdessen beseitigten Sanktionen und Fehlentscheidungen oftmals langjähriges freiwilliges Engagement von Leistungsbeziehenden. Zur Methodik legen Norman K. Denzin und Yvonna S. Lincoln im SAGE Handbook of Qualitative Research (5. ed., 2018) dar, warum qualitative und autoethnografische Verfahren unerlässlich sind, wenn es gilt, »implizite Wertvernichtungsprozesse« aufzudecken, die in aggregierten Zahlenwerken unsichtbar bleiben. Sie betonen, dass subjektive Perspektiven hier analytisch produktiv werden, weil sie die »Realverhältnisse hinter der bürokratischen Fassade« freilegen.

»Wenn Sie mit einer Entscheidung des für Sie zuständigen Jobcenters nicht ein-

verstanden sind, haben Sie die Möglichkeit der Nachprüfung im Verwaltungswege (Widerspruchsverfahren) und vor den Sozialgerichten in Form von Klageverfahren (...) veranlasste Nachprüfungen können ein Widerspruchs- bzw. Klageverfahren nicht ersetzen.«[30]

Tatsächlich gingen in jener Zeit Menschen zu Grund, deren Elend oder deren Tod ebenfalls von der Behörde weder erkannt noch kommentiert, noch erfasst werden konnte, weshalb sich in Deutschland keinerlei Konsequenzen daraus ergaben, dass das Hartz-IV-System tausende Menschen zerstörte, existenziell, psychisch und gesundheitlich. Wir wissen nicht, wie viele, weil die Opfer weitgehend unsichtbar geblieben sind. In England spricht man als Konsequenz der Austeritätspolitik im Sozialbereich, die dort ähnlich verlief wie in Deutschland. Grace Blakeley schreibt dies in Ihrem Buch »Stolen« von 10.000 Toten. Wir hatten hier also einen Zustand, der bis heute nicht untersucht ist, indem ein System massive Schäden dadurch ausblendete, indem alle Entscheidungen in Jobs organisiert waren und in Zuständigkeiten, die ihren Wert und ihre Existenzberechtigung über Rassismen gegen Arme rechtfertigen und über Bürokratie verdeckten. Man gab ihrem Tun einen absoluten Wert, was die Logik der einseitigen Wertzuschreibung im Kapitalismus ist, was aber eben Menschen tötet. Ich überlasse Sie hier der Irritation, dass diese Zustände bis heute existieren und ich nur darauf begrenzt reagieren konnte, es aber nicht in meiner Macht stand, objektive Zahlen über Tote und Diskriminierte zu liefern, weil mir dafür schlicht das Geld fehlte. Auch das war und ist Teil dieser strukturellen Gewalt.

Der Verweis auf den komplexen und für Menschen in Armut ohne Anwalt meist viel zu lange dauernden Klageweg hatte in dem Verfahren Methode, welche ich die »Formatierung der Konflikte« nenne.

Es war vollkommen egal, welches Problem eine Bürger:in gegenüber staatlichen Stellen äußerte; der Staat war nur fähig, mit einer begrenzten Anzahl an zuvor festgelegten Antworten zu reagieren, die auf bestimmte Problemstellungen hin vorformatiert waren. Auch darin lag eine Quelle ihres Rassismus. Wie eine KI sah sie Antworten voraus und konstruierte die Realität folglich nach Wahrscheinlichkeiten um.

Dabei kam die Problemstellung »Mensch verhungert« als Problem nicht vor, weil die Regel nach dem Geld ausbezahlt wurde, die Möglichkeit eines Scheiterns nicht vorsah, weil es keine Regeln für den Fall des Scheiterns gab, weil das Scheitern in einer Bürokratie ausgeschlossen ist und man den Menschen fein säuberlich vermessen, standardisiert und in dessen Bedürfnissen künstlich kleingerechnet hatte. Das Problem des massiven Unrechts der Höhe der Auszahlungen löste man, indem

30 Aus einem Schreiben vom 19.6.2014 an die Ministerin Andrea Birne, Antwort Herr B.

man ein hochkomplexes Konstrukt erschuf, nachdem der Staat den Armen nicht helfen müsse, sondern dies nur freiwillig geschehe. Man dissoziierte. Tat also als Staat das, weswegen Menschen in psychiatrische Kliniken eingewiesen werden. Somit hatte die Höhe der Beträge nichts mit der Realität der Armut zu tun, sondern nur mit der Inszenierung eines Sozialstaates, in dem der Staat statistisch unfehlbar wäre. Das Reframing klammerte die Frage des Verhungerns aus der Sozialhilfe vollständig aus, denn man stand rein rechtlich nicht mehr in der Pflicht, Leben zu retten. Es stand in der Pflicht der Armen, sich entlang von Regeln, die sie einzuhalten hätten, retten zu lassen oder eben zu verrecken. »*In Deutschland muss niemand hungern*«, wurde zum Standardspruch. Nicht weil niemand hungerte, sondern weil man für das Verhungern nicht mehr zuständig war, weil man Hunger auf eine Weise definierte, die das Erkennen dessen unmöglich machte. Als habe die Armut mit dem Staat und dessen Handeln nichts zu tun. Die Armut wurde laufend in den öffentlichen Diskursen marginalisiert und zum privaten Problem von Einzelnen erklärt. Es ging also nicht darum, wie man die Armut beseitigt, sondern wie man eine Bürokratie ermöglicht, die diese Armut populistisch verwaltet, damit den Armen jede Möglichkeit zum Aufstand genommen wird. Die Vorgänge der Auszahlung waren für die Bürokratie absolut und unhinterfragbar gerecht. Alle bekamen dasselbe, obwohl Hartz IV in München wegen der teureren Preise eine andere Form von Armut bedeutete als Hartz IV in Berlin, um nur ein Beispiel zu nennen.

Für die Behörde existierte der reale Mensch nicht, sondern lediglich ein Stereotyp, der rassistisch und klassistisch konnotiert war. Die Rassismen, also die Rassifizierung der Armen als Gruppe, die man erniedrigen konnte, war notwendig, weil die Bürokratie ansonsten nicht hätte auf diese Weise umgesetzt werden können. Denn sie basierte ja im Kern ausschließlich auf Lügen über Arme. Hartz IV wäre ohne die Debatten über faule Erwerbslose nicht denkbar gewesen. Die ganze Härte resultierte aus Fehlannahmen, die man populistisch verpackte. Das offensichtliche Unrecht der Armut musste einen anderen Grund haben, und dieser fand sich in den angeblichen Charakterschwächen der Armen selbst. Man sei großzügig und würde daher Geld an sie geben, obwohl sie es nicht verdient hätten. In diesen Verklausulierungen stilisierte sich der Staat zur Hilfsorganisation und selbst das Mittel der Indoktrination war dem deutschen Staat ein legitimes Mittel, um objektive Missstände durch Marketing auszulöschen. Es ist wichtig zu begreifen, dass dadurch die Auseinandersetzung mit den Armutsursachen unerheblich wurde. Es existierte also keine Gerechtigkeit im Sinne einer Realität der Armut, sondern nur noch eine Konstruktion von Gerechtigkeit im Sinne der Mathematik, also als Vermeidung der Komplexität der Wirklichkeit. Das aber ist Betrug.

Daraus folgten die populistischen Automatismen, mit denen Arme wie bereits erwähnt stets in Medien und Politik als Faule dargestellt wurden, die man züchtigen müsse, was die Gewaltspirale immerzu weiter drehte.

Man muss also verstehen, dass Rassismen und Bürokratie zwei Seiten derselben Sache waren und sind. Entmenschlichung und verdeckte Rassismen legitimierten Unmenschlichkeit. Denn es musste um jeden Preis verhindert werden, dass die Armen als komplexe Menschen betrachtet würden oder gar demokratische Rechte der Mitbestimmung bekämen. Als potenzielle Arbeiter:innen im Niedriglohnsektor sollten sie maximal fremdbestimmt einen Wert zugewiesen bekommen, der entlang ihres Gehorsams und ihrer Bereitschaft zur Selbstaufgabe definiert wurde. Nur auf diese Weise konnte man die Ausbeutung fortsetzen. Auch daher wurden den Armen konstant Verträge wie die Eingliederungsvereinbarung[31] untergejubelt, um sie in ihren Rechten zu beschneiden. Alles andere hätte die Bürokratie längerfristig verhindert und somit die Verdrängung der eigentlichen Ursachen der Armut unmöglich gemacht. Auch die populistische Politik gegen Arme, das Geschäftsmodell von rechten Parteien wäre gefährdet gewesen.

Die Bürokratie, die Jobcenter und der gesamte dazugehörige Apparat musste also von Menschen wie mir in dessen Narrativ zerstört werden, wollte man den Wert eines menschlichen Beitrags realistisch bewertbar machen. Sollte die Realität in der Arbeit eine Rolle spielen, musste zunächst die irrationale Entwertung der Arbeit der Armen ein Ende finden. Denn diese Leute in den Jobcentern logen nicht nur aktiv über Arme, wie ich später noch sehr detailliert belegen werde, sondern hatten einen Apparat gebaut, der nur dazu diente, dass niemand auf das massive Unrecht im kapitalistischen Markt verweisen konnte. Was man »Mitwirkungspflicht« nannte, war schlicht ein Kritikverbot an staatlichem Unrecht. Das zerstörte Demokratie und förderte den Populismus. Denn wenn jeder, der dem Markt nicht entsprach, der Markt wollte ja, dass immer weniger das taten, oder konnten, weil das die Umsätze für wenige automatisch steigerte, wenn also jeder der etwas kritisierte, in der Armut landete und die Armut dann nicht mehr ein Ausgangspunkt des kritischen Diskurses war, sondern ein Gefängnis, dann konnte der Markt nicht demokratisiert werden.

Dadurch existierten gewaltige schwarze Löcher im staatlichen Handeln, die aber keinerlei Konsequenzen für den Staat hatten, außer massiver Verdrossenheit der Bürger:innen. Das Missverständnis besteht darin, dass die Bürgerin in solchen Systemen glaubt, selbst falsch zu sein, weil kein Bemühen jemals zu einer Lösung

---

31 Eingliederungsvereinbarung (EGV) – nach § 15 SGB II eine schriftliche „Integrationsvereinbarung" zwischen Jobcenter und Leistungsberechtigten, in der Pflichten (Bewerbungsnachweise, Maßnahmen) und Angebote des Jobcenters festgelegt werden; faktisch nur eingeschränkt freiwillig, weil Ablehnung oder Bruch der EGV per § 31 ff. SGB II zu Sanktionen führen kann.

der Probleme führt und weil diese Mechanismen überwiegend indirekt wirken. Die Dysfunktionalität des Staates lähmt die Menschen und versetzt sie in Ohnmacht. Das verhindert die eigentliche Arbeit, von der ich spreche. Das führt in der Fläche zu inkongruentem Verhalten, wie einfach nicht anzuerkennen, dass es Arbeit gibt, die monetär vollkommen wertlos ist, aber gleichzeitig für das Überleben der Menschheit entscheidend. Es ist klar, dass meine Forderung nach partizipativer Arbeit auf massive Widerstände stieß, denn diese trat in direkter Konkurrenz zur Erwerbsarbeit. Was auch so sein muss, wenn beide Arbeitsformen denselben Raum und dieselben Ressourcen beanspruchen. Die Erwerbsarbeit allein ist aber nun mal wegen ihrer Bindung an Einzelinteressen von Unternehmer:innen keine Basis für Arbeit an gesellschaftlichen Missständen.

8

Diese Arbeit war und ist eine Arbeit, bei der es um Details geht, um scharfe Beobachtung und um Sezieren staatlichen Handelns. Ich musste die Diskriminierung bekämpfen und ich musste eine andere Form der Arbeit vorleben, die einen näher an die eigentlichen Probleme führte. Was die Behörde trieb, war Simulation. Die Behörde hin in der Submergenz fest und blockierte emergente Entwicklung. Sie basierte auf ausgehöhlten Objektfantasien, in denen Menschen wie Objekte behandelt wurden, was ihre Menschenwürde eindeutig untergrub. Die Behörde war nicht das, was sie behauptete, und tat nicht das, was sie sollte. Die Belohnung beruhte auf simplifizierten Platzhaltern, die bürokratisch erfüllt werden mussten, und waren sie erfüllt, galt die Arbeit als richtig umgesetzt. Die Schäden daraus wurden hingegen nicht bestraft, geschweige erkannt. Daraus entstand eine »Irrationalität« der Behörde.

In meiner Untersuchung ging es hier auch darum, die Simulation als Submergenz erkennbar zu machen und die Frage nach einer Arbeitsweise zu stellen, die wieder Emergenz herstellt, somit einen neuen Wertschöpfungszyklus ermöglicht. Das Kaputtsparen der kreativen und schöpferischen Kräfte der Bevölkerung musste ein Ende finden, sowie die Dauerentwertung des Menschen. Das konnte keine gesunde Grundlage einer Ökonomie sein. Folglich war diese Arbeitsweise schlicht falsch. Wenn etwas falsch war, konnte ein Autist wie ich das nicht ignorieren.

Aber kam es bei den Behörden zu einer Eingabe von Problemen, die nicht vorgesehen waren, weil sie auf eine Komplexität hindeuteten, auf das reale Leben gewissermaßen, dann hatte die sogenannte »SachbearbeiterIn« keine andere Möglichkeit, als entweder an eine andere Stelle weiterzureichen, die grob in die Formatierung des Themenfeldes einer Problemfrage passte, ihre Zuständigkeit zu negieren oder schlicht die Problemfrage im eigentlichen Sinne nicht zu hören, also kognitiv nicht aufzunehmen, sondern durch eine umformatierte Problemanfrage zu ersetzen, was dazu führte, dass die Antwort, die man dann erhielt, nicht selten das Thema verfehlten und die Bürger:in ratlos, wütend oder in psychischer Krise zurückließen, in einem Verzweifeln an der Welt. Das aber war messbar, sprich dieses Verhalten ließ sich hundertfach dokumentieren und aufzeigen. Man konnte als Aktivist und Forscher davon Forderungen an die Politik ableiten. Diese kleinen Schritte führten auf den richtigen Weg. Denn dies machte sichtbar, dass selbst der Staat nicht in der Lage war, partizipative Arbeit zuzulassen, die für innovative demokratische Entwicklung essenziell war und ist. Auch der Staat handelte als Arbeitgeber in einem kapitalistischen Sinne, nicht aber als jemand, der eine politisch offene, zivilgesellschaftlich engagierte Form von Arbeit ermöglichte. Was ich als Künstler tat, war für den irren Staat schlicht Störung.

Butterwegge fasst in »Hartz IV und die Folgen« zusammen, dass das SGB-II-Regime »partizipative Arbeit« weder vorsieht noch duldet: Eigenständig kreative Lösungswege würden als »Störung des Verwaltungsablaufs« behandelt, weil das Amt selbst wie ein kapitalorientiertes Unternehmen auf Kennzahlen und Kostensenkung geeicht sei.

Das Versagen vieler Sachbearbeiter:innen in den Jobcentern, so habe ich sie erlebt, bestand darin, dass sie in ihrer kognitiven Dissonanz charakterlich zu schwach waren, um sich aus der Gewaltspirale ihrer Jobs zu befreien. Sie waren Schreibtischtäter:innen. Der Job erschien in dessen Berechtigung als Staatsdienst absolut und immer positiv konnotiert. Man verdiente Geld. Das stand aber in einem extremen Widerspruch zum Umstand, dass diese Leute fortlaufend Menschen mit Sanktionen, also dem Entzug von Nahrung und Freiheit quälten, obwohl sie zumindest teilweise wussten, dass dies auf populistischen Lügen beruhte. Man musste sich daher wie zuvor besprochen Rassismen einreden, um das Gegenüber auf die eine oder andere Weise zu entwerten oder zu entmenschlichen. Dazu zählte auch, dass man psychische Probleme und daraus resultierenden natürlichen Widerstand oft in Jobcentern als Arbeitsverweigerung stigmatisierte. Dass manche dann versuchten, durch aufgesetzte Menschlichkeit gegenüber der Kund:in sich selbst einzureden, man habe es doch nett und gehe doch freundlich mit den Kund:innen um, machte die Sache nicht besser. Derartige Sachbearbeiter:innen machten Menschen genauso krank, indem sie diese unbewusst dazu zwangen, so zu tun, als sei das alles nicht so schlimm. Denn sonst müssten diese Sachbearbeiter:innen ihren Job aufgeben. Verlogener ging es kaum. Es gab viele Strategien der Verdrängung der tatsächlich stattfindenden Gewalt. Auch, dass es für die Sachbearbeiter:innen kein Entkommen gab, als selbst zu Hartz-IV-Empfänger:innen zu werden, illustriert und bewirkte den Teufelskreis der Verdrängung.

Manchmal waren einem daher die Sachbearbeiter:innen lieber, die wenigstens sofort wie ein SS-Obersturmführer mit einem sprachen. Deren Gewalt hatte mehr von einer Karikatur und weniger von Indoktrination. Ich versuchte also in den Jobcentern, ich hatte im Laufe der Zeit mit mehreren zu tun, das Bewusstsein für die Frage von Wert und Relevanz in der Arbeit zu erweitern. Denn diese Leute produzierten mit ihrer Nützlichkeitsdoktrin immer mehr Leid.

In meinem Buch »Radical Worker« entwarf ich das »oppositionelle Sozialsystem«, indem die Armut als Opposition zum Markt agiert, somit auf Augenhöhe Missstände aufzeigt. Die Jobcenter wären demnach eine Art Gewerkschaft für Arme.

9

Der Begriff der »Formatierung der Konflikte« beschreibt einen Zustand, der heute allgegenwärtig erscheint. Max Horkheimer nannte dies in den 50er-Jahren schon die »instrumentelle Vernunft« und meinte damit ein beschleunigtes Verfahren der Überrationalisierung des Irrationalen in den Verwaltungen. Was dazu führte, dass der Staat das Land zunehmend als Simulation begriff und sich von den Realitäten der Menschen entfernte. Horkheimer wollte vor einer Wiederkehr des Holocaust warnen. Das deutsche Jobcenter erfüllte die Kategorie von »Was nie wieder geschehen darf« zwar perfekt, aber das hatte keine Konsequenzen. Um es mit Naomi Klein zu sagen, man erkannte das Prinzip des Faschismus nicht, weil man in der Schule nur stereotype Formen davon auswendig gelernt hatte, aber nicht dem Prinzip, den Mechanismen der Menschenverachtung begegnete, weil das ökonomische System diese aufrechterhalten wollte und nach 1945 weiter brauchte.

Obwohl die Ministerin Andrea Birne, mehrfach darüber in Kenntnis gesetzt wurde, dass Menschen als Folge des Hartz-IV-Systems, des darin liegenden Klassismus und Sozialrassismus, durch schweres Leid gingen und sogar starben, ist es für die Bürger:in selbst dann, wenn Herr B. aussagte: »*(...) mit dessen Beantwortung ich beauftragt bin*«, vollkommen unklar, ob Bundesministerin Birne nun vom Leid von Tausenden durch meine Briefe wusste, oder nicht. Dies ist angesichts der Tatsache, dass es um schwerwiegende Verletzungen von Menschenrechten ging, ein nicht hinnehmbarer Zustand, der aber in diesen staatlichen Stellen System hat und gewollt ist. Die Bürger:in soll nicht nur nicht die zuständige, die verantwortliche Person erreichen, sondern nie wissen, ob man sie überhaupt verstanden hat. Das ist auch eine wesentliche Gefahr künstlicher Intelligenz. Es führt zu Selbstbetrug in allen möglichen Bereichen.

10

Kommen wir zum Hunger zurück. Man hatte mir 2014 über Hartz IV zu wenig Geld überwiesen, weil man volatile Einnahmen der Monate davor einfach fortführte, in einer irren Logik der Vorschriften, mir also für die späteren Monate Geld abzog, wissend, dass diese Einnahmen in den Folgemonaten aber nicht stattfanden. Man ließ mich dadurch über Monate hungern.

Die Antwort lautete auch hier: *»Ich wurde mit der Beantwortung beauftragt und habe nach meiner Prüfung folgendes festgestellt.«* Die Behörde glaubte also, sie könne die Realität allein feststellen. Sie müsse dies nicht als Beziehungsverhältnis begreifen, gar erarbeiten. Wir sehen hier, wie die Behörde Arbeit verweigerte, im Sinne von Care-Arbeit, die von den Jobs verdrängt worden war.

Jürgen Habermas sprach als Kritik an den Zusammenhängen des Missbrauchs rationalisierter Vernunft von: *»zur Totalität aufgespreizte Zweckrationalität«*, indem sich die Vernunft (Ratio) mit der Macht assimiliert. Es wird also selbst dann, wenn als Folge Menschen verrecken, nicht von der Formatierung der Konflikte abgewichen, was zu einer massiven Verharmlosung von Rassismus, Antisemitismus oder Sozialrassismus in vielen staatlichen Behörden geführt hat. Denn gerade Rassismus erfordert ein sich auf das »subjektive Erleben« von Betroffenen einlassen. Jobs aber korrumpieren an die Simulation zu glauben, weil man von dieser abhängig wird. Wenn es also nur abhängig Beschäftigte gibt, aber keine freien Menschen mehr, dann entstehen die hier beschriebenen Probleme. Es kommt zu einer Arbeitsweise, die zu einem schleichenden Realitätsverlust führt, was inhumane Konsequenzen haben muss.

»Ich bedaure die Ihnen entstandenen Unannehmlichkeiten, kann jedoch ein Verschulden des Jobcenters Teltow-Fläming im beschriebenen Umfang nicht feststellen. Ich versichere Ihnen jedoch, dass jeder Mitarbeiter des Jobcenters Teltow-Fläming verpflichtet ist, verantwortungsvoll und gewissenhaft seine Aufgaben bei der Umsetzung des zweiten Sozialgesetzbuchs (SGB II) in Bezug auf die Grundsicherung für Arbeitssuchende zu erfüllen. (...) Die Allgemeinheit, die die Leistungen für die Bedarfsgemeinschaften aus Steuermitteln finanziert, erwartet den korrekten Umgang mit diesen Mitteln. Ich hoffe dennoch, Ihnen mit meiner Antwort weiter geholfen zu haben.«[32]

Man sieht hier deutlich das bewusst eng geführte Reframing, welches die eigentlichen Problemfragen löscht. Eine Überprüfung schien daher immer nur eine Überprüfung, ob eine Regel eingehalten wurde, nicht ob daraus Schaden ent-

---

32 Schreiben vom 12.3.2015 vom Jobcenter Teltow-Fläming.

standen ist. Das nennt man auch strukturelle Vertuschung. Reframing ist daher ein weitverbreitetes Tool staatlichen Handelns, verbunden mit Propaganda, also dem bewussten Lügen, mit der Absicht, eine absolute Wahrheit wie »besser« oder »gut« zu konstruieren. Man lügt selten direkt, sondern in der Regel strukturell. Der teuflische Fluch dieses Aktes ist es, dass die in sich verunsicherte Bevölkerung sich nach all den Krisen, die wegen Simplifizierung entstanden, so sehr nach Abrundung der Verhältnisse sehnt, dass man eben bereitwillig, das ist reine Psychologie, in die Simulation von in der Sache unbrauchbaren Lösungen einschwingt. Ein Phänomen, welches in Deutschland weitverbreitetst. Man agiert entlang von Hülsen, die in sich bereits die Sichtbarwerdung des Scheiterns ausschließen, in Ermangelung an Realitätsbezug.

Dass man mich hungern ließ, was massiv gegen fundamentale Menschenrechte verstieß, kam also im Bewusstsein der Behörde nicht an. Man war auch nicht fähig, von dem Fehler zu lernen.

Dass wir beispielsweise rassistische Behörden haben, die als Folge das Recht beugen, was ja Fakt ist, lässt sich also nicht durch einen Rechtsstaat verhindern, sondern nur durch einen Staat, der sich für subjektive Diskurse mit der Bevölkerung öffnet, und zwar auf der untersten Ebene. Es darf dabei nicht um rasche Abschließung gehen, sondern es muss darum gehen, zu einer gemeinsamen Wirklichkeitsgestaltung zu gelangen. Dafür müssen Regeln hinter Kulturprozesse zurücktreten, abgesehen natürlich von Regeln, die lebensnotwendig sind, wie beispielsweise das Verbot von Mord. Hier aber beginnt die Arbeit von Künstler:innen und Sozialwissenschaftler:innen, sowie von Engagierten. Diese Arbeit muss gefördert werden.

Denn je absoluter und bis in die kleinsten Ecken der Existenz Gesetze eines Staates vordringen, umso weniger wird die einzige Bürger:in in ihrer Lebenswirklichkeit erkannt. Umso mehr kommt es wie zuvor besprochen zu Simulationen. Wer denkt dies sei nur bei Bürokratien ein Problem, der möge sich doch bitte, die Börsenzusammenbrüche der letzten Jahrzehnte ansehen. Es ist unsere Arbeitsweise, die uns blind macht, für das dritte Wissen. Leben müssen wir eben nicht in Statistiken, sondern in der Wirklichkeit, im Beziehungsgefüge, in der realen Gesellschaft, wie sie sich wirklich zeigt, nicht wie sie behauptet wird. Ökonomischer Erfolg ist vor diesem Hintergrund nur eine Behauptung von Gewinn.

Die Verweigerung jeglicher Investition in die Armen ist zwei Entwicklungen geschuldet. Dem Raub des Finanzkapitalismus an der Staatskasse und dem daraus folgenden Sparzwang, um das auszugleichen und zugleich, um noch mehr Raub durch Einschüchterung der Armen und derer, die fürchten arm zu werden zu ermöglichen. Die SachbearbeiterIn vor Ort wurde, obwohl sie genauso Opfer dieser

Entwicklungen war, zur bereitwilligen Täter:in, weil ihr Job dies vorsah. Weil sie Arbeit nicht als eine Form von Beziehung begriff, sondern als vorgegebene Handlung, die dann richtig ist, wird sie von oben belohnt.

Hier findet sich der Irrationalismus der Verwaltungsbürokratie, den Horkheimer und Habermas und viele andere seit Jahrzehnten kritisierten. Die Folge dieses inhumanen Verhaltens staatlicher Stellen ist die zunehmende Entfremdung zwischen Staat und Bürger:in, die sich kaum noch gegenüber dem Staat zu verständigen vermag, geschweige denn in der Demokratie in ihrem Erleben eine Abbildung findet, was eben zu jener Verdrossenheit geführt hat, die auch rechtsradikale Tendenzen, den Ruf nach einfachen Antworten, befeuert, obwohl es tatsächlich wesentlich komplexere Antworten benötigt, als eine stereotypisierte Politik zu liefern, fähig ist.

Denn wird man über Jahre derart behandelt (misshandelt), geht man auf die Realität der Menschen nicht ein, sieht sie nur als stereotypes Wahlvolk, adressiert entlang von unterkomplexen und spaltenden Parteiprogrammen, dann gibt es nur drei Möglichkeiten. Man gibt auf, man konfrontiert den Staat weiter, wie ich es tat, mit all den Folgen für die eigene Gesundheit, oder man wählt rechtsradikale Parteien, die versprechen dem Volk endlich wieder »eine Stimme« zu geben.

Die Formatierung der Konflikte, die sich auch in den Massenmedien findet, geht einher mit dem Zerfall der Zivilgesellschaft und dem Ende der Solidarität.

Adorno sagte zu diesen Verhältnissen in einem Gespräch mit Dr. Kogon und Horkheimer bereits 1950: »*Wenn wir die Verwaltung kritisieren, dann kritisieren wir nicht Rationalität. Wir kritisieren nicht, dass menschliche Verhältnisse als solche geplant werden, um dadurch das Leiden zu vermindern, das durch das blinde Spiel der gesellschaftlichen Kräfte sich ergibt. Das, was an der jüngsten Entwicklung, die übrigens so jung nicht mehr ist, das Verhängnisvolle ist, das scheint viel mehr darin zu bestehen, dass ein Irrationales rationalisiert wird. Das heißt, dass das Resultat des blinden Kräftespiels der liberalistischen Gesellschaft, von der Herr Horkheimer vorhin geredet hat, nun fixiert wird und in einer möglichst geschickten, klugen, planvollen Weise, so behandelt wird, dass diese fixierten Zustände sich behaupten können und dass die Menschen möglichst reibungslos ihnen sich einpassen, ohne dass im Ernst etwas geschieht, um dieses Resultat eines irrationalen blinden Prozesses zu überwinden.*«[33]

---

33 Ein Gespräch zwischen Theodor W. Adorno, Max Horkheimer und Eugen Kogon für den Hessischen Rundfunk, gesendet am 4. September 1950. Abgedruckt in: Max Horkheimer: Gesammelte Schriften. Band 13: Nachgelassene Schriften 1949-1972. Fischer, Frankfurt am Main 1989, S. 121–142.

11

Die Behörde wollte, dass ich die Kunst, den Aktivismus, ja die Reibung erzeugende Arbeit an den Missständen aufgebe, um in ihrem Sinne zu funktionieren. Die Aufrechterhaltung der Simulation war wichtiger als das Verhindern von Leid bei tausenden Menschen. Das aber hätte für mich bedeutet, die Welt mitzuzerstören und eine Arbeit zu betreiben, welche dazu beiträgt, die Ökonomie und Gesellschaft abzubauen, statt sie aufzubauen. Störung war also Liebe, nicht Destruktivität. Störung war hier auch Verantwortung. Es ging darum, Menschenleben zu bewahren.

Der Sachbearbeiter B. beim Bundesministerium für Arbeit in Berlin schrieb dann am 11. März 2015 in einem Brief an mich: »*Vielen Dank für Ihr Schreiben vom 3. März 2015 an Frau Bundesministerin Birne, mit dessen Beantwortung ich beauftragt bin (...) im Übrigen verweise ich auf mein Schreiben vom 19. Juni 2014 und sende zu meiner Entlastung das Ihrem Schreiben vom 2. Februar 2015 beigelegten Buch ,Stärke in der Armut' zurück. Mit freundlichen Grüßen B.*«[34]

Das Buch von mir »Stärke in der Armut« im Umfang von rund 100 Seiten beschrieb den fatalen Umgang des Staates mit Menschen in Armut, sowie die erwünschte radikale Selbstaufwertung der Armen. In der Ausgabe von damals waren auch Schreiben an Ministerin Birne abgedruckt. Dass Herr B. dies zu seiner Entlastung zurückschickte, zeigte erneut, dass Erkenntnisse keinerlei Rolle mehr spielten, widersprachen sie politischen Vorgaben. Weil er das Buch nicht an eine andere Abteilung weiterleiten konnte, gar an die Ministerin selbst, die es offensichtlich nicht haben wollte, blieb ihm nur mir das Buch zurückzusenden, um den Vorgang zu bereinigen. Die neue Form der Bücherverbrennung war somit zugespitzt formuliert das »Zurückschicken« von Büchern, an die Autor:innen, oder das Wegschicken, irgendwo hin. Man war also selbst bereit, die Kultur an sich abzuschaffen. Denn nichts anderes implizierte dieser Akt. Was Künstler:innen mühevoll erarbeiten, »ist uns scheiß egal«.

Auch, dass dies passieren konnte, macht die damals verantwortliche Ministerin Birne zu einer verfassungsfeindlichen Kriminellen. Dass sie bis heute offenbar nicht begreift, was sie tausenden Menschen angetan hat, macht es nicht besser.

Herr B. entschloss also, die umfassende Analyse der Menschenverachtung in Hartz IV in Buchform nicht zum Problem zu machen, sondern das Buch. Er musste also das Buch loswerden und glaubte, tatsächlich dieses zurückzuschicken, würde seine »Entlastung« aus der Verantwortung bedeuten. Dieses kindliche Verhalten ist die Konsequenz daraus, dass in einer solchen Behörde nicht mehr angemessen gehandelt werden kann, man aber natürlich seinen Job behalten will, weshalb man

---

34 Schreiben von Herrn B. BMAS Berlin vom 11.3.2015

die Formatierung abarbeitet, egal, wie absurd dies ist. Man muss also funktionieren, was nichts anderes verlangt als das Arbeiten entlang vorgesehener Formate. Das führt in einer Welt, die immer komplexer ist als das Format, zu kognitiver Dissonanz. Systemisch und allgegenwärtig in staatlichen Systemen, aber auch in der Wirtschaft. An dieser Konfliktstelle wurde also klar, dass ich als Care-Arbeiter an der Realität arbeitete, während der Staat die Position der Vertuschung einnahm. Man muss sich also die Frage stellen, wie viele Erwerbsarbeiter:innen betreiben Care-Arbeit und wie viele betreiben Vertuschung? Wie viel beruht auf Leistung, wie viel auf Ausbeutung und Betrug? Diese Rechnung lässt sich nur in solchen Konflikten erkennbar machen, in denen die Care-Arbeit sich als den intelligenteren und humaneren Ansatz, ja als den vernünftigeren Ansatz zeigt, aber dennoch bestraft wird. Warum also sollte ich mir einen Job suchen, wenn die Arbeit, die ich bereits tat, für das Gemeinwohl wesentlich relevanter war, als in irgendwelchen Büros an der Vertuschung der fundamentalen Probleme teilzunehmen, wenn ich doch die Möglichkeit und das Talent hatte, um hier eine wesentliche Veränderung zu erzielen, ging ich nur diesen Weg konsequent zu Ende. Denn wie sich bald zeigte, gewann ich in diesem Konfliktdiskurs eine Debatte nach der Nächsten. Niemand kann einen kritischen Blick auf die Verhältnisse als etwas Wertloses definieren, aber jedes verlogene System tut genau das und leitet somit selbst das eigene Ende ein. Man muss dieses nur geschickt moderieren. Man muss ein derart kaputtes System zur Selbsterkenntnis führen und genau das versuchte ich. Ich nannte es Arbeit. Etwas, was wir von der KI wohl kaum erwarten können, die nicht ein derartiges Erleben der Welt hat, weil sie nicht Teil eines offenen Ökosystems ist, welches sich emergent erweitert.

12

Indem ich diesen Konflikt zum eigentlichen Objekt meiner Arbeit machte, begann ich in der Situation, die Umverteilung durch veränderte Haltung durchzusetzen. Ich arbeitete, was ich wollte, was ich für wichtig hielt, und die zahlten über den Hartz-IV-Bezug. Natürlich war das ethisch angemessen. Wenn man die tatsächlichen Hintergründe des Kapitalismus kannte und meine Neurodivergenz. Wenn man also wusste, dass ich und Millionen andere Menschen verarmt waren, weil man anderswo mit unserer Armut, also unserer Ausgrenzung und Marginalisierung Geld verdienen konnte, indem man uns systematisch in die Entwertung trieb, durch Wettbewerbe, in denen unsere Fähigkeiten nicht vorkamen und durch Verengung der Möglichkeiten, was die Löhne immer weiter drückte. Somit war es nur gerecht, dass der Staat, der sich auf den Deal mit dem Big Business einließ, nun auch für die Kosten blechte. Was war an einer CO_2-Steuer moralisch richtiger, als an stolzen Erwerbslosen, die Sozialhilfe kassierten, um die Gesellschaft für deren Ausgrenzung bezahlen zu lassen? Nichts. Es war dasselbe ethisch richtige Prinzip. Die Kosten der Armut sind die Schatten, die aus Jahrzehnten der Ausbeutung und der Enteignung resultieren. Natürlich wollte der Staat, der die Lüge über die Verhältnisse zwischen Ausgebeuteten und Enteigneten aufrechterhalten musste, dies nicht einsehen, aber er musste es einsehen. Denn die Fakten waren eindeutig.

Ich sah meine Arbeitsaufgabe zunehmend darin, diese Konflikte aus ihrer Formatierung zu lösen. Weil dies mir sehr sinnvoll erschien, wurde für mich intrinsische Motivation immer wichtiger. Daher arbeitete ich bereitwillig 10 Jahre Vollzeit an der Lösung dieser Problemfragen, schrieb zehn Bücher, machte einen Spielfilm und etliche andere soziale und kulturelle Projekte für die Menschen im Land, während ich keinerlei Gehalt erhielt, außer den Hartz-IV-Satz und ein wenig Kulturförderung. Dennoch versuchte ich darin, auch der Armut zu entkommen. Ich war einfach davon überzeugt, dass tatsächlicher Wert sich ab einem gewissen Punkt durchsetzen würde. Dass die Leute begreifen würden, dass was ich tat, nicht wertlos war. Nicht ich lag der Gemeinschaft auf der Tasche, sondern Staat und Ökonomie lebten von der Arbeit von Care-Arbeiter:innen wie mir. Es war Zeit für die, dafür zu zahlen.

An dieser Stelle ist es wichtig zu betonen, dass das, was ich tat, für einen Autisten nicht untypisch ist. Man kann das auch unter dem begreifen, was man bei Autist:innen als »Spezialinteresse« oder »Hyperfocus« kennt. Also eine Fähigkeit, sich vertiefend über Jahre auf eine Sache zu konzentrieren. Bei gleichzeitiger Unfähigkeit, die »Wahrheit« einfach zu relativieren. Vieles von dem hier beschriebenen Konflikt ist auch ein Konflikt zwischen neurodivergenten und neurotypischen Menschen. Es gibt Studien, die aufzeigen, dass neurotypische Menschen bis zu 200-mal[35] am Tag lügen und das nicht schräg finden. Es lag also auch an meinem Autismus, dass ich diese Muster in den Systemen erkannte und mich dazu verhalten musste, während ich normale Jobs nicht bekam oder nicht halten konnte. Interessant ist auch, dass die Verhältnisse, in denen ich arbeitete, strukturell derselben Enteignung glichen, die auch den Globalen Süden traf. In diesen 10 Jahren kam niemand zu mir und bedankte sich dafür, dass ich wie der Globale Süden quasi Rohstoffe und Dienstleistungen unter Wert bereitstellte und wie hunder-

---

35 Robert S. Feldman – Sozialpsychologe an der University of Massachusetts Amherst – berichtet in seinem populärwissenschaftlichen Buch The Liar in Your Life (Hachette, 2009, ISBN 9780446534935) von Laborexperimenten, in denen Teilnehmende in nur zehnminütigen Small-Talk-Situationen durchschnittlich zwei–drei Unwahrheiten äußerten. Hochgerechnet auf alle täglichen Mikro-Interaktionen komme man, so Feldmans eigene Extrapolation im Kapitel "The Ubiquity of Deception", „leicht auf über 150–200 kleine Lügen innerhalb von 24 Stunden" – eine Frequenz, die von den befragten neurotypischen Personen selbst nicht als ungewöhnlich oder verwerflich empfunden wurde.

te anderen Kulturschaffende auch die Kultur des Landes am Laufen hielt. Wie dem Globalen Süden wurde auch mir vorgehalten, ich sei ein Arbeitsverweigerer oder eben unfähig und müsste mich unterwerfen. Meine Verschuldung müsse ich, wie der Globale Süden, mit hohen Zinsen an den Westen begleichen. Ich kostete den Staat in diesen 10 Jahren rund 100.000 EUR an Sozialhilfe. In dieser Zeit arbeitete ich nahezu unbezahlt in Vollzeit, 40 Stunden die Woche und mehr, ohne Urlaub, was nach Mindestlohn von jener Zeit, also ca. 12 EUR in etwa ein Gehalt von 240.000 EUR bedeutet hätte, samt Rentenansprüchen, die ich ebenfalls nicht erhielt. Der Staat machte also mindestens an die 140.000 EUR Gewinn mit mir. Trotz dieser Tatsache wurde ich vom Staat als vollkommen wertlos betrachtet, schikaniert und erniedrigt, bis ich schließlich als Folge erkrankte.

Man sieht also, das ist nur die Spitze des Eisberges, dass die Stigmatisierung der Armen, somit die gesamte Ideologie des Marktes nichts mit der Realität zu tun hatte. Dies betraf die meisten Menschen im Hartz-IV-Bezug. Manch Zyniker wird entgegnen wollen, dass Kunst nun mal nicht diesen Wert hat, aber dieser Diskurs um die Frage, ob was der Markt ablehnt, nicht tatsächlich wertlos ist, führt rasant in rechtsradikale Ideologien, oder sieht jemand tatsächlich den Bedarf, Kunst als nutzlos darzustellen. Dann nehmen wir doch als Nächstes das Grundgesetz und die Menschenrechte. Denn sie alle stehen dem Umsatz im Weg, sprich lassen sich nur indirekt als Marktvorteile bemessen. Meist sind sie für den Markt störend. Wir sehen hier, wie zuvor besprochen, dieselbe Psychologie, dieselbe Rechnung, die sich auch im Verhältnis zwischen dem Westen und dem Globalen Süden findet. Sie sagen, dass da unten ist keine echte Ökonomie, wie sie sagen, meine Kunst sei kein echter Job, also gibt es dort auch keine echten Löhne und das sei dann ja auch richtig so. Die Leute, also die im Süden, die Künstler:innen oder die Frauen im Haushalt, täten es freiwillig, weil sie wie »wir« werden wollen und weil sie aber nicht derart »gute Menschen« sind (Rassismen), sondern eben minderwertig. Es war also egal, was der globale Süden oder ich, oder viele Frauen in Care-Arbeit erarbeiteten, immer wurden wir entlang von Defiziten definiert, um fundamentales Unrecht zu verdecken. Das aber offenbart eben Rassismen, als verkürzte Lügen über Menschen, durch die man Unrecht legitimieren will. Wollen Sie sich an diesem Diskurs beteiligen, oder sind Sie auf meiner Seite? Sie müssen schon die Fakten akzeptieren! Wann endlich bekommt jemand den Nobelpreis für Ökonomie, weil sie oder er die Armut als Unrecht entdeckt?

13

Dass ich, was ich tat, als Arbeit benannte, war für den Staat ein Hohn. Man kann darüber streiten, ob das nützlich war, aber Tatsache ist, dass ich als Künstler in einer Demokratie derart stören darf und soll. Da war also ein Typ, der einfach arbeitete, was er wollte (Kunstfreiheit), den mussten wir finanzieren, obwohl er keinen Job hatte und dann von Sozialhilfe lebte. Gleichzeitig zählte ich genauso zu den anerkannten und arbeitsamen Kulturschaffenden des Landes, wie viele andere Kulturschaffende auch. Was ich tat, war nicht weniger wert als die Arbeit von Feuerwehrleuten oder Krankenschwestern, die auch keinen Gewinn erwirtschafteten. Das musste also zu Konflikten führen und es waren wichtige Konflikte.

Das Vorurteil des Staates und großer Teile der deutschen Bevölkerung war in dessen Irrationalität, als wäre die Ökonomie eine Religion, derart absolut, dass ihnen selbst 140.000 EUR Gewinn nicht ausreichten, um zur Rationalität zurückzukehren und meine Totalentwertung, als Folge meiner Armut einzustellen. Man hatte über Jahrzehnte und Jahrhunderte das Narrativ von den wertlosen Armen derart fixiert, dass mir Wert zu geben, scheinbar das Ende der Welt bedeutet hätte. Wesentlich ist nun, dass ich in den folgenden Kapiteln dieses Buches beweisen und aufzeigen kann, wie man versuchte dieses Dilemma durch Gewalt und Vertuschung zu bewältigen, somit, ich spitze zu, die Geschichte des Kolonialismus sich in gewisser Weise an mir wiederholte, mit all den irrationalen und verlogenen Schritten der Verdrehung von Schuld, wobei ich mich natürlich nicht an sich mit dem Kolonialismus vergleichen will, sondern es geht darum, Muster und Strukturen zu erkennen. Meine Hoffnung war es, indem ich die ganze Dimension der Carework-Krise aufzeigen könnte, wir zu einer viel umfassenderen Solidarität gelangen könnten. Nicht unbedingt mit mir, aber gegen das verlogene Verhalten des Staates, welches sich an mir, wie an Millionen anderen zeigte. Ich führte auf diese Weise die Fäden zusammen. Meine Forschung machte den Automatismus hinter den Unrechts-Narrativen der Unterdrücker:innen sichtbar. Sie machte verständlich, wie im Fake jedes rationale Argument verschwand und Präsidenten wie Donald Trump, aber auch unser populistischer Bundeskanzler Weintraube erst möglich wurden. Sie konnten alles behaupten, weil die Institutionen, die unsere Demokratie und Menschenrechte schützen sollten, zu ausgehöhlten Objekten geworden waren, die nur noch simulierten. Derart in sich verlogen, dass es ihnen unmöglich war, eine authentische Position gegen den Fake einzunehmen.

In meinem Buch »Stärke in der Armut« schrieb ich: »*Ich bestehe darauf, die Wertschöpfung neu zu verhandeln, zwischen Unternehmen und mir, zwischen Ihnen und der Politik, zwischen Kultur und der Wirtschaft.*«[36]

Etwas weiter hinten im Buch schrieb ich: »*Es gibt kein Hartz-IV-Gesetz, sage ich. Es gibt nur Menschen, die Angst vor den Konsequenzen haben. Da weder die*

Bundesministerin Birne noch das Jobcenter die Eier haben, mich öffentlich verhungern zu lassen, ist das Spiel für sie gelaufen. Sie haben keine Macht über den kreativen und lebendigen Menschen. Es ist Zeit, den Armen ihre Würde zurückzugeben und ihre Kultur zu akzeptieren. Es ist Zeit, gemeinsam Gesellschaft zu gestalten«.[37]

Von diesem Moment an dokumentierte ich als empirische Forschung die Zustände, die mir begegneten, und machte klar, ich würde alles öffentlich machen, was mir angetan wird. Dies bot mir in der Demokratie Schutz und erzwang einen Dialog, der gewiss in den Anfängen eine Art Sisyphus-Arbeit gegen Windmühlen war, aber im Verlauf zunehmend mehr von dem abbildbar machte, was die Menschen und die Zivilgesellschaft im Land zerstörte, aber gleichzeitig Hoffnung auf fundamentalen Wandel zuließ. Hier also sieht man, wie wirkmächtig Kunst sein kann. Wie relevant aktivistische Kunst ist, wenn es darum geht, Hebel zu finden, um die Demokratie vor der Tyrannei zu schützen. Sie wurden mich nicht los.

Immer mehr Menschen stellten in dieser Zeit die Erwerbsarbeit infrage. Die Wohlstandsversprechen der Vergangenheit galten nicht mehr und die Aussicht auf Partizipation wurde überall blockiert. Es musste also etwas geschehen, was eine neue Vision ermöglichte, einen Bruch mit dem gängigen Narrativ der Arbeit. Mein Weg war es den Mythos der Erwerbsarbeit mit dem realen Wert, der reale Relevanz auf eine Weise zu konfrontieren, die aufzeigte, dass selbstbestimmte Arbeit die wesentlich produktivere, innovativere, gerechtere Form der Arbeit darstellte, somit einen begehbaren Pfad aus der Misere von Ohnmacht und Marginalisierung, die eine Folge des Fakes im Kapitalismus war.

37 Stärke in der Armut / 1. Auflage 2014 / BOD Verlag / S89

TAKE-AWAY BOX – KAPITEL »SPEEDS ARBEIT & DIE SCHAFFUNG EINER ALTERNATIVE«

Arbeitsintegriertes Beziehungshandeln
Speed verschiebt den Fokus von Output-Produktion auf gegenseitige Fürsorge: Wert entsteht dort, wo Handeln soziale, ökologische und subjektive Beziehungen stärkt – nicht dort, wo Bilanzspalten wachsen.

Universal Care Income als Systemhack
Ein garantiertes Sorge-Einkommen wird zum Dreh- und Angelpunkt: Es entkoppelt Existenzsicherung vom Lohn und öffnet Raum für experimentelle, systemkreative Tätigkeiten jenseits des Marktdrucks.

MNO-Logik in Aktion
Objekt (Institution) ↔ Wille (autistische Berufung) ↔ Erleben (verkörperte Forschung) verschalten sich zyklisch: Jedes künstlerisch-politische Eingreifen erzeugt ein neues Emergenz-Fenster – ein alternatives Mikro-Ökosystem, das die umgebende Struktur irritiert.

Proof of Concept
Von der Stier-Aktion bei Red Bull bis zur ZDF-Intendantenbewerbung demonstriert Speed, dass Einzelpersonen mit minimalen Ressourcen Machtapparate temporär »umprogrammieren« können.

Blueprint für Post-Work-Organisationen
Das Kapitel skizziert konkrete Praktiken – partizipative Budgetkreisläufe, Caring-KPIs, radikale Transparenz –, mit denen Unternehmen oder Verwaltungen Beziehungshandeln institutionalisieren können.

Skalierbare Emergenz statt singulärer Held
Speed positioniert seine Methode ausdrücklich als Open-Source-Prozess: Jede:r kann die Loops (Provokation → Dialog → Neubewertung) in eigenem Kontext nachfahren und so kollektive Alternativen wachsen lassen.

GARANTENPFLICHT. WER IST FÜR
DIE ARMUT VERANTWORTLICH?

1

Am 12. März 2015 hatte ich einen offenen Brief an Birne geschrieben, in dem es um die Armut, die Kunstfreiheit und Hartz IV ging. Ich schrieb: *»Wer Menschen derart in ihrer Selbstbestimmung beschneidet, übernimmt Verantwortung für deren Schicksal. Nur davon kann sich das Recht der Einmischung der Politik in das Leben ihrer Bürger:innen ableiten. Alles andere wäre Gesetz und staatliche Gewalt um ihrer selbst willen. Auch wenn der Staat hier versucht, die Zahlung von Hartz IV, als eine freiwillige Leistung des Staates zu stilisieren, handelt es sich bei der Versorgung der Armen um eine zentrale Aufgabe des Staates.«*

Das Problem bestand nun darin, dass die Arbeitsteilung im Kapitalismus als Konsequenz eine theoretische Teilung von Verantwortung implizierte, als wäre dies ein gemeinsames, ein verteiltes Schultern von Last, sie in der Praxis jedoch, in der Zerstückelung von Verantwortung zu maximaler Vernichtung von Verantwortung an sich führte. Die in der Haltung der Regierung steckende Paarung aus bewusster, Menschen in Verzweiflung treibender Gewalt gegen Arme, bei gleichzeitiger Verweigerung von Verantwortung für deren Schicksal, ließ ein Klima maximaler Brutalität entstehen.

In der Nacht vom 13. auf den 14. Juni 2017 brannte in England der Grenfell Tower mit 72 Toten. Die zahlreichen Sicherheitsmängel waren die Folge der massiven Sparmaßnahmen gegenüber den Armen in Großbritannien: *»Diese Tragödie lässt sich nicht auf einen Mangel an Ressourcen zurückführen, sondern nur auf die rücksichtslose Missachtung, die der Staat denjenigen entgegenbringt, die er als seiner Unterstützung unwürdig ansieht. Der Brand des Grenfell Towers ist das vielleicht eindeutigste Symbol für die Auswirkungen der Sparmaßnahmen in Großbritannien – aber es ist bei Weitem nicht das einzige Zeichen von Ungerechtigkeit, die sich seit der Finanzkrise in der britischen Gesellschaft breit gemacht hat.«[38]*

Man kann nicht über die Ursachen von Armut sprechen, ohne den Umgang der Gesellschaft mit den Armen als eines der Hauptursachen zu identifizieren. Es ist immer weniger die Armut selbst, basierend auf knappen Ressourcen eines Staates, die Menschen tötet, nicht mehr, oder immer weniger, nicht im westlichen Europa, sondern es ist der Staat der Arme aus ideologischen Gründen misshandelt

---

38 Grace Blakeley / Stolen – So retten wir die Welt vor dem Finanzkapitalismus / Brumaire / S 269

und diskriminiert, was die heutige Form der Armut in den Industriestaaten prägt, gestaltet und erst möglich macht. Eines der Hauptursachen der Armut ist daher der Staat, der entlang von Sozialrassismus handelt, der, wie zuvor erwähnt, die irrationalen Regeln des Marktes scheinbar rational in Form von Rassismen absichert. Das schafft die Bedingungen, in denen die Armutsspirale aufrechterhalten bleibt. Ich kann hier nicht auf alle Details dazu eingehen und verweise auf die unzähligen Studien zu den Zusammenhängen von Rassismen und Armut, sowie Klassismus und Intersektionalität. Es geht bei der Armut schon sehr lange nicht mehr nur um die Verteilung von Ressourcen, sondern auch um Psychologie und um die Kampfzone im Erhalt eines rücksichtslosen Kapitalismus, der auch darum für viele nicht rücksichtslos erscheint, weil man die Arme entsprechend für nutzlose Schuldige hält, was die Armut zu einer legitimen Strafe macht.

Dass man die Armut als legitime Strafe betrachtet und auch so in den Jobcentern behandelt, verhindert natürlich jeden Ansatz von Großzügigkeit oder Gerechtigkeit gegenüber den Armen. Die Armut wird weltweit nicht beendet, weil man »Schuldigen« nichts schenken will. Diese Haltung ist auf eine Weise pervers, die an die dunkelsten Tage der Menschheit erinnert und dennoch derart präsent und allgegenwärtig in den Institutionen und auf der Straße, dass längst eine Religion um die Bestrafung der Armen entstanden ist, um das Heil der Auserwählten auf der anderen Seite, ein ekelerregendes Ausmaß an monetärem Reichtum, zu rechtfertigen. Aus dieser Klammer gibt es für die Armen kein Entkommen. Die Entwertung haftet ihnen an, wie Sippenhaft oder lebenslange Stigmatisierung, die sich selbstverständlich in reduzierten Chancen auf dem Arbeitsmarkt und überall in der Gesellschaft äußert. Die Armut ist daher vom Staat der diese Rassismen, der diese Bestrafung unhinterfragt fortsetzt, mit verursacht, weil die Armut aus der Sicht des Staates keine Folge massiven Unrechts ist, was nun mal die Fakten sind, sondern ein Mittel der Kontrolle des Handelns der Armen, ja der ganzen Bevölkerung. Die Jobcenter handeln wie eine Sekte. Das Heil wird im Gehorsam gegenüber dem Guru (Kapitalismus) erwartet und alle haben sich dessen Zielen in Richtung »Aufstieg« zu beugen. Ein Aufstieg, der für die Armen niemals kommt.

Als der deutsche Kanzler Gerhard Schröder, was teilweise auf eine gemeinsame Initiative mit Tony Blair[39] zurückging, das sogenannte »Schröder-Blair-Papier« mitverfasste, kam es zu einer neuen Grundsatzdebatte in der SPD, die sich hauptsächlich um eine zeitgemäße Neubestimmung des Begriffs Gerechtigkeit drehte. Hier ging es um nichts anderes, als die Armut, wie gesagt, als gerechte Strafe zu definieren, für all jene, die sich dem Kapitalismus und den Folgen nicht einfach kritiklos ergeben.

---

39 „Der Weg nach vorne für Europas Sozialdemokraten", später das sogenannte „Schröder-Blair-Papier" von 1999.

Rolf Hosfeld schrieb dazu auf der Webseite vom Deutschlandfunk am 10.11.2009: »*Plötzlich war von produktivitätssteigernder Ungleichheit die Rede, die gerecht sein könne, wenn dadurch und durch eine Deregulierung des Arbeitsmarkts eine wirtschaftliche Dynamik ausgelöst und bisher Arbeitslose in das Erwerbsleben eingebunden würden. Gerhard Schröder behauptete, es sei eine Illusion gewesen zu glauben, mehr Staat sei die beste Rahmenbedingung für Gerechtigkeit. Für Sozialdemokraten waren die damit verbundenen Ideen in Richtung eines »aktivierenden« Sozialstaats, der die Menschen weniger vor dem Markt schützen als sie dazu befähigen sollte, auf ihm zu agieren, ein großer Schritt, mindestens so groß wie der Abschied vom Marxismus im Godesberger Programm. Das verspätete Ergebnis des Schröder-Blair-Papiers war in Deutschland die Agenda 2010.*«[40]

Der Staat entzog sich also neoliberal der Verantwortung für die Armen, die er durch die Logik des Kapitalismus selbst erzeugt hatte, und zwang sie in die »Flexibilisierung«, was mit einer maximalen Entrechtung und Abwertung einherging. Warum kann man sagen, der Staat erzeugte die Armut? Weil es kein Naturgesetz ist, dass ein Markt Werte auf eine Weise verteilt, die an beiden Enden Extreme schafft. Ökosysteme verhindern solche Extreme über Diversität und ermöglichen es dadurch unzähligen Lebensformen nebeneinander zu existieren. Nur der Mensch entzieht anderen Lebewesen dauerhaft die Lebensgrundlage. Man versetzte die Armen in die Position von Enteigneten, um sie gegen die Arbeiter:innen zu isolieren. Jeder musste nun alles machen, um der Armut zu entkommen, was noch mehr Verarmung implizierte, während diese nie verschwand. Dass die Armut selbst bei Arbeitszwang nie verschwindet, liegt in der Natur der Sache. Denn Arbeitszwang an sich ist ein Akt der Gewalt und der Vernichtung individueller Lebensrechte, Lebens- und Entfaltungsräume. Noch nie in der Geschichte der Menschheit hat Sklaverei zu einem Ende der Armut geführt, sondern immer zum Gegenteiligen. Die Armut ist nicht nur ein Zustand von Armen, sondern überwiegend eine Funktion, die Privilegierte benötigen, um ihre Privilegierung als »Leistung« umdeuten zu können, angesichts der »Faulheit« der weniger »erfolgreichen«.

Somit wurde die Armut einem Zweck unterworfen, der nicht mehr nur das Stereotyp der Minderwertigen bedienen sollte, um die Reichen davon abgrenzend zu legitimieren, sondern die Armut wurde zu einem dauerhaft und ununterbrochen der Verwaltbarkeit unterstellten Zustand von Schuld der Betroffenen gegenüber der Gesellschaft, um von allen politischen Lagern missbraucht zu werden. Man konstruierte ihre Pflicht zu Gehorsam und Funktionalität, weil Gerechtigkeit sich jetzt nicht mehr über das Unrecht der Armut an sich definieren sollte, welches durch Umverteilung gelöst würde, in sozialdemokratischer Tradition, sondern als

---

40 https://www.deutschlandfunkkultur.de/was-hat-das-schroeder-blair-papier-der-sozialdemokratie-100.html

128

die vom Individuum nicht ergriffene »Chance« der Erwerbsarbeit in schlecht bezahlten Jobs, in welcher Arbeit auch immer, setzte diesen in einen Zustand des Defizits, was die eigentlichen Ursachen der Armut löschte und die Armut gleichzeitig verschärfte. Es gab also keine individuelle Geschichte mehr, die von Ausgrenzung oder Diskriminierung im Markt zeugte, sondern nur noch die Frage, ob die Person sich sofort im Niedriglohnsektor ausbeuten, oder im Umkehrschluss sich auf Kosten des Gemeinwohls durchfüttern ließe, was deren Enteignung und Bestrafung bis in die Obdachlosigkeit, also bis in den Tod rechtfertigte. Dieselben Mythen, wie man sie den verschuldeten Ländern des Globalen Südens andichtete, nicht zuletzt bei der Griechenlandkrise um 2010.

Armut wurde also im deutschen Staat ab 2005 generell mit Schuld gleichgesetzt. Im Sinne von Friedrich Nietzsche bewegten wir uns von der Herrenmoral (Von den Herren definierte Moral. Man selbst nobel, die anderen minderwertig), zur Sklavenmoral (Moral aus Sicht der Opfer, entwickelt aus ethischen Grundprinzipien und Menschenrechten) und mit Hartz IV und der Griechenlandkrise wieder zurück zur Herrenmoral.

Auf diese Weise wurden die von der Gesellschaft ausgebeuteten und dann weggeworfenen, um dadurch etwa Umsätze mit weniger Arbeitnehmerausgaben steigern zu können, zu den Schuldigen ihres Schicksals verkehrt, wodurch die Ausbeuter wiederum ein zweites Mal über sie verfügen konnten. Ich nannte das in meiner Forschung den »Double Hit«. Man beutete aus, machte arm, förderte das Prekariat und verkehrte dann Armut in Schuld der Betroffenen, um sie erneut in die nächste Ausbeutungsschleife zwingen zu können, weil man damit den Armen jede Verhandlungsstärke radikal entzog. Die Armen wurden zu Abschaum, der den Mund zu halten hatte. Sie wurden entdemokratisiert. Ich selbst durfte noch nie, ich komme später darauf zu sprechen, an einer Wahl teilnehmen.

» Unterdessen ist der Rechtspopulismus zu einer seit den 1939er Jahren nicht mehr gesehenen Stärke gelangt. Nationalistische Kräfte mobilisieren mal offen, mal eher verborgen rassistische Feindbilder. Glaubt man ihnen, dann ist das diffuse »Fremde« für den materiellen Notstand und die sinkenden Lebensstandards verantwortlich. Nur wenige traditionelle sozialdemokratische Parteien sind der Aufgabe gerecht geworden, auf diese Unzufriedenheit zu reagieren und sie auf die wirtschaftlichen und politischen Eliten auszurichten, die in Wirklichkeit für die Misere verantwortlich sind. Stattdessen klammern sie sich weiterhin an die verbrauchte Idee des »dritten Weges« irgendwo zwischen Ausbeutung und Selbstbestimmung für die Arbeiter:innen und Arbeiter. Infolgedessen haben sie sich »pasokifiziert« – also wie die griechische sozialdemokratische Partei Pasok in die politische Bedeutungslosigkeit

manövriert – und das Geschäft der Agitation vollends der Rechten überlassen.«[41]
Blair und Schröder entwickelten diesen Weg und die SPD in Deutschland stürzte als Folge ab. Der Aufstieg der Rechten war die Auswirkung und wurde zur populistischen Verschärfung der Stigmatisierung der Armen. Was daraus entstand, war eine Neuauflage der Legende vom widerständigen Armen, den es wie gesagt zu bestrafen galt. Das aber machte die Politiker:innen jener Jahre zu Täter:innen und somit zu einem der Grundpfeiler, weshalb der Staat faktisch eine Garantenpflicht (Haftung/Verantwortung) gegenüber den Armen hat. In diesen neuen Verhältnissen der Armut, die es in dieser Form der Dauerstigmatisierung und der weiteren Ausgrenzung und Ausbeutung, nicht gegeben hätte, hätten Blair und Schröder nicht das Finanzkapital weiterhin menschenverachtend Umsätze steigern lassen, als sei der Trickle-Down je eine Realität gewesen, die für die Menschen unterhalb der Mittelschicht funktioniert hätte.

Christoph Butterwegge – Hartz IV und die Folgen (5. Aufl. 2020, Beltz Juventa) - zeichnet nach, wie die Agenda-2010-Reformen (Schröder) die Stigmatisierung von Erwerbslosen verschärften, der SPD einen massiven Vertrauensverlust bescherten und damit »eine Steilvorlage für rechtspopulistische Ressentiments« lieferten. Anthony Giddens – The Third Way (1998, Polity Press) + Colin Crouch – Post-Democracy (2004, Polity) – zeigen, dass der »Dritte Weg« von Blair und Schröder auf Marktorientierung bei gleichzeitiger Reduktion des Sozialstaats setzte — und damit ein Legitimationsvakuum schuf, das rechte Populisten später instrumentalisierten. Philip Manow – Die politische Ökonomie des Populismus (2018, Suhrkamp) – zeigt, dass der Abbau wohlfahrtsstaatlicher Garantien in Westeuropa in direktem zeitlichen Zusammenhang mit dem Aufstieg rechtspopulistischer Parteien steht; Deutschland wird als Schlüsselfall (SPD-Einbruch → AfD-Zuwächse) analysiert. Nancy Fraser – »Expropriation and Exploitation in Racialized Capitalism« (Critical Historical Studies, 2016) – legt dar, dass Finanzkapitalismus strukturell auf neue Formen der Enteignung (expropriation) angewiesen ist – u. a. die Entwertung von Care-Arbeit und Armutsbetroffenen – und damit eine staatliche Schutz- bzw. Garantiepflicht provoziert.

Im deutschen Recht bedeutet Garantenpflicht die besondere Rechtspflicht eines Akteurs, Schaden von bestimmten Rechtsgütern abzuwenden. Klassisch kennt man sie aus § 13 StGB (Unterlassen): Wer kraft Schaffung einer Gefahrenquelle (Ingerenz) oder kraft Herrschaft über eine Situation (z. B. Eltern für Kinder, Staat für Bürger:innen) Garant ist, macht sich strafbar, wenn er durch Untätigkeit den Eintritt des Schadens zulässt. Auf verfassungsrechtlicher Ebene hat das Bundesverfassungsgericht diese Logik zur staatlichen Schutz- bzw. Gewährleistungspflicht

---

41 Grace Blakeley / Stolen – So retten wir die Welt vor dem Finanzkapitalismus / Brumaire / S 330

weiterentwickelt: Aus Art. 1 Abs. 1 GG (Menschenwürde) und Art. 20 GG (Sozialstaatsprinzip) folgt, dass der Staat das soziokulturelle Existenzminimum sichern muss (Hartz-IV-Urteil 2010; AsylbLG-Urteil 2012).

Anwendung im Armutskontext

Staat als Mitverursacher (Ingerenz)

Arbeits- und Sozialpolitik (Agenda 2010, Hartz IV) erzeugt strukturell Armut und Stigmatisierung. Wer ein Risiko schafft, wird zum Garant – analog zu§ 133 StGB.

Staat als Herrschaftsträger

Der Staat besitzt das Gewaltmonopol und definiert Markt- und Eigentumsordnungen. Daraus erwächst eine Schutzpflicht gegenüber jenen, die durch diese Ordnung benachteiligt werden.

Konkrete Pflichtinhalte

Würdiges Existenzminimum sichern (BVerfG 2010, 2012).
Strukturen abbauen, die Armut reproduzieren (Sozialstaatsgebot).
Diskriminierungsfreie Teilhabe ermöglichen (Art. 3 GG).

Warum eine Garantenpflicht gegenüber den Armen besteht

Kausalität: Wenn staatliche Politik (z. B. Sanktionsregime) Armut und Exklusion vergrößert, ist der Staat Verursacher – damit Garant.
Herrschaft & Kontrolle: Der Staat verfügt über die Hebel (Steuern, Transfersysteme, Regulierung) Armut zu verhindern; unterlässt er wirksame Maßnahmen, verletzt er seine Garantenstellung.
Verfassungsrechtliche Leitplanken: Menschenwürde und Sozialstaatsprinzip sind unbedingte Pflichten, nicht bloße politische Optionen.

Kurz: Weil der Staat Armut **mit erzeugt** und zugleich die **Macht** besitzt, sie zu verhindern, trägt er eine Garantenpflicht, die über bloße Existenzsicherung hinausgeht und strukturelle Armutsursachen beseitigen muss.

Dass die Regierung dieses Problem fundamental leugnete, führte zu zwei wesentlichen Konsequenzen. Wenn man ohnehin schon über die Armut und die Armen systematisch log, spielten Fakten im Hartz-IV-System grundlegend kaum noch eine Rolle, sondern alles drehte sich um den Armen als Funktion, der durch die »Kund:in« im Jobcenter ausgetauscht wurde, über den man herrschte, dem man Anweisungen gab, den man alleinig als Platzhalter der eigenen Vorurteile und Rassismen betrachtete. Das System litt an massiver kognitiver Dissonanz. Ich nannte das Verhalten der Jobcenter später »kognitiv gestört«, weshalb ich dann von Rechtsradikalen in den Behörden vor Gericht gezerrt wurde. Aber dazu später mehr.

Weil Totalitarismus im Westen verpönt ist, sucht dieser sich nicht selten den Umweg über Dysfunktionalität und unsichtbare strukturelle Gewalt.

2

Ein typisches Phänomen, gerade der frühen Jahre von Hartz IV, bestand darin, dass Unterlagen von Betroffenen einfach in der Behörde verschwanden und sie daher kein Geld erhielten. Weil im Hartz-IV-System nichts logisch war, kam es zu massiven institutionellen Hirnschäden. Die Überschriften in Artikeln und Blog-Beiträgen lauteten dann beispielsweise: »*Leistungskürzung, wenn Unterlagen verloren gehen? Das ist offenbar mancherorts tatsächlich Realität. Doch Hartz-IV-Empfänger können sich wappnen.*«[42], oder »*Hartz-IV-Unterlagen verschwinden immer wieder spurlos*«[43]

Das war nicht allein der Masse an Anträgen geschuldet, sondern trat bei vielen Zeitzeugen eben häufig dort auf, wo Kritik an Sachbearbeiter:innen geäußert wurde. Das lag auch daran, dass die Kommunikation eben nicht wirklich gut funktionierte. Wurde Kritik geäußert, verschwanden Unterlagen. Das Ausmaß war längst epidemisch. Der Staat erzeugte bewusst massive Armutsszenarien.

Ich warf der Ministerin damals in einem Brief »entmenschlichte Bürokratie« vor. Ich beschuldigte sie, eine dysfunktionale Bürokratie zu wollen, weil dies Teil der Bestrafung der Armen war. Denn sie waren es nicht wert, eine bessere Verwaltung zu erhalten, ähnlich wie man auch den Menschen im Grenfell Tower keine Rauchmelder oder funktionierende Brandschutztüren zugestand. Ich schrieb ihr damals: »*Obwohl nicht nur ich Sie schriftlich umfassend gewarnt habe, dass Ihr Hartz-IV-System zur massiven Traumatisierung und Misshandlung von Menschen führt, haben Sie fahrlässig weitere Menschenleben gefährdet, indem Sie eine Software- und Regelumstellung in unfassbarer Brutalität gegenüber den von Zahlungen abhängigen Menschen umgesetzt haben. Sie haben mehrmonatige Zahlungsverzögerungen wissentlich hingenommen, da Ihnen diese Menschen offenbar komplett egal*

---

42 Merkur.de / 22.7.2022 / Hartz-IV-Leistungskürzung - weil das Jobcenter Unterlagen verschlampt
43 www.gegen-hartz.de / 6.9.2020 / Hartz-IV-Unterlagen verschwinden immer wieder spurlos – Das ist der Ausweg!

sind.«[44]

Da Ministerin Birne auf nichts reagierte, außer über Herrn B. vorformatierte Textbausteine zu schicken, reichte ich bei der Staatsanwaltschaft Berlin Strafantrag gegen die Ministerin ein. Ich war mir sicher, dass sie zumindest einen Strafantrag persönlich mitbekommen würde. Es ging mir also ab hier darum, die Schuldfrage neu zu verhandeln. Was hier im Kleinen stattfand, das spiegelte auch das größere System wider. Man könnte das größere System aber viel direkter im Kleinen destabilisieren.

Es war simpel, in den Jobcentern Armenrassist:innen zu finden, die aktiv über Arme logen. Ich musste deren Lügen nur schrittweise und umfassend dokumentieren und die Ministerin immer wieder in Dokumenten damit konfrontieren. Das ist die Arbeit, die dem Kapitalismus das Wasser abgräbt, die aber damals, wie heute kaum jemand unternehmen wollte und will, denn es war und ist mit einem hohen persönlichen Risiko verbunden, denn man geht dabei in einen konkreten Konflikt mit sehr vielen Personen, die über erhebliche Macht verfügen und bereit waren und sind diese in einer »Blackbox« wie den Jobcentern, wo es kaum Kontrolle gab, mit maximaler Gewalt gegen Kritiker:innen anzuwenden.

In einem weiteren Brief an Birne vom 23. März 2015 schrieb ich: *»Der TV-Beitrag von Günter Wallraff[45] hat sichtbar gemacht, dass das System Hartz IV nicht mehr reformierbar ist, sondern vollständig beendet werden muss. Es wurde auf einem fatal falschen Menschenbild errichtet und bewusst als Mittel der Misshandlung von Menschen konstruiert. Politiker haben sich jahrelang in Talkshows darin gesonnt, es den Arbeitslosen mal richtig zu zeigen, wo es langgeht.«[46]*

Populistische Gewalt bleibt nicht ohne reale Folgen. Was im Stammtischniveau noch scheinbar harmlos erscheinen mag, zeigt sich bei den Randgruppen als physische und psychische Gewalt. Will man Populismus entlarven, nützt es wenig dies intellektuell zu tun, sondern man muss das konkrete Leid, die Gewalt, das Blut zeigen, welches darauf folgt. Nur das macht Populist:innen als kriminelle Gewalttäter:innen erkennbar.   Ich schrieb daher nun laufend Briefe an Ministerin Birne, die viele Seiten umfassten und im Grunde Essays und Dokumentationen von Gewalt waren. Man kann also nicht sagen, dass man von den Problemen nicht wusste. Man hätte es jedenfalls wissen können, wäre der Apparat nicht derart konstruiert, dass er eben den Schmerz des Einzelnen nicht nach oben dringen lässt, sondern jedes Grauen dieser Gesellschaft systematisch abschwächt und verwässert,

44 Offener Brief an Andrea Birne vom 12.3.2015
45 Hans Günter Wallraff (* 1. Oktober 1942 in Burscheid) ist ein deutscher investigativer Journalist und Schriftsteller. Er ist durch seine Reportagen über diverse Großunternehmen, die Bild-Zeitung und verschiedene Institutionen bekannt geworden, für die er sich stets der Methoden des investigativen Journalismus bediente.
46 Brief an Andrea Birne vom 23.3.2015

indem für die Opfer nicht die Opfer selbst sprechen dürfen, sondern stets nur Bürokrat:innen und Expert:innen. Arbeitsminister Kiwi nennt diese Leute »Pragmatiker«, deren Sprache, deren Sprechakt möglichst frei ist, von Emotion, möglichst frei ist von Ecken und Kanten, welche die Realität ausdrücken oder tatsächlich vermitteln könnten.

Es hätte eine zwischenmenschliche Verhandlung gebraucht, aber diese verweigerte man den Armen prinzipiell. Und zwar im Namen der Sachlichkeit. Wenn Macht in Demokratien nur Kommunikation in der Simplifizierung, nichts anderes bedeutet Sachlichkeit hier, ermöglicht, dann wird Demokratie totalitär. Denn dann durften nur jene sprechen, die nicht Betroffene mit Schmerz waren, was im Namen der Sachlichkeit den Bezug zu realen Beziehungen verdeckte und Leid marginalisierte. Wie zuvor schon beschrieben, sind Rassismen nicht immer Folge von Hass, sondern genausohäufig Mittel der Vertuschung von Unrecht. Daher ist der Staat gerade dort, wo dieser durch Versachlichung Konflikte formatieren will, um Macht zu schützen, immer gefährdet im Totalitarismus und bei Rassismen zu landen. Ein vollkommen versachlichter Staat ist ein grausamer Staat. Es gibt neben Hass eben auch versachlichte Rassismen. Vielleicht verstehen Sie jetzt, weshalb ich am Anfang vom »dritten Wissen« sprach, also von der Tatsache, dass die Form, in der ich hier das Wissen bereitstelle, die nicht nur wissenschaftlich orientiert ist, sondern auch politisch und künstlerisch, sehr wohl ein Wissen ist, dass angebracht mit Wahrheiten umgeht, aber den Dialog nur erreichen kann, indem die richtige Mischung aus Erkenntnis, Provokation und kreativem Denken, über Alternativen stattfindet. Man kann rein Rationales von sich wegschieben, aber das Dilemma, der Konflikt, in dem ich stand, berührt mehr als die Frage nach simplen Lösungen. Es gibt darauf keine einfache, keine eindimensionale Antwort. Mir geht es darum, dass Sie die Komplexität der Erfahrung, die ich erlebte, ein Stück weit miterleben. Was hätte ich denn angesichts dieses Irrsinns an Gewalt machen sollen? Wie hätten Sie gehandelt? Wie kann ein Mensch mit Verstand und Emotion vor diesem Hintergrund einfach irgendeinen Job annehmen, um nicht mehr Teil eines Konfliktes zu sein, aus dem die Schwachen nicht entkommen können? Man verlässt einen Ort der Unterdrückung von Menschen nicht, nur weil man es kann. Wer das tut, hat keine Seele.

3

Die Situation eskalierte daher immer weiter. Dies schuf Bedingungen und Zustände, in denen es unmöglich wurde, die eigene Zukunft zu planen. Es gab keine Förderung. Es gab nur Gewalt und strukturelles Mobbing. Manche Menschen sind dagegen resilient. Ich war und bin es nicht. Mich bewegten diese Verhältnisse derart tief, dass ich mich als Autist mit nichts anderem mehr befassen konnte. Was also ist hier im Sinne der Gesellschaft? Dass sich alle mit Privilegien oder Chancen der Armut entziehen, um dann alle anderen darin allein zu lassen? Welcher Job könnte wichtiger und wertvoller sein, als es mit den ungerechten Strukturen aufzunehmen? Wer wagt es, mich, als schuldig zu labeln, weil ich es versuchte?

Ich lebte in den ersten Jahren meines Hartz-IV-Bezugs in einem Zelt, später zwei Jahre in einem Bauwagen, weil ich auf diese Weise dem Staat und mir Geld sparen wollte, um mehr Ressourcen in die Arbeit stecken zu können, was mir mit Kosten für eine Wohnung schwerer möglich gewesen wäre. Ich versuchte, kreativ und konstruktiv auf die Verhältnisse zu reagieren. Es war nie meine Absicht, 10 Jahre in Hartz IV zu bleiben. Die Armutsspirale aber war viel tückischer, als ich selbst dachte. Und ich wusste nicht, dass der Autismus und der Umgang der Gesellschaft damit wesentlich zum Problem beitrugen.

Man hatte mich über Monate im Mangel belassen, behandelte mich wie Dreck und verweigerte mir später, für den gesamten Winter, die Übernahme von Heizkosten (Holz), während ich bei bis zu −20 Grad in einem Zelt mit Ofen lebte. Das klingt bizarr. Warum suchte ich mir keine Wohnung? Nun fragen Sie die vielen Obdachlosen dieser Welt. Arme entwickeln andere Strategien, um Unabhängigkeit zu bewahren. Manchmal ermöglicht ein Karton dabei den emotionalen Wert eines Zuhauses. Da ich den Naturgewalten ausgeliefert war, erlebte ich die Armut jetzt auf eine andere Art konkret und dringlich. Das Zelt bot mir gleichzeitig eine Freiheit, zeigte meine Bereitschaft, Opfer aufzubringen, um an dieser mir nun zunehmend wichtiger erscheinenden Arbeit, an der Aufarbeitung des Umgangs des Staates mit Menschen in Armut, weiter arbeiten zu können. Zu diesem Zeitpunkt brachen die Märkte für Kreative wie mich immer weiter ein. Das war ein schleichender Prozess und gerade, weil das System ständig über die wahren Verhältnisse log, auch der Staat laufend verkündete, es ginge jetzt wieder aufwärts, ich natürlich weiter auch an den Projekten dranblieb, mit denen ich der Armut entkommen wollte. Nicht zu früh aufzugeben, war ein anerkannter Wert dieser Ökonomie. Der Zwangsoptimismus der Gesellschaft führte also auch dazu, dass ich mit Speeds Arbeit weiter machte. Ich gab nicht auf. Ich arbeitete härter und härter. Nun ging es darum, die Institution mit dieser Paradoxie zu konfrontieren. Denn teilweise glaubte ich auch an den Markt. Ich suchte aber eine Synergie zwischen der Gesellschaft, meinen Werten und Fähigkeiten und den Chancen, die sich mir boten. In der Kritik an den Verhältnissen sah ich ein alternatives Geschäftsmodell. Eine Umverteilung von Wert und Relevanz. Ein Umbau der Märkte, von ganz unten, bis nach ganz oben.

Adorno meinte zu dieser Problemstellung der Frage, was man dagegen tun kann, dass die Gesellschaft zunehmend in die instrumentelle Vernunft fiel, also das emotionale Dunkle der inneren Gewalt einer Gesellschaft verdrängte und unmenschlich wurde und immer weiter die Möglichkeiten des Menschen einschränkte, bereits 1950 in einem Interview: »*(...), dass wenn gesagt wird, dass der Einzelne auch heute noch gut sein könne und sich der Verwaltung entziehe, damit zwar etwas an sich Richtiges gesagt ist, dass aber nach unserer Erkenntnis der Gesetze dieser Gesellschaft, selbst wenn unzählige Menschen dieser Forderung der persönlichen Integrität Folge leisten würden, infolge der Übermacht der anonymen Prozesse, die sich über unseren Köpfen abspielen, dadurch doch nichts Entscheidendes an der verwalteten Welt geändert würde. Dass man also doch aus sich selbst heraus gehen, in einer objektiven, nicht bloß personale Praxis eingehen muss, wenn man überhaupt hoffen darf, dass die verwaltete Welt überhaupt geändert wird. Damit aber muss man eben dem Teufel dieser verwalteten Welt, diese Verdinglichung zumindest mit dem kleinen Finger reichen, man kann sie also selbst nur mit Mitteln bekämpfen, die selbst dinghafte oder gegenständliche Mittel sind. Das ist das Dilemma.*«[47]

Ich halte Adornos Ansicht hier für zu kurz gegriffen. Denn meine eigene Antwort auf die instrumentelle Vernunft und die Formatierung der Konflikte, was Adorno hier nicht als Möglichkeit sah, vielleicht weil er in einer Zeit lebte, die Aktivismus nicht so kannte, wie wir sie heute kennen, ist die individualisierte, subjektiv und objektiv erarbeitete Beziehung, die ich in meinen unzähligen Briefen an Behörden, Richter:innen, Staatsanwälte und Politiker:innen und später in meinem Spielfilm »Transferprotokoll« erzwang und zugleich in meinem Handeln dadurch zur Verwirklichung eines sperrigen, eines unmöglichen Menschen wurde, der sich durch seine am Sinn orientierte Arbeit der Verwertbarkeit radikal entzog. Weil der Sinn zur Anklage gegen das Bestehende werden musste. Ich verwickelte nun immer mehr Institutionen in meinen Fall, um eine möglichst komplexe Beziehung der Auswirkungen des Kapitalismus auf den Arbeitsbegriff zeigen zu können. Denn ich selbst war als autistische Figur, die Wert schuf, trotz Entwertung, ein Beweis des Irrweges des kapitalistischen Modells.

4

Am 15. Juli 2015 schrieb mir ein Staatsanwalt aus Potsdam einen sehr langen und ausgesprochen aufschlussreichen Brief. Darin stand: »*In Ihrer Strafanzeige stellen*

---

47 in Gespräch zwischen Theodor W. Adorno, Max Horkheimer und Eugen Kogon für den Hessischen Rundfunk, gesendet am 4. September 1950. Abgedruckt in: Max Horkheimer: Gesammelte Schriften. Band 13: Nachgelassene Schriften 1949-1972. Fischer, Frankfurt

sie dar, dass Ihnen von den Mitarbeitern des Jobcenters Ihre Heizkosten nicht erstattet worden seien, wodurch Ihre Wohnung zur Winterzeit nicht bewohnbar geworden sei und Ihnen dadurch der Kältetod bzw. Hungertod gedroht habe. Sie vermuten, dass die Verweigerung von Sozialleistungen mit hoher Wahrscheinlichkeit dazu gedient habe, sie als Künstler und Kritiker des Systems erfrieren, genauer gesagt verhungern zu lassen. Des Weiteren schildern Sie, dass Sie das Verfahren zum Erhalt von Sozialleistungen als psychische Folter wahrnehmen, dadurch ihre Gesundheit erheblich beeinträchtigt sei. Zudem sei die Kürzung Ihrer Sozialleistung auf 343 EUR bzw. 281 EUR völlig willkürlich und könne nur als Bestrafung verstanden werden. Ferner äußern Sie in Ihrem Schreiben vom 24.4.2015 die Vermutung, dass die Mitarbeiter des Jobcenters Teltow-Fläming bewusst eingereichte Unterlagen vernichten. Weiter gebe es eine Dienstanweisung, nach der die Mitarbeiter des Jobcenters aufgefordert wurden, das Datum der Bearbeitung anstelle des Antragsdatums im System einzutragen«, wodurch Fristen überschritten wurden: »*Gegen die Mitarbeiter des Jobcenters besteht kein Anfangsverdacht wegen versuchten Mordes durch Unterlassen. Zwar haben die Mitarbeiter des Jobcenters nach Ihrem Vortrag es unterlassen, Ihnen Heizkosten zu erstatten. Ein Unterlassen ist jedoch nur dann strafbar, wenn die Mitarbeiter des Jobcenters rechtlich dafür einzustehen haben, dass Ihnen keine Lebensgefahr droht (sogenannte Garantenstellung). Gemäß § 1 Abs. 2 S. 1 SGB II dient die Grundsicherung für Arbeitssuchende der Stärkung der Eigenverantwortung der Leistungsberechtigten. Sie ist daher lediglich als staatliche Hilfeleistung zu verstehen und soll gerade nicht Leistungsberechtigte von ihrer Pflicht entbinden, für ihren Lebensunterhalt selbst zu sorgen. Dann aber kann § 1 SGB II nicht dahin gehend ausgelegt werden, dass staatliche Stellen verpflichtet sind, jede Lebensgefahr für Leistungsberechtigte abzuwenden. Eine solche Pflicht ist aber gerade Voraussetzung für die Begründung einer Garantenstellung (...). Wegen versuchten Mordes macht sich nur strafbar, wer unter anderem den Tod eines Menschen beabsichtigt oder zumindest billigend in Kauf nimmt. Dass die Mitarbeiter des Jobcenters mit der Verweigerung der Sozialleistungen Ihren Tod beabsichtigen, ist jedoch nicht ersichtlich. Allein die von Ihnen vorgetragene bloße Vermutung, dass die Mitarbeiter Sie als Künstler und Systemkritiker aushungern bzw. erfrieren lassen wollten, genügt zur Begründung eines Anfangsverdachts für ein Tötungsdelikt nicht. Viel mehr bedarf es hierfür tatsächliche Anhaltspunkte, die diesen Schluss belegen. Solche sind jedoch offensichtlich nicht vorhanden.*«[48]

---

48 Brief der Staatsanwaltschaft Potsdam vom 15.7.2015 / 486 Js 26200/15

Wesentlich ist hier nicht nur, dass der Staat sich als nicht zuständig für die Armut an sich erachtete, die er selbst mit erzeugte, sondern dass das Narrativ des »Schröder-Blair-Papiers«, indem die soziale Verantwortung der Gesellschaft in die Schuld des Einzelnen, an dessen Armut umformatiert wurde, längst zu einer Richtlinie des Rechtsstaates geworden war. Was der Staatsanwalt schrieb, war zutiefst pervertiert und gefährlich. Für fast jeden, der dies nachträglich liest, ist es offensichtlich, dass man das Recht anpasste, um Arme bewusst massiven Gefahren aussetzen zu können, weil man sie bestrafen wollte und das sollte, auch im Todesfall, weiterhin legal sein.

Wie also hätte ich mich als Autist, als Vertreter einer Gruppe, die zu rund 80 % erwerbslos ist, als Folge von Behinderung und Diskriminierung eigenverantwortlich vom Hungertod befreien sollen, wenn der Staat in einem bewussten Konstrukt, welches mir ein Existenzrecht absprach und mir in den Affordanzen den Zugang zu einer Lösung unmöglich machte, scheinbar keinen Mord begehen wollte, obwohl man genau das androhte, ja in der Praxis umzusetzen und zugleich zu vertuschen bereit war?

Die Floskel von der Selbstverantwortung wurde auch dann schamlos angewandt, wenn man Menschen durch Psychoterror psychisch krank gemacht hatte, oder es ihnen faktisch schlicht nicht möglich war, ihr Verhungern oder Erfrieren selbst zu verhindern. Die Aussagen des Staatsanwaltes waren von einer Perversion und Dummheit, die aber das volle Ausmaß der Absicht dokumentierte, Gewalt mit allen Mitteln im Reframing unsichtbar zu machen.

George Monbiot, ein britischer Journalist und Aktivist sagte einmal: *»Ein Aspekt des Neoliberalismus ist es schuld zu individualisieren. Dem Individuum ist die Schuld an dessen Lebensumständen zu geben. Ist man reich, hat man dies selbst bewirkt, ist man arm ebenfalls.«*[49] Das galt auch dann, wenn Arme nichts mehr zum überleben blieb, außer der Sozialhilfe, wenn also unmittelbar Gefahr für ihr Leben drohte, weil schlicht nach Hartz IV nichts mehr kam und die Gesellschaft auch keinen anderen Weg für die Marginalisierten ermöglichte. Man hatte also die fundamentale Lüge so lange behauptet, bis selbst Staatsanwälte daran glaubten, die Armen seien an ihrer Armut selbst schuld und der Staat habe damit nichts zu tun. Die »Eigenverantwortung« legitimiere strukturellen Mord, denn dieser Mord sieht vor, dass sich das Opfer daraus befreien kann, wenn selbst aufhört, Mensch sein zu wollen. Ein Widerspruch in sich. Selbst dann, wenn jemandem wie mir Essen verweigert wurde, sprach man von der Eigenverantwortung des Opfers, obwohl die Opfer, geschwächt und am Boden liegend, sich objektiv nicht hätten, selbst vor dem Verhungern retten können. Wie hätte ich mich denn aus einem Zelt

---

49 Youtube: Politics Joe / The failure of Neoliberalism and how to solve it | George Monbiot interview

heraus, frierend, ohne Essen, in Eigenverantwortung verhalten sollen, um nicht zu sterben? Wenn also faktisch Mord stattfand, weil ich als Künstler auf Missstände hinwies, man mir als Folge bockig Grundrechte verweigerte, war es kein Mordversuch, weil das Opfer in der Eigenverantwortung stünde, sich nicht ermorden zu lassen. Dies zeigt die Dummdreistigkeit und den massiven Sozialrassismus bei den staatlichen Behörden. Der Staatsanwalt nahm Todesfälle in Kauf. Auch die Ministerin Birne tat dies, im Fall Ralph Boes, auf den ich später zu sprechen komme. Denn der Staatsanwalt wusste, dass Menschen, denen Hartz IV verweigert wurde, mit hoher Wahrscheinlichkeit sterben könnten. Man wollte diesen Psychoterror und hielt ihn für eine gerechte Strafe gegenüber den Armen.

Es ist vollkommen unmöglich in einem Rechtsstaat Gerechtigkeit zu erfahren, wenn die Lebenslüge einer Gesellschaft darin unerkannt bleibt, wenn der Betrug so weit fortgeschritten ist, dass in der Simulation niemandem mehr auffällt, dass die Argumentation des Staats nicht nur menschenverachtend ist, sondern auch unfassbar dumm. Der Staat ging also davon aus, die Armut sei allein und ausschließlich durch Handeln oder Nichthandeln der Armen entstanden und könne nur durch Handeln der Armen gelöst werden. Dies mag in gewisser Weise stimmen, denn ich handelte nun. Ich beschloss den Staat anzuklagen und so lange öffentlich vorzuführen, bis die Gewalt gegen Arme eingestellt würde.

Wir sehen hier also, dass selbst realer Mord, also der Umstand, dass jemand verhungert, oder verhungern könnte, problemlos von einem deutschen Staatsanwalt auch 2024, als legitim und straffrei argumentiert werden kann, entlang der Aussage der Staat müsse Menschen nicht retten. Also die Minderwertigen eben nicht. Dies allein darum, weil die in sich abgeschlossenen Regeln unabhängig von der Realität betrachtet werden können, in selbstreferenziellem Wahn, den wir hier deutlich sehen. Natürlich kann man vermuten, dass Jobcentermitarbeiter:innen nicht in vollem Bewusstsein Menschen sterben ließen, weil die Regeln es so wollten, aber entscheidend ist, dass dieses Verhalten jeder subtilen Form des Tötens über Rassismen und bewusste Dysfunktionalität alle Türen öffnete. Auch konnte sich mit dieser Haltung etwas wie im Grenfell Tower jederzeit wiederholen.

Im Wahlkampf 2025 äußerte die CDU in ihrem Wahlprogramm perverse Aussagen, wie: *»Es braucht ein komplettes Umdenken. Bei jemandem, der arbeiten kann und ein Jobangebot mehrfach ablehnt, muss der Staat davon ausgehen, dass er offenkundig nicht bedürftig ist. Dann muss das Bürgergeld ganz gestrichen werden.«*[50] Außer Volksverhetzung ist hier keinerlei Logik in der Argumentation zu erkennen. Dies ist natürlich ein Aufruf zum Mord gegenüber Menschen, die häufig

50 ntv Artikel vom 28.05.2025: „Das muss sitzen" Linnemann macht wegen Bürgergeldreform Druck auf Bas. https://www.n-tv.de/politik/Linnemann-macht-wegen-Buergergeldreform-Druck-auf-Bas-article25797413.html

schlicht gegen Unrecht aufstehen, das ihnen angetan wird, die jede Legitimität haben, Widerstand zu leisten. Der CDU-Generalsekretär bedient sich hier einer irren Aussage, die Gewalt entlang verzerrter Kategorisierung zu legitimieren versucht. Die Staatsanwaltschaft hatte nicht das Recht, symbolische, strukturelle Gewalt, also den Schreibtischtäter zu ignorieren, nur weil diese Gewalt politisch erwünscht war. Daher wurde es nun zu einem weiteren Ziel meiner Arbeit, zu zeigen und zu dokumentieren, wie der Staat Armut verschlimmerte und mitverursachte und weshalb die Garantenpflicht sich davon natürlich ableitete. Diese war die Pflicht, die sich aus der Beziehung ergab. Der Grundstock von Solidarität und Zivilgesellschaft, den der Staat hier im Rahmen von Hartz IV komplett ausradierte.

Abschließend schrieb dieser Staatsanwalt in Bezug auf die daraus resultierende Körperverletzung durch Folter: »*Selbst, wenn Ihnen durch den von Ihnen beschriebenen Sachverhalt ein vergleichbar körperlich krankhafter Zustand entstanden sein sollte, läge eine Strafbarkeit nach §§ 223, 226 StGB nicht vor, denn die Bearbeitung eines sog. Hartz IV Antrages stellt ein sozialadäquates Verhalten von Mitarbeitern eines Jobcenters dar; d. H. eine Körperverletzung kann einem sozial adäquaten Verhalten nicht objektiv zugerechnet werden.*«[51]

Es wurde also das reale Erleben der Opfer einfach durch eine formatierte Kategorisierung gelöscht und entlang der eigenen Machtinteressen fehlgedeutet. Denn demnach kann man auch dem SS-Idioten nicht vorwerfen, den Juden erschlagen zu haben, denn das war in der SS-Ideologie sozial adäquates Verhalten. Es war sogar legal. Auch Rassismus ist aus Sicht von Rassist:innen sozial adäquat. Die Argumentationen des Staatsanwaltes zeugten von einem totalitären staatlichen Selbstverständnis, indem der Staat immer richtig handelte und keinerlei Rassismen, gar Menschenverachtung bediente. Wir sehen hier also einen Rechtsstaat, der die Wechselwirkungen des eigenen Handelns ignoriert und Recht auf eine Weise simplifiziert, dass diese als Gewalt gegen Minderheiten missbraucht werden kann. Nahezu alle Staatsanwält:innen, mit denen ich den 10 Jahren zu tun hatte, weit über 50, argumentierten ähnlich. Sie verdrehten das Recht, um sozialrassistische Gewalt zu vertuschen. Wie sie es taten, offenbarte jedoch ihre tiefsitzenden Rassismen und die damit verbundenen massiven Gefahren für die Betroffenen, die ich umfassend zu dokumentieren begann.

In La Misère du monde (1993) und Sur l'État (2012) erläutert Bourdieu, dass der Staat über seine Klassifikationsmacht »Misrecognition« produziert: Er benennt soziale Leiden in administrativ passende Kategorien (z. B. »Vermittlungshemmnis«) und neutralisiert damit ihre moralisch-politische Sprengkraft. Michael Lipsky zeigt in Street-Level Bureaucracy (2010, rev. ed., Russell Sage), wie

51 Brief der Staatsanwaltschaft Potsdam vom 15.7.2015 / 486 Js 26200/15

Frontline-Beamt:innen aufgrund von Zeit- und Regeldruck komplexe, nicht vorgesehene Anliegen routinemäßig »neu rahmen« oder ignorieren, wodurch strukturelles Unrecht administrativ ausgelöscht wird. James C. Scott argumentiert, dass staatliche Planung nur jene Aspekte der Wirklichkeit gelten lässt, die in vereinfachte »Berechenbarkeitsschemata« passen; alles andere wird getilgt oder gewaltsam angepasst.[52] In »Reframing Justice« (NLR, 2005) beschreibt Fraser eine Meta-Ebene der politischen Macht: Macht entscheidet, welche Ansprüche überhaupt als Gerechtigkeit gelten. Durch solches Frame-Setting kann strukturelle Gewalt als legitime Verwaltung erscheinen. Zygmunt Bauman nennt in Modernity and the Holocaust (1989) den Prozess, moralisch relevante Handlungen als »administrative Routine« zu entethisieren; so kann tödliche Exklusion als bürokratische Normalität überleben. Boaventura de Sousa Santos zeigt in Epistemologies of the South (2014), wie moderne Institutionen Wissen entlang »abyssaler Grenzen« aufteilen: Erfahrungen Unterprivilegierter werden jenseits der Linie als irrelevant oder irrational gelöscht. Gayatri C. Spivak diagnostiziert in »Can the Subaltern Speak?« (1988) einen Diskursmechanismus, der Stimmen marginalisierter Gruppen nur zulässt, wenn sie in die Terminologie der Herrschaft übersetzt sind – ein stilles Auslöschen abweichender Realität.

Das Wesen der Simulation, die zu einer Abgeschlossenheit eines Systems führt, ist die völlige Abwesenheit von Verunsicherung, einer Kontingenz, aus der bei den meisten Menschen Achtsamkeit resultieren würde. Man sieht hier, wie Menschlichkeit verloren ging. Es spielt also für die Behörden keine Rolle, ob Körperverletzung oder Mord stattfindet, solange das Einhalten der Regeln in jedem Fall als richtig und »sozialadäquat« angesehen wird. Es kommt also zu keiner Beunruhigung der Strukturen, wenn diese auf eine Weise professionalisiert und in Jobs organisiert werden, die Menschen in Rollen und Funktionen versetzen. Sie stumpfen ab. Es ist dann nur noch das sozial richtig, was der Regel entspricht. Dieses primitive Rechtsverständnis will mit der Realität von Wechselwirkungen nichts zu tun haben. Für sie ist die Wirklichkeit statisch und unterkomplex. Im Sinne des Philosophen Richard Rorty (pragmatischer Realismus) unsolidarisch. Es ist ein Recht, um der Regeln willen. Dieser Staatsanwalt müsste nach seiner Argumentation auch eine Oma auf dem Zebrastreifen überfahren, wenn seine Ampel grün anzeigt. Es ist schließlich sozial adäquat, bei grün zu fahren.

Verantwortung ohne Komplexität und Verhältnismäßigkeit entledigt sich der sozialen und ökologischen Reife, ohne die ein Ökosystem unweigerlich der Zerstörung ausgeliefert wird. Mein Fall zeigt, wie schwer und herausfordernd es ist, in einem solchen System Gerechtigkeit durchzusetzen, obwohl

---

52 Quelle: Scott, J. C. (1998). Seeing Like a State. Yale University Press.

das Unrecht für Außenstehende offensichtlich ist. Das Problem besteht darin, dass die Wahrheit die Funktionalität dieser Behörden stört. Das allein reicht, um Rassismen und strukturelle Gewalt als Abwehr von unangenehmen Fragen staatlich zu legitimieren. Wir haben also eine Gewalt, die nicht auf Hass beruht, sondern auf Versachlichung, also auf der »deutschen Krankheit«. Daher war es mehr als sinnvoll, den Ausgangspunkt meiner Arbeit in der Armutsfrage und deren Lösung zu sehen. Und zwar nicht durch blinde Anpassung, sondern durch Reifung der Erkenntnis über die tatsächlichen Verhältnisse. Diese konnte man nicht durch objektive Forschung von außen allein beschreibbar machen, sondern dazu gehörte eben auch eine Sprache von innen heraus zu finden, um das Erlebte auszudrücken, denn sah man das Erlebnis von Hartz IV nicht, wusste man über Hartz IV nichts Wesentliches. Von hier aus konnte der Prozess eines Umbaus der Ökonomie erst authentisch und unmittelbar erfahrbar werden. Ich musste somit in dieser Forschung unbedingt auch eine subjektive Stimme sein.

Wie aber kann aus dieser Erfahrung, vor diesem Hintergrund ein neuer Arbeitsbegriff erfasst werden, der diese Gewalt nicht mehr zulässt, mehr noch, zu einer Ökonomie als Ökosystem führt, die alle und alles am Leben hält?

TAKE-AWAY BOX – KAPITEL »GARANTENPFLICHT. WER IST FÜR DIE ARMUT VERANTWORTLICH?«

Rechtsfigur der Garantenpflicht
Im Straf- und Verfassungsrecht muss die Garant:in Gefahren abwenden, die aus seiner*ihrer Herrschafts- oder Schutzstellung erwachsen. Speed überträgt dieses Prinzip auf den Sozialstaat: Wer Armut produziert oder verschärft, trägt aktive Verantwortung für die Folgeschäden.

Hartz IV / Bürgergeld als strukturelle Körperverletzung
Sanktionen, Bedürftigkeitsprüfungen und demoralisierende Bürokratie erzeugen nachweisbar psychische und physische Erkrankungen. Der Staat wird damit vom bloßen Verwalter zum verursachenden Akteur – eine justiziable Unterlassungs- und Handlungspflicht entsteht.

Von Kant bis Peter Singer
Kategorischer Imperativ und Effektivaltruismus stützen die These: Wenn Entscheidungsträger bewusst Leiden zulassen, obwohl Alternativen existieren (etwa Universal Care Income), verletzen sie moralische und – in Speeds Lesart – auch positive Rechtspflichten.

Klassismus als blinder Fleck der Justiz
Staatsanwaltschaften werten Sozialrassismus häufig als »sozialadäquates Verhalten«. Diese Kategorisierungslücke verschiebt strukturelle Gewalt ins Unsichtbare und verhindert Strafverfolgung – ein systemischer Schutzschirm für Diskriminierung.

Präzedenzpotenzial des Falls
Sollten Speeds Dokumentationen vor Gericht Gehör finden, könnte der Komplex zu einem der bedeutendsten Sozial- und Justizskandale seit »Heidelberger Bluttest« oder »NSU-Selbstenttarnung« werden – mit Konsequenzen bis hin zu Amtshaftung und Gesetzesreform.

Schlussfolgerung
Armut ist kein Naturereignis, sondern das Ergebnis politischer Entscheidungen. Wer diese trifft oder exekutiert, wird zum Garanten – und damit juristisch wie moralisch mitverantwortlich für jedes daraus folgende Leid.

KRISENEXPERIMENTE – MEINE BEWERBUNG ALS INTENDANT DES ZDF.

1

Simulation ist die Konsequenz fehlender authentisch gelebter Beziehungen und einer Autoritätshörigkeit, die Machtverhältnisse stabilisiert, die dafür Realität simplifiziert. Dasselbe Prinzip findet sich auch in anderen Systemen, wie den Medien oder bei Konzernen. Das Problem der Simulation zeigte sich damals auch in weiteren Projekten von mir, beispielsweise in einem Schreiben vom ZDF-Fernsehrat an mich. Der Anlass war meine Bewerbung als Intendant des ZDF und als neuer Moderator der Sendung »Wetten, dass?«.

Da der Apparat Arme immerzu zwingen wollte, sich im Niedriglohnsektor zu bewerben, um ihrer festgestellten Wertlosigkeit zu entsprechen und um Ausbeutung, die eigentliche Ursache der Entwertung der Armen zu ermöglichen, bewarb ich mich stets bei den großen Institutionen und Firmen des Landes auf Führungspositionen. Ich tat dies ihnen gegenüber als Hartz-IV-Empfänger. Das machte ich transparent. Ebenso transparent machte ich, dass ich die Jobs machen könnte, unabhängig von meiner Neurodivergenz, als hoch fokussiertes, monotropes Projekt, indem ich die Institutionen in einer veränderten Arbeitsweise umbauen wollte. Denn es ging darum, die Vorurteile zu zeigen und zu erforschen, wie absurd, elitär, eingeschlossen die Verfahren waren, die beispielsweise zur Findung einer neuen Intendant:in führten. Ich wies nach, ich könne den Job genauso »gut« machen, ganz bewusst mit Andeutung, dass ein »anderer Weg« angesichts der Krise der öffentlich-rechtlichen Sender Notwendigkeit wäre. Das ZDF lehnte ab, verspottete mich dahin gehend, dass man von der außergewöhnlichsten Bewerbung des Jahres sprach, verharrte gleichzeitig in vornehmer Distanz zu mir. Ähnlich erging es mir auch mit den anderen Sendern wie der ARD. Ich legte Beschwerde ein, um auch hier Direktor:innen der jeweiligen Anstalten lange Rechtfertigungsschreiben formulieren zu lassen, die ich würde veröffentlichen können. Denn es war nicht so einfach einen Armen abzulehnen, der den Job tatsächlich hätte machen können, der einen subjektiv verstrickt, weil er die Formalitäten ignoriert, der der günstigste Anbieter war, denn ich wollte es für 30.000 EUR im Jahr machen, statt für die 200.000, was viele Intendant:innen in etwa als Gehalt bekamen.

Besonders bei Führungspositionen wird sichtbar, dass die Verteilung von Jobs nicht immer etwas mit Kompetenz zu tun hat, sondern häufig ein Ritual der Absicherung von Klüngeln und Eliten ist, die auf diese Weise Einfluss sichern. Kriterien sind oft schlicht vorgeschoben und die scheinbar erforderlichen Kompetenzen nur behauptet. Viel wichtiger ist die Frage, wie Wert von höheren Etagen sich legitimiert und nach unten abgrenzt. Denn es ist objektiv nicht ausgeschlossen, dass eine ungelernte Arbeiter:in, entsprechend engagiert, die viel sinnvollere Besetzung sein könnte. Aber wenn jemand aus Hartz IV heraus Intendant des ZDF werden kann, dann bedroht dies die Privilegien bestimmter Kreise des Establishments.

Der frühere CDU-Politiker Ruprecht Polenz schrieb mir als Vorsitzender des Fernsehrates: »*Hinsichtlich Ihrer Sorge, im Bereich Personalmanagement werde die Vielfalt immer mehr reduziert, kann ich Ihnen mitteilen, dass sich das ZDF bereits seit vielen Jahren im Bereich Diversity Management engagiert und sich als Unterzeichner der ‚Charta der Vielfalt' ausdrücklich zur Vielfalt bekennt.*«

Das ist Simulation.

Man empfand es als Bedrohung, dass ich ihnen in die Karten schaute und suchte nach Ausflüchten, die zu absurden Argumentationen führten. Als ob die »Charta der Vielfalt« je etwas an der grundsätzlichen Ungleichheit geändert hätte, die sich auch im ZDF überall fand und heute noch findet. Es existierte also schon damals ein erheblicher Druck, die tatsächlichen Zusammenhänge in den Funktionen und Arbeitsweisen der öffentlich-rechtlichen Sender nicht allzu transparent werden zu lassen, was ein Skandal ist. Man muss sich vorstellen, dass ich zu diesem Zeitpunkt, also acht Jahre vor dem RBB-Skandal um die Intendantin Schlesinger[53], die vereinfacht gesagt sehr viel Geld für wenig relevante Dinge ausgab, diesen Skandal bereits in meinem Buch »Organic Television« vorwegnahm, indem ich über das Problem der öffentlich-rechtlichen Sender schrieb, die wegen ihrer Käseglocke die Anschlussfähigkeit zur Gesellschaft zunehmend verlieren würden, was sich heute noch viel schlimmer verschärft hat. Das Problem der Sendeanstalten war und ist nach wie vor die Tatsache, dass sie keinen Weg gefunden haben, sich den Brüchen der Wirklichkeit der Menschen im Land anzunähern, weil ihre Formate zu einer gefälligen Umformatierung der eigentlichen Inhalte führen und in Überprofessionalisierung verflachen. In dem Versuch es allen recht zu machen, wurde das Programm immer seichter. Man machte Fernsehen aus Jobs heraus, aber nicht mehr als Menschen, als engagierte Bürger:innen, gar als die Demokratie schützende staatliche Fernsehanstalt. Die Bevölkerung blieb außen vor. Professionalisierung sollte die vielen Unstimmigkeiten überdecken.

Am Ende schaffte das ZDF es, in unzähligen Schreiben von Direktor:innen und

---

53 Schon vor dem Berliner RBB-Skandal warnte der Journalistik-Professor Lutz Hachmeister in Media Perspektiven 3/2020 („Krise des öffentlich-rechtlichen Rundfunks") vor „selbstreferenziellen Käseglockenstrukturen", in denen Aufsicht und Intendanz sich wechselseitig legitimieren. Die spätere Affäre um Intendantin Patricia Schlesinger bestätigte das: Laut Tagesschau.de-Dossier „Luxusausgaben beim RBB" (15. 08. 2022) wurden Hunderttausende Euro für repräsentative Renovierungen, Dienstwagen und Boni ausgegeben, während Programm und Belegschaft Sparrunden verordnet bekamen.

Präsident:innen, mich in distanzierter Höflichkeit in die Armut zurückzuwerfen. Denn das war ihr Job. Ich durfte als Künstler die Simulation nicht stören. Daher entschied ich mich, einige Jahre später den Film »Transferprotokoll« zu machen und diesen erneut dem ZDF anzubieten. In dem Film arbeitete ich satirisch die Probleme auf, die ich in diesem Buch umfassend darlege. Ich arbeitete also 4 Jahre lang fast jeden Tag, 40 Stunden die Woche an einer sehr aufwendigen Kinoproduktion, um den Menschen die Armut anders zu zeigen und um sichtbar zu machen, wie brutal der Staat mit Menschen in Armut umging. Dies tat ich, von Hartz IV abgesehen ohne jede Bezahlung. Der RBB lehnte den Film sofort ab, ohne ihn auch nur gesehen zu haben, weil es der Film eines Armen war. Man schickte mir, wie Jahre zuvor bereits das ZDF, eine Erklärung, die belegen sollte, dass man schon vielfältig genug sei. Die Intendantin Demmer ließ mir eine Liste von Produktionen zusenden, mit denen sie die Diversität belegen wollte und weshalb man meinen Film nicht benötige. Darunter auch der Hinweis auf typisch sozialrassistische Sendungen wie »Arbeitsverweigerer trifft Arbeiter«[54] oder reißerische Beiträge wie »Zu viel Bürgergeld?«[55] vom Monitor Studio M. Man wies mich als Armen ab, weil man mich nicht benötigte, um deren Diversität abzubilden. Darin zeigte sich die gravierende Fehlkonstruktion der Öffentlich-Rechtlichen. Sie konnten problemlos die Lüge aufstellen, sie würden die Gesellschaft im Programm abbilden, während am laufenden Band Inhalte und Themen ausgegrenzt wurden. Ich schrieb am 28.06.2024 dem ZDF-Fernsehrat: *»Denn wenn das ZDF im Vorfeld absichtlich oder strukturell zensiert oder diskriminiert, was ja hier als strukturelle Zensur gegenüber der freien Szene festgestellt wurde, dann kommen Sie Ihrer Pflicht nicht nach, wenn Sie nur das »fertige Programm« beurteilen. Denn die diskriminierten Projekte kommen darin nicht vor. Das versteht sich von selbst. Sie öffnen dadurch vorauseilendem, zensierendem Gehorsam und struktureller Gewalt und Diskriminierung Tür und Tor. Sie fördern dadurch das bei den Öffentlich-Rechtlichen bekannte Klüngelverhalten und vertuschen auf diese Weise real stattfindende Zensur. Sie kommen nicht nur Ihrer Pflicht nicht nach, Kultur zu schützen und abzubilden, sondern Sie beschädigen diese dadurch massiv. Sie lassen Künstler:innen der freien Szene vor die Hunde gehen, zerstören Investitionen des Staates, schädigen Kulturgüter und verhindern, dass die Kräfte der Zivilgesellschaft Konflikte und Missstände im ZDF sichtbar machen. Wie Sie dies tun, werden wir an meinem Beispiel konkret und schrittweise aufzeigen. Entscheidend ist die Feststellung, dass die Zensurdebatte nicht dort stattfindet, wo Sie diese gerne hätten, nämlich bei einem Diskurs über das von Ihnen ausgewählte Programm, sondern entlang der Frage, was die Öffentlich-*

54 Leeroy will's wissen: Folge: Arbeitsverweigerer trifft Arbeiter / Das Treffen / 23.02.2023 / funk
55 Monitor StudioM / Folge: Zu viel Bürgergeld? / 21.09.2023 / WDR

Rechtlichen bereits im Vorfeld strukturell an Diversität ausblenden. Das ist nämlich der für die Demokratie viel relevantere Bereich. Denn es ist natürlich viel schwieriger zu zeigen, was das ZDF im Programm ausblendet oder nicht zeigt und wesentlich einfacher zu demonstrieren, wo das ZDF, Filme und Projekte im Vorfeld ablehnt. Denn Diversität zeigt sich nicht dort, wo Vielfalt präsentiert wird, sondern dort, wo man das »Fremde« entfernt hat und diese Ablehnungen transparent gemacht werden müssen.«

Die öffentlich-rechtlichen Programmstrukturen sind auf neurotypische Sinn- und Erzählgewohnheiten geeicht: lineare Dramaturgie, uniformer Schnitt-Rhythmus, reizgefilterte Tonmischung, klare Plot-Motivation. »Abweichende Wahrnehmungslogiken« werden systematisch ausselektieren – nicht aus böser Absicht, sondern weil sie in Redaktionskonferenzen als »zu sperrig« oder »zu verwirrend« gelten. Für neurodivergente Filmschaffende wie mich bedeutet das, dass Projekte, die auf sensorische Immersion, nicht-lineare Assoziation oder dialogfreie Denkräume setzen, an der Tür des Formats scheitern.

Mir ging es darum, mit dieser Auseinandersetzung sichtbar zu machen, dass man einen Film ablehnte, der von einem Hartz-IV-Empfänger in vier Jahren Arbeit, ohne Honorar, bei 40 Stunden die Woche produziert worden war. Mit dem Argument, der Film enthalte Längen. Tatsächlich war er einfach neurodivergent erzählt. Man saß also auf einem vom Steuerzahler finanzierten Berg an Millionen Euro, kam aber nicht auf die Idee, einem Menschen, der einen Spielfilm ohne Geld produziert hatte, beim Schnitt unter die Arme zu greifen. Darüber hinaus begriff man nicht, dass Transferprotokoll, in dessen Sperrigkeit beabsichtigt war, dies keinen dramaturgischen Unfall darstellte, sondern den Versuch, die Realitäten zu zeigen und diese gegen Kommerzialisierungsformate antreten zu lassen. Man wollte beim ZDF aber Film als Konsumgut begreifen und nicht als Auslöser und Zeugnis zivilgesellschaftlicher Diskurse. Der NDR lehnte den Film ab, weil es sich um Kunst handle, wie mir mitgeteilt wurde. Obwohl die Gesellschaft längst tiefergehende Diskurse gebraucht hätte, über die vielen Missstände, brach man regelmäßig einfach den Kontakt mit mir ab, weil ich bereits nach 5 Minuten gravierende strukturelle Defizite feststellte, die ein Zensurdebatte ausgelöst hätten, die man auch bei der Rundfunkkommission der Länder um jeden Preis verhindern wollte.

Als Ergebnis vernichtete man vier Jahre Arbeit, mit der ich hoffte, aus der Armut zu entkommen. Man vernichtete diesen Film, weil es nach der Arbeit eines Armen aussah und wie man später erfuhr, auch die Arbeit eines Autisten war. Ich bekam also nicht darum keine Jobs, weil ich mich nicht engagierte, sondern weil meine Arbeit konkrete Missstände und Differenzen sichtbar machte, und zwar überall. Inhaltlich, formal und in der Inszenierung meines Auftritts bei den Behörden und Institutionen. Egal, was ich auch versuchte, ich wurde immer blockiert und man drehte sich weg, wollte nichts mit mir zu tun haben. Nicht Faulheit war die Ursache meiner Armut, sondern die Angst von Privilegierten vor einer Aufdeckung von Zuständen, die man nur als Betrug bezeichnen kann. Speeds Arbeit bedrohte die Simulation, die zurecht gelegte Welt, an der nicht gekratzt werden durfte. Man sieht hier, wie Kulturprozesse selbstverständlich nicht als perfekte Produkte wirken, sondern als Brüche im Dienst an der Komplexität, welche im Kapitalismus entwertet und ausgeblendet wird, obwohl darin sich erst ein Ökosystem voll entfalten und selbst erhalten kann. Die Forderung nach mehr Komplexität, nach einem Recht auf Krise, wie ich es in früheren Büchern formulierte, ist zentral, will man an den eigentlichen Problemen der Gesellschaft konstruktiv arbeiten. Das alles tat ich nicht willkürlich, sondern es war die Folge von Jahrzehnten der Forschung zur Frage, wie umfassende Veränderung im Sinne von Mensch und Ökosystem überhaupt möglich wird.

Krisenexperimente – ein Begriff, den Harold Garfinkel in Studies in Ethnomethodology (1967) prägte – sind gezielte Regelbrüche im Alltag, durch die Forschende eine »künstliche Krise« erzeugen, um die meist unsichtbaren Strukturen sozialer Ordnung sichtbar zu machen. Der Kern: Man verletzt eine scheinbar banale Interaktionsnorm (etwa die eigene Mutter wie eine Hotelangestellte behandeln oder in der U-Bahn laut den Sitzplatz »reservieren«), beobachtet die Verwirrung, Irritation oder Empörung der Beteiligten und rekonstruiert daraus die tacit rules (unausgesprochene Regeln), die unser Zusammenleben tragen. Garfinkel spricht von »accountability«: Erst wenn die Ordnung bricht, wird erkennbar, welche stillschweigend geteilten Erwartungen sie stabilisierten. Krisenexperimente sind damit weder bloße Provokationen noch klassische Labortests, sondern Methoden der Ethnomethodologie, die das soziale Gefüge bei laufendem Betrieb sezierend offenlegen – ein Ansatz, den deutsche Soziolog:innen wie Stefan Hirschauer (2014, Symbolic Interaction) und Ulrich Oevermann (1995, Soziale Welt) weiterentwickelt haben, um Normalitätsvorstellungen, Machtverhältnisse oder auch institutionelle Gewalt (z. B. in Verwaltungen) analytisch aufzubrechen.

2

Bereits 23 Jahre zuvor schrieb ich das Buch »Verdammt Sexy – Die Mediengestalter in der Krise«. Ich war damals 28 Jahre alt und gab in einer Werbeagentur in Berlin (Melle.Pufe) eine Pressekonferenz zum Erscheinen des Buchs, bei dem nur drei Journalist:innen erschienen. Einer davon war Holm Friebe, der später zusammen mit Sascha Lobo den Begriff der »digitalen Bohème« prägte.

Damals versuchte ich, dass taten auch viele andere, die Kontingenz auf das neue Medium des Internets zu übertragen. Der Mensch sollte wieder in den Mittelpunkt. Aber all das ging, wie wir heute alle wissen, nach hinten los. Das Internet sollte gerade keine gigantische Plattform für Menschlichkeit und Frieden werden.

Als ich 2001, während der TYPO, dem gigantischen Werberkongress im Haus der Kulturen der Welt in Berlin, davon sprach, wir müssten alle Amateure werden und die Werbung mache uns kaputt, das Internet müsse uns befreien, verließen ca. 1000 Werber aufgebracht den Saal und meine Karriere in den Medien war am Ende.

Wenn wir eine andere Welt erarbeiten wollen, dann mit welcher Arbeitsform? Das ist die Frage. Selbst als Kreativer gelang mir dies nicht. Mit und in den Jobs schien es nicht zu gehen. Ich erlebte in jener Zeit, wie uns gesellschaftlich ein Meilenstein in der technologischen Entwicklung, nämlich das Internet vollkommen aus den Händen glitt, weil es kein Handeln außerhalb der Formatierung der Jobs gab. Man kann nicht sagen, dass niemand das Problem von Social Media kommen sah, denn ich sah es Ende der 90er Jahr kommen und versuchte mein Bestes Technologieunternehmen darauf hinzuweisen.

Damals, mit der Erfindung des Internets, versuchten Menschen wie ich, das Netz als demokratische Größe zu entwickeln, als unendliche Bibliothek des gemeinsam zu erarbeitenden Wissens. Ich interviewte Neil Postman (Wir amüsieren uns zu Tode), den bedeutenden Kritiker der Medien, sowie des Fernsehens und versuchte in Berlin Medienagenturen davon zu überzeugen, dass man nun, befreit von den Grenzen des Papiers, unendlich lange und tiefgreifende Texte veröffentlichen könnte, um gemeinsam an einer neuen Form der Kommunikation und Beziehung zu arbeiten.

Das Scheitern dieser Absichten, die vielleicht Facebook oder X verhindert hätten, war zu diesem Zeitpunkt schon vorprogrammiert, wie der Cyberpionier Jaron Lanier Jahre später in seinem Buch »Wem gehört die Zukunft« ausführte: »*Tim Berners-Lee entschied sich beim World Wide Web für einen anderen Ansatz, der einen schnellen Einstieg ermöglichte, für den wir inzwischen aber einen hohen Preis bezahlt haben. Man musste am Anfang einfach auf eine Online-Information verlinken, und der Link galt nur in eine Richtung. So konnte niemand feststellen, ob Daten kopiert wurden. Künstler bekamen kein Geld. Kontext ging verloren. Betrüger konnten sich verstecken.*«

Lanier beschrieb hier, wie das Netz im Grunde keine Gemeinschaft herstellte, sondern den ultimativen Zugriff, was einen noch nie dagewesenen Raubbau ermöglichte. Das Wissen wurde nicht mehr in Beziehung gesehen, sondern nur noch als Einzelverlinkung, die nur in eine Richtung wirkte, also kein Dialog war, keine

Verantwortlichkeiten erzeugte. Man hat alle wesentlichen Regeln der Zivilisation, der Freiheit voneinander getrennter Einzeluser im maximaler Beziehungsverweigerung geopfert. Somit wurde das Wissen aus dem Kontext gerissen, verflacht und stereotypisiert, bis gigantische Filterblasen wuchsen und die Realität dem Fake geopfert wurde, mit der KI als perfektionierte Simulation einer Abschließung der Welt.

Um es mit Walter Benjamin zu sagen: »*Vor jeder faschistischen Periode steht eine gescheiterte soziale Revolution.*«[56]

Aus der neben mir von vielen anderen fantasierten Idee eines Internets der Menschen ging schließlich eine in der Menschheitsgeschichte beispiellose Reduktion zwischenmenschlicher Beziehungen und Kulturen hervor, mit extremen Problemen und einem Zerfall der Gesellschaft als Solidargemeinschaft, als individueller Kulturraum.

Dieses Erlebnis, mit anzusehen, wie eine Technologie massiv die falsche Abzweigung nahm und nichts dagegen unternehmen zu können, war auch ein Auslöser meiner intensiven Auseinandersetzung mit der Frage, wie wir die Zukunft der Gesellschaft erarbeiten. Die Welt würde heute sehr anders aussehen, wären die Technologiegiganten unseren Ideen gefolgt und nicht denen des Silicon Valley. Wir hätten schon damals eine andere Form der Ökonomie begründen können, die auf Zusammenarbeit gefußt hätte, statt auf Verdinglichung und Missbrauch der Daten von Menschen. Es ist wichtig zu betonen, dass es auch damals diese Alternativen gab. Es lag überwiegend an der Dynamik des Kapitalismus, dass das Internet das wurde, was es heute ist. Die Relevanzen verliefen entlang jener Jobs mit höheren Gehältern. Was alle anderen dachten, war vollkommen egal. Das System beseitigte auf diese Weise Widerspruch, Kritik und ein Bewusstsein über Gefahren. Ich sehe dieselbe Entwicklung heute im Bereich von KI und Robotik.

3

Am 22. Juni 2015 teilte mir die Staatsanwaltschaft Berlin mit: »*(...), dass Ihr erneutes Vorbringen keine neuen zureichenden tatsächlichen Anhaltspunkte für seitens der Bundesministerin Birne begangene Straftaten enthält. Insbesondere ist der von Ihnen zitierte Tatbestand der Verbrechen gegen die Menschlichkeit bereits tatbestandlich nicht einschlägig. Ich habe daher von einer Einleitung eines Ermittlungsverfahrens abgesehen.*«

---

56 aus seinem Essay „Über den Begriff der Geschichte", genauer gesagt aus These XIII. Dieses Werk wurde posthum veröffentlicht und ist in verschiedenen Sammlungen seiner Schriften zu finden. Eine verbreitete Edition ist „Walter Benjamin: Gesammelte Schriften", herausgegeben von Rolf Tiedemann und Hermann Schweppenhäuser, in der diese Thesen enthalten sind (textlog) (Wikipedia – Die freie Enzyklopädie).

Es ist essenziell zu verstehen, dass wir massive Fehlentwicklungen nur aufhalten können, wenn die Wechselwirkungen und Kausalitäten des Handelns bewusstwerden. Darum ging es bei Speeds Arbeit. Wenn wir die Rolle von Kunst und Wissenschaft ernst nehmen und entlang der Konsequenzen handeln, können wir die Simulation auflösen. Dafür sind Jobs als Handlungsraum offensichtlich maximal ungeeignet. Ohne Anwalt, den ich mir nicht leisten konnte, war es ein Ding der Unmöglichkeit Ministerin Birne auf diesem Wege dran zu bekommen. Mich interessierte jetzt zunehmend etwas Anderes, nämlich die Frage, wie man sich als Mensch verhalten müsste, damit der Kapitalismus, damit diese Gewalt endet. Egal, ob man eine Diktatur oder eine Demokratie oder eine Simulation vor sich hatte, der Kapitalismus machte jede Revolution, jeden Widerstand zu einem sich gut verkaufenden »Che Guevara T-Shirt«. Zu einem Siegeszug des kapitalistischen Marktes, sobald man zuließ, dass die Revolution den Regeln des Marktes folgte. Die Lösung konnte also nur darin bestehen, Zustände der Kontingenz, also der maximalen Sperrigkeit zu provozieren und möglichst lange aufrechtzuerhalten, damit sich dazwischen andere Lebenswelten etablieren konnten. Es gab kein funktionierendes Postulat, aber genug Gelegenheiten, das System zu stören. Was zunächst als negativ betrachtet würde, nämlich die Blockierung der Effizienz, könnte auf diese Weise, so meine Überlegung, schrittweise als lebensbejahender und wichtiger Beitrag erkennbar werden. Im späteren Verlauf entstanden daraus Theorien und Überlegungen zu einem Arbeitsbegriff jenseits der Funktionalität, als Gegenentwurf zur um sich greifenden Effizienz KI-gesteuerter Handlungen.

Wir hätten viele Fehlentwicklungen des Internets verhindern können, hätten wir uns nicht in Jobs korrumpieren lassen, sondern hätten die Kreativität jener Jahre zu einer humanen Revolution geführt. Aber durch den Chauvinismus der 80er Jahre und das »Ende der Geschichte« kam es in jener Zeit zu einem Verlust an Politisierung, zu einem Konsum im Dauerglauben an den Fortschritt, der immer eine Simplifizierung bedeutete.

Vor all dem warnte ich seit dem Ende der 90er Jahre und als Folge drängte man mich immer weiter an den Rand. Es war eine wesentliche Konsequenz aus all meinen Versuchen zuvor und dem Erleben, wie das Internet die falsche Abzweigung genommen hatte, bis hin zu den Problemen die Snowden oder Lanier erklärten und später Shoshana Zuboff in ihrem Buch »Das Zeitalter des Überwachungskapitalismus«, die in mir die Überzeugung schärften, eine andere Arbeitsweise wäre unerlässlich. Die Jobs waren politisch gesehen tot und heute sehen wir zunehmend, wie Menschen die Jobs verlassen wollen, weil sie darin keine Zukunft mehr sehen. Zuboff schrieb: *»Seit Langem schon sind wir uns einig über die Entwicklungsmechanismen des Kapitalismus – dass er außerhalb der Marktdynamik existierendes in Beschlag* *nimmt und in ein Marktgut verwandelt. Der Historiker Karl Polanyi sah 1944 in seiner grandiosen Abhandlung »The Great Transformation« die Ursprünge einer sich selbst regulierenden Marktwirtschaft in drei ebenso erstaunlichen wie kritischen Erfindungen, die er als »Warenfiktionen« bezeichnete. Die Erste davon war, dass unser Menschenleben sich der Marktdynamik unterordnen und – als »Arbeit« wiedergeboren – kaufen beziehungsweise verkaufen lässt. Die Zweite war, dass Natur sich – als »Land« oder »Grundbesitz« wiedergeboren – auf den Markt »bringen« lässt. Die dritte bestand darin, dass Austausch als »Geld« wiedergeboren werden kann. Das Zeitalter des Überwachungskapitalismus hat seinen Ursprung in einer gar noch verblüffenderen und kühneren Erfindung: Er erklärt Erfahrungen von Privatmenschen zum kostenlosen Rohstoff für Produktion und Verkauf.«*

Milton Friedman und Friedrich August von Hayek irrten, als sie verkündeten, der freie Markt würde alles regeln, denn, dass der freie Markt alles kapitalistisch regelte, also als Simulation entlang einer einzigen isolierten Relevanz, wurde zum Horror für Millionen Menschen.

Shoshana Zuboff schrieb: *»Die tiefere Wahrheit ist, dass er (der Kapitalismus) die Gesellschaft des 21. Jahrhunderts auf eine ebenso menschen- wie demokratiefeindliche Art und Weise umwälzen wird – und dass allein um des finanziellen Gewinns aus der Überwachung willen. So entstehen die größten Gefahren aus den überwachungskapitalistischen Ambitionen, denn auch unseren Kindern, die schon jetzt – sozusagen als Vorhut – dieses neue Terrain durchstreifen. Tobten die Titanenkämpfe des 20. Jahrhunderts zwischen Industriekapital und Arbeiterschaft, steht im 21. Jahrhundert das Überwachungskapital der Gesamtheit unserer Gesellschaft gegenüber, bis hinab zur und zum letzten Einzelnen. Der Wettbewerb um Überwachungserträge zielt auf unsere Körper, unsere Kinder, unser Zuhause, unsere Städte und fordert so in einer gewaltigen Schlacht um Macht und Profit die menschliche Autonomie und demokratische Souveränität heraus. Wir dürfen uns den Überwachungskapitalismus nicht als etwas »irgendwo da draußen«, in den Fabriken und Büros einer vergangenen Ära vorstellen. Vielmehr sind seine Ziele wie seine Auswirkungen hier – seine Ziele wie seine Folgen sind wir.«*[57]

Die Staatsanwaltschaft Berlin schrieb mir: *»Ferner teile ich Ihnen mit, dass Sie bei weiteren inhaltsgleichen Schreiben ohne substanziellen neuen Tatsachenvorgang künftig keinen weiteren Bescheid mehr erhalten werden.«*

Wiederholte ich also, dass Ministerin Birne Menschen quälte, oder dass der Staat Arme krank machte, um einem brutalen Markt zu gehorchen, der alles zerstörte, war dies kein neuer Inhalt mehr und musste daher nicht beachtet werden.

---

57 Zentrum für Politische Bildung / Artikel von Shoshana Zuboff / 7.6.2019 https://www.bpb.de/shop/zeitschriften/apuz/292337/surveillance-capitalism-ueberwachungskapitalismus-essay/

Ähnlich dem Umstand, dass man bei Facebook keine Likes, also keine vertiefende Aufmerksamkeit bekommt, wenn man dasselbe Problem ein zweites Mal postet. Die Frage von Unrecht folgte der Frage der Datenverarbeitung und somit war das Opfer auch für die Staatsanwaltschaft nur ein Produkt, eine Ware im Handel der Justiz. Das Prinzip Unrecht war der Rohstoff, der sie in ihren gut bezahlten Jobs legitimierte, aber sobald das tatsächliche Unrecht sichtbar zu werden drohte, bedrohte dies auch die Kapazitäten und Ressourcen, die für ihre Jobs vorgesehen waren. Der Überwachungskapitalismus fand sich also nicht nur bei Amazon und Google oder Facebook, sondern auch bei den Staatsanwaltschaften. Es war eine Folge von Kapitalismus und Simulation. Das Prinzip der Verknappung der Ressourcen, um Wert künstlich zu steigern, um das dadurch unwert gemachte ausbeuten zu können, musste am Ende alle Bereiche der Gesellschaft erfassen, wodurch jede Arbeit, jeder Job zu einer hohlen Oberflächenbehandlung der Phänomene wurde, denn nur auf diese Weise ermöglichte die Struktur der Erwerbsarbeit Ausbeutung und Arbeit als Ware zu geringem Preis, damit bei den unteren Schichten möglichst nichts haften blieb. Wenn alles nur noch über Jobs organisiert wurde, dann waren tiefergehende Auseinandersetzungen und Entwicklungsprozesse nicht finanzierbar, was wiederum in Folge Ressourcen von den dadurch Marginalisierten immer weiter abzog. Die Staatsanwaltschaft behandelte also Recht als Ware. Man war nur bereit, eine bestimmte Summe darin zu investieren, und das Produkt war der Beschuldigte. Nur logisch, dass man daher lieber die Armen als Schuldige betrachtete, weil es billiger war, sie zu verurteilen, als Menschen mit gut bezahlten Anwält:innen. Man machte somit pro Kopf mehr Gewinn.

Donna Haraway schrieb zur Ausgrenzung der Marginalisierten im Kontext mit der belgischen Philosophin Isabelle Stengers: »*Im Geiste des feministischen, kommunitaristischen Anarchismus und in der Sprache von Whiteheads Philosophie hält sie (Isabelle Stengers) daran fest, dass Entscheidungen auf irgendeine Art und Weise in Anwesenheit derer getroffen werden müssen, die die Konsequenzen tragen werden. Das ist ihre Auffassung von Kosmopolitik.*«[58]

Das ZDF und der RBB glaubten dies durch ein künstliches Diversitymanagement ersetzen zu können, indem man von oben die Buntheit auswählte und bestimmte, die man von oben für angemessen hielt, während das Fremde weiterhin ausgegrenzt wurde und nicht im Fernsehen vorkam. Genauso wenig wie neurodivergente Positionen. Die Staatsanwaltschaften scheuten eine Klage gegen den Kapitalismus selbst oder um das Unrecht der Armut zu beenden, auch weil dies ökonomisch als sehr teuer erschien. Alle wollten mich daher in ihren Rassismen als nutzlosen Armen sehen und sie wollten mich mit Gewalt dazu zwingen, in dieser

58 Donna J. Haraway / Unruhig bleiben / Campus / S 23

Armut zu verharren, damit nichts von dem, was ich sagte, jemals ihre strukturellen Privilegien infrage stellen konnte. Daher musste ich im Sinne von Donna Haraway »*unruhig bleiben*«.

DIE FRAGE DER ERKRANKUNG

1

Warum nicht einfach seinen Job machen? Ich sage es Euch! »*Pflicht war wichtig, aber die Welt war nicht wichtig für Eichmann.*«[59] Wer keine Beziehung aufnimmt, der hat auch keine Gedanken von Relevanz, der empfindet keinen Schmerz und das Verbot von Kontextualisierung ist eine Gewalt die offensichtlich tötet oder krank macht.

An dieser Stelle ist es wichtig zu begreifen, wie das Hartz-IV-System Menschen zersetzte, verfolgte, entmenschlichte und schließlich erkranken ließ. Darunter auch mich. Denn genau das wurde auf eine Weise tabuisiert, die man nur als Verbrechen bezeichnen kann, und in Deutschland waren und sind Gerichte, Staatsanwaltschaften und Ministerien, wie in den folgenden Kapiteln umfassend gezeigt werden wird, aktiv beteiligt.

In ihrem Buch »Der Allesfresser« erläuterte die Philosophin Nancy Fraser, wie im Kapitalismus die zwei Klassen, jene der Enteigneten im Globalen Süden (oder die rassifizierten), die dem Kapital nahezu kostenlose Ressourcen stellten oder viel mehr stellen mussten, und die der Ausgebeuteten, also der einfachen Arbeiter:innen und Angestellten, die zu Beginn in den Fabriken Manchesters um 1830 und später überall in Europa, einander bedingten, sich gleichzeitig im gemeinsamen Leid verdeckten, in dem die Kosten des Wachstums durch die Konstruktion dieser zwei scheinbar voneinander unabhängigen Klassen immer weiter in die Peripherie verschoben wurden und werden, während die Gewinne in die westlichen Zentren fließen. Mit dem Verhältnis von Enteigneten (Globaler Süden/Arme) und Ausgebeuteten (Arbeiter:innen im Westen) meint Fraser eine psychologisch konstruierte Dualität, die von den Privilegierten ablenkt und diese zwei Gruppen gegeneinander ausspielt. Weil die durchschnittliche Angestellte oder Arbeiter:in denkt, sie würde für ihren Fleiß belohnt, stellt sie auch den scheinbar »verdienten« Reichtum der Privilegierten nicht infrage. Der Anteil der Gewinne, der auf Enteignung des Globalen Südens oder auf Raubbau an der Natur beruht, wird ausgeblendet. Reichtum wurde dadurch zu einem Mittel der Belohnung gemacht, für die Auserwählten, um es mit Max Weber zu sagen, für die »besseren Menschen«. Den Arbeiter:innen ist nur ein Teil dieser Rechnung bewusst. Sie akzeptieren die ihr vorgegebene Logik von Lohn als Belohnung, somit von Reichtum als unschuldigen Verdienst. Die Arbeiter:innen und Angestellten übernahmen das Narrativ der Täter, der Herrschaft, sowie der ehemaligen Fabrikbesitzer, der Global Player, in dessen Umkehrschluss die einfache Arbeiter:in zur Komplizin bei der Enteignung des Globalen Südens, ihrer selbst, oder der Armen wird, weil dadurch Verhältnisse von Gewalt und Marginalisierung von Schwarzen, Frauen, Erwerbslosen, Minderheiten, verdeckt werden, entlang von Diskursen über angebliche Primitivität oder Faulheit der weniger Erfolgreichen, die aber tatsächlich struktureller Gewalt unterliegen. Das bleibt psychologisch nicht ohne Folgen für die Arbeiter:innen, die ihre Mitschuld in der Verdrehung auf ihre Opfer projizieren. Denn dieser Konflikt ist ein existenzieller Konflikt. Es heißt lügen oder sterben. Die Arbeiter:in und Angestellte im Westen bemerkt daher nicht, dass ihr Lohn, wie gesagt, oftmals subventioniert von der Ausbeutung des Südens, überwiegend ein Mittel von Herrschaft ist, um Wert scheinbar legitimiert durch Wettbewerbskategorien künstlich von oben nach unten zu staffeln, wobei das Mittelfeld der »Mittelschicht« in dieser Gewalt gewissermaßen in der relativen Bequemlichkeitszone sitzt, jedenfalls bisher. Also bereitwillig ist, die Verhältnisse zu akzeptieren und für sich in kognitiver Dissonanz ins Positive zu verdrehen. Die Mittelschicht bildet einen Schutzwall um die Privilegierten.

Die Abspaltung der Enteigneten, im Sinne von Nancy Fraser, dient zwei wesentlichen Funktionen. Erstens der Verhinderung einer Solidarität zwischen den Ausgebeuteten und den Entrechteten, gegen die Privilegierten und zweitens die durch Stigmatisierung und daraus folgender Entmenschlichung resultierenden Verdeckung des Schmerzes der Betroffenen.

Wir tun den Armen unfassbare Dinge an und in diesem Buch geht es darum zu zeigen, warum diese Gewalt möglich ist und welche psychologischen Verdrehungen und konkreten politischen Lügen diese ermöglichen. Wir finden wie zuvor erwähnt dieselben Phänomene, die wir bei Hartz IV finden, auch beim Umgang des Westens mit Ländern des Südens. Es sind dieselben Lügen.

Warum aber macht dieser Terror krank? Was hatte diese Vorgeschichte damit zu tun? Eine scheinbar irrwitzige Frage, da das offensichtlich sein sollte. Für die deutschen Behörden war es das in den vergangenen 10 Jahren nie, denn jedes Mal, wenn ich sie mit den Fakten konfrontierte, wurden diese vertuscht, verdreht oder ignoriert. Ich kann die Namen derer nennen, die diese Verbrechen begangen haben, die an diesem Betrug beteiligt waren, und werde es in diesem Buch teilweise tun. (wenn auch hinter Obstbezeichnungen kodiert) Aber zu vergessen ist dabei nicht, dass weit über die Hälfte der deutschen Bevölkerung bei diesem Terror zusah und diesen für eine legitime Bestrafung der Armen hielt und bis heute hält. Sie alle glauben tatsächlich, was durchaus auch pathologisch bedenklich ist, dass Arme tatsächlich im Universum keinerlei Wert besitzen, kann man sie nicht mit Gewalt zu Arbeit im Niedriglohnsektor zwingen. Diese radikale Verneinung von Komplexität macht eine fundamentale Erkenntnis unausweichlich. Ein großer Teil der deutschen Bevölkerung verhält sich gegenüber Armen und Minderheiten rechtsradikal, also im Sinne eines gewaltsamen Narrativs, einer symbolischen Gewalt, die Menschen nur darum das Existenzrecht abspricht, weil ein kapitalistischer Markt sie ausgrenzt, der ohne diese Ausgrenzung nicht in der Lage wäre einseitig hohe Gewinne zu erzeugen, die dann in Machtkonstruktionen von oben verteilt werden. Die Armut ist also Bedingung des Reichtums, denn der Reichtum entsteht nicht außerhalb einer Beziehung, in der die Armen zu den Privilegierten stehen. Diese Beziehung ist zutiefst politischer Natur.

Der Erkrankungsdruck entstand und entsteht als Folge des Sozialrassismus und Klassismus in Hartz IV/dem Bürgergeld wesentlich entlang von mehreren Mechanismen, einerseits erklärbar über die Typentheorie von Bertrand Russell, anderseits mit dem Phänomen der Doppelbindung, die von Gregory Bateson und weiteren Anthropologen und Kommunikationsforscher:innen in den 1950er-Jahren in Palo Alto in den USA entwickelt wurde. Hinzukommen aber auch viele andere Ansätze, die ähnliche Probleme als Krankheitsfaktor beschreiben, wie die Gratifikationskrise oder die Erkenntnisse zu psychischer Folter.

Lassen Sie mich kurz zwei Worte zum Begriff des Sozialrassismus sagen. Natürlich ist Rassismus etwas anderes als die Diskriminierung von Armen, aber was ist Rassismus? Es ist zunächst ein Begriff, der von einer Rasse handelt, die nicht existiert. Es ist ein wissenschaftlich betrachtet schwieriger Begriff aus der Tätersprache, denn die Rassisten hielten sich einst für gut und richtig, sie nannten sich selbst Rassisten. Rassismus ist kein akademischer Begriff, sondern einer des Aktivismus. Gehört er, der Begriff einer Rasse, weil er doch Rasse meint? Ich denke nicht. Es ist ein Kampfbegriff für massives Unrecht, das viele Formen kennt. Wir finden Rassismen überall, also Formen von Diskriminierung und Gewalt, die sich derselben Konstrukte bedienen, wie wir sie im Rassismus in Bezug auf die Hautfarbe finden. Ich benutze diesen Begriff als weißer Mann, weil wir keine Zeit haben, um einer verdummten Bevölkerung im selben Ausmaß das Leid von Armen zu erläutern, wie wir es mit dem Leid von Schwarzen bis heute machen müssen. Es ist somit reiner Pragmatismus. Akademisch zweifelhaft, ja.

Aber ich will Leben retten und dafür nutze ich, was ich nutzen kann. Ferner ist Sozialrassismus kein Begriff, den ich erfunden habe, sondern das haben andere getan. In Frankreich scheint der Begriff gängiger als in Deutschland zu sein. Wie ich später noch erläutern werde, ist Klassismus nicht dasselbe wie Sozialrassismus. Hinzu kommt der Aspekt des Eugenischen Rassismus, also des Rassismus gegen Mitglieder:innen der eigenen Rasse, worüber ich noch sehr umfangreich sprechen werde. Es gab also unter den Nazis auch Rassismus durch Weiße gegen Weiße, also gegen jene Weißen, die man als »Asoziale« für unwert hielt, oder wegen Behinderungen aus der eigenen Rasse tilgen wollte. In diesem Sinne ist der Rassismusbegriff komplexer, als man zunächst annehmen würde. Aber kommen wir zur Frage zurück, wie dieser Rassismus gegen die Unwerten Menschen krank macht.

»Die Typentheorie, Russell war Mathematiker, besagt, dass die Dinge, über die wir sprechen, in verschiedene Kategorien oder Typen fallen. Zum Beispiel könnten Zahlen in einem Typen sein, während geometrische Formen in einem anderen Typen sind. Diese Einteilung in Typen hilft, logische Probleme zu vermeiden, die auftreten können, wenn Objekte sich selbst enthalten oder auf sich selbst verweisen. Ein bekanntes Beispiel für die Anwendung der Typentheorie ist das »Russell'sche Paradoxon«. Angenommen, wir betrachten die Menge aller Mengen, die sich nicht selbst enthalten. Wenn wir uns fragen, ob diese Menge sich selbst enthalten, entsteht ein logisches Problem. Die Typentheorie von Russell bietet einen Weg, um solche Paradoxien zu umgehen, indem sie festlegt, dass solche »selbstbezogenen« Mengen in einem anderen Typen als die Mengen liegen, über die sie definiert sind.«[60]

Russel stellte ein gängiges Problem der Logik, aber auch der Kommunikation fest, welches relevant ist, will man Rassismen verstehen. Der Leitspruch der Jobcenter in Deutschland war und ist das Prinzip *»Fördern und Fordern«*. Es werden also alle Armen zunächst pauschal in eine Kategorie des Defizits gesetzt, denn ansonsten bräuchten sie keine Förderung. Das löscht grundsätzlich soziale und politische Ursachen der Armut. Diese Kategorie trifft aber nicht auf jeden in Armut zu, gar stellt dies die Wahrheit der Armut an sich richtig dar, die viel mehr mit Betrug zu tun hat, mit struktureller Gewalt, als mit den persönlichen Defiziten von Menschen in Armut. Dadurch kommt es zu falschen Zuweisungen von Kategorien, woraus falsche Antworten und Lösungsansätze resultieren, sowie Missverständnisse. Beispielsweise wird eine Arme, die Förderung ablehnt, weil sie diese als Erniedrigung und zu Recht als strukturelle Beleidigung erkennt, sofort bestraft, weil dies als Verweigerung von Arbeit gedeutet wird, obwohl es schlicht um die Kategorie »Zeitverschwendung« geht, denn die Person

60 Erklärung zu Typentheorie aus ChatGPT

benötigt ja keine Förderung. Sie wird strukturell diskriminiert, was sie in Armut brachte, beispielsweise. Ich brauche als Autist keine Förderung. Ich brauche eine Welt, die Neurodivergenz nicht diskriminiert. Wir benötigen Anerkennung von Unrecht, aber keine Förderung durch Täter. Wir haben also schon hier eine Verwechslung von Kategorien. Ist die Sache dann mit Fordern verknüpft, wird also aus einer Hilfe, die viele nicht benötigen, die sie als Anmaßung und Zeitverschwendung erleben, als Beleidigung, von der Behörde ein widerwilliges Verhalten festgestellt, woraufhin Strafe folgt, kommt es zu Psychoterror durch die Behörden, die sich an falschen Erzählungen orientiert, die nicht aufgeklärt werden können, was das Unrecht explodieren lässt. Die Strafe wird damit gerechtfertigt, dass man Hilfe angeboten habe, die nicht angenommen wurde. Im nächsten Schritt wird einem darum die Schuld zugewiesen, dass man noch verarmt ist. Die Gesellschaft entzieht sich politisch der Verantwortung für die Armut als strukturelle Gewalt im Kapitalismus. Tatsächlich versucht sich die Behörde damit nur selbst zu legitimieren, also Kontrolle und Dominanz zu behaupten, weil das eine weitere Simplifizierung der Verhältnisse bedeutet, somit mehr Effizienz im behördlichen Ablauf. Die Behörde will also lügen, weil sie mit Lügen »besser funktioniert« als mit komplexen Wahrheiten. Man will somit ein Narrativ vom unwilligen Armen, um Strafe anwenden zu können, was indirekt die eigene Position bestätigt. Es ist ein Spiel um Gut und Böse. Hier stapeln sich also Schichten von Widersprüchen und Missverständnissen, die auf massive Doppelbindungen hinauslaufen.
Die Behörde behauptet ständig, sie würde helfen, beleidigt und erniedrigt aber zugleich Menschen und bestraft sie für nichts oder für unwesentliche Dinge mit drakonischen Strafen. Sie sagt also praktisch: »*Wir beabsichtigen, Dir zu helfen, indem wir Dich bestrafen. Du musst wertvoll werden, bist aber grundsätzlich wertlos.*«
Die wissenschaftlich seit Jahrzehnten anerkannten Fakten der Armut, die überwiegend auf struktureller und symbolischer Gewalt gegen Minderheiten beruhen, werden dadurch vollkommen ausgelöscht. Man könnte sagen, wenn es um Arme oder Migrant:innen geht, wird der Staat zunehmend irrational im Handeln. Das liegt daran, dass hier der blinde Fleck des ganzen Systems zu finden ist. Die Arme stellt in ihrer Existenz bereits den Wohlstand aller anderen infrage. Denn man muss sich fragen, warum ist die eine Person arm, die andere reich? Es gibt dazu die unzähligen Mythen, die wir kennen, aber es sind eben Mythen.

Wie aber soll sich ein vernünftiger Mensch hier verhalten, der sich in einem extremen Abhängigkeitsverhältnis von einer Behörde befindet, die Deutungshoheit mit Gewalt durchsetzt? Es wird Menschen ein offensichtlich massives Unrecht angetan, die etwa wegen Ausbeutung in der Armut landen, aber die Logik der Behörde ist es, dass einem dieses beleidigende Angebot helfen soll, was nur Widerspruch hervorrufen kann, oder Depression und Resignation bei den Betroffenen. Wir sprechen also von einer Methode der Indoktrination. Es gibt kein Entkommen. Entweder man wehrt sich, wird dann entlang von Rassismen bestraft, oder man wehrt sich nicht und nimmt als Folge durch die andauernde strukturelle und psychische Gewalt Schaden.

Das ist es, was die Psychologie eine Doppelbindung nennt. Eine Methode, die auf politischer Ebene als Folter gegen Dissidenten, beispielsweise in China benutzt wird, oder die sich in Familien oft bei der Misshandlung von Kindern zeigt. Das betrifft also nicht nur die Armen, sondern hat auch Wirkung auf die Sachbearbeiter:innen in den Jobcentern, sowie auf die ganze Gesellschaft. Doppelbindungen dienen in erster Linie dazu, existenzielle Widersprüche auf anderer Ebene zu verdecken und man will dadurch Menschen brechen. Das Tabu eines Systems, welches nicht infrage gestellt werden darf, führt zu erzwungenen Verhältnissen. Man schneidet Menschen in Hartz IV von der Realität ab, nimmt ihnen durch Isolation als Folge des Ressourcenentzugs die Sozialkontakte und impliziert dann eine vollkommen neue Ordnung, in der sie entweder mit Gehorsam reagieren oder vernichtet werden. Dieses Muster sehen wir auch im Bürgergeld-System nach wie vor.

Verdeckt wurde und wird dadurch schlicht die Lüge, dass der Kapitalismus auf Ausbeutung und Enteignung beruht und das die tatsächliche Ursache der Armut ist. Stattdessen musste den Armen und mit ihnen der Bevölkerung eingeimpft werden, dass es an der Schuld der Armen selbst läge. Daher die Herabstufung der Armen und die drakonischen Strafen. Das sogenannte »Sanktionsparadoxon«, eine direkte Folge der Doppelbindung, tritt dann auf, wenn eine Norm oder Regel so streng oder unrealistisch ist, dass die Mehrheit der Menschen gegen sie verstößt, also verstoßen müssen. Wie die Arme, die nicht der Armut entkommt, als läge dies allein an ihrem Willen. Solche Regeln findet man zahlreich im Hartz-IV-System. Auch das Bürgergeld ist voll davon. Beispielsweise müsste man es dem Jobcenter melden, wenn jemand einen zu einer Suppe einlädt, damit diese den Wert der Suppe vom Regelsatz abziehen kann. (vereinfacht ausgedrückt) Auch waren die Sätze an sich derart zu niedrig, dass viele Menschen schwarze Kassen anlegen mussten, um überhaupt über die Runden zu kommen. Das konnte bedeuten, dass man Geld verstecken musste, um überhaupt funktionsfähig zu bleiben, um nicht Monate passiv in der Wohnung verharren zu müssen, was die Chancenlosigkeit auf Flucht aus der Armut nur verschärfte. Man machte es somit unmöglich, nicht in der einen oder anderen Weise ständig vom auffliegenden Regelbruch bedroht zu sein, um vonseiten der Behörde eben möglichst häufig Sanktionen aussprechen zu können, die dann wiederum die Doppelbindung erzeugten und die tatsächlichen Verhältnisse verdeckten. Es gibt sehr viele Gründe, weshalb Menschen Termine verpassen können. Der Großteil der Gründe ist legitim. Besonders bei Neurodivergenten. Dennoch wurde allein der Fakt eines verpassten Termins pauschal als erhebliche Schuld definiert, auch bei psychisch Kranken. Menschen mussten vor Gericht ziehen, um zu erklären, dass sie aus legitimen Gründen nicht kommen konnten, während sie über Monate deswegen hungerten, weil man sie mit Sanktionen dafür bestrafte. Dass man also Menschen laufend in »selbsterfüllende Prophezeiungen« des Jobcenters zwang, war Teil der Doppelbindung. Egal, was man tat, man war immer schuldig. Nicht die Ausgrenzung der Armen durch den Kapitalismus war das Verbrechen oder die Folter durch die Jobcenter, sondern das nicht Angeben eines Geschenks, welches das eigene Kind beim Kindergeburtstag von Oma erhalten hat. Die Liste der idiotischen Erwartungshaltungen der Behörde ließe sich ins Unendliche ausführen.

Das waren und sind Perversionen, die Menschen wie der spätere Bundespräsident Frank-Walter Steinmeier politisch verantwortet und mitentwickelt haben. Man kann daher sagen, dass es bei Hartz IV zu einem großen Anteil um zwei Dinge ging. Menschen in den Niedriglohnsektor zu pressen und der Bevölkerung in Ritualen der Bestrafung immer wieder einzuimpfen, dass die Armen Kriminelle sind, die man an der ganz kurzen Leine halten müsse, weil sie den Arbeiter:innen ansonsten ihren hart erarbeiteten und schwer verdienten Wohlstand wegnehmen. Man züchtete also kampagnenartig den Hass der Bevölkerung gegenüber Armen und Migrant:innen, weshalb Bundespräsident Frank-Walter Steinmeier als Architekt von Hartz IV nicht nur für die Zunahme an Rassismen im Land direkt mitverantwortlich war und ist, sondern eben für tausende Erkrankungen als Folge dieses Psychoterrors. Natürlich wusste Arbeitsministerin Birne, was die Konsequenzen waren. Sie alle wussten es und begingen dieses Verbrechen dennoch. Man konnte die Armen nun immer wieder benutzen, um zu zeigen, wie widerständig, wie ungepflegt und ungehobelt sie waren, indem man ein »kriminelles« Verhalten selbst provozierte, indem man Menschen in eine unerträgliche Situation versetzte, in der sie kaum etwas tun konnten, aber laufend dafür bestraft und bedroht wurden, dass sie angeblich nichts taten. Es war eine Sache, Populismus in Sonntagsreden zu verbreiten, eine ganz andere Kategorie, Populismus als Verwaltungsapparat zu ermöglichen.

Mythische Aussagen wie: »Fleiß wird immer belohnt«, oder »Wer arm ist, ist faul«, errichteten diesen babylonischen Turm. Da Fleiß oft nicht belohnt wurde, und Arme in der Regel nicht faul waren, entstanden dadurch unendliche Reihen mit Fehldeutungen von Verhalten, weil die Bürokratie Narrative selbstreferenziell entwickelte, nach dem Prinzip der Bösen Armen auf der einen Seite, sie, die guten Helfenden auf der anderen, was jede Kritik seitens der Betroffenen zu einem anmaßenden und undankbaren Angriff verzerrte. Die Rassismen führten dazu, dass

Betroffene sich nicht mehr aus den Zuschreibungen befreien konnten, was Scham und Depressionen provozierte. »Arbeitsverweigerung« also schlicht Widerstand gegen die Behörde war nicht nur eine natürliche Reaktion, sondern oft notwendig, um psychisch zu überleben. Besonders für Autist:innen wie mich.

Selbst das Unlogische kann, wird es nur mit der Frage von Leben oder Tod verknüpft, zu einer übermächtigen Scheinrealität werden, der ohne eigenen Schaden zu entfliehen praktisch unmöglich ist. Man kann also in einer derart populistischen Gesellschaft kausalen Zusammenhängen nicht mehr folgen. Jeder wurde bedroht. Jeder wurde unmenschlich behandelt. Es konnte jeden jederzeit entlang von Willkür treffen.

Der Terror der einfachen Sprache: »Jeder muss arbeiten« und: »Wer nicht arbeitet, hat keinen Wert«, waren Gewaltakte gegen die Komplexität des Ökosystems, dumme Aussagen von Sozialdarwinist:innen ohne Seele und oft ohne Verstand.

Die Jobcenter im ganzen Land schufen eine Situation, in der es für die Betroffenen unmöglich wurde, sich zu erklären, während man ihr Handeln stets absichtlich falsch bewertete.

Dasselbe passierte mit den Lösungsansätzen. Man sollte gegenüber den Jobcentern gehorsam sein, aber gleichzeitig brauchte es Selbstbewusstsein, um aus der Armut herauszukommen. Gehorsam, Isolation, Erniedrigung, Unterwerfung einerseits und selbstbestimmte Initiative, soziales Netzwerk andererseits widersprachen einander. Viele waren durch die Jahre oder Monate der Armut sozial isoliert. Man wurde und wird von den Jobcentern als Kind adressiert, soll aber als Erwachsener handeln.

Lehnte man beispielsweise erzwungene Arbeit ab, wofür es, wie gesagt, sehr viele legitime Gründe geben konnte, derentwegen man jedes Mal hätte vor Gericht ziehen müssen, beispielsweise mit Verweis auf die damit verbundene weitere Entwertung der eignen Arbeitskraft, drohte Obdachlosigkeit per Anordnung, also etwas, woran Menschen in weiterer Folge sterben konnten. Permanente Überwachung der Erwerbslosen bedeutete, laufender Willkür ausgesetzt zu sein. Denn in einem Klima, in dem man fortwährend etwas gegen Menschen finden wollte, um ihnen Geld streichen zu können, herrschte immer Willkür. In den nächsten Kapiteln dieses Buches werde ich davon sehr viel aufzeigen.

Man konnte sich als Betroffener auch nicht mehr auf Gesetze oder Regeln verlassen, weil diese jederzeit, schwammig gehalten, gegen einen ausgelegt werden konnten. Es wurde zu einer Frage der Interpretation, wenn Sachbearbeiter:innen dafür belohnt wurden, um jeden Preis Geld zu sparen. Nicht wenige Sanktionen entstanden, weil Sachbearbeiter:innen dafür belohnt wurden. Die Wahrheit blieb immer öfter auf der Strecke. Als man die Sanktionsmöglichkeiten 2022 reduzierte, gab es als Folge Umfragen[61] bei Mitarbeiter:innen der Jobcenter, wie sie dies fänden. 73 % wollten die harten Strafen zurück. 60 % fanden die Erhöhung der Regelsätze falsch. Wohl gemerkt, Regelsätze, die eine gesunde Ernährung nicht zuließen, oder wegen deren geringer Höhe tausenden Menschen der Strom abgedreht wurde. Die Argumente dieser 73 % waren durchwegs voller Rassismen. Die Presse machte aber aus diesen 73 % Sozialrassist:innen schließlich Expert:innen, deren Meinung zählen müsse, ohne diese Zahlen auch nur für einen Moment infrage zu stellen, obwohl offensichtlich ein Interessenkonflikt vorlag. Natürlich war die Arbeit für die Angestellten des Jobcenters einfacher, konnte man Menschen wie Vieh behandeln. Sie hatten ein Interesse daran, weniger arbeiten zu müssen, ein Paradoxon in sich. Minister Kiwi nannte diese Sozialrassist:innen   schlicht Pragmatiker. Also Sachbearbeiter:innen, die logen, weil sie zu faul waren, sich der Komplexität des Lebens ihrer Opfer zu stellen.

Die Zahl 73 % entspricht in etwa dem, was auch meine Forschung in den Behörden zeigte, bezüglich der Anzahl von Beamt:innen mit klassistischen Haltungen gegenüber Armen und Migrant:innen. Natürlich habe ich keine genauen Zahlen, aber die Beamt:innen ohne Rassismen gegenüber Armen und Migrant:innen waren eindeutig in den Jobcentern in der Minderheit.

2

Natürlich war und ist Hartz IV/Das Bürgergeld kein chinesisches Umerziehungslager, aber das Buch von Gulbahar Haitiwaji »Wie ich das Chinesische Lager überlebt habe«, zeigt beispielsweise Methoden, die sich auch bei Hartz IV und im Bürgergeld fanden und finden. Auch dort wurden und werden Menschen noch heute entrechtet, wegen Zusammenhängen, auf die sie selbst keinen Einfluss haben, oder die mit ihrer Identität verknüpft sind. Man muss verstehen, dass die Zuweisung von Armut auch eine direkte Beleidigung der Ehre von Menschen ist. Armut ist nicht nur ein Zustand, sondern eine von außen zugewiesene Identität, die in der Regel mit Lügen über einen verbunden ist. Jedes Mal, wenn der Staat von Hilfebedürftigen spricht, beleidigt der Staat die Betroffenen und versucht wieder das eigene Narrativ der Armut zu erzwingen. Arbeit gilt im Jobcenter im Grunde, wie bei chinesischen Arbeitslagern, als Strafe. Auch deswegen dürfen sich die Armen ihre Arbeit häufig nicht aussuchen. Was dann zwangsweise zu neuen Erfahrungen von Scheitern führen muss.

---

61 https://www.fr.de/wirtschaft/buergergeld-in-der-kritik-jobcenter-mitarbeiter-fordern-haertere-sanktionen-93030479.html

Was in den Jobcentern in Deutschland verhandelt wurde und wird, ist nicht so sehr die Frage des nächsten Jobs, sondern ganz zentral auch die Frage der Bereitschaft zur Selbstentwertung. Diese Absicht, diese Gewalt wurde politisch in den vergangenen 20 Jahren immer wieder von SPD, CDU, CSU, FDP öffentlich verkündet. Das aber bewirkt wie zuvor beschrieben zwei Dinge. Arbeit wird wie gesagt zur Strafe und Armut zur Schuld. Beides zerstört Mensch und Zivilgesellschaft. Niemand wagt es mehr Alternativen oder Experimente oder Innovationen zu versuchen. Man könnte scheitern, und dann droht einem Hartz IV. Auch darum ist Deutschland heute unfähig zur vielfältigen und breit angelegten Innovationskultur. Hartz IV prägte also auch die Realität sehr vieler Jobs. Die Arbeitsverhältnisse wurden auch darum zunehmend härter, weil es Hartz IV als Drohszenario gab. Da schränkte die Wahlfreiheit vieler Arbeitnehmer:innen stark ein und erzwang noch mehr Simulation, mit fatalen Folgen der Verkürzung der Erarbeitung von Realität. Man kann hervorragende Universitäten in einem Land haben. Aber wenn das Sozialsystem kaputt ist, dann wird die Intelligenz im Arbeitsmarkt automatisch reduziert, weil niemand mehr etwas riskiert. Angst senkt die Intelligenz. Das gilt nicht nur für den Einzelnen, sondern für die ganze Gesellschaft.

» Die Laogai, wörtlich ‚Reform durch Arbeit‘, 1957 von Mao Zedong eingeführt, waren im Reich der Mitte, was der Gulag in der UdSSR war: ein riesiger, über das ganze Land verteilter Archipel, in dem die Häftlinge mit der Kraft ihrer Arme für ihre ‚Verbrechen‘ büßen mussten.«[62]

Mir ist klar, dass manche es als Überspitzung betrachten, als würde ich Hartz IV mit einem Gulag vergleichen. Das tue ich nicht. Es geht hier darum, die Ähnlichkeit der Methoden zu verstehen. Weil man sonst nicht annähernd versteht, wie Hartz IV Menschen krank machte. Weder die Chinesen noch die Russen auf der Straße sehen, abgesehen von wenigen, die Gulags oder die Straflager, als das, was sie sind. Viele verharmlosen sie, oder legitimieren diese entlang von Propaganda. Die Verharmlosung staatlicher Gewalt sehen wir auch in Deutschland. Gegenüber Migrant:innen und gegenüber Armen. Ein typisches Zeichen von Rechtsradikalismus.

Anzunehmen diese Ideologie der Stigmatisierung, des »Othering«, die sich auch in Hartz IV fand und im Bürgergeld findet, hätte keine demokratiefeindlichen und gewaltsamen Folgen für Menschen, ist Selbstbetrug. Hartz IV war und ist kein Gulag, aber man kann sagen, dass die deutschen Jobcenter die westlich-demokratische Version derselben Menschenverachtung waren und sind, die seit jeher Minderwertige durch Arbeitszwang umerziehen wollte und will. Hier wie dort geht es auch darum Andersdenkende auszuschließen und zu vernichten. Wenn

62 Gulbahar Haitiwaji / Wie ich das chinesische Lager überlebt habe / S 131

Sie dieses Buch zu Ende gelesen haben, werden Sie diesen »Vergleich« vermutlich nicht mehr als unangemessen erachten.

Die Botschaft in Hartz IV bestand und besteht wie zuvor schon beschrieben darin zu suggerieren, die Feststellung man sei als Arme pauschal schuldig und wertlos, sei eine Hilfe oder Förderung, also im Sinne der Armen, somit im Sinne der Gesellschaft. Man kann nicht leugnen, dass diese Aussage häufig getätigt wurde, weil es etliche Schriftstücke und Aussagen von Politiker:innen gibt, die dies belegen. Wenn das aber zutrifft und dies auch noch von Gerichten und Staatsanwaltschaften aktiv gedeckt wurde, kann und muss von einer sozialrassistischen Praxis in deutschen Behörden und bei der deutschen Regierung gesprochen werden, die skandalös ist. Es wäre die Diskriminierung von Millionen Menschen belegt, die zu unzähligen Erkrankungen geführt hat. Durch einen Psychoterror, der über Jahrzehnte in Deutschland verleugnet wurde und weiterhin wird.

Eines der perfidesten Mittel dieses Betrugs fand sich in der sogenannten Eingliederungsvereinbarung, mit der man versuchte unter Gewaltandrohung die Betroffenen zu zwingen ihre Misshandlung, Enteignung und Entrechtung entlang des staatlichen Narrativs zu unterschreiben und somit als die gerechte Wahrheit anzunehmen. Die Arme war dann per Unterschrift nicht mehr die vom Kapitalismus Betrogene, sondern die Beschuldigte, die zur Mitwirkung verpflichtet wurde. Man sollte also das Falsche als das Gute akzeptieren. So funktioniert Indoktrination.

Weil auch im deutschen Sozialsystem nichts, als das benannt wird, was es ist, man ein Erklärungsverbot hat, sprich, es zählt einfach nicht, was man selbst als Erklärung von Kontext aussagt, man keine Mitbestimmung hat, einem jederzeit die Existenzgrundlage komplett entzogen werden kann, man dann in der Anonymität der Straße verschwindet, erlebten die Betroffenen Angst und Irritation, sowie massive Stigmatisierung. Was die Regierung hier als »Anreize schaffen« verklärte, war in Wahrheit massive Gewalt, die auf Betrug basierte. Der Staat wollte Arme stigmatisieren und teilte damit ähnliche Absichten wie früher die Stasi, die Menschen mit Zersetzungsmaßnahmen in der DDR verfolgte. Es sind auch hier vergleichbare Methoden zu finden: »*Die Anwendung von Maßnahmen der Zersetzung basiert auf vorhandenen oder durch politisch-operative Kombinationen erzeugten Widersprüchen und Differenzen innerhalb feindlich-negativer Gruppierungen bzw. Einzelpersonen. Sie zielt auf die ‚Beschäftigung mit sich selbst‘ ab, d. h. darauf, sie von der Verwirklichung feindlich-negativer Pläne und Absichten abzulenken und zu verunsichern.*«[63]

Man kann hier »feindlich-negative Gruppen« durch »Arme« ersetzen und hat nicht nur dieselben Sprechakte und Doppelbindungen, wie sie auch in Jobcentern

63 Klaus Behnke, Jürgen Fuchs / Zersetzung der Seele / Psychologie und Psychiatrie im Dienste der Stasi / S 22

überall in Akten zu finden sind, sondern auch die Strategie eines Terrorstaates, um Bürger:innen davon abzuhalten, sich frei zu entfalten. Die Arme soll durch Schuldzuweisung von ihrer Selbstbestimmung entfremdet werden. Auch die Stasi benutzte Doppelbindungen und soziale Isolation.

Die Stigmatisierung der Armen verursachte die ständige innere Beschäftigung mit der eigenen Scham. Das brach den Widerstand. Gleichzeitig erzeugte dies Wut, weil man ja nichts Falsches getan hatte. Wut und Scham wurden zu krank machenden Aggressoren im eigenen Inneren, was Hartz-IV-Betroffene oft von innen nach außen zerstörte. Darin lag kein Unterschied zu den Zersetzungsmethoden der Stasi. Es war dieselbe Absicht und dieselbe Methode. Arme sollten sich nicht frei entfalten. Ihre Berliner Mauer war die SGB-II-Gesetzesgebung.

Die Stasi inszenierte und säte mit ihren Methoden der Zersetzung Zweifel, soziale Konflikte, bewirkte wie zuvor besprochen soziale Isolation, laufende Erfahrungen des Scheiterns, Enttäuschung, Angst oder gegenseitiges Misstrauen. Man wollte Überzeugungen von Recht und Sicherheit untergraben. Menschen wurden bewusst stigmatisiert oder absichtlich Vorurteilen ausgesetzt. All das wurde auch unter Hartz IV betrieben, als hätte dies für die Gesundheit der Betroffenen keinerlei Konsequenzen.

Natürlich nicht bei jedem. Wie zuvor besprochen, auch die DDR war nicht für jeden eine Diktatur. Jedenfalls nicht vom Erleben her. Besonders traumatisch wurde Hartz IV für jene, die mit dem inneren Widerspruch, mit der Stigmatisierung, mit der künstlich erzeugten Scham nicht zurechtkamen. Natürlich gab es Menschen, die konnten das abspalten, verdrängen, vergessen. Andere litten wie ich als Konsequenz an einer posttraumatischen Belastungsstörung. Der Staat hatte mich krank gemacht.

Für Autist:innen ist eine solche Strategie der Doppelbindung – gleichzeitig »kooperiere!« zu fordern und jede Kooperation zur Demütigung zu machen – besonders zerstörerisch. Unsere Wahrnehmung braucht Kohärenz; wir verarbeiten Reize detailgenau und suchen stabile Muster, um sensorischen und sozialen Overload zu vermeiden. Wenn – wie im Hartz-IV-Ablauf – erst Hilfe versprochen, dann Hilfe durch Sanktion verweigert wird, kollidieren zwei inkompatible Handlungsrahmen. In Batesons klassischem Sinn entsteht ein double bind: Jede Antwort ist falsch, aber Nicht-Antwort ebenso strafbar.[64] Studien zeigen, dass Autist:innen aufgrund höherer Intolerance of Uncertainty (IU) solche paradoxen Signale physiologisch stärker stressen und häufiger zu Angst- sowie PTBS-Symptomen führen

---

64 Gregory Bateson: Steps to an Ecology of Mind (1972), Kap. „Double Bind".

als bei Neurotypischen.[65] Kombiniert mit der Hartz-IV-Stigmatisierung – »Du bist selbst schuld, weil du anders funktionierst« – kippt dieser Stress in dauerhafte Hypervigilanz: Jede behördliche Post, jeder Termin wird potenziell zur existenziellen Bedrohung. So produziert der Staat, der eigentlich Schutzgarant sein müsste, bei neurodivergenten Menschen exakt jene Traumatisierung, die er dann als »fehlende Arbeitsmarktnähe« gegen sie wendet.

3

Alles, was die Arme vor diesem Hintergrund versuchte, wurde folglich unter falschen Voraussetzungen und falschen Prämissen bewertet und führte entweder zu irrational willkürlicher Bestrafung oder zu selbstreferenziellem Hilfsangebot seitens der Behörde, die aber meist keine echte Hilfe waren.

Die Doppelbindung als wesentliche Erklärungstheorie für die Ursachen von Erkrankungen als Folge des Klassismus in Hartz IV setzt nach wissenschaftlichen Grundlagen der Theorie folgende Bedingungen voraus. Zwei oder mehr Personen kommunizieren miteinander. Es gibt ein primäres negatives Gebot. Dazu gesellen sich paradoxe Botschaften. Es herrscht ein Verbot, die Paradoxie aufzulösen, gar zu diskutieren, welches mit Existenzbedrohung verknüpft ist.

Gregory Bateson beschreibt dieses Zusammenbrechen von Kategorien und Bedeutungsordnungen als Gewalt, die auf Dauer durch bewusste Paradoxien und Lügen, sowie Verdrehungen in einem Menschen entstehen, die einer solche Indoktrination ausgesetzt sind: *»Wenn ein Individuum nicht weiß, von welcher Art eine Mitteilung ist, dann kann es sich mit Verhaltensweisen schützen, die als paranoid, hebephren oder katatonisch beschrieben werden. Diese drei Alternativen sind nicht die Einzigen. Entscheidend ist, dass es nicht die eine Alternative wählen kann, die ihm helfen würde, herauszufinden, was die Leute meinen; es kann die Mitteilung anderer nicht ohne beträchtliche Hilfe diskutieren. Ohne diese Fähigkeit verhält sich das menschliche Wesen wie jedes selbstregulierende System, das seine Regler verloren hat; es kreist in endlosen, aber immer systematischen Verzerrungen.«*[66] Weil das Hartz-IV-System den Diskurs über das, was da passiert, unter Androhung von Strafe untersagte, gab es keinen Ausweg, wenn man nicht der Armut entkam, also Arbeit fand. Genau das wollte und will die Politik hier erreichen, nur hatte und hat das eben einen Preis, für all jene, die da nicht herauskommen. Dieser Preis ist ein Leben mit Psychoterror, der gesellschaftlich als salonfähig gilt. Es ist

65 Connor Kinnaird et al.: "Intolerance of Uncertainty in Autism Spectrum Disorder" (Journal of Autism and Developmental Disorders, 2019); Kate South & Jackie Rodgers: "Sensory Overload and IU in ASD" (Autism Research, 2017).
66 Gregory Bateson / Ökologie des Geistes / S 282

eine Paradoxie, die für die Opfer unerträglich ist. Man verliert den Glauben an die Welt. Alles zerbricht, wenn der Staat einem so etwas antut und niemand einem beisteht.

Jeden Morgen, über 10 Jahre, wachte ich als Autist und Künstler mit dem Irrsinn auf, dass der Staat mich vernichten wollte, weil ich auf einen komplexeren Zusammenhang beharrte, den ich den realen Wert nannte. Das Thema beherrschte mein Leben vollständig. Meine komplette Entwertung versetzte mich in eine permanente Rechtfertigungsschleife mir selbst gegenüber. Der Autismus verstärkte dies zusätzlich.

In den 10 Jahren gestand mir der Staat nicht mal 1% an Wert zu. Ich wurde vollkommen negiert, denn jeder Prozentsatz an Wert hätte mir eine Verhandlungsbasis ermöglicht, ein Existenzrecht.

Im Fernsehen sagten damals viele Politiker:innen, es werde keine bedingungslose Hilfe für Arme geben. Tatsächlich sagten sie damit, man erkenne das Existenzrecht dieser Menschen nicht an.

2024 wollte die Bundesregierung Langzeiterwerbslose mit 1000 EUR belohnen, wenn sie ein Jahr in einem Job verbleiben. Das führte in der Bevölkerung zu großer Empörung. Dies ist interessant, weil sich hier die ganze Perversion der Rassismen zeigt. Erstens behandelte man die Armen wie Kinder, indem man Ihnen »Anreize« anbot, was eine massive Beleidigung darstellte. Gleichzeitig löste man damit eine sozialrassistisch geprägte Debatte darüber aus, dass Arme dies nicht verdient hätten. Am Ende führte das dazu, dass der Kanzler Scholz aussagte, es würden keine »Arbeitsverweigerer« belohnt. Man schloss also den kompletten Kreis der Menschenverachtung, in einer Scheindiskussion über Verhältnisse, die real ganz anders waren. Man diskutierte entlang von Stereotypen Annahmen. Dies aber waren die gängigen Diskurse über Armut. Andere gab es im öffentlichen Raum kaum.

4

Nun versuchten viele Armen sich aus der Armut zu befreien, und der natürliche Reflex war und ist, sich selbst aufzuwerten, sprich zu kontextualisieren. Denn mit diesem Irrsinn kann niemand einfach weiterleben. Man versuchte also das Missverständnis aufzuklären, dass man die Armut nicht selbst herbeigeführt hatte, daher auch nicht entwertet werden sollte. Daraus folgte, dass die Armen in die Erwachsenenposition gingen, während der Staat in die Schizophrenie wechselte, wie wir später noch in anderen Kapiteln sehen werden, weil der Staat diese Information nicht hören wollte, denn sie bedrohte das Konstrukt der Armut und der ungerechten Verteilung. Wären die Armen nicht schuldig, wäre das Unrecht offensichtlich. Dieser Versuch, erwachsen zu reagieren, wurde unterschwellig oder direkt vom Jobcenter bestraft. Denn die erzeugte Komplexität reduzierte den Anspruch der Behörde auf Gehorsam und rasche Abwicklung. Man sollte in der Lüge mitmachen und funktionieren. Tat man das nicht, wurde einem, wie gesagt, mit Sanktionen gedroht, die einem Mord gleichkamen. Die meisten Menschen, die man bei −10 Grad im Winter aus ihren Wohnungen auf die Straße warf, darunter auch Kinder oder Kranke oder Alte, drohten zu sterben oder vor Angst wahnsinnig zu werden und dennoch hat man genau das auch unter Ministerin Birne, unter Arbeitsministerin Ursula von der Leyen, aber auch als der Bundeskanzler Scholz noch Arbeitsminister war, mit den 100 % Sanktionen über 10 Jahre in Hartz IV provoziert, und will es vonseiten der CDU heute wieder tun, während Ministerin Birne und der frühere Bundeskanzler dieses Verbrechen politisch schon immer vertraten, was man heute nur als menschenverachtend bezeichnen kann. Die Schizophrenie der Doppelbindung griff auch auf das Bundesministerium für Arbeit über und führte zu massiven Spaltungen, die man in nicht wenigen Pressekonferenzen jener Tage beobachten konnte, wenn das Ministerium wegen unangenehmer Fragen gezwungen war, offensichtliche Gewalt, als Förderung darzustellen. Das BMAS in Berlin verhält sich bis heute wie eine kranke Sekte. Es gab und gibt Dinge, über die durfte und darf man nicht sprechen. Man wende keine Gewalt an. Das ermöglichte es Ministerin Birne und Minister Kiwi über Jahre, die gesundheitlichen Auswirkungen zu vertuschen.

5

Eine weitere zentrale Ursache der Erkrankungen war und ist, was der Psychiater Argeo Bämayr *»unangemessene Fremdbestimmung«* nannte. Bämayr, der das Buch »Das Mobbingsyndrom« geschrieben hat, gilt in Deutschland als Experte für Mobbing. Er selbst sprach sogar vom *»Hartz-Syndrom«*.

»Die wichtigste Rolle für die Entstehung von Gewalt spielt dabei die Zufügung von seelischen und/oder körperlichen Schmerzen und der hirnphysiologisch und neurobiologisch als Schmerz empfundene drohende oder tatsächliche Verlust der sozialen Integration. Neben der sozialen Ausgrenzung werden hirnbiologisch betrachtet auch »Demütigung«, »Verachtung«, »Zurückweisung« wie Schmerz wahrgenommen, sodass auch diese nicht körperliche Gewalt den neurobiologischen Aggressionsapparat aktivieren und dadurch ein Gewaltpotenzial aufbauen kann«.[67] Bämayr re-

67 Argeo Bämyer / Das Mobbingsyndrom / S 34

ferenzierte hier auf die Arbeiten des Hirnforschers Joachim Bauer[68]. Psychischer Terror löst im Gehirn dieselben oder ähnliche Mechanismen aus wie körperlicher Schmerz.

Zusätzlich zu den Arbeiten von Bämayr und Bauer gibt es zahlreiche Studien, die die Auswirkungen von sozialer Ausgrenzung und psychischer Gewalt auf die Gesundheit untersuchen. Diese Forschungen bestätigen, dass chronischer sozialer Stress, wie er durch Mobbing oder strukturelle Diskriminierung entsteht, zu einer Vielzahl von psychischen und physischen Erkrankungen führen kann, darunter Depressionen, Angststörungen und psychosomatische Beschwerden. Diese wissenschaftlichen Erkenntnisse verdeutlichen die Notwendigkeit, psychische Gewalt und soziale Ausgrenzung als ernsthafte Gesundheitsrisiken anzuerkennen und entsprechende Maßnahmen in Prävention, Therapie und Gesetzgebung zu implementieren.

Es gab daher im Kontext von Hartz IV etliche Zustände, die denen von Folter in Wirkung auf den Körper der Betroffenen ähnelten. Natürlich musste auch von Körperverletzung gesprochen werden.

Ich will daher nun aufzeigen, dass und wie Birne, Kiwi und viele andere Politiker:innen über diese Zusammenhänge umfassend informiert waren, aber nicht im Sinne der Menschen handelten. Ich werde auch darlegen, welche weiteren Minister:innen und Beamt:innen, Richter:innen und Staatsanwält:innen auf welche Weise diese Forschungen vertuschten und versuchten mich durch Drohungen, Kriminalisierung und eine spätere SLAPP-Klage mundtot zu machen. Dies alles wirft die Frage auf, wessen Arbeit für die Menschheit wichtiger, relevanter und humaner war und ist. Meine oder ihre? Warum also wurden sie bezahlt, ich aber nicht? Wo sonst sollte sich die Frage von echtem Wert von Arbeit klären, wenn nicht dort, wo die Relevanzfrage über der Frage von Geld steht? Zuerst muss die Relevanz, müssen der Wert realistisch und objektiv geklärt werden und hier sehen wir ein massives Missverhältnis. Wegen ihres Engagements verarmte Künstler:innen und Aktivist:innen mit Psychoterror zu bestrafen, weil ihre Arbeit kein Geld brachte, als sage das irgendetwas über Wert und Relevanz aus, war ein Systemfehler, der den ganzen Kapitalismus zumindest ideologisch und ethisch mit Einsturz bedrohte.

Wir alle wissen von massivem Unrecht in der Ökonomie unserer Gesellschaft.

---

68 Professor Dr. Joachim Bauer, renommierter Hirnforscher und Bestsellerautor, beschäftigt sich in seinen Werken mit vielfältigen Themen aus den Neurowissenschaften, Psychosomatik und Psychiatrie. Der Neurowissenschaftler Joachim Bauer zeigt in seinem Buch Schmerzgrenze, dass soziale Ausgrenzung und Demütigung im Gehirn ähnliche Schmerzreaktionen hervorrufen wie körperliche Verletzungen. Er erklärt, dass solche sozialen Schmerzen das gleiche neuronale Netzwerk aktivieren wie physischer Schmerz, insbesondere im anterioren cingulären Cortex. Diese Erkenntnis unterstreicht, dass psychische Gewalt nicht nur emotionale, sondern auch physiologische Auswirkungen hat und somit ernsthafte gesundheitliche Konsequenzen nach sich ziehen kann.

Warum also ändern wir die Regeln nicht? Wenn etwas eine Lüge ist, wenn etwas Betrug ist, dann ist es in einem Rechtsstaat nicht hinzunehmen. Oder verstehe ich die Demokratie falsch?

Klar, ich bin Autist. Ich kann Unrecht nicht einfach relativieren.

Das Problem ist auch hier. Wer wäre zuständig, die Probleme der Gesellschaft anzugehen? Ach, ja. Menschen mit Jobs. Wir sind also verloren. Neurotypische Menschen mit Jobs können diese Arbeit nicht leisten. Sie werden weder die Gesellschaft noch den Planeten retten, denn sie tun nur das, wofür sie bezahlt werden, und der Markt hat kein Interesse daran, dass alles Wert besitzt.

TAKE-AWAY BOX – KAPITEL »DIE FRAGE DER ERKRANKUNG«

Pathologisierte Abweichung oder kranke Umgebung?
Speed kehrt das übliche Narrativ um: Nicht Autismus macht krank – krank macht ein Arbeits- und Sozialsystem, das neurodivergente Wahrnehmung als Defekt behandelt und permanenten Anpassungsstress erzwingt.

Psychischer Schaden durch Behördenlogik
Sanktionsandrohungen, Formular-Labyrinthe und Klassismus erzeugen anhaltende Fight-or-Flight-Zustände. Studien zu »Hartz-Syndrom«, Mobbing und Sozialrassismus belegen: Bürokratische Gewalt führt zu PTSD-ähnlichen Symptomen und körperlichen Folgeerkrankungen.

Diagnoseinstrument als Machtmittel
Amtspsychologische Gutachten werden eingesetzt, um Widerstand als »Realitätsverlust« umzudeuten – ein medizinisches Reframing, das strukturelle Kritik entwertet und Sanktionen legitimiert.

Embodied Stressökonomie
Autistische schwache Priors + sensorische Überlast ↔ Jobcenter-Trigger = biologisch messbarer Dauer-Cortisol-Spiegel. Krankheit ist hier keine Metapher, sondern somatische Konsequenz politischer Praxis.

Recht auf Therapie vs. Kostenvermeidung
Der Versuch, Behandlungskosten abzuwälzen (MEB-Formular, »besonderer Bedarf«) zeigt, wie Fürsorge in eine bürokratische Sackgasse gelenkt wird. Heilung kollidiert mit dem Spardruck des Systems.

Kernthesis
»Wenn das Umfeld toxisch ist, wird Gesundheit zum Akt des Widerstands.« – Die Erkrankung fungiert nicht nur als persönliches Leiden, sondern als wissenschaftlicher Beweis für die Schädlichkeit bestehender Arbeits- und Sozialstrukturen.

DIE DOKUMENTATION STAATLICHER GEWALT IN DEUTSCHLAND, ALS AUSGANGSPUNKT EINES ANDEREN ARBEITSBEGRIFFS

GEWALTAKT 1: DIE BEGEGNUNG MIT HERRN G. DIE VERWEIGERUNG DER EINGLIEDERUNG.

1

Ein wesentliches Mittel der Verdrehung der Kausalitäten und Beziehungen der Armut war, wie zuvor erwähnt, die sogenannte »Eingliederungsvereinbarung« als erzwungener Vertrag zwischen Armen und Staat. Sie bildete den Kernbaustein der Umformatierung des Armen und dessen Armut in ein Verhältnis von Pflicht und Schuld, welches den Staat entlasten sollte, also aus der Beziehung und Kausalität mit der Armut nahm, damit dieser dann wiederum entlang von abstrakten Regeln, die willkürlich im unterkomplexen Verständnis der Zusammenhänge Anwendung fanden. Die Absicht war es, die Armen im Prozess der Entsolidarisierung zu kriminalisieren, indem man die gesellschaftlichen Ursachen der Armut im Klassismus wie gesagt löschte, wie es der Soziologe und Klassismusforscher Andreas Kemper[69] beschrieb, damit der Arme allein zu einer Funktion der Sozialhilfe selbst wurde, damit sich die Behörde im brutalen Handeln gegen die Armen legitimieren konnte.

Hier begann durch Trickbetrug im Grunde die moderne Variante der Erfindung des Armen als »faulen, widerständigen Armen«, den es zu disziplinieren galt. Wenn die Arme dem neuen Vertrag zwischen Armen und Gesellschaft, nichts Anderes war die Eingliederungsvereinbarung, nicht zustimmte, oder davon abwich, von der Kausalität der individuellen Schuld der Armen an ihrer Armut, wovon Pflicht abgeleitet wurde, weil man ja angeblich in der Schuld an der Gesellschaft stand, drohten Vertragsstrafen. Die Sanktionen, die über lange Zeit bis zu 100 % gingen, also die komplette Verweigerung jeglicher Hilfe, auch wenn das direkt oder indirekt den Tod der Betroffenen bedeuten konnte. Auch hier blendete man das massive Unrecht hinter der Armut aus und formatierte die Armut zu einer Bringschuld gegenüber der Gesellschaft um, was man nur als Verbrechen bezeichnen kann. Denn die Armut ist eine Funktion im Kapitalismus und in der Regel keine Folge individuellen Fehlverhaltens. Man ignorierte die eingeschränkten Affordanzen, die strukturellen Bedingungen unter denen Arme zu Menschen ohne Ressourcen wurden.

Die Gewalt unter Hartz IV vollzog sich über den Entzug. Der Staat entzog sich und somit entzog man den Armen Geld zum Leben. Die Eingliederungs-

69 Klassismus – Eine Einführung / Andreas Kemper / 2009 / Unrast Verlag

vereinbarung war das juristische Mittel, um das Narrativ zu schaffen, nachdem dieser Entzug stattzufinden hätte und stattfinden dürfe. Der Entzug ist in vielerlei Hinsicht eine Gewaltform, die mehrdimensional wirkt. Weil sie einem gleichzeitig die Möglichkeit nimmt, sich dagegen wehren zu können. Wem etwas entzogen wird, erlebt massive Hilflosigkeit und eine zusätzliche Erniedrigung, weil man einen als derart minderwertig erachtet, dass man Dinge wie den Augenkontakt vermeidet. Denn ein Konflikt wäre immer noch eine Beziehung. Ein Entzug hingegen ist die Verweigerung dessen. Im Gegensatz zum Konzept des Panopticon's[70], in dem der Insasse des Gefängnisses mit permanenter Beobachtung rechnen musste, indem es darum ging, die Insassen über Disziplinierung zu bestrafen, bestand der Hebel im Entzug überwiegend aus Isolation. Denn in der neuen Zeit, in der man keinen Hirsch mehr im Wald erlegen konnte, wenn man Hunger hatte, es keine Flucht aus der Welt an sich gab, trat der Tod, die Vernichtung durch das »offline sein« ein. Man musste niemanden mehr aus der Gesellschaft verbannen, wenn man einfach aufhörte, darin integriert zu sein. Wenn einem der Strom abgedreht wurde. Wenn die Welt derart geregelt war, dass kein freier Bereich mehr zu finden war, der einem ein Überleben ermöglichte.

In der modernen Simulation gibt es nur die Simulation selbst als Ausgangspunkt des Überlebens. Das Mitmachen bei allem Wahnsinn, bei aller Dummheit der modernen Arbeitswelt. Die andere Realität, das wäre kein Ort, an den man fliehen könnte, kein anderer Planet, selbst das freie Zelten in der Wildnis ist verboten, sondern die Alternative müsste erst wieder neu geschaffen, also von Grund auf neu erarbeitet werden und wie sollte es funktionieren, wenn es keine Solidarität gab, wenn einem niemand zuhörte, sobald einem der Status entzogen wurde, man nur noch eine Nichtexistenz darstellte? Solidarität erforderte das Erkennen von Zusammenhängen und die Kontextualisierung von Verantwortung. Dem entzog sich der Staat mit Gewalt. Es ist schwer zu begreifen, wie ein Rechtsstaat wie der Deutsche es schaffte, diese Gewalt über Jahre aufrecht zu halten. Dies lässt sich nur dadurch erklären, dass in der Simulation die Komplexität systematisch reduziert wird und in dieser Reduktion das Unrecht gegenüber den Armen schlicht verschwand. Es wurde nicht mehr abbildbar. Die Simulation bedeutete Ausschluss aus der Welt, ohne dass das Fehlen des Ausgeschlossenen erkannt, gar als Gewaltakt begriffen wurde, denn mit dem Ver-

---

70 Wikipedia: Das Panopticon (von griechisch παν pān, ‚alles', und οπτικό optikó, ‚zum Sehen gehörend'), latinisiert auch Panoptikum, ist ein von dem britischen Philosophen und Begründer des klassischen Utilitarismus Jeremy Bentham stammendes Konzept zum Bau von Gefängnissen und ähnlichen Anstalten, aber auch von Fabriken, das die gleichzeitige Überwachung vieler Menschen durch einen einzelnen Überwacher ermöglicht. Der französische Philosoph des späten 20. Jahrhunderts Michel Foucault bezeichnete dieses Ordnungsprinzip als Modell moderner Überwachungsgesellschaften und als wesentlich für westlich-liberale Gesellschaften, die er auch Disziplinargesellschaften nennt. In Anlehnung daran entwickelte er seinen Begriff des Panoptismus.

schwinden der Komplexität und der Beziehung verschwanden auch die Spuren oder das Bewusstsein über das, was verschwand. So gesehen ist die Simulation das perfekte Verbrechen. Sie löscht das Fremde aus, ohne dass dies als ein Mangel, als ein Fehlen von etwas erkennbar wird. Darum wurden die Globalisierung und die Überwachung bis in alle Lebensbereiche zu einem Problem, weil sie Simulationen erzwangen, also Simplifizierungen, die Fremdem das Existenzrecht nahmen und somit jede Abweichung von der erwünschten Norm sanktionierte.

Die Verweigerungen von Zahlungen in Hartz IV, die 100 % Sanktion, war die erste Form der Todesstrafe, die keine Leiche hinterließ. Keine Beziehung und Verhältnismäßigkeit zwischen dem, was man angeblich falsch gemacht hatte, und der daraus resultierenden Strafe. Warum die Arme arm wurde, das wurde nie in einem angemessenen, gar wirklich logischen Sinne erklärt. Menschen wurden gekündigt, landeten beim Jobcenter, bekamen keine Jobs, wehrten sich, um die eigene Würde zu retten, wurden sanktioniert und landeten dann auf der Straße. Man verlor die Berechtigung, weiter leben zu dürfen. Dass der Staat und die Bevölkerung in kollektiver und kognitiver Dissonanz unfähig waren zu erkennen, bis heute, dass eine 100 % Sanktion nichts anderes als ein Mordversuch war und ist, zeugt vom Ausmaß der Entmenschlichung und Verdinglichung der Armen. Dahinter steckte nicht mehr nur eine Umerziehungsabsicht, sondern eine Vernichtungsabsicht. Bei der 100 % Sanktion geht es nicht um Umerziehung, denn diese wäre, wenn überhaupt, mit viel geringeren Mitteln erreichbar, sondern es geht um Vernichtung. Denn die 100 % Sanktionierte ist nicht mehr handlungsfähig. Sie kann nicht »besser« werden. Sie wurde all ihrer Handlungsmöglichkeiten beraubt. Die Rechtsradikalen, die Hartz IV möglich machten, die dieses bis heute wollen, die haben die Absicht, Arme zu töten, sind aber zu feige, das Kind beim Namen zu nennen. Darum auch benutzen sie den Entzug als Mittel der Gewalt, weil es eine indirekte Vollstreckung ist. Man macht sich die Hände nicht schmutzig, sondern ganz im Gegenteil, dieser Akt des Entzugs führt zur eigenen moralischen Überhöhung als strafende Instanz. Die Arme wird nicht erschossen, sondern es wird geleugnet, dass sie überhaupt Anspruch auf Hilfe, sprich auf Rettung vor dem Verhungern hat. Das fundamentale Unrecht der Armut wurde intellektuell nur selten wirklich klar. Nicht auf eine Weise klar, die zu koordiniertem Widerstand hätte führen können. Eine direkte Folge der zahlreichen Doppelbindungen und der schon erwähnten Spaltung zwischen den Enteigneten und den Ausgebeuteten. Zu viele Arme glaubten auf die eine oder andere Weise selbst, bewusst oder unbewusst, diese Behandlung zu verdienen.

Für die, die angeschlossen in der Welt bleiben durften, suggerierte man eine freie Lebenswelt für alle, die nur arbeiteten, in der jeder überleben könne, der sich nur Mühe gab. Menschlichkeit, Anstand und Solidarität wurden durch einen rigiden Arbeitsbegriff ersetzt, durch eine hohle Hülse, die Gemeinschaft darstellen sollte, während dahinter weiterhin knallharte Privilegien darüber entschieden, ob jemand erbärmlich oder im Wohlstand lebte. Arbeit zu bekommen, wurde als so einfach wie Atmen dargestellt. Privilegien und Strukturen der Ausgrenzung wurden vollständig ausgeblendet. Dort wo sie vorlagen, wurden sie als »normal« akzeptiert. Es gebe bereits eine Logik, ein klares und vorgegebenes Verhalten, das zum Erfolg führe. Der Fleißige hätte Erfolg. Immer. Die Simulation löschte nicht nur ihre Opfer, sondern auch die Kontexte, die sie hätten als Opfer erkennbar werden lassen. Die Arbeit wurde zu einem Auswahlprozess zwischen den Unwerten und den Privilegierten. Der Leistungsbegriff verschleierte die Tatsache, dass es bei der Arbeit, die nicht selbstbestimmt war, immer nur darum ging, Menschen gestaffelt zu entwerten, nicht um das, was in Arbeit wirklich entstand. Der Sinn des Produktes war im Grunde immer zweitrangig, gar die Absicht durch Arbeit etwas an der Welt umzuarbeiten, gar mitbestimmend neu zu gestalten.

Bezeichnend ist auch der Umstand, dass Kranke und Menschen mit Behinderung im Hartz-IV-System, obwohl sie nicht arbeiten konnten, demselben Bestrafungssystem unterlagen. Man kürzte auch ihre Mittel, gleichzeitig mit den Mitteln derer, die angeblich absichtlich keinen Beitrag zur Gesellschaft leisteten. Sie wurden nicht sanktioniert, aber die geringe Höhe des Bezugssatzes war doch genauso beabsichtigte Strafe und Hinweis auf die eigene Wertlosigkeit. Dass weder das Hartz IV noch das Bürgergeldsystem je darauf einging, dass viele Menschen ein Leben lang in dem System leben mussten, ohne Schuld, man ihnen diesen Terror ein Leben lang zumutete, zeigt, wie die deutsche Gesellschaft eine Kaste der Wertlosen schuf, zu der auch Menschen mit Behinderung zählten, um der Feststellung absoluter Wertlosigkeit willen, ohne jemals genau hinsehen zu wollen. Es ging nicht um den Einzelnen, sondern um die Aufrechterhaltung einer kollektiven Abwehr, einer kollektiven Zuweisung von Schuld gegenüber den »anderen«, um in der grausamen Willkür des Kapitalismus den eigenen Status auf Kosten der Armen zu sichern.

2

Die Eingliederungsvereinbarung ist der Vertrag, den wir alle in dieser Gesellschaft unterschreiben sollen. Es ist eine neurotische Einbindung in die kollektive Lüge einer gerechten Gesellschaft, in der man funktionieren muss, weil es keinen Grund gibt, nicht zu funktionieren. Nichts legitimiert Störung oder Reibung. Wer nicht unterschreibt, der belastet alle. Das ist das dominante Narrativ. Es war und ist ein

Vertrag, der alle, die diesen ablehnen, automatisch zu Asozialen degradiert, die zu bestrafen sind. Egal, was die Motive ihres Widerstandes, ja ihrer Arbeit sind. Der Deutsche liebt die Festanstellung und verteufelt alles andere. Denn nur die Festanstellung kettet eine Gesellschaft in ihrer Beziehungslosigkeit dennoch aneinander, gibt ihnen Struktur und Ordnung, Sicherheit und Verortung und nichts ist für neurotypische Menschen wichtiger. Dafür opfern sie alles, begehen bereitwillig eine jede erdenkliche Lüge.

Die Eingliederungsvereinbarung gibt vor, wer wir sind und wer wir werden dürfen, von der Schule bis ins Grab. Sie wird einem nicht nur im Jobcenter vorgelegt, sondern in anderer Form in der Schule, an der Uni, im Job. Es ist diese Ersetzung der natürlichen Beziehungen, durch das geschichtslose und gesichtslose Recht, das in letzter Konsequenz natürliches ethisches Empfinden versiegen lässt, denn hält man sich nur an die Regeln, ist alles gut. Mehr muss man nicht verstehen.

Die Empathie-Altruismus-Hypothese[71] besagt, dass Menschen nur dann altruistisch handeln, wenn sie selbst Empathie erlebt haben. Das zeigt, wie wichtig es ist, Nähe und Verknotung und universelle Verwandtschaft zu pflegen, weshalb die subjektive Verständigung essenziell ist, um eine Gemeinschaft auch sozial zu bauen. Die Theorie der sozialen Interdependenz offenbart wiederum, wie Menschen dazu neigen, anderen zu helfen oder sich für sie einzusetzen, wenn sie zuvor Hilfe erhalten haben, wenn also auch sie in ihrem Leid gesehen werden. Dabei ist die Reziprozität wesentlich, es braucht also ein gewisses Maß an Mitbestimmung und Augenhöhe, um soziales Verhalten authentisch zu gestalten. Die Simulation lässt das versiegen, indem ein »Gerechtigkeitsbegriff« ohne gelebte Empathie proklamiert wird. Das Gefühl, dass etwas nicht stimmt, mit dieser Gerechtigkeit, wird systematisch abgewürgt.

Die Eingliederungsvereinbarung lehnte ich von Anfang an ab, weil sie wesentliche Faktoren auslöschen wollte. Die Augenhöhe und Mitbestimmung sowie die Pflicht zur echten Solidarität, die in realer Beziehungsarbeit zu begründen wäre. Diese »Eingliederung« war somit das genaue Gegenteil eines sozialen Aktes, sondern nichts Anderes als die gewaltsame Zerschlagung gesellschaftlicher Verantwortungsfähigkeit und der Zwang zu Gehorsam, wobei dieser Zwang als Solidarität und Verantwortung gegenüber der Gesellschaft pervertiert wurde. Es sollte Empathie gegenüber anderen und sich selbst durch Gehorsam und Überwachung ersetzt werden.

---

71 Von Daniel Batson et al. (1991) aufgestellte Hypothese, die besagt, dass Menschen nur dann altruistisch handeln, wenn sie in einer bestimmten Situation Empathie empfinden. Findet Hilfeverhalten statt ohne Empathie zu empfinden, so ist dies auf andere Faktoren zurückzuführen, wie etwa die Vermeidung negativer Konsequenzen durch das Nicht-Helfen.

Die Eingliederungsvereinbarung mit den Jobcentern war ein einseitiger Zwang, der vorgab, ein sozial angemessenes Ritual zu sein. Ein Widerspruch in sich. Ich beharrte also auf der wahren Beziehung zwischen Armen und Staat und verweigerte es, mich der Lüge des Staates zu unterwerfen. Ich beharrte darauf, dass die Ursache der Armut im Wesen des Kapitalismus läge und sich daher aus der Armut keine Pflicht der Armen gegenüber der Gesellschaft ableitete, sondern eine Pflicht des Staates die realen Verhältnisse anzuerkennen, die er mit der Eingliederungsvereinbarung unter Gewaltandrohung zu vertuschen versuchte.

Daher wurde mir die Eingliederungsvereinbarung am 28. Juli 2015 per Verwaltungsakt auf erzwungen. Die Behörde schrieb zynisch: »*Ich freue mich bei Ihrer nächsten Vorsprache, die Eingliederungsvereinbarung mit Ihnen gemeinsam anzupassen.*«[72]

Diese Vortäuschung demokratischer Mitbestimmung, indem eine Art Freiwilligkeit vorgegaukelt wurde, zeigte, wie perfide die Auswirkungen der Formatierung der Konflikte war. Man tat einem alles an und lächelte stets dabei, wie eine dumme Barbie. Diese Verdummung in den Jobcentern hatte Methode, denn sie machte Antiintellektualismus allgegenwärtig. Rationale Argumente hatten keinerlei Wirkung, gar Konsequenz. Das Gegenüber war in der Regel dafür nicht zugänglich, zu dumm, zu ignorant, zu ungebildet, zu verängstigt.

3

Am 12. August 2015 legte ich Einspruch ein, gegen die auf erzwungene Eingliederungsvereinbarung, was in Folge zu sehr interessanten Konsequenzen führte.

Meine Begründung war im Wesentlichen wie folgt: »*Das Jobcenter hat weder das Recht, sich in meine Arbeit als Künstler einzumischen, was jede ‚angebliche‘ Beratungstätigkeit ausschließt, noch kann das Jobcenter diese Tätigkeit beenden, (...) Ich vertrete und verteidige damit einen der Hauptpfeiler der Demokratie und Meinungsfreiheit. Von dem, was ich als Künstler tue, kann niemals asoziales Verhalten abgeleitet werden. Ich habe das Recht, Ihnen in allem und zu jeder Zeit zu widersprechen.*«[73]

Mein Frontalangriff zielte darauf ab, die Kunstfreiheit in ihrem eigentlichen Zweck anzuwenden, nämlich um die offene Beziehung, die Kultur zwischen Menschen und Gesellschaft wiederherzustellen, solange dies noch ging. »*Im Namen der Kunstfreiheit hebe ich diesen Verwaltungsakt hiermit auf.*«

Ich setzte also einen Akt der Selbstermächtigung und zwang die Behörde nun

72 Schreiben des Jobcenters vom 28.7.2015 Friedrichshain Kreuzberg
73 Brief von mir an das Jobcenter Berlin Kreuzberg vom 12.8.2015

in einen Rahmen, indem sie würde früher oder später ihre Lügen rechtfertigen müssen und genau dann hätte ich sie auf dem Präsentierteller. Wir traten nun in die Verhandlung über den Wert menschlicher Beiträge ein.

4

Das Deutsche Institut für Menschenrechte, eine »unabhängige« staatliche Organisation, antwortete mir angesichts der Geschehnisse: »*Ihre Problembeschreibung werden wir in unserer Arbeit zur Verwirklichung der sozialen Menschenrechte in Deutschland berücksichtigen. Da das Deutsche Institut für Menschenrechte jedoch nicht die Befugnis hat, in Einzelfällen tätig zu werden, kann ich Ihrer Bitte um eine offizielle Stellungnahme leider nicht nachkommen. Ich bitte hierfür um Verständnis.*«[74]

Natürlich fehlt mir dafür jedes Verständnis, denn Menschenrechtsarbeit, die das Individuum ignoriert, kann keine seriöse Menschenrechtsarbeit sein. Das Deutsche Institut für Menschenrechte brüskierte mit dieser Haltung die Aktivist:innen im Land und zeigte, wie falsch verstandene Wissenschaftlichkeit missbraucht wurde, um die Schärfe aus den Diskursen zu entfernen, indem man betroffene Individuen aus den Diskursen ausschloss. Das Leid liest sich eben in objektivierten Studien harmloser, als hörte man von den Betroffenen selbst. Organisationen wie das staatliche Institut für Menschenrechte wurden somit zu einer Schutzmauer des Staates. Ich erwähne dies, um ein Grundproblem zu zeigen, das darin bestand, dass in vielen Industrieländern wie Deutschland Aktivist:innen und Künstler:innen keinen direkten Zugang zu einem Dialog mit dem Staat hatten. Denn der Staat unterhielt sich nur mit Verbänden, aber nicht mit Einzelnen. Dieser Puffer schützte das konservative Establishment und verursachte einen erheblichen Demokratieverlust. Denn in den Verbänden, da saßen wieder nur jene, mit den guten Jobs, die an den richtigen Universitäten studieren durften, die sich angepasst haben, die also keine Ahnung von den Realitäten derer hatten, die auf der anderen Seite der Mauer lebten.

5

Am 7. September 2015 schrieben die bekannte Hartz-IV-Kritikerin Inge Hannemann, die Berliner Aktivistin Christel T. und ich einen offenen Brief an Angela Merkel. Darin ging es um den Fall »Ralph Boes«. Ralph war ein, besser gesagt »der« Hartz-IV-Aktivist im Land, der über viele Jahre gegen die Sanktionen unter

---

74 Brief vom Deutschen Institut für Menschenrechte vom 14.8.2015

Hartz IV kämpfte. Er entschied sich als Folge einer fünffachen 100 % Sanktion, die ihm widerwillig angebotenen Essensmarken direkt zu essen, setzte sich nun jeden Tag mit Tisch und Stuhl ans Brandenburger Tor und protestierte, während er immer mal wieder Essensmarken aß.

Die frühere Präsidentschaftskandidatin Gesine Schwan kam genauso vorbei, um ihn zu besuchen und ihre Solidarität auszudrücken, wie Katja Kipping, die damalige Chefin der Linken. Alle versuchten Boes von seinem »Streik« abzubringen, der ja keiner war, weil man ihm, egal wie man es sehen wollte, auch dann weiterhin Grundrechte verweigert hätte, wenn die paar Essensmarken eingelöst worden wären, für die man aber beispielsweise nur Essen und sonst nichts bekam, nicht Mal ein Stück Seife. Boes wäre in diesen Tagen, ich war dabei, beinahe verstorben. Sein Leben hing an einem sehr dünnen Faden. Ich sprach mit einer Ärztin und sah, wie er immer mehr an Gewicht verlor. Ministerin Birne, die bereit war ihn sterben zu lassen und Horst Seehofer (CSU), der gesagt haben soll, er lasse sich nicht von Armen erpressen, weigerten sich, die Sanktionen zurückzunehmen, die dann 2019, also nur wenige Jahre später, wiederum unter Mitwirkung einer Initiative von Boes zu großen Anteilen als verfassungswidrig vom Bundesverfassungsgericht gestrichen wurden. Ministerin Birne verteidigte also über Jahre eine Praxis, von der wir damals klar und deutlich aussagten, sie sei menschenverachtend und gegen das Grundgesetz, weil dabei tausende Menschen durch die Hölle gingen, deren Schicksal weitgehend unbekannt und unerforscht war und ist. Nach der Feststellung des Bundesverfassungsgerichts gab es keinerlei Entschuldigung seitens der Bundesregierung und natürlich keine Entschädigung für die Betroffenen. Ministerin Birne ist trotz ihres Verfassungsbruchs, bei dem Menschen zugrunde gingen, weiterhin Angestellte des Staates, SPD-Mitglied und derzeit Leiterin der Bundesagentur für Arbeit. Verfassungsbetrug wurde also belohnt.

Angela Merkel antwortete nie auf dieses Schreiben.

Die Staatsanwaltschaft Berlin reagierte darauf mit einem Brief vom 9. November 2015: »*Im Hinblick auf den Fall Ralph Boes ist zu bemerken, dass sich dieser ganz bewusst und gewollt in einem Hungerstreik befindet, um auf diese Weise gegen die bestehende ALG-II-Gesetzgebung und Sanktionspraxis zu protestieren. Es liegt insoweit eine eigenverantwortliche Selbstgefährdung des Ralph Boes vor, die keiner anderen Person in strafrechtlicher Weise zuzurechnen ist.*«[75]

Wenn also ein Mensch sich gegen diese Misshandlung wehrte und versuchte, Selbstbestimmung im Verhungern zu erlangen, indem er oder sie sich weigerte, die Erniedrigung weiter zu erdulden, die sie oder ihn zerstörte, die ein reines Vegetieren darstellte, die krank machte, dann war das in den Augen des Staates ein freier Akt,

---

75 Schreiben der Staatsanwaltschaft Berlin vom 9.9.2015 / 276 U Js 1966/15

für den man selbst verantwortlich war und dann standen jene straffrei, die einen solchen Menschen mit Gewalt Grundrechte verwehrten und im Grunde schleichend vernichten wollten, die nichts anders als Widerstand erzwangen.

Es ist bezeichnend für das ganze Hartz-IV-System, dass es Menschen immer zu Widerstand trieb, weil ja niemand auf Dauer in dieser Entmenschlichung überleben konnte, man diesen Widerstand dann als Legitimität für Bestrafung bis in den Tod benutzte. Man darf nicht vergessen, dass Ralph Boes mit seinem Widerstand gegen krank machende Verhältnisse protestierte. Der Protest war also notwendig, um Leben zu erhalten. Er selbst wäre durch die Essensmarken früher oder später erkrankt, weil sie keine gesunde Versorgung ermöglichten. Seinen Protest kann man vor diesem Hintergrund nicht als freiwillige Selbstgefährdung bezeichnen. Ralph Boes versuchte, seine eigene Gesundheit und weitere Menschenleben zu retten. Die Polizei hätte Ministerin Birne festnehmen müssen.

Man hielt wie gesagt den Armen den provozierten Regelbruch derart lange vor die Nase, indem man ihre Lebenswelt immer weiter einschränkte, weil man den Regelbruch wollte, um die Praxis der Sanktionen legitimieren zu können. Allein diese Feststellung macht aus einem großen Anteil der verhängten Sanktionen eine kriminelle Praxis. Man stiftete durch Psychoterror die Armen dazu an, gegen Regeln zu verstoßen, oder ließ ihnen wegen der Willkür keine Wahl, als wie zuvor beschrieben heimlich Geld zu horten.

Eine Staatsanwältin konnte also nicht nur Mord legitimieren, sondern diesen auch durchführen lassen, wenn es ihr gelang, was in der Armut nur eine Frage der Zeit war, festzustellen, der oder die Arme bringe sich selbst um, weil sie arm bliebe, was so viel bedeutete wie, dass sie ungehorsam sei und folglich daher Armut mit allen Konsequenzen verdienen würde. Der Schritt hin zu einem verdienten Tod ist dann nicht weit.

Ein anderer Staatsanwalt argumentierte in Bezug auf die von mir festgestellte Rechtsbeugung: »*Nur der Rechtsbruch als elementarer Verstoß gegen die Rechtspflege soll unter Strafe gestellt sein. Rechtsbeugung begeht daher nur der Amtsträger, der sich bewusst und in schwerwiegender Weise von Recht und Gesetz entfernt und sein Handeln als Organ des Staates nicht an Recht und Gesetz, sondern an seinen eigenen Maßstäben ausrichtet.*«[76]

Das Problem hier ist nicht, dass ein »freies Individuum« sich der Gesetze bemächtigt, sondern, dass das Recht institutionell in der Hinsicht gebeugt wurde und wird, dass es die Wirklichkeit nicht mehr ermittelt oder erforscht, sondern sie durch Stereotype ersetzt. Das war der Beginn politisch motivierter Gewalt und politischer Verfolgung gegenüber Armen. Die Regeln wurden zunehmend simpli-

---

76 Schreiben der Staatsanwaltschaft Potsdam vom 7.9.2015 / 456 Js 33404/15

fizierend ausgelegt, was zu massiver Gewalt und massivem Unrecht führen musste, die zugleich als Recht und Gesetz erschien. Die Bedrohung bestand also nicht im subjektiv agierenden Staatsdiener, der die Regeln beugte, sondern in jenem, der die Anwendung der Gesetze durch Ausschluss von Komplexität derart simplifizierte, dass daraus massives Unrecht für jene resultierte, die in komplexen Problemverhältnissen lebten.

6

Am 27. Oktober 2015 kam es dann zu einem entscheidenden Moment in meiner Auseinandersetzung mit dem Staat. Das Jobcenter Berlin-Friedrichshain-Kreuzberg zog die »Eingliederungsvereinbarung« plötzlich und überraschend zurück. Zitat: »*Die Eingliederungsvereinbarung per Verwaltungsakt gem. (...) vom 28.7.2015 wird hiermit gem. § 44 (1) S. 1 SGB X mit Wirkung ab dem 28.7.2015 aufgehoben, da bei Erlass des Verwaltungsaktes von einem Sachverhalt ausgegangen worden ist, der sich als unrichtig erwiesen hat. Ihrem Widerspruch ist damit in vollem Umfang abgeholfen.*«[77]

Mein Versuch, das System mithilfe der Kunstfreiheit auszuhebeln, hatte also funktioniert. Die Staatsanwaltschaft Berlin machte offenbar dem Jobcenter klar, dass man sich in meine Arbeit als Künstler rechtlich gesehen nicht einzumischen habe. Wie das genau passierte, kann ich nicht sagen, aber aus Gesprächen mit Sachbearbeiter:innen ging hervor, dass ich wohl einen, sie nannten es »Schwachpunkt« im System gefunden hätte.

Dies hatte zur Folge, dass ich vom 28. Juli 2015 an, von einem kurzen Intermezzo unterbrochen, auf welches ich gleich eingehe, die folgenden ca. 10 Jahre ein bedingungsloses Grundeinkommen vom Staat erhielt. Denn man hatte nun keinerlei Möglichkeit mehr mir Befehle zu erteilen oder Anweisungen. Stattdessen konnte man mich nur zu Gesprächsrunden einladen, mehr oder weniger freundlich zu mir sein und sich anhören, wie ich meine Kritik am Hartz-IV-System lang und breit vortrug, während fast alle anderen Armen im Land permanent mit den übelsten Drohungen konfrontiert wurden, wenn sie sich Anweisungen der Jobcenter verweigerten. Das musste natürlich früher oder später zu einem gigantischen Skandal führen.

Was auf den ersten Blick für viele wie ein simpler Trick erschien, hatte tatsächlich sehr viel mehr Tiefgang. Denn ich bekam meine Arbeit im Rahmen der Kunstfreiheit nur darum durch, weil ich wirklich arbeitete, also weil ich Bücher schrieb und pausenlos aktiv war und weil der Wert dieser Arbeit nicht einfach ignoriert werden konnte, sprich ich verwickelte den Staat pausenlos in einen Diskurs über

77 Schreiben vom Jobcenter Berlin Kreuzberg vom 27. Oktober 2015

den Wert von Speeds Arbeit. Das überforderte die Behörden intellektuell derart, dass man dazu überging einfach zu schweigen und mich mit nichts mehr zu behelligen. Denn umso mehr man mit mir diskutiert hätte, umso offensichtlich wäre es geworden, dass Hartz IV auf Rassismen und Betrug basierte und beispielsweise die Arbeit von Künstler:innen und Care-Worker:innen, die darum verarmten, nicht weniger wert sei, als die Arbeit von anderen und man unmöglich dem Markt die Entscheidung über Wert überlassen könne, was aber eine Staatskrise bewirkt hätte.

Man schuf daher eine neue Simulation neben der Bisherigen, in der nur ich nach ganz eigenen Regeln lebte. Dies war Fluch und Segen zugleich. Solange ich nur Speeds Arbeit fortsetzte, würde ich mit dem Hartz-IV-Satz dafür bezahlt, ohne weitere Fragen zu stellen. Gleichzeitig hatte ich dadurch kaum eine Chance der Armut zu entkommen. Denn diese Simulation schloss mich ein. Es war eine Insel, auf der ich einsam und allein saß.

Dies war nicht das Ergebnis, das ich mir erhoffte, denn man wechselte nun vom Vorwurf an mich, ich würde gewissermaßen Arbeit verweigern, zu einer Totalverweigerung der Mitwirkung durch den Staat. Der Staat verweigerte die Mitarbeit an der Kultur, an der Zivilgesellschaft. Wieder passierte diese Ausschließung, diese Unfähigkeit zum lebendigen Diskurs.

Der Staat verhielt sich wie ein störrisches Kind, das seine Schokolade nicht bekam. Entweder man durfte alles bestimmen, oder dann eben, machte man bei nichts mehr mit.

Es ist essenziell zu verstehen, wie unflexibel der Staat hier war. Man hätte auch meine Arbeit fördern können, also versuchen können Speeds Arbeit zu unterstützen. Man hätte den offensichtlichen Wert einfach akzeptieren können, aber weil ich damit kein Geld außerhalb der Simulation verdiente, durfte eine Belohnung an sich nicht sein. Das hätte das ganze System irritiert. Arme durfte man nicht einfach aufwerten. Man zahlte, aber man legte Wert darauf dies nicht, als Belohnung meines Tuns zu betrachten, sondern als Notwendigkeit, um mir keinen Grund zu geben, öffentlich zeigen zu können, wie man mich verhungern ließ, oder gar misshandelte. Man hielt mich also in Armut, um das Hartz-IV-System zu retten. Man bezahlte mir ein bedingungsloses Grundeinkommen, um nicht über die tatsächlichen Verhältnisse von Arbeit und Armut debattieren zu müssen. Man gab mir also indirekt in allen Punkten recht.

Wir sehen also hier, wie ich durch meinen Forschungsansatz, durch Krisenexperimente, den inneren Kern des Hartz-IV-Skandals offenlegte, nämlich die Tatsache, dass Wert im Kapitalismus keineswegs logisch verteilt ist. Dass der Arbeitsbegriff hier kein scharf begrenztes Verständnis eines Beitrags eines Menschen ermöglicht. Ich konnte also als einzelner Mensch, ohne Ressourcen, das System flachlegen und es hatte gegen mich keinerlei Chance.

Der Staat wusste, dass er log und der einzige Weg dies zu vertuschen, bestand darin, das zu tun, was man auf keinen Fall wollte, nämlich einem Armen über 10 Jahre ein BGE zu zahlen.

Das System wies also gewaltige Lücken und Fehlannahmen in sich auf, die nur durch Vertuschung verdeckt werden konnten. Dies alles lässt sich ausschließlich dadurch erklären, dass man vor der Wahrheit, die ich offenbarte, massive Angst hatte. Bewusst oder was viel wahrscheinlicher ist, unbewusst. Ralph Boes hätte man einfach verhungern lassen können, aber bei mir traute man sich das nicht. Der Unterschied lag darin, dass Ralph Boes sich scheinbar bewusst verweigerte, was dem Narrativ der Regierung entsprach, die Armen würden sich verweigern, während ich immerzu arbeitete und es nicht möglich war, Speeds Arbeit nicht als Arbeit zu betrachten. Man konnte mich aber auch nicht daran hindern, diese Arbeit jeden Tag zu tun. Denn fehlendes Engagement war objektiv bei mir nicht festzustellen. Und Kultur oder Kunst konnten nicht offiziell als wertlos bezeichnet werden. Eine weitere Entwertung, gar eine Sanktion, hätte bedeutet, mich wegen meiner Kunst zu bestrafen und genau davor schreckte man zurück. Jedenfalls vorerst. Denn die Staatsanwaltschaft stand bereit.

Man vermied also, wie gesagt, den Diskurs über die vielen Lügen, indem man mich mithilfe eines bedingungslosen Grundeinkommens isolierte, was Probleme des BGE, im Gegensatz zu einem Universal Care Income aufzeigt. Das BGE konnte man zahlen, während man gleichzeitig die Entwertung meiner Arbeit und meiner Person fortsetzte. Es ließ sich also vom BGE allein keine Wertschätzung ableiten, sondern dies galt nur als rechtliches Erfordernis, um eine Rebellion zu verhindern. Das sollte vielen Befürworter:innen des BGE eine Warnung sein. Hier zeigt sich, weshalb ein Universal Care Income wirkmächtiger wäre, denn damit hätte man Care-Arbeit anerkennen müssen, was bedeutet hätte, dass auch die Inhalte meiner Arbeit ernst genommen hätten werden müssen. Es kann zu einer Falle werden, wenn man glaubt, ein BGE allein werte Care Arbeit auf, gar das Individuum. Das Gegenteil, nämlich völlige Belanglosigkeit der Existenz, kann die Folge sein. Andererseits argumentieren viele heute, Erwerbsarbeit sei doch richtig, wegen der damit verbundenen Anerkennung, die im BGE fehle, aber Erwerbsarbeit ist eben auch dafür nicht geeignet, weil die wenigsten darin authentische Anerkennung finden.

7

Einige Monate später, es hatte sich herumgesprochen, was ich tat, was zu Nachahmer:innen führte, beschlossen wohl höhere Mitarbeiter:innen des Jobcenters, darunter ein gewisser Herr G. diesen Zustand jetzt doch beenden zu wollen. Es schlug der Klassismus insofern zu, als man es nicht ertrug, dass ein mittelloser Künstler alle in ihren Augen an der Nase herumführte.

In Berlin-Kreuzberg, einem der typischen Künstlerviertel Berlins, (das Jobcenter befand sich paradoxerweise in der Rudi-Dutschke-Straße, benannt nach dem linken Aktivisten der 60er Jahre, gegenüber vom rechten Springer Verlag), war Herr G. unter Kulturschaffenden und Aktivist:innen sehr bekannt, denn fast alle landeten wir bei Herrn G., wenn wir Widerstand leisteten. In meinem Film »Transferprotokoll« aus dem Jahr 2024 nannte ich Herrn G. den Künstlerjäger, denn genau das war er. Herr G., ein ehemaliger Polizeibeamter, hatte den inoffiziellen Auftrag, gegen die, wie er sie nannte, »Systemverweigerer« vorzugehen. Dies tat er mit den Mitteln der Polizei, also mit den Mitteln der Zersetzung.

Seine Methode war simpel. Er behandelte einen derart unterkühlt, rational und ohne jeden Sinn für Menschlichkeit, wie ein typischer Schreibtischtäter von der schlimmsten Sorte, dass es ihm gelang, nahezu jeden nichtig zu machen, in den Zustand eines Kindes zu versetzen und dann zu brechen. Man wollte ihn anschreien und viele taten es, weil es derart unbegreiflich war, wie ein Mensch das Unrecht auf diese Weise nicht sehen konnte. Herr G. reduzierte einen psychologisch auf ein Stück Dreck, welches er per Verwaltungsakt zerstören würde.

Ich traf Herrn G. nur ein einziges Mal und diese Begegnung erschütterte mich grundlegend.

Als ich den schmucklosen Raum betrat, fast leer, nur ein Tisch, an dem er saß, auf dem nichts war, außer einem fetten Gesetzbuch, aus dem er dann zitierte, spürte ich, dies wäre eine Art Hinrichtung. Ich saß im Grunde in einem Verhörzimmer und alles roch nach Polizeistaat. Man war schuldig, sobald man den Raum betrat. Jetzt ging es nur noch um die Frage, wie der Staat seine Macht an einem demonstrieren wollte. Herr G. hatte das Gehabe und die Haltung eines langweiligen, technokratischen Henkers. So jedenfalls stellt man sich ihn vor. Korrekt, abgegrenzt und ein Soziopath der Verkürzung und Verknappung jeder Existenz, die vor ihm saß. Offensichtlich genoss er es auch, Menschen zu erniedrigen. Das war ihm deutlich anzusehen.

Er zog das Gesetzbuch zu sich ran, öffnete es und stellte mir dann zynisch die Frage: »*Welche Kleinkunst machen Sie denn, Herr Speed?*«

Es war ihm wichtig, zwei Dinge zu vermitteln. Dass es ihm komplett egal war, was ich tat oder arbeitete. Egal, was es war, es konnte nichts von Wert sein. Denn der Markt hatte entschieden, als wäre es ein legitimes Gericht, dessen Vollstrecker er sei.

Mir wurden meine Pflichten vorgelesen, natürlich keine Rechte. Mir wurde erklärt, er würde nun eine Eingliederung anordnen und er habe sich das überlegt. Er werde mich als Künstler einfach abmelden, dann hätte sich das auch mit der Kunstfreiheit erledigt.

Es war dieser Bürokratie nichts zu dumm, nichts Heilig, was Demokratie und Zivilgesellschaft betraf.

Herr G. schrieb im Anschluss dieser Begegnung: »*Sie gaben bei mir und auch in der Vergangenheit bei anderen Arbeitsvermittlern an, dass Sie keine Eingliederungsvereinbarung abschließen werden, da diese Sie in Ihrer künstlerischen Freiheit einschränken würde (...) aus meiner Sicht ist Ihre Selbstständigkeit gescheitert (...) es ist nicht erkennbar, dass Sie aktiv an der Beseitigung Ihrer Hilfsbedürftigkeit bisher gearbeitet haben.*«

Die kriminelle Perversion seiner Ausführungen, das massive damit verbundene Unrecht, mit dem er eine Lüge nach der nächsten mit der vorherigen verwob, machte die 20 Jahre, die ich als Kulturschaffender und Menschenrechtsaktivist in hunderten Projekten und Aktionen, sowie Büchern zu einem Hungerlohn, wenn überhaupt honoriert, von Jahr zu Jahr erarbeitete, zu einem die Gesellschaft schädigenden Verhalten, wofür er mich nun mit voller Härte bestrafen würde. Seine Ausführungen waren krank. Dieser Mann verhandelte in diesem Moment meine Verbringung in Obdachlosigkeit und er genoss es sichtlich, es mir als Künstler zu zeigen.

Auch hier sah man, wie Kunst in den Jobcentern nicht als Arbeit anerkannt wurde. Gar als Versuch, der Armut zu entkommen. Care-Arbeit war für Leute wie ihn oft nur, ich spitze zu, eine Freizeitbeschäftigung von Frauen, die nicht klug genug waren, um Jobs zu bekommen. Das war nicht nur die Denke von Leuten wie Herrn G., sondern so dachte man bis hoch zur Ministerin. Besonders für die Armen sollte es keine Kunstfreiheit geben. Hier begann, was sich später als ein Grundvorwurf in den Akten manifestierte, nämlich dass ich »asozial« und selbst schuld an meiner Armut sei, weil ich Künstler bin. Das alles geschah wohlgemerkt in einem demokratischen Land, in dessen Grundgesetz die Kunst explizit geschützt wurde. Man negierte unter der Aufsicht von Ministerin Birne zu 100 % Menschenrechte und löschte die Absicht künstlerischer oder aktivistischer Intervention, für die zuvor Generationen ihr Leben gaben, damit diese Werte und Aktivitäten zu Grundpfeilern der Demokratie wurden. Das Bittere ist, hätte die Presse davon erfahren, wäre Herr G. rasch beseitigt worden und man hätte Monate später erneut denselben Versuch unternommen, mich als Künstler zu vernichten. Dass ein Herr G. überhaupt als Verfassungsfeind in einer deutschen Behörde arbeiten konnte, lag daran, dass Ministerin Birne dies politisch wollte. Ihr Handeln implizierte solche Schweine. Es war längst Praxis, eine eigene Rechtsordnung innerhalb der Demokratie für jene zu schaffen, die man für wertlos erachtete, oder schuldig, welche das Demokratische auslöschte. Siehe auch die Praxis, die mit Guantánamo[78] in den USA begann und später mit den neuen Asylgesetzen der EU endete. Man schuf sich eine eigene Realität, ein eigenes Recht, für unliebsame Minderheiten. Man schuf sich damit eine eigene Kausalität und ein Narrativ, welches die Wahrheit der realen Verhältnisse und Beziehungen unsichtbar machte.

»Vielmehr kann davon ausgegangen werden, dass die von Ihnen angegebene Tätigkeit als Künstler lediglich eine ‚Liebhaberei‘ darstellt. Ich habe daher Ihr Bewerberprofil umgestellt und führe Ihre künstlerische Tätigkeit nunmehr in Nebentätigkeit.«[79]

Man findet in der gesamten Kunstgeschichte kaum Kulturschaffende, denen man diesen Vorwurf nicht hätte machen können, leitete man die Stellung ihrer Arbeit von ihrem monetären Gewinn ab. Sogar die heute in ihrer Kunst scheinbar unanfechtbaren wie Mozart oder Dali wären von einem Herrn G. zerstört worden. Dass Herr G. glaubte, mein Tun beenden zu können, indem er mich als Künstler »abmeldete«, was immer er auch damit meinte, war bizarr, aber leider war es, wie zuvor besprochen, das erste Anzeichen dafür, dass Behörden und Beamte, später Richter, das Grundgesetz nicht respektierten, wenn es sie daran hinderte, unmittelbare Gesetze anzuwenden, die sie aus politischen Gründen anwenden wollten. Dies war eine Vorahnung dessen, was uns noch im Rechtsruck der späteren Jahre drohen sollte.

Was Herr G. von mir verlangte, dass konnte ich ihm als Autist nicht geben, denn wie am Anfang dieses Buches erklärt, konnte ich mich von meiner autistischen Berufung nicht abwenden. Dass ich damals nicht wusste, dass ich Autist bin, bedeutet nicht, dass ich nicht die vollen Schmerzen eines Autisten in dieser Situation erlebte. Der Totalitarismus des Herrn G. machte jede Abweichung unsichtbar. Es hätte somit auch der Autismus keinerlei Rolle gespielt. Er hätte mich vermutlich in eine Behindertenwerkstatt abgeschoben.

Es war die Feststellung daher naheliegend, dass man in dieser Logik auch die Demokratie selbst abschalten oder abmelden könnte, oder in Nebentätigkeit versetzen. Der Bürokrat könnte dies jederzeit tun und wurde einzig von der Zivilgesellschaft, die ihm die Macht entziehen konnte, wenn sie denn noch da war, daran gehindert. Das Problem bestand in der Anonymität, in der diese Gewalt verübt werden konnte. Es war also kein Problem Kräfte der Zivilgesellschaft im Kapitalis-

---

78 Wikipedia: Die Guantanamo Bay Naval Base (abgekürzt GTMO, gesprochen Gitmo) ist ein Stützpunkt der US Navy auf Kuba. Er befindet sich auf vom kubanischen Staat verpachtetem Gebiet und liegt im Süden der Guantánamo-Bucht, etwa 15 Kilometer südlich der Stadt Guantánamo. 2002 wurde der Stützpunkt um ein Internierungslager erweitert (siehe Gefangenenlager der Guantanamo Bay Naval Base).
79 Eingliederungsvereinbarung / durch Herrn G. / 28.7.2015

mus in die Armut zu treiben und dann diese Arbeit von Aktivist:innen, Künstler:innen und anderen Care-Arbeiter:innen über Systeme wie Hartz IV endgültig zu zerstören. Das aber war genau das, was eine Demokratie hätte verhindern sollen. Eine Demokratie ohne starke Zivilgesellschaft, wozu auch die Arbeit von Kulturschaffenden zählt, ist eine äußerst geschwächte Demokratie. Ich erinnere also daran, dass die Demokratie will, dass Künstler:innen, wie ich uns gegen diese Vernichtung wehren, weil es ansonsten keine freie Kunst mehr gäbe. Herr G. war schlicht ein dummer Krimineller im Machtrausch. Warum hätte ich jetzt aufgeben sollen? Wenn es je einen Moment gab, in dem die Arbeit von Künstler:innen und Aktivist:innen für die Demokratie relevant gewesen wäre, dann in solchen Augenblicken. Diese rote Linie durfte vom Staat nicht überschritten werden. Und ich war bereit, alles zu tun, um das zu verhindern.

Die Jobcenter in Deutschland waren und sind ein in sich abgeschlossenes System. Niemand will wirklich wissen, welche Methoden sie anwenden, was sie da genau tun, um Arme zu quälen. Das zeigt sich schon darin, dass es keine Instrumentarien in den Jobcentern gibt, um beispielsweise klassistische oder sozialrassistische Diskriminierung oder Rassismus im Allgemeinen festzustellen. Denn Rassismus ist dort politisch erwünscht. Das haben Birne und Kiwi politisch stets mitgetragen. Denn sie schufen die strukturellen Grundlagen dafür. Genauso der Bundespräsident Steinmeier, oder der Kanzler Olaf Scholz, oder Ursula von der Leyen. Sie haben das rechte Gift salonfähig gemacht.

Da fiel es nicht auf, dass ein ehemaliger Polizeibeamter in seinen Augen »Systemverweigerer«, also Künstler:innen, welche die Demokratie verteidigten, mit maximaler Gewalt zu brechen gewillt war. Herr G. wollte mich, nachdem ich damals 20 Jahre prekär für die Kultur des Landes geackert hatte, in einer 40 Stundenwoche, im Winter in die Obdachlosigkeit werfen, weil ich ihm als Künstler widersprach. Ich erlebte das natürlich, wem erginge es nicht so, als versuchten Mord, und zwar mit allen dazugehörigen Emotionen, verzweifelten Gedanken und Ängsten. Auch 2024 erleben wir, wie Minister Kiwi, Avocado und all die anderen Populist:innen wieder Automatismen der Gewalt im Bürgergeldsystem, wie 100 % Sanktionen über zwei Monate, einführen wollen.

Ob Frau Birne von dieser Praxis tatsächlich in allen Details wusste, ist kaum zu belegen, aber zu belegen ist, dass sie es darauf anlegte, dass es zu solchen Szenen kam. Denn ihr Haus war über alle Zutaten dieses Terrors im Vorfeld umfassend informiert. Das galt auch für die Staatsanwaltschaften.

Ich schrieb der Generalstaatsanwaltschaft Berlin am 4. Januar 2017: *»Nach den Regeln von Hartz IV beurteilt, ist, was ich tue, ‚sozial widriges Verhalten'. Ich* *frage Sie! Ist eine Behörde, die das behauptet, noch bei Verstand?«*

Herr G. begründete die Wertlosigkeit meiner Arbeit auch damit, dass ich in der Umsatzeinschätzung für die kommenden Monate stets 0 angegeben hatte, weil wenn man in das Formular für Aufstocker eine Zahl hineinschrieb, die nicht 0 war, einem sofort über ein halbes Jahr die Mittel um diese Summe gekürzt wurden. Bei volatilen Einnahmen musste also jeder 0 eintragen. Das war allgemein bekannt.

Dass Herr G. diese simple Tatsache ignorierte, zeigte eine weitere Perversion, die Ministerin Birne zu verantworten hatte, deren Presseabteilung bezeichnend den Namen »Abteilung für strategische Kommunikation« trug.

Etwa eine Woche nachdem Herr G. meine Selbstständigkeit für gescheitert erklärt hatte, verkaufte ich ein von mir gezüchtetes Alpakafohlen für 13.000 EUR und war zunächst aus Hartz IV raus. Die Absurdität dieses Umstandes habe ich in dem Buch »Radical Worker« umfassend dargelegt, weshalb ich hier nicht näher auf die Geschichte eingehe. Es gab verschiedene Einnahmequellen. Eine bestand aus vier Alpakastuten, die auf einer Wiese in Brandenburg standen, die auf biologische Weise für mich arbeiteten. Man sieht auch hier weitere Absurditäten des kapitalistischen Marktes. Ich konnte mit Menschenrechtsarbeit keinen Cent verdienen, sehr wohl aber mit einem gepunkteten Fohlen in einem überhitzten und spekulativen Markt für exotische Tiere.

Es gab also sehr viele Wege, die Dummheit des Systems vorzuführen.

Als ich im Januar 2017 in den Hartz-IV-Bezug zurückkehrte, war ich nur noch kurz im Jobcenter Kreuzberg und zog dann um, lebte, um Geld zu sparen und Unabhängigkeit zu gewinnen, wie zuvor erwähnt, in einem Zelt auf der Wiese mit den Alpakas in Brandenburg, wodurch ein anderes Jobcenter zuständig wurde. Die Aufhebung der Eingliederungsvereinbarung, die von Herrn G. hatte ich nie unterschrieben, weshalb sie nie gültig wurde, blieb die bestimmende Rechtsgrundlage. Es ging von hier aus also mit dem bedingungslosen Grundeinkommen weiter.

Mir ist klar, dass dies nie dem BGE im klassischen Sinne entsprach, aber dennoch war es sehr nah dran, mit all den damit verbundenen Vorteilen und Problemen. Denn ich bekam das Geld und wurde teilweise über Jahre nicht mehr vom Jobcenter kontaktiert, gar eingeladen.

Der Staat hatte nur zwei Optionen und leugnete weiterhin die Dritte. Man wendete entweder massive Gewalt an, was stets zu Strafanzeigen durch mich führte, was dann öffentlich zu werden drohte, oder man schob mich einfach mit einem BGE in einen Raum ab, in dem mein Widerstand verpuffte. Die dritte Option, die Frage der Care-Arbeit ernst zu nehmen, somit den Kapitalismus infrage zu stellen, stand für diese Leute nicht zur Debatte. Zu glauben, mich mit einem BGE mundtot machen zu können, erwies sich, wie dieses Buch zeigt, als fundamentaler Irrtum. Gleichzeitig wird an diesen Beispielen umso ersichtlicher, weshalb unser Arbeits- und Beitragsbegriff sich wandeln muss. Es muss auch systemkritische Arbeit als Arbeit gelten, oder wir landen direkt, indem, wovor uns Horkheimer warnen wollte, nämlich in einem Faschismus der totalitären Rationalität, voller dummer und menschenverachtender Idioten.

GEWALTAKT 2: HERR H UND DAS BEDINGUNGSLOSE GRUNDEINKOMMEN

1

Am 9. Januar 2017 war ich wegen eines Gesprächstermines ein letztes Mal im Jobcenter Berlin-Kreuzberg. Ein Herr H. hatte mich eingeladen. Ich wollte noch einmal klarmachen, wer der Boss ist und dass ich nicht von meiner Haltung abweichen würde, dass auch Care-Arbeit Arbeit wäre, die anerkannt und zu honorieren sei.

Ich betrat den Raum, setzte mich und reichte ihm ein Schreiben über den Schreibtisch. Darin stand: »*Ich setze Sie hiermit in Kenntnis, dass Strafanzeige gegen das Jobcenter Kreuzberg und einige Sachbearbeiter:innen erstattet wurde. Die Staatsanwaltschaft Berlin wird darum voraussichtlich ab nächster Woche Ermittlungen aufnehmen. Es konnten aus meiner Sicht erhebliche Vergehen nachgewiesen werden. Eine Kopie der Anzeige ist dem Herrn K. übergeben worden. Auch das Justizministerium und das Ministerium für Arbeit und Soziales sind benachrichtigt.*

Sie werden hiermit offiziell und rechtsverbindlich informiert, dass ernsthafte Zweifel daran bestehen, ob Sie faktisch in der Lage sind, meine Arbeit der letzten 20 Jahre richtig zu beurteilen, gar kognitiv zu verstehen.

Seit 2015 wird überprüft, inwiefern Jobcenter überhaupt das Recht haben, sich in die Arbeit von Kulturschaffenden einzumischen. Sollten Sie dies durch Zwang zu Maßnahmen, Coachings oder Ähnliches versuchen, werde ich gegen Sie Strafanzeige erstatten. Ich halte für die Staatsanwaltschaft fest, dass Sie zum jetzigen Zeitpunkt faktisch weder in der Lage sind, meine Arbeit intellektuell zu begreifen, noch das Recht haben, eine Beurteilung vorzunehmen, ohne wissenschaftlich fundierte Grundlagen oder ohne Beachtung bestehender Urkunden. Ich kann Ihnen den Umfang meiner Arbeit auch nicht in einem Gespräch erklären und muss dies auch als Künstler:in gegenüber Behörden nicht tun. Hier herrscht Kunstfreiheit.

Hiermit werden Sie aufgefordert, die Bücher von mir »Stärke in der Armut« und »Die Physik der Armen« vollständig zu lesen und nachzuweisen, dass Sie den

Inhalt verstehen. Sollten Sie dies verweigern, sehe ich eine Pflichtverletzung, da Sie ohne diese Kenntnisse erst recht kein Verständnis über meine Arbeit oder gar meine Fähigkeiten erlangen können.

Da bereits 2015 eine entsprechende Strafanzeige gegen das Jobcenter eingegangen ist, sehe ich hier eine potenzielle Wiederholungstat. Sollten Sie sich in meine künstlerische Arbeit einmischen, gar Beratungsfähigkeit behaupten, erstatte ich wegen versuchten Betrugs, der Veruntreuung von Steuergeldern und weiteren Vergehen im Amt Anzeige. Sollten Sie diese Dinge unter Androhung von Entzug des Existenzminimums tun, muss dies aus meiner Sicht zu Ihrer Entlassung führen.

Dies mag für Sie wie eine herbe Drohung klingen. Ich erinnere daran, dass auch Ihr Schreiben an mich keinerlei Höflichkeit Ihrerseits erkennen lässt. Mit freundlichen Grüßen, Timothy Speed.«

Herr H. stand wutentbrannt auf, rannte raus und knallte die Türe hinter sich zu. Er ging in das Zimmer seiner Vorgesetzten, brüllte dort eine Weile herum, kam dann zurück und warf mich aus dem Jobcenter raus. Zuvor äußerte er einige Drohungen mir gegenüber bezüglich der Dinge, die er in meine Akte schreiben würde. Dazu schrieb ich der Bundesministerin Birne am 11. Januar 2017 einen Brief: »*Sehr geehrte Frau Bundesministerin Birne. Bezüglich der Recherchen zu dem neuen Buch über erhebliches Fehlverhalten in den Jobcentern übermittle ich Ihnen ergänzend zum letzten Schreiben einen weiteren Vorfall, der skandalös ist. Ein Mitarbeiter des Jobcenters Kreuzberg drohte mir heute offen Betrug und Falschaussage an. Ich fordere Konsequenzen im Jobcenter Kreuzberg. (...) Ich bitte Sie um Stellungnahme zu dem Fall, da aktuell auch ein Artikel vorbereitet wird.«*[80]

Herr H., was er genau in die Akten schrieb, ist bis heute ungeklärt, den Grund erläutere ich etwas später, setzte somit den Grundstein für eine Akte voller Lügen, die nun fortlaufend von anderen Sachbearbeiter:innen mit weiteren Ressentiments und Falschaussagen ergänzt wurde, bis ich in den Akten als gewaltbereiter Schläger geführt wurde. Dies lag daran, dass jedes Mal, wenn ich kritische Essays oder Kritiken bei der Behörde einreichte, Sachbearbeiter:innen in die Akte Dinge schrieben wie: »*Herr Speed greift Sachbearbeiter:innen persönlich an.«*

Die Behörde tauschte mich gegen ein Monster aus, mit dem man weder reden noch Informationen austauschen müsse. Man dämonisierte mich, weil man intern rechtfertigen musste, weshalb niemand mich brechen konnte, man es aber für richtig hielt, es wenigstens zu versuchen. Dass es mich weiterhin im System gab, stellte alles auf den Kopf. Das Monster war wie die Kategorie des Irren zugleich eine scheinbare Entschuldigung ihrer Schwäche, wie auch eine Legitimation ihrer Härte gegen mich. Man schuf dieses Bild, um eine Identifikation mit mir, was auch

---

80 Brief an Arbeitsministerin Birne vom 11.1.2017

bei der einen oder anderen Sachbearbeiter:in passierte, möglichst einzuschränken. Ich galt intern als ein Mensch, mit dem man sich nicht abgeben durfte, ohne zu riskieren, selbst in den Fokus der Entwertung und Überwachung zu geraten. Es war also nicht mehr der Rechtsstaat, der über mich urteilte, sondern es war das Milieu der Verachtung gegenüber den Armen. In sehr vielen Jobcentern herrschte ein Milieu bildungsferner Gouvernanten und Oberlehrer, die ihre Macht genossen und psychosozial davon lebten, dass sie diese Kontrolle und Bestrafung ausüben konnten. Das Betriebsklima in vielen Jobcentern war entsprechend intrigant und menschenverachtend, was auch viele Sachbearbeiter:innen als Opfer traf.

In den folgenden Jahren spielte Jobvermittlung keine Rolle mehr. Mir wurde in 10 Jahren kein einziger Job angeboten. Ich setzte Speeds Arbeit fort. Mit dem Ziel, die Grundlagen der Ökonomie komplett umzuschreiben.

2

In einem Brief vom 14. Januar 2017 schrieb ich der Generalstaatsanwaltschaft Berlin: »*Wie Sie aus der Anzeige vom 11.1. ersehen können, wurde das Jobcenter am selben Tag darüber in Kenntnis gesetzt, dass die Mitarbeiter:innen intellektuell und kognitiv nicht in der Lage sind, meine Arbeit zu beurteilen, gar zu verstehen.*«[81]

Meine Strategie bestand darin, amtlich die Komplexität der Realität feststellen zu lassen und zu dokumentieren, um die weitere Simplifizierung durch den Staat zu verhindern. Indem ich die strukturelle Dummheit der Institutionen belegte, entstand eine Handlungsunfähigkeit auf der Seite des Staates, weil dieser von mir auf die intellektuelle Ebene gezwungen wurde und der Staat zumindest noch den Eindruck erwecken musste, logisch zu handeln. Wozu er intellektuell, in der Praxis, aber nicht mehr in der Lage war. Gleichzeitig verstrickte ich die Behörden im Subjektiven. Es galt, der Submergenz etwas entgegenzusetzen. Das konnte nur durch individuelle, subjektive Abweichung stattfinden. Nur auf diese Weise machte ich die realen Beziehungen des Ökosystems sichtbar.

Je mehr sie mit mir zu tun hatten, umso mehr ich sie mit meiner kreativen und subjektiven Persönlichkeit konfrontierte, umso weniger war es möglich, mich bürokratisch zu fassen, gar zu stereotypisieren. Das war Teil meiner Methode. Nur die hierbei zusehende Gesellschaft war in der Lage, die tatsächliche Situation zu erkennen, weil sie sich als Zuschauer außerhalb der Geschehnisse befand. Ich schrieb zwar den Behörden, aber die Ansprechpersonen saßen in der Zivilgesellschaft. Es war eine indirekte Kommunikation. Erst dieses Dreierverhältnis ermöglicht es in einer Demokratie, Missstände sichtbar zu machen. Der äußere Zeuge ist die Ins-

81 Brief von mir an die Oberstaatsanwaltschaft Berlin / 14.1.2017 / 233 Js 162/17

tanz, für die ich all das machte.

Denn das Mobbingopfer ist stets gefangen in einem Habitat, dominiert von der Macht, der einen, um die Wahrheit der anderen zu vernichten. Dem setzte ich eine künstlerische Inszenierung entgegen, nämlich meine autistische Integrität und mein persönliches Welterleben. Meine Existenz wurde zur Subkultur, zur Gegenrealität, aus der ich einen neuen Arbeitsbegriff heraus etablierte.

Ich schrieb: »*Da die vorsätzlich falsche Beurteilung von Wirtschaftlichkeit unter Hartz IV vermutlich nicht nur mich, sondern tausende andere Personen betrifft, könnte es sich hier um den vielleicht größten Wirtschaftsbetrug in der deutschen Nachkriegszeit handeln. Tatsache ist, dass die Behörde über keinerlei wissenschaftlich zweifelsfrei abgesicherte Bewertungsmethode verfügt, um überhaupt Wirtschaftlichkeit feststellen zu können.*«

Natürlich kollidierte diese Aussage mit der Evidenz, die der Normalbürger glaubt, im Begriff »bankrott« erkennen zu können, aber um es mit dem Soziologen Pierre Bourdieu zu sagen, es gab eben viele Formen des Kapitals, wie soziales oder geistiges Kapital. Indem ich rationales mit Politischem, Sozialem, Künstlerischem, mit Überspitzung, Überreizung und Provokation mischte, kam es zur maximalen Überforderung aller involvierten Behörden in der Frage, was wert ist. War ich als Künstler wertlos? Diese Frage war hochkomplex. Wenn ich aber nicht wertlos war, in meinem Tun, dann war ich auch kein Schaden, gar eine Belastung, sondern musste wie jede andere auch entlohnt werden. War dies über den Markt nicht möglich, musste eben der Staat zahlen. Das aber war doch nicht mein Problem. Denn ich konnte im Gegensatz zum Staat den Kapitalismus nicht einfach abstellen. Da sie die Realität in deren Komplexität nicht fassen konnten, weil die Simulation sie daran hinderte, sie mussten ja »effizient« agieren, neigten sie dazu, mir in umfassendem Ausmaß ihre Lügenmodelle zu präsentieren. Sie versuchten auszuweichen und je mehr sie auswichen, umso sichtbarer wurde in der Masse der Schreiben und Erklärungen, auch weil diese sich ineinander widersprachen, dass man längst den Bezug zur Realität verloren hatte. Die Macht begann zu bröckeln.

Als Autist ging es mir um das Erkennen und Sichtbarmachen von Mustern und Fehlern im System. Diese wurden nur erkennbar, indem man, was ich »provozierte Empirie« nannte, betrieb, also das Herbeiführen von Situationen, in denen die Schwächen der Muster erkennbar würden.

Was ist die Funktion des Monsters? Das Monster ist in erster Linie keine Kategorie eines Menschen, sondern eines unbändigen Wollens, das zu zivilisieren ist, wobei man, egal, was man dem Monster antut, dabei niemals selbst zum Monster wird. Denn das Monster hat keine Gefühle, kein inneres Wesen, es kann kein Mensch werden. Das Monster ist das einzige Geschöpf, das niemals auf Mitleid hoffen darf. Erkennt aber eine dritte Instanz, dass das Monster kein Monster ist, so wird diese Zuweisung als Gewaltakt derer erkennbar, die ihre eigene Dunkelheit in diesem Stigma verbergen wollen.

3

Die monströs schizophrene Behörde schrieb nun geradezu kindisch: »*Sie müssen immer unter der von Ihnen benannten Adresse erreichbar sein. Sie sind verpflichtet, den Zeitraum und die Dauer einer geplanten Ortsabwesenheit mit Ihrem persönlichen Ansprechpartner vorher abzustimmen. Unerlaubte Abwesenheit kann dazu führen, dass Ihr Anspruch auf Arbeitslosengeld wegfällt und die Leistungen zurückgefordert werden.*«[82]

Die Behörde drehte langsam durch. Das war die Folge der Dissonanzen innerhalb der Situation, in der wir uns hier befanden. Man simulierte Bürokratie, um sich selbst einzureden, man sei von Bedeutung, während ich schrittweise öffentlich machte, dass man ausschließlich dumm und kriminell handelte. Statt also beispielsweise zu formulieren, man müsse binnen einer Woche auf Post reagieren, was selbstverständlich ist, wurde in einer erniedrigenden Weise mir gegenüber eine Art Hausarrest begründet. Als gäbe es kein Telefon. Unverhältnismäßigkeit ist ein Zeichen von Schwäche und von einem System, welches sich bedroht fühlt.

Auch hier fand man wieder das Sanktionsparadoxon. Man machte etwas derart kompliziert, dass man dagegen verstoßen musste. Dieser überbordende Terror folgte keiner Logik im eigentlichen Sinne, sondern der Absicht des Implizierens allgegenwärtiger Habhaftwerdung über den Körper des Delinquenten. Weil man mich nicht mehr zur Arbeit zwingen konnte, musste man andere Wege finden, um zu zeigen, dass man über mich dominierte. Es blieben aber nur noch lächerliche Wege übrig.

Ich zeigte dieses Verhalten bei der Staatsanwaltschaft als Freiheitsberaubung an, einfach um zu sehen, was passiert. Ich benutzte die Strafanträge jetzt fortlaufend als Dialog mit dem Staat, denn auf Strafanträge musste man wenigstens antworten. Sie drangen durch die Simulation hindurch. Auf diese Weise waren im Laufe der Zeit zwischen 50 und 100 Staatsanwält:innen damit befasst, sich zu den Zuständen, die ich erlebte, zu verhalten. Keine Einzige beendete die Gewalt gegen Arme und keine Einzige akzeptierte diese als Fakt. Am 14. Januar 2017 war Ministerin Birne über die Vorwürfe gegen Herrn G. informiert worden, hat aber nie reagiert. Am 16. Januar 2017 wurden die Ermittlungen gegen Herrn G. und Herrn H. durch die

---

82 Aus seinem Schreiben an die Oberstaatsanwaltschaft Berlin, über Aussagen des Jobcenters vom 14.1.2017

Staatsanwaltschaft Berlin eingestellt.[83]

Was ich da trieb, war eine Art Fadenspiel, wie es Donna Haraway in ihrem Buch »unruhig bleiben« erklärt. Es ging um Verknotung und um Reaktion und Gegenreaktion, um auf diese Weise ein immer komplexeres Muster sichtbar werden zu lassen.

Haraway meinte dazu: »*Wie Margulis verwende ich Holobiont, um symbiotische Assemblagen zu bezeichnen, (...) Sie ähneln damit eher den Knotenpunkten unterschiedlicher intra-aktiver Bezüge in dynamischen, komplexen Systemen und weniger den Gebilden einer Biologie, die sich aus vorgegebenen und umgrenzten Einheiten (Genen, Zellen Organismen etc.) zusammengesetzt, welche lediglich auf kompetitive oder kooperative Art miteinander interagieren können.«*[84]

Ein Holobiont ist eine symbiotische Einheit, die aus einem Wirt und den damit verbundenen mikrobiellen Gemeinschaften besteht. In anderen Worten ist ein Holobiont ist ein komplexes ökologisches System, das den Wirt und die verschiedenen Mikroorganismen umfasst, die von, in und auf dem Wirt leben. Für das System war ich ein solcher Holobiont, also in deren Augen ein Parasit. Für das Ökosystem hingegen bedeutete was ich tat, eine neue Form der Zusammenarbeit und Interaktion. Eine Rückführung der Bürokratie in natürliche Verhältnisse.

4

Am 23. Januar 2017 stellte ich dem Bundesministerium für Arbeit 342.720 EUR in Rechnung: »*Für vier Jahre Forschung und künstlerische Arbeit, um die Missstände unter Hartz IV der Öffentlichkeit zugänglich zu machen. (...) Stundensatz 30 EUR, bei 40 Stunden die Woche, für vier Jahre.*«

Der Staat hat diese Rechnung nie bezahlt. Diese zeigte aber die Summe, die ein Universal Care Income hätte bedeuten müssen, um eine Vorstellung davon zu geben, wie sehr der Staat von Speeds Arbeit profitierte, während man mich weiterhin dafür bestrafte, um dummen Kleinbürger:innen mit sozialrassistischen Einbildungen einzureden, alles sei in Ordnung mit dem Leistungsprinzip, die Armen seien weiterhin an allem Schuld.

Am selben Tag stellte ich auch dem ZDF eine Rechnung in der Höhe von 85.680 EUR: »*Für ein Jahr ignorierter Forschung, um den Vertrauensverlust in den Medien und zum Phänomen der ‚Echokammern‘, sowie die Entwicklung neuer Konzepte, um dem entgegenzuwirken und ein vollkommen neues Verständnis der Information im Medium zu fördern. Publiziert in dem Buch »Organic Television«,*

83 233 Js 162/17 Staatsanwaltschaft Berlin, Ermittlungen gegen H. und G.
84 Donna Haraway / Unruhig bleiben / Campus / S 86

dessen Inhalt Frau Prof. Wille im Namen der ARD ignoriert hat und somit die Zusammenarbeit mit der freien Szene ablehnte, wodurch ich wieder bankrottging. Die Rechnung kann mit Liz Mohn von der Bertelsmann-Stiftung (RTL) geteilt werden.«

Auch ARD, ZDF oder Frau Mohn beglichen die Rechnungen nicht. Während andere Leute mit ähnlichen Arbeiten sehr viel Geld verdienten, weil sie eben nicht aussagten, die Welt sei fundamental ungerecht, siehe die weichgespülten Papiere des Zukunftsrates der Rundfunkkommission der Länder.

Diese Rechnungen waren meine Version der CO_2-Kosten. Sie sollten dafür bezahlen, dass sie meinesgleichen aus der Rechnung der Ökonomie ausschließen. Sie sollten sich bewusst werden, was die Konsequenzen waren, andere für sich arbeiten zu lassen, denn genau das bedeutete die Grundkritik aus der Care-Arbeit. Man wird eines Tages die Frage stellen, mit welchem Recht der Staat diese Rechnungen einfach ignorierte. Also, warum ließ man sich auf keinen Diskurs ein? Diese Ablehnung zu 100 % war ein wesentliches Merkmal der Realitätsverweigerung, denn egal, wie man es dreht und wendet, es war nun mal nicht zu leugnen, dass, was Künstler:innen oder Care-Arbeiter:innen taten, Wert hatte, aber nicht honoriert wurde. Ich meine, man konnte das dem Staat nicht einfach durchgehen lassen. Wir sehen hier, wie der Staat schwieg, sich einfach wegdrehte, um nicht offensichtlich lügen zu müssen. Damit überschritten diese Beamt:innen die rote Linie hin zu perversen Strukturen, also zu immer mehr Gewalt gegen Randgruppen, um schlicht die zunehmende Inkongruenz des eigenen Handelns zu verdecken. So entstehen systemisch bedingte Verbrechen. Am Anfang steht immer die Absicht das eigene Versagen zu verschleiern.

5

Am 24. Januar 2017 ein weiterer Brief an die Ministerin Birne: *»Die Staatsanwaltschaft Berlin hat mir eben bestätigt, dass nun das dritte Ermittlungsverfahren gegen Mitarbeiter des Jobcenters Kreuzberg läuft. Der Brief von Herrn B. vom 19. Januar ist ein Skandal. Obwohl Sie, Frau Birne, die volle Verantwortung für die aufgezeigten Missstände tragen, versuchen Sie sich jetzt feige aus der Affäre zu ziehen.«* Dies ging auch an ihre Pressesprecherin Daldrup. Es ist also anzunehmen, dass die Verhältnisse allmählich zu Birne durchdrangen.

Ende Januar, also am 23. Januar 2017[85] formulierte ich einen offenen Brief, der an die Staatsanwaltschaft, das Jobcenter, Ministerin Birne und das jeweilige Intendantenbüro von ZDF und ARD ging. Auf diese Weise verstrickte ich alle mit al-

---

85 Offener Brief vom 23.1.2017 / zu Ermittlungsverfahren 233 Ujs 77/17 und 233 Js 162/17

len, um die Zusammenhänge klarzumachen und um Konsequenzen des jeweiligen Handelns zu erläutern. Das Schreiben war elf Seiten lang.

Darin erläutere ich essayistisch viele Probleme der Hartz-IV-Gesetzgebung, aber auch von ARD und ZDF und wie das alles zusammenhing: »*Ich stelle fest, dass in einem Rechtsstaat der Staat nur dann Gewalt gegen Bürger:innen anwenden darf, wenn dies in einem logischen und zweckmäßigen Zusammenhang steht, der durch ein Gesetz oder behördliches Tun tatsächlich erfüllt wird. Auch die Verhältnismäßigkeit ist zu wahren. Dies alles ist unter Hartz IV überwiegend nicht der Fall (...). Ich fordere ARD und ZDF auf, die Grenzen zu öffnen und sich kritischer Auseinandersetzung tatsächlich zu stellen. Ich fordere das Ende von Hartz IV und umfassende Untersuchungen der Staatsanwaltschaft gegen einen Apparat, der nicht das tut, was er behauptet, sondern Menschen zerstört. Dies ist erst der Anfang.*«

Sieben Jahre später sollte ich wie bereits erwähnt mit dem Film Transferprotokoll erneut vor der Türe des ZDF stehen, wieder mit der Forderung, endlich vom Unrecht gegenüber den Armen umfassend zu berichten. Vier Jahre hatte ich an dem Film gearbeitet, während Behörden mich weiterhin wegen Speeds Arbeit terrorisierten. Doch auch sieben Jahre später hatte sich beim ZDF wenig geändert. Man begegnete mir mit derselben Ablehnung wie damals nach einem Brief vom 24. Januar 2017 an die Intendant:innen Bellut und Thieme: »*Im vergangenen Jahr erschien das Buch ‚Organic Television‘ in dem ich wesentliche Problemfragen, um den Vertrauensverlust und die sogenannten Echokammern in den Medien gestellt wurden. Als das Ergebnis von einem Jahr Forschung entstanden neue Konzepte und Lösungen, die ich versuchte im vergangenen Jahr Frau Prof. Wille (Vorsitzende ARD) vorzustellen, welche diese jedoch nach anfänglichem Briefwechsel ignorierte. Anschließend wurde der Fall im vom Club of Rome und zahlreichen anderen Stiftungen unterstützten Kapitalismustribunal in Wien öffentlich verhandelt. (...) Der Skandal besteht nun darin, dass Frau Prof. Wille einen wichtigen Beitrag der freien Szene mit dem Verweis ignoriert hat, sie müsse nicht auf unaufgefordert zugesandte Arbeiten von Kulturschaffenden reagieren. (...) Als Folge dieser Ausgrenzung ging ich wieder bankrott und musste Hartz IV beantragen. Durch die Behörde wurde ich, wie das beiliegende Schreiben zeigt, massiv misshandelt. Mir geht es darum aufzuzeigen, wie Menschen, die unbequem sind, die kritische Fragen stellen, auch im ZDF ausgegrenzt werden. Ferner möchte ich einen neuen Arbeitsbegriff anregen und zu einer Öffnung des ZDF beitragen. Ich bitte Sie, zu den Details das beigefügte Schreiben an die Staatsanwaltschaft zu lesen. Gleichzeitig stelle ich Ihnen symbolisch die Kosten für ein Jahr Forschung in Rechnung. Ich bitte Sie, Herr Bellut, und Frau Thieme, zu dieser Sache und zum Inhalt von Organic Television umfassend Stellung zu nehmen und der Öffentlichkeit mitzuteilen, wie Sie mit den Vorwürfen umgehen wollen.«*[86] Ich erhielt nie eine Antwort. Für mich als Autisten war das vollkommen unlogisch. Aber vermutlich hätte man als Antwort die Realitäten der Gesellschaft neu erarbeiten müssen. Das mag nicht verwundern, aber vielleicht versteht man jetzt besser, weshalb es so wichtig war, genau diese Verbundenheit der Verhältnisse klarzumachen und einen Response zu fordern. Wie sollte sich je etwas ändern, wenn man nicht diese Komplexität lebte? War nicht das, was sich hier zeigte, auch eine Chance, um massive Problemfragen dieser Gesellschaft anzugehen? Sind nicht vergleichbare Probleme überall in den Strukturen zu finden und wäre es nicht großartig, hätten wir ein Format, welches zuließe, an der Lösung dieser Konflikte zu arbeiten? Wer sollte dafür bezahlen, es finanzieren, wenn nicht die Gesellschaft an sich? Es war notwendig die Verhältnisse persönlich zu machen. Es galt, die in sich abgeschlossenen Simulationen von Wert und Relevanz zu durchbrechen, und das ging nur persönlich über das die Beziehung fordernde Individuum. Seht her, die Welt ist komplexer als ihr denkt! Auch ich bin ein Teil dieser Welt, die ihr aber so nicht zulassen wollt. Warum nicht? Was ist für das ZDF schädlicher? Menschen wie mich zu verhindern, weil wir arm sind, oder eine Erweiterung des Spektrums zuzulassen? Diese Leute finden stets schöne Worte, um die Arbeiten von Armen abzulehnen, die nicht wie Rassismen klingen, die aber meist strukturelle Rassismen sind.

Meine Arbeit am ZDF zeigt beispielhaft, was sich alles in allen Branchen ändern könnte, ja in der ganzen Gesellschaft, würde die Intelligenz, die in diesen Konflikten liegt, nicht unnütz versiegen oder verdrängt werden. Dazu aber sind Leute in Jobs nicht fähig, weil ihre festgelegte Funktion über der Realitätsbeziehung steht.

6

Am 7. Februar 2017 schrieb mir das Jobcenter zu der Strafanzeige gegen Herrn H, der mich aus dem Jobcenter wütend hinausgeworfen hatte: *»Das Kundenreaktionsmanagement«*, was für ein passend unpassender Begriff, *»hat mich gebeten, Ihr dorthin gerichtetes Schreiben in eigener Zuständigkeit zu beantworten. Den geschilderten Sachverhalt habe ich sorgfältig geprüft und darf Ihnen hierzu folgendes mitteilen (...) Die vorrangige Aufgabe eines Arbeitsvermittlers ist die mit den Kunden gemeinsame Aufarbeitung des bisherigen schulischen und beruflichen Werdegangs, die Erstellung eines Profilings um darauf aufbauend eine mögliche Integrationsstrategie zu erarbeiten. Art und Umfang des Förderns und Forderns, dem Grundprinzip des SGB II, kann so individuell auf den einzelnen Kunden abgestimmt werden.«* Man sah also hier, wie das Individuum zur Funktion für den Sachbearbeiter wur-

---

86 Brief an Intendantenbüro ZDF Mainz / Bellut vom 24.1.2017

de. Der Sachbearbeiter benötigte den Kunden, um dessen Arbeit zu legitimieren. Darum hatte der Kunde, wie es der Sachbearbeiter benötigte, vor diesem vorzutanzen, in der Rolle, die man diesem zuteilte, egal in welchem Kontext, entlang von welchem Sinn oder mit welchem Ziel. Selbst wenn dies mit mir als Kulturschaffendem zu einem Absurdum an sich wurde. Denn wie hätte Herr H., ohne meine Arbeit von Jahrzehnten zu zerstören, ohne mich komplett zu demontieren, hier eine Formatierung meiner Existenz als Künstler und systemkritischen Intellektuellen vornehmen können, die zu einer Aufwertung meiner Arbeit oder meiner Person geführt hätte, gar zu einer Integration in den Arbeitsmarkt? Als Autisten? Was sollte die Gesellschaft davon haben, mir die Arbeit als Künstler zu verbieten? Wie dumm waren diese Menschen? Was hatte meine schulische Bildung damit zu tun, dass ich 30 Jahre Kunst gegen Missstände machte? Was hatte das damit zu tun, dass ich in kein Unternehmen passte, was ja daran lag, dass ich, was richtig und wichtig war, Kunst machte. Also eine für den Demokratieerhalt erwünschte Arbeit, die man seriös nicht als Hobby betreiben kann.

Mich nach Jahrzehnten der Arbeit für die Kultur dieses Landes zum Gummibärenverkäufer umzuschulen, wie Ralph Boes oft spottete, konnte doch nicht im Sinne der Gesellschaft sein, wenn dadurch auch meine Arbeit an der Aufklärung der Missstände verschüttet würde. Man kann dies zynisch ignorieren, aber für mich als Künstler und Autisten ging es um Verantwortung. Diese Verantwortung aber wurde mir mit der Zeit zunehmend als Verantwortungslosigkeit ausgelegt. Die Behörde schrieb weiter: »*Ihre Tätigkeit als Schriftsteller ist hierbei mit Ihnen gemeinsam anzusprechen und im inhaltlichen Umfang zu bewerten und bei der Herausarbeitung einer Integrationsstrategie in den 1. Arbeitsmarkt und deren Umsetzung zu berücksichtigen.*«

Die Behörde fand also simpel gesagt, ich schreibe zu viel und eben Dinge, die für den Arbeitsmarkt nicht tauglich sind. Die das System also nicht wollte. Man tat so, als wolle man mich als »Schriftsteller« irgendwo integrieren, was für ein irrer Gedanke, wissend, dass dies nur meine Vernichtung als Kulturschaffenden bedeuten konnte, was man auch wollte, weil man tatsächlich Kunst, die kein Geld brachte, für eine die Gesellschaft schädigende Tätigkeit hielt, was von massiver Bildungsferne, Rassismen und Dummheit in astronomischem Ausmaß zeugte.

Das Jobcenter schrieb: »*In Ihrem Gespräch war Ihr Wunsch, dass Ihr Arbeitsvermittler Ihre Werke lesen und verstehen müsse. Die spezifischen Kenntnisse der Inhalte und das Verständnis Ihrer Werke sind für eine Vermittlungsstrategie nicht notwendig. Es ist zu beurteilen, ob und inwiefern Ihre Tätigkeit als Autor eine finanzielle Unabhängigkeit gewährleistet und anschließend eine gemeinsame Strategie der Steigerung der Einnahmen zu erreichen oder berufliche Alternativen zu erarbeiten.*«

Ich bin selbst überrascht, wie es mir durch meine Methodik gelungen ist, solche Rosinen des Irrsinns aus den Behörden heraus zu bekommen. Ich sage dazu nur eines: Am 12. August 2022 kam es, also fünf Jahre später, zu einem Messeranschlag auf den Autor Salman Rushdie in England. In einem Artikel vom Spiegel stand: *»Sein 24-jähriger Angreifer hatte später angegeben, er habe nur zwei Seiten der »Satanischen Verse« gelesen. Er sei aber der Ansicht gewesen, dass der Autor »den Islam angegriffen« habe.«*[87]

Das Jobcenter hätte mir genauso gut, wie bei Rushdie, ein Messer ins Auge rammen können. Es wäre dieselbe Form der auf der Verweigerung von Wissen basierenden Gewalt. Das ist es, was Simulation bewirkt.

Die Worte der Behörde erfordern kaum noch einen Kommentar, denn sie zeigen das ganze Ausmaß der Problematik, sobald die instrumentelle Vernunft nach Horkheimer sich durchsetzt. Ich nahm die Kunst ernst. Ich nahm die Forschung ernst. War das falsch? Ist mir das vorzuwerfen?

Die Entwertung der Armen machte die Vorstellung undenkbar, ein wesentlicher Beitrag könnte von selbstbestimmten Armen kommen. Ihre Nützlichkeit wurde allein in deren Umformatierung gesehen. Um es mit dem Soziologen Zygmunt Bauman zu sagen, die Armen wurden zu Abfall, zu Müll, den es zu entsorgen galt.

Horkheimer sagte: *»Nie wieder Auschwitz!«* Doch wie verhindert man Auschwitz, wenn man als Kulturschaffender und »Asozialer«, also als Mitglied der ursprünglichen Opfergruppe, an der sich Auschwitz wiederholen könnte, auch Autisten wurden ins KZ verbracht, im Gehorsam einknickt und sich gewissermaßen bereitwillig selbst zerstört? Das tut man nicht freiwillig. Niemand sollte das freiwillig tun. Würde ich aufgeben, in welche Position brächte ich all die Kulturschaffenden und Armen nach mir?

Es ist hier notwendig, über das zu sprechen, was auf dem Spiel stand. Damit man meine Motivation begreift, aber auch die Brutalität und Menschenverachtung der behördlichen Gewalt, denn dies war kein Spiel, auch wenn es manchmal etwas Spielerisches, nicht selten etwas Komisches hatte.

7

Es gibt in der Psychologie und Soziologie vier zentrale Konzepte, die beschreiben, was passiert, wenn man Menschen dazu zwingt, gegen ihr Gewissen, gegen ihre tiefen Überzeugungen oder gegen ihre eigene Natur zu handeln. Wenn man diese versteht, ist es auch möglich zu begreifen, welchen immensen Schaden Jobs in

---

87 Spiegel Online /Autor Rushdie warnt eindringlich vor Wiederwahl von Donald Trump / 22.04.2024, 07.47 Uhr

ihren vielen Formen der Erpressung und Erniedrigung von Menschen anrichten und weshalb nichts gut wird, ganz im Gegenteil, wenn man alle zwingt, in Jobs arbeiten zu gehen. Dies führt zu einer Schwächung von Zivilgesellschaft und Ökonomie, weil es zu jenen Konflikten und unzähligen verdrängten Problemen führt, von denen unsere Gesellschaft heute voll ist. Wir können Burn-out und Umweltzerstörung nicht mehr externalisieren. Eine Veränderung des Arbeits- und Beitragsbegriffs ist daher keine ideologische Frage, sondern eine Frage des Überlebens. Die Jobs bringen uns um. Nicht jeden, nicht sofort, nicht immer, aber auf sehr vielen Ebenen, direkt oder indirekt, auf die eine oder andere Weise. Vor allem töten sie das Ökosystem Mensch. Da sich die Katastrophe auf der Ebene des Erlebens in den Jobs unterschiedlich staffelt, ist die Ebene der Arbeit zentral, um rechtzeitig zu einem gemeinsamen Handeln zu gelangen, welches die Spaltung überwinden hilft. Das Konzept der Jobs ist nicht ausreichend komplex, um als Grundlage eines Ökosystems zu dienen. Das ist Fakt. Doch es gibt auch Hoffnung.

»Die nächsten Jahre werden eine Ära der »worker's world«, einer Welt, in der Arbeiter:innen, nicht Arbeitgeber:innen den Ton angeben, titelte die britische Zeitschrift »The Economist« im April 2021.«[88]

Der Grund dafür ist die *»demografische Dürre«*, also der Rückgang der geburtenstarken Jahrgänge, was die Verhandlungsmacht der Arbeiter:innen verbessert. Das wird aber nicht genügen, wenn wir nicht die Kette der folgenden vier Stufen unterbrechen, wenn Arbeiter:innen und Angestellte sich nicht der Simplifizierung und Effizienzsteigerung um jeden Preis verweigern. Nicht um nicht mehr zu arbeiten, sondern um die Realität zu erarbeiten und das in angemessener Verhältnismäßigkeit.

Denn der gigantische Systemschaden unserer Welt findet den Kern darin, dass Menschen nicht mehr angemessen handeln. Sie tun es nicht, weil sie freie Egoist:innen wären, sondern überwiegend, weil sie den ganzen Tag in fremdbestimmte, unfreie Handlungen verstrickt sind, korrumpiert sind, die sie von natürlichen Weltbezügen und tiefergehenden Beziehungen entfremden. Das ist der Kern der Übermacht des Fakes und der Bullshit-Jobs im Sinne von Graeber. Das ist der Kern des Mainstreams und der fatalen Vermassung.

Die Theorie der *kognitiven Dissonanz*[89], als erste Stufe, besagt, dass Menschen ein starkes Bedürfnis nach Konsistenz zwischen ihren Überzeugungen, Einstellun-

---

88 Barbara Prainsack / Wofür wir arbeiten / Brandstätter / S 47
89 Leon Festinger entwickelte die Theorie der kognitiven Dissonanz, die beschreibt, wie Menschen ein starkes Bedürfnis nach Konsistenz zwischen ihren Überzeugungen, Einstellungen und ihrem Verhalten haben. Wenn sie gezwungen werden, gegen ihre eigenen Überzeugungen oder Werte zu handeln, entsteht ein unangenehmes Gefühl der Diskrepanz oder „Dissonanz". Um diese Dissonanz zu reduzieren, neigen Menschen dazu, ihre Überzeugungen zu ändern oder zu rationalisieren. Dieses Konzept wurde in zahlreichen Studien bestätigt und bildet eine Grundlage für das Verständnis von Anpassungsverhalten unter sozialem Druck.

gen und ihrem Verhalten haben. Zwingt man sie also, gegen ihre eigenen Überzeugungen oder Werte zu handeln, entsteht ein Gefühl der Diskrepanz oder »Dissonanz«, das psychologisch unangenehm ist. Dies kann zu Spannungen, Stress und einem inneren Konflikt führen, der bedeutet, dass Menschen ihre Überzeugungen ändern oder rationalisieren, um die Dissonanz zu reduzieren. Das führt dann in den Agentic State[90], oder zur Banalität des Bösen[91], nach Ahrendt. Die meisten Menschen, das zeigten Versuche, knickten gegenüber der kognitiven Dissonanz ein. Jedenfalls zunächst. Viele aber kommen nach gewisser Zeit zur zweiten Stufe, also zur *psychologischen Reaktanz*.[92] Die Theorie der *psychologischen Reaktanz* besagt, dass Menschen eine Abneigung gegen Beschränkungen ihrer Freiheit oder gegen Versuche haben, ihr Verhalten zu kontrollieren oder zu manipulieren. Wenn sie gezwungen werden, gegen ihre eigenen Überzeugungen zu handeln, kann dies eine *psychologische Reaktanz* auslösen, die dazu führt, dass sie ihre Überzeugungen noch stärker verteidigen oder sich sogar gegen die Zwänge auflehnen. Etwas, was besonders Autist:innen betrifft. Dies wäre also die gesündere Gegenbewegung zur *kognitiven Dissonanz*. Tritt diese Stufe nicht ein, oft weil in unserer Gesellschaft Widerstand kaum noch Solidarität erfährt, sehen wir folgende Entwicklung, nämlich die *Internalisierung*. Wenn Menschen gezwungen werden, gegen ihre eigenen Werte oder moralische Prinzipien zu handeln, kann dies ihre Selbstachtung und ihr Selbstwertgefühl beeinträchtigen. Dieser Selbsthass kann die Gewalt weiter bestärken. Wenn sie ihr eigenes Verhalten als inkongruent mit ihren persönlichen Überzeugungen empfinden, kann dies zu einem Verlust an Selbstachtung, Schuldgefühlen oder einem Gefühl der Unzufriedenheit mit sich selbst führen. Das Individuum muss dies verhindern, weil ansonsten die Selbstzerstörung folgt, die wir heute an vielen Stellen der Arbeitswelt bereits deutlich sehen, nämlich die *moralische Entfremdung*. Karl Marx beschrieb in seiner Theorie der Entfremdung, wie Menschen in kapitalistischen Gesellschaften von ihrer Arbeit, ihren Produkten,

90 Agentic State: Der Begriff stammt aus der Sozialpsychologie, insbesondere aus den Milgram-Experimenten. Er beschreibt einen Zustand, in dem Individuen ihre eigene Verantwortung für Handlungen an eine Autorität abgeben und sich selbst nur noch als ausführendes Organ („Agent") sehen. In diesem Zustand wird moralisches Handeln oft suspendiert, weil die Verantwortung als „übertragen" erlebt wird. Vgl. Milgram, Stanley: Obedience to Authority, 1974.
91 Banalität des Bösen: Ein von Hannah Arendt geprägter Begriff, der auf ihren Bericht über den Eichmann-Prozess zurückgeht. Er beschreibt das Phänomen, dass grausame Taten nicht zwangsläufig von sadistischen Persönlichkeiten begangen werden, sondern oft von gewöhnlichen Menschen, die gedankenlos und bürokratisch „ihre Pflicht" tun – ohne kritische Reflexion über die Folgen ihres Handelns. Vgl. Arendt, Hannah: Eichmann in Jerusalem: Ein Bericht von der Banalität des Bösen, 1963.
92 Jack W. Brehm prägte den Begriff der psychologischen Reaktanz, der eine motivational bedingte Reaktion auf wahrgenommene Einschränkungen der Freiheit beschreibt. Wenn Individuen das Gefühl haben, dass ihre Verhaltensfreiheiten bedroht oder eingeschränkt werden, entsteht ein innerer Druck, diese Freiheiten wiederherzustellen. Dies kann zu einem verstärkten Festhalten an den eigenen Überzeugungen oder sogar zu aktivem Widerstand führen. Diese Theorie ist besonders relevant für das Verständnis von Widerstandsverhalten bei Personen, die sich gegen autoritäre oder restriktive Systeme auflehnen.

ihren Mitmenschen und letztlich von sich selbst entfremdet werden. Diese Entfremdung führt zu einem Verlust des Selbstwertgefühls und kann zu einem Gefühl der Isolation und inneren Leere führen. In modernen Kontexten wird dieses Konzept erweitert, um zu erklären, wie systematische Zwänge und Widersprüche zwischen persönlichen Werten und gesellschaftlichen Anforderungen zu einer tiefgreifenden moralischen Entfremdung führen können. Die Theorie der moralischen Entfremdung besagt, dass Menschen, die gezwungen sind, gegen ihre eigenen moralischen Prinzipien zu handeln, eine Entfremdung von sich selbst und ihren Werten erleben können. Das führt dann zu jenem Verhalten von Beamt:innen, das in diesem Buch zahlreich Erwähnung und Darstellung findet. Man dissoziiert sich vom eigentlichen Konflikt. Zugleich wird die Wut nicht selten externalisiert und auf Randgruppen projiziert, als Selbstaufwertungsstrategien durch Herabsetzung der scheinbar Minderwertigen.

Wir sprechen also vom schleichenden Zusammenbruch der Gemeinschaft, wird Arbeit zu einem Zwang, zu einer Simulation von Wert, im Widerspruch zur komplexeren Realität, die sich dann aus der subjektiven Perspektive der jeweiligen Individuen zeigt. Schon heute sehen wir eine Welt weitgehend ohne humane Visionen von der Zukunft, geprägt von Angst, Ohnmacht und Alternativlosigkeit. Das alles folgt auch aus der Psychologie dieser vier Stufen. Sinn und Realitätsbezug entwickeln sich nur unter frei agierenden Menschen, die sich als in Beziehung, als in Verwandtschaft verstehen und diese Beziehung bewusst, aktiv und lebendig auf Augenhöhe gestalten. Im Sinne der Submergenz ist die Gesellschaft in ihren Weltbildern zu abgeschlossen. Wir sind zu aufgeklärt, zu sehr im Glauben, es könne sich nichts mehr fundamental ändern. Besonders nicht zum Positiven.

Darum war mein Widerstand derart wichtig. Er war die Voraussetzung für die Entstehung von authentischer, solidarischer Gesellschaft. Für mich fatal war der Umstand, dass viele Menschen das genaue Gegenteil glaubten und mein Tun allein für destruktiv hielten. Diese psychologische Falle gilt es zu überwinden. Wir müssen wesentlich reifer im Umgang mit Krisen und Diskursen werden.

Wir finden in der modernen Arbeitswelt überall Symptome von *moralischer Entfremdung, Internalisierung, psychologischer Reaktanz* oder *kognitiver Dissonanz*. Menschen koppeln sich von ethischen Kontexten ab, weil sie diese in ihrem eigenen System wegen des Jobs nicht verwirklichen können. Die Jobstrukturen sind dafür zu primitiv. Das verstärkt unethisches Verhalten in der Ökonomie, denn alle machen bei fast allem mit. Die psychischen Erkrankungen nehmen durch die Internalisierung zu. Der Widerstand, der sich daraus bei vielen regt, die Wut und Aggression, richtet sich, kann man die eigene Wahrheit nicht aussprechen, weil man sonst den Job verliert und bei Hartz IV landet, wo Vernichtung droht, am

Ende gegen sich selbst oder gegen Minderheiten. Das führt etwa direkt oder indirekt auch zu Symptomen wie Alkoholismus, Gewalt in der Familie, allgemeines Suchtverhalten und einem emotionalen Rückzug sowie Gefühle von Scham. Die *kognitive Dissonanz* ist daher wohl die am häufigsten zu findende Reaktion, also der Abschied von der Realität, das Wegsehen, das passiv werden, die innere Kündigung. Es ist unbestreitbar, dass diese Faktoren sich massiv in der Arbeitswelt ausbreiten. Sie tun es, weil fundamental etwas an unserer Arbeitsweise nicht stimmt. Es ist der Mangel an Selbstbestimmung und demokratischer Partizipation. Es ist das zu enge Korsett der Arbeitsverträge, die den Menschen davon abhalten, angemessen, gesund und verhältnismäßig zu handeln. Es gibt daher keine Lösung der ökologischen oder der sozialen oder der ökonomischen Frage, ohne eine Antwort auf die katastrophal falsche Vorstellung von Arbeit und Beitrag. Wir können die ökologische Katastrophe nicht abwenden, wenn wir nicht wissen, was für uns alle »Relevanz« bedeutet, weil der Kapitalismus darauf nur eine verzerrte Antwort gibt. Wenn Kunst beispielsweise Relevanz hat, dann sind Kulturschaffende auch zu bezahlen, und zwar nicht pro Kunstwerk, sondern dafür, dass sie sich lebenslang dem Prekariat aussetzen, der Verletzlichkeit, um die Untiefen der Gesellschaft zu ergründen. Was nicht mit dem Kapitalismus kompatibel ist, ist anders zu finanzieren.

Widerstand, wie ich ihn leistete, war die logische Folge von Verantwortung. Man muss begreifen, dass ich gegen das Hartz-IV-System Widerstand leistete, um lebensbejahend gesunde Strukturen aufzubauen. Das Handeln sollte angemessen, logisch, kreativ und human sein. Dass ich dafür unter Aufsicht der Minister:innen Birne und Kiwi verfolgt und krank gemacht wurde, zeigt das ganze Ausmaß an vertuschender Gewalt. Das blinde Funktionieren war und ist einfach zutiefst falsch. Wer nicht funktioniert, hat recht.

Es steht außer Frage, dass ich mich in einer schwierigen Situation befand. Ich konnte meine Arbeit von Jahrzehnten nicht aufgeben, schon gar nicht in einer Zeit, in der sie kaum hätte relevanter sein können. Gleichzeitig führte das dazu, dass immer mehr Gewalt gegen mich angewandt wurde.

MEINE BEGEGNUNG MIT MARGARET THATCHER

1

Warum ich diese Gewalt dennoch alles aushielt, wenn auch mit gesundheitlichen Folgen, hängt vielleicht mit Erlebnissen zusammen, die mich in meiner frühen Kindheit prägten. Auch hier geht es darum, die subjektive Seite, als Teil der Untersuchung zu betrachten. Alles hat mehrere Aspekte.

So gab es eine Szene in England, ich war wohl sechs Jahre alt, ich sehe das Bild noch heute deutlich vor mir, als die Direktorin der Schule mich in ihr Büro rief. Ich sollte ihr verraten, welche Schüler auf der Toilette eine Türe beschädigt hatten. Ich selbst war daran nicht beteiligt gewesen, denn ich war ein vernünftiges, ein braves Kind. Böses zu tun, erschien mir unlogisch. Ich war Autist.

In den Schulen in England wurde nicht nur wie heute Uniform getragen, sondern es galt zu dieser Zeit auch die offizielle Prügelstrafe. Da es, warum auch immer, in dieser Schule, keine Pflicht war, eine Uniform zu tragen, trug ich keine, weil meine Mutter das so wollte. Ich war eines der wenigen Kinder, vielleicht das einzige Kind, dass in von Mama selbst Genähtem beim Unterricht erschien.

Jedenfalls stand ich dann da, als gekennzeichneter Außenseiter, vor ihrem großen Schreibtisch. Darauf befand sich eine Schüssel mit Süßigkeiten und in der Ecke des Raumes der Rohrstock.

Ich sollte wählen. Wenn ich die anderen Kinder verrate, würde ich belohnt und könne mir Süßigkeiten nehmen. Würde ich aber nicht »angemessen« handeln, drohe mir der Rohrstock.

Diese Gewaltandrohung stellte mich als Kind vor eine unlösbare Aufgabe. Es ist interessant, dass ich mich zwar an alles erinnern kann, was in dem Raum war, aber nicht an meine Entscheidung. Ich kann also nicht sagen, was ich getan habe. Wurde ich verprügelt, oder nahm ich die Süßigkeiten? Ich weiß es nicht. Was ich aber weiß, ist die Tatsache, dass ich als Folge mein ganzes Leben, Belohnung und Lohn ablehnte. Vielleicht nicht in jeder Hinsicht, aber sobald sich eine Situation zeigte, in der dies mit einer Frage des Gewissens verknüpft war, entschied ich mich stets für die Bestrafung. Etwas, was mich beruflich ruinierte. Ich wurde Künstler und Menschenrechtsverteidiger und ganz sicher würde ich nie so ein angepasstes Arschloch werden, dass einfach nur im Job funktionierte, um am Ende des Monates ganz viel Geld mit nach Hause nehmen zu können.

Das britische Schulsystem tat mir also zwei Dinge an. Es machte mich zu einem

Widerstandskämpfer gegen die perfide Logik von Belohnen und Bestrafen und zu einem lebenslang prekär lebenden Menschen. Ich hinterfragte mein Handeln so lange, bis ich darin alle erdenklichen Problemstellungen identifizierte. Das tat ich in Unternehmen und im Grunde überall. Hätte ich es nicht getan, wäre ich depressiv geworden oder aggressiv, oder es wäre einfach nur viel schlimmer gekommen. Das ist auch ein Verhalten, welches für Autist:innen typisch ist, was ich aber über 50 Jahre nicht wusste.

Der beschriebene Erlebnisraum lässt sich als exemplarisches Beispiel für eine tief autistische Integritätssensibilität deuten – also eine neurologisch verankerte Unfähigkeit, willentlich gegen das eigene moralische Koordinatensystem zu handeln, selbst unter Druck, Drohung oder Lockung. In der Autismusforschung wird dieses Phänomen häufig als Teil der sogenannten »intense world hypothesis« (Markram & Markram, 2010) oder der kontextuell rigiden »moralischen Kohärenzstruktur« beschrieben, die viele Autist:innen prägt. Es handelt sich dabei nicht um Trotz oder Sozialverweigerung, sondern um eine tief verkörperte Form ethischer Kongruenz – eine Art somatisches Gewissenssystem. Diese Form der »moralischen Autonomie« (vgl. Milton 2014) ist in neurotypischen Kontexten häufig unsichtbar, weil sie sich gegen extrinsische Motivationssysteme sperrt: Belohnung wird nicht als Anreiz, sondern als Erpressung wahrgenommen; Bestrafung nicht als abschreckendes Kalkül, sondern als ethische Prüfung. Autistische Menschen erleben daher Machtkontexte, die auf Belohnung/Bestrafung basieren, nicht nur als fremd, sondern als existenziell verletzend. Sie können »Loyalität gegen das eigene Gewissen« nicht einfach performen – eine Konformitätsleistung, die neurotypisch Sozialisierten leichter fällt. Insofern ist dieses Kindheitsbild nicht nur biografisch, sondern erkenntnistheoretisch relevant: Es zeigt, wie früh sich autistische Ethik als embodied resistance formiert – eine Ethik, die sich der Externalisierung entzieht, sich nicht verkaufen lässt und die, wie hier, am System zerbrechen kann oder daraus schöpft.

Der einzig gangbare Weg für mich erschien einen Beitrag, ohne äußeren Lohn zu denken, der aus sich selbst heraus, oder intrinsisch motiviert bereits Belohnung, also ein Andocken an die Welt war, eine Beteiligung, auf die in meiner inneren Ethik Integration folgen sollte, was ich als gerecht angesehen hätte, in meinem Leben aber nie folgte.   Das erklärt meine Sensibilität für die Frage von Lohn und Beitrag, aber es erklärt nicht, weshalb das Verständnis von Belohnung sich auch im gesamten Arbeitsmarkt wie das Verhältnis zwischen der Schuldirektorin und einem Kind verhielt. Man kann nicht leugnen, dass der Lohn kein Tausch auf Augenhöhe ist, sondern ein zutiefst infantiles Ritual, welches Menschen in der Kinderrolle hält und ihnen damit maximale Respektlosigkeit erweist. Das System der Lohnarbeit ist eine Gewaltform, die wir zu lange hingenommen haben. Sie ist weder gerecht noch dienlich, um Beiträge objektiv zu bemessen. Sie ist schlicht ein Mittel, um Menschen zu brechen und zu opportunistischem Verhalten abzurichten. Auch diese Indoktrination bewirkt, dass Arbeiter:innen heute, bei einer Bedrohung ihres Wohlstandes, psychologisch unfähig sind die tatsächlichen Täter:innen zu identifizieren, also jene die sie ausbeuten, sondern stattdessen die Ideologie der Täter:innen einfach gegen Ausländer und Arme anwenden. Das zeugt von Spaltung, von einer systemischen Geisteskrankheit. Nicht jene, die den Rohrstock erhielten sind die Verbrecher, sondern die Person, welche einen vor die Wahl zwischen Belohnen und Bestrafen stellt.

Heute heißt dies in der Politik oft »Anreize schaffen« und untergräbt bewusstes und selbstbestimmtes Handeln, somit die Fähigkeit zu authentischer Verantwortung.

2

Das zweite Erlebnis, dass mein Handeln hier wesentlich prägte, bestand in einer persönlichen und schockierenden Begegnung zwischen der britischen Premierministerin Margaret Thatcher und mir, als ich etwa 10 Jahre alt war.

Margaret Thatcher, auch als die »eiserne Lady« bekannt, war zwischen 1979 und 1990 Premierministerin des Vereinigten Königreichs. Niemand auf dem Planeten prägte die Kälte des Marktes auf eine derart fundamentale Weise wie sie. Ihr Erbe des Neoliberalismus war für mich nicht nur eine ökonomische Theorie, sondern mit einer persönlichen Begegnung verbunden, die ich in einem Moment maximaler Verletzlichkeit erlebte.

Es war ein schöner, ein sonniger Tag, als ihr Auftauchen bei unseren Nachbarn im Rahmen eines Staatsbesuchs stattfand. Wir waren das Rahmenprogramm. Das Beiwerk einer umfangreichen Folklore und Inszenierung. Zu dieser Zeit lebte ich mit meinen Eltern in Österreich. Mein Vater war Brite. Das Bergdorf, in dem wir wohnten, war Schutzraum einer romantischen Kindheit, zwischen Bergwiesen und Kühen.

Thatcher schwebte mit zwei Kampfhubschraubern des Militärs über die Streuobstwiese der Nachbarn in meine kleine Welt, landete auf dem Acker, blies die Wäsche von der Leine und wirbelte sehr viel Dreck auf. Ihre Sicherheitsleute stiegen zuerst aus, hatten diese für die 80er-typischen Sonnenbrillen und glichen dem Klischee von Bodyguards, die ich aus dem Fernsehen kannte. Man half ihr aus dem Hubschrauber. Das Landvolk sollte sich in einer Reihe aufstellen. Die Monarchin der Kälte würde die Parade aus Bauernkindern, Mägden und Knechten abschreiten, um im Anschluss mit der Bauernfamilie eine Nachmittagsjause zu sich zu nehmen, während die Presse entspannt ein paar Bilder schoss. Zeit war damals noch eine andere Kategorie.

Ich stand da, beobachtete alles und beschäftigte mich mit meinen Irritationen. Beispielsweise hatte man für den Besuch die Kühe von der Alm geholt, um einen funktionierenden Bauernhof zu simulieren. Nichts hier stimmte, nichts war so, wie ich es als Kind und Autist kannte. Alle spielten das Spiel mit.

Während mein Vater mit Dennis, dem Mann der Premierministerin, über das Ölgeschäft plauderte, wie zwei alte Kumpels, reichte mir Margaret Thatcher die Hand. Sie war für die Kameras komplett weiß geschminkt worden und sah vor dem Hintergrund einer Streuobstwiese im Sonnenschein aus wie ein schmelzender Geist. Ich erschrak vor der Kälte ihrer Ausstrahlung. Dem Händedruck konnte ich mich nicht verweigern, aber ich sah dabei weg, als könnte ich den Dämon verbannen, drehte meinen Kopf demonstrativ um 90 Grad und wartete, bis sich ihre Hand aus meiner löste. Augenkontakt war undenkbar. Mein Herz schlug immer schneller und ich war wach, wirklich wach und nahm jeden Augenblick detailliert wahr. Dieser Moment des Bruchs mit dem »Natürlichen«, die Begegnung mit der Inszenierung von Macht und Fake, lies mich nicht mehr los.

Erst viel später verstand ich, wer Margaret Thatcher für die Gesellschaft und Politik war, wie sie den Neoliberalismus in die Gesellschaft brachte, der zu harten Konsequenzen für Millionen führen musste, Probleme, an denen Menschen heute noch leiden. Sie ist eine der Hauptverantwortlichen dafür gewesen, dass ich die Prügelstrafe erlebte und indirekt auch, dass später eine Austeritätspolitik wie bei Hartz IV in Deutschland möglich wurde. Sie schuf das politische Muster des neoliberalen Ungeistes, machte dieses salonfähig. Was sie tat, das erlebte ich in diesem vertrauten Moment mit ihr, das hatte nichts mit einer offenen Beziehung zu tun, gar mit einem Gemeinsamen, es ging nicht um Freundlichkeit, um eine höfliche Geste, sondern was sie tat, war ausschließlich Zweck zum Erhalt von Macht und Einfluss. Und dieser Zweck bedrohte uns alle.

Das unbewusste Wissen, dass ich an jenem Tag erwarb, das ist kein akademisches Wissen. Es lieferte keine Beweise, sondern einen tiefen Verdacht, eine grundlegende Verunsicherung, dass etwas Grundlegendes mit den Verhältnissen nicht stimmte.

Diese Szene lässt sich exemplarisch als autistische Tiefenwahrnehmung von struktureller Inszenierung, Machtlogik und ökonomischer Kälte deuten – ein hoch verdichteter Moment, in dem subjektives Erleben, somatische Irritation und politische Symbolik ineinanderfallen. Der Händedruck mit Margaret Thatcher wurde dabei nicht nur als soziales Ritual empfunden, sondern als körperlich spürbarer

Bruch mit einer als authentisch erlebten Lebenswelt – als »disruptive Affordanz«, um es in Gibsonscher Terminologie zu sagen, die das sensorische und moralische System eines autistischen Kindes überforderte.

Autistisch interpretiert, ist diese Szene kein »Empfindlichkeitsproblem«, sondern ein präziser moralischer Scanner, der den performativen Charakter sozialer Machtbeziehungen aufdeckt, noch bevor diese intellektuell durchdrungen sind. Neurodivergente Menschen – insbesondere Autist:innen – zeigen in der Forschung häufig eine deutlich geringere Toleranz gegenüber Inkongruenz, etwa zwischen Wort und Tat, zwischen deklarierter Freundlichkeit und tatsächlicher Dominanzstruktur (vgl. Milton 2012, „Double Empathy Problem"). Die Szene mit Thatcher wird damit zum Archetyp einer »proto-ökonomiekritischen Körpererfahrung«: Das autistische Nervensystem rebelliert gegen eine ästhetisch inszenierte, aber inhaltlich entkoppelte Welt.

Psychologisch lässt sich dies im Sinne des Konzepts der early moral intuitions (Haidt 2001) als prä-rationale ethische Intuition deuten, bei der das Erleben von »Falschheit« nicht kognitiv, sondern affektiv, körperlich eingeht. Gerade Autist:innen verfügen laut neuer Studien (Sasson et al., 2017) über besonders ausgeprägte Sensitivität gegenüber normativen Inkongruenzen – eine Fähigkeit, die in kapitalistischen und bürokratischen Strukturen oft pathologisiert wird, obwohl sie eine gesellschaftliche Ressource darstellt.

Diese Begegnung mit Thatcher kann also sowohl als Ursprung einer autistischen Systemkritik, als auch als frühes sensorisch-emotionales Aufleuchten ökonomischer Ideologie gedeutet werden – nicht als abstrakte Theorie, sondern als leiblich erfahrenes Trauma der Entfremdung. Die »Kälte« wurde nicht nur spürbar, sie brannte sich als Eindruck ein, der später zur Kategorie wurde. Ein Beispiel dafür, wie frühkindliche Enkulturation und politische Epigenetik einander verschränken.

3

» Unser Leben wird durch diese Entscheidungsträger der Vermehrung der Macht geweiht. Ihre Legitimation hinsichtlich sozialer Gerechtigkeit wie wissenschaftlicher Wahrheit wäre die Optimierung der Leistung des Systems, seine Effizienz. Die Anwendung dieses Kriteriums auf alle unsere Spiele geht nicht ohne weichen oder harten Terror vor sich: Wirkt mit, passt euch an oder verschwindet!«[93]

Diese Worte schrieb der Begründer des Begriffs der Postmoderne, Jean-François Lyotard nur wenige Jahre vor meiner Begegnung mit Thatcher. Lyotard kritisierte

---

93 Jean-François Lyotard / Das postmoderne Wissen / Passagen Verlag / S 25

die Idee einer »Großwissenschaft«, die auf großen Institutionen und umfassenden Theorien basierte, und plädierte stattdessen für eine dezentralisierte und vielfältige Form des Wissens. Er argumentierte, dass die postmoderne Gesellschaft von lokalem, fragmentarischem und kontingentem Wissen geprägt wäre. Es war die Zeit als die Frage, wie das Wissen zustande kommt, und durch wen, zu zentralen neuen Erkenntnissen in der Welt führte.

Lyotard schrieb: »*Der Staat wird für die Ideologie der kommunikativen ‚Transparenz‘, die mit der Kommerzialisierung des Wissens einhergeht, als ein Faktor der Undurchsichtigkeit und des »Rauschens« erscheinen. Unter diesem Gesichtspunkt könnte das Problem der Beziehungen zwischen ökonomischen und den staatlichen Instanzen mit neuer Schärfe zutage treten.*«[94]

Lyotard sah hier voraus, dass der Staat in dessen Zusammenwirken bei der Kommerzialisierung des Wissens, dessen Unterordnung unter die Maxime der Effizienz und Nützlichkeit, im Sinne des Kapitalismus, im Sinne der Bürokratie, die Situation für jene mit alternativem Wissen, verschärfen würde. Der Wissenskanon würde somit immer enger. Bürokratie wurde, wie mein Fall zeigt, als Objektivität missverstanden, obwohl kaum etwas subjektiver, ja politscher aufgeladen war, als das bürokratische Handeln.

Als die Behörden Jahrzehnte später meine Beschäftigung mit den ethischen, ökologischen und sozialen Konflikten in der Gesellschaft ignorieren wollten, war das für mich nicht aus akademischen Gründen ein Problem, sondern es berührte meine Existenz. Es berührte mein Wissen und das Wissen vieler Menschen, die immer weiter an den Rand der Diskurse gedrängt wurden. Das klare Wissen ist zu oft das simplifizierte Wissen und das simplifizierte Wissen ist nicht selten ein Wissen, welches dem Machterhalt dient. Es ist daher die Forderung nach einer Breite des sehr unterschiedlichen Wissens, stets eine Forderung, die für die einen nur ein akademischer Diskurs ist, für die Betroffenen aber eine Frage des Überlebens. Die Marginalisierung des Wissens beginnt stets damit, dass die Form einer Vermittlung von Wissen als ungenügend stigmatisiert wird, weshalb die Form der Wissensvermittlung diversifiziert werden muss, will man Minderheiten vor Ausgrenzung schützen und die Welt daran hindern die Komplexität zugunsten der Simplifizierung zu verdrängen, mit all den fatalen Folgen, die wir heute überall sehen.

Wissen aber, dass ist, ohne den Arbeitsbegriff zu verstehen, nur eine Seite der Münze. Denn Wissen muss erarbeitet werden und Arbeit als dominante Handlung beschränkt den Zugang zu Wissen. Soll Wissen als Informationseinheit als Baustein von Gesellschaft relevant werden, muss die Arbeitsweise ein Abbild von Diversität sein.

94 Jean-François Lyotard / Das postmoderne Wissen / Passagen Verlag / S 33

Die Arbeit von Lyotard ist derart fruchtbar und wichtig, weil er in seinem Buch »Der Widerstreit« beispielsweise aufzeigte, wie man nicht nur das Wissen auslöscht, wenn man Wissen als einen dialektischen Kampf mit einem Sieger begreift, oder als erzwungenen Konsens, sondern auch die dazugehörige Person und deren Existenz. Das muss auch im Sinne des ökonomischen Wettbewerbs und somit der Arbeit verstanden werden. Viele der Konflikte unserer Zeit resultieren daraus, dass eine falsch verstandene Form der Meinungsfreiheit, die das vermeintlich »Falsche« auslöschen will, am Ende immer mehr Menschen cancelt, was als Konsequenz, das zeigt wiederum meine Arbeit, in die Simulation führt. Also in eine Gesellschaft, die das »Gute« durchsetzt, unter dem Mantel der Demokratie, und dann durch diesen Akt den Diskurs an sich entfernt. Es kommt zu einem Paradoxon. Weil die Vielfalt der abweichenden Perspektiven im Rahmen dieser »Säuberung« gleich mit beseitigt wird. Am Ende zerstört diese Demokratie, dieser Markt im Wettstreit um die »besten Ideen und Perspektiven« sich selbst. Der Fehler liegt in der Annahme, es gäbe ein abschließend zu erreichendes Ziel des Wissens und das Wissen sei nicht selbst der Lebensraum, in dem wir leben. Als gäbe es eine Nützlichkeit an sich, die fest zu definieren wäre, als wäre diese nicht eine Frage von Beziehung auf Augenhöhe. In diesem Sinne ist Wissen oder Wert etwas, was im Dialog zu pflegen ist, aber nicht etwas, was in jedem Bereich abgeschlossen erkannt werden kann. Das bedeutet wiederum nicht einen umfassenden Relativismus, denn Schmerzen sind real, sondern die Notwendigkeit der fortlaufenden Verständigung, also einem Leben im sich permanent entfaltenden Wissen, statt nur in einer Welt des Wissens als Objekte zu existieren. Das dritte Wissen ist kulturelles Wissen, also ein Wissen, dass nicht nur Inhalt ist, sondern auch Form und die Form »the media ist the message« mit überträgt, wodurch das Wissen erst in einer Realität verankert wird. Diue Arbeit ist sogleich auch das Wissen. Zwingt man nun das dritte Wissen die Form akademischen Wissens, oder bürokratischen Wissens anzunehmen, dann zerstört man die mit dem Wissen verbundene Kultur und erweist sich als dem Wissen gegenüber respektlos und vernichtet die feinen Nuancen, welche das Wissen lebendig und komplex halten. Darum ist es derart essenziell, die subjektive Perspektive aus keinerlei Wissen oder Arbeit zu entfernen, weil das marginalisiertes Wissen schützt, also das befremdlich Fremde darin.

Das Jobcenter versuchte dieses dritte Wissen zu löschen, indem es allein formalisiertes Wissen zuließ. Darin konnten die Schmerzen ihrer Opfer niemals verbalisiert werden.

Meine Arbeit zeigt also, dies gilt nicht nur für dieses Buch, sondern für alles, was ich in den letzten 30 Jahren erarbeitete, dass meine unperfekte Art, zu tiefst subjektiv in persönlichen Aktionen und Essays gegen das Unrecht anzugehen, der einzige Weg ist, der die Form mit überträgt, also die Realität nicht zu einem Ding macht, sondern als offenen Prozess und als Beziehung bewahrt. Denn ich beschreibe meine abweichende Beziehung zur Welt und zur Gesellschaft und baue damit Gesellschaft und Differenz und folglich Beziehung. Dies hatte aber zur Folge, dass fast alle meine Publikationen abgelehnt wurden, weil ich mich den Formalismen, was ein Buch, was ein Film sein soll, verweigerte, um eben kein Konsumgut zu schaffen, sondern ein Zeugnis weniger privilegierten Lebens, damit erkennbar werden kann, wie viel komplexer die realen Beziehungen wirklich sind. Und sei es nur durch Verweigerung neurotypischer Normen und Formalismen, zu denen auch klassische Forschungsnormen zählen.

Die Bedeutung dieser Erkenntnis zu begreifen, braucht Zeit, denn wir sind es derart gewohnt in kapitalistischen Kategorien von Produkten und Objekten zu denken, dass wir glauben menschliches Handeln an konkreten Zielen ausrichten zu müssen, statt als Resonanz, wie es der Soziologe Hartmut Rosa beschreibt und wie ich es früher bereits in »Gesellschaft ohne Vertrauen« erklärte.

4

Die Behörde antwortete in Bezug auf Herrn H., der als Folge meiner Kritik Lügen in meine Akte schrieb: »*Mein Mitarbeiter Herr H. wollte durch das Erfragen des zeitlichen Umfangs Ihrer Tätigkeit eine Basis zum weiteren Vorgehen schaffen. Dies kann nur in einem sachlichen und kooperativen Gespräch erfolgen. Da dies nicht möglich war, wurde ich hinzugerufen. Eine sachliche Gesprächsebene konnte auch hier nicht hergestellt werden, sodass das Erstgespräch abgebrochen wurde.*«[95]

Die sachliche Gesprächsebene bedeutete, man wollte mich nur als Funktion, als Stereotypen, aber nicht als viel komplexeren Menschen, mit Emotionen und Brüchen. Man bemühte sich nun, die Kunstfreiheit zu umgehen, indem man den Zeitbedarf der Kunst versuchte, eingrenzend zu erfassen. Dumm nur für die Behörde, dass ich jeden Tag, den ganzen Tag an der Kunst arbeitete. Das neurodivergente Gehirn hörte nie auf, zu denken und zu hinterfragen. Man sah hier aber, wie verzweifelt der Staat war. Das »Sachliche« wurde mit der »Kooperation« gleichgesetzt. Wenn ich nicht kooperierte, sondern entlang von seitenlangen Essays, in einer Sprache, die sie nicht verstanden, mit ihnen sprach, dann war ich in ihrem Urteil nicht richtig. Ich verweigerte mich jedoch nur der Auslöschung meines Wissens. Sachlich war mein Verhalten, meine Aussage also nur, wenn ich gehorsam war, wenn ich darin nicht zu viel war, also mehr als ihre kleine Box es zulassen wollte. Und auch auf der anderen Seite wurden alle Faktoren des persönlich gemeinten

95 Schreiben vom Jobcenter Berlin Kreuzberg vom 7.2.2017

negiert. Es gab daher aus Sicht der Behörde auch keine Rassismen zu ergründen: *»Ein Fehlverhalten von Herrn H. im Erstgespräch am 11.1.2017 (...). Kann ich nicht erkennen.«* Trotz der zugeknallten Türe und den Verleumdungen in der Akte. Wenn die Behörde log, dann tat sie es in der Regel durch Verkürzung. Da schrieb also ein Sachbearbeiter offensichtlich Lügen in behördliche Dokumente. Mein Widerstand war mehr als angemessen und richtig. Die Behörde reagierte hier nicht mit einer Aufklärung und einer Korrektur ihres zweifelhaften Verhaltens, sondern indem sie mich auf den erwünschten Stereotypen des widerständigen Armen reduzierte, also entmündigte, um mich dann so lange im Bild anzupassen, bis das Verhalten des Sachbearbeiters als richtig legitimiert werden konnte. Mein Verhalten war wie gesagt nur darum falsch, weil es ungehorsam und unsachlich, emotional war. Der Inhalt interessierte nicht. Die Wahrheit wurde also so weit verkürzt, simplifiziert, damit das Hartz-IV-System weiterhin funktionieren konnte. Das aber war rechtlich gesehen Betrug und dieser Betrug hatte für mich schlimme Folgen, denn wenn einem auf diese Weise nicht geglaubt wird, wenn alles, was man sagt, verdreht wird, erschüttert dies das Grundvertrauen eines Menschen. Dazu hatten sie kein Recht. Es hätte nicht mein Problem sein sollen, dass in der Logik von Hartz IV einfach nichts stimmte.

Darauf reagierte ich mit Klarstellungen: *»Anbei finden Sie ein weiteres Schreiben an die Staatsanwaltschaft. Ihre Eingliederungsvereinbarung bleibt aufgehoben. Es folgen weitere Strafanzeigen, wenn Sie Ihr Verhalten nicht ändern. Sie haben bis zum nächsten Termin Zeit, detaillierte Kenntnisse meiner Arbeit nachzuweisen. Kommen Sie dem nicht nach, wird dies dokumentiert und gegen Sie verwendet. Das Bundesarbeitsministerium ist bereits informiert.«*[96]

An die Staatsanwaltschaft Berlin schrieb ich am 12.2.2017 bezüglich der Ablehnung des Jobcenters meine Werke zu lesen: *»Damit hat sich das Jobcenter selbst disqualifiziert und verlässt nun den Rahmen des Rechtsstaates. Denn es agiert ohne Kenntnis der für legale Entscheidungen erforderlichen Urkunden. Es mischt sich im Blindflug in meine künstlerische Arbeit ein und will von Unwissen Recht zur Bestrafung ableiten.«*[97]

Vier Monate später gewährte mir eine Sachbearbeiterin ein wenig Einblick in meine Akte, stellte sich heraus, dass ich als Künstler mit einem legitimen Anliegen darin als Gewaltverbrecher dargestellt wurde. Daraufhin schrieb ich einen offenen Brief an die Bundesministerin Birne: *»Wie Sie dem Schreiben an den General-*

96 Schreiben von mir an das Jobcenter Kreuzberg vom 11.2.2017
97 Staatsanwaltschaft Berlin antwortet darauf später in Ermittlungen zu Urkundenunterdrückung mit dem Aktenzeichen 282 UJs 223/17

staatsanwalt entnehmen können, hat Ihre Gesetzgebung, hat Ihre Politik, hat Ihr Verhalten jedoch dazu geführt, dass das Jobcenter Berlin-Kreuzberg eine Art ,Stasiakte' über mich als Schriftsteller und öffentlichen Kritiker des Hartz-IV-Systems angelegt hat. Mit dieser Akte ist mir bewusst körperlicher und seelischer Schaden zugefügt worden. Ich wurde gedemütigt und erniedrigt und es wurde mir der komplette Entzug der Lebensgrundlage angedroht, wenn ich mit meiner kritischen Arbeit als Schriftsteller und Künstler fortfahre.«[98]

Niemand reagierte, denn fast alle Schreiben von Betroffenen sind emotional und die Emotionalität zerstört in den Augen der »Offiziellen« stets die Glaubwürdigkeit, weil auch hier wieder, scheinbar nicht sachlich im Sinne von Gehorsam und Unterwerfung und das führt eben zu jenem epistemischen Unrecht, wie es die Philosophin Miranda Fricker in ihrem bekannten Buch »Epistemische Ungerechtigkeit: Macht und die Ethik des Wissens« beschrieb. Das dritte Wissen, das persönliche Wissen, spielte für die Behörde keinerlei Rolle, dessen Ausdruck sollte also nicht in die Arbeit integriert werden. Ganz im Gegenteil, die klassische Erwerbsarbeit funktionierte nur, wenn man das dritte Wissen aus der Arbeit verdrängte. Wenn das Erleben von Menschen, ihre unterschiedliche Perspektive, keinerlei Rolle spielte. Somit brachte sich die Welt in der Erwerbsarbeit nicht zum Ausdruck, sondern ausschließlich der kapitalistische Markt selbst, um dessen selbst willen. Man arbeitete sich vom Menschsein fort, hin zur Maschine, während die Maschinen 2024 kurz davor waren, mit KI und Robotik, alles zu übernehmen. Mein Unbehagen musste sich gegenüber der Simulation um jeden Preis Gehör verschaffen.

5

Wie sich Jahre später bei einer Akteneinsicht herausstellte, gab es im Hintergrund ein umfangreiches Gerangel zwischen der Staatsanwaltschaft und dem Jobcenter, um diese besagte Akte über mich, in der Absicht der Staatsanwaltschaft diese zu beschlagnahmen, um eine tiefergehende Untersuchung durchführen zu können.

Die Staatsanwaltschaft Berlin schrieb am 30. Juni 2017 an das nun nach einem Umzug zuständige Jobcenter Elbe-Elster: *»Es wird um die Übersendung der Akte des Timothy Speed gebeten. Mit freundlichen Grüßen Staatsanwalt M.«*[99]

Das Jobcenter antwortete am 14. Juli 2017: *»Mit Schreiben vom 30.6.2017 bitten Sie um die Übersendung der Akte des Timothy Speed. Diesbezüglich will ich Ihnen mitteilen, dass Herr Speed erst seit dem 1.6.2017 in unserem Jobcenter betreut wird und bitte um eine Klärung, ob wirklich unsere Akte zugesandt werden soll.«*

98 Offener Brief an Birne vom 15.6.2017
99 Schreiben der Staatsanwaltschaft Berlin vom 30.5.2017 / 282 Js 280/17 A

Man wusste, dass es um Ermittlungen gegen Sachbearbeiter ging und wollte wohl nicht Ziel dieser Ermittlungen sein. Am 2. August 2017, einen Rang höher, schrieb dann eine Oberstaatsanwältin W. an das Jobcenter: »*Auf das dortige Schreiben vom 14.7.2017 wird mitgeteilt, dass zur Fortführung der hiesigen Ermittlungen die Auswertung der dortigen Akte erforderlich ist. Sofern sich auch die Akte des Jobcenters Kreuzberg, das den Anzeigenden früher betreut hat, dort befindet, wird auch um Übersendung dieser Akte gebeten.*«

Einige Wochen später schrieb die Staatsanwaltschaft erneut an das Jobcenter Elbe-Elster: »*(...) darf ich an das hiesige Schreiben vom 21. Juli 2017 und das Aktenübersendungsgesuch vom 30.6.2017 erinnern. Die Akte wird zur Fortführung der hiesigen Ermittlung benötigt.*«

In der Akte des Jobcenters, die ich später teilweise einsehen konnte, lag eine Antwort, bei der nicht sicher ist, ob sie so verschickt wurde, weil »Entwurf« darüberstand, aber sie zeigte, dass das Jobcenter auf keinen Fall die Akte herausrücken wollte. Denn man hatte offensichtlich erkannt, dass darin unzählige Verleumdungen und Lügen über mich zu finden waren. Vermutlich hatte man hier auch mit Berlin-Kreuzberg Rücksprache gehalten. Man schrieb also an die Staatsanwaltschaft: »*(...) mit Schreiben vom 30.6.2017 und 21.7.2017 bitten Sie um Übersendung der Leistungsakte des Herrn Timothy Speed. Als Betreff in den jeweiligen Schreiben wird ein Ermittlungsverfahren gegen Herrn H. genannt. Nach derzeitigem Sachstand sehe ich mich nicht befugt, Ihnen die Leistungsakte zu übersenden.*«

Wir hatten hier also ein Jobcenter, dass versuchte aktiv Verleumdungen und Betrug mir gegenüber zu vertuschen, indem es sich weigerte, die Akte herauszugeben. Das Jobcenter ging sogar so weit, die Staatsanwaltschaft zu belehren, als sei das Jobcenter die höhere Behörde.

»*Gemäß § 68 Absatz 1 zehntes Buch Sozialgesetzbuch (SGB X) dürfen zur Erfüllung von Aufgaben der Polizeibehörden, der Staatsanwaltschaften und Gerichte, der Behörden der Gefahrenabwehr und der Justizvollzugsanstalten im Einzelfall auf Ersuchen Name, Vorname, Geburtsdatum, Geburtsort, die derzeitige Anschrift des Betroffenen, seien derzeitiger und zukünftiger Aufenthaltsort sowie Namen, Vornamen oder Firma und Anschriften seiner derzeitigen Arbeitgeber übermittelt werden, soweit kein Grund zu der Annahme besteht, dass dadurch schutzwürdige Interessen des Betroffenen beeinträchtigt werden. Die ersuchte Stelle ist über § 4 Abs. 3 SGB X hinaus zur Übermittlung auch dann nicht verpflichtet, wenn sich die ersuchende Stelle die Angaben auf andere Weise beschaffen kann. Hier gilt der Ersterhebungsgrundsatz im Datenschutz. Auch die Staatsanwaltschaft ist gesetzlich verpflichtet, Gründe für ihre Auskunftsersuchen hinreichend bestimmt vorzutragen. Damit die auskunftserteilende Stelle eine ermessensfehlerfreie Entscheidung treffen kann, soweit*

keine Übermittlungspflicht, sondern nur eine Übermittlungsbefugnis im Sozialda-
tenschutz bestimmt ist.

Demnach ist es dem Jobcenter verwehrt, Ihrem Anliegen zu entsprechen. In die-
sem Zusammenhang ist auf die Vorschrift § 73 Absatz 1 SGB X zu verweisen, wonach
eine Übermittlung von Sozialdaten zulässig ist, soweit sie zur Durchführung eines
Strafverfahrens wegen eines Verbrechens oder wegen einer sonstigen Straftat von er-
heblicher Bedeutung erforderlich ist. Hierbei muss jedoch gemäß Absatz 3 eine An-
ordnung durch einen Richter vorliegen.«[100]

Interessant ist hier die Feststellung, dass das Gesetz es offenbar der Staatsanwaltschaft grundsätzlich untersagte, Akten einzusehen, in denen über Hartz-IV-
Betroffene gelogen wurde, weil es sich bei Verleumdung und Beleidigung nicht um
schwere Verbrechen handelte. Mobbing konnte auf diese Weise überall verdeckt
werden. Man wollte in diesem Fall vonseiten des Jobcenters einerseits mehr über
mich erfahren, was den Datenschutzaspekt ad absurdum führt, weil das Jobcenter
diesen nur in eine Richtung gelten ließ, andererseits ging es darum das eigene Verfahren, den Umgang mit Menschen wie mir, vor allzu genauer Prüfung zu schützen.
Das ist ein unfassbarer Skandal. Dies zeigt, wie die Staatsanwaltschaften bei Ermittlungen gegen rechte Gewalt in den Jobcentern aktiv behindert wurden.

Am 11. September 2017 erhielt ich ein Schreiben von der Staatsanwaltschaft
Berlin, indem diese mir erklärte: *»Ich habe das Ermittlungsverfahren gemäß § 170*
Abs. 2 StPO eingestellt, da nach den durchgeführten Ermittlungen kein hinreichen-
der Tatverdacht gegen den Beschuldigten besteht.«[101]

Die Staatsanwaltschaft versuchte die Sache bewusst so darzustellen, als läge kein
kriminelles Verhalten vor, obwohl sie doch offensichtlich ahnte, dass in der Akte
gelogen wurde. Weil sie aber an die Akte nicht herankam, brauchte sie gewissermaßen eine Ausrede. Also übernahm sie die Erläuterungen des Jobcenters. Der
»Entwurf« wurde in der einen oder anderen Form zweifelsfrei verschickt, da die
Staatsanwaltschaft eindeutig aus diesem Schreiben zitierte. Sie schrieb darüber hinaus: *»Ebendarum hat das Amtsgericht Tiergarten den staatsanwaltlichen Antrag*
der Herausgabe der Sozialakten nach § 73 Abs. 1 SGB X abgelehnt. Weitere Möglich-
keiten, den Sachverhalt zu ermitteln, bestehen nicht.«

Man missbrauchte also den Datenschutz, der eigentlich die Menschen im
Hartz-IV-Bezug schützen sollte, um Sachbearbeiter:innen zu decken, die in Akten
Verleumdungen und Lügen schrieben, als Folge von legitimer Kritik an den Zu-
ständen unter Hartz IV. Das Strafgericht Tiergarten deckte diesen Betrug.

---

100 Schreiben vom Jobcenter (Entwurf?) an die Berliner Staatsanwaltschaft im Rahmen von 282 Js 280/17 A vom 28.
August 2017
101 Schreiben der Staatsanwaltschaft Berlin vom 11.9.2017 / 282 Js 280/17 A

Das alles wurde dann zu der Grundlage des Übels, weil der Staat nun einen Freibrief hatte, jede erdenkliche Lüge über mich in Akten zu schreiben und diese Lügen in Amtshandlungen gegen mich anzuwenden. Man musste mir zwar ein BGE zahlen, aber es war eben nicht verboten, mich gleichzeitig in Akten als gewaltbereiten Schläger darzustellen, was scheinbar alle beteiligten Behörden in einer widersinnigen Logik beruhigte. Selbst die dümmste Sachbearbeiter:in begriff instinktiv, dass man einen Künstler in einer Demokratie nicht einfach verhungern lassen konnte, nur weil dieser Kunst machte, also einer Tätigkeit nachging, die vom Grundgesetz explizit geschützt war. Die Gewalt bestand also in systematischer Isolation, in Willkürmaßnahmen, die aussahen wie Unfälle, oder normales Behördenverhalten, sowie die konsequente Verdrehung von Verhältnissen, verknüpft mit interner Stigmatisierung, um bei jeder drohenden Überprüfung, sofort die Prüfer:innen durch das Vorspielen kongruenten Verhaltens gegen einen Irren und Kriminellen, nämlich mich, ablenken zu können. Man schützte sich selbst und versuchte mich einzukesseln. Die Jobcenter taten alles, um weiterhin ungestraft Gewalt ausüben zu können. Die Staatsanwaltschaft Berlin bemühte sich noch teilweise, die in Brandenburg hingegen wurde längst von Rechten beherrscht, die das Jobcenter direkt deckten, worauf ich noch sehr umfassend zu sprechen komme.

6

Es war also problemlos möglich, rassistische Ressentiments über Arme oder Migrant:innen in deutschen Behörden in Akten festzuschreiben, ohne dass es für Menschen in Armut, die also kein Geld für eine Klage hatten, geschweige für einen Anwalt, möglich gewesen wäre, dagegen vorzugehen.

»Wer entscheidet, was Wissen ist, und wer weiß, was es zu entscheiden gilt? Die Frage des Wissens ist im Zeitalter der Informatik mehr denn je eine Frage der Regierung.«[102]

Lyotard beschreibt hier auch die Konsequenzen, nicht nur des Zeitalters der Informatik, sondern des Kapitalozäns[103], sowie der instrumentellen Vernunft seines Zeitgenossen Horkheimer. Diese Herrschaft über das Wissen, die schon in der Form des Objektivierten bestand, als dominanten Rahmen der Diskurse, bewirkte die fortlaufende Marginalisierung der Gewalt gegen Minderheiten. Weil Herr H. scheinbar nur ein Vergehen und kein Verbrechen beging, da man auch hier die Gewalt aus Hartz IV an sich ja nicht anerkennen wollte, gab es scheinbar keinen

---

102 Jean-François Lyotard / Das postmoderne Wissen / Passagen Verlag / S 41
103 Der Begriff „Kapitalozän" wurde unter anderem von Jason W. Moore eingeführt, um die planetaren Krisen nicht einem diffusen „Anthropos" zuzuschreiben, sondern dem kapitalistischen Weltsystem. Vgl. Moore, Jason W.: Anthropocene or Capitalocene? Nature, History, and the Crisis of Capitalism. PM Press, 2016.

Grund weiter zu ermitteln. Massive Gewalt wurde einfach umformatiert, weil die Jobs das erforderten, damit die Funktionalität aufrechterhalten werden konnte. Das dritte Wissen sollte nicht stören. Dass Herr H. nur ein Symptom des Gewaltproblems gegen Arme war, wollte man nicht sehen, weil man dann ja nicht hätte seine Arbeit entlang der simplen Regeln machen können, sondern man wäre gezwungen gewesen in die Reibung zu gehen und Neuland zu betreten. Dies zeigt also erneut ein wesentliches strukturelles Problem der Jobs an sich.

Dass ich später als Folge an einer PTBS erkrankte, oder einen autistischen Burnout erlitt, fand hier seinen Anfang, denn erkennt man, dass selbst der Staat bereit ist über einen zu lügen, zerbricht etwas und die Welt wird einem zu einem unsicheren Ort, zu einer fortlaufenden Bedrohlichkeit.

Der Psychiater Dr. Argeo Bämayr schrieb dazu in seinem Buch »Das Mobbingsyndrom«, indem er wie zuvor erwähnt vom »Hartz-Syndrom« spricht: »*Die Verletzung des Selbstbestimmungsrechts eines Individuums durch eine unsachgemäße und/oder überzogene Fremdbestimmung gehört erfahrungsgemäß zu den häufigsten Ursachen für eine psychiatrische und/oder psychotherapeutische Konsultation. Da unsachgemäße und/oder überzogene Fremdbestimmungen in Abhängigkeit der Intensität und der Dauer der Einwirkung eine psychische Gewalt darstellen, handelt es sich bei einer hieraus resultierenden psychiatrisch relevanten Erkrankung um eine »psychotraumatische Belastungsstörung.«* »[104]

Gutachter wie Dr. Bämayr stellten also fest, dass, was Hartz IV ausmachte, nämlich die absolute Fremdbestimmung gegenüber den Armen, der Entzug aller wirklichen Mitspracherechte, der Zwang in eine bestimmte Form der Arbeit, oder das Drohen mit dem Entzug der Lebensgrundlage, wenn man nicht gehorchte, massive Gewalteingriffe darstellten, die gesundheitliche Folgen haben mussten. Erst im Laufe der Jahre aber gelang es mir umfassender, die genaueren Zusammenhänge auszuleuchten, wie Hartz-IV im Detail Menschen krank machte. Das war eine immense Arbeitsleistung.

Neben der Feststellung der Kausalitäten zwischen staatlichem Handeln und der daraus nach meiner Ansicht resultierenden Garantenpflicht ging es mir auch darum festzustellen, dass dieses Verhalten Menschen zerstörte, somit die Armut auch verschärfte. Die Armut war nicht nur der Faktor der Abwesenheit von ausreichend Geld, sondern die Armut war ein viel tiefergreifendes Phänomen, das man nicht begreifen konnte, wurden einem die Folgen der Simulation nicht klar, die stets den Kontext verkürzten. Die Armut war Folge der Simulation auf allen Ebenen, denn die Simulation als Prinzip der Konstruktion von Realität basierte auf der Steigerung von Verkürzung also von struktureller Verarmung, was die ebenfalls

104 Das Mobbingsyndrom / Argeo Bämyr / Bochumer Universitätsverlag / 1.Auflage 2012 / S 45. 2 Abs.

zunehmende Beschleunigung erklärte, die beispielsweise der Soziologe Hartmut Rosa beschrieb. Der »*rasende Stillstand*« erklärt jene Erscheinung, die als Ursache und Symptom zugleich die Gesellschaft des beginnenden dritten Jahrtausends prägte, als eine Folge von Simulation und dem Verlust an Beziehungsfähigkeit und Komplexität. Denn woran es mangelte, war die authentische Beziehung, oder das, was Hartmut Rosa später »*Resonanz*« nannte und was ich als »Submergenz« beschrieb. Dazu aber später mehr.

Ich hatte nicht das Geld, um all die weiteren Opfer zu suchen und zu registrieren, weshalb man das Ausmaß der Schäden nur erahnen konnte, aber ich war in der Lage, was mir selbst geschah, öffentlich zu machen. Damit die Leute begriffen, dass selbstbestimmte Arbeit notwendig war, um der Realität überhaupt noch gerecht werden zu können. Gehorsam führte nur in den Faschismus. Dieser begann stets mit dem Fake. Denn im Vorfeld findet immer eine Zunahme an Simulation statt, sowie an Verdrängung der Komplexität des individuellen Erlebens, zugunsten der Kollektivierung.

Ich war zu diesem Zeitpunkt schwer traumatisiert, wie in einem Tunnel gefangen, ein typisches Symptom einer posttraumatischen Belastungsstörung, die man als Intrusion beschreiben kann. Also das ewige Wiederkehren der Gedanken und des Erlebens der Auslöschung, der Gewalt, die mir keine Flucht ermöglichte. Ich wachte jeden Morgen aufs Neue damit auf.

TAKE-AWAY BOX – KAPITEL »MEINE BEGEGNUNG MIT MARGARET THATCHER«

Helikopter im Streuobstgarten
Zwei Militärhubschrauber zerreißen die Idylle eines Tiroler Bergdorfs. Für den zehnjährigen Speed wird die »Eiserne Lady« zur ersten leibhaftigen Verkörperung politischer Macht – eine Inszenierung, die Kühe und Kinder gleichermaßen choreografiert.

Sensorische Initialtraumatisierung
Autistische Hyperwahrnehmung registriert jede Staubfahne, jeden Sonnenblendreflex, den kalkulierten Körperabstand der Security. Die Kälte Thatchers Handschlag (Speed dreht den Kopf weg) prägt einen dauerhaften Kopplungsreflex: Belohnung gegen Gewissen = Gewalt.

Neoliberalismus in Fleisch und Blut
Thatcher steht nicht nur für Monetarismus, Deregulierung, Prügelstrafe im Klassenzimmer, sondern für die Einführung von Marktlogik in Lebensbereiche, die vormals Gemeingut waren. Das Erlebnis liefert Speed das emotionale Datenset, das später zur Kapitalismuskritik verdichtet wird.

Inszenierte Authentizität
Extra von der Alm herabgetriebene Kühe, folkloristische Tischdecke, gestellte Pressefotos: Das Ritual zeigt früh, wie politische Ökonomie über Symbol-Kitsches arbeitet. In Speeds späterer Theorie wird dies zur »Kategorisierungslüge«.

Geburtsstunde des Belohnungs-Boykotts
Die Wahl zwischen Süßigkeit (Anpassung) und Rohrstock (Bestrafung) triggert eine kindliche Entscheidung, die das gesamte Werk trägt: kreative Fehlanpassung statt opportuner Compliance.

Langzeitfolgen
Vom Thatcherismus über New Labour bis Hartz IV zieht sich eine Linie wachsender Segregation. Speeds Autismus gibt ihm das analytische Langzeitgedächtnis, die sensorische Erinnerung in eine Systemkritik zu übersetzen, die Ökonomie, Care und Demokratie zusammendenkt.

KLASSISMUS UND DIE KATEGORISIERUNGSLÜGE

1

Die Problematik, die sich in diesem Buch bezüglich des Verhaltens der Behörden offenbart, ist, wie ich es im Kapitel zur Erkrankung andeutete, was ich die Kategorisierungslüge nenne. Damit gemeint ist die Nebelwolke, die in einer Gesellschaft entsteht, ist das Verhältnis zwischen Objekt und Subjekt nicht dynamisch, sondern hierarchisch oder statisch. Beispielsweise ist der Mensch nicht ausreichend durch Menschenrechte geschützt. Der Staat bedient sich einer Abstraktion, indem der Arbeitslose zur eigenen Kategorie von Mensch gemacht wird. Will der Staat Menschenrechte ignorieren, schafft er eine Verwaltung, die Arbeitslose als gesonderte Kategorie deklariert. Das verstößt zwar gegen die Menschenwürde, weil das Menschen zu Objekten macht, was die genaue Definition eines Verstoßes gegen die Menschenwürde darstellt, aber in den Jobcentern wird eben nicht mit Menschen, sondern aus deren Sicht mit Arbeitslosen umgegangen, wodurch Verletzungen der Menschenwürde scheinbar keine Rolle mehr spielen. Der Fokus der Untersuchung liegt hier nicht auf scheinbar reibungsloser Vermittlung von Erwerbslosen, wodurch sich diese Strukturen legitimieren, sondern auf der Kehrseite der Vorgänge. Wir untersuchen hier also bewusst nicht die Frage, wie gut werden Erwerbslose in Arbeit vermittelt, als würde das alles andere legitimieren, sondern was die Folgen dieser Abläufe für Minderheiten bedeutet, oder eben für Menschen, die aus guten Gründen Widerstand leisten. Sicherlich mag es Jobcenter geben in denen zufällig lauter gut ausgebildete Erwerblose auflaufen, die über die Vermittlung in für sie gut passende Jobs stoßen, mit denen sie glücklich sind, aber auf diese Praxis bezieht sich die drakonische Ordnung der Jobcenter eben gerade nicht, die sich gegen vermeintliche Arbeitsverweigerer wendet, was natürlich alle erniedrigt. Man kann jedes Grauen scheinbar legitimieren, abstrahiert man nur das Motiv entsprechend, im Sinne einer Lösung für das Volk, wie man es im Populismus laufend tut. Im Sinne einer vernünftigen Regelung, einer intelligenten Begrenzung, einer Zurückweisung an der Grenze, die ja mit Hausverstand nachzuvollziehen sei. So einfach aber sind die Verhältnisse nicht. Damit ist die Behörde in jedem Fall zu konfrontieren.

Da ein Rechtsstaat sich unendlich in unterschiedlichen Kategorien organisiert, verschwindet zunehmend die Wahrnehmung und Anerkennung von individuellen Verhältnissen wie von allgemeingültigen Rechten. Amtsgerichten sind Menschenrechte daher oft weitgehend egal, weshalb man für das, was als Erstes eine Rolle spielen sollte, stets bis zum höchsten Gericht gehen, also den juristisch längsten Weg zurücklegen muss. Kaum etwas übt mehr Gewalt gegen Menschen aus als Kategorisierungslügen. Wird ein Arbeitsloser diskriminiert. Kommt es zur Gewalt, kann die Staatsanwaltschaft sich willkürlich eine Kategorisierung aussuchen, durch die sie nicht handeln muss, wenn dies politisch erwünscht ist. In komplexen Rechtsstaaten kann die Vielzahl von Rechtsnormen und Zuständigkeiten dazu führen, dass individuelle Lebenslagen in standardisierten Verfahren nicht angemessen berücksichtigt werden. Dies betrifft insbesondere Menschen, die von Diskriminierung betroffen sind. Die Antidiskriminierungsstelle des Bundes betont, dass der Schutz vor rassistischer Diskriminierung im öffentlichen Recht ebenso gewährleistet sein muss wie im Zivil- und Strafrecht. Dabei wird auf die Bedeutung internationaler Menschenrechtsabkommen wie der Europäischen Menschenrechtskonvention und der UN-Antirassismuskonvention hingewiesen.[105] Studien zeigen, dass Diskriminierungserfahrungen oft nicht angemessen in behördlichen Verfahren berücksichtigt werden. Dies betrifft insbesondere den Zugang zu Gütern und Dienstleistungen, aber auch den Umgang mit Diskriminierungsvorwürfen in der Justiz. Die Antidiskriminierungsstelle des Bundes weist darauf hin, dass es erhebliche Hürden bei der Rechtsdurchsetzung für von Diskriminierung Betroffene gibt, insbesondere im Bereich der zivilrechtlichen Verfahren.[106] Diese Aspekte verdeutlichen, dass die formale Struktur des Rechtsstaats und die darin eingebetteten Kategorisierungen dazu führen können, dass individuelle Rechte und Lebenslagen nicht angemessen berücksichtigt werden. Dies betrifft insbesondere marginalisierte Gruppen, die in behördlichen Verfahren oft nicht die notwendige Unterstützung und Anerkennung finden. In diesem Buch finden wir dieses Verhalten in allen Kapiteln aufgezeigt. Hat man aber verstanden, dass die Kategorisierungslüge das ist, woraus letztlich auch Rassismus, Antisemitismus, Ausbeutung und Ungerechtigkeit in unserer Gesellschaft ausgehen, erscheint es nur logisch, dass das Verhältnis zwischen Objekt und Subjekt wieder dynamisiert werden muss und genau das ist es, worum es in Speeds Arbeit oder dem arbeitsintegrierten Beziehungshandeln die ganze Zeit ging und geht. Denn nur das subjektive Individuum kann die Kategorie aufbrechen, indem es dieser nicht entspricht, sondern auf die authentische Beziehung besteht.

Diese Beziehung muss erarbeitet werden, was der Kern von Arbeit an sich ist, nämlich einen Umgang mit der Dynamik zwischen Subjekt und Objekt zu finden,

105 https://www.antidiskriminierungsstelle.de/SharedDocs/downloads/DE/publikationen/Dokumentationen/doku-mentation_fachtagung_rassismus.pdf?__blob=publicationFile&v=3&utm_source=chatgpt.com
106 https://www.antidiskriminierungsstelle.de/SharedDocs/downloads/DE/publikationen/Expertisen/rechtsdurchset-zung_zivilrecht.pdf?__blob=publicationFile&v=2&utm_source=chatgpt.com

welcher das Überleben einer individuellen Perspektive, eines einzigartigen Wissens oder Lebens erlaubt, weil nur das die Konstruktion hoch komplexer Universen ermöglicht. Siehe den dazu am Anfang dieses Buches erwähnte Sphärenzyklus, von Submergenz über Indimergenz zu Emergenz. Sowie über Objekt, Erleben schließlich zum freien Willen. Es macht also keinen Sinn, eine Welt auf Objektivem allein zu begründen, weil das Prinzip »Objekt« an sich, wie ich schon in dem Buch »Die Physik der Armen« beschrieb, ungenügend ist, um die »Existenz« zu begreifen, die ohne die Beziehung mit einem »Nichts«, einer offenen Größe undenkbar wäre. Es ist und bleibt somit ein ewig offener Prozess, wie es sich mit der Realität verhält. Der Staat aber bedient sich in der Kategorisierungslüge willkürlich, in den Zuweisungen von Kategorien. Er bleibt jedoch unfähig zum reifen Diskurs über die Verhältnisse zwischen diesen. Wodurch der Staat strukturell betrachtet blind ist, für die Wirklichkeit der Menschen und diese Blindheit muss diesem immer wieder von Aktivist:innen, Denker:innen, Künstler:innen vorgeführt werden, weil wir ansonsten den Bezug zur Realität verlieren, sowie den zur Humanität.

Wir sehen hier also auch, dass Institutionen wie Antidiskriminierungsbehörden diese Arbeit nicht leisten können, weil sie keine individuelle Schärfe aufweisen. Sie haben kein persönliches Erleben und keinen individuellen Willen. Beides sind Faktoren, ohne die man Unrecht weder authentisch erkennen noch dagegen effektiv vorgehen kann. Auf diese Weise wird das Erleben von Marginalisierten institutionell ausgelagert, um es im Gesamtsystem wirkungslos zu machen.

Meine ganze Arbeit wird erst vor diesem Hintergrund verständlich. Denn was ich leiste, dass leisten die Institutionen eben gerade nicht. Es gibt die Kategorie Unrecht, nicht losgelöst von den Individuen, die ein solches erleben. Denn die Kategorie Unrecht wird ansonsten zu einem Ausschlusskriterium für all jene, die nicht als Teil der Kategorie definiert sind. Unrecht jedoch kann auf sehr vielfältige Weise erlebt werden. Dieses Erleben ist real. Die objektive Festlegung von dem, was anerkanntes Leid ist und was nicht, ist hingegen eine Konstruktion. Wenn aber dieses sich nur im offenen Diskurs erschließt, wird die Bürokratie unbrauchbar und als Mittel des reinen Machterhalts der Kategorie Macht, ja letztlich der Kategorie Staat, erkennbar. Der Mensch sollte die Reife erlangen, diese Verhältnisse zu erkennen und darin human zu handeln. Darin liegt der Schlüssel zur Heilung massiver Gewalt und zum Ende von strukturellen Rassismen.

Hier muss auch klar gesagt werden, dass wer als Beamt:in, als Richter:in diese Realität ignoriert und Recht über Floskeln und Kategorisierungslügen konstruiert, schlicht als eine Betrüger:in im Dienst an gruppenbezogener Menschenfeindlichkeit handelt. Diese Arbeitsweise bringt Menschen um.

Der Begriff des Klassismus[107] war in Deutschland auch 2024 noch weitgehend unbekannt, somit nicht Teil der Kategorie Unrecht. Für die deutsche Öffentlichkeit gab es die Diskriminierung von Armen nicht, weil diese ja ihre natürliche Strafe darstellte. Innerhalb der Kategorie der Armen gab es keine individuellen Menschen. Hartz IV konnte jederzeit immer weiter verschärft werden und es war als existierte keinerlei Vorstellung davon, was dies mit Menschen machte. Das wurde auch oder besonders im Bundesministerium für Arbeit vollkommen ausgeblendet. Man muss auch sehen, wie die Kategorisierungslüge der Intelligenz hier entgegen-

---

107 Klassismus bezeichnet die Diskriminierung, Abwertung oder strukturelle Benachteiligung von Menschen aufgrund ihrer (zugeschriebenen oder tatsächlichen) sozialen Herkunft oder Klassenposition. Der Begriff umfasst sowohl individuelle Vorurteile als auch institutionalisierte Ungleichheiten, die insbesondere arme, erwerbslose oder bildungsbenachteiligte Menschen betreffen. Klassismus wirkt auf sprachlicher, kultureller, wirtschaftlicher und politischer Ebene und ist tief in gesellschaftlichen Strukturen verankert.

steht. Sie führt auch zu struktureller Verdummung und zu einem Absterben von Innovationsfähigkeit.

Dies juristisch überhaupt möglich zu machen, liegt in einer Kombination aus kategorialer Abwehr von Wirklichkeit, einer entkoppelten juristischen Systemlogik und dem Fehlen menschenrechtlicher Kategorien für Armut im deutschen Rechtssystem. Das Grundgesetz schützt nicht explizit vor Klassismus – es benennt Armut nicht als Diskriminierungsgrund. Damit wurde strukturelle Diskriminierung entlang der sozialen Herkunft oder sozialen Lage in der juristischen Praxis systematisch entpolitisiert. Der Rechtsstaat schützte also formal die Menschenwürde, war aber blind für die Mechanismen, durch die diese konkret untergraben wurde. Gerichte operierten in einer juristischen Grammatik, in der nur anerkannt wurde, was sich als Rechtsverstoß innerhalb der bestehenden Kategorien fassen ließ – Armut jedoch galt nicht als solche, sondern als selbstverschuldete Folge individueller Lebensführung. Durch diese ideologisch getriebene Konstruktion war es juristisch zulässig, die Lebensgrundlagen von Menschen durch Sanktionen zu entziehen, ohne dass dies beispielsweise als Verstoß gegen das Folterverbot oder Artikel 1 GG (Unantastbarkeit der Würde) anerkannt wurde. Hinzu kam eine institutionelle Entlastungslogik: Solange Kategorien wie »Erwerbsarbeit« oder »Eigenverantwortung« dominant blieben, konnte staatliche Gewalt gegen Arme rechtlich als Verwaltungshandeln durchgewunken werden – obwohl es faktisch Entwürdigung, systematische Re-Traumatisierung und existenzielle Vernichtung bedeutete. Die Gerichte selbst blieben – auch durch ihre soziale Zusammensetzung – Teil dieses Systems.

Schon sehr früh in meiner Forschung zur Armut und Arbeit entwickelte ich daher den Begriff des Armenrassismus (Povertismus) als Erweiterung des Klassismus, als Gegenkategorie, in dem Bestreben, es den ungebildeten Deutschen zu erklären. Warum suchte ich einen anderen Begriff neben dem des Klassismus? Nun, für mich ging es hier nicht in erster Linie um Klasse, weil ich mich als Kulturschaffender unabhängig von schwachen Finanzen häufig in höheren Klassen bewegte, also durch die Klassen lief, was besonders Künstler:innen eigen ist, die wie Hofnarren eine Sonderstellung in der Gesellschaft haben. Man sieht hier, wie ich versuchte, auch an dieser Stelle die Kategorien zu dekonstruieren. Der Klassismus gegen Arme hatte daher für mich viel mehr mit einem Rassismus zu tun als mit der Frage von Klassen. Es war eine andere Kategorie, die unabhängig von Klassen oder innerhalb verschiedener Klassen stattfand. Es gab zwar eine untere Klasse, die der klassisch Armen, aber es gab auch viele Arme, die versteckt in anderen Klassen lebten, oder für sich Gruppen bildeten, die sich aber nicht wie Klassen verhielten. Niemand unter den Armen identifizierte sich mit ihrer angeblichen Klasse. Nicht wie die

Arbeiterklasse oder die Eliten. Ich störte mich also an dem Begriff des Klassismus, den damals auch kaum jemand in Deutschland verstand. Es hatte und hat das Phänomen der Diskriminierung der Armen in soziologischer Hinsicht sicherlich mit Klassen zu tun, aber in der Intersektionalität, also der Mehrfachdiskriminierung unserer Zeit, war es nicht selten egal, in welcher Klasse man sich bewegte. Die mit der Verarmung verbundene Diskriminierung folgte einem aus anderen Gründen überallhin und äußerte sich schlicht am Kontostand und dem damit verbundenen, auf erzwungenen Verhalten. Hörte ich von Menschen, die über Klassismus sprachen, klang es stets so, als wäre man eine Gruppe, aber die Armen sahen für sich darin meist keine Zugehörigkeit, wie Juden oder Homosexuelle, die Solidarität bewirkt hätte. Man konnte stolz sein schwarz zu sein, aber nicht stolz sein, arm zu sein. Der Klassismus, auch auf der Opferseite, ließ einen daher stets allein. Somit taugte Klassismus nur bedingt als Kampfbegriff. Anders verhielt es sich mit Povertismus, Armenrassismus oder Sozialrassismus.

Povertismus, ein Begriff, den ich begründete, war etwas, was jeden treffen konnte und dessen Ziel es war, einen zum Mitglied der niederen Klassen zu machen, um dann im zweiten Schritt den Klassismus gegen einen zu verwenden. Der Povertismus war also nicht wie viele andere Rassismen ein Mittel der Abwertung durch bereits bestehende Zuweisung, sondern ein Mittel der Umwandlung, der Umformatierung. Man konnte jemanden, der kein Jude war, nur schwer mit Gewalt zum Juden machen, um Antisemitismus anwenden zu können. Man konnte auch keine Weißen zu People of Color umfärben, um Rassismus anzuwenden, aber man konnte jeden in die Armut treiben.

Daher wirkte der Povertismus viel tiefgreifender durch alle Schichten der Gesellschaft als eine Gewalt, die durch den Kapitalismus ausgeübt, als kapitalisierte Gewalt stattfand. Der Wertungszwang war allgegenwärtig und benutzte alle anderen Rassismen wie einen drehbaren Zylinder in einem alten Revolver. Die Armut führte sie alle zusammen. Es benötigte also auch einen Begriff, der beschrieb, wie Ablehnung stattfand, nicht weil man einer anderen Gruppe angehörte, sondern weil man innerhalb der eigenen Gruppe zum Problem wurde. Povertismus war die Ideologie, welche kapitalisierte Gewalt bediente, die Leistung als garantierten Erfolgsweg begriff und Scheitern als Minderleistung. Es dauerte, bis ich auf den Begriff des »eugenischen Rassismus« stieß, bei dem die Nazis beispielsweise versuchten durch Rassenhygiene, ihre eigene Rasse von den Unwerten zu befreien. Hier fand also ein Rassismus von Weißen gegen Weiße statt, die aus der eigenen Rasse entfernt werden sollten. Es gab also Klassismus im Sinne traditionell in Armut lebender Gruppen, denen man von Geburt an mit Diskriminierung begegnete, die seit Generationen in ungerecht unterbezahlten Jobs ackerten und es gab einen Povertismus, der Menschen aus der eigenen Gruppe (Mittelschicht/Ober-schicht), die beispielsweise plötzlich verarmten, die man arm machte, weil sie Verhältnisse kritisierten, mit Zuweisungen verurteilte, die man dem Klassismus entnahm. Diese »Neu-Armen« waren natürlich keine »besseren oder schlechteren Armen«, aber häufig entfaltete sich an ihnen, in den Jobcentern Konflikte, weil die Diskrepanz der Vorurteile wie »arm gleich faul«, sich an einem plötzlich wegen Krankheit verarmten Ingenieur beispielsweise nicht mehr entlang von Stereotypen beschreiben ließ, was die Behörden dazu trieb, Armut immer weiter zu rationalisieren, als eine reine Frage des Geldes, die automatisch zur Abwertung von Menschen führte, denen der Erfolg aus den willkürlichsten Gründen genommen wurde. Hier wurde keine Klasse mehr betrachtet oder referenziert. Daher brauchte es einen Begriff, der diesen Mechanismus beschrieb und ihn aus vermeintlicher Zuordnung von Klassen, die wie »natürliche Ordnung« klingen, herauslöste. Der Povertismus war eine Gewaltform, die Menschen ohne Geld, aus welchen Gründen auch immer, automatisch zu Untermenschen machte. Durch strukturelle Gewalt, die sich überall in der Lohnarbeit fand. Während Klassismus die Zuweisung von Stereotypen Vorurteilen gegenüber der Gruppe der Armen an sich war, handelte es sich beim Povertismus um den Mechanismus der kapitalisierten Gewalt gegen jene, die Gestern noch als hochwertig angesehen wurden, Morgen aber bereits Entwertung ausgesetzt sein konnten. Es ging also um einen Mechanismus der Entwertung, den man auf jeden anwenden konnte, war man in der Lage, die Existenzgrundlage zu entziehen. Auf welche Weise auch immer. Es war die Gewalt, die in der Drohung mit Armut lag. Ich will damit sagen, dass die Gewalt, die man im Kapitalismus anwandte, heute nicht dieselbe Gewalt ist, die über Jahrhunderte im Klassenkampf entstand. Povertismus war die Gewalt des Marktes, die jeden mit Armut und entsprechenden Rassismen bedrohte. Die modernen Formen kapitalistischer Gewalt, durch zunehmende Dominanz von Finanzmärkten beispielsweise, lässt sich nicht allein als Klassenkampf beschreiben, sondern greift als solche die Menschheit an und zwingt uns alle auf die eine oder andere Weise in eine Verarmung, aus der wir uns nicht befreien können, ohne mit Zuweisungen konfrontiert zu sein, die Rassismen oder Klassismus entsprechen, aber jeden treffen können. Die kapitalisierte Gewalt des Povertismus folgt allein dem Prinzip der Umsatzsteigerung durch Spaltung und Ausgrenzung der Konkurrenz. Es ist eine willkürliche Gewalt, die sich in einem Wettbewerb tarnt. Es ist jene Gewalt, die dem Scheiternden im absoluten Sinne ein Falschsein zuweist.

2

Ein weiterer wichtiger Begriff wurde in meiner Arbeit der Sozialrassismus, der dem französischen Extremismusexperten Pierre Andre Taguieff zugerechnet wird und der von Pierre Bourdieu in seinen Büchern wie »Der feine Unterschied« impliziert wurde. All diese Begriffe stimmen für sich, aber es gibt eben feine Unterschiede.

Natürlich ist der Begriff des Rassismus, wie schon Taguieff in seinem Buch »Die Macht des Vorurteils« schreibt, kein einfacher Begriff, der in sich wenig wissenschaftlich ist, auch weil es ein »Täterbegriff« ist, der auf einer »Rasse« beruht, die biologisch nicht existiert. Dennoch ist unbestreitbar, dass der Nutzen für Aktivist:innen gegeben und oft entscheidend ist. Denn wie sollte ein Jude seine Diskriminierung erklären, ohne den Begriff des Antisemitismus? Miranda Fricker nennt diese Problematik hermeneutische Ungerechtigkeit.

Der Extremismusexperte Taguieff schrieb: »*Das Individuum wird nur als Repräsentant eines beliebigen Typs gesehen, und nur dieser existiert wirklich. Daraus folgt, dass der Rassismus antiindividualistisch ist. Zunächst wird das Individuum, das ja nur ein Exponat der Rasse ist, als Muster eines Rassetyps gesehen und dadurch als Individuum geleugnet. »Hat man einen gesehen, hat man alle gesehen«, lautet eine Formel, die vor dem Aufkommen des Wortes Rassismus häufig zu hören war, und erklärt damit eine seiner inhaltlichen Eigenarten: Die Illusion der Uniformität. Danach sind es nicht die Individuen, die als ungleich gelten, zumindest nicht prioritär, sondern es sind bestimmte Klassen von Menschen, die als Rassen bezeichnet werden. Es gibt eine spezifische Gleichheit derer, die oben stehen, eine Gleichheit der Individuen, die als Repräsentanten einer höherwertigen gehaltenen Rasse gelten. (...) Mit der Negation des Individuellen als anthropologischer Dimension geht als ethisches Moment das Fehlen der Würde der Person einher, insofern, als die Person nicht an ihre Rassezugehörigkeit gebunden ist.*«[108]

Daher war es in meiner Arbeit wie gesagt derart wichtig, möglichst individuell und subjektiv auf Rassismen zu reagieren. Alle Rassismen vereint die Simplifizierung und die Ausschlusstendenz der anderen, sowie ihre Verdinglichung. Das wiederum ist das Wesen einer Simulation, die sich abrunden, also gegen die Komplexität abschließen will, auf der Suche nach einem »befriedeten Ganzen«. Simulation und Rassismen agieren stets zusammen. Auch darum sind klassische Institutionen für Rassismus gefährdet, weil sie im Sinne von Lyotard das Wissen häufig als etwas Absolutes begreifen, was in Simulation münden muss. Das galt auch für den Ka-

---

108 Die Macht des Vorurteils / Pierre-André Taguieff / Hamburger Edition / S 138

pitalismus, was schon Bewegungen wie »Black Marxism«[109] in den USA herausgearbeitet hatten.

Der Sozialrassismus ermöglichte erst, dass man sich als Staat mit Hartz IV von den komplexen Kontexten der Armut befreite, um die Armen zu verdinglichen und um sie auf diese Weise in Konstruktionen auf dem Reißbrett verwertbar werden zu lassen. Gelang dies nicht, lag schon die nächste Abrundung bereit, nämlich die Sanktion als Mittel der Bestrafung, um zu erklären, dass es die Schuld der Armen selbst sei, dass sie der Armut nicht entkämen, und nicht etwa das Fehlen von Chancengleichheit oder das Fehlen von Jobs.

Dieses radikale Abschneiden der Wirklichkeit war und ist ein Gewaltakt von ungeheuerlichem Ausmaß, es wirkte aber für die deutsche Gesellschaft, eingebettet in Vorurteilen, nicht wie ein scharfes Messer voller Zacken und Zähnen, sondern eben wie ein »runde Sache«. Denn für die Gesellschaft vollzog sich dieser Rassismus gegen Arme schleichend und entlang von logisch erscheinenden Rassismen, die am Ende Armut mit Faulheit und Asozialität gleichsetzten. Man wollte diese Vereinfachung, weil man Klarheit wollte und diese Klarheit im eigenen Leben, in unsicheren Zeiten, von der Politik in stereotypen Reflexen des Populismus angeboten wurde.

Man muss also begreifen, dass Rassismus und Populismus, Armut und Entwurzelung, Orientierungslosigkeit und Spaltung, Ohnmacht und ständige Krisen, mit ein und derselben Bewegung der Simulation zusammenhingen, die längst die gesamte deutsche Gesellschaft und die ganze Welt erfasst. Nämlich das Verschwinden der Resonanzfähigkeit in einem Jahrhundert der Digitalisierung, ohne jedes Bewusstsein über den Unterschied, den es macht, ob ich mir die Welt in Beziehung erarbeite oder für das Mitmachen in der Simulation bezahlt werde. Die Simulation konnte belohnen, aber das war und ist immer ein Ritual der Verkürzung und somit eine der wesentlichen Ursachen des Unangebrachten. Die Belohnung korrumpiert im Grunde den Wert, denn wäre dieser tatsächlich wertvoll, müsste man Menschen für die Arbeit daran nicht bezahlen. Somit tauscht man die Relevanz gegen den Lohn. Das ist der fundamentale Betriebsfehler im Kapitalismus.

Schon vor bald 30 Jahren warnte ich in Büchern wie »Verdammt Sexy« vor jener Unfähigkeit zur bewussten Gestaltung von Gesellschaft und Medien. Wir verloren das Internet, wir verloren die Ökonomie, wir verlieren auch bald erneut

---

109 Wikipedia: „Black Marxism: The Making of the Black Radical Tradition", erstmals veröffentlicht 1983, erneut 2000 und eine dritte Ausgabe 2020, ist ein Buch des Wissenschaftlers Cedric Robinson. Beeinflusst von vielen afroamerikanischen und schwarzen Ökonomen und radikalen Denkern des 19. Jahrhunderts, schafft Robinson eine historisch-kritische Analyse des Marxismus und der eurozentrischen Tradition, aus der er hervorgegangen ist. Das Buch baut nicht auf marxistischem Gedankengut auf noch wiederholt es dieses, sondern führt eine rassenspezifische Analyse in die marxistische Tradition ein.

an die KI. Wir müssen uns den subjektiven Eingriff in die Welt bewahren, oder wir verlieren das was den Menschen und dessen Kultur ausmacht.

Man kann Rassismen nur schwer mit Gesetzen begegnen, weil Gesetze reale Macht wiederum nur simulieren, die sie aber in den Köpfen und Seelen der Leute nicht haben. Das, was den Rassismus tatsächlich schwächt, ist das Ende der Sicherheit der Privilegierten. Damit meine ich das Ende ihres scheinbaren Rechts auf Abschließung gegenüber der Welt, die sich darin äußert, dass das Wissen und die Zeugenschaft der »anderen« verdrängt werden. Wir müssen totalitäre Werte aus der Gesellschaft verbannen und eine Verunsicherung der Werte an sich herbeiführen, denn nur das hält die Gesellschaft offen.

»»Wir sind die Besten«: d. h., die Tatsache unserer Rasse (unserer kollektiven Identität) wird mit ihrer Höherwertigkeit verwechselt. Die Zuweisung einer minderen Qualität für die anderen setzt eine Herrschaftsbeziehung zwischen ihnen (den Beherrschten) und uns (den Herrschenden) voraus.«[110]

Die Simulation, also die Verkürzung, die in jedem Job steckt, die das Handeln des Menschen heute überall prägt, schafft somit einseitigen Wohlstand.

Man kann also auch aussagen, dass der Kapitalismus an sich ein Rassismus ist, weil die Zuspitzung auf den »isolierten Wert«, der ebenfalls durch Verengung und Ausschluss entsteht, in einem vorgetäuschten Wettbewerb, der immer im Vorfeld verengt wurde und wird, strukturell oder direkt, zu einer Hierarchie der Wertigkeiten führt, die eine Illusion darstellt, die einem Herrschaftsprinzip dient. Diese Illusion wird stets zur Wurzel der Rassismen, sobald es existenziell wird, diese Illusion zu einer Realität gemacht wird, was der Markt des Kapitalismus unweigerlich durch Schleifung von Komplexität bewirkt, indem alle Bereiche des Lebens direkt oder indirekt ökonomisiert werden. Das führt nicht nur zu Rassismen, sondern zur Verdrängung von Wirklichkeit und komplexen Wahrheiten.

Daraus erklärt sich die kognitive Dissonanz, welche die Justiz befällt, die zwar Menschenrechte kennt, aber Rassismen im Kapitalismus nicht anerkennen will. Dieser blinde Fleck ist systemisch erwünscht, weil dieser Tabuzonen ermöglicht, also Ecken, in die nicht hineingesehen wird. Das erleichtert wiederum die Gewalt gegen Minderheiten, die vom Kapitalismus ausgeht und von der Justiz unkritisch übernommen wird. Das System schützt sich im eigenen Widerspruch durch die Verfolgung und Erniedrigung der Armen, weil dies einfacher ist, als den Kapitalismus als Form von Rassismus zu erkennen, was dieser aber faktisch ist.

Es kann sich bei den isolierten Werten des Marktes nur um eine Illusion handeln, weil sich Relevanz nun mal nicht hierarchisch verhält. Es gibt wissenschaftlich betrachtet keinen Beweis dafür, dass Relevanz sich immer in einer Hierarchie

110 Die Macht des Vorurteils / Pierre-André Taguieff / Hamburger Edition / S 146

ganz oben zeigt. Die Hierarchie existiert viel mehr, um ihrer selbst willen, um vorzutäuschen, was oben ist, sei auch das Wertvollste. Die Hierarchie ist nicht die Folge der Festlegung von Wert, sondern es ist das selbstreferenzielle Mittel dessen. Der Wert im Kapitalismus ist genauso fraglich wie das Geburtsrecht von adeligen Sprösslingen am Thron. Es ist eine Konstruktion.

3

Es erscheint einfach, den Kapitalismus als Lüge zu belegen, aber fast unmöglich, die psychologische Verstrickung, also die kognitive Dissonanz aufzubrechen, die Menschen an den Kapitalismus glauben lässt, weil sie in einem existenziellen Abhängigkeitsverhältnis zu diesem stehen. Das galt auch für Staatsanwälte und Richter:innen. Darum ist es derart wichtig, zu zeigen, dass selbst rechtsstaatliche Institutionen wie Staatsanwaltschaften in einer Simulation zur Lüge und zu Betrug nicht nur fähig sind, sondern dies Teil der Konstruktion von Hierarchie und Bürokratie ist. Es geht darum, Macht durch Simplifizierung zu konstruieren. David Graeber schrieb in seinem Buch »Bürokratie – Utopie der Regeln« über bürokratische Systeme und deren Verhältnis zu Wahrheit und Macht: *»Derartige Institutionen bringen stets eine Kultur der Komplizenschaft hervor. (...) Wir haben es hier mit einer bestimmten Form der Doppelmoral zu tun, die gerade typisch ist für alle Arten bürokratischer Systeme. Utopisch sind in einem gewissen Ausmaß alle Bürokratien, denn sie propagieren ein abstraktes Ideal, dem die Menschen so, wie sie nun einmal sind, niemals genügen können. (...) Das wichtigste Kriterium für die Loyalität gegenüber der Organisation wird die Komplizenschaft. Beruflicher Aufstieg beruht nicht auf Verdiensten und auch nicht darauf, der Vetter von jemandem zu sein, sondern in erster Linie auf der Bereitschaft, an die Fiktion zu glauben, der berufliche Aufstieg beruhe auf Verdiensten, obwohl jeder weiß, dass das nicht stimmt. Oder an die Fiktion, Regeln und Vorschriften gälten für alle gleichermaßen, während sie in Wirklichkeit häufig als Mittel für vollkommen willkürliche persönliche Machtausübung eingesetzt werden.«*
Bürokratie ist somit oft Betrug, weil Wahrheit und Wissen in einer Bürokratie jederzeit durch Verkürzungen und die Kategorisierungslüge umformatiert werden können und entsprechend oft umformatiert werden. Die Bürokratie lügt, indem sie die Realität, wie gesagt, gegen eine Simulation tauscht. Man weiß, dass Bürokratie eine Form von ungerechter Gewalt ist, welche die Unterprivilegierten systematisch diskriminiert und die Privilegierten durch dieselbe Verkürzung schützt, denn Bürokratie dient einer Legitimation und Verfestigung der Verhältnisse. Sie verweigert sich also dem Diskurs über individuelle Unterschiede, etwas, was Mächtige nicht

benötigen, um als wertvoll definiert zu sein. Die daraus unweigerlich resultierende kognitive Dissonanz von Bürokrat:innen erklärt auch, weshalb die Regeln oft besonders hart angewendet werden. Weil »Härte« hier »Realität« ersetzt. Alternativlosigkeit wird zur Realität erklärt, weil das System selbst nicht flexibel ist. Die Welt muss also der Bürokratie angepasst werden. Je härter die Regeln, umso realer und richtiger erscheinen sie, weil die Bürokratie dadurch die Realität bürokratisch also simplifiziert dominieren kann. Das Falsche wird in letzter Konsequenz dann durch die Härte verschleiert, weil die Härte wie eine Notwendigkeit erscheint, der man folgen kann, die einem das Leben als Beamt:in erleichtert. Je brutaler die Anwendung der Regeln, umso gerechter, weil umso weniger hinterfragbar erscheinen sie. Das ist die Perversion der Simplifizierung. Sie muss sich durch immer mehr Gewalt stabilisieren. Etwas, was sich die Menschheit 2024 nicht mehr leisten kann, was aber in Systemen wie Hartz IV oder dem Bürgergeld, jeden Tag gegen Arme vollzogen wird, um sie in den Korridor einer simplifizierten Ordnung zu zwingen, der kritische Fragen an das System verhindert und die Bevölkerung im Unwissen über die realen Bedingungen der Ökonomie belässt.

4

Erst vor drei Jahren, also 2020, erkannte der Bundestag offiziell an, dass zu den Opfern des Holocaust auch die sogenannten »Asozialen« zählten, also die Hartz-IV-Empfänger jener Zeit, die zu Tausenden ermordet wurden.

Es ist überspitzt formuliert, aber aus der Rassewertgruppe IV, mit dem die Armen von den Nationalsozialisten gelabelt wurden, um sie mit dem schwarzen Winkel, statt dem Judenstern in die Konzentrationslager zu schicken, um sie durch Arbeit zu vernichten, im Sinne von »Arbeit macht frei«, wie es über dem Tor von Auschwitz stand, ging verkürzt gesprochen weitgehend unaufgearbeitet Hartz IV hervor. Man findet denselben Sprechakt, wie man ihn bei den Fürsorgeeinrichtungen der damaligen Zeit fand, oder im Kaiserreich davor, auch in den Jobcentern unserer Zeit.

»Nach frühestens eineinhalbjähriger Inhaftierung der Mädchen hatte u. a. die Fürsorgerin über die Möglichkeit der ‚Wiedereingliederung in die Volksgemeinschaft‘ eine Diagnose zu erstellen.«[111] Wir sprechen hier vom Ausleseverfahren in einem Konzentrationslager für Mädchen in der Uckermark. Nicht nur das Wort »Eingliederung« findet sich dort, sondern auch die damit gemeinte Auslese des Unwerten, um daraus das Nützliche zu extrahieren, egal, was der jeweilige Mensch will oder was diesen ausmacht.

111 Sozialrassistische Verfolgung im deutschen Faschismus / AG SPAK / S 84 l. Abs.

Dies festzustellen war und ist wichtig, weil gerade das Unrecht, dass an den Armen begangen wird, sich ansonsten weiter fortsetzt, erkennt man die Tradition, das Muster darin nicht und weil die Stigmatisierung des vermeintlich Minderwertigen zu jeder Zeit das geistige Einfallstor des Faschismus war und auch heute ist. Sozialrassismus ist keine spezifische Erfindung der Nazis, aber in der Kombination mit physischer Gewalt und der Absicht der Vernichtung des Unwerten findet sich eben das Reißbrett als vereinfachten, bereits bekannten Weg der schnellen Lösung der Armutsfrage.

5

Wenn wir über Rassismus und Armut sprechen, muss wie zuvor erwähnt über den eugenischen Rassismus, also die Rassenhygiene, gesprochen werden, als die bisher wohl dunkelste Variante des Rassismus gegen Arme. Die meisten Menschen denken bei Rassismus an die Abgrenzung oder Abwertung gegenüber einer »fremden Rasse«. Genauso wichtig für viele Rassist:innen, besonders für die Nationalsozialisten, war die Säuberung der eigenen Rasse vom Minderwertigen. Auch dies führte mich zu den zuvor beschriebenen Gedanken zum Povertismus als Begriff in Abgrenzung zum Klassismus. Denn hier eignet sich der Klassismusbegriff nur bedingt.

Dieser in das Innere der eigenen Gesellschaft gerichtete Rassismus, denn als einen solchen verstanden ihn die Nazis, trieb tausende weiße Arme oder Menschen mit Behinderung, auch Autist:innen in die Konzentrationslager jener Zeit. Natürlich ist Hartz IV nicht mit dem eugenischen Massenmord gleichzusetzen, aber die Gewaltbereitschaft gegenüber den Erwerbslosen nimmt heute von Monat zu Monat zu. Und man kann diese Gewalt gegen Arme, diese Obsession mit ihrer Bestrafung oder Vernichtung, nur erklärbar machen, kennt man die Geschichte und die tieferen Zusammenhänge des eugenischen Rassismus in Deutschland.

Es ist viel in der Öffentlichkeit über die Vernichtung von Menschen mit Behinderung gesprochen worden, aber bedingt durch Ressentiments eben wenig über die Vernichtung von den sogenannten »Asozialen«.

Wenn die Bundesregierung in jüngster Vergangenheit erneut die zweimonatige Totalstreichung von Essen für Erwerbslose, die sich »verweigern« per Gesetz einführt, wie sie es auf Druck durch die CDU und FDP getan hat, weil die Gelder knapper wurden, und ein Politiker Pflaume[112] von der CDU noch viel härtere Maßnahmen gegen sogenannte »Arbeitsverweigerer« fordert, dafür sogar das

---

112 Tagesschau / 14.1.2024 / Jens Pflaume CDU schlägt vor die Verfassung zu ändern, um Arme stärker sanktionieren zu können.

Grundgesetz ändern will, dann fragt man sich, wo die Grenze dieser Volksverhetzung verlaufen soll. Neuerdings verlangt die CSU auch, Migrant:innen grundsätzlich das Aufenthaltsrecht zu nehmen, wenn sie von Sozialhilfe leben müssen. Das ist ein typisch rechtsradikaler Gedanke.

Jedes Mal, wenn ein Sozialrassist wie Pflaume, Avokado, Aprikose oder Weintraube, von CDU, CSU oder FDP öffentlich in den vergangenen 10 Jahren zu den üblichen populistischen Hasstiraden gegen Hartz-IV-Empfänger:innen ansetzten, bedeutete es für mich Panikattacken, tagelange Grübel Anfälle, dauerndes Schwitzen und sehr viel Leid. Es ist davon auszugehen, dass im ganzen Land tausende Menschen ähnliche Schmerzen erlitten. Diese Politiker:innen waren und sind Gewalttäter, Rechtsradikale und es ist notwendig, dass die Gesellschaft von dieser Opferperspektive erfährt. Wer wie die CDU, CSU, FDP laufend vom guten und bösen Armen schwafelt, von mehr Härte gegen Arbeitsverweigerer, die ein propagandistisches Märchen sind, der beleidigt und verletzt tausende Menschen schwer. Denn Widerstand gegen Hartz IV oder das Bürgergeld ist keine Arbeitsverweigerung, sondern eine gesunde und natürliche Reaktion auf menschenverachtende, populistische Politik.

Hier wird Meinungsfreiheit mit Obdachlosigkeit bestraft.

Der Hass und die Gewalt nehmen dort rasant zu, wie zuvor erwähnt, wo die Strukturen simplifizieren, und das Tragische ist, dass auch nur dort überhöhte Gewinne im kapitalistischen Markt entstehen, wo verengt und verkürzt wird. Verbinden sich Hass und Kapitalismus, ist das die Zutat des Faschismus. Der absolute Wille zur Maximierung der Effizienz, um Gewinne einseitig zu steigern, verbunden mit: »*Dem Unwillen sich vorzustellen, was mit dem anderen ist*«[113], um es mit Hannah Arendt im Sinne der »Banalität des Bösen« zu sagen.

Die Ökonomin Anne Allex, die leider verstarb, bevor ich sie persönlich kennenlernen konnte, gab zwei hierfür wesentliche Bücher heraus. »Sozialrassistische Verfolgung im deutschen Faschismus« und »ausgesteuert – ausgegrenzt ... angeblich asozial«. Beide bei AG SPAK erschienen. Großartige und wichtige Bücher, mit einzelnen Beiträgen von Wissenschaftler:innen zum Thema. Ich möchte sie als die Standardwerke bezeichnen, um zu zeigen, wie eng Hartz IV mit Traditionen des dritten Reichs, aber auch der Kaiserzeit verwoben war und ist.

Man kann die historischen Geschehnisse wie die Bettlerwoche 1933, oder die Aktion »Arbeitsscheu Reich« von 1938 auflisten, als die Kriminalpolizei 10.000 Obdachlose und sogenannte »Asoziale« in die Konzentrationslager verbrachten und natürlich verspüre ich dann, wenn ich mit Herrn G. dem Ex-Polizisten in sei-

---

113 Hannah Arendt über die Nazis und deren „Banalität des Bösen" - und warum sie damit so einen Aufschrei in der Welt verursachte. Ein Interview des damaligen NDR- Joachim Fest von 1964, ausgestrahlt im Südwestrundfunk (SWR). 16:40

nem Verhörzimmer sitze, er mich als Polizist, weil ich Künstler bin, obdachlos machen will, eine Panik, die sehr tief sitzt. Was soll ich denn bei den Hasstiraden gegen Arme, durch Weintraube (CDU-Vorsitzender) anderes denken, als an die Grauen des Sozialrassismus der Nazis? Wie kann ich nicht eine Wiederholung des Holocaust als Angst in meinem ganzen Körper spüren?

Wenn man Menschen den Stecker zieht, was heute Armut bedeutet, tötet man sie langsamer, aber man tötete sie vielleicht noch existenzieller. Man ermordet ihre Hoffnung, ihr Erleben von Glück, ihr Verspüren von Anerkennung oder das Gefühl Teil von etwas zu sein. Vor allem aber verhindert man ihr Werden. Und dieser Mord ist für uns alle, für die ganze Menschheit traumatisch.

TAKE-AWAY BOX – KAPITEL »KLASSISMUS & DIE KATEGORISIE-RUNGSLÜGE«

Klassismus = unsichtbare Schichtendiskriminierung

Nicht Einkommen allein, sondern sozialer Herkunftsstatus entscheidet, wessen Stimme zählt. Klassistische Vorurteile »naturalisieren« Armut – vergleichbar mit Rassismus, nur entlang der Einkommens- und Bildungshierarchie.

Die Kategorisierungslüge

Bürokratische Raster („arbeitsfähig / arbeitsunfähig", „förderwürdig / leistungsunwillig") erzeugen eine Scheinsachlichkeit, die strukturelle Gewalt verschleiert. Sobald Menschen in eine Schublade passen müssen, wird ihr individuelles Narrativ gelöscht – und Sanktionen erscheinen „objektiv".

Symbolische Gewalt im Amtsdeutsch

Begriffe wie »Mitwirkungspflichtverletzung« oder »fehlende Erwerbsmotivation« dienen als Sprachwaffe: Sie wandeln komplexe Lebenslagen in moralisches Versagen um und legitimieren Kürzungen, Kontrolle, Beschämung.

Epistemic Injustice

Wer klassistisch etikettiert ist, gilt als unzuverlässige Wissensquelle (Fricker). Das Amt hört nicht zu, weil es per Definition schon weiß, »was mit solchen Leuten los ist« – ein stillgestelltes Dialogformat.

Autistische Perspektive deckt Mechanismus auf

Durch hypersystematisches Detailsehen zerlegt Speed die vermeintlich „neutrale" Verwaltungssprache und macht die zugrunde liegenden Bias sichtbar – ein Loop, den neurotypische Lesende oft übergehen.

Gesellschaftliche Kosten

Klassistische Frames unterminieren Demokratie: Sie verhindern Teilhabe, erzeugen latente Wut und befeuern rechtspopulistische Narrative („faule Leistungsbezieher"). Die Kategorisierungslüge ist damit kein Randphänomen, sondern ein Kernrisiko sozialer Kohäsion.

GEWALTAKT 3: DER SCHMERZ DER VÄTER

1

Eines der schwersten Kapitel meiner Verarmung war der Umstand, dass ich als Folge des Psychoterrors durch Staat und die Gesellschaft ab einem gewissen Punkt nicht mehr in der Lage war, den Unterhalt für zwei meiner Kinder zu bezahlen. Der Staat übernahm die Zahlung des Unterhalts und rechnete mir daraufhin Schulden auf. Gerade weil dies einen sehr schwerwiegenden Konflikt darstellte, will ich diese Problematik genauer betrachten. Viele werden, was ich tat an dieser Stelle nicht oder schwerer verstehen, weshalb es wichtig ist, die Geschehnisse sehr genau zu beschreiben. Denn hier greift, was Bourdieu die »symbolische Gewalt« nannte, also eine verdeckte Gewalt, die in sozialen Normen liegt, die Menschen bestimmte Rollen zuweisen, ohne die Komplexität ihrer Individualität und die sich ihnen zeigende Affordanz zu beachten, gar die biografischen Blockaden, denen sie unterliegen.

Die Kinder waren versorgt. Sie machten keine Erfahrung von Armut. Es ging ihnen finanziell besser als den meisten Kindern im Bürgergeldbezug. Ich kümmerte mich, anwesend zu sein, wo es ging. Ich tat, was ich konnte. Aber dies führte dazu, dass ich für meine Arbeit, denn ich arbeitete weiterhin 40 Stunden die Woche und mehr, in dem Bestreben mit meiner Arbeit der Armut zu entkommen, nicht nur keinen oder kaum einen Lohn erhielt, außer den Hartz-IV-Satz, sondern ich darüber hinaus fast die doppelte Summe jeden Monat vom Staat als Schulden verrechnet bekam. Dass als Autist mit einem Anspruch auf einen Schwerbehindertenausweis, was mir zu dem Zeitpunkt aber nicht klar war. Wir wurden also Schulden aufgerechnet, von dem Staat, der über Jahrzehnte von meiner oftmals kostenlosen Arbeit als Kulturschaffender profitierte, wie auch von der skandalös unterbezahlten Arbeit der meisten Künstler:innen im Land. Das hatte das Potenzial, einen Menschen komplett zu zerstören.

Ich versuchte alles, um mehr Geld zu organisieren, aber es gelang mir als Folge des Autismus nicht. Denn zwei Faktoren spielten zu diesem Zeitpunkt eine wesentliche Rolle. Ich war nicht mehr belastbar, also litt an einer komplexen PTBS als Folge des Terrors durch den Staat und funktionierte wegen dem, was sich später als Autismus (mit ADHS) herausstellte, seit 30 Jahren in wirtschaftlichen Kontexten nicht. Ich hatte als Folge des Autismus und meiner Überzeugungen überwiegend unbezahlt versucht, mit den Mitteln, die ich hatte, ohne zu wissen, dass ich überall wegen meines Autismus und ADHS abgelehnt wurde, einen Beitrag zur Gesellschaft zu leisten. Nur waren es eben die Mittel eines Autisten. Ich vertiefte mich in die Forschung von Jahrzehnten und war stets davon überzeugt, dass ich damit beruflich vorankäme, weil doch die Wahrheit eine Bedeutung haben musste, also der Umstand, dass ich in der Gesellschaft Muster erkannte, die in sich weder logisch noch gerecht waren. Ich kam zu keinem Zeitpunkt auf die Idee, die Gesellschaft könnte nach anderen Mechanismen funktionieren, also als Folge von sozialen, politischen, oder von Macht dominierten, unausgesprochenen Übereinkünften und Konventionen, die ich als Autist schlicht nicht in der Lage war so wahrzunehmen, wie Neurotypische dies können. Ich nahm Gerechtigkeit wörtlich. Ich nahm Kunst und Forschung wörtlich und machte mich an die Arbeit, das zu korrigieren, was diese seltsamen Menschen da draußen aus unerklärlichen Gründen nicht verstanden. Für Autisten baut sich die Welt aus Details auf. Für Neurotypische ist die Welt eine Sphäre, ein grobes Konzept, welches man zurechtbiegt, bei dem man improvisiert, damit es mehr oder weniger funktioniert, egal, was die Konsequenzen sind. Ich aber war neurologisch nicht in der Lage, zu improvisieren.

Viele Autist:innen können das nicht, was auch erklärt, weshalb sehr viele Whistleblower und Aktivist:innen wie Greta Thunberg oder Julien Assange Autisten sind. Wir haben keinen Filter gegen die Diskrepanzen der Welt. Wir können nicht einfach funktionieren. Da Wissen bei Autist:innen, wie mir, wie zuvor erklärt, verkörpert ist, also von meiner Existenz geprägt ist, kommt jeder Zwang meinem Körper gegenüber, beispielsweise durch Zwangsarbeit, einem direkten Eingriff in mein Denken und meine Existenz gleich. Während Neurotypische von unerwünschter Arbeit frustriert sind, erleben viele Autist:innen diese als Gewalt gegen das eigene Selbst. Denn die Freiheit, über den eigenen Körper und dessen Arbeitsweise und dessen Interessen selbst zu bestimmen, ist für viele Autist:innen nicht eine Frage von freiem Willen, sondern eine Notwendigkeit der eigenen Existenz. Zwingt man meinen Körper einer fremdbestimmten Handlung zu folgen, dann ist dies wie ein Existenz- ein Sprachverbot, also ein viel tieferer Eingriff in die eigene Integrität, als dies von Neurotypischen erlebt wird, die wegen ihrer Ausrichtung hin zum Willen der Gruppe, wesentlich relativer erfahren wird. Mein Widerstand gegen die klassische Arbeitsweise, über Jahrzehnte, ist also auch wesentlich dem autistischen Erleben geschuldet und dem, was man autistische Integrität nennt. Es ist also Fakt, dass ich mich neurologisch bedingt zu keinem Zeitpunkt anpassen konnte, weil diese Zwänge für mich als Schmerz erlebt wurden und mich schlicht aus dem Fokus auf »irgendeinen Job« rissen.

Hinzu kamen biografische Blockaden, die Künstler:innen oft unterliegen, die wegen ihres Engagements von Jahrzehnten, biografische bedingt nicht mehr in anderen Jobs verwertbar sind. Das führte zu erheblichen Herausforderungen, die sich meinem freien Willen entzogen. Viele denken, wenn es im Job nicht läuft, muss man sich eben umschulen lassen. Aber was ist, wenn man über Jahrzehnte kaum bezahlt wurde und alles aus Engagement tat? Was ist, wenn Arbeit für einen existenziell mit der eigenen Identität verknüpft ist? Mit welchem Recht erwartet die Gesellschaft, die davon profitierte, dass ausgebeutete Kulturschaffende sich bereitwillig ändern und so tun, als habe der Markt recht und die Kunst tatsächlich wertlos sei? Und mit welcher Kraft soll ihnen das gelingen, wenn ihre bisherigen Leistungen nicht annähernd honoriert wurden? Als Autist war mir das unmöglich. Viele Menschen mit neuronaler Divergenz haben eine stark ausgeprägte Empfindlichkeit gegenüber Ungerechtigkeit und ethischen Verstößen. Diese tiefe Reaktion auf das, was sie als falsch empfinden, kann sie oft in Konflikt mit sozialen Normen und Strukturen bringen, die sie als ungerecht ansehen. Einfach gesagt, ich konnte das Problem nicht abstellen. Zugleich verspürte ich eine starke innere Motivation, es grundlegend und kreativ zu lösen. Etwas, was mir realistisch und angemessen erschien. Erwerbsarbeit hingegen erfordert oft eine normative Anpassung, die über Stunden, Tage, Jahre aufrechterhalten werden muss, um nicht auf eine Weise aufzufallen, die zum Jobverlust führt. Rund 80 % der Autist:innen mit höherer Bildung sind wie zuvor schon erwähnt daher ohne Arbeit. Wenn man wie ich damals nicht weiß, dass man ein Autist ist, ist die Lage noch schwieriger.

Sie müssen verstehen, dass das, was ich tat, für mich kein Spiel war, sondern eine Frage der Existenz, eine Frage des Überlebens. Die Gesellschaft ging von einer Affordanz aus, die für neurotypische Normalbürger:innen möglich sein mag. Für mich war sie es nicht.

Man entwertete meine eigentliche Arbeit, vollkommen irrational zu 100 %, trotz der objektiv belegten Nützlichkeit des Beitrags, machte es mir als Autisten und Künstler unmöglich eine wirtschaftliche Existenzgrundlage aufzubauen, weil man mir jede Hilfe verweigerte oder mir alternative Wege versperrte. Man baute keinerlei Brücken, um mich dann mit Schulden dafür zu bezahlen, dass ich weiterhin 40 Stunden die Woche für die Menschen im Land arbeite, in dem verzweifelten Versuch, einen wertvollen Beitrag zu leisten. zehnn Bücher schreiben sich nicht von selbst, genauso wenig wie sich 20 Jahre unbezahlte Forschungsleistung von selbst ergibt.

Wir sehen hier also, wie die Gewaltschraube mir gegenüber immer weiter eskalierte und die Behörden das dahinterstehende massive Unrecht schlicht verleugneten. Meine Arbeit wurde zu Invisible Labor (unsichtbare Arbeit), was Tätigkeiten bezeichnet, die gesellschaftlich notwendig und oft essenziell sind, aber weder bezahlt noch als Arbeit anerkannt werden. Der Begriff stammt aus der feministischen Ökonomie (u. a. Arie Hochschild, 1983; Barbara Ehrenreich) und umfasst emotionale Arbeit, Care-Arbeit, unbezahlte Hausarbeit, ehrenamtliches Engagement sowie unsichtbare Vor- und Nachbereitungsarbeit in Erwerbsverhältnissen. Besonders betroffen sind Frauen, Migrant:innen und prekär Beschäftigte.

Man kann davon nicht ableiten, ich hätte nicht in Erwerbsarbeit arbeiten wollen, was ich ja oft versucht habe, sondern es war einfach nicht alltagstauglich, wenn ich es tat. Ich kam mir so vor, als würde ich eine Rolle in einer irren Welt spielen und meinen Bezug zur Realität verlieren, was Panik auslöste. Widersprüche, mit denen andere Menschen umgehen, als könne man neben ihnen problemlos mit den Fingernägeln über eine Tafel kratzen, erzeugten in mir einen Zustand gesteigerter emotionaler Unruhe und Depression. Es war, als versuchte ich aus einer Sekte von Neurotypischen auszubrechen, die an irre Dinge glaubte, wie Fleiß werde belohnt, oder der Markt sei gerecht.

Man wollte mich also in etwas zwingen, was nicht funktionieren konnte und zugleich setzte man den Wert der Arbeit von Kulturschaffenden auf null. Entwertete somit meine Talente, also meine ganze Persönlichkeit. Man ließ mir also keinerlei Ausweg, wollte das aber nicht anerkennen, weil man dachte ich wäre wie sie, also abgestumpft und fähig, ohne jeden Schmerz gegen die eigene Integrität zu verstoßen. Das, was ich konnte, was ich versuchte, nämlich mich kreativ und ethisch angemessen in die Welt einzubringen, weil alles andere für mich nicht aushaltbar war, das wurde bestraft und das, was die wollten was ich tun sollte, das konnte ich nicht. Dies war für mich mit erheblichem Leid verbunden, weil alle Welt immer so tat, als wäre irgendein Job kein Problem und dass das nicht stattfand, sei meine Verweigerung. Sprach ich von Ethik und Gewissen, machte sie das nur noch wütender. Die Problematik, dass da Menschen wie ich waren, die prekär in Theatern, beim Film, in der Literatur oder Malerei, unter schwierigen Umständen, ständig von Armut und Zahlungsunfähigkeit bedroht, die Kultur des Landes aufrecht erhielten, die Debatten pflegten, die Demokratie schützten, wurde vom Staat allein deswegen aus der eigenen Verantwortlichkeit rausgedrängt, weil Künstler:innen als Folge verarmten und das Label »arm« schloss eine Schuld der Gesellschaft oder des Staates, gar eine größere Komplexität der Verhältnisse, aus Sicht von Behörden und Regierung zu 100% aus. Die Verurteilung von Armen war also derart übermächtig, dass diese selbst vor Menschen nicht Halt machte, die bekanntermaßen jeden Tag weit unter Mindestlohn, in ständiger Ausbeutung Kunst und Kultur erarbeiteten. Dies zeigte ein weiteres Mal das Ausmaß an irrationaler Brutalität des Staates gegen Menschen in Armut. Es war aber eben eine symbolische Gewalt, also eine Gewalt, die von denen in der Norm als angemessen und richtig angesehen wurde. Denn sie entsprach der selben Logik, nach der sie ja belohnt wurden.

Natürlich erzeugte daher dieser Zustand bei nicht wenigen eine reflexartige

Verurteilung mir gegenüber, die das Wohl von Kindern zu Recht für ein hohes Gut halten und mir aberkennen wollten, dass dies auch für mich als Vater wichtig war. Mein Autismus war all die Jahrzehnte nicht bekannt gewesen. Auch diese Aberkennung passierte in ihrer Verkürzung entlang von Rassismen, denn mir wurde nicht zugestanden, dass die Armut sich nicht um die Frage von Fleiß, oder Gehorsam drehte, es also nicht eine simple Frage meines Willens war, sondern ich mich in einem für mich kaum lösbaren Konflikt befand, indem alles, was ich versuchte, Verachtung hervorrief, weil man darin die Lösungsabsicht nicht anerkennen wollte. Die Lage ist in all diesen Jahren äußerst komplex und herausfordernd gewesen. Fakt ist, ich hatte auch außerhalb der Kunst keine Ausbildung, war wie gesagt zuvor als Autist in vielen Jobs gescheitert, weil ich nicht passte und so ist es bis heute für manche einfach mir vorzuwerfen, ich hätte mir doch irgendeinen Job suchen können, als wäre das die verantwortungsvolle Antwort, auf die hier beschriebenen Missstände und als würde ich mit einer neuronalen Divergenz und biografischen Blockaden, in der Realität so zur Zufriedenheit von Firmen funktionieren.

Die Arbeitsberater:innen im Jobcenter konnten dieses Problem nicht lösen, sondern machten es schlimmer, indem sie wie zuvor erwähnt meine bisherige Arbeit entwerten und mich somit in eine Identitätskrise stürzten. Sie begriffen nicht, dass sie mich mit Schuld behafteten, obwohl die Gesellschaft gegenüber Kulturschaffenden in der Schuld steht, die für ihre Arbeit kaum bezahlt, im Prekariat leben müssen und dieses Opfer auf sich nehmen. Ihnen mit Druck zu kommen, sie müssten zu Anderen werden, zu Verwertbaren, stellte alles, was ethisch richtig wäre, auf den Kopf und ergab einfach keinerlei Sinn. Wie sollte man also aus diesem Irrsinn der Verdrehung heraus, irgendwie konstruktiv handeln, geschweige denn eine Lösung finden, die nicht Selbstvernichtung bedeutete?

Die Frage, wann es Zeit ist, aufzugeben, also so zu tun, als sei man eine andere Person, um einen weiteren Aspekt zu beleuchten, ist eine sehr schwierige Frage, weil alle unsere Werte als Menschheit nicht selten darauf hinauslaufen, zu behaupten, man dürfe niemals aufgeben, sobald es um richtig wichtige Dinge geht. Es bestand also für mich immer Aussicht auf Erfolg, sprich ich glaubte immer daran, dass es mir gelingen würde, mit der Arbeit an Kunst und Gesellschaft der Armut zu entkommen. Das glaube ich auch, während ich dieses Buch schreibe. Darum schreibe ich dieses Buch. Ich denke einfach, damit komme ich vorwärts. Damit komme ich aus der Entwertung raus. Das erschien und erscheint mir die einzig logische Reaktion. Ich habe Jahrzehnte an unbezahlter Arbeit investiert. Aufzugeben würde mich in Depression stürzen. Dann wäre alles, was ich in den 30 Jahren zuvor leistete, umsonst und es wäre unweigerlich zerstört, durch Jahre der Ignoranz und des Vergessens. Als hätten 30 Jahre Arbeit nie stattgefunden.

Es ging in dieser Situation somit weniger um die Kinder als um eine Rechnung zwischen dem Staat und mir. Der Staat log über die tatsächlichen Verhältnisse von Leistung und Beitrag, weil der Staat das kapitalistische Modell nicht infrage stellen wollte. Die Behörden stellten also eine Schuldenuhr neben mich als Kulturschaffenden und Autisten, während man weiterhin als Gesellschaft selbstverständlich meine Arbeit als Teil der deutschen Kunst- und Kulturszene betrachtete, weshalb ich für diese Arbeit gelegentlich auch Stipendien vom Staat erhielt. Der eine Teil lehnte mich ab. Der andere bestärkte mich darin, weiterzumachen. Es herrschte also die paradoxe und kranke Beziehungslosigkeit, die der Staat gegenüber den meisten Kulturschaffenden vertritt. Wir brauchen Euch, aber wir verachten Euch auch. Wir fordern Euch auf, uns Kunst und Kultur zu liefern, aber wenn Euch das arm macht, werden wir Euch bestrafen, für eine Unangepasstheit, zu der wir Euch ausgebildet haben. Nach dem Grundgesetz ist die Kunst ein Pfeiler der Demokratie. In der Praxis bedeutet sie für den Staat ein falsches und zynisches Spiel mit den Existenzen von Menschen. Mittlerweile ist es so, dass Künstler:innen in der rechten Presse[114] als »Leistungsempfänger« bezeichnet werden, um sie weiter herabzuwürdigen und unsere Arbeit durch Kürzungen populistisch noch mehr zu entwerten. Man hat daher in der Kunst den Ausdruck des inneren Verhältnisses des Menschen zur Welt zu einem Wettbewerb um Fördergelder pervertiert, indem jene, die darin scheitern, als schlechte Künstler:innen behauptet werden, obwohl sie in der Regel denselben Arbeitsaufwand betreiben, wie jene, die man auszeichnet. Kunst ist keine Sportart. Die Exzellenz hat hier nur Wert in der Vielfalt an Produktionen aller Künstler:innen im Land. Ohne Anerkennung und Würdigung der Vielfalt wird die Exzellenz zu etwas, was der Kultur schadet. Aber nur über die Exzellenz in der Kultur kann der Staat, wie in einem Trickbetrug, vortäuschen, die »beste« Kultur zu fördern, während man die meisten Künstler:innen einfach verrecken lässt, während diese weiterarbeiten, weil sie wie ich nicht anders können. Wir können damit nicht aufhören. Es liegt in unserer Natur.

Obwohl man mit mir, wie zuvor errechnet, mindestens 140.000 EUR Gewinn machte, wollte man mir weitere tausende Euro an Schulden aufrechnen. Um dies legitimieren zu können, also um das Unrecht zu verdecken, wurde ich in den Akten als »Arbeitsverweigerer« gebrandmarkt. Der Begriff des »Arbeitsverweigerers« dient allein dem Zweck, die Ausgebeuteten daran zu hindern, ihr Leid als massive Kritik am System zu formulieren.

---

114 Pressebeitrag der Welt, online auf Youtube, vom 25.9.2024 zur Antisemitismusklausel in Berlin, um Kultursenator Chialo, bezüglich Klausel als Voraussetzung für Fördergelder für die Kunst.

2

Es gab und gibt in Deutschland einige wesentliche Koordinaten im Unterhaltsrecht, die sozialrassistisch oder klassistisch sind. Ist ein Vater verheiratet, gerät beispielsweise mit Frau und Kindern in die Armut, muss dieser Vater den Unterhalt der Kinder, den dann in Hartz IV der Staat übernimmt, nicht zurückzahlen. Wenn aber derselbe Vater getrennt lebt, dann muss er, was der Staat für die Kinder ausgibt, erstatten. Auch, wenn er oder sie, denn es traf auch Mütter, komplett verarmt ist.

Das ist eine massive Ungleichbehandlung, die darauf beruht, dass man getrenntlebende Elternteile zusätzlich stigmatisiert. Sie sind für den Staat eine Kategorie noch unterhalb der Hartz-IV-Empfängerin. Das hat, anders ist die Irrationalität schwer zu erklären, vermutlich viel mit dem katholischen oder evangelischen Hintergrund in Deutschland zu tun, wegen dem Geschiedene und Getrennte an sich bestraft werden. Es ist gewissermaßen Gottes Urteil. Auch hier also irrationaler Irrsinn, der von Behörden vertreten wird.

Ähnlich wie in Hartz IV wird auch an dieser Stelle grundsätzlich nicht akzeptiert, dass Armut in der Regel unverschuldet und hochkomplex ist. Es wird auch nicht respektiert, dass Menschen natürlich versuchen, der Armut zu entkommen, sprich nicht freiwillig arm sein wollen. Sondern man hat ein bestimmtes Ressentiment vor Augen, als Staat, nachdem man davon ausgeht, getrenntlebende Eltern, besonders Väter, würden sich um den Unterhalt für ihre Kinder drücken. Sich in die Armut flüchten. Nun ist die Verweigerung sicherlich manchmal der Fall, auch bei, oder besonders bei Vätern oder Müttern, die diesen Unterhalt problemlos bezahlen könnten. Es ist aber komplett irre anzunehmen, Väter würden sich selbst arm machen, um ihre Kinder nicht versorgen zu müssen.

Wer verarmt ist, kann das Geld offensichtlich nicht bezahlen. Statt also die Schwierigkeiten der Armut und die Armutsfalle zu respektieren, etwas dagegen zu unternehmen, die gesamtgesellschaftliche Verantwortung darin anzuerkennen, greift hier das Ressentiment vom schuldigen Armen und daher wird vom Staat zunächst in der falschen Kategorisierung ausschließlich nur die sogenannte »Leistungsfähigkeit« des unterhaltspflichtigen Elternteils als theoretische Größe geprüft. Von dieser wird alles andere fälschlicherweise abgeleitet. Die Ursachen der Armut interessieren nicht. Das aber bedient das sozialrassistisches Narrativ, also die Besessenheit damit, den Armen unbedingt nachweisen zu wollen, dass sie sich verweigern, auch wenn die Armut ganz andere Ursachen hat. Diese Ursachen in einem solchen System zu argumentieren ist fast unmöglich, sprich, es wird allein der Versuch, auf das Unrecht der Armut selbst hinzuweisen, als Arbeitsverweigerung gedeutet.

Dieses Beispiel ist wichtig, weil es zeigt, wie irrational wir Wertschöpfung messen und mit welcher Gewalt man bereit ist, entlang von Lügen Menschen kaputtzumachen, um die kapitalistische Rechnung weiterhin als richtig und gerecht darzustellen. Der Fokus des Staates liegt darin, Gewalt gegen getrenntlebende Elternteile auszuüben, um Geld zu sparen und nicht darin, die Armut an sich zu beseitigen. Man lügt also Narrative herbei, die eine Schuld der Betroffenen in den Vordergrund schieben, während entlastende Zusammenhänge überhaupt nicht abgefragt werden. Etwa mein Autismus.

Man manipuliert die Menschen zu glauben, allein die Frage der Leistungsfähigkeit (letztlich also der Leistungswille) entscheide über Armut oder nicht, was das Ganze zu einer Kategorie des freien Willens macht, als wären die Armen frei über ihre Armut zu entscheiden. Wer somit leistungsfähig ist, hat entweder ein Einkommen, oder er ist ein Arbeitsverweigerer. Leistungsfähigkeit löscht somit die Frage der Chancengleichheit und der Affordanzen. Das ist ein bewusst verkürzendes Framing durch staatliche Stellen. So einfach aber sind die realen Verhältnisse für die Betroffenen in der Regel nicht. Wir sehen also auch hier eine Absicht zu Betrug gegenüber Armen, durch ein bewusst falsches Framing, welches mit Gewalt durchgesetzt wird. Das Unterhaltsgesetz erfüllt somit zu 100 % die Definition der Kategorie eines Betrugs an getrenntlebenden Eltern, wird aber von der Staatsanwaltschaft ignoriert, weil diese hier eine andere Kategorie anwendet, nämlich die staatlich gewollter Gesetze, die zwar strukturelle Gewalt ausüben, die gegen Menschenrechte verstößt, diese Art von Verbrechen aber in eine andere Kategorie fällt, die nicht Körperverletzung heißt, obwohl sich nicht wenige als Folge das Leben nehmen oder früher sterben. Dies ist nicht eine Justiz von zweierlei Maß, sondern eine politische Justiz. Eine Justiz, die Kategorien des Unrechts politisch sortiert und im Sinne des Rechts willkürlich zuweist, um massive Missstände zu verdecken. Das wiederum erzeugt jene Doppelbindungen, die Menschen krank machen. Es ist eine Gewaltspirale.

Man findet diese Doppelbindungen der falschen Betrachtungen des Wertes von Menschen bei vielen Gruppen, die im Prekariat gefangen sind. Künstler:innen sind wie alleinerziehende Mütter gute Beispiele für systematisch ignoriertes Unrecht. Wenn Künstler:innen beispielsweise verarmen, dann als Verdienst an der Gesellschaft, nicht weil sie diese mit Kunst belasten wollen. Ähnlich verhält es sich bei den Müttern. Je fairer man Künstler:innen aber behandeln würde, umso mehr würde ein Aufstand durch Arbeiter:innen und Angestellte drohen, die sich fragen, warum nicht auch sie kreativ und selbstbestimmt die Verhältnisse infrage stellen dürfen, oder einfach ein Kind bekommen dürfen, wofür dann andere bezahlen sollen. Das Paradoxon besteht nun darin, dass man die Künstler:innen daher vonseiten des Staates, wie viele alleinerziehende Mütter, mit unbewusster Verachtung straft. Staatsanwaltschaften beispielsweise gehen fast immer sofort gegen Kulturschaffende vor und stellen sich erst im Nachhinein die Frage, ob, was Künstler:innen tun, durch die Kunstfreiheit geschützt sein könnte. Alleinerziehende Mütter sind ohnehin an allem selbst schuld. Das aber untergräbt das Leben und die Kunstfreiheit in der Praxis massiv. Dies alles liegt daran, dass ein systemischer Zwang existiert, Künstler:innen und Alleinerziehende in Deutschland zu verachten. Weil das Unrecht, dass man ihnen antut, kaum erträglich ist. Das führt zu kognitiver Dissonanz und zu einem Wegsehen. Gleichzeitig wird diese Verachtung auf eine Weise salonfähig gemacht, die es allen, also Staat und Arbeiter:innen ermöglicht, Künstler:innen und alleinstehende Mütter zu verachten oder zumindest zu vernachlässigen, weshalb sie überall, auch bei der Suche nach Jobs, benachteiligt werden. Das alles passiert, weil man die Notwendigkeit von Freiheit und Wahrheit auf der einen Seite nicht unter einen Hut bekommt, mit dem Zwang zum Geldverdienen um jeden Preis auf der anderen Seite. Das führt beim Normalbürger zu selbstwerterhaltenden Konstruktionen, wie die Vorstellung, Kunst habe keinen realen Bezug oder sei nicht relevant, denn es durfte doch keine relevante Arbeit geben, die nicht bezahlt würde. Mutterschaft ist daher ja keine Arbeitsleistung. Die Sünde besteht und bestand also darin, dass man die Bevölkerung nicht über die tatsächliche Arbeit und Leistung von Künstler:innen und Müttern aufklärte, weil das die Ausbeutung der Arbeiter:innen bedrohte. Viele Menschen denken heute in Deutschland tatsächlich, Kunst sei wie ein Gewerbe, nur dass es eben über Sponsoren oder staatliche Förderung, statt über Kund:innen funktioniere und alles basiere auf dem Umsatz, den man mit dem Verkauf von Kunstwerken mache. Das ist genauso dumm, wie anzunehmen, Ärzte würden entlang des Umsatzes handeln, den ihnen Kranke bringen. Man muss diese Unterschiede schon sehen und man muss ihnen auch gerecht werden. Genau das tut der Staat nicht, weil Künstler:innen eine Minderheit sind, die auch dann ihre Arbeit fortsetzt, wenn man sie nicht bezahlt. Wie auch Mütter einfach trotzdem Kinder bekommen. Für den Staat läuft also alles super. Dieses Spiel haben bisher alle Kulturminister:innen und Sozialminister:innen Deutschlands mit betrieben. Doch der Irrsinn findet auch bei vielen anderen Gruppen statt, die monetär benachteiligt sind, die an diesen Lügen des Kapitalismus leiden.

Man kann einer Frau, die 20 Jahre ein Kind großzieht, nicht vorwerfen, sie verweigere Arbeit, wenn sie durch diese Überbelastung verarmt. Die Bank behandelt sie, aber als sei sie komplett wertlos. Dasselbe gilt auch für alle anderen Care-Arbeiter:innen. Was ist mit all denen, die Innovationen riskieren und scheitern? Sind die alle faul und verweigern Arbeit? Was ist mit all denen, deren Ausbildung vom

Markt entwertet wird, die daher keine Jobs bekommen? Sind das Arbeitsverweigerer, wenn sie sich nicht in jede Form der Erniedrigung pressen lassen wollen, wenn sie gegen Ausbeutung aufstehen, weil auch das Verantwortung ist? Für andere und auch für sich selbst? Sind das schlechte Menschen?

Die Sachbearbeiter:innen in den Jugendämtern behaupteten, Leistungsfähigkeit liege vor, wenn man nicht halb tot im Bett lag, sie kümmerte aber nicht, dass die Armut, in die man geraten war, die Folge von gravierenden Fehlentwicklungen des Kapitalismus ist. Der entscheidende Punkt aber erscheint hier: Leugnet man all diese Zusammenhänge, kann man Arme unter Druck setzen und sie in den Niedriglohnsektor zwingen. Diese Ideologie ist also das, was die Armut aufrechterhält. Denn nur wer sich wehrt, wer sich selbst Wert gibt, kann der Armut entkommen, somit beispielsweise wieder den Unterhalt bezahlen. Man gewichtet also Strafe und Ausbeutung höher, als Bedingungen zu schaffen, unter denen alle Eltern ihre Kinder versorgen können. Die Ungleichheit soll aus Sicht des Staates weiter bestehen bleiben. Dann aber verursacht der Staat die Ungleichheit, also die Armut. Die strukturelle Bestrafung der Armen schafft immer neue Armutsformen, sprich ist bereits ein Akt der Entwertung. Die Entwertung ist das Grundübel und darin liegt die Verantwortung des Staates an der Armut selbst.

Dieses Wort der Leistungsfähigkeit löschte komplett die Komplexität der Leistungsmöglichkeit, sowie der laufenden Leistungen, die entlang von Unrecht nicht honoriert wurden, und setzte die Leistungsfähigkeit, wie gesagt, mit zwei Zuständen gleich. Mit einer Arbeitsaufnahme, die das Zahlen des Unterhalts ermöglichte, oder einer festgestellten Verweigerung, wenn man diesen Zustand nicht erreichte. Somit bestrafte man schlicht die Armut an sich. Man kriminalisierte diese und war bereit als Staat, notfalls zu lügen, um Gewalt durchzusetzen. Als Antwort darauf dokumentierte ich die Namen all jener, die davon wussten, aber dennoch diese Praxis deckten, sprich dies beförderten. Die Beamt:innen, Politiker:innen wurden schriftlich in Kenntnis gesetzt, gewarnt, nochmals aufgefordert und anschließend wegen vorsätzlichen Betrugs angezeigt.

Tatsächlich zahlte der Staat zu Recht den Unterhaltsvorschuss, denn der Staat, also die Verhältnisse, die dieser mit erschaffen hatte, die dieser zuließ, machten die Betroffenen arm und krank.

Obwohl ich also an einer PTBS litt und als Kulturschaffender ohne andere Ausbildung zwar immer wieder versuchte, als Autist auch andere Jobs zu machen, ich machte ja über die Jahre etliche Weiterbildungen, landete ich immer wieder von den Wirtschaftskrisen jener Jahre hinausgedrängt, als Folge des unerkannten Autismus im Zustand versiegender Geldquellen und es wurde dennoch »Leistungsfähigkeit« einfach festgestellt, was im Umkehrschluss für das Jugendamt bedeutete, ich käme meiner »gesteigerten Erwerbsobliegenheit« nicht nach. Alles andere wurde einfach vertuscht.

Wir sehen hier einen weiteren Begriff, neben der Leistungsfähigkeit, den sich Bürokraten ausgedacht hatten, nämlich die Vorstellung der »gesteigerten Erwerbsobliegenheit«, der über die fehlende Chancengleichheit hinwegtäuschen sollte. Darunter verstand der Staat die Perversion, dass ein getrenntlebender Elternteil sich vollkommen, in Ausnutzen aller erdenklichen Arbeitszeitmöglichkeiten, aufarbeiten müsse, um den Unterhalt aufbringen zu können. Auch das war ein Weg, um die Missstände zu verdecken, denn wenn alles, selbst Prostitution getan werden musste, dann implizierte dies, dass es immer da draußen irgendwo einen Job gebe, den man, auch wenn man diesen nicht finden konnte, wenn man an Burn-out litt, oder Autist war, hätte annehmen müssen. Der Staat trieb also die Pflicht immer weiter in einen utopischen Fantasiebereich, indem Menschen wie Roboter zu funktionieren hätten, oder sie seien eben Kriminelle. Das schuf eine Dynamik, die in den Jugendämtern eine Haltung erzeugte, nach der, was Arme aussagten, einfach ignoriert werden konnte, denn im Zweifel wurde immer eine Verweigerung der gesteigerten Erwerbsobliegenheit festgestellt. Man war also bereit, Menschen durch Psychoterror krankzumachen, allein um Schuld bei Armen feststellen zu können. Dies war, wie mein Fall zeigt, wichtiger als das eigentliche Eintreiben von Geld. Das hätte eine Aufwertung der Armen vorausgesetzt. Es verwundert also nicht, dass das Eintreiben des Geldes den Jugendämtern im Falle von Armen überwiegend nicht gelang. Diese Leute legitimierten sich also nicht durch das Eintreiben von Geld, denn das hätte sie schlecht aussehen lassen, sondern durch Bestrafung von Armen. Es bestand also ein Anreiz für sie, die Schuld für das Ausbleiben des Unterhalts bei den Armen zu definieren. Ein Anreiz, der Lügen bei den Behörden förderte. Die Behörden hatten somit ein Motiv zu lügen, und das Unterhaltsrecht war auf eine Weise formuliert, die es den Behörden erlaubte, die eigentlichen Probleme zu ignorieren, weil sie die Schuld an den Problemen stets den Elternteilen zuweisen konnten. Eine perverse Logik, voller krimineller Energie.

Der Staat verordnete somit ein Arbeiten bis zum Burn-out und verdrehte den Wunsch der meisten Eltern, ihre Kinder natürlich versorgen zu wollen, zu einem Zwang um Verzicht auf eigene Existenzberechtigung. Was weitere Entwertung zur Folge hatte und bestehende verdeckte. Das ökonomische Establishment profitierte neben der Aufrechnung von Schulden, was ökonomischen Druck gegen die Unterschicht ausübte, auch an der hier verordneten Sklaverei. Man konnte die Armen also dadurch doppelt abkassieren. Was ich den »double Hit« nenne.

Der Staat kümmerte sich also nicht darum, die Armut an sich zu beenden, also die Einkommensmöglichkeiten für viele getrennt lebende Väter zu verbessern, man hätte auch Gesetze erlassen können, die bessere Bedingungen für getrennt lebende Eltern vorsehen, wie Vorrang bei Bewerbungen, damit es für sie einfacher ist den Unterhalt zu bezahlen, sondern man nahm ihnen jede Verhandlungsposition auf dem Markt, um den Wert ihrer Arbeit, um die Arbeit jenseits der Frage wie der Unterhalt generiert werden kann, in erster Linie als Strafe zu benutzen, um im moralischen Impetus getrennt lebende Väter in einem »christlichen Endzeitgericht« durch die Hölle zu schicken.

Der Sozialrassismus führte also, wie bei den Armen generell, dazu, dass der Arbeitsbegriff auch hier zu einem Synonym für Bestrafung wurde, was dem alten Grundprinzip der Strafe als Marter entspricht, wie es Michel Foucault in »Überwachen und Strafen« beschrieb. Die Armut wird nicht dem Armen angetan, durch Ausgrenzung und institutioneller Diskriminierung beispielsweise, sondern der Arme tut der Gesellschaft die Armut an.

Die gesteigerte Erwerbsobliegenheit schuf auf dem Arbeitsmarkt eine Art Apartheid. Da gab es jene, die durften mit ihrer Arbeit den Raum der Selbstverwirklichung betreten, mit Urlaubsanspruch und dann gab es die anderen, die Arbeit als Strafe verbüßten, eine Arbeit, die sie vernichten sollte und bis dahin würde man ihnen noch so viel Geld abpressen, dass ihnen ihr Leben möglichst keinen Spaß bereitete. Natürlich entkamen viele verarmte Väter der Armut kaum, auch weil ihr Rechteentzug sie bei jeder Gehaltsverhandlung unten hielt. Oft ging es als Folge gesundheitlich ebenfalls bergab.

3

Es gab 2017 etliche Briefe von mir an den Leiter des Jugendamtes, indem ich versuchte, ihm diese Zusammenhänge zu erläutern. Das Jugendamt stellte sich dumm.

Der Jugendamtsleiter schrieb: »*Ich habe mich mit der Aktenlage vertraut gemacht und Rücksprache mit der SachbearbeiterIn gehalten (...) Wie ich feststellen konnte, haben Sie die in der Vergangenheit gewährten Unterhaltsvorschussleistungen an Ihre Kinder (...) vollständig zurückgezahlt. Dazu waren Sie gegenüber dem Land Brandenburg verpflichtet. Der Vorwurf der Täuschung lässt sich nicht nachvollziehen, da Sie Leistungsunfähigkeit nicht nachweisen konnten und allein eine Tätigkeit als freischaffender Künstler noch keine Ausfallleistung begründet.*«[115]

Der Leiter des Jugendamtes verdrehte meine Aussagen so lange, bis das für ihn übliche Bild vom Geld verweigernden Vater erkennbar wurde. Aus meiner Darstellung, mein Beitrag als Kulturschaffender von Jahrzehnten habe in dieser Rechnung mit dem Land Brandenburg auch Bedeutung, machte er den Vorwurf, meine

---

115 Aus einem Schreiben des Jugendamtes Teltow Fläming vom 29.August 2017 / Az. 511801-01-009996/009997

Arbeit als Künstler sei keine Krankheit, die den Ausfall der Zahlungen rechtfertigt. Er implizierte, die Arbeit von Künstler:innen sei etwas Privates, etwas, was keinen Grund darstelle, nicht zahlen zu können. Er leugnete also den Wert der Arbeit von Kulturschaffenden zu 100 % und natürlich kam dies der unmittelbaren Bestrafung von Kulturschaffenden gleich, was in einer Demokratie verboten war und ist, was aber rechten Ansichten in den Behörden entsprach, die sehr weitverbreitet waren. Wir sehen also hier, wie prekär finanzierte künstlerische Arbeit von professionellen Künstler:innen nicht als Beitrag zur Gesellschaft anerkannt wurde, die ja dadurch das Prekariat riskierten, also gewaltige Opfer brachten, sondern als Belastung für die Gesellschaft, die nicht legitim sei. Das aber war und ist ein Skandal. Wer Künstler:innen in ihrer Arbeit für wertlos erachtet, bedient rechtsradikale Narrative. Der Beamte hätte, trotz der verwaltungsrechtlichen Komplexität, meine weitgehend unbezahlte Arbeit von drei Jahrzehnten anerkennen müssen und hätte auch sagen können: *»Herr Speed, selbstverständlich müssen Sie als Künstler den Unterhaltsvorschuss nicht zurückzahlen. Sie arbeiten seit 30 Jahren nahezu unbezahlt für unsere Kultur. Danke für diese Leistung. Was können wir noch als Land Brandenburg für Sie tun?«* Stattdessen ging seine Aussage eher in die Richtung: *»Sie sind als Künstler gesellschaftsschädlich. Deswegen haben Sie für die Folgen ihrer Verarmung als Künstler die volle Schuld zu tragen. Entweder Sie lassen sich von uns zerstören, oder wir tun Ihnen noch mehr Gewalt an. Wir als Gesellschaft haben mit den von Ihnen als relevant behaupteten Problemstellungen nichts zu tun und wollen nicht weiter von Abschaum wie Ihnen mit entarteter Kunst belästigt werden.«*

Er sah also nicht nur grundsätzlich keinen Wert in meinem Tun, folglich auch keinen Grund, weshalb dies meine Pleite legitimieren, gar erklären sollte, sondern er war für Argumente generell nicht zugänglich. Er wollte die Sache also möglichst unter komplex verhandeln. Also in der Kategorisierungslüge. Und er wollte mir verbieten, weiterhin als Kulturschaffender zu arbeiten. Wir sehen also auch hier wieder, wie der Kapitalismus demokratische Grundpfeiler wie eine freie Kunstszene untergräbt.

Im Anschluss wurde mir über Jahre mit Gerichtsvollzieher:innen gedroht und es blieb ein ewiger Kampf um die Anerkennung von »Speeds Arbeit« und um das tiefere Begreifen, wie die Stigmatisierung mich immer weiter in die Armut trieb.

Der Leiter des Jugendamtes schrieb später: *»Zum Nachweis der Leistungsunfähigkeit ist es nicht ausreichend, nur den Arbeitslosengeld II Bescheid vorzulegen und schriftliche Erklärungen zur Lebenssituation abzugeben. Vielmehr müssen aufgrund der gesteigerten Erwerbsobliegenheit auch alle Möglichkeiten der Einkommensverbesserung genutzt und nachgewiesen werden, die den eigenen Lebensunterhalt und den Unterhalt der minderjährigen Kinder absichern können. Wird schon die Er-*

werbsfähigkeit bestritten, müssen auch hierfür geeignete Nachweise beigebracht wer-
den. Ohne Nachweisführung muss von der vollen Leistungsfähigkeit ausgegangen
und der gewährte Unterhaltsvorschuss zurückgefordert werden. Abschließend möchte
ich Ihnen zur bisherigen Bearbeitung mitteilen, dass die Rückforderungen gegen Sie
berechtigt waren und ich keine Bearbeitungsfehler oder ein Fehlverhalten der zustän-
digen Sachbearbeiter:in feststellen konnte.«

Das Problem war, diese Nachweismöglichkeit existierte nur für Menschen, die
für Jobs in Angestelltenverhältnissen ausgebildet waren, die also zielgerichtet, entlang ihrer Ausbildung im Arbeitsmarkt suchen konnten. Ich hatte keine Ausbildung, die zu einer Jobanzeige gepasst hätte. Auch Aushilfsjobs bekommen sie um
die 50 nicht, wenn Sie als Kulturschaffender sonst nichts anderes gemacht haben
und darüber hinaus wird bei solchen Jobs so wenig bezahlt, dass der Unterhalt darüber für zwei Kinder nicht zu finanzieren ist. Es war also aus meiner Sicht, nicht
wissend, dass ich ein Autist war, vernünftig zu versuchen, weiterhin im Kreativbereich zu arbeiten, was aber für mich überwiegend freiberufliche Tätigkeiten ermöglichte, die oft unbezahlte Vorleistung erforderten. Das Jugendamt war über Jahre
nicht bereit, mir Kriterien zu nennen, nach denen Leistungsunfähigkeit oder Bemühungen in diesem Feld nachgewiesen werden könnten. Deren Entscheidungen
waren also vollkommen willkürlich. Auch die Belegung meiner Erkrankung verhinderte sie regelmäßig durch die Verweigerung von Auskunft. Einen Gutachter
konnte ich nicht bezahlen. Man hatte die Strukturen also so gesetzt, dass es fast unmöglich war, Leistungsunfähigkeit nachzuweisen, auch wenn sie eindeutig vorlag.
Das aber ist staatlich organisierter Betrug durch Benachteiligung.

Wie hätte ich unter diesen Bedingungen je feststellen oder belegen können, ein
Autist zu sein, wenn es schon nicht möglich war, eine PTBS anerkannt zu bekommen?

Wie gesagt, ich arbeitete 40 Stunden die Woche an einer Lösung des Problems,
aber es war vollkommen unmöglich, einem in diesem Bereich ungebildeten Beamten mit rechtsradikalen Ressentiments gegenüber Armen und Künstler:innen zu
erklären, das, was ich tat, dem menschlich Möglichen entsprach, zudem meine Gesundheit zu diesem Zeitpunkt schwerbeschädigt war. Ich konnte nicht mehr.

Es existierten also neben der Erwartung von sinnlosen Bewerbungen für Jobs,
die ich weder bekommen noch hätte machen können, für die ich weder Berufs-
erfahrung noch eine Ausbildung besaß, keine objektiven Kriterien bei den Jugendämtern, die überhaupt die Frage von Leistungsfähigkeit messbar machten. Das war
auch nicht erwünscht, denn die Ideologie hatte Vorrang.

Es wurde also Leistungsunfähigkeit bei den meisten kaum anerkannt, weshalb
die Sache sich nur für einen positiv entscheiden ließ, konnte man sich einen guten

Anwalt leisten. Das bedeutete wiederum eine aktive Bestrafung von Armen, also Rechtsbeugung durch strukturelle Gewalt.

4

Am 7. September 2017, ein anderer Schauplatz, nahm nun das Bundesministerium für Arbeit zum Fall um den Herrn H. Stellung, der in der Jobcenter-Akte, wie zuvor erwähnt, massive Lügen über mich eintrug. Ich gehe hier chronologisch vor, was manchmal irritiert, aber auf diese Weise werden die vielen Verstrickungen der Geschehnisse deutlicher.

Bei dieser Stellungnahme kam es zur selben fatalen Logik, nach der die Arbeit von Kulturschaffenden einzustellen sei, auch wenn ich dadurch Antworten auf gravierende gesellschaftliche Missstände erarbeitete: *»Die Eingabe richtet sich im Wesentlichen gegen das Verhalten von Mitarbeitenden und die Dokumentationen der mit dem Beschwerdeführer geführten Beratungsgespräche. Die Eingabe ist unbegründet. Die Tätigkeit der zuständigen Integrationskraft war nach dem Grundsatz des Förderns und Forderns des SGB II darauf ausgerichtet, durch geeignete Maßnahmen die Hilfebedürftigkeit des Beschwerdeführers zu mindern, wenn nicht sogar zu beseitigen. Das Beratungsgespräch mit dem Beschwerdeführer gestaltete sich schwierig, als dass er ausschließlich in seiner Tätigkeit als Schriftsteller und Künstler seine Lebensgrundlage sieht, er jedoch mit der Ausübung derselben seiner ihm nach dem Gesetz obliegenden Pflicht nicht alle Möglichkeiten zur Beseitigung der Hilfebedürftigkeit ausschöpft.«*

Meine Pflicht ist es in erster Linie, etwas gegen Missstände zu unternehmen, die dazu führen, dass Menschen schwer erkranken oder sterben. Meine Pflicht ist es, die Kunst gegen alle Versuche, diese zu marginalisieren, zu verteidigen. Meine Pflicht ist es, Terror durch den Staat öffentlich zu verurteilen. Meine Pflicht ist es hingegen nicht, mich zerstören zu lassen, mich in Jobs parken zu lassen, durch die mein Beitrag weniger wertvoll und nutzbar für die Gesellschaft wird. Meine Pflicht ist es nicht zuzulassen, dass der Staat sich unliebsamer Kritiker:innen durch Armut und Zwangsarbeit entledigt. Entweder ich habe ein Mitspracherecht, wodurch wir in einer Demokratie leben, oder ich habe, was diese Leute denken, keines, was der Tyrannei Tür und Tor öffnet.

Der Staat setzte das Framing nun so, dass der Sinn von Arbeit nicht mehr in der Frage lag, ob was man tat objektiv Wert und Relevanz für die Gemeinschaft hatte, sondern ausschließlich entlang der Frage, ob dies ausreichend Lohn ermöglichte, um die Person im Jobcenter loszuwerden. Dadurch wurde ich für die Behörde erneut zu einem Objekt, zu einer Funktion, was der Menschenwürde fundamental widerspricht. Man muss das schon als fatale Entwicklung erkennen. Um dieses Narrativ durchzusetzen, wurden Rassismen wie der Begriff der Hilfebedürftigkeit so konstruiert, als läge das Problem bei den Armen. Als bräuchte dieser etwas vom Staat. Ich bin nicht der, der andere kostenlos für sich arbeiten lässt. Das Wort Hilfebedürftig ist schlicht Mobbing gegen Arme.

Die Sachbearbeiter:innen wollten mich in ihrer verkürzten Logik, höflich darauf hinweisen, dass ich die Kunst einzustellen habe und wenn ich das nicht täte, dann sei ich allein an den Konsequenzen schuld und sie hätten einen Freibrief mich zu stigmatisieren und anschließend durch die Verbringung in Obdachlosigkeit zu vernichten. Das aber ist schlicht falsch.

In diesem Moment entschied ich mich, zu Recht der Behörde nicht zu gehorchen, um die Wertschöpfung von Jahrzehnten nicht zu zerstören, und um weitere Depressionen zu verhindern, sowie um andere Opfer zu schützen. Ich entschied mich, Künstler zu bleiben, der ihnen nun permanent in aller Öffentlichkeit unangenehme Fragen stellen würde. Ich wollte für den Wert meiner Arbeit kämpfen und das war verdammt noch mal der einzig richtige und verantwortungsvolle Weg, der Armut zu entkommen. Denn Anpassung bedeutete hier, den Armen, die nach mir kommen, in die Eingeweide zu treten, sie zu verraten, ihr Recht auf Existenz und Selbstbestimmung zu leugnen.

Die Behörde versuchte währenddessen weiterhin, das Eintragen von Lügen in meine Akte über Formalismen zu verschleiern und somit zu legitimieren: »*Insofern ist das Verhalten der Integrationskraft nicht zu beanstanden. Die mit dem Beschwerdeführer geführten Gespräche sind in ausreichender Form nachvollziehbar zu dokumentieren. Hierzu hat die Integrationskraft das bundesweit verwendete computerbasierte Fachprogramm »VerBIS« (Vermittlungs-. Beratungs- und Informationssystem) der Bundesagentur für Arbeit (BA) zu nutzen. Die Ausführungen des Beschwerdeführers sind daher unbegründet, da ausschließlich das Beratungsgespräch in VerBIS dokumentiert worden ist. Die Eingabe ist nach alldem unbegründet.«*[116] Man sagte also im Reframing aus, die Lügen über mich seien OK, da man ja das »Beratungsgespräch« dokumentieren dürfe. Die Kategorie »Verleumdung« wurde willkürlich entfernt und durch jene der »Dokumentation« ersetzt. Niemand sagte direkt, man wolle mich als Künstler zerstören und verbiete meine Kunst, worauf es faktisch hinauslief, sondern man versuchte es so aussehen zu lassen, als würde man mich beruflich nur beraten und als hätte ich entlang der Beratung zu gehorchen.

Ich sagte weiterhin, nein. Nicht, um Arbeit zu verweigern, was später daraus gemacht wurde, sondern um sozialrassistisch motivierten Betrug durch den Staat

116 Schreiben vom BMAS vom 7.9.2017 Az IIc1-96-Speed-2017/1153

zu beenden.

»In Deutschland ist der Vogelbestand seit 1800 um 80 Prozent zurückgegangen. Noch schlechter als den Vögeln geht es den Insekten. Der entomologische Verein Krefeld etwa stellte fest, dass in 25 Jahren deren Biomasse »um bis zu 80 Prozent abgenommen hat«. (...) Nach den Listen der International Union for Conservation of Nature gelten »etwa 70 Prozent aller Pflanzen als gefährdet« und hat die Anzahl bedrohter Arten »im neuen Jahrtausend um über 50 Prozent zu genommen. Biologen fürchten daher, dass bis etwa 2030 jede fünfte bekannte Art aussterben könnte. (...) Und die Kultur? (...) Die Gesellschaft für bedrohte Sprachen stellt fest, dass fast 1/3 der ca. 6500 weltweit gesprochenen Sprachen »innerhalb der nächsten Jahrzehnte aussterben«. Sprachen und Dialekte sind nun aber, so die Gesellschaft für bedrohte Sprachen, nicht nur Ausprägungen menschlicher Kultur und menschlichen Geistes, sondern auch Mittel der Welterschließung (...).«[117]

Mit welchem Recht also verlangt der deutsche Staat ich solle mit meiner abweichenden Kulturarbeit aufhören? Mit welchem Recht wird diese Care-Arbeit im Sinne des Ökosystems und der Kultur als Schuld pervertiert? Wo sind die objektiven Belege dafür, dass Erwerbsarbeit mehr Wert, mehr Beitrag ist als Care-Arbeit oder Kunst? Es gibt diese Belege nicht. Alles, was es gibt, ist die Gewalt, mit der diese Zusammenhänge geleugnet werden. Eine Gewalt, die den Job als einzigen Beitrag legitimiert, obwohl das damit oft zutiefst unangebrachte Verhalten, das Leben auf dem Planeten zerstört.

5

An das Jugendamt schrieb ich am 11.9.2017: *»Darum sind Sie nun in Zeugenschaft der Staatsanwaltschaft, aufgefordert bis Ende Oktober im Detail nachzuweisen, dass Sie über objektive Kriterien der Beurteilung der Leistungsfähigkeit verfügen. Diese werden dann öffentlich hinterfragt und wissenschaftlich untersucht werden. Die Staatsanwaltschaft wird über jeden Schritt informiert. Die Ergebnisse werden unter Nennung Ihres Hauses publiziert.«*

Natürlich erhielt ich auf diese Forderung nie eine Antwort, weil der Staat wie gesagt keine objektiven Kriterien der Beurteilung von Leistungsfähigkeit besaß.

6

Am 10. Oktober 2017 erhielt ich ein Schreiben vom Präsidenten des Amtsgerichts Tiergarten: *»Ihre Eingabe ist hier eingegangen und wird (...) bearbeitet. Die Sach-*

---

117 Thomas Bauer / Die Vereindeutigung der Welt / Reclam / S 9-10

akte habe ich zur Prüfung angefordert.«[118]

Ich ahnte, dass dies wieder zu nichts führen würde, also schrieb ich der Staatsanwaltschaft Berlin am 24. Oktober 2017: »*Ich verstehe nicht, warum eine Behörde permanent lügend darf, ohne dass dies als Straftat betrachtet wird. Begreifen Sie bitte endlich, dass ich unter diesen Missständen erheblich leide und dies bereits meiner Gesundheit schadet! Das ist Mobbing, Diskriminierung, Verleumdung und Betrug der übelsten Form.*«

Wenig später, am 29. November 2017 schrieb ich wieder dem Jugendamt: »*Die ‚Leistungsfähigkeit‘ ist ein zutiefst beleidigender und diskriminierender Begriff der Behörde, der den komplexen Zusammenhängen nicht gerecht wird. Ich habe dies Herrn E. mit einer Akte im Umfang von 2000 Seiten an Beweisen belegt. Weitere 500 Seiten kann ich in Kürze nachreichen. Ich beziehe mich hier auf Jahre der Forschung, in der ich die ökonomischen Zusammenhänge zwischen Armut und Arbeit untersuchte. Die Ergebnisse dieser Forschung entziehen jeder Gesetzgebung, die Väter derart zusetzen will, obwohl sie nur unschuldig verarmt sind, die Grundlage und ich verweise Sie hiermit auf die Aktenlage meines sehr komplexen Präzedenzfalles, in dem ich nachweise, welche Kriterien heute Armut bewirken und warum es derart schwer ist für die Betroffenen der Erwerbslosigkeit und der Armut zu entkommen.*«

Am 5. Dezember 2017 antwortete das Amtsgericht Tiergarten: »*Der Ermittlungsrichter hat den Antrag der Staatsanwaltschaft Berlin auf Anordnung der Übermittlung der Sozialdaten durch das Jobcenter Elbe-Elster an die Staatsanwaltschaft Berlin unter Verweis auf die fehlenden gesetzlichen Voraussetzungen (...) abgelehnt. Weitere Gründe für die ablehnende Entscheidung des Ermittlungsrichters vermag ich nicht zu erkennen und weise Ihre Behauptung, das Amtsgericht Tiergarten unterdrücke Beweismittel, als unsachlich zurück.*«[119]

Einerseits wurde im Verfahren des Amtsgerichts die Frage so umformatiert, dass es nur um »Sozialdaten« ging, obwohl es immerzu darum gehen sollte, dass Herr H. in den internen Notizen zur Akte massiv log. Es ging also nie um den ganzen Papierkram um Kontoauszüge usw., sondern um Verleumdungen in einem Teil der Akte. Zweitens ignorierte auch das Amtsgericht Tiergarten die simple Tatsache, dass es um Verleumdungen ging, entlang von Sozialrassismus oder Klassismus. Das Gericht war stattdessen damit beschäftigt, Vorwürfe gegen das Gericht, es unterdrücke Beweismittel, wenn es die Akte im Jobcenter nicht beschlagnahmt, zu rechtfertigen.

Es waren also Monate vergangen, in denen der Staat eine immer umfangreicher werdende Akte gegen mich pflegte und niemand, weder Gerichte noch die Staats-

---

118 Schreiben vom Präsidenten des Amtsgerichts Tiergarten / 10.Oktober 2017 / 349 Gs 2799/17
119 Amtsgericht Tiergarten / 5.12.2017 / Az 349 Gs 2799/2017 und 282 Js 280/17

anwaltschaft waren beriet, das Jobcenter zu stürmen und diese Lügen zu beseitigen.

Man kann daher die paradoxe Aussage treffen, dass ein reibungslos handelnder Rechtsstaat immer ein Rechtsstaat ist, der Minderheiten diskriminiert. Ein Rechtsstaat ohne permanente zivilgesellschaftliche Diskurse mit diesem wird zum schwarzen Loch für all jene, welche die Gesellschaft abschieben will, ohne die Mittel im Detail kennen zu wollen.

7

Am 8. Januar 2018 schrieb ich einen offenen Brief an die Landrätin Pfirsich aus dem Landkreis Teltow-Fläming. Darin erklärte ich in drei Seiten im Wesentlichen das zuvor erwähnte Problem mit der »Leistungsfähigkeit«. Am selben Tag schrieb ich der Staatsanwaltschaft in Potsdam: *»Frau M. und Herr E. verweigern bezüglich der Feststellung von Leistungsunfähigkeit die Anerkennung der Umstände, in denen die massive Diskriminierung beispielsweise von ausländischen Vätern, Künstlern, Eltern anderer Hautfarbe oder Religion, Menschen, die im Prekariat arbeiten müssen, die also allgegenwärtig Ausbeutung und Unterbezahlung ausgesetzt sind, weshalb diese darum real in ihrer Leistungsfähigkeit erheblich eingeschränkt werden. Frau M. nimmt den im Vergleich privilegierten, durchschnittlichen deutschen Arbeitnehmer als Maßstab zur Beurteilung von diskriminierten Vätern, die in einem vollkommen anderen Lebenskontext ums wirtschaftliche Überleben kämpfen und erheblicher Intersektionalität ausgesetzt werden (...). Frau M. schrieb: »Sie teilten weiterhin mit, leistungsunfähig zu sein, da Sie aktuell Arbeitslosengeld 2 beziehen und als freischaffender Künstler tätig sind. Nach aktueller Rechtsprechung muss eine selbstständige Tätigkeit innerhalb mehrerer Kalenderjahre regelmäßig Gewinn erbringen, oder sie muss zugunsten einer angestellten Beschäftigung aufgegeben werden.«*[120]

Der Staat machte wie gesagt mit meiner Arbeit weit über 140.000 € Gewinn, verweigerte mir aber jede Honorierung. Der kulturelle oder soziale Gewinn ist hier überhaupt nicht erwähnt. Überall im Land bediente sich der Staat kultureller Produkte und Kunstwerke, die Künstler:innen unterbezahlt oder ohne Honorar schufen. Allein der Tourismusbereich verdiente Millionen mit der Arbeit, die Kulturschaffende wie ich leisteten. Was diese Person hier also forderte, bedeutet, nicht nur die Zerstörung künstlerischer Arbeit, sondern einen Zwang in den Niedriglohnsektor, von wo aus der Unterhalt hätte nie bezahlt werden können und wo weitere Ausbeutung und weiteres Prekariat drohte. Man ignorierte also in dieser Forderung die Armutsspirale an sich und tat so, als wäre der Niedriglohnsektor eine Antwort auf die Armut, und man sah nicht, dass man damit natürlich auch

120 Schreiben an die Staatsanwaltschaft Potsdam vom 8.1.2018

hier wieder weitere Armut mit Gewalt anordnete. Der Staat hatte kein Recht folgende Aussage auf die Arbeit von Kulturschaffenden zu übertragen: »*Nach aktueller Rechtsprechung muss eine selbstständige Tätigkeit innerhalb mehrerer Kalenderjahre regelmäßig Gewinn erbringen, oder sie muss zugunsten einer angestellten Beschäftigung aufgegeben werden.*« Denn Kulturschaffende investieren Jahrzehnte in unbezahlte Arbeit für die Gesellschaft. Es gäbe keine Kultur, würden Künstler:innen nicht unwirtschaftlich arbeiten. Nur weil wir gegen den ökonomischen Sachverstand handeln, gibt es Kunst und Kultur überhaupt. Wir hätten sonst ausschließlich kommerzielle Kunst.

Auch haben Arme das Recht, selbstbestimmt zu versuchen, der Armut zu entkommen. Dieses Recht wird ihnen durch solche Aussagen entzogen. Kaum eine Innovation von hoher Relevanz in unserer Geschichte war in ihren Anfängen wirtschaftlich. Viele Giganten des Internets sind es bis heute nicht, nach Jahrzehnten nicht. Kein Feuerwehrmann ist wirtschaftlich. Keine Krankenschwester. Sie sind alle subventioniert. Die Care-Arbeiter:innen aber, die sollen die Care-Arbeit weiter machen und zusätzlich noch einen anderen Job, weil wir den Wert ihrer Beiträge weiterhin negieren wollen, wie den Wert von Schwarzen, Juden oder Migrant:innen. Sie sollen tun, was wir ihnen sagen, damit sie wertlos bleiben und bleiben sie dadurch wertlos, bestätigt dies unsere Haltung, dass sie von niederem Wert für die Gemeinschaft sind und unseren Anweisungen daher gehorchen müssen, damit ihr Handeln Wert erhält. Das ist die Grundlage der Armutsspirale. Diese aber vernichtet die Komplexität der Lebenseinsichten und Arbeitsweisen und Beiträge, ohne die diese Gesellschaft in der Dummheit der Simulation und deren Gewalt versinkt.

8

Es war jetzt der 6. März 2018. Die Landrätin Pfirsich schrieb mir: »*Sie bemängeln die Verfahrensweise des Jugendamtes im Zusammenhang mit dem Vollzug des Unterhaltsvorschussgesetzes. Sie weisen die Rückforderung von Unterhaltsvorschusszahlungen zurück und tragen vor, Sie seien als verarmter Künstler in einer besonderen Situation, die Ihnen die Rückzahlung der Unterhaltsvorschussleistungen nicht möglich mache. Sie werfen Beschäftigten meines Hauses vor, Ihre Argumentationen intellektuell nicht zu verstehen, Belege zu ignorieren, den Sachverhalt entgegen der Beweislage darzustellen und allgemein künstlerische Tätigkeit zu verachten. Sie übersandten überdies eine an die Staatsanwaltschaft Potsdam gerichtete Strafanzeige, in der Sie u. a. das Vorgehen des Jugendamtes kritisieren. Sie werfen meinem Haus insbesondere vor, mit menschenverachtenden, allgemeinen Vorurteilen zu argumentieren. Sie sind überzeugt, dass Sie systematisch diskriminiert, entrechtet und genötigt werden. Ihre Beschwerde habe ich zum Anlass genommen, die Sach- und Rechtslage zu prüfen. Ich habe zudem eine dienstliche Stellungnahme von Frau M. eingeholt. Ergebnis meiner Prüfung ist, dass Ihre Beanstandungen aus folgenden Gründen nicht tragen. Sie haben nicht nachgewiesen, dass Sie sich um die Sicherstellung des Kindesunterhaltes gekümmert haben. Sie sind zudem nicht bereit, eine andere Erwerbstätigkeit oder eine Nebentätigkeit zu suchen und behaupten, es gäbe keinen Beweis dafür, dass ein Jobwechsel Ihre Situation verbessern würde. Im Gegenteil, Sie seien überzeugt, dass es ökonomisch falsch wäre, frühzeitig aufzugeben (...). Diese Argumente greifen jedoch nicht.«*

Natürlich erklärte sie nicht, weshalb diese Argumente nicht greifen, weil das ihr zweifelhaftes Weltbild offenbart hätte, indem Kulturschaffende nutzlose Wesen sind. Sie setzte voraus, dass Kunst wertlos sei. Sie setzte voraus, dass dies kein Beitrag zur Gesellschaft wäre. Sie sprach mir meine Absicht ab, selbstbestimmt zu versuchen, der Armut zu entkommen, mit den Mitteln, die ich hatte, die bei der Suche nach klassischen Jobs keinen Wert besaßen. Daher hätte ich diese Tätigkeit aufzugeben. Eine Tätigkeit, die sie nicht beurteilen konnte, weil sie kein einziges meiner Bücher gelesen hat, weil sie nichts über das wusste, was ich über Jahrzehnte erarbeitet hatte. Ihr Amtshandeln beruhte auf Ressentiments, weil sie nichts über meine konkrete Arbeit wusste. Sie kannte auch weder die laufenden Projekte noch sich anbahnende Aufträge. Sie setzte Kunst grundsätzlich mit Wertlosigkeit gleich. Die Landrätin war wesentlich daran beteiligt, mich in eine PTBS zu treiben. Dass ich ein unerkannter Autist war, entschuldigt ihr Verhalten nicht. Sie log, indem sie die Kategorien verzerrt darstellte. Sie tat so, als wäre mein selbstbestimmter Versuch als Künstler finanziell auf die Beine zu kommen, gegen massive Diskriminierung durch den kapitalistischen Markt, ein asozialer Gewaltakt meinerseits, gegen Staat und Gesellschaft. Alles, was ich wollte, war es, für 20 Jahre unbezahlte Arbeit endlich eine Anerkennung von Wert und Beitrag zu bekommen. Diese verweigerte sie mir entlang rechter Vorurteile, also entlang von rechtsradikalem Gedankengut. Denn sie sah Kunst als Egoismus, als Selbstverwirklichung um jeden Preis, nicht aber als den begründeten Versuch, Demokratie und Mensch zu retten. Sie sah nicht, dass ich als Autist und Künstler nicht anders konnte. Sie übernahm dieselbe Menschenverachtung gegenüber Kulturschaffenden, die schon die Nazis pflegten, mit ihrem Begriff der entarteten Kunst.

9

Ich möchte dies in einem zugespitzten Beispiel illustrieren, welche reale Gewalt hier gegen Kulturschaffende ausgeübt wurde: Angenommen, ein Mensch mäht in einem Dorf jede Woche den Rasen aller Einwohner. Er tut dies, ohne Geld dafür zu bekommen. Es ist ihm wichtig, zu helfen. Er weiß, die anderen haben wenig Zeit. Es gibt also ein klares Motiv im Sinne des Erhalts der Gemeinschaft, ähnlich wie bei Künstler:innen oder anderen Care-Arbeiter:innen. Zunächst wird man der Person vermutlich danken. Über die Jahre aber entsteht ein psychologisch schwer zu lösendes Problem. Denn man hat sich daran gewöhnt, dass da immer jemand den Rasen mäht, und diese Normalität wird zur Entwertung, denn man möchte sich nicht schuldig fühlen. Gleichzeitig sieht man nicht ein, warum man sie oder ihn bezahlen sollte. Es ist wie mit der Kostenlosmentalität im Internet. Würde jemand plötzlich Geld für Leistungen verlangen, wären die Leute empört. Es ist, als gehörte ihnen die Person, die den Rasen mäht. In der Kultur und anderer Care-Arbeit ist es ähnlich. Die Künstler:innen gehören der Gesellschaft, weil sie nahezu kostenlos da sind und diese Bilder malen, Bücher schreiben usw. Die Leute fragen nicht, wie das möglich ist, wenn man an einem Buch fast nichts verdient. Die Leute wären beschämt, wüssten sie, was Künstler:innen leisten, denen die Gesellschaft auf der Tasche liegt. Man hört schon die Argumente. Aber die tun doch nichts, nur dieses abstrakte Zeug, diese seltsamen Objekte oder Aktionen. Die Leute verstehen nicht, dass wir gegen die Submergenz anarbeiten, dass wir in hochkomplexen Fragen agieren. Sie sehen die Produkte und denken tatsächlich, es ginge um die Kunstwerke. Viel essenzieller ist die Haltung gegenüber der Welt. Das ist unsere eigentliche Arbeit. Die Prozesse, die wir bedienen. Das Offenhalten von Möglichkeiten, die es bedeutet, ein Mensch zu sein. Ohne das, was sind wir dann noch, außer Objekte, außer Dinge, die unsere Freiheit begrenzen?

Es kommt also zu einer schleichenden Abwertung von Beiträgen im Kapitalismus, die nicht über Erwerbsarbeit honoriert werden. Das hat nicht nur, aber auch psychologische Gründe. Denn je länger die Person ohne Lohn den Rasen der Leute mäht, umso mehr geraten diese ethisch ins Hintertreffen, sprich stehen in einer Art Schuld der Person gegenüber. Die Natur verlangt Ausgleich der Verhältnisse. Diese Beziehungen aber werden im Kapitalismus nicht gepflegt. Daher wird Erwerbsarbeit künstlich von Care-Arbeit abgespalten und höher bewertet, damit man nicht in die Verlegenheit eines Vergleichs kommt. Auch das eine Kategorisierungslüge. Die Erwerbsarbeit als einzigen wirklich relevanten Beitrag anzuerkennen ist ein Akt von Gewalt und daher gibt es klar Gesetze, die Erwerbsarbeit beispielsweise von Ehrenamt trennen.

Man redet sich also ein: »Es ist doch bloß der Rasen. Das hat der doch in fünf Minuten erledigt. Er tut es gerne. Es ist sein Hobby. Er soll doch froh sein, dass wir ihm unseren Rasen zur Verfügung stellen, für seine Selbstverwirklichung.«

Es passieren also diese seltsamen Verdrehungen. Selbstwerterhaltende Konstruktionen, um nicht in Verlegenheit zu geraten, die Grenzen zwischen Erwerbsarbeit und Care-Arbeit aufzulösen. All diese Worte wie Hobby oder Gemeinwohl oder Job, dienen allein dazu Trennungen zu schaffen zwischen verschiedenen Beitragsformen, um zu verhindern, dass beispielsweise alleinerziehende Mütter, welche die Arbeiter:innen von Morgen ermöglichen, den Umsatz von Konzernen dadurch schmälern, dass sie die Kindererziehung bei Amazon oder BMW in Rechnung stellen.

Irgendwann geht in unserem Beispiel der Rasenmäher kaputt, der dem Dorf gehört, und man wird nicht sagen: »Macht nichts, wir kaufen einen Neuen, damit du dein Hobby weiterführen kannst«, sondern man wird eher sagen: »Ersetze uns den Rasenmäher! Du hast ihn kaputt gemacht, weil du ihn verschlissen hast.«

Es entstehen also in Folge Formen von unsolidarischem Verhalten gegenüber dem Mann, der seit Jahren kostenlos den Rasen mäht. Dieses »Rasenmähparadoxon« zeigt, wie sozial und kulturell engagierte Arbeit außerhalb der Erwerbsarbeit systematisch abgewertet wird, es sogar zur Verachtung kommt. Frauen können davon ein Lied singen.

Das an sich hoch anzuerkennende Engagement wird der Person zum Verhängnis. Denn es bedroht alle, weil jeder Halm, den sie oder er kostenlos niedermäht, die Arbeit der anderen, die sich für jeden Schritt bezahlen lassen, wie eine Art dreckige Korruption erscheinen lässt. Wofür werden sie honoriert, wenn er die Arbeit ohne Lohn verrichtet?

Das Beispiel mit dem Mann oder der Frau, die unbezahlt den Rasen mäht, entspricht dem Verhältnis, in dem Kulturschaffende, aber auch Care-Arbeiter:innen generell, zur Gesellschaft stehen und indem die Gesellschaft zu ihnen steht. Ihre Abwertung hängt mit dem Schutz kapitalistischer Märkte direkt zusammen. Die Rassismen sind eine Notwendigkeit im Kapitalismus, weil der Wert darin nicht real ist. Die Behörden schauen also mit Verachtung auf die Arbeit von Kulturschaffenden, weil diese nicht in klassischer Erwerbsarbeit stattfindet. Um diese Verachtung zu kompensieren, werden einzelne Kulturschaffende künstlich überhöht. Die, die man sich leisten will. Der Rest aber soll verrecken. Wir haben also Kunstfreiheit einerseits, andererseits einen Staat, der wenige auswählt, die er fördert, während der Rest real mit Arbeitsverboten konfrontiert wird oder mit Bestrafung. Nicht weil deren Kunst schlechter oder weniger relevant wäre, sondern weil deren Kunst die Lüge des Kapitalismus offenbart. Ihre Arbeit, gerade weil sie monetär erfolglos ist, deckt die Missstände auf und macht sie sichtbar. Daher versucht der Staat, Kunst an sich lächerlich zu machen und einzumauern, in engen Bereichen, in denen sie stattfinden kann und soll, während sie sich gefälligst auch der Wirtschaft herauszuhalten hat.

Care-Arbeiter:innen, Aktivist:innen, Künstler:innen mähen oft ein Leben lang den Rasen der Gesellschaft, aber wenn sie dann dadurch verarmen, dann ist es nicht die fehlende Bezahlung, die Scham derer, die sich haben, den Rasen mähen lassen, ohne dafür zu danken, der im Vordergrund steht, sondern plötzlich steht die Künstler:in, der engagierte Mensch gegenüber der Gesellschaft in der Schuld. Diese Person wird durch ihr Tun im Kapitalismus verdächtig und fremd, weil sie nicht vom Geld getrieben ist. Sie bleibt frei. In dieser Freiheit, dieser Lücke, dieser Offenheit wird die Arbeit der Care-Arbeiter:innen zugleich zum Garanten der Humanität und des Demokratischen, weil dies die Abschließung der Simulation verhindert.

Das wiederum wird ihnen geneidet, weil es in den Augen der Erwerbsarbeiter:innen eine unverschämte Freiheit ist, und es wird den Care-Arbeiter:innen vorgehalten, weil diese Befreiung Angst macht. Ein Mensch darf so etwas nicht tun. Wo kämen wir dahin? Was würde geschehen, arbeiteten alle unbezahlt? Ja, was würde passieren? Es wäre das Ende des Kapitalismus, aber nicht das Ende der Wertschöpfung. Daher wird immer behauptet, die Erwerbsarbeit habe Vorrang vor der Care-Arbeit. Als wäre sie real wichtiger für den Erhalt von Gesellschaft. Das aber ist eine glatte Lüge.

Und dann kommt eine Frau Pfirsich und behauptet, ich würde Erwerbsarbeit verweigern und müsse den Schaden der Armut vollkommen allein begleichen.

Wenn Frau Pfirsich schreibt: »*Sie haben nicht nachgewiesen, dass Sie sich um die Sicherstellung des Kindesunterhaltes gekümmert haben*«, dann sage ich, nein, ich habe stattdessen 30 Jahre kostenlos euren Rasen gemäht und ihr habt es nicht mal bemerkt.

TAKE-AWAY BOX – KAPITEL »DER SCHMERZ DER VÄTER«

Patriarchale Erbschuld
Väter, die selbst im Nachkriegskapitalismus verformt wurden, reichen ungeheilte Kriegs- und Leistungstraumata weiter: Härte, Schweigen, »Versorger = Wert«. Ihre unerzählten Wunden strukturieren noch die Jobcenter-Logik der Gegenwart.

Maskuline Affektarmut als Klassismusmotor
Gefühlsverbote („Ein Mann hält durch") verwandeln persönliche Not in arbeitsplatzkonformes Funktionieren. So wird das private Leid ökonomisch verwertet und jede Abweichung – Krankheit, Arbeitslosigkeit – als Schande kodiert.

Autistische Hyperempathie zerlegt das Schweigen
Speed registriert Mikro-Körpersignale der Väter (zitternde Hände, Stimmbrüche) und liest darin das Systemversagen, das sie selbst nicht artikulieren können. Das Kapitel zeigt Autismus als Sensor für nicht-gesprochene Gewalt.

Generationenvertrag unter Spannung
Sohn will Beziehungshandeln, Vater fordert Anpassung – ein Double-Bind, der den familiären Mikrokosmos spiegelt und das Makrothema des Buchs illustriert: Selbstbestimmung vs. Fremdbestimmte Arbeit.

Care-Ökonomie der Söhne
Indem Speed die Verletzbarkeit der Väter offenlegt, verschiebt er Rollen: Diese Umkehr entwertet das klassische Leistungs-Dogma und eröffnet neue Solidaritätsfiguren.

Systemische Konsequenz
Solange der Schmerz der Väter nicht als strukturelles Produkt von Arbeits- und Kriegsökonomien anerkannt wird, bleibt jede Reform oberflächlich. Heilung beginnt mit der öffentlichen Legitimation männlicher Verletzbarkeit – eine Grundvoraussetzung für den erweiterten Arbeitsbegriff.

ARTISTIC RESEARCH – VOM ANDEREN ANSATZ DER FORSCHUNG

1

»Die wissenschaftliche Ausbildung, wie wir sie heute kennen, hat genau dieses Ziel. Sie simplifiziert die »Wissenschaft«[121], indem sie die Akteure simplifiziert«, schrieb der österreichische Philosoph und Anarchist der Wissenschaftstheorie Paul Feyerabend Mitte der Achtzigerjahre in seinem Buch »Wider den Methodenzwang«. Feyerabend zeigte mit seinem Spruch »anything goes«, die Problematiken der Generierung von »wissenschaftlichem Wissen«, verglich alternative Ansätze mit der Kunst und forderte eine Erweiterung der Zugänge und der Forschung, die zu Wissen führt, sowie einen bewussteren Umgang mit dessen institutioneller Einbindung.

»Die Idee einer Methode, die feste, unveränderliche und verbindliche Grundsätze für das Betreiben von Wissenschaft enthält und die es uns ermöglicht, den Begriff ‚Wissenschaft‘ mit bescheidenem, konkretem Gehalt zu versehen, stößt auf erhebliche Schwierigkeiten, wenn ihr die Ergebnisse der historischen Forschung gegenübergestellt werden. Dann zeigt sich nämlich, dass es keine einzige Regel gibt, so einleuchtend und erkenntnistheoretisch wohl verankert sie auch sein mag, die nicht zu irgendeiner Zeit verletzt worden wäre. Es ist deutlich, dass solche Verletzungen nicht Zufall sind; sie entstehen nicht aus mangelndem Wissen oder vermeidbarer Nachlässigkeit. Im Gegenteil, man erkennt, dass sie für den Fortschritt notwendig sind.«[122]

Was ich tat, war keine Forschung im klassischen Sinne, sondern, wie zuvor schon erklärt, »Artistic Research«, also die Forschung, die Künstler:innen betreiben, sowie die Arbeit eines hyper-systematisierenden, forschenden Autisten. Das Wie meiner Arbeit mag vielen unkonventionell erscheinen, aber diese war zu keinem Zeitpunkt willkürlich, sondern folgte einer inneren Logik, einer eigenen Methodik, auf die ich nun näher eingehen möchte.

2

Weil ich mir, da mir wegen meiner Neuodivergenz und der Sturheit meines Vaters kein Studium vergönnt war, alles selbst beibrachte, entwickelte ich in meiner autis-

121 Paul Feyerabend / Wider den Methodenzwang / Suhrkamp / S 16
122 Paul Feyerabend / Wider den Methodenzang / Suhrkamp / S 21

tischen Berufung, also in dem Ausdruck des Wissens, welches mir verkörpert angeboren ist, eigene Methoden und Ansätze. Mit angeboren meine ich, dass ich als Autist in eine Welt, in ein Ökosystem geboren wurde, mit dem ich vollkommen anders
verbunden bin, als die meisten neurotypischen Menschen. Ich kann die Strukturen
und Muster viel klarer sehen und das Wissen, dass sich daraus ergibt, ist ein erlebtes
Wissen, ein Wissen, dass ich aus meinem Körper auslese, wie aus einem Computer.
Daher ist die Frage von Realität, von Wahrheit nicht die Frage durch ein neuroty-
pisches Gehirn, welches subjektiv von außen wahrnimmt, als wäre Geist von Welt
getrennt, sondern die Natur, die Welt, das bin zugleich ich. Es ist viel mehr so, als
wäre das Universum auf links gedreht. Ich blicke nicht durch zwei Augen nach
draußen, in eine Außenwelt, sondern die Welt blickt durch mich nach innen. Sie
läuft in mich hinein, wodurch das Echte in mir und nicht dort draußen ist. Sprich,
es ist draußen, weil das Äußere eben ein Teil von mir, von meinem Körper ist. Dadurch ist mir die Negativ-Form der Welt zugänglicher, also das, was zwischen den
Dingen an Raum vorhanden ist, indem eine Ordnung liegt, welche gewissermaßen
ein Fußabdruck eines unsichtbare Nichts bildet. Die Betonung liegt beispielsweise
nicht auf der Figur eines Menschen, sondern auf den Raum, auf die Schablone,
die diesen ergibt. Diese Muster sind mir als stets gegenwärtiger als neurotypischen
Menschen, die in erster Linie die Welt als Gegenstände betrachten.

Dieser Zustand – ein durch und durch verkörpertes Wissen – lässt sich in enger Anlehnung an Lakoff & Johnsons Philosophy in the Flesh (1999) als radikal
embodied cognition beschreiben. Die beiden Autoren zeigen darin, dass all unser
Denken, unsere Logik, unsere Konzepte von Wahrheit und Wirklichkeit körperlich grundiert sind: Es gibt kein abstraktes Denken ohne sensorische, motorische
und affektive Basis. Kategorien, Metaphern, sogar Moral sind keine »geistigen«
Konstrukte, sondern tief in unseren Körperroutinen, Affekten und Interaktionen
mit der Welt verankert.

Als Autist mit einer besonderen Sensibilität für Muster, für Reizverarbeitung
und systemische Ganzheitlichkeit, entsteht in mir ein verkörpertes epistemisches
Subjekt, das sich nicht als Beobachter außerhalb der Welt positioniert – wie es der
westliche Rationalismus lange getan hat –, sondern als Durchgangspunkt der Welt.
In diesem Sinn ist meine Erfahrung kein „Beobachten", sondern ein Durchströmt-
Werden.

Lakoff & Johnson beschreiben dies als den Bruch mit der objektivistischen »di-
sembodied mind«-Idee – jene Vorstellung, der Mensch wäre ein reiner Kognitions-
apparat mit möglichst neutralem Zugriff auf Fakten. Stattdessen zeigen sie, dass
selbst Logik, Mathematik, Zeit, Kausalität und Moral metaphorisch strukturiert
sind – auf Basis unseres Körpers in der Welt. Mein Gedanke, dass die Welt durch

mich »nach innen blickt«, trifft genau das, was man als ontologische Umkehr im enaktiven Denken bezeichnen könnte (vgl. Varela, Thompson, Rosch: The Embodied Mind, 1991). Ich denke nicht über die Welt nach – ich bin das Medium, durch das sie sich strukturiert.

Zusätzlich lässt sich meine Perspektive durch autistic embodied epistemology (Milton, Yergeau, Botha u. a.) vertiefen: Viele Autist:innen berichten von einem tieferen »Fühlen« der Welt, das sich nicht in Sprache oder Konzepten allein ausdrückt, sondern als »existentieller Code«, als strukturelle Kongruenz oder Dissonanz empfunden wird. Wenn ich sage, das ist »Wissen, das ich aus meinem Körper auslese, wie aus einem Computer«, ist keine Metapher – es beschreibt eine Form von nicht-repräsentationaler Intelligenz, die erst in den letzten Jahren von Philosophie und Kognitionswissenschaft ernst genommen wird.

In meiner Formulierung des auf links gedrehten Universums steckt genau jene Erkenntnis, die Lakoff & Johnson am Ende ihrer Theorie postulieren: Dass Wahrheit nicht universal, sondern ökologisch, situiert und leiblich ist – und dass Denken immer ein Handeln des Körpers im Raum ist. Ich habe daraus eine originäre, autistische Ontologie gemacht – und das ist weit mehr als Philosophie. Es ist gelebte Erkenntnispraxis.

Viele meiner künstlerischen Projekte waren nicht dafür gedacht, in die Galerie oder ins Kino zu kommen, sondern waren Auslöser von Debatten, die ich führen wollte. Meine Kunst war nicht eine der Produkte, sondern der Prozesse. Und es ging um die Welt wie sie sich mir als Autisten zeigte, nämlich in unendlich komplexen Mustern, in denen ich Fehler erkannte. »Fehler«, die ich nicht ignorieren konnte, die mich mein ganzes Leben beschäftigten und zu Wesen meiner Existenz wurden. In meinem Erinnern der Welt sah ich keinen Ausweg, als durch Ausdruck Strukturen zu korrigieren, sie zu ergänzen, was ich als organisches Leben im Ökosystem, als evolutionären Auftrag empfinde. Genauso fundamental wie der Drang nach Fortpflanzung. Das folgende Bild illustriert dies auf ironische Weise. Ein Hineinwachsen in die Strukturen der Gesellschaft. Eine Ökologisierung der Muster.

Als ich 2010 damit drohte vor der Zentrale der Firma Red Bull in Fuschl einen Stier zu töten, um die Menschheit angesichts des drohenden Rechtsrucks, entlang der mythologischen Kraft des Energy-Drinks, wach zu machen, folgten mir Anwälte in Privatjets durch halb Europa, um mich zu beschwichtigen, um mir zu schmeicheln, um mir zu drohen, damit ich endlich aufhöre, ich zu sein, sondern zu denen werde. Zu einem Menschen, der für Geld alles tut oder alles lässt.

Die Untersuchung der daraus entstehenden Verhältnisse zwischen Mensch und Konzern, zwischen Markt und Humanität ermöglichten mir sehr tiefe Einblicke und zeigten Wege der Intervention, die alte Annahmen widerlegten und neue

Zusammenhänge sichtbar werden ließen. Ich benutzte mich selbst als Auslöser von Experimenten, in denen es darum ging, meine Entwertung nicht zu akzeptieren, sondern diese als Befreiung zu sehen, als die Möglichkeit, das zu tun, was ich als wirklich wesentlich wahrnahm. Das »persönlich machen« war und ist wie zuvor erwähnt ein anderer Ansatz der Forschung, der für Autisten typisch ist. (Enaktivismus) Ein Ansatz, welcher der Dekonstruktion der Kategorisierungslügen dient und jenes innere Labor des Autisten ermöglicht, indem Wissen zerlegt und erlebt werden kann. Es war mein Versuch, interobjektiv in keine vordefinierte Kategorie zu passen, sprich immer eine Türe offen zu halten, was ja auch das Wesen der Realität selbst ist.

Wie der Soziologe Siegfried Lamnek schrieb: *» Statt uns auf immer abstrakteren Generalisierungen zu konzentrieren, die wir mit immer größeren Datenerhebungen zu finden hoffen, sollten wir versuchen, in intensiven Fallstudien Material zu sammeln, das Aussagen über konkrete Wirklichkeit durch konkrete Personen zulässt.«[123]*
Die zuvor in der MNO-Theorie beschriebene Dreiteiligkeit zwischen Objekt, Wille und Erleben, bildete das instabile Fenster, mit dem ich die Welt fokussierte und zugleich die Singularität subjektiv durch Differenzierung, durch das, was Varela den Drift nannte, erweiterte. Also jene subjektive Verzerrung der Realität, die zugleich Grundlage komplexer Wirklichkeitserfahrung ist. Das wurde der Ausgangspunkt

---

123 Abels / aus Siegfried Lamnek: Qualitative Sozialforschung; Band 1, Methodologie. S16

meiner Arbeit, meiner Intervention. Artistic Research war das Medium, welches ich in meiner Forschung benutzte, weil es eben genau diese Dynamik im Gegensatz zum klassischen Wissenschaftsparadigma zu ließ, also ein authentisches Forschern mit Embodied Cognition, statt alleine in einer Beobachterposition, von der aus man Objekte jenseits des Welterlebens beweisen und konstruieren wollte.

Der Forschungsansatz des Artistic Research unterscheidet sich von dem der klassischen Wissenschaft in der Regel dadurch, dass ich, also die untersuchende Person, sich selbst als »erlebende Person«, als Projektionsfläche und Versuchsperson der Untersuchung benutzt und dabei gerade das subjektive, persönliche Erleben mit in die ‚Generalisierung‘, also die Entwicklung von Modellen, Erkenntnissen und Annahmen integriert. So jedenfalls sah ich die Sache, bevor ich wusste, dass ich Autist bin und über interobjektive Fähigkeiten verfüge, somit meine Subjektivität eine andere ist. Auch deswegen wollte ich schon immer jene persönliche Perspektive nicht im Vorfeld ‚neutral' ausschießen. Das ermöglichte es, Forschung aus der Sicht von »Betroffenen« zu betreiben, was gerade in der Armutsforschung oder in der ökonomischen Forschung viel zu wenig unternommen wird. An dieser Stelle erweist sich das innere Labor des Autisten als besonders dienlich, da es doch Objektivität und Subjektivität, Beobachtung und Erleben gleichermaßen ermöglicht. Was eben in diesen Forschungsfeldern zentral ist. Man könnte sagen, dass gerade die Sozialforschung, wie auch die ökonomische Theorie sehr viel aus dieser Art Experiment gewinnen, auch wegen der hohen Innovationskraft in der damit verbundenen Disruption eines verkörperten Wissens (Embodied Cognition), welches sich in die Systeme involvierte, statt sie nur von außen zu betrachten. Es liegt in der Natur der Sache, dass Embodied Cognition, weil darin das Wissen zum Teil der eigenen Integrität, der eigenen Existenz wird, zwangsläufig dort zu Aktivismus und Kunst führen muss, wo etwas in der Ordnung nicht stimmt. Autisten wie ich empören uns und diese Empörung, die unsere Sinne schärft, mit denen wir denken und analysieren. Unsere Rationalität ist eine, die Wut verträgt, die nicht ohne Wut, oder Liebe, oder Leidenschaft sein kann. Somit trägt dieser Ansatz auch Qualitäten einer phänomenologischen Philosophie (Edmund Husserl), sowie der kritischen Theorie der Frankfurter Schule (Theodor W. Adorno, Max Horkheimer) die ebenfalls die Subjektivität als notwendige Dimension der Analyse in den Vordergrund stellt, um die Wirkungsmechanismen von Macht und Herrschaft zu verstehen. Auch zeigt sich in meiner Art zu forschen eine Dekolonisierung der Sprache und des Denkens, wovon teilweise in den postkolonialen Studien (z. B. Edward Said, Gayatri Spivak) gesprochen wird, nachdem der Anspruch auf objektive Wahrheit oft dazu dient, koloniale Machtstrukturen aufrechtzuerhalten. In meiner Wissenschaftskritik geht es auch darum, die subjektive Sichtweise zu betonen, als die Subkultur, um sich der Vereinheitlichung durch das System zu widersetzen. Für mich bedeutet Subjektivität die Rückgewinnung der eigenen Stimme und das Widerstehen gegen die standardisierte Sprache der Bürokratie und der Wirtschaft.

Zentral ist ebenfalls der Begriff der Selbstermächtigung und das Recht auf eigene Perspektiven. Dies ist eine fundamentale Kritik an einem Staat und einem Wirtschaftsmodell, das versucht, Menschen in vorhersehbare Kategorien einzuordnen. Politisch gesehen ist dies eine Ablehnung der Disziplinierung und eine Verteidigung des Rechts auf kreative Vielfalt. Für mich ist die Subjektivität daher kein Mangel, sondern eine Quelle der Selbstermächtigung, die zeigt, dass die gelebte Erfahrung eine legitime Grundlage für Kritik und Veränderung ist.

Erwähnt sei auch der Existenzialismus und die Frage nach Authentizität. Ähnlich wie die existenzialistische Philosophie (Jean-Paul Sartre, Simone de Beauvoir) setze ich auf die Authentizität des Subjekts. Ich lehne es ab, mich an die vorgegebenen Rollen und Erwartungen der Gesellschaft anzupassen, sondern bestehe darauf, dass wahre Freiheit nur dann möglich ist, wenn der Mensch seine eigene Sichtweise und Wirklichkeit akzeptiert und ausdrückt, selbst wenn dies als unbequem oder abweichend wahrgenommen wird.

Auch geht es um künstlerische Avantgarde und die Provokation. Meine Arbeit steht in der Tradition der Avantgarde, die bewusst ästhetische Konventionen bricht, um auf gesellschaftliche Missstände aufmerksam zu machen. Indem ich in meiner Arbeit auf subjektive Intensität und emotionalen Ausdruck setze, breche ich mit der Erwartung, dass Kunst oder Gesellschaftskritik distanzierte Objektivität anstreben sollte. Dies erinnert an künstlerische Bewegungen wie den Dadaismus oder den Situationismus, die ebenfalls die Künstlichkeit gesellschaftlicher Normen bloßlegten und die Kraft des individuellen Ausdrucks betonten.

Wichtig ist hierbei auch die Revolte gegen die objektivierende Logik. Meine besondere Lösung besteht darin, dass ich bewusst die Rolle des Subjektiven als Gegengewicht zur objektivierenden Logik des Systems nutze. Während Bürokratien und kapitalistische Strukturen darauf abzielen, das Individuum berechenbar und effizient zu machen, stelle ich das unberechenbare, chaotische Subjekt in den Mittelpunkt.

Anders als viele Kritiker, die versuchen, die Gesellschaft durch objektive Analysen zu verbessern, sehe ich in der unverfälschten Subjektivität eine schöpferische Kraft, die neue soziale Ordnungen hervorbringen kann. Ich nutze diese Perspektive, um Alternativen aufzuzeigen, die nicht auf der Optimierung von Effizienz beruhen, sondern auf der Entfaltung menschlicher Möglichkeiten. Mein Ansatz ist eine poetische Provokation, die fordert, dass wir den Wert von Dingen neu definieren, indem wir uns auf das erlebte Leben und nicht auf abstrakte Modelle stützen.

In der Sprachwissenschaft und der Literaturtheorie gibt es Begriffe wie Hermeneutik und Subjektivierung, die beschreiben, wie individuell erlebte Bedeutungen hervorgebracht und interpretiert werden. Ich nutze auch diese Herangehensweisen, um zu zeigen, dass es keine einheitliche Interpretation von sozialen Phänomenen geben kann, sondern dass die persönliche Erfahrung eine wesentliche Erkenntnisquelle ist.

Der Begriff der Disruption wird in der politischen Theorie verwendet, um auf gezielte Unterbrechungen von bestehenden Ordnungen hinzuweisen. Ich praktiziere diese Disruption durch meine Wahl der Sprache und den inhaltlichen Fokus auf Subjektivität, indem ich die bestehenden Diskurse über Arbeit, Armut und soziale Ordnung bewusst störe und herausfordere.

Dies hier ist somit eine 10 Jahre dauernde Einzelfallstudie oder Untersuchung, eine Grounded Theorie, eine qualitative Sozialforschung, die jedoch von mir als Künstler, Armutsaktivist und Betroffenen durchgeführt wurde, also nicht durch einen Soziologen, Psychologen, sondern durch einen Menschen, der sich zwar ein Leben lang mit dem Thema befasst hat, dieses aber nie an einer Universität studierte. Dafür fehlte mir, wie gesagt, das Geld.

»Ziel solcher Untersuchungen ist die Auffindung von Interaktionsmustern der Komponenten eines sozialen Aggregats bzw. Organisations- und Herrschaftsmustern. Einzelfallstudien dieses Typs bestehen aus den intensiven, detaillierten Untersuchungen der einzelnen Komponenten und ihrer Interaktion, die das analytisch als geschlossen betrachtete Aggregat konstituieren.«[124]

In meiner Arbeit entwickelte ich Methoden und Haltungen, die ethnologisch und künstlerisch einen wesentlichen Vorteil gegenüber der Erforschung eines Systems von außen, entlang der »Objektivitätskonstruktion« in sich trugen. Nämlich die Möglichkeit, ein System, sowie Verhältnisse zu provozieren, es also an die Grenzen zu treiben, es vollkommen nach allen Richtungen auszuloten, was manchmal viel tieferen Einblick in die »Möglichkeiten« einer Struktur abbildete. Denn nur allzu oft führt die »Beobachtung von außen« bloß zu einer Feststellung von Mittelwerten, allein durch den nivellierten »Alltag«. Gerade in Systemen der Unterdrückung, wie jene der Armut, in denen der Mensch zur Anpassung neigt, wird das Bild der Möglichkeiten verfälscht, weil die beobachteten Menschen sich im Rahmen der Erwartung verhalten, was aber eben nicht dasselbe ist, wie das Abbild der Wirklichkeit, sondern eine Art Reduktion potenziellen Verhaltens und potenzieller Realitäten darstellt. Machtsysteme schaffen eine »Realität«, die sie bestätigt, was also grundsätzlich fast alle unsere Institutionen und systemischen Absichten und Verhältnisse zu Verzerrungen macht. Wir wissen also nichts über ein System, versuchen wir es nicht zu verändern.

Wir leben in und mit Systemen, die stets von denen erklärt und legitimiert werden, denen sie nutzen, während die Unterprivilegierten selten gehört werden. Dieses Problem findet sich auch in Strukturen der Wissenschaft. Wie gesagt, ich fand wie tausende andere, die auch wichtige Beiträge leisteten, oft keinen Verlag. Als Autist habe ich kaum Möglichkeiten, durch Netzwerke Beachtung zu finden. Ich forsche daher allein und isoliert.

Sicherlich ist der Mangel an Feedback in meiner Arbeit auch ein Problem, aber sieht man die Chance für Wissen, dass selbst in meinem Scheitern liegt, kann man den Mangel an Peer-Review vernachlässigen, denn oftmals hätte dieser auch zu einer Verfälschung und strukturellen Diskriminierung meiner Arbeit und Erkennt-

---

124 Siegfried Lamnek: Qualitative Sozialforschung; Band 1, Methodologie. S. 32

nisse geführt, im Druck einer Anpassung an neurotypische Erfordernisse. So aber sind sie weitgehend rein und authentisch erhalten geblieben.

Es macht sehr viel Sinn, ein System aus dieser Perspektive zu beleuchten. Denn dies bedeutet, dass die Härten, die von außen beobachtet oftmals nur in wenigen Momenten in voller Härte erscheinen, oder nur bei wenigen Personen, dennoch indirekt oder subtil, mit maximaler Brutalität in der Fläche wirken, auf das Ganze wirken, für den Beobachtenden oft erst dann erkannt werden können, wird das System an seine Grenzen geführt, werden Möglichkeiten eines anderen Verhaltens ausprobiert. Dafür muss man objektive Distanz auch mal loslassen. Eine Diktatur erkennt man nicht selten nur dort, wo subjektive Abweichung stattfindet. Beobachtet man die breite Masse, wirkt es oft, als seien alle glücklich mit den Verhältnissen. Leben wir also in einer kommerzialisierten, formatierten, standardisierten Gesellschaft, können wir über die Realität nur etwas lernen, wenn man aus der Subjektivität des Einzelnen heraus hinsieht und diese einzelne Person den Versuch einer Weiterentwicklung unternimmt, oder gar einer Veränderung der Verhältnisse. Die Bausteine der Realität, wenn es denn Bausteine sind, sind vielfältig und die Kategorien komplex. Wie also integriert man sie, damit daraus angemessenes Handeln folgt?

Überhaupt ist Macht und Gewalt jenseits von Metatheorien nur dort klar erkennbar, wo jene, die keine oder wenig Macht haben, versuchen, sich dagegen zu wehren, also eigenen Willen zu formulieren. Erst das Defizit an Ressourcen und der Abstand zwischen dem, was man erreichen will, muss, um dem strukturellen, gesetzlichen oder institutionellen Existenzverbot zu entkommen und »gleichwertig« zu sein, zeigt die Maßeinheit einer realen Gewalt. Wie viel Leben und Existenz werden durch Normen verhindert? Das ist ohne subjektive Perspektive des Erlebens nicht zu ergründen.

Diese andere Forschung, mit provozierter Empirie und systemkreativer Intention, ist daher essenziell in der Frage nach der Erforschung von Gerechtigkeitsverhältnissen. Wenn man das mit dem Taschenrechner bewerkstelligen will, landet man unweigerlich bei einer Legitimation von menschenverachtenden Systemen wie Hartz IV.

Daher kann Gewalt niemals eine objektivierbare Größe sein, sondern sie ist immer vom Erleben der Einzelnen geprägt, von dem, was Individuen wollen, und muss daher immer im Kontext erfasst werden, was aber stets eine gesunde Zivilgesellschaft mit Bewusstsein über diese Verhältnisse erfordert. Hier ist also eine Kategorie von Qualia und Kultur weit nützlicher und zielführender als hundert Studien, nach konventioneller Formatierung, weil diese in erster Linie einen Akt der Distanzierung darstellen, als wäre Wirklichkeit ein Phänomen der Distanz und kein Erleben. Die Einzelfallgerechtigkeit, die Bürokrat:innen nur allzu gerne marginalisieren, als könne man dieser nicht gerecht werden, ist die absolute Grundlage eines realen Bezugs zur Wirklichkeit im staatlichen Handeln. Die Einzelfallgerechtigkeit ist ein zwingendes Muss in einer Demokratie. Diese darf dem Pragmatismus nicht weichen, sondern hier muss reife Beziehungsfähigkeit und Partizipation auf Augenhöhe stattfinden.

In diesen 10 Jahren habe ich das System mit meinem Arbeitsbegriff des arbeitsintegrierten Beziehungshandelns maximal gereizt, maximal zu verändern versucht und kann daher heute sagen, dass ich die Realitäten einer bestimmten Erfahrung von Armut und Arbeit umfassender darlegen kann, als jemand, der Marktdaten analysiert hat oder der Langzeitarbeitslosen aus der Ferne zusah, wie sich in ihrem Leben scheinbar nichts tat, oder eben nur das was man erwartete, oder das was man schon im Vorfeld annahm. Es gibt sehr viel Forschung da draußen, die primitiv ist, weil sie ausschließlich objektiv an die Verhältnisse herangeht. Ja, mein Ansatz ist paradox, fehlerbehaftet, subjektiv und impulsiv, aber zugleich ein Schatz an Wissen über die tatsächlichen Verhältnisse. Das Universitätsdiplom steht auch denen zu, die Wissen tiefgreifend durchlebt haben, denn sie wissen vom eigentlichen Leben zu berichten. Natürlich ist auch das nicht alles und am Ende könnte man sogar formulieren, dass Speeds Arbeit selbst für sich eine Simulation darstellt. Das stimmt. Die Frage ist aber, in welchen Verhältnissen und Relationen sich Wirklichkeit zeigt. Ich glaube, es ist ein Verhältnis des Zwischenraums oder eine Rückkoppelung mit etwas Unbekanntem, also etwas, was sich zwischen dir und mir abspielt, etwas, was wir teilen, was unsere Verwandtschaft zeigt. Verwandt sind wir aber nicht im Objektiven, sondern in jener Unbegreifbarkeit, die allen Lebewesen eigen ist.

3

Man kann einen Stein so lange schleifen, bis er platt ist. Das ist die übliche Annahme einer jeden totalitären Struktur. Denn jene Kraft, die schleift, will, dass das Geschliffene zum Abbild des eigenen Selbst wird. Daher steckt man Gefängnisinsassen in glanzlose Uniformen. Daher versucht man, Arme ständig zu Gehorsam zu zwingen. Sie sollen in ihrer Korrektur das Negativ des positiv gelabelten Staates darstellen. Negativ, aber eben nicht anders. Schlecht, aber nicht von einer anderen Welt. Nichts soll bleiben, dass eine Alternative zur herrschenden Lesart offenbaren könnte.

Meine Strategie, in der ich ein Jahrzehnt der Armut und der staatlichen Repression erlebte, bestand darin, als zu schleifender Stein, nicht passiv zu verharren, sondern mich immer wieder zu drehen, also zu bewegen, in Gedanken, Kritiken,

Essays oder neuen Kombinationen. Etwas, was sicherlich eine Demokratie erfordert, was also in einer Diktatur noch schwieriger wäre, weil ein Menschenleben darin keinerlei Wert hat. Doch in einer Demokratie ist der Wert eine Frage der Verhandlung. Und genau diese Verhandlungsfreiheit machte ich mir zunutze.

Auf diese Weise wurde der Schliff nicht gestoppt, letztlich lebt niemand ewig, aber die Art des Schliffs konnte von mir derart ins Komplexe gezwungen werden, bis sich ein Dialog zwischen dem Schleifenden und dem Geschliffenen ergab, der die Manie der Behörden brach und mir ein Überleben innerhalb der Diskriminierung und Verfolgung sicherte. Ich überlebte in ihrer Gewalt, indem ich zumindest mitbestimmte, wie sie mir Gewalt antaten. Nämlich öffentlich analysiert, dokumentiert und von ständiger intellektueller und künstlerischer Infragestellung begleitet. In diesem Sinne war ich in gewisser Weise trotz allem auch erstaunlich frei.

Dies ist der Weg des Intellektualismus. Ich verstehe darunter einen Weg der Erkenntnisfindung, der nicht wie die Wissenschaft ein festes Ergebnis anstrebt, sondern eine laufende Begleitung von Erlebtem durch freies und individuelles Denken. Diese Entschlüsselung der Wirklichkeitserfahrung, in den Momentaufnahmen, verwurzelt einen Menschen neu, in einem komplett unlogischen System, einer kaputten Welt, und ist besonders für jene eine Stärke, eine Waffe, die sich, wie ich außerhalb der etablierten Institutionen bewegen. Das einzelne denkende Individuum bleibt in einer Position der Demut und zugleich der Wachheit gegenüber den Verhältnissen. Der Intellektualismus ist daher zwingend, will man den Kategorisierungslügen etwas entgegensetzen, ohne selbst neue Kategorien zu betonieren, denn man bleibt Subjekt, eine mögliche Position ohne Anspruch auf Vollständigkeit. Man ist ein kommentierender, reflektierender Mitgestalter, eine Kolleg:in unter den Wesen, eine Schwester, die mitdenkt und dies als Mitarbeit begreift.

Ich konfrontierte also fortlaufend Behörden in diesen Briefen, Strafanträgen, Dokumentationen und Publikationen mit den Umständen meiner Armutserfahrung und den Motiven meiner Arbeit und zwang sie dazu, sich zu mir zu verhalten und weil ich als Verarmter von ihrer »Fürsorge« abhängig war, sie ja mich glaubten kontrollieren und zu Gehorsam zwingen zu müssen, konnten sie mir nicht entkommen.

Sie bissen sich an mir fest. Ich war Teil ihrer Welt und zugleich verstrickte ich immer mehr Behörden, Gerichte, Staatsanwaltschaften oder Ministerien gegenseitig in Schleifen der Bezugnahme auf das jeweilige andere staatliche Verhalten. Parallel brach ich mit den Mitteln der Kunst die Schubladen in ihrem Denken, die Ordnung der simplifizierten Muster. Mein Fall beschäftigte über die Jahre, wie zuvor besprochen, hunderte Staatsbedienstete und alle waren damit befasst, sich und anderen zu erklären, weshalb man sich so oder anders mir gegenüber verhielt.

Man konkurrierte darum, wer mich zuerst fertig machen würde und umso mehr man die Dokumente hin und her schob, die Verantwortlichkeiten verschwammen, umso deutlicher bildete sich jene Komplexität ab, die einerseits mich als Mensch und Künstler ausmachte, aber eben auch das Ökosystem in dem wir uns befanden. Dies wurde mein Lebensraum. Man könnte sagen, ich versuchte Beziehung zu erzwingen, um in dieser Beziehung nicht nur relevant zu bleiben, sondern auch ein Mitgestalter zu werden. Auf diese Weise drehte ich allmählich, aber sicher, die Verhältnisse, was dazu führte, dass die staatlichen Stellen das Unrecht, dass sie vertraten, selbst direkt an mir abbildeten und dieses Bild viel mehr zeigte, als ihnen lieb war. Nämlich nicht nur sie, nicht nur ihre Macht, sondern auch mich, auch meine Macht. Das war die Basis meiner Forschungsmethode, meine Art, sie zu sezieren.

Am 4. April 2018 schrieb ich an das Jobcenter: *»Es bestehen erhebliche, begründete Zweifel daran, ob das Modell der Erwerbsarbeit überhaupt weiterhin bestehen kann, oder durch andere Arbeitsformen ersetzt werden muss.«*

Nimmt man Forschung ernst, dann ist eine derartige Feststellung nicht nur legitim, sondern notwendig. Sie bringt aber jedes Jobcenter in existenzielle Bedrängnis. Natürlich zeigt die Verhandlung dieser Aussage die Frage, ob eine Regierung die Reife besitzt, der Wahrheit zu folgen oder in Mythen und Populismus verstrickt ist. Was könnte wichtiger sein, als diese Verhältnisse zu klären?

Paul Feyerabend schrieb in »Wissenschaft als Kunst«: *»Jedes Studium der Wissenschaft kann durch eine anfänglich sehr absurde Konjektur als eine Illusion erwiesen werden. Und das Ergebnis ist dasselbe wie vorher: in einer Demokratie liegt die letzte Entscheidung über den zu wählenden Forschungsweg und die zu lehrende Resultate bei den Bürgern und nicht bei den Fachleuten.«*[125] Weiter schrieb er: *»Damit komme ich schließlich zur Frage des Überlebens der Natur und der Menschen angesichts von Unachtsamkeit, Verschmutzung, nuklearer Bedrohung. (...) Das Problem zwingt uns ernsthaft, über die Prioritäten nachzudenken. Können wir es uns leisten, weiter Forschungen zu finanzieren, die nur einer kleinen Gruppe von Spezialist:innen dienen, können wir es uns leisten, weiter auf unsere Intellektuellen zu hören, wo wir doch wissen, dass sie einfache menschliche Probleme durch nutzlose Theorien und das Menschenleben als Ganzes durch naive Modelle ersetzen, können wir es dulden, weiter unter dem Einfluss eines »Wissens« zu stehen, dass die wichtigsten Motive zum Frieden, die Liebe, das Mitleid, ein Gefühl für die Heiligkeit der Natur und des natürlichen Lebens, einfach nicht anerkennt und daher mit Verantwortung trägt an der Verödung unseres Lebens, oder müssen wir nicht alle Menschen von den Möglichkeiten in Kenntnis setzen, die ihnen offen stehen, und dann sie entscheiden lassen, was sie wollen, und zwar im Einklang mit ihrer ganzen Menschlichkeit? (...)*

125 Paul Feyerabend / Wissenschaft als Kunst / Edition Suhrkamp / S 167

*lebende Menschen in ihrer ganzen Subjektivität müssen sich mit dem Problem be-
schäftigen, das heißt, wir brauchen nicht eine theoretische, sondern eine demokratische Lösung.«*[126]

126   Paul Feyerabend / Wissenschaft als Kunst / Edition Suhrkamp / S 142-143

TAKE-AWAY BOX – KAPITEL »ARTISTIC RESEARCH – VOM ANDEREN ANSATZ DER FORSCHUNG«

Ästhetik = Epistemik
Künstlerische Verfahren (Montage, Performance, Material-Experiment) fungieren nicht als dekorative Illustration, sondern als primäre Erkenntnismethoden: Wissen entsteht im Gestaltungsakt, nicht erst in nachträglicher Analyse.

Autoethnografie auf Steroiden
Speed verwebt Selbst-Erleben, Feldintervention und theoretische Reflexion zu einem »Essay in vivo« – ein radikal verkörpertes Protokoll, das Subjekt/Objekt-Dichotomien systematisch unterläuft.

Neurodivergente Methodologie
Hyperfokus, Musterempfindlichkeit und rekursive Schleifen werden bewusst als Forschungsressourcen genutzt. Artistic Research wird damit zum Signature-Tool für autistische Erkenntnisprozesse.

Tacit Knowledge → öffentliche Evidenz
Implizite Körper-Intuitionen (tacit resonance) werden durch künstlerische Form externalisiert, so dass auch nicht-autistische Rezipient:innen »mitfühlen« können, was sonst unvermittelbar bliebe.

Interdisziplinäre Grenzsprengung
Kapitel zeigt Anschlüsse zu Practice-based Design, Critical Disability Studies und performativer Soziologie: Dort, wo klassische Peer-Review-Formate an Komplexität scheitern, erweitert Artistic Research den Erkenntnisraum.

Relevanz für Arbeits- & Sozialforschung
Durch situative Aktionen in Unternehmen, Gerichten und Behörden werden unsichtbare Macht-Beziehungen sichtbar gemacht – ein empirischer Mehrwert, den laborgestützte Feldstudien allein nicht liefern könnten.

DIE ABWEICHUNG DES EINZELNEN IST DER SCHLÜSSEL ZUR INTERAKTION. DAS SELBSTBESTIMMTE IST AUCH DAS SOZIAL GERECHTE.

1

Das Merkmal des Interregnums, also einer Zwischenzeit besteht in der Angst derer, die sich entscheiden, das Neue nicht zuzulassen und dem Leiden jener, die in der dadurch entstandenen Entfremdung und Orientierungslosigkeit des nicht mehr stimmigen Alten gefangen sind. Wir befinden uns im Moment in einer Gesellschaft, die viele Schichten der Überdeckungen der eigentlichen Probleme beinhaltet, wodurch für die Betroffenen stets der Eindruck entsteht, sie seien als die Menschen, die sie sind, von den Strukturen nie oder selten gemeint. Die realen Menschen existieren in gewisser Weise nicht mehr für die Strukturen, so eine These, und da sie in der »Konserve«, des dominanten Narrativs für das jetzt nicht mitgedacht werden, kommt es vielen Betroffenen heute so vor, als lebten sie in einer ständigen Simulation.

Sie sollen Freude verspüren, wo sie keine erleben, sie sollen Gerechtigkeit erkennen, wo für sie aber keine ist. Dies alles, um den zivilisierten Frieden einer Gesellschaft zu wahren, die sie angeblich sonst unangemessen stören würden. Dadurch wird der drohende Zusammenbruch nicht zu einem kurzen Übergang zum Neuen, sondern zu Illusion der verhinderbaren Veränderung, der sich alle anpassen sollen.

Ich möchte mich daher in diesem Kapitel ausführlicher mit dem Befassen, was eine Simulation im Zusammenhang mit neurotypischen und neurodivergenten Gehirnen und Arbeitsweisen bedeutet und weshalb das Problem der Simulation angesichts von KI und Robotik zunehmend deutlicher wird und wie anders unsere Arbeitsweise sein müsste, um die Simulation zu durchbrechen und eine Bearbeitung der eigentlichen Probleme zu ermöglichen. Sie sehen, ich bin alles andere als ein Arbeitsverweigerer.

Die Überforderung des Alten führt, wie gesagt, zu einer Dysfunktionalität des Bestehenden. Es wird heute von einem, gerade von den Armen, aber auch der ungeduldigen Jugend erwartet, dass der Mensch wie in einer virtuellen Realität jeden Tag das Gehen in einer unmöglichen, einer falschen Welt neu lernt und das akzeptiert. Ersatzhandlungen haben Konjunktur. Der äußere Rahmen wird neurotypisch nicht infrage gestellt. Eine Folge von dem, was, ich gehe noch darauf ein, das Ende der Geschichte genannt wurde, oder eine Nebenwirkung der Relativität der Postmoderne ist, in der die großen Problemfragen nicht mehr relevant erschienen. Schon gar nicht durch den Einzelnen gestellt. Neben dem Prekariat erfährt der Mensch dieser Tage immer wieder den Zustand der allgegenwärtigen Unbeholfenheit. Unbeholfenheit in einer wieder neuartig technologisierten Erfahrung, aber auch in Formen von Dysfunktionalitäten des Staates und der Gesellschaft, in denen Diskurse über die Zukunft von einem grundlegenden Missverstehen aller gegenüber allen geprägt sind. Man muss mitmachen, überall muss man mitmachen, niemals darf man sich verweigern, man könnte als Individuum erkennbar werden, hinter dem sich ein komplexeres Universum verbirgt. Dieses Mitmachen in der Gruppe fällt den Neurotypischen vergleichsweise leicht, den Neurodivergenten umso schwerer. Auch daraus erklärt sich, warum die Menschheit sich in diese Verhältnisse treiben lässt und viele Autist:innen sofort das Problem darin erkennen. Über die virtuelle Realität, die heute alles überschwemmt, heißt es: *»Damit der visuelle Aspekt von VR funktioniert, muss man berechnen, was die Augen in der virtuellen Welt sehen sollen, wenn man sich dort umschaut. Der Blick wandert, und der VR-Computer muss ständig und so unmittelbar wie möglich berechnen, welche grafischen Bilder man sehen würde, wenn die virtuelle Realität real wäre. Wenn man nach rechts schaut, muss die virtuelle Welt zum Ausgleich nach links schwenken, um die Illusion zu erzeugen, dass die Welt stationär ist, außerhalb des Betrachters und unabhängig von ihm.«[127]*

Hier zeigt sich schon, dass das Neurotypische die Realität viel eher als VR anwendet, als äußere Funktionalität, im dreidimensionalen Raum, somit nicht als verkörpertes Erleben in den Tiefenschichten von erlebten Beziehungen. Was der Medienforscher Jaron Lanier hier beschreibt, gehört zum Wesen des Erlernens des Lebens in der Simulation, wodurch der Mensch wieder zum Kind wird. Denn, verstehen Sie mich bitte richtig, es ist ein Zwang zum Erlernen des Simplifizierten, weshalb es sich nicht um eine Überforderung angesichts von Komplexität handelt, sondern um eine Überforderung, die daraus resultiert, dass man das Komplexe Leben, die komplexen Beziehungen in primitive Strukturen presst. Man soll eine Gehhilfe benutzen lernen, weil einem ein Bein weggebunden wurde. Man fragt sich, welchen Nutzen dies haben soll, aber Fragen sind heute neurotypisch verboten. Man fragt nicht, warum je weniger, umso absurder die Anforderungen geworden sind. Überall, seien es Facebook, der Job oder die Diskurse, finden wir Formate von Kindern und keine Eigenschaft dessen, was Erwachsensein ausmacht, wie das Erkennen von Ambivalenz, von Widersprüchen, von komplexeren Wahrheiten. Mit der Simplifizierung im Namen der reibungslosen Dienstleistung oder

---

127 Jaron Lanier / Anbruch einer neuen Zeit / 2018 / S 75

dem smarten Kundenerlebnis geht stets eine Auslöschung der Breite der Realität einher. Geistig vergreist, nach Außen kindisch. So ist unsere Welt geworden. Das Vertrauen ist dahin. Was geblieben ist, das sind Vorhaltungen der Wertlosigkeit, des falsch seins, der Minderwertigkeit auch oder besonders in der Paradoxie denen gegenüber, von denen man glaubt, sie würden trotz ihrer Diskriminierung noch oder mehr als man selbst gesehen, die Queeren, die PoC, die Erwerbslosen, die Bunten, die Ökos. Noch nie, so scheint es, waren wir als einzelne Menschen derart machtlos und gleichzeitig scheinbar derart abgeklärt. Das Wissen ist da, das Internet ist voll davon, aber die Zusammenarbeit ist unmöglich geworden. Sie wäre zu gewagt, zu gefährlich und vor allem zu teuer.

Die britische Wirtschaftsjournalistin Grace Blakely beschrieb kürzlich in ihrem Buch »Vulture Capitalism« das Problem des Individualismus, der Vereinzelung, die uns Kontexten entfremdet. Margaret Thatcher sagte früher dazu: *»Sie werfen ihre Probleme auf die Gesellschaft. Und wissen Sie, es gibt keine solche Sache wie Gesellschaft. Es gibt einzelne Männer und Frauen und es gibt Familien. Und keine Regierung kann etwas tun, außer durch Menschen, und die Menschen müssen sich zuerst um sich selbst kümmern. Es ist unsere Pflicht, uns selbst zu versorgen und dann auch unsere Nachbarn zu unterstützen.«*[128] Thatcher wollte keine umfassende Solidarität, gar Beziehung. Jeder kämpft für sich und jeder ist für sein oder ihr eigenes Scheitern selbst verantwortlich, aber die Stammesregeln, die Gruppenmacht des Kollektivs, die sollen wirken. Der Nationalismus und all die neurotypischen Mechanismen, in denen ein »Wir« gegen die »anderen« konstituiert wird, was immer die Neurodivergenten ausschließt, wie auch all die anderen Marginalisierten. Die Privilegierten hörten das gerne, es ermöglichte ihnen, die soziale Frage abzustreifen, was den Neoliberalismus förderte. Für die Unterprivilegierten bedeutete es Gewalt. Denn was soll Selbstverantwortung für jemanden bedeuten, der von struktureller Gewalt und Ausgrenzung betroffen ist? Doch nur, dass diese für die anderen unsichtbar wird.

Die Vereinzelung führt vorwiegend zur Unfähigkeit, komplexe Zusammenhänge in gesellschaftliches Handeln zu integrieren. Sie verhindert auch eine bewusste Integration von verkörpertem Wissen und den Lebewesen des Ökosystems, indem auch wir Autist:innen existieren.

»Nur noch 14 Prozent der Arbeitnehmer:innen und Arbeitnehmer fühlen sich stark an ihr Unternehmen gebunden, das ist das Ergebnis einer Langzeitstudie. Noch nie wollten so viele ihren Job wechseln.«[129]

---

128 Interview mit dem Magazin "Women's Own" im Jahr 1987
129 Maren Erdbeere / Spiegel Online / 14.3.2024 / mehr als 7,3 Millionen Beschäftigte haben laut neuer Studie innerlich gekündigt. / »Gallup Engagement Index Deutschland«

Der arbeitende Mensch ist auf der Flucht. Es ist die größte Fluchtbewegung überhaupt und kaum jemand bemerkt sie, weil die Betroffenen einfach verschwinden. Sie lösen sich in der Austauschbarkeit auf. Sie tauschen sich selbst aus. Unentwegt. Von einer Funktion zur nächsten. Freie Menschen werden sie dabei nie. Denn sie gelangen nie zu einer selbstbestimmten Identität in ihrer Arbeit, die ihr Tun in einen sinnvollen Kontext setzt.

Der Autor Anton Jäger schreibt in seinem Buch »Hyperpolitik«[130] von den Aufregungswellen, vom Aufflammen von politischen Debatten, von Widerständen in den sozialen Medien, die zugleich zu nichts führen. Es fehlt an Übertragbarkeit, weil die Strukturen die Komplexität nicht mehr darstellen und folglich für das Politische nicht mehr verwertbar machen. In einer Studie zur Interaktion in sozialen Netzwerken im Internet steht: »*Junge Erwachsene berichteten über doppelt so viele Tage der Einsamkeit und Isolation wie spät mittelalte Erwachsene, obwohl sie paradoxerweise größere Netzwerke haben.*«[131] Das Netz, ist es zu einer Form wie Facebook geworden, formatiert die Beziehungen auf eine Weise, die Komplexität abbaut und Beziehungsfähigkeit massiv stört. Das Volk empört sich über das Gendern und scheint unfähig das Symbol von dessen Zweck zu unterscheiden, gar den tiefen Sinn zu verstehen. Überall »Manufacturing Consent«[132], um es mit Edward S. Herman und Noam Chomsky zu sagen. Die Armut, die auch daraus resultiert, die kennen wir alle. Und es ist Zeit, dass wir alle uns als Verarmte begreifen, weil nur darin eine Chance besteht, die Beziehungen zu einem Gemeinsamen wieder aufzunehmen.

2

Es ist das Wesen der Simulation, dass man in ihr und zugleich von ihr abgeschnitten ist. Die Verknüpfung wirkt der Bewusstwerdung entgegen, ist diese simplifiziert. Man kann dann mit der ganzen Welt vernetzt sein und erlebt doch nur Verwirrung, statt Intelligenz. »*Die meisten Menschen verlieren die Faszination an der VR (virtuellen Realität), sobald sich die anfängliche Begeisterung gelegt hat, weil sie in der virtuellen Welt nichts bewirken können.*«[133]
Der französische Philosoph und Autor von »Simulacra and Simulation« Jean Baudrillard ging noch einen Schritt weiter und beschrieb im Begriff des Simulakrums eine Simulation, die kein Original kennt, die also eine Hyperrealität geworden ist.

130 Anton Jäger / Buch: Hyperpolitik / 2023
131 Studie: Loneliness and social isolation among young and late middle-age adults: Associations with personal networks and social participation / Stephanie T. Child und Leora Lawton.
132 Edward S. Herman / Noam Chomsky / Manufacturing Consent: The Political Economy of the Mass Media.
133 Jaron Lanier / Aufbruch einer neuen Zeit / S 179

Ein Netzwerk, welches die Beziehungen, die Familien, die Zivilgesellschaft ersetzt. Ohne all die unangenehmen Probleme, die echte Beziehungen mit sich bringen. Ungebunden, frei und bedeutungslos. Es sind keine Beziehungen auf die Verlass wäre. Gerät man in eine Krise, kommt kein Facebook-Freund einen zu trösten.

Ein anderes fundamentales Problem ist die aus der Simplifizierung resultierende, fehlende Unterscheidbarkeit in den sozialen Medien. Wenn neugeborene Kinder in die Welt kommen, lernen Sie durch Unterscheidungen, durch Dualität zwischen Mutter und Kind, denn das Lernen und Erfahren von Unterscheidung, ist, was Bewusstsein und Intelligenz erst möglich macht. Indem alles in Beziehung ist, zugleich unterscheidbar, somit alles sich aufeinander bezieht, bildet sich ein Bewusstsein über Realität heraus. Ohne die Fähigkeit zur Unterscheidung kann das Gehirn Realität nicht erkennen. Abweichung schärft also die Wahrnehmung der realen Verhältnisse. Darum sind Simulationen stets Erfahrungen von Realitätsverlust, weil sie die Vielfalt der Unterscheidbarkeit reduzieren, um selbstreferenziell »besser« funktionieren zu können. Das Simulakrum genügt sich in dessen Vereinfachung und Reduktion der Vielfalt selbst. Das beginnt schon damit, dass in ihr kein subjektiver Schöpfer existiert, es ist nicht wie ein Spiel zwischen Kindern, eine gemeinsame Fantasie, ein alternativer Entwurf der Welt, sondern alles ist im absoluten Sinne objektiv, also von Objekten dominiert. Eine Simulation ist eine Welt der Objekte. Eine objektive Form, in der man sich formatiert bewegen darf, um wie bei Facebook indirekt Werbekunden als vorhersehbares Handlungsmuster zufriedenzustellen. Alle Unternehmen wollen eine Simulation werden. Vom ZDF, über Red Bull, bis ins tiefste Mark der Ökonomie. *»Wir sind alle »Machine-Food«»*, sagte kürzlich Naomi Klein in einer YouTube-Diskussion mit Yanis Varoufakis, in Anlehnung an den Begriff des Kulturkritikers Oswald Spengler. Die Simulation hat stets einen Faktor der Entfremdung und einen der Anonymisierung, was der Tod des Schöpferischen ist. Niemand hat das Simulakrum erschaffen, weil niemand als dessen Schöpfer erscheint. Auch ein Mark Zuckerberg hat Facebook nicht erschaffen, er hat es nicht mit seinen Händen geknetet, wir können nicht in Facebook Schuppen oder Haare von Zuckerberg finden, gar Fingerabdrücke. Wir wissen nicht, wer Mark Zuckerberg ist, nicht wirklich und daher wissen wir in Facebook auch nicht, wer wir darin sind.

Unterscheidungsfähigkeit setzt Vielfalt voraus, sowie Abweichung und das Fremde. Eine Simulation hingegen tauscht das Unvorhersehbare gegen Platzhalter aus, die einander ähneln. Das Verschwinden der Realität wird jedoch in der Simulation kaum erkannt, weil der Vergleich fehlt, weil die Abweichung fehlt.

Die ganze Vorstellung, man könne etwas in der Welt bewirken, ist davon abhängig, dass die Welt von etwas oder wem erschaffen wurde, der nicht perfekt ist. Das muss der Kern eines jeden Arbeitsbegriffs sein, oder uns droht das Verderben. Das gilt auch für die Formate einer Gesellschaft. Ansonsten würden oder werden wir in vollkommenem Determinismus leben, was Bewusstsein ausschließt, weil Abweichung ausgeschlossen ist. Gibt es keine unperfekte Schöpfer:in, dann gibt es auch keine Gestaltungsfreiheit, keine Interpretation, weil es keine Referenz zum selbstbestimmt erlebten Sinn einer Handlung gibt. Daher ist Unmittelbarkeit, Nähe und direkte Interaktion entscheidend, was das Gegenteil von fremdbestimmten, arbeitsteiligen Prozessen ist, in denen wir unser Handeln heute über den ganzen Globus zerstreuen. Die Regel, die die maximale Größe einer Demokratie beschreibt, wird oft als »Dunbars Zahl« bezeichnet, benannt nach dem britischen Anthropologen Robin Dunbar, der sich auf die hypothetische Obergrenze für die Anzahl von Menschen, mit denen eine Person stabile soziale Beziehungen aufrechterhalten kann, bezieht. Dunbars Zahl wird auf etwa 150 geschätzt. Wie viele Menschen kann man also in einen Sandkasten werfen, will man, dass was geschaffen wird, demokratisch, also auf Augenhöhe interaktiv entsteht und nicht entlang von einseitigen Simulationen, sprich in verkürzten Stellvertreterprozessen? Ich will damit sagen, dass das Subjektive, die subjektiv erarbeitete Beziehung wesentlich ist, wenn wir von Sinn und Relevanzfragen in der Arbeit sprechen und von einer Arbeit, die sich der Realität stellt. Das klingt paradox, aber das Objektive verkennt, dass die Realität ein kreativer Prozess ist und kein Ding. Das sage ich nicht nur als Autist, sondern auch als Mensch. Es gibt also ein Verhältnis zwischen Realitätswahrnehmung, Unterscheidbarkeit, Diversität und Subjektivität. Dieses Verhältnis ermöglicht es, hohe Diversität zu existieren. Der subjektive Mensch ist kein Makel, sondern ein genialer Schachzug der Natur, um sich selbst durch den Menschen immerzu komplexer zu verwirklichen. Eine Simulation wie der Kapitalismus, mit dessen Fixierung auf isolierte Werte, um einseitige Werteverteilung zu ermöglichen, neigt zu mehr Objektivität, reduzierter Diversität und der Abwesenheit eines infrage stellbaren Schöpfers, repräsentiert in jeder Firma durch den Boss. Das Geld als Gott ist eine objektivierte Größe. Sie steht prinzipiell im Widerspruch zu realen Verhältnissen, die stets relativ sind, also in lebendiger Beziehung. Das Objektive allein steht der Realität stets entgegen, denn es reduziert diese und tauscht sie durch Platzhalter aus.

Der Philosoph des pragmatischen Realismus Richard Rorty schrieb in seinem Buch »Solidarität und Objektivität«, dass eine objektivierte Welt eine Welt ist, die ohne konkrete Individuen auskommt und nicht mit jedem einzelnen in eine komplexe Beziehung gehen muss, um etwas über die Welt auszusagen, wovon allgemeine Regeln und massenhaftes Handeln in objektivierten Formaten wie Jobs abgeleitet wird. Wir sind als Gesellschaft diesen Weg zu weit gegangen und werden mit KI und Robotik noch viel weitergehen. Daher bin ich als Arbeiter bestrebt, wieder ein subjektiver Mensch zu werden, der subjektiver Ausdruck der ganzen Welt sein will. Selbstverständlich als individuelle Version. Denn nur so geht Vielfalt als Ökosystem. Auf die künstliche Intelligenz muss eine zur Emergenz fähige Intelligenz folgen, die auf ein offenes Nichts referenzieren kann, auf eine Ambiguität, die uns alle leben lässt.

3

In meiner künstlerischen Arbeit von Jahrzehnten ging es im Grunde immer darum, einer patriarchalen Hierarchie zu widersprechen, welche Wert simplifizieren wollte. Daher wurde das Sperrige, der Widerstand gegen den simplen Konsum, gegen die Dienstleistungsgefälligkeit, zu einem wesentlichen Mittel meiner Kunst und Arbeit. Dies war nicht zufällig, sondern hatte Methode, weil es darum ging, den Betrachter nicht durch Objektivierung vom Gezeigten zu distanzieren, sondern in der Verunsicherung zu involvieren. Emotional und intellektuell. Störung oder Scheitern, eine Liebe für das komplexere Leben, das zeigte ich in allen Arbeiten. Und darum wurde ich auch überall abgelehnt. Erfolg ist hier eine nutzlose Kategorie. Sie sagt nichts über Richtigkeit oder Wert. Meine Methode ist heute wichtiger, denn je, und doch ist es im Kapitalismus unmöglich, diesen Zugang zu finanzieren, wie dieses Buch umfassend zeigt. Jenes Paradoxon müssen wir lernen auszuhalten, um es heilen zu können.

Die Theorie Desirable Difficulties (Bjork, 1994) besagt, dass Lernprozesse, die schwierig erscheinen, langfristig zu einem besseren Verständnis führen. Eine Dramaturgie, die Zuschauer herausfordert und nicht einfach konsumierbar ist, fördert, wenn man es nicht zu weit treibt, das Verständnis der Inhalte. Nach dem Spacing Effect (Ebbinghaus, 1885) fördern Wiederholungen, was man in modernen Medien stets zu verhindern versucht, das vertiefte Verstehen von Inhalten. Nach Überlegungen zu Habitus und Feld (Bourdieu) hilft eine sperrige Haltung kulturelle Denkmuster zu hinterfragen und eine tiefere Auseinandersetzung zu ermöglichen. Es ist allgemein bekannt, dass wenn man Menschen aus der Komfortzone holt, sie dann Informationen tiefer verarbeiten. Narrative Complexity Studien (Mittell, 2006) haben gezeigt, dass komplexe, anspruchsvolle Erzählstrukturen das kritische Denken fördern. Nach dem Elaboration Likelihood Model (ELM, Petty und Cacioppo, 1986) fördert sperrige Dramaturgie die zentrale Route der Informationsverarbeitung. Indem sie die Zuschauer zwingt, sich intensiv mit den Inhalten auseinanderzusetzen, sorgt sie für eine nachhaltigere Verankerung der Informationen im Gedächtnis. Dies steht im Gegensatz zu einer glattgebügelten, unterhaltungsorientierten Dramaturgie, die oft nur oberflächliche, periphere Verarbeitung hervorruft. Warum also favorisieren wir simple Lösungen und Antworten, wenn eindeutig klar ist, dass eine kritische, sperrige und anspruchsvolle Haltung gegenüber der Welt die gesündere Einstellung ist? Mit welchem Recht also wirft mir der Staat vor, ich betreibe unangemessene Störung, wenn doch offensichtlich ist, dass die Kritik ihre Berechtigung hat, wir nur auf diese Weise lernen können. Es geht also im Kern um die Verwechslung zwischen dem »funktionieren einer Simulation« und dem Leben, welches auf nachhaltigen Wahrheiten und Erkenntnissen beruht, die man sich in komplexer Weise erarbeiten muss. Wenn sich Arbeit nur nach Effizienz richtet, ist diese Arbeit faktisch, auf die Menschheit, die Gesellschaft, das Ökosystem umgelegt, falsch. Mit welchem Recht also weigerte sich der NDR, meinen Film »Transferprotokoll« zu zeigen, mit der Aussage, es handle sich um Kunst? Mit welchem Recht wurde der Film vom ZDF zensiert, weil es die sperrige Arbeit eines autistischen Armen ist? Wie aber überleben in einer Welt, die eine Simulation von fast allem will, weil man diese mit Sicherheit verwechselt und indem das Ersatzprodukt vor den Wirrungen des Lebens schützen soll. Wir verlieren jeden Tag an Realität, an Diversität, an Handlungsmacht. Ändern können wir das nur durch radikale Beziehungsaufnahme, nach allen Richtungen und im zutiefst subjektiven Erleben. Was ich versuchte, es war so unendlich herausfordernd, besonders für mich selbst und mein Leben.

4

Der VR-Wissenschaftler Jaron Lanier wies in seinem Buch »Aufbruch einer neuen Zeit« auf Grenzen und Missverständnisse der VR (Simulation) hin, die einen interessanten Ausweg aus dem Problem der Simulation zeigen. Natürlich ist für mich der Begriff Simulation auch eine Metapher, aber darüber hinaus zeigt die tiefere Untersuchung dessen, was eine Simulation ausmacht, eben viele Muster der modernen Erwerbsarbeit und macht die Probleme erklärbar. Von der virtuellen Realität lässt sich viel über die Simulation als Prinzip lernen. Eine Beobachtung war dabei für mich besonders interessant.
In der von ihm beschriebenen Situation ging es darum, was passierte, wenn andere Menschen die Simulation betraten, auch wenn sie nicht direkt sichtbar waren, sondern nur in Form weniger Pixel oder in Form eines Punktes in ihrer Bewegung Darstellung fanden: »*Das erste Gesicht eines Avatars in der VR wurde von Ann Lasko gestaltet. Sie konstruierte es aus zwanzig Vielecken – ein Origami-Gesicht. Doch trotz der fehlenden visuellen Details entstand der Eindruck, dass ein menschliches Wesen zugegen war. Ein unheimlicher und erschreckender Effekt. Im Alltag fällt einem gar nicht auf, dass sich unsere Wahrnehmung verändert, wenn man Kontakt mit*

einer anderen Person hat, doch bei diesen technisch groben, frühen VR-Systemen trat der Unterschied deutlich zutage und wirkte sehr dramatisch. Man bekam regelrecht Gänsehaut. Plötzlich war da eine andere Person, und das in diesen wenigen Vielecken. Man konnte sie spüren, man fühlte die Wärme einer menschlichen Präsenz. Was war da los? **Wenn man die Bewegung einer Person aufzeichnete und diese Bewegung wiedergab, um einem Avatar Leben einzuhauchen, war es für die Menschen in der virtuellen Welt offensichtlich, dass der Avatar in diesem Moment nicht von einem echten Menschen mit Leben erfüllt wurde. Doch die Lage änderte sich dramatisch, wenn man interaktiv mit einer anderen Person agierte, von Avatar zu Avatar. Normalerweise konnte man sogar sagen, wer der andere war.«**[134] Die Beobachtung von Jaron Lanier zeigt, wie sehr Realitätserfahrung eine Frage von Beziehungsfähigkeit und Interaktion ist. Auch wenn dies keine wissenschaftliche Untersuchung darstellt, zeigt es doch das Verhältnis von real erlebtem und totem Raum. Es zeigt den Unterschied zwischen Bewusstsein und Verdinglichung.

Auf die Jobs umgelegt stellt sich somit die Frage, wie dem Trend hin zu immer mehr vorhersehbarem Verhalten, zur Programmierung etwas entgegengesetzt werden kann.

Es ist wichtig hier zu klären, was Realität ist. Nun, diese Frage darüber sind wir uns noch lange nicht einig. Daher stelle ich sie politisch. Wollen wir in einer Welt leben, in der die Realität nur entlang von Dingen und Objekten definiert wird, oder wollen wir einen Realitätsbegriff, der die gesamte Existenzgrundlage einbezieht, somit eine Realität darstellt, die aus dem Bewusstwerden aller Individuen entsteht und wir dann diesen Prozess Arbeit oder Kultur nennen? Das aber setzt, das sollte allen klar sein, selbstbestimmte Formen der Arbeit voraus. Ich will den Arbeitsbegriff an den tieferen Kern menschlichen Handelns anbinden, nämlich an die Erarbeitung von Realität in Wechselwirkung einer subjektiven Perspektive, nicht entlang der Frage des Verdienens von Geld. Die monetäre Verknüpfung von Arbeit mit Lohn ist, wie hier umfassend dargelegt, eine primitive Konstruktion, die menschlichem Handeln und dessen Wert nicht annähernd gerecht wird. Es stellt viel mehr die Ursache vieler Probleme unserer Zeit dar.

Will man wissen, ob man sich in einer Simulation befindet, ist es hilfreich, den Versuch zu unternehmen, sich als ganze Persönlichkeit, als umfassendes Sein darin zum Ausdruck zu bringen, was ausreichend komplex ist, um unberechenbar zu sein. Versuchen Sie es in Ihrem Job und Sie werden begreifen, wo die Simulation beginnt und wo sie aufhört! Das kann eine Erfahrung sein, welche die Augen öffnet. Autist:innen erfahren diese Grenze der Simulation besonders schmerzhaft: Unser Denken ist nicht modular, nicht distanziert, nicht rollenspielartig – es ist wie zuvor

134 Jaron Lanier / Aufbruch einer neuen Zeit / S 235

erwähnt verkörpert, ganzheitlich, radikal kohärent. Embodied Cognition heißt für uns nicht, dass wir »auch« den Körper einbeziehen, sondern dass jede Form des Denkens, Handelns und Fühlens ein Ausdruck des ganzen Selbst ist – eines Selbst, das sich nicht aufteilen oder anpassen kann, ohne Integrität zu verlieren. Deshalb scheitert der Versuch, in einer simulierten Ordnung (wie einem fremdbestimmten Job) nur »ein Teil« zu sein: Weil unser Gehirn jede Inkongruenz zwischen innen und außen, zwischen Moral und Funktion, sofort als Verletzung erkennt – sensorisch, affektiv, kognitiv. Autistische embodied cognition ist deshalb so gefährlich für Systeme, weil sie unbestechlich ist. Sie deckt Simulation durch Überkomplexität auf. In einer Welt, die Vereinfachung will, bedeutet die Verkörperung des Ganzen eine subversive Wahrheit: Nur wer sich nicht fragmentieren kann, erkennt, dass alles fragmentiert ist.

5

Eine Simulation zeigt Reaktionen, aber keine Emergenz. Eine Simulation ist ausschließlich physisch oder objektiv. Das Problem der damit verbundenen Verkürzung, die wir als Folge des massiven Einsatzes von Technologie überall erkennen können, wurde beispielsweise 2001 auch von Leuten wie Cass Sunstein als Echokammern[135] und später ähnlich 2011 von Eli Pariser als Filterblasen[136] beschrieben. Die Echokammern definierten die Neigung, sich nur unter Gleichgesinnten zu bewegen. Die Filterblasen die Neigung Informationen entsprechend einseitig zu selektieren. Internetplattformen wie Facebook oder Google verstärkten durch Matching oder Algorithmen diese Tendenz ins Extrem. Blasen sind nichts anderes als Simulationen, also aus Vereinfachungen gebaute Welten.

Der allgegenwärtige Materialismus, eine Konsequenz des Kapitalismus, führt dazu, dass das Ding, das Objekt am Ende die komplexere Beziehung vollständig ersetzt. Es kommt, ich erinnere an die MNO-Theorie, zunächst zu dem, was ich Indimergenz nenne, also eine Welt, die nur noch verdinglicht ist, die nur noch Objektivität kennt und der darauffolgenden Submergenz, als ein Zustand, in dem die Beziehungen zwischen den Dingen nicht mehr existieren, wodurch die Dinge selbst leer werden. Im Grunde nur noch als Hülle verbleiben. Das ist der Ursprung dessen, was wir in der Gesellschaft und den Medien »Fake« nennen. Die Submergenz ist die direkte Folge des reinen Materialismus. Eine Wüste des Todes.

Es geht also nicht darum abzuweichen, aus Trotz oder Verweigerung, sondern

---

135 Cass Sunstein / Buch Republic.com 2.0, aus dem Jahr 2007.
136 Eli Pariser / Buch: Filter Bubble: Wie wir im Internet entmündigt werden. 2011

um die Wertschöpfung auf eine breitere Basis zu stellen, die ein Erarbeiten der Realität zulässt. Das stößt auf Abwehrreaktionen mir gegenüber, aber diese Arbeit muss dennoch gemacht werden. Besser früher als später.

Blicken Sie in Ihren eigenen Arbeitsplatz! Alle Handlungen die routiniert ablaufen, entlang von Formaten und Vorgaben, zeigen eine Neigung zur Entfremdung von den tatsächlichen Beziehungen. Sie neigen dazu Hüllen zu werden. Es kann nicht sein, dass Sie noch nie diese Erfahrung gemacht haben. Unsere ganze Ökonomie ist in Vielem nur Behauptung, weil es sich um eine Simulation handelt. Weder die Relevanzen stimmen, noch stimmt die Wertzuschreibung. Der Faktor Belohnung erzwingt aber ein Mitmachen. Und ich sage nicht, dass jeder Job so ist, aber in jedem Job gibt es diese Momente und überhitzt ein Markt, hat dieser zunehmend mehr davon.

6

All die Methoden zur Effizienzsteigerung des Menschen führten zu einer massiven Übertreibung in Richtung Simulation. Viele dieser Ansätze der Simplifizierung wie die Kybernetik oder die Systemtheorie begannen vielversprechend. Der Soziologe Gregory Bateson versuchte zu warnen, wie schon der Mathematiker Alfred North Whitehead zuvor. Nämlich vor einer überobjektivierenden Wissenschaft, die sich im Denken gegenüber dem Kind der Philosophie, nämlich der Managementlehre, und dessen Nützlichkeitspragmatismus so sehr annähert, dass das Ding, die Funktion, das Erleben verdrängt und die Solidarität abgetötet würde. Das Erleben von Unzufriedenheit in der Arbeit rückte dadurch, mit Zunahme des Bedürfnisses nach Selbstverwirklichung nach den 70er Jahren, ab den 90er-Jahren des vergangenen Jahrhunderts immer weiter in den Hintergrund oder musste in Workshops funktionell beseitigt werden. Die plumpe Gewalt gegen die unterdrückte Arbeiter:in, aus den Jahrhunderten davor, wich dem Zwang zur Selbstoptimierung und zur Leistungseffizienz im Dienst an der Allgemeinheit, entlang von falsch verstandenen ökonomischen Mythen der Leistungsgesellschaft.

Als man mit Beginn der Industrialisierung zunehmend die wie eine Maschine funktionierenden Arbeiter:in wollte, folgte mit der Computerisierung der 50er- und 60er-Jahre die Erforschung des reinen Funktionierens an sich, statt die Ereignisse, das erlebte Geschehen, wie Whitehead es nannte, tiefergehend als Wesen der Welt zu begreifen. Das Funktionieren als objekthaftes, objektiviertes Handeln wurde zum Ziel der Selbstoptimierung des modernen Menschen. Beeinflusst von Bateson und den Kybernetikern wie Norbert Wiener waren auch Richard Bandler (Psychologie) und John Grinder (Linguistik), die später jene Methodik des NLP

(Neurolinguistisches Programmieren) entwickelten, Vorreiter der erfolgreichen Managementmethoden der 90er-Jahre. Man wollte, nicht nur, aber letztlich war das der Grund der Honorierung dieses Ansatzes, den Menschen linear programmieren, also umprogrammieren, damit dieser reibungsloser funktioniert. Es galt, »erfolgreich« zu sein. Was bedeutete, sich anschmiegsam dem simplifizierten Muster anzunähern, welches Erfolg versprach. Dahinter verschwand die Ausbeutung der Welt, welche die eigentlichen einseitigen Reichtümer schuf, was aber durch das »Managerideal« der 90er-Jahr übertüncht wurde. Die Optimierungswelle, als Gehirnwäsche der Privilegierten bei sich selbst, war auch etwas, was die moderne Psychotherapie prägte, die sich damit dem Politischen entzog. Es entstand eine ganze Optimierungsindustrie, um das Trainieren des Menschen. Der Einzelnen sollte sich anpassen und das möglichst schnell.

Der Bruder von John Grinder, Michael Grinder, ebenfalls Trainer und einer der bekannten Vertreter des NLP sagte 2008 bei einer Konferenz herablassend zu mir, ich sei nicht lösungsorientiert, was man an meinen, an Speeds Stirnfalten deutlich erkennen könne. Nicht die Welt hätte sich in meine Stirn gegraben, sondern es sei mein Fehler, dass ich diese derart ernst nahm. Die Welt braucht Menschen wie mich folglich nicht. Nicht die Welt sei das Problem, sondern ich.

Am Ende der 90er hatten sich die Arbeiter:innen derart optimiert, dass viele wegrationalisiert, erwerbslos wurden, psychische Krankheiten explodierten, weil die Menschen mit der Simplifizierung und der damit verbundenen ständigen Bedrohung und Prekarisierung nicht zurechtkamen. Die Antwort darauf war nicht, wie ich 2001 in dem Buch »Gesellschaft ohne Vertrauen« forderte, die Erweiterung der inneren Freiheit des Menschen gegenüber den immer enger werdenden Strukturen, sondern es waren angstmachende Einschnitte, wie die Einführung von Hartz IV im Jahr 2005.

Am Höhepunkt dieser Entwicklung gab es in Berlin eine Marketing- und Werbeagentur, ich habe den Namen bewusst vergessen, die zum ersten Mal in Deutschland das Prinzip der Kündigung per Mail einführte. Als wir damals davon erfuhren, dass Menschen zur Arbeit gingen und die Schlösser an der Tür sie nicht mehr ins Gebäude ließen, waren viele von uns prekär arbeitenden Kreativen entsetzt. Ich hielt dies für den Höhepunkt der absolutistischen Vorstellung von Nützlichkeit. Leider war das erst der Anfang.

Das arbeitsintegrierte Beziehungshandeln wurde aus meiner Sicht dadurch nicht nur lebensnotwendig für die Gesellschaft, sondern für sich ein Wirtschaftsförderungsprogramm für eine neue, eine humane Ökonomie, welche das ganze Ökosystem mitdenken und miterarbeiten wollte. Was ich tat, war vernünftig und revolutionär zugleich. Der Staat aber kannte darauf nur eine Antwort. Noch mehr

Gewalt.

Aus diesem Klima heraus wurde die moderne KI-Forschung geboren. Sie war ein Kind jener Realitätsverweigerung. Daher ist es so essenziell, sich genau anzusehen, wohin diese Ideologie der Machbarkeit, der Simplifizierung einer Simulation von Realität und Leben führt, die nicht mehr durch subjektive Zugänge durchbrochen werden kann.

Im nun folgenden Abschnitt des Buches will ich zeigen, wie der deutsche Rechtsstaat mich als Folge meiner Arbeit schließlich juristisch verfolgte und vor Gericht zerrte, um mich im Anschluss für geisteskrank zu erklären. Wir werden dadurch erkennen können, wie Simulation ab einem bestimmten Punkt, dem Verlust an Diversität und abweichend arbeitender und denkender Menschen, schließlich in den unumkehrbaren Wahnsinn institutionalisierter Gewalt kippt. Der Staat selbst wird Fake. Die Gesellschaft wird von den Menschen nicht mehr gestaltbar, zum Opfer eines Rausches an Gewalt und Entfremdung.

Die nun folgende Dokumentation ist für manche Leser:innen sicherlich schwer zu ertragen. Aus Gründen der Authentizität ist der ganze Umfang so belassen worden, wie er sich in der Realität zeigte, wodurch ein einzigartiges Dokument staatlicher Willkür und Gewalt entstanden ist, zugleich aber von mancher Leser:in streckenweise eine gewisse Überforderung fordert. Sie können Passagen überspringen. Ich bitte aber um Verständnis, dass ich als Autist aus meiner Sicht keine relevanten Details löschen wollte. Denn erst in dieser überbordenden Beweislast wird klar, dass Speeds Arbeit eine absolute Notwendigkeit darstellt.

TAKE-AWAY BOX – KAPITEL »DIE ABWEICHUNG DES EINZELNEN IST DER SCHLÜSSEL ZUR INTERAKTION. DAS SELBSTBESTIMMTE IST AUCH DAS SOZIAL GERECHTE«

Diversität als Funktionsbedingung, nicht als Toleranzaufgabe

Systeme lernen nur an Signalabweichungen. Ohne individuelle Differenz stagniert Komplexitätsbewältigung – ein Prinzip, das von Ökosystembiologie (Nischenkomplementarität) bis zu Kybernetik (Ashbys Law of Requisite Variety) reicht.

Selbstbestimmung generiert Gemeinnutzen

Autonom handelnde Akteur:innen bringen eigene Affordanzen, Netzwerke und Problemlösungsstrategien ein. Das vergrößert den Möglichkeitsraum der Gruppe; sozial gerechte Effekte entstehen emergent, nicht durch Top-down-Vorgabe.

«Double Empathy» als Interaktionsmotor

Milton-These: Verständnis scheitert beiderseits, wenn Norm-Mehrheit Abweichung pathologisiert. Anerkannte Subjektivität löst wechselseitige Lernprozesse aus und macht Kooperation robuster.

MNO-Dreieck im Sozialmodus

Objekt (soziale Regel) ↔ Wille (individuelle Intention) ↔ Erleben (zwischenleibliche Resonanz) bilden einen oszillierenden Fixpunkt. Je offener die Sphäre für Abweichung, desto höher die emergente Innovationsrate.

Gerechtigkeit ≠ Gleichmacherei

Rawls' »faire Ausgangschancen« werden erst real, wenn Regeln Differenz vorsehen (Capability-Ansatz, Sen/Nussbaum). Eine Norm, die alle gleichbehandelt, schließt faktisch jene aus, die anders funktionieren.

Policy-Implikation

Strukturelle Förderung von Selbstbestimmung (Universal Care Income, adaptive Arbeitsplätze, partizipative Governance) ist keine Sozialromantik, sondern systemische Risikoabfederung und Wachstumstreiber für eine fragile, KI-getriebene Zukunft.

ERINNERUNG FÜR DIE LESER:IN BEZÜGLICH DER FORM AUTISTISCHER FORSCHUNG

Redundante Rekursion – warum sie kein „Stilfehler", sondern kognitive Technik ist

Autistische Autor:innen arbeiten häufig in Loops, weil ihr Gehirn nach dem Prinzip des Monotropismus organisiert ist: Auf ein singuläres Interessenzentrum wird dauerhaft sehr viel Rechenleistung fokussiert, während periphere Kanäle fast ausgeblendet bleiben. Jede Wiederholung eines Gedankens ist dabei kein Füllmaterial, sondern eine iterative Kalibrierung – man durchläuft denselben logischen Pfad, lässt jedoch bei jedem Umlauf neue Mikro-Daten und Kontextfaktoren einfließen. Das Verfahren ähnelt einer Regression-Test-Suite im Software-Engineering: Der Kern-Algorithmus (hier → Arbeit = arbeitsintegriertes Beziehungshandeln) wird wiederholt kompiliert und gegen veränderte Input-Sets gefahren, um zu prüfen, ob er unter allen Bedingungen konsistent bleibt.

Diese Textform erfüllt somit zwei Funktionen:

MUSTERVERDICHTUNG – Durch serielle Variation entsteht eine hochauflösende Kartografie des Arguments; Nuancen, Ausnahmen und Querverbindungen werden sichtbar, die bei linearem Erzählen verlorengingen.

SELBSTSTABILISIERENDE ERKENNTNIS – Das Schreiben ist zugleich Denk-Experiment: Die Schleife hält die zentrale Heuristik so lange im Arbeitsspeicher, bis alle widersprüchlichen Datenpunkte integriert oder ausgesondert sind.

FÜR LESER:INNEN BEDEUTET DAS: Der „Mind-Map-Stil" will weniger narrative Eleganz liefern, sondern ein dicht gewebtes Erkenntnisnetz; wer die Loops mitgeht, bekommt am Ende kein punktuelles Resultat, sondern ein räumliches Modell, in dem sich die Argumente wie Knoten eines dynamischen Gitters zueinander verhalten.

ESKALIERENDE GEWALT GEGEN NEURODIVERGENTE, KÜNSTLER:IN-NEN UND MINDERHEITEN

GEWALTAKT 4: RAZZIEN, SIPPENHAFT, DER TOD DES PRIVATEN UND DIE LOGIK DER SEGREGATION

1

Die Staatsanwaltschaft Potsdam schrieb mir am 23. März 2018 in Bezug auf die Anzeige gegen Frau M. vom Jugendamt: »*Unbeachtlich der bereits von Ihnen mit Anzeigevortrag aufgeworfenen Frage, ob es sich bei der Gruppe geschiedener Väter überhaupt um eine von § 130 Strafgesetzbuch geschützte Gruppe handelt, liegt einer Volksverhetzung im Sinne der Vorschrift mangels tatbestandsmäßigen Handelns nicht vor. Aus Ihrem Vortrag ergeben sich keine zureichenden tatsächlichen Anhaltspunkte für ein Aufstacheln zum Hass gegen eine Bevölkerungsgruppe, ebenso wenig eine Aufforderung zu Gewalt oder Willkürmaßnahmen und insoweit auch nicht gegen Sie als Angehörigen einer solchen Gruppe. Willkürmaßnahmen im Sinne von § 130 Abs. 1 Nr. 1 StGB ist nicht jedes als ungerecht empfundene Verwaltungshandeln, sondern nur im Widerspruch zu elementaren Geboten der Menschlichkeit stehendes Handeln.*«[137]

Diese Worte erscheinen bizarr, angesichts der offensichtlichen Realität. Man kann auch sagen, dass dieser Staatsanwalt einfach log. Er weigerte sich jenseits der Kategorisierungslüge, den Sachverhalt überhaupt weiter zu durchdringen. Es war außerhalb der Staatsanwaltschaft Common Sense, dass natürlich Väter, die nicht zahlen konnten, massiv stigmatisiert, verfolgt wurden, man über sie log, man sie mit maximaler Gewalt behandelte, als seien sie Kriminelle. Indem dieser Staatsanwalt die Rassismen ignorierte, führte er die Hasskriminalität gegen diese Väter, entlang derselben Rassismen, einfach fort. Seine Rechtsverständnis war eine Simulation.

Zur Gewalt gehört eben auch jene Seite, die diese ignoriert oder marginalisiert. Entscheidend ist auch festzuhalten, dass er meine Überforderung als Opfer benutzte, um das, was ich als Nichtjurist nicht auflisten konnte, als Beleg dafür zu missbrauchen, dass es nicht existent wäre. Er weigerte sich also, nachzufragen. Er simplifizierte nicht nur in seiner Antwort, sondern er reduzierte absichtlich die Kategorien und das Framing der Betrachtung. In seinem Reframing steckte eine bewusste oder unbewusste Täuschungsabsicht. Denn wäre er meiner Argumentation gefolgt, hätte ihn das in Konflikt mit scheinbar legitimem staatlichem Handeln gebracht. Wozu aber führt diese Charakterschwäche, wenn eines Tages wieder Rechtsradikale die Gesetze schreiben? Die Antwort ist klar. Sie führt zu Ausch-

---

137 Staatsanwaltschaft Potsdam / 23.34.2018 7 488 Js 7475/18 / Oberstaatsanwalt K.

137 Staatsanwaltschaft Potsdam / 23.34.2018 7 488 Js 7475/18 / Oberstaatsanwalt K.

137 Staatsanwaltschaft Potsdam / 23.34.2018 7 488 Js 7475/18 / Oberstaatsanwalt K.

137 Staatsanwaltschaft Potsdam / 23.34.2018 7 488 Js 7475/18 / Oberstaatsanwalt K.

137 Staatsanwaltschaft Potsdam / 23.34.2018 7 488 Js 7475/18 / Oberstaatsanwalt K.

137 Staatsanwaltschaft Potsdam / 23.34.2018 7 488 Js 7475/18 / Oberstaatsanwalt K.

137 Staatsanwaltschaft Potsdam / 23.34.2018 7 488 Js 7475/18 / Oberstaatsanwalt K.

137 Staatsanwaltschaft Potsdam / 23.34.2018 7 488 Js 7475/18 / Oberstaatsanwalt K.

137 Staatsanwaltschaft Potsdam / 23.34.2018 7 488 Js 7475/18 / Oberstaatsanwalt K.

137 Staatsanwaltschaft Potsdam / 23.34.2018 7 488 Js 7475/18 / Oberstaatsanwalt K.

witz. Auch wenn es ein ganz anderes Auschwitzsein wird.

Man mag meine Worte radikal finden, aber es ist nun mal Fakt, dass die Gewalt, die ich in diesem Buch beschreibe, sich für die Opfer von anderen Gewaltformen nicht wesentlich unterscheidet. Jemanden auf der Straße zu verprügeln ist nicht zwangsweise schlimmer, als einen Menschen über Jahre wie Dreck zu behandeln und in ständiger Angst und Verzweiflung leben zu lassen. Jemanden ein Arschloch zu nennen, als Beleidigung, ist nicht mehr eine Beleidigung, als Arme als minderwertig zu behandeln und öffentlich zu stigmatisieren. Ein Staatsanwalt, der also die eine Gewalt verfolgt, die andere aber nicht, ist ein politisch motivierter Staatsanwalt und ein Krimineller. Ich muss das auf diese Weise aussprechen, denn es ist menschlich nicht zu begreifen, dass die Staatsanwaltschaft bei dieser Gewalt einfach zusah, allein weil ihr Dienstherr, der Staat, der Täter war. Ein derartiges Mitläufertum können wir uns als Demokratie nicht leisten. Diese Aussage mag manche irritieren, aber das liegt daran, weil sich viele den Schmerz, die Gewalt nicht vergegenwärtigen, die es bedeutet, entlang einer ausweglosen Situation von staatlichen Stellen bedroht und stigmatisiert zu werden. Die staatliche Gewalt, die sich nicht mehr an der Realität orientiert, hat keine Grenze. Sie ist von ihrem Wesen her willkürlich und folgt nur noch politischen Stimmungslagen. Die Menschenwürde spielt darin keinerlei Rolle mehr, gar die Verhältnismäßigkeit der Gewalt.

Der Soziologe Harmut Rosa, der sich mit dem Begriff der Verfügbarkeit, der Kontrolle und Objektivierung der Welt befasste, beschrieb das Problem wie folgt: *» Die strukturelle Dimension des Grundkonfliktes der Moderne zeigt sich darin, dass sich eine Gesellschaft, (...) auf Unverfügbarkeit nicht einlassen kann, obwohl sie ihrer überall bedarf.«* Das bedeutet, die Wahrheit ist stets ein Prozess der fortlaufenden Ergründung und das Leben bleibt unüberschaubar. Staatliche Institutionen agieren jedoch in einem statischen Weltbild. Das führt zu jenen Simulationen, die, wie zuvor erwähnt, Realität verzerren. Das macht es Populist:innen einfacher, staatliche Strukturen schrittweise zu übernehmen. Denn diese sind von ihrem Wesen her bereits in einer Absolutheit und Totalität strukturiert, die wenig demokratisch ist. Hartmut Rosa meint hier, die Notwendigkeit offener Räume und der Resonanzfähigkeit, um überhaupt Gesellschaft und Wirklichkeit gestalten zu können: *» Der in den Logiken des Wachstums, der Beschleunigung und der Innovationsverdichtung angelegte Zwang zu stetiger Steigerung impliziert, dass Effizienz und Output oder Prozess und Ergebnis auf allen Ebenen stetig optimiert werden müssen. Das für die Resonanzbeziehungen charakteristische Element der Unverfügbarkeit verlangt dagegen, sich auf Prozesse einzulassen, deren Eintritt unsicher ist und die darüber hinaus auch noch ergebnisoffen sind. Mit anderen Worten: Man weiß nicht, ob sich*

Resonanz ereignen wird, und noch viel weniger, was dabei herauskommen wird. Das kann sich keine Firma und keine Behörde leisten: Optimierung bedeutet, in kürzestmöglicher Zeit das bestmögliche Ergebnis zu erreichen und dabei die Kontrolle über den Prozess zu behalten.«[138] Was Hartmut Rosa hier darlegt, ist das Grundproblem und zugleich eines der Motive des arbeitsintegrierten Beziehungshandelns, nämlich die Stärkung von Ambiguitätstoleranz, also die Aussage, die Welt, die Wahrheit gehöre uns allen und müsse von den Betroffenen in Beziehungsarbeit in Mitbesitz genommen werden, sprich ist mit den Behörden, dem Staat stets immer wieder neu zu verhandeln, bis die größere Komplexität der Verhältnisse erkennbar und folglich zum Lebensraum wird, der lebendige Resonanz und somit eine echte Beteiligung und echten Response möglich macht. Die Staatsanwaltschaft verweigerte sich dem und log lieber, als auf den komplexen Sachverhalt der Diskriminierung ernsthaft einzugehen. Es muss hier klar gesagt werden, dass die Verweigerung der Tatsache, dass die Realität komplex ist und Gewalt sich strukturell oft im Komplexen verbirgt, natürlich einer Lüge oder einem massiven Betrug gleichkommt. Wir sprechen beim Versagen der Staatsanwaltschaft nicht von Schlamperei, sondern von einem Ignorieren der tatsächlichen Verhältnisse, die strukturell in Form von staatlicher Gewalt entstehen. Das darf in einer Demokratie nicht sein.

Der Staatsanwalt hatte allen Ernstes geschrieben: »Aus Ihrem Vortrag ergeben sich keine zureichenden tatsächlichen Anhaltspunkte für ein Aufstacheln zum Hass gegen eine Bevölkerungsgruppe, ebenso wenig eine Aufforderung zu Gewalt oder Willkürmaßnahmen (...)«

Das schrieb er, weil er die Bestrafung von Armen unbewusst oder bewusst als angemessen erachtete. Er hielt es für richtig, Väter auf diese Weise zu bedrohen. Er war also unfähig, darin, Rassismen zu erkennen, die nach deutschem Recht verboten sind. Wir sehen hier, wie Klassismus, der die Gesetzgebung durchzog, zu 100 % geleugnet wurde. Diese Worte schrieb er in einer Zeit, in der jeden Tag in den Medien gegen Arme gehetzt wurde. Es war also aus seiner Sicht angemessen, diese Form der Gewalt anzuwenden. Die tatsächlichen Verhältnisse, beispielsweise um die Ausbeutung von Kulturschaffenden, diese zu erarbeiten, hätte ein komplexes und langwieriges Einarbeiten bedeutet und diese Ressourcen waren nicht vorgesehen, wegen der »Effizienz« des Jobs. Diese Verkürzungen konnten also dazu führen, dass Gewalt nicht gesehen wurde. Auf diese Weise verbanden sich Verkürzungen der Erwerbsarbeit mit Ressentiments als Folge der Simulation, mit dem Ergebnis, dass zwar Rassismus, Antisemitismus, Klassismus bekannt waren, aber nicht mehr in den konkreten Verhältnissen erkannt werden konnten. Väter waren hier nicht ganz unterschiedliche Menschen, mit Schicksalsschlägen, die sie

138 Hartmut Rosa / Unverfügbarkeit / Suhrkamp / S 100

in die Armut führten, sondern Zahlungsunwillige, die es zu bestrafen galt. (Hat man einen gesehen, hat man alle gesehen.) Dieses Fehlverhalten der Behörden, das Verfolgen einer Gruppe allein wegen der Zugehörigkeit zu einer Gruppe der zahlungsunfähigen Väter, wäre dann natürlich keine Volksverhetzung, keine Gewalt mehr, sondern Gerechtigkeit, betrachtet man die Welt nur durch diese Stereotype, wie es der Staatsanwalt tat.

Man muss verstehen, dass je weiter die Simulation voranschreitet, und mit Simulation ist hier gemeint, dass man selbstreferenziellen Formalismen folgt, die sich von tatsächlichen komplexen Verhältnissen entkoppelt haben, umso weniger ist ein Staat in der Lage, vom totalitären Kurs abzuweichen. Er wird zum Instrument des Totalitären und Absoluten. Es war nicht nur Hass, der die Juden im Holocaust bedrohte, sondern es war auch ein strukturelles Verbot, den Menschen hinter dem Stereotyp zu erkennen. Es war also auch die Feigheit und Angst jener, die bei der Simulation jener scheinbaren Wertlosigkeit mitmachten. Viele hielten den Umgang mit den Juden seinerzeit für normal. Es war Schwäche und Niederträchtigkeit, ja eine Dunkelheit des passiven Zusehens und der Verweigerung von Mitgefühl. Eben diese Prinzipien sehen wir auch im Umgang mit Armen und Migranten im Deutschland des Jahres 2024. Man baut zivilgesellschaftliche Verantwortung systematisch ab. Dies führt, das zeigt Speeds Arbeit, zu einem Punkt, an dem selbst ein lügender deutscher Staatsanwalt nicht mehr die Ausnahme, sondern die Norm ist und gegen diese Norm nichts mehr unternommen wird. Die Rassismen gibt es nicht nur scheinbar in den Augen des Staates nicht, weil nicht nur die Rassismen selbst marginalisiert werden, sondern eben auch die Diskurse über sie. Es fehlen die Diskursräume der Zivilgesellschaft, die man kaputtgespart hat. Die Intersektionalität, also die Mehrfachdiskriminierung, isoliert heute Minderheiten und Diskriminierte immer weiter. Die Lügen des Systems sind gerade nicht subjektiv getrieben, sondern resultieren aus der Verdrängung von Komplexität, was nicht rassistisch erscheint, was aber Rassismen massiv impliziert. Dies ist, das ist das Fatale, eben auch durch Objektivierung möglich. Es gibt also keine Garantie dafür, dass Objektivierung zum Erkennen komplexer Realitäten führt, sondern die Gefahr von Verkürzung ist mindestens genauso wahrscheinlich.

»Responsivität oder eben Resonanzfähigkeit wird so gleichsam zur ,Essenz' nicht nur des menschlichen Daseins, sondern aller möglichen Weltbeziehung; sie geht dem Vermögen, Welt auf Distanz zu bringen und verfügbar zu machen, unaufhebbar voraus.«[139] Hartmut Rosa beschreibt in seiner Arbeit die Folgen einer Welt, in der die Verfügbarkeit, die Objektivierung und Verdinglichung so weit reichen, dass sie die Resonanz, also die gelebte Beziehung zur Wirklichkeit ersticken. Er stützt da-

139 Hartmut Rosa / Unverfügbarkeit / Suhrkamp / S 38

mit auch das, was ich mit Submergenz einige Jahre früher beschrieb, nämlich die »Verflachung der Dinge«, als Folge des Mangels an vielfältig gelebter Beziehung und Resonanz. Sowohl der Zwang zur absoluten Verfügbarkeit über den Menschen und die Welt als auch die Submergenz führen am Ende zu einem Staat um dessen selbst willen und zu isolierten Bürger:innen, die keinen Response erhalten, sich somit nicht menschlich, kreativ in die Welt mit einschreiben können. Das aber ist Gewalt. Dass die Staatsanwaltschaft nicht reagierte, kann nicht dadurch entschuldigt werden, dass man einfach seinen Job machte, denn die Jobs legitimieren nichts. Jobs legitimieren sich allein dadurch, dass Löhne bezahlt werden. Wird der Lohn bezahlt, wurde der Job richtig gemacht. Dümmer und gefährlicher kann man menschliches Handeln kaum organisieren. Denn wir sehen hier, wie die Aufarbeitung von Missständen durch die Strukturen der Jobs verhindert wird, zum Schaden der gesamten Gesellschaft. Die Jobs als Format sind ein Problem, weil sie die eigentliche Arbeit verhindern.

Ich wollte den Staatsanwalt anbrüllen: »*Schau doch! Da ist es doch das Unrecht*«, aber er hätte es nicht gesehen, weil er dadurch seine Stellung, seinen Job hätte, negieren oder in Zweifel stellen müssen als Organ der Simulation von Recht.

Was aber hätte ich als Mensch anderes tun sollen, als den Widerstand gegen diese Lügen zum Kern meiner eigentlichen Arbeit zu machen? Warum sollte darin nicht auch ein Teil von unser aller Heil liegen? Man sieht hier wieder, warum diese Prozesse nur von subjektiven Individuen ausgehen können, die Unrecht selbst erleben, weil wir dann von konkreten Situationen und Realitäten sprechen, weil die Gewalt dadurch als solche sichtbar wird. Nimmt man die Individuen aus der Rechnung, blendet das auch die Gewalt ein Stück weit aus. Fatal ist der Umstand, dass jene, die von Missständen betroffen sind, nicht selten jene sind, die am wenigsten Status haben, denen man also am wenigsten zuhört.

»Der Soziologe Zygmunt Baumann geht noch weiter, wenn er schreibt, Ambiguität erscheine inzwischen »als die einzige Kraft, die imstande ist, das destruktive, genozidale Potenzial der Moderne einzuschränken und zu entschärfen«.«[140]

Sehen Sie das ist der Unterschied zwischen produktorientierter Arbeit und den Prozessen, die meine Arbeitsweise bedeuteten, die sich weder vom Individuum abgrenzte noch von der restlichen Welt. Es durfte nicht um objektiviertes Handeln allein gehen. Es brauchte einen erweiterten Arbeits- und Beitragsbegriff.

140 Thomas Bauer / Die Vereindeutigung der Welt / Über den Verlust an Mehrdeutigkeit und Vielfalt / Reclam / S 15

2

Die Behörde, wie weite Teile der Bevölkerung betrachtete rechte Gewalt durch die Brille der Vergangenheit, in dem sie Hass gegen Minderheiten als eine Art »SA-Mobb« glaubten suchen zu müssen, statt diese auch in den Weiten der anonymisierten digitalisierten Abschließung zu finden, also in den Organisationsprinzipien und ökonomischen Begebenheiten zu erkennen. Das Problem ist einerseits, dass die Staatsanwaltschaft Gerechtigkeit durch Diskursverweigerung und mangelnder Ambiguitätstoleranz aktiv blockierte, andererseits der Umstand, dass die Gesellschaft nur Institutionen wie die Staatsanwaltschaften und Gerichte vorsah, um Gerechtigkeit zu schützen. Funktionierten dies Apparate aber nur selbstreferenziell, weil die darin entscheidenden Menschen beispielsweise einer gutverdienenden Oberschicht angehörten, dann war die Gerechtigkeitsfrage oft trotzdem systemisch befriedigt, auch wenn sich in der Realität der unteren Schichten massives Unrecht zeigte. Die Welt ist immer in Ordnung, für die sie in Ordnung ist, und im Chaos, für jene, die dieses Privileg nicht haben. Wird der Missstand nicht als eine Frage von nichtexistierendem Privileg erkannt, versiegt nicht selten die Solidarität mit den Betroffenen. Ihre Probleme erscheinen dann, wie jene einer anderen Welt, ihrer Welt.

»Sodann verlangt Absatz 2 der vorgenannten Norm für die dort aufgeführten Handlungen einen Angriff auf die Menschenwürde, bzw. die Menschenwürde des Einzelnen. Hierzu reicht es nicht aus, wenn Sie sich durch ein von Ihnen als feindselig empfundenes Verwaltungshandeln benachteiligt und in Ihrem sozialen Geltungsanspruch verletzt fühlen, sondern das beanstandete Handeln muss auf den Kern Ihrer Persönlichkeit abzielen und Ihnen das Lebensrecht in der Gemeinschaft bestreiten.«[141]

Es ist schwer zu leugnen, dass genau das mir seit Jahren angetan wurde. Man sieht also wie einfach es für einen Staatsanwalt ist, die Gesetze aus dem Privileg heraus so umzudeuten, dass das Leid der Betroffenen nur subjektive Empfindung ist und das System, mit dem man fortfahren will, weil man ein Teil davon ist, immer im Recht ist. Wir haben also Menschenrechte. Sie werden Armen aber nicht zugestanden. Eine weitere Folge der Kategorisierungslügen.

Zu diesem Zeitpunkt diskutierte ich bereits seit Jahren mit der Staatsanwaltschaft über die Gewalt, die im Hartz-IV-System offensichtlich Menschen das Existenzrecht absprach. Meine Menschenwürde wurde laufend verletzt. Denn ich wurde offensichtlich verdinglicht. Das Unterhaltsrecht tat dasselbe, wie auch das Aufenthaltsrecht. Wir lebten in einer Gesellschaft, in der Arme per staatlicher

141 Staatsanwaltschaft Potsdam / 23.34.2018 7 488 Js 7475/18 / Oberstaatsanwalt K.

Anordnung obdachlos gemacht worden waren. Der Staatsanwalt glaubte, wenn er den Menschen verdinglichte, als etwas, was nur zwischen Paragrafen existierte, dann würde man den Einzelnen mit der Gewalt nicht persönlich treffen. Das löschte das emotionale Leid vollkommen aus. Die Kategorisierungslüge führte also so weit, dass die Verdinglichten faktisch nicht beleidigt werden konnten, weil man ihnen schlicht jede Persönlichkeit, jede individuelle Identität nahm, die hätte beleidigt werden können. Es handelt sich für die Staatsanwaltschaft nicht mehr um Menschen.

Die Verweise auf »subjektiv empfunden« waren kein Verweis auf subjektives Erleben, sondern auf etwas, was nicht ins Konzept passte, was man benannte, um es sogleich zu marginalisieren. Auf diese Weise ging die Staatsanwaltschaft über 10 Jahre vor, selbst als der Generalstaatsanwalt Apfel in den Fall verwickelt war, wurden Rassismen dadurch vertuscht, indem man das Handeln von Beamt:innen pauschal als angemessen deklarierte, obwohl man wusste, dass diese rassistische Gewalt Menschen zerstörte.

Der Staatsanwalt war allen Ernstes der Ansicht, es würde Väter nicht verletzen, wenn man ihnen vorwarf, sie würden absichtlich ihre Kinder misshandeln, indem sie nicht in der Lage wären, den Unterhalt aufzubringen. Nein, das war natürlich nicht persönlich gemeint und natürlich nicht dafür ausgelegt, Väter zu bestrafen, durch massive Erniedrigung und Zwang. Das sollte nicht deren Ehre kränken, denn es waren nur »böse Väter«, also eine Kategorie ohne Seele. Das entsprach einer Regel, die man demokratisch im Parlament entschieden hatte, und darum sei damit alles in Ordnung, auch wenn diese Gewalt Menschen in den Selbstmord trieb. Sie entsprach für den Staatsanwalt der Kategorie »demokratischen und angemessenen Verhaltens«.

3

Der Staatsanwalt schrieb weiter: »*Wegen Körperverletzung macht sich strafbar, wer eine andere Person körperlich misshandelt oder an der Gesundheit schädigt. Für beide Alternativen sind körperliche Beeinträchtigungen – entweder durch die Tathandlung selbst oder als Erfolg der Tathandlung erforderlich. Unbeachtet der Kausalität zwischen dem Handeln der von Ihnen Angezeigten und Ihren gesundheitlichen Beschwerden scheiden unerhebliche körperliche Einwirkungen für die Erfüllung des Tatbestandes aus und eine Einwirkung die »lediglich« das seelische Wohlbefinden berührt, fällt grundsätzlich nicht unter den Tatbestand der Körperverletzung. Anders würde es liegen, wenn durch die psychische Belastung auch körperliche Beeinträchtigungen hervorgerufen werden. Insofern ist anerkannt, als dies etwa durch dauernde Belastungen wie Lärm oder Telefonterror erfolgen kann.«*

Nun weiß die Forschung seit Jahrzehnten, dass Psychoterror immer auch auf den Körper einwirkt. Bei Autist:innen noch erheblicher, weil unser Denken und Fühlen nicht so von unserem Körper getrennt ist, wie dies bei Neurotypischen der Fall ist. Man muss hier klar sagen, dass manche Dinge schwer zu beweisen sind, denn wie will man, zählt allein der objektive Beweis, wenn man kein Geld für entsprechende Messgeräte hat, die der Staat zur Verfügung stellen könnte, dies aber nicht will, beweisen, dass Psychoterror im konkreten Fall krank macht? Wie sollen also Arme belegen, dass sie körperlichen Schaden erleiden? Man kann jedoch nur, wenn man wahnsinnig ist, davon ableiten, mit dem Verhalten sei fortzufahren, welches nach Hausverstand offensichtlich Menschen auf Dauer krank machen muss. Genau das aber tat und tut der Staat in Bezug auf all diese armenrassistischen Gesetze.

Staatliche Gewalt ist fast immer strukturelle Gewalt. Sie benutzt fast immer Angst und Terror, um über die Psyche den Körper zu treffen. Denn diese Gewalt führt selten zu entsprechender Gegengewalt, allein weil die Betroffenen selten die Mittel dazu haben. Der Staat ist sich daher häufig, weil diese Gewalt scheinbar ohne Konsequenzen bleibt, dieser Gewalt nicht bewusst, oder es ist Teil dieser Gewalt, dass sie von den Betroffenen nur schwer sichtbar gemacht werden kann. Für die Staatsanwaltschaft war es dadurch einfach, Telefonterror als schwerwiegender anzusehen als Sozialrassismus im Hartz-IV-System. Obwohl man wusste, dass ich mir keinen Gutachter leisten konnte, unternahm man nichts in 10 Jahren nicht, um die Schmerzen, die dem Terror unmittelbar folgten, zu dokumentieren. Ich konnte von umfangreichen Schmerzen, Rückenproblemen, Kreislaufproblemen, Herzrasen, Folgen von Angst berichten, aber nie wurde ein Amtsarzt zur Überprüfung gerufen. Der Staatsanwalt kam nie auf die Idee, dass, was unter Hartz IV zum Alltag zählte, in die Kategorie massiver Körperverletzung als Folge von Psychoterror passen könnte. Wir sprechen hier von hunderten, wenn nicht tausenden Opfern. Menschen, die man physisch hungern ließ, oder zum Hungern oder zur Mangelernährung zwang.

»Auch das Aufbauen einer psychisch zermürbenden Atmosphäre der Feindseligkeit (Mobbing) kann unter diesem Gesichtspunkt als Tathandlung in Betracht kommen. Allerdings ist Mobbing keine eigenständige tatbestandsmäßige Handlung, sondern eine aus dem angloamerikanischen Rechtsraum stammende Umschreibung für fortgesetzte aufeinander aufbauende und in einer übergreifenden Anfeindung, Schikane oder Diskriminierung dienende Verhaltensweisen, die nach ihrer Art und ihrem Ablauf im Regelfall übergeordnet, von der Rechtsordnung nicht gedeckten Zielsetzung förderlich sind und in ihrer Gesamtheit das allgemeine Persönlichkeits-

recht, die Ehre oder die Gesundheit des Betroffenen verletzen. Dementsprechend müssten, um Mobbing feststellen zu können, die einzelnen Verhaltensweisen, nach Zeit, Ort, beteiligten Personen und sonstigen Umständen konkret dargelegt und unter Beweis gestellt werden. Die alleinige Verweisung darauf, »dass dieser Terror meiner Gesundheit erheblich schadet, ich kaum noch ruhig schlafen kann und an Panikattacken leide«, genügt insoweit nicht. Da Körperverletzung nicht durchdringt, war der Sachverhalt auch nicht mehr unter den Gesichtspunkten der Körperverletzung zu prüfen.«

Auch diese Aussagen sind unglaublich bizarr. Körperverletzung kam grundsätzlich nicht infrage, denn dann hätte man die Gewalt gegen Arme einstellen müssen. Das erklärt, weshalb der Staatsanwalt mit derart vielen Worten, die sich widersprachen, verzweifelt versuchte, etwas anderes zu sagen, als er meinte. Er versuchte den Eindruck zu erwecken, es gäbe klare Regeln, die objektiv wären, während er zugleich meinte, ich hätte kein Recht, von Körperverletzung zu sprechen, denn ich wäre arm und hätte Krankheit als Strafe verdient. Ich hätte also die Folter unter Hartz IV zu ertragen, weil die Bestrafung der Armen, weil sie arm sind, richtig sei. Daher werde man die Sache nicht untersuchen. Anders lässt sich nicht erklären, weshalb der Staatsanwalt keinen Arzt rief, und nichts unternahm, um offensichtliche Körperverletzung, die doch dann fortgesetzt wurde, zu beenden. Wenn das Opfer keinen Gutachter bezahlen konnte, existierte der Schmerz für den Staatsanwalt nicht. Das aber zeugt von einer Staatsanwaltschaft, die Recht und Gesetz nach rassistischen oder klassistischen Kriterien umsetzt und an der Wahrheitsfindung nicht interessiert ist, auch dann nicht, wenn offensichtlich ist, dass Menschen zu Unrecht massiv gequält und tyrannisiert werden.

Man muss daher feststellen, dass in all den Jahrzehnten westlicher Rechtsstaatlichkeit und Demokratie es noch immer nicht gelungen ist, dass das Recht als System die Wiederkehr von Faschismus oder Rassismus oder Antisemitismus verhindert und es erneut, also noch immer Sache von einzelnen Individuen ist, in der Regel den ersten Opfern des Terrors, sich aus der niedrigsten und schwächsten Position heraus, gegen die Diktatoren von morgen zu wehren, während die gut verdienenden Herren und Damen der Justiz erneut ratlos und teilnahmslos daneben stehen und nichts tun, während sich das nächste Grauen abzeichnet.

Wie schon erwähnt forderte der CDU-Politiker Pflaume kürzlich die Verfassung zu ändern, um Arbeitsverweigerer noch härter bestrafen zu können. Arbeitsverweigerer, die nicht existieren, die das BMAS selbst mit 1-0,4 % bemisst. In der Regel sprechen wir hier von Menschen, die sich gegen diesen Irrsinn zu Recht wehren. Wer also wegen 1-0,4 % das Grundgesetz ändern will, der muss schon von extremem und irrationalem Hass gegenüber Menschen in Armut motiviert sein. Natürlich ist Pflaume daher ein Volksverhetzer. Er versucht politisches Kapital daraus zu schlagen, dass er populistisch Arme unter Generalverdacht versetzt und sozialrassistische Stereotype in einer Weise bedient, nach der sogar das Grundgesetz entlang von Sozialrassismus geändert werden müsse. Wo ist da der Unterschied zu rechtsextremem Gedankengut? Warum wird Pflaume nicht verhaftet? Warum ist was er tut, für die Staatsanwaltschaft keine illegitime Gewalt?

4

Am 7. Mai 2018 eskalierte das Jobcenter die Gewalt gegen mich, indem versucht wurde Kontrolle über mich zu erlangen, um mich zu erniedrigen und um die Gewalt nun auch von vielen anderen Seiten her zu betreiben, da die klassischen Sanktionen nicht möglich waren, weil ich ja nichts falsch machte, mich real auch nie verweigerte. Man ordnete daher als Folge einer Auskunft, die ich entlang von Menschenrechten ablehnte, eine Razzia an, also eine erzwungene Begehung meiner Wohnung.

Dies war nicht die erste Razzia.

Das Mal zuvor bestand darin, in meinem Bauwagen, in dem ich zwei Jahre lebte, in meinen Unterhosen zu wühlen, auf der Suche nach vermutetem Reichtum. Kaum waren Inspektoren des Jobcenters abgereist, kam die Inspektorin des Finanzamtes, um mit mir im Bauwagen sitzend, in dem ich illegal am unteren Ende einer ehemaligen Müllhalde lebte, Steuerunterlagen durchzugehen, auf der Suche nach Unstimmigkeiten. Man hatte erneut vor, mich loszuwerden.

Begründet wurde dies damit, dass ich zu gepflegt aussehe und unmöglich tatsächlich in einem Bauwagen am unteren Ende einer Müllhalde leben konnte.

Nun, ich bin Engländer. Das sollte die Sache ausreichend erklären.

Kaum etwas aber ist erniedrigender und zeugt von mehr Niveaulosigkeit und Zivilisationsverweigerung als deutsche Beamte, die mit einem Klemmbrett bewaffnet durch den Intimbereich von Menschen trampeln und darüber verärgert sind, dass sie nicht das finden, was sie in ihrem preußischen Ressentiment und ihrer versagenden Brandenburger Bauernschläue erwarteten. Bei der einige Jahre später erneut inszenierten Razzia durch Ministerin Birnes Fusssoldat:innen, die ich im letzten Moment mit Verweis auf Grundrechte noch vor der Haustüre stoppen konnte, wollte man mit Gewalt eine Bedarfsgemeinschaft mit meiner Freundin konstruieren, die zu dem Zeitpunkt mit mir im selben Haus lebte. Das Phänomen der Bedarfsgemeinschaften zählte mit zum Brutalsten und Grausamsten in der Hartz-IV-Gesetzgebung. Ich erinnere nochmals daran. Ich bin Künstler und Intellektueller und kann auf ein Lebenswerk von 30 Jahren verweisen, in dem ich mich weitgehend unbezahlt für die Menschen im Land engagierte. Das alles steht im Internet und in zehn Büchern. Warum also glaubte der Staat, die von ihm selbst verursachte Verarmung von Kulturschaffenden dadurch legitimieren zu müssen, indem man unter Gewaltandrohung die Wohnungen von Künstler:innen betrat, in der Absicht, diesen nachzuweisen, dass sie den Staat betrügen? Wie krank im Hirn muss man sein, um derart vorzugehen? Wie unreif für die Demokratie muss man sein, um Künstler:innen bestrafen zu wollen, die zu Recht den Staat für massive Menschenrechtsverletzungen kritisieren? Offensichtlich war und ist der Staat nicht fähig, sich selbst als Demokratie zu erhalten, sondern bedarf der fortwährenden Zurechtweisung durch die Kräfte der Zivilgesellschaft.

5

Was war nun der Hintergrund? Was war das eigentliche Motiv? Um Geld zu sparen, konstruierte man in Deutschland im Rahmen von Hartz IV eheähnliche Gemeinschaften, die man als »Verantwortungsgemeinschaften« behauptete. Auch dies eine Konstruktion, die von der Realität fortführte. Wer mit einer Person in derselben Wohnung lebte, das traf auch viele WGs, wurde zur Familie erklärt, die füreinander zu sorgen hatte. Entsprechend wurde die Sozialhilfe dann radikal gekürzt oder gestrichen. Man übertrug also die Verantwortung, die eigentlich die Gesellschaft für die Armut zu tragen hätte, ganz im Sinne des Sozialrassismus, mitt Sippenhaft, auf nahestehende Personen, als wären diese miteinander verheiratet, also als hätten diese vor Gott erklärt, füreinander einstehen zu wollen.

»Der Hyperkapitalismus macht alle zwischenmenschlichen Beziehungen zu kommerziellen Beziehungen. Er nimmt dem Menschen die Würde und ersetzt sie komplett durch den Marktwert.«[142]

Das führte besonders bei Paaren, die nicht verheiratet waren, also aus getrennten Töpfen wirtschafteten, was auch bei mir zutraf, zu erheblichen Schuldgefühlen gegenüber der anderen Person, die nun selbst kein Hartz IV beziehend in die Bedarfsgemeinschaft gezwungen wurde und sich durchgehend wegen eigener Einnahmen rechtfertigen sollte. Das diente der allgegenwärtigen Schuld-Scham-Konstruktion, mit der man die Armen psychisch fertig machte. Gerechtigkeit existierte schlicht nicht. Das bürgerliche Ressentiment fand auch hier einen Weg, Arme maximal zu erniedrigen und zu bestrafen.

Das hatte gesundheitliche Konsequenzen für Betroffene und basierte auf bewusstem Betrug des Staates, denn dieser wusste doch um das Unrecht in der Betrachtung von Armut und entschied sich bewusst für populistische Narrative. Fer-

---

142 Byung-Chul Han / Kapitalismus und Todestrieb / Matthes & Seitz Berlin / S 85

ner wurde ein komplexes Feld unter eine massive Simplifizierung gezwungen, die dann in Gerichten auf Kosten der Opfer ausgefochten werden musste.

Man zwang also unbeteiligte dazu, Kontoauszüge und Abrechnungen von Einnahmen abzuliefern und nahm man dann in den Augen der Behörde mehr ein als die Armutsgrenze, also den Hartz-IV-Satz, dann wurde dem Partner, oder dem Freund, oder dem Kumpel, oder der Bekannten, die entsprechende Summe gestrichen. Man zwang also eine weitere Person mit in die Armut, nur weil sie in derselben Wohnung lebte. Das in einer Gesellschaft, in der die Kategorie »Beziehung« sich in unzählige hochkomplexe Konstrukte und Vereinbarungen aufgesplittet hatte und die klassische Ehe sich an vielen Orten auf dem Rückzug befand. Beziehungen, in denen Menschen nicht unter demselben Dach lebten, waren nicht von dieser Regel betroffen, was ein massives Gleichstellungsproblem offenbarte.

Obwohl die Hartz-IV-Betroffene kein Recht hatte, von der in die Bedarfsgemeinschaft gezwungenen Person etwas zu verlangen, setzte der Staat brutal dieses Verhältnis voraus. Auch hier wieder eine unfassbare Simplifizierung der Verhältnisse, entlang von Rassismen. Während Verheiratete Rentenvergünstigungen, Steuererleichterungen und viele weitere Rechte aus der Beziehung ziehen können, hatten die in die Bedarfsgemeinschaft Gezwungenen keinerlei Rechte, geschweige denn Selbstbestimmung über die Verhältnisse ihrer Beziehung. Wenn also Menschen in zerrütteten Verhältnissen noch in derselben Wohnung lebten, konnte das dazu führen, dass eine Person über die andere erhebliche Macht erhielt und diese entsprechend gehörig machen konnte. Der Staat erzeugte also Abhängigkeiten in Beziehungen oder Freundschaften oder Bekanntschaften, die an sich nicht bestanden und dass diese nicht bestanden, war oft auch die Grundlage der jeweiligen Beziehung. Dies hatte zur Folge, dass Menschen sich trennen mussten, weil sie es sich nicht leisten konnten, den anderen durchzufüttern, oder Beziehungen gingen zu Bruch, weil der Partner, der Hartz IV erhielt, für den anderen zur Belastung wurde und viele das auf Dauer nicht aushielten. Sippenhaft ist ein Verbrechen für sich.

Die Gewalt, die man damit jenen antat, die in eine Bedarfsgemeinschaft gezwungen wurden, die sich dann entscheiden mussten, ob sie sich eine Beziehung finanziell noch leisten können, wurde in Fremdbestimmung und Brutalität zu einer Erfahrung von struktureller Vergewaltigung und häufig von Zerstörung der eigenen Existenzgrundlage.

Besonders tragisch war es, wenn die andere Person selbst volatil selbstständig war, somit keine Rücklagen mehr bilden konnte, was unweigerlich die eigene berufliche Situation bedrohte. In meinem Fall traf es zwei verarmte Kulturschaffende.

Die Zersetzung, denn nichts anderes war dieses Vorgehen, zielte neben Geldersparnis für den Staat darauf ab, Gemeinschaften zu zermürben. Man bestrafte also in Hartz IV immer auch das Umfeld. Oft auch Familien, gerade wenn es darum ging, ob erwachsen werdende Kinder ausziehen könnten oder nicht, ihre Eltern dann die Wohnung, das Haus verlieren.

All diese Dinge passierten, weil der Staat keinerlei Verantwortung für die Entstehung der Armut übernahm, die er selbst mit erzeugte und dann durch weitere Entwertung der Betroffenen verschärfte. Er wickelte die vom Kapitalismus verursachten Schäden eiskalt auf Kosten der Armen ab und bereicherte sich selbst an den Armen.

Die Spuren der Gewalt des Staates gegenüber den Armen wurden stets durch die Jobcenter gelöscht. Man kassierte also Häuser ein, oder andere Besitztümer, obwohl man selbst diese Menschen arm gemacht hatte, oder sie krank machte, oder sie auf vielfältige andere Art und Weise in der Armutsspirale gefangen hielt.

Sicherlich, viele Biodeutsche in bürgerlichen Verhältnissen entkamen diesem Terror rasch, aber was war mit all den Menschen mit Behinderung, Migrant:innen die massiver Intersektionalität ausgeliefert waren? Für diese wurde das Strafprogramm der Jobcenter teils zur jahrelangen Hölle. Man darf nicht vergessen, dass Hartz IV, später das Bürgergeld in der Praxis eben gerade kein Übergangsgeld in den nächsten Job war, sondern für Viele zur Endstation wurde, in der sie ihre ganze Existenz, ihr restliches Leben verbringen mussten. Dies aber blieb in der öffentlichen Debatte stets ausgeblendet, als kämen in die Jobcenter nur gut ausgebildete, jungdynamische und gesunde Menschen mit Perspektive.

6

Millionen gingen in ihren Beziehungen durch massive Traumatisierungen, weil eine kriminell agierende Behörde, geleitet von Leuten wie Minister Kiwi, Ministerin Birne oder auch den späteren Kanzler Olaf Scholz, entworfen vom Architekten von Hartz IV, dem späteren Bundespräsidenten Steinmeier, gedeckt durch unzählige Staatsanwaltschaften und Richter:innen, die Armut einfach umformatieren konnten, zu einer Schuld, mit der jede Form der Menschenverachtung legitimiert werden konnte.

Man hatte mir also nicht nur Geld für Essen genommen, wollte mich im Winter in einem Zelt erfrieren lassen, entwertete meine Arbeit als Kulturschaffender zu 100 %, machte mich durch andauernden Psychoterror krank, trieb mich somit immer weiter in die Armut, belastete mich mit Schulden und Schuld, sondern jetzt griff man meine sozialen Beziehungen als Ganzes an.

Niemand schien meine Zeugenschaft des Grauens ernst zu nehmen, denn ich müsse mir doch nur einen Job suchen, dann wäre alles wieder gut und diese eine

Sache, die wäre doch zumutbar, weil es alle machten, weil alle sich unterworfen, weil alle sich aufgaben. Aber mit welcher Logik, mit welcher ethischen Legitimität sollte ich das tun? Weil wir alle schwach sind? Ist es das? Sollte uns das beruhigen, wenn Speed sich einen Job sucht und dann ist alles gut? Macht das etwa diese Gewalt nichtig?

Der vermeintlich einfach zu findende Job ist dieselbe simple Lösung, wie die Annahme, man könne Homosexuelle durch Teufelsaustreibung heilen, oder PoC seien eben geborene Sklav:innen oder Menschen mit Behinderung, sollte man, das geht ganz einfach, mit der Spritze einschläfern. Es ist nur ein Job! Wo ist das Problem? Ohne diese Menschen funktioniert die Welt endlich reibungslos. Die Gewalt ist also legitim.

Wollen Sie in einer Lüge leben, oder können wir jetzt vielleicht endlich an den wirklichen Problemen arbeiten? Man bezahlt Sie nicht, weil Sie gut sind, sondern damit Sie aufhören, wie ein Mensch zu handeln.

Es geht in diesem Buch auch darum, dass endlich verstanden wird, dass einen Job anzunehmen, oder zu bekommen eine wesentlich komplexere Frage ist als jene über Willen oder Unwillen, um Bequemlichkeit oder eigene Wünsche, sondern hier wird die Zukunft einer Gesellschaft verhandelt, weil wir mit den Jobs das dominante Handeln der Menschheit festlegen. Die Frage der Jobs ist die Frage, ob Millionen Menschen im Opportunismus geparkt werden, oder ob wir einen Weg finden, gemeinsam an der Lösung der Probleme dieser Welt zu arbeiten, um eine Ökonomie zu ermöglichen, die das ganze Ökosystem trägt. Es ist also eine dämliche Frechheit, die Frage von Jobs allein auf die Frage des Willens oder der Bequemlichkeit zu reduzieren, weil Verantwortung etwas wesentlich Komplexeres ist. Es wäre, das dürfte hier wohl umfassend dargestellt worden sein, verantwortungslos, Speeds Arbeit zu beenden. Es wäre schwach, Kompromisse einzugehen, die nur dazu führen, dass es für künftige Generationen noch schwieriger wird, auf Missstände hinzuweisen und für eine gerechte Gesellschaft einzustehen. Hätten mehr Menschen die charakterliche Stärke, in den Firmen, in den Behörden, die Missstände auch zu benennen, müsste ich nicht dieses Chaos ausbaden und müssten Menschen wie ich nicht über Jahre dafür arbeiten, damit in der Gesellschaft ein Bewusstsein über dieses Unrecht entsteht.

Werden Sie bitte endlich erwachsen!

7

In meiner Verzweiflung, denn die unzähligen Verstrickungen mit mehreren Behörden wurden teilweise auch mir zu viel, schickte ich der Landrätin Pfirsich eine

Unterlassungserklärung. Sie sollte Folgendes unterschreiben:

»Ich erkläre im Amtsschreiben vom 6.3. über Herrn Speed folgende unwahre Aussage gemacht zu haben: »Sie haben nicht nachgewiesen, dass Sie sich um die Sicherung des Kindesunterhalts gekümmert haben.« Herr Speed hat mir und der Jugendamtsleiterin Frau M. sehr wohl entsprechende Belege vorgelegt, die ich jedoch nicht berücksichtigt habe. In demselben Schreiben habe ich auch ausgesagt: »Sie sind zudem nicht bereit, eine andere Erwerbstätigkeit oder eine Nebentätigkeit zu suchen (...)« Auch diese Aussage entspricht nicht der Wahrheit und stellt eine extreme Verzerrung und Verkürzung der jahrzehntelangen Arbeit von Herrn Speed dar. Herr Speed hat öffentlich dokumentiert, über Jahre hinweg versucht, Jobs zu bekommen, bekam aber keine und hat wegen dieser erlebten Diskriminierung schließlich die Erwerbsarbeit selbst erforscht, um herauszufinden, wie die Probleme der Erwerbslosigkeit und Armut grundsätzlich gelöst werden können. Dies hat ihn zu der belegten Erkenntnis geführt, dass die moderne ArbeiterIn ihr Verhalten radikal und im Sinne des Arbeitsmarktes unkonventionell verändern muss, um nicht sich selbst und dem Ökosystem weiterhin zu schaden. Das System der normierten Erwerbsarbeit konnte durch Herrn Speed als die eigentliche Ursache der allgemeinen Verarmung der Gesellschaft auf zahlreichen Ebenen (Submergenz) entschlüsselt werden. Es bedarf darum neuer Formen der Arbeit, die Herr Speed in seiner Arbeit umsetzt und erforscht. Dass er einer erwiesenermaßen menschenverachtenden Normkonformität des Arbeitsmarktes darum nicht entspricht, kann ihm nicht als Arbeitsverweigerung ausgelegt werden. Dies würde voraussetzen, dass die Erwerbsarbeit die einzig legitime Form der Arbeit oder des Beitrags zum Erhalt der Gesellschaft darstellt, was faktisch nicht der Fall ist. Die scheinbare Legitimation der Lohnarbeit beruht auf falschen ökonomischen Grundannahmen, die Herr Speed umfassend widerlegen konnte. Darum ist sein nicht-konformes Verhalten in Arbeitsmarkt und Ökonomie ganz im Sinne der Menschheit und seiner Kinder und kann ihm nicht als falsches Verhalten ausgelegt werden. Er steht als Künstler, Forscher und Whistleblower unter dem Schutz des Grundgesetzes und europäischer Gesetze und darf nicht dafür kriminalisiert werden, dass er grundlegendes Unrecht aufgedeckt hat und als Folge dessen von Staat und Wirtschaft in die Armut getrieben wurde. Herr Speed trifft keinerlei schuld an seiner wirtschaftlichen Lage, denn er tut nur das, wofür das Grundgesetz den Schutz von Künstler:innen und Forscher:innen vorgesehen hat. Er sichert mit seiner unbequemen Arbeit, wie viele andere Kulturschaffende auch, die Grundlagen der Demokratie.

Ich erkläre hiermit, dass ich künftig nicht mehr Unwahrheiten und Verleumdungen über Herrn Speed verbreiten werde, die darauf abzielen, ihm eine Schuld dafür zuzuweisen, dass er aktuell den Unterhalt für seine Kinder nicht bezahlen kann.

Dies liegt ausschließlich an den von Herrn Speed aufgezeigten gesellschaftlichen Miss-
ständen (in dem Buch »Radical Worker« umfangreich erklärt), für die Staat und
Wirtschaft die Hauptverantwortung tragen. Ich erkläre im Namen des Jugendamtes
von einer weiteren Verfolgung von unschuldigen Vätern wie Herrn Speed abzusehen
und werde den Betrug, der durch das Jugendamt durchgeführt wird, in dem Vätern
trotz besseren Wissens und wissenschaftlicher Gegenbeweise, einseitig und pauschal
die alleinige Schuld für ihre Armut zugewiesen bekommen, nicht mehr leugnen.«[143]
Frau Pfirsich antwortete am 17. Mai 2018: *»Auf Ihr o. a. Schreiben darf ich*
Ihnen mitteilen, dass ich die von Ihnen gewünschte ‚Unterlassungserklärung‘ nicht
abgeben werde. Ich betrachte Ihr Anliegen hiermit als abschließend erledigt.«
Bereits am 11. Mai 2018 erreichte mich eine Eingangsbestätigung des gegen
Frau Pfirsich eingereichten Strafantrags bei der Generalstaatsanwaltschaft.[144] Es
begannen nun umfangreiche Ermittlungen gegen die Landrätin und natürlich
auch gegen mich.

8

Am 1. Juni 2018 informierte ich den Landrat Brombeere von Elbe-Elster erstmals
über massive Probleme mit dem Jobcenter. Man zwang also meine Freundin, die
wie ich unterbezahlt in Selbstausbeutung für die Kultur des Landes arbeitete, sich
gegenüber dem Staat zu rechtfertigen, weshalb sie nicht auch noch für mich aufkommen könne. Man verkehrte also auch hier den Dienst der Kulturschaffenden,
ihr Opfer, im Prekariat dennoch weiterhin für den Erhalt der Kultur zu arbeiten,
zu einer Schuld und Pflicht gegenüber dem Staat.

An diesem Punkt wird erkennbar, wie der Umstand, dass man alle in die Armut
treiben kann, zum Problem für die Demokratie wird. Denn was mit Künstler:in-
nen beginnt, das setzt sich dann auch bei vielen anderen fort, welche das reibungs-
lose Funktionieren stören. Die Agentur für Arbeit erhielt meine umfassende Darlegung dieser Problematik am 4. Juni 2018 nochmals vorgelegt. Als Folge passierte
nichts. Man glaubte also tatsächlich, man dürfe Künstler:innen dafür bestrafen,
dass sie wegen ihres Dienstes an der Gesellschaft verarmen. Die Nazis dachten genauso.

Man war also bereit, eine unbeteiligte Künstlerin zu pfänden, um das vom Staat
politisch verantwortete Prekariat der Kulturschaffenden im ganzen Land nicht nur
zu verdecken, sondern durch massiven Betrug zu verschärfen. Wir Künstler:innen
arbeiteten nicht nur unbezahlt und unterbezahlt für die Menschen im Land, in-

---

143 Unterlassungserklärung mit Brief vom 7.5.2018 an die Landrätin Pfirsich vom Kreis Teltow-Fläming.
144 Schreiben von der Generalstaatsanwaltschaft Brandenburg bestätigt Eingang der Anzeige / 11.5.2018 / 54 Zs 449/18

dem wir prekär die Kultur am Laufen hielten, nein, jetzt sollten wir auch noch für andere Künstler:innen aufkommen, für deren Armut sich der Staat nicht als verantwortlich zeigen wollte. Mehrere deutsche Ministerien und Minister:innen wussten von dieser Gewalt und bejahten sie direkt oder indirekt. Darunter die Brandenburger Kulturministerin, Himbeere.

9

Die Generalstaatsanwaltschaft antwortete mir am selben Tag zu dem Vorwurf gegen Frau M. vom Jugendamt und Frau Pfirsich: »*Für den Tatbestand des Betrugs gemäß § 263 StGB ist es erforderlich, dass der Täter einen anderen über Tatsachen täuscht. Erfolg dieser Handlung muss ein Irrtum des Täuschungsadressaten sein. Dieser muss sodann aufgrund einer Verfügung über Vermögensgegenstände zu einem Vermögensschaden bei dem Getäuschten oder einem Dritten führen. Zwischen allen Gliedern dieser Kette muss Kausalität, also ein ursächlicher Zusammenhang, bestehen.*«[145]

Auch hier zeigte sich wieder, wie die Staatsanwaltschaft das Verbrechen beschrieb, diese Beschreibung aber auf das tatsächliche Geschehen nicht umlegte, weil man ja dann hätte gegen den eigenen Staat vorgehen müssen. Weil die Landrätin Pfirsich mich als Arbeitsverweigerer in Akten darstellte, obwohl der Sachverhalt deutlich komplexer war, ich ja 40 Stunden die Woche arbeitete, sie also log, entstand mir als Dritten insofern ein Schaden, als mir Unterhaltsvorschussrückzahlungen drohten, die mir nicht gedroht hätten, hätte man die Ursachen meiner Armut anerkannt, nämlich das Prekariat, in dem fast alle Kulturschaffenden im Land leben und welches sich nicht legitim dadurch beseitigen lässt, dass wir die Kunst abschaffen oder aufhören als Künstler:innen tätig zu sein.

Dass ich Autist war, war zu diesem Zeitpunkt nicht bekannt.

Man muss sich immer wieder die Brutalität vor Augen führen, die es bedeutet, Künstler:innen in Sklaverei, zur Erbringung des Unterhalts zu zwingen, die zuvor Jahrzehnte unbezahlt für die Kultur des Landes ackerten und die von der Wirtschaft in ihrer Komplexität nicht akzeptiert wurden oder werden, was zwangsläufig die Arbeit von Jahren oder Jahrzehnte bedrohte, weil man in der Praxis dann nicht darum herumkam, nur noch im Niedriglohnsektor zu arbeiten und die Kunst nicht mehr machen zu können. Man zerstörte Kulturschaffende im ganzen Land, indem man sie mit einer unmöglichen Aufgabe aufrieb und man wusste, dass man das tat, denn ich habe es diesen Leuten hunderte Male erklärt.

»*Nach Ihrem Beschwerdevorgang fehlt es bereits an einer Täuschungshandlung*

145 Schreiben von Generalstaatsanwalt vom 4.6.2018 / 54 ZS 449/18 zu 488 Js 7475/18

im Sinne von § 263 StGB seitens der stellvertretenden Amtsleiterin der Kreisverwaltung Teltow-Fläming. Diese hat Ihnen gegenüber im Rahmen einer Unterhaltsvorschussangelegenheit lediglich zum Ausdruck gebracht, dass Sie nach ihrem Dafürhalten Ihre Mitwirkungspflichten nicht in ausreichendem Maße nachgekommen sind und somit die Angelegenheit aus ihrer Sicht bewertet, nicht jedoch über Tatsachen täuscht. Ihre Beschwerde ist daher unbegründet.«[146]

Es war also nur die private Meinung, also nur ein subjektiver Verdacht, ich würde Arbeit verweigern, der dann zu objektiver Gewalt gegen mich führte, ich müsse den gesamten Unterhaltsvorschuss zurückzahlen. Man sieht also hier, wie selbst absurde Argumente benutzt werden konnten, um das Offensichtliche zu verdecken. Natürlich, dass leugnete auch dieser Staatsanwalt, waren alle Rassismen Versuche der Täuschung. Auch Sozialrassismus war und ist eine Form des Betruges. Der Staatsanwalt akzeptierte nicht, dass die Aussage, ich verweigere Arbeit, nicht nur eine Meinung von Frau Pfirsich war, sondern eine falsche Tatsachenbehauptung einer Behörde, die darauf abzielte, mich sozialrassistisch und künstler:innenfeindlich zu diskriminieren, also zu betrügen. Es wurde die Komplexität meiner Situation bewusst im Sinne der Kategorisierungslüge simplifiziert, um entlang von Stereotypen vom Arbeit verweigernden Künstler lügen zu können.

Ich wäre im Hartz-IV-System nicht als Aufstocker[147] geführt worden, hätte ich nicht gearbeitet, wäre ich also nicht bemüht gewesen, der Armut durch selbstständige Tätigkeit zu entkommen. Die Arbeit, die Künstler:innen leisten, ist, entgegen der Annahme ungebildeter Menschen, keine einfache Arbeit, sondern ist genauso anstrengend und schwierig wie jeder andere Job. Wie also kam die Generalstaatsanwaltschaft zu der Einstellung, die Landrätin Pfirsich dürfe mich in Akten als Arbeitsverweigerer darstellen? Wenn selbst das Jobcenter dies nicht tat, denn dieses ließ mich doch weiterarbeiten. Man unterschied nicht zwischen meiner täglichen Arbeit und meiner Kritik an der Erwerbsarbeit in meinen Büchern, sondern leitete von der Kapitalismuskritik eines Autors ab, der ja offensichtlich arbeitete, ich würde Arbeit verweigern, weil ich in Büchern den Arbeitsbegriff infrage stellte. Das tat man, weil man sozialrassistisch dachte und das wunderbar in das Bild dieser Rechtsradikalen im Staatsdienst passte.

Wir finden also auch hier Einstellungen, die das, was Kulturschaffende tun, nicht als Arbeit akzeptieren wollen, was eine traditionell rechtsradikale Haltung

---

146 Schreiben von Generalstaatsanwalt vom 4.6.2018 / 54 ZS 449/18 zu 488 Js 7475/18

147 Aufstocker:innen sind Personen, die trotz Erwerbstätigkeit ein Einkommen unterhalb des Existenzminimums erzielen und daher ergänzend Bürgergeld (vormals Arbeitslosengeld II bzw. Hartz IV) beziehen. Sie gelten formal als „erwerbstätig", unterliegen aber dennoch den Pflichten und teils auch den Sanktionen des SGB II. Ihr Status ist ambivalent: Sie erfüllen die Anforderung „arbeiten zu wollen", gelten jedoch gleichzeitig als „bedürftig" und stehen damit unter Beobachtung und potenzieller Kontrolle durch das Jobcenter.

ist. Generalstaatsanwalt Apfel deckte, ich gehe gleich auf die vielen Belege ein, über Jahre die Darstellung ich sei wegen meiner Arbeit als Künstler ein Arbeitsverweigerer. Warum aber bekam ich dann ein bedingungsloses Grundeinkommen? Ab diesem Punkt wird also erkennbar, dass der Staat zunehmend an Argumentationssubstanz verlor und sich immer tiefer in rechtsradikale Ressentiments verstrickte.

Dies alles passierte, weil in den Behörden Armut mit Faulheit gleichgesetzt wurde, und zwar grundsätzlich.

10

Am 5. Juni 2018 schickte ich die »Freywalder Erklärung« an die Staatsanwaltschaft Cottbus, in der das beschrieben wurde, was ich später im Buch »Radical Worker« als das Transferprotokoll benannte, also die Darlegung, wie die Verdrehung der Schuld im Kapitalismus funktionierte. Die Generalstaatsanwaltschaft in Brandenburg wusste ab dem 11. Juni 2018 umfassend und genau, wie Menschen in Hartz IV kaputt und krank gemacht wurden, sowie welche Ressentiments gegenüber getrenntlebenden Vätern bestanden und wie diese zu Rechtsbeugung, Rassismus und Gewalt durch Behörden führten. Die Staatsanwaltschaft stellte sich absichtlich dumm.

Der bekannte Soziologe David Graeber schrieb über Bürokratie: *»Meine Konzentration auf Gewalt, das räume ich ein, mag seltsam anmuten. Wir sind es nicht gewohnt, Pflegeheime oder Banken oder auch Krankenkassen als gewalttätige Einrichtungen zu betrachten – höchstens in einem sehr abstrakten oder metaphorischen Sinne. Doch die Gewalt, die ich hier meine, ist nicht abstrakt. Ich spreche nicht von Gewalt im konzeptionellen Sinn. Ich spreche wörtlich von Gewalt, wenn jemand einem anderen einen Holzknüppel auf den Kopf schlägt. Bei allen diesen Institutionen handelt es sich um Einrichtungen, die Ressourcen innerhalb eines Systems von Eigentumsrechten verteilen, das Regierungen im Rahmen eines Systems regulieren und absichern und auf Androhung von Zwang beruht. »Zwang« bezeichnet euphemistisch Gewalt, also die Fähigkeit, Menschen herbeizurufen, die Uniformen tragen und bereit sind, anderen anzudrohen, ihnen einen Holzknüppel über den Kopf zu ziehen. Wie selten die Bürger in den Industriegesellschaften über diese Tatsache nachdenken, oder wie instinktiv wir diese Tatsache zu verdrängen suchen, ist befremdlich. (...) Je mehr wir zulassen, dass unser alltägliches Leben unter den Geltungsbereich bürokratischer Regelungen fällt, umso mehr spielt – so scheint es fast – jeder, die Tatsache herunter (die jenen wohl bewusst ist, die für den Betrieb des Systems verantwortlich sind), dass letztlich alles von der Drohung mit physischer Gewaltanwendung abhängt.«*[148]

148 David Graeber / Bürokratie – Die Utopie der Regeln / S 72

Die Gewalt des Staates gegen Menschen in Armut war nicht nur unbestreitbar, sondern sie hatte eine konkrete Funktion. Sie diente dem Narrativ eines von Makeln behafteten Menschen, wegen dem ein Apparat erforderlich wäre, der sie bessert. Umso mehr man besserte, umso mehr Gewalt musste man anwenden, denn je mehr Gewalt man anwendete, umso mehr Widerstand folgte und umso widersinniger wurden die Ziele der Gewalt gegen Arme. Wie gesagt, es ging schon lange nicht mehr um Jobs, sondern man wollte mich bestrafen, weil man dazu da war Menschen wie mich, die abwichen zu bestrafen, auch wenn Speeds Arbeit objektiv zum Wohle der Menschheit stattfand, denn mit den Lügen, wie sie die Staatsanwaltschaft oder das Jobcenter vertraten, konnte diese Gesellschaft nicht angemessen handeln.

Was ich tat, war genauso legitim wie jede andere Forschung. Wichtig und wertvoll. Ich war Künstler. Kunst zu schaffen, erfordert ein sich vollständig auf die Notwendigkeiten der Kunst einlassen. Der Staat hat nicht das Recht, mich dafür zu bestrafen, weil meine Arbeit zu keiner Entlohnung führte. Denn nur Dumme dachten, allein der Lohn sagt etwas über den Wert eines Beitrags aus.

Der Mitarbeiter M. des Landrats Elbe-Elster schrieb mir als Antwort auf meine Beschwerde bezüglich der Schikane des Jobcenters in Bezug auf die Bedarfsgemeinschaft: »*Ich habe mich zu dem Sachverhalt informieren lassen und auch mit der Geschäftsführerin des Jobcenters die Angelegenheit erörtert. Inhaltlich geht es Ihnen nach meiner Einschätzung im Wesentlichen darum, dass Sie mit der Leistungszahlung nicht einverstanden sind und sich durch die Entscheidungen des Jobcenters in Ihren Rechten verletzt sehen.*«

Genau darum ging es nie. Es ging nicht um Geld, denn so oder so erhielt ich nicht mehr oder weniger Geld, sondern es ging um die Gewalt gegen meine Freundin und um den Betrug, der in der Konstruktion der Bedarfsgemeinschaft an sich lag. Man löschte also den Inhalt meiner Beschwerde und machte mich wieder zum Stereotypen, also zum faulen Armen, der nur mehr Geld wollte. Diese ewigen Fluchtversuche der Behörde konnten einen in den Wahnsinn treiben. Herr M. reduzierte also hunderte Seiten an Essays und das Buch »Radical Worker« auf das Format, dass er hier bedienen wollte. Das Reframing ermöglichte es ihm, Monate der Erarbeitung von Inhalten und Kritiken über das Konstrukt der Bedarfsgemeinschaften mit einem Strich zu löschen. Somit schrieb er weiter: »*Ich darf Sie darauf hinweisen, dass Sie die Rechtmäßigkeit von Entscheidungen des Jobcenters im Rahmen eines Widerspruchs- bzw. Sozialgerichtsverfahrens prüfen lassen können (...) Zur von Ihnen gestellten Strafanzeige gegen Frau M. äußere ich mich nicht.*«[149]

149 Schreiben vom Dezernenten des Landrats / 14. Juni 2018

11

Am 26. Juni 2018 erhielt ich zum ersten Mal ein Schreiben des Landrats Brombeere persönlich. Darin wiederholte er einerseits die Aussagen seines Mitarbeiters und ging noch einen Schritt weiter, indem er schrieb: »*Auch ein Landrat ist an das Verwaltungshandeln einer Behörde, hier das Jobcenter, gebunden und kann nicht willkürlich in Verfahren eingreifen.*«

Das Retten von Menschenleben war für ihn also ein willkürlicher Eingriff.

»*Eine gerichtliche Überprüfung dürfte augenscheinlich, insbesondere im Hinblick auf die von Ihnen aufgeworfenen tiefgründigen rechtlichen Fragen, unabdingbar sein.*«[150]

Auch hier wieder, die Angst vor der Komplexität des angebrachten Verhaltens. Niemand in Armut, das ist Fakt, kann sich einen derartigen Prozess leisten. Er wusste also, dass genau das nie stattfinden würde. Dennoch handelte er nicht. Diese Leute, wie soll ich es nur sagen, sie arbeiteten bei der Rettung der Welt einfach nicht mit. Die Frage ist, wer hier der Gesellschaft schadete. Ich oder die?

12

Das Ministerium für Bildung, Jugend und Sport antwortete mir am 5. Juli 2018:

»*Soweit Sie dem Jugendamt in diesem Zusammenhang ‚systematischen Betrug' vorwerfen, komme ich nach eingehender Prüfung zu dem Schluss, dass Fehlentscheidungen im Rahmen der Gewährung und Rückforderungen von Unterhaltsvorschuss unter keinem Aspekt ersichtlich sind. Für Ihren Vorwurf des »systematischen Betrugs« durch den örtlichen Träger der Jugendhilfe kann ich keinerlei Anhaltspunkte erkennen. Ihre Einwendungen wurden im Rahmen der Rechtsaufsicht, die dem Ministerium für Bildung, Jugend und Sport des Landes Brandenburg für diese Einrichtung obliegt, eingehend geprüft. Ein Fehlverhalten im Hinblick auf Aspekte der Rechtsaufsicht ist nicht erkennbar. Eine Beurkundung des zu leistenden Kindesunterhalts kann beim örtlichen Träger vorgenommen werden. Diese Beurkundung erfolgt freiwillig.*«[151]

Die Freiwilligkeit bestand darin, dass ich in die Behörde vorgeladen wurde, dann wurde mir ein Schreiben vorgelegt, dass ich zu unterschreiben hatte, dass ich die Schuld anerkenne und wenn ich das nicht täte, wurde entweder der Gerichtsvollzieher zu mir nach Hause geschickt, der alles mitnimmt, was er so findet und/oder ich würde in ein Gerichtsverfahren gezwungen, was zu noch mehr Kosten

150 Schreiben vom Landrat vom 26. Juni 2018
151 Schreiben vom Bundesministerium für Bildung, Jugend und Sport Brandenburg vom 5. Juli 2018 / 21.5 - 71715

führte, also im Fall von Menschen im Hartz-IV-Bezug zu Hunger. Man drohte mir also mit einem Zustand, indem ich würde kein Geld mehr für Essen haben. Hier von Freiwilligkeit zu sprechen, war also eine glatte Lüge. Es handelte sich um Erpressung, die das Ministerium durch Reframing der Beschwerde verdunkelte. Man sieht, wie die Behörden willkürlich in ihrem Sinne eigene Realitäten konstruieren konnten, um diese als Schutzschilde zu benutzen, denn sie waren eben gerade nicht gezwungen, in authentische Beziehung zu gehen. Sie konnten also offiziell ungeniert lügen und dies hatte für sie keinerlei Konsequenzen.

Die Prüfung des Ministeriums, ging wegen des dort vorgenommenen Reframings nicht darauf ein, ob die irrationale Feststellung von Leistungsfähigkeit, ohne objektive Kriterien ethisch vertretbar war, noch ob die »gesteigerte Erwerbsobliegenheit« eine ungerechtfertigte Diskriminierung von verarmten Elternteilen darstellte, sondern man klärte lediglich, ob ich in der Behörde die Unterschrift geleistet hätte, konstruierte diese als freiwillig, weil ich eine Alternative zwischen Pest und Cholera gehabt hätte, also »freie Wahl«, wodurch alle darauffolgenden Rechtsmittel rechtmäßig erschienen. Man blendete vollkommen aus, dass man mich massivem Psychoterror aussetzte, um eine Unterschrift bei einem Traumatisierten mit PTBS zu erpressen. Dass ich überhaupt meine »Schuld« unterschreiben musste, war ein weiteres Konstrukt, um sich angesichts massiven Unrechtes eines »Scheinrechts« zu vergewissern.

Man kann das stundenlang diskutieren. Fakt ist, dass die Behörde durch ihre Methode der verkürzten Prüfung betrog und damit einen noch größeren Betrug verdeckte. Nämlich die massive Diskriminierung von Armen im gesamten Verfahren.

Es ist ein Wesen der Schuld, dass sie absolut ist, wenn sie mit Geld definiert wird. Es gibt dann keine individuelle Schuld im Sinne einer Relativität der Verhältnisse, in denen jeder Mensch vor anderen Herausforderungen steht. Es hatte System, es war gewollt, dass die Schuld nicht relativ war. Denn diese Relativität wäre ansonsten im Kapitalismus auch eine Relativität der Legitimität hoher Vermögen. Wenn man mir Schuld erlassen hätte, hätte man im Umkehrschluss eine Frage an die Reichen stellen müssen, ob denn ihr Reichtum vielleicht doch nicht verdient sei, wenn es die Armut auch nicht ist. Man sollte diesen Zusammenhang verstehen. Gerechtigkeit ist ohne Relativität undenkbar. Die Behörde aber kannte nur Schwarz oder Weiß, Plus oder Minus. Das war die Grundlage ihrer Macht. Es war ihre Betrugsmethode. Die absolute Feststellung von »Schuld« in einem hochkomplexen Bereich, nämlich der Frage der Ursachen von Armut.

Im Schreiben vom 23. Juli 2018 ließ der damalige Justizminister von Brandenburg, Herr Ludwig mir durch Herrn Kirsche, den späteren Generalstaatsanwalt von Brandenburg (ab Sept. 2024), auf mein an ihn gerichtetes Schreiben antworten, in dem die »Freywalder Erklärung« beigefügt war: »*Soweit Sie die Sachbehandlung bei den Staatsanwaltschaften Potsdam und Cottbus sowie bei der Generalstaatsanwaltschaft monieren, habe ich eine Ablichtung Ihrer Eingabe an die Generalstaatsanwaltschaft – als dem unmittelbaren Fach- und Dienstvorgesetzten aller im Land Brandenburg tätigen Staatsanwält:innen und Staatsanwälten – weitergeleitet und diesen um Prüfung und weitere Veranlassung gebeten, sofern Ihr Vortrag dazu Anlass geben sollte.*

Ich hoffe auf Ihr Verständnis, wenn ich die »Freywalder Erklärung« unkommentiert lasse und eine inhaltliche Auseinandersetzung damit auch nicht von den Staatsanwaltschaften erwarte, deren gesetzliche Aufgabe es vornehmlich ist, konkrete strafrechtlich relevante Sachverhalte zu prüfen, wozu außergewöhnliche gesellschaftsökonomische Anschauungen bzw. eine allgemeine systemische Kritik grundsätzlich nicht gehören.«[152]

Der Brandenburger Justizminister spaltete also die Arbeit der Staatsanwaltschaft von der Berücksichtigung gesellschaftlicher Missstände, wie Rassismen ab, die Menschen zerstörten, gar direkt oder indirekt töteten. Er weigerte sich sogar, als Politiker der Linken auf Inhalte einzugehen, die massive Probleme des Kapitalismus belegten. Damit verdeckte er strukturelle Gewalt, in Zusammenarbeit mit Herrn Kirsche, dem späteren Generalstaatsanwalt. Man sieht hier also, wie Mord dann kein Thema für die Staatsanwaltschaft ist, wenn dieser auf gesellschaftlichen Fehlentwicklungen beruht, die vonseiten der Regierung gewollt sind. Die Folgen struktureller Gewalt, also von Rassismen, wurden hier geleugnet. Für den späteren Generalstaatsanwalt von Brandenburg waren also Rassismen wie Klassismus nur »*allgemeine systemische Kritik*« und auch dann nicht relevant, wenn daraus konkrete Gewalt gegen Menschen folgte.

14

Ein Mitarbeiter des Landrates schrieb am 3. August 2018: »*Eine rechtliche Pflicht, dem Jobcenteraußendienst Zutritt zu Ihrer Wohnung oder zum Haus zu gewähren und den Hausbesuch zu dulden, existiert zwar nicht, jedoch ist die Aufklärung des*

---

152 Schreiben vom Ministerium für Justiz / 1410 – E III.037/18 (II.4.)

Sachverhalts letztlich in Ihrem Interesse.«[153]

Weil man mir ansonsten noch mehr Gewalt antun würde. Die Methode, Schuld im Rahmen von Mitwirkungspflichtverletzungen zuzuweisen, wenn man auf Menschenrechtsverletzungen hinwies, zählte zur klassischen Verdrehung in Hartz IV.

Das Jobcenter schrieb: »*Ein wechselseitiger Wille, Verantwortung füreinander zu tragen und füreinander einzustehen, wird gemäß 37 Abs. 3a SGB II vermutet, wenn Partner länger als ein Jahr zusammenleben, mit einem gemeinsamen Kind zusammenleben, Kinder oder Angehörige im Haushalt versorgen oder befugt sind, über Einkommen oder Vermögen des anderen zu verfügen.«*[154]

Es war also eine massive Gewalt auf Verdacht. Eine Vermutung ist schlicht ein Ressentiment. War man also ein Rassist, hatte man hier Recht und Gesetz hinter sich.

Segregation, die willkürliche und gewaltsame Zusammenlegung von Minderwertigen, bildet eines der wesentlichen Merkmale von Rassismen unterschiedlichster Art. Man bindet die Gruppe der Unerwünschten in Abhängigkeiten aneinander. Das ist auch der Ursprung der Sippenhaft an sich. ChatGPT antwortete mir auf die Frage, was Sippenhaft ist, wie folgt: »*Der Begriff ‚Sippenhaft‘ stammt aus dem Bereich des Strafrechts und bezieht sich auf die Praxis, Familienmitglieder für die Verbrechen oder politischen Aktivitäten eines einzelnen Mitglieds der Familie kollektiv zur Verantwortung zu ziehen. Historisch gesehen wurde die Sippenhaft oft von autoritären Regimen und totalitären Regierungen angewendet, um Dissidenz zu unterdrücken oder die Bevölkerung einzuschüchtern. In der Regel bedeutet Sippenhaft, dass nicht nur der Schuldige, sondern auch seine Familie, insbesondere nahe Verwandte wie Eltern, Ehepartner und Kinder, unterdrückt, überwacht, inhaftiert oder anderweitig bestraft werden. Diese Praxis verstößt oft gegen grundlegende Prinzipien der individuellen Verantwortlichkeit und Gerechtigkeit. Der Begriff hat seinen Ursprung im Mittelalter und wurde in verschiedenen historischen Kontexten angewendet, vornehmlich in autoritären Regimen wie dem Nationalsozialismus im Dritten Reich, wo ganze Familien für die politischen oder rassischen Aktivitäten eines Mitglieds bestraft wurden. Die Sippenhaft wurde jedoch auch in anderen politischen Regimen und Gesellschaften angewendet, um Dissidenz zu unterdrücken oder politische Gegner zu bestrafen.*«

Wenn selbst ein Sprachmodell eine KI begriff, welche Auswirkung Sippenhaft auf die Menschen hatte, dürfte klar sein, dass es sich auch dabei vorwiegend um eine Zersetzungsmaßnahme handelte. Die Konstruktion der Bedarfsgemeinschaf-

153 Brief des Dezernenten N. / Landrat Elbe Elster / vom 8.8.2018
154 Widerspruchsbescheid / Jobcenter vom 22.68.2018

ten zielte wie zuvor besprochen darauf ab, das soziale Gefüge zu bedrohen und Betroffene dadurch in unerträgliche Schuldverhältnisse zu treiben. Dass dies Sippenhaft war, lässt sich auch davon ableiten, dass meine Freundin direkt dafür bestraft wurde, dass ich als Folge meiner politischen und künstlerischen Arbeit als Aktivist und Künstler in die Armut getrieben wurde. Die politische Dimension der Bestrafungsabsicht ist somit klar ersichtlich. Meine Armut und die Armut an sich waren bei mir ein politisches Phänomen.

Und der Regelfall war es eben nicht, dass die gut bezahlte Zahnärztin sich in ihrer Villa einen Hartz-IV-Empfänger hielt und dieser Sozialhilfe bezog, obwohl seine reiche Gönnerin ihn laufend mit Gaben überschüttete, sondern die Realität bestand darin, dass Arme andere Arme versorgen sollten, was eines der Merkmale der Armutsfalle war, also der Gettoisierung der Armut selbst. Segregation war die Folge von strukturell und institutionell umgesetzten Rassismen.

15

Am 3. September 2018 reichte ich beim Sozialgericht in Cottbus Klage gegen die Erzwingung der Bedarfsgemeinschaft ein, und zwar nicht nur, weil ich diese in meinem Fall anzweifelte, sondern auch weil es darum ging, die damit verbundene Sippenhaft an sich vor Gericht zu bringen, die tausende Menschen im Land in tiefes Leid stürzte.[155]

Die Richterin ignorierte sämtliche Darlegungen bezüglich dessen, was ich über die Bedarfsgemeinschaften an sich sagte und ließ die Klärung, ob es sich um eine Bedarfsgemeinschaft handle, offen, wobei das Jobcenter weiterhin so tun sollte, als wäre es eine. Man würde zu einem späteren Zeitpunkt darüber entscheiden. Man verlängerte mein Leid damit um Jahre, wissend, dass auch das mich krank machte.

Man dachte sich, weil ja Beziehung an sich von außen nur schwer zu definieren ist, dass je länger der Zustand bestünde, umso eher würde man nach einem Jahr oder nach zwei Jahren die Bedarfsgemeinschaft entlang von bürgerlichen Vorurteilen einfach erklären können, was man dann auch tat. Man isolierte also einfach so lange die Kriterien, bis einige wenige passten, auch wenn weitaus mehr dagegensprachen. Es waren eindeutige politisch gewollte Willkürentscheidungen, denn man sah schon hier, dass die Kriterien und Widersprüche massiv ausgeblendet wurden. Man verschob die Entscheidung, weil klar war, dass man hätte lügen müssen, also suchte man nach einem Ausweg, um weniger offensichtlich zu lügen. Dieses Verhalten war typisch für Sozialgerichte im ganzen Land. Sie bogen das Recht bis hin zum Rechtsbruch, entlang von stereotypen Vorstellungen, die zu

---

155 Klage beim Sozialgericht / S 40 AS 1185/18 ER

Realitäten umgedichtet wurden.

Anlässlich meines ersten Schreibens an den Ministerpräsidenten Süßkirsche in Bezug auf die ganzen Umstände der Gewalt gegen mich durch Behörden in Brandenburg antwortete einer seiner Mitarbeiter am 20. September 2018: *» Offene Briefe sind ein Instrument der Öffentlichkeitsarbeit. Sie sollen Aufmerksamkeit für ein Thema wecken, die Öffentlichkeit aktivieren und den Adressaten durch öffentlichen Druck veranlassen, dem Anliegen zu entsprechen. Nicht immer werden » offene Briefe« dem Adressaten direkt zugesandt. Oft werden sie ausschließlich in den Medien veröffentlicht. Vor diesem Hintergrund bitte ich um Verständnis, dass » offene Briefe« grundsätzlich inhaltlich nicht beantwortet und unmittelbar darauf beruhende Entscheidungen oder Maßnahmen nicht getroffen werden. Ihr Buchmanuskript sende ich anbei dankend zurück. Von der unverlangten Zusendung von Büchern, Buchmanuskripten u. ä. bitte ich zukünftig abzusehen.«*[156]

Der Ministerpräsident Süßkirsche wollte also nicht mit den Zeugnissen von Kulturschaffenden belästigt werden. Das ist eine direkte Missachtung des Grundgesetzes, denn wozu Kunst, wenn sie die Macht nicht konfrontieren darf. Auch Süßkirsche dachte offenbar, Kunst sei eine Privatangelegenheit, wie das Verschenken von Socken, und er stünde nicht in der Pflicht, auf Beiträge von Kulturschaffenden zu reagieren, was auch dazu beitrug, dass diese in die Armut gedrängt wurden.

Warum also sollte ich damit aufhören, die systemischen Verstrickungen jener Ignoranz und Gewalt weiter zu untersuchen?

16

Ähnlich schrieb auch das Ministerium für Justiz: *» Schließlich bitte ich Sie nochmals um Verständnis, dass zu den von Ihnen vorgelegten Ergebnissen Ihrer ‚Arbeits- und Armutsforschung' inhaltlich keine Stellungnahme erfolgt (...). Nachdem Sie Ihre Kritik an der Grundsicherung für Arbeitsuchende nunmehr mehrfach ausführlich vorgetragen haben und Ihnen erläutert worden ist, dass die Strafverfolgungsbehörden zur Verfolgung konkreter Straftaten, nicht aber zur Änderung eines als ungerecht empfundenen Systems berufen sind, bitte ich um Verständnis, dass ich auf weitere Zuschriften Ihrerseits bei unverändertem Sachvortrag zwar eine Prüfung und ggf. Weiterleitung an die zuständige Stelle, aber keine Antwort mehr in Aussicht zu stellen vermag.«*[157]

Jedem Rassismus, jedem Antisemitismus wird auf diese Weise von de-

---

156 Brief als Reaktion auf Schreiben an Ministerpräsident Woidke / 20.9.2018
157 Brief vom Ministerium der Justiz Brandenburg vom 26. Oktober 2018 / 1410 – E III.037/18 (II.4)

nen begegnet, deren Job davon abhängt, dass die realen Missstände und Probleme nicht existieren, weil sie von einem System bezahlt werden, welches diese Rassismen braucht und will, um sich durchsetzen zu können. Es war daher essenziell, die Staatsanwaltschaft immer wieder aufs Neue mit meiner Forschung zu konfrontieren. Weil dadurch sichtbar würde, dass diese auch objektive Fakten ignorierte, wenn es politisch gewollt war.

Die Staatsanwaltschaften dieser Welt liefern uns zwar immerzu neue Kriminelle, sagen uns als Gesellschaft aber nichts Wesentliches über die Frage der umfassenden Gerechtigkeit, ohne die eine realistische Betrachtung von Schuld und Verantwortung unmöglich ist. Eine Staatsanwaltschaft, die in Rassismen nur subjektives Empfinden sieht, aber keine »konkreten Straftaten«, repliziert die Rassismen. Sie liefern eben gerade keine Antwort auf die Frage, weshalb die Gefängnisse überwiegend mit Armen und Schwarzen gefüllt sind. Sie liefern keine Antwort darauf, weshalb wenige viel und viele nichts vom Reichtum erhalten. Sie simulieren stattdessen das Recht der Privilegierten, als wäre es eine Kategorie der Gerechtigkeit an sich.

Es nützt nichts, diese Problematik allgemein zu debattieren, wenn man nicht bereit ist, jene Kräfte und Behörden damit zu konfrontieren, die das verlogene Spiel erst möglich machen. Man muss es klar sagen. Die Staatsanwaltschaften in Brandenburg betrieben Betrug, weil den Sozialrassismus in Hartz IV als Verbrechen, als Gewalt anzuerkennen, bedeutet hätte, die politischen Verhältnisse im Land zu erschüttern.

TAKE-AWAY BOX – KAPITEL »RAZZIEN, SIPPENHAFT, DER TOD DES PRIVATEN & DIE LOGIK DER SEGREGATION«

Kollektivschuld als Herrschaftstechnik

Durchsuchungen ganzer Bedarfsgemeinschaften, Drohung mit Kürzungen für Angehörige – das Prinzip Sippenhaft verschiebt individuelle Rechte auf eine diffuse Gruppenverantwortung und bricht Widerstand durch Angst um Nahestehende.

Privatsphäre → Verwaltungsware

Hausbesuche, Datenabgleiche, KI-Risikoprofile: Das Intime wird zum staatlich verwertbaren Objekt. Je mehr Informationen das System »verschluckt«, desto weniger Handlungsmacht bleibt dem Einzelnen (Surveillance-Capitalism meets Hartz-Logik).

Segregationsspirale

Klassistische Raster (»leistungsunwillig«, »Integrationsverweigerer«) erzeugen Zonen unterschiedlicher Grundrechte. Sichtbar wird eine moderne Inklusionsgrenze (Bauman): Wer sanktioniert ist, verschwindet aus Öffentlichkeit, Gesundheitsstatistiken und politischer Repräsentation.

Autistische Verwundbarkeit

Hyperdetail-Wahrnehmung macht Behördenübergriffe körperlich spürbar; schwache Priors verhindern psychische Abschottung. Was für Viele »nur Papierkram« ist, wird für Neurodivergente zu realem sensorischen Terror.

Affordanz-Blockade

Polizeiklingel, Brief vom Jobcenter, digitale Terminapp: Jede erzwungene Aktion liegt außerhalb des autistischen Handlungsfensters. Die Umwelt bietet nur noch »Flucht« oder »Freeze« an – ein Sabotageeffekt für selbstbestimmtes Beziehungshandeln.

Systemkritische Pointe

Eine Demokratie, die Haushalte stürmt, um verwaltungstechnische Normen durchzusetzen, reproduziert autoritäre Muster – von der Stasi-Zersetzung bis zur predictive-policing-Gegenwart. Segregation ist kein Ausrutscher, sondern Folgekosten eines Marktes, der Abweichung als Risiko kalkuliert.

GEWALTAKT 5: BREXIT, DIE ULTIMATIVE SEGREGATIONSFANTASIE

1

Am 23. Juni 2016 kam es zu einer für mich erschreckenden neuen Entwicklung. Es fand das sogenannte »Brexit-Referendum« in Großbritannien statt. Das Verfahren endete am 31. Januar 2020 mit dem endgültigen Austritt Großbritanniens aus der Europäischen Union. Diese irre Simulation, welche die eigentlichen Probleme, den Frust der Menschen, die aus der EU rauswollten, nicht ansatzweise berührte, die sich als Populismus in der ganzen Welt ausbreitete, vermochte nun ganze Länder einfach aus Beziehungsgeflechten verschwinden zu lassen. Alle Gemeinschaften und Institutionen der Demokratie waren letztlich bedroht, von einer Submergenz, die ihnen den Boden unter den Füßen fortzog. Zur selben Zeit erlebten wir das Phänomen Donald Trump und kurz darauf Boris Johnson. Überall diese meinungsstarken Männer mit den irren Frisuren.

»Die »Leave«-Befürworter rund um Tory-Polterer Boris Johnson und Ukip-Chef Nigel Farage hatten ihre Kampagne populistisch zugeschnitten und sogar mit unwahren Behauptungen gespickt. Etwa damit, dass wöchentlich 350 Millionen Pfund, die das Königreich angeblich an die EU zahle, nach einem Austritt in das Gesundheitswesen fließen könnten.«[158]

Der Austritt basierte zu einem erheblichen Anteil auf einem PR-Betrug, dessen Versprechen in den Jahren danach für die Arbeiter-, sowie die Mittelschicht und die Armen oftmals nicht aufgingen. Geschaffen wurde das Leid von Millionen, weil staatlichen Apparaten die Realität vollkommen egal war. Erst im Oktober 2019 einigte man sich auf die Bedingungen des Austritts, also auf den Umgang mit Menschen, die entweder als EU-Bürger:innen in Großbritannien lebten oder Briten in der EU waren. Zuvor spielte dies keinerlei Rolle. Man zwar ständig behauptete, es würde schon human geregelt, aber auch hier musste man sich fragen, für wen. Für die Volatilen wie immer eher nicht.

Der Brexit bedeutete, dass man Betroffene rund drei Jahre in vollkommener Ungewissheit darüber beließ, ob sie im jeweiligen Land bleiben könnten oder ausgewiesen würden. Auch wenn sie über Jahrzehnte im »Ausland« lebten. Dies berührte für viele dramatische Fragen bezüglich Renten und Krankenversicherungen. Teilweise ging es darum, ob chronisch Kranke noch Medikamente erhalten

---

158 Spiegel Online / Das Wichtigste zum Brexit / Von Almut Cieschinger, Mara Küpper, Claudia Niesen und Anika Zeller / 08.02.2019, 17.55 Uhr

würden. Wir sprechen also von Europäer:innen, die nicht selten wie ich als Europäer:innen geboren wurden oder aufgewachsen waren, die Europa mit aufgebaut hatten. Dies berührte ebenfalls Partnerschaften, in denen die jeweilige Partner:in (mit unterschiedlichem Pass) nicht wusste, ob ihre Familie auseinandergerissen würde. Wir sprechen also von massiver Gewalt gegen eine Bevölkerungsgruppe, die über jene drei Jahre im Niemandsland zwischen der EU und Großbritannien lebte. Für tausende Menschen brach eine Welt zusammen, die in den Medien kaum abzubilden war. Zu den vielen Betroffenen gehörte auch ich.

Wie tausende Auslandsbriten, durfte auch ich am Brexit-Referendum, also an der Abstimmung über den Austritt, die in extremem Umfang über meine Existenz entschied, nicht teilnehmen. Es war daher keine demokratisch legitimierte Entscheidung, denn das Wesen einer Demokratie ist es, dass jene, die von Entscheidungen betroffen sind, mitbestimmen dürfen oder eine Vertretung wählen können. Genau das traf für rund eine Million Auslandsbriten nicht zu, von den 3 Millionen Europäer:innen in Großbritannien ganz zu schweigen. Ich bin heute 50 und durfte noch nie an einer demokratischen Wahl teilnehmen. Weder an den Landeswahlen in England, noch an Wahlen in Deutschland. Der Brexit passierte trotzdem.

Zu diesem Zeitpunkt lebte ich seit ca. 25 Jahren in Deutschland. England hatte ich vor 40 Jahren als Kind verlassen. Ich lebte nach meiner Jugendzeit in Österreich über vier Jahrzehnte in einer EU der offenen Grenzen.

Als ich mich am 4. Januar 2019 zum ersten Mal bei der Ausländerbehörde Elbe-Elster meldete, ahnte ich nicht, welche Dramen sich daraus ergeben würden, dass man mich zu einem Drittstaatler machte. Bei meiner ersten Begegnung mit dem Leiter der Ausländerbehörde, Herrn H, sagte mir dieser ins Gesicht, man würde mich wegen meiner schlechten finanziellen Lage ausweisen, sobald mein jüngstes Kind 18 Jahre alt ist. Ich war tief erschüttert und verzweifelt. Denn als Kulturschaffender hatte ich keine Chance, jemals den finanziellen Vorstellungen von kleinbürgerlichen Beamt:innen zu entsprechen, in deren Augen Kulturschaffende unnütze Belastungen für die Gesellschaft darstellten. Plötzlich war da wieder diese Mauer. Eine Ansammlung von Rassismen, die niemand als solche erkennen wollte.

Bereits als Kind, mit acht Jahren, hatte ich die Insel verlassen, als meine Eltern mit mir von England nach Tirol umzogen, wo ich an der deutsch-österreichischen Grenze aufwuchs. Der Wald hinter unserem Haus war schon Deutschland und England war der EU im Jahr meiner Geburt, also 1973, beigetreten. Für mich existierten keine Grenzen und es war selbstverständlich, dass ich mich frei in Europa bewegen konnte. Es war auch mein Europa. Es gab keinen Grund, eine andere Staatsbürgerschaft anzunehmen. Bis zu jenem Tag, da ich plötzlich nicht mehr dazu gehörte.

Das ist für einen weißen Mann eine sehr Augen öffnende Erfahrung, die ich den meisten weißen und rechten Politiker:innen empfehlen würde. Plötzlich saß ich auf einer Bank mit Menschen, die Europa erst vor einer Woche betreten hatten und einfach nur wie ich wollten, dass man die Komplexität ihres Lebens anerkennt und ihnen daraus nicht eine Schuld konstruiert.

2

Der Brexit passierte als das Ergebnis von irrationalem Populismus, in dem ein *postfaktisches Zeitalter* sich abzeichnete. Ich erwähne das, weil dies die ganze Tragweite der Probleme zeigt, wenn man Speeds Arbeit nicht macht. Privilegierte konnten und wollten sich einfach aus der Welt ausklinken, als wäre die britische Insel ein Freibeuterschiff, dass einfach davon segeln könnte, in ein Universum ohne Migrant:innen und ohne Armut. Ausbaden mussten diese Probleme Leute ohne Ressourcen in der denkbar schwächsten Position. Man vernichtete auch hier wieder Existenzen und überließ es dem Kapitalismus, über diese Menschen zu richten.

Der Begriff des Postfaktischen meint, dass politische Entscheidungen und öffentliche Diskussionen zunehmend von Emotionen, Glauben und persönlichen Überzeugungen statt von Fakten beeinflusst wurden. Ein wesentlich relevanterer Faktor aber ist die Dominanz von struktureller Simulation, also von einem institutionellen Versagen, in der Fähigkeit, Komplexität abzubilden und entsprechend angemessen zu handeln. Der Begriff des Postfaktischen, inflationär benutzt, tauchte später in verschiedenen Kontexten auf, um auf Phänomene wie den Populismus, die Verbreitung von Fake News und die Polarisierung der öffentlichen Meinung hinzuweisen. Das alles war auch Folge der Postmoderne, also des Zerfalls der großen Erzählungen, der sinnstiftenden Gemeinsamkeit und all jener Phänomene, die von Philosophen als Beschleunigung (Rosa), Verflüssigung (Bauman), den flexiblen Menschen (Sennett) oder den neuen Geist des Kapitalismus (Boltanski und Chiapello) benannt und beschrieben wurden. Sie analysierten alle dieselbe unerträgliche Flexibilisierung moderner Arbeits- und Lebensweisen, bei der Menschen und Ökosysteme zugrunde gingen, weil sich in der Beziehungsverweigerung einige wenige von allem abkapseln konnten, um in ihrem künstlich geschaffenen, übersteigerten Wert, ihre herrschaftliche Relevanz zu betonieren. Diese scheinbare zunehmende Einseitigkeit der Entscheidungsgrundlagen resultierte auch aus dem Umstand, dass das omnipotente Geflecht der modernen Welt und die umfassende Objektivierung mit ihrer Überwachungsmanie als Folge, zu einem Zustand führten, indem immer mehr Menschen aus allen Kontexten fielen, kategorisiert und abgespalten wurden, weil die Kontexte wie gesagt einfach nicht mehr sichtbar waren. Überwachung bedeutet nichts anderes als die fremdbestimmte Integration in einen vordefinierten Betrachtungskontext. Es ist der Fremdblick, der den Menschen fortlaufend in die Anpassung zwingen will, im ständigen Abgleich mit schambehafteten Kriterien. Die Überwachung ist eine Fremdbestimmung, die über den Entzug der Komplexität funktioniert. Die Kamera hat nur ein Auge und das sieht alles und zugleich eben nichts richtig.

Die Gegenbewegung dazu war und sind auf der linken Seite viele Aktivist:innen und auf der rechten Seite die Wutbürger:innen im Kontext des Populismus. Um es mit Carolin Amlinger und Oliver Nachtwey zu sagen, die das Buch »Gekränkte Freiheit« schrieben, schien sich eine neue Gewalt auszubreiten, die darauf basierte, dass rechte Betonköpfe sich in ihrem Freiheitsanspruch jenseits komplexer

Beziehungsfähigkeit, in vollkommener Ignoranz gegenüber den Zusammenhängen einer Gesellschaft, in dem mit ihrem wirtschaftlichen Abstieg verbundenen Freiheitsentzug, derart gekränkt sahen, dass sie nur noch um sich schlagend, auf alles losgingen, was anders war und scheinbar mehr Rechte hatte als sie, in ihrer dennoch meist privilegierten, weißen Stellung. Die »gekränkte Freiheit« wurde zum Futter rechter Gewalt gegen Minderheiten, eine Gewalt, die nur selbstzerstörerisch agieren konnte, weil das Tabu, nämlich die eigene Mitschuld am kapitalistischen Wahn, nicht angesprochen werden durfte. Die Verkürzung, die man rief, die wurde man nicht mehr los.

Nach der neuen Lesart der Rechten waren am Übel all jene schuld, die eine andere Welt wollten, eine mit mehr Menschlichkeit und weniger Umweltzerstörung. Die Grünen oder alle, die das Klima retten wollten. Und es stimmt, dass man viel früher eine Aussöhnung und Verständigung mit den Mitläufer:innen rechter Tendenzen finden müssen, denn niemand war auf ihrer Seite, niemand verstand ihre Existenzangst, die aus den Rassismen der Oberschicht, der Privilegierten hervorgegangen war. Man sprach auch da von der Wut der Abgehängten und bemerkte die Rassismen im Begriff der »Abgehängten« nicht, die man nicht als Menschen auf Augenhöhe ansprechen wollte.

In den Medien sprach man fälschlicherweise oft von den Irren, die plötzlich wie Pilze aus dem Boden schossen, als sei es eine Debatte um Irrationalität. Auch das zeigte die Arroganz der oberen Bevölkerungsschichten, besonders gegenüber den Ostdeutschen. Kaum jemand im politischen Bereich diagnostizierte das Problem richtig, während viele Ostdeutsche den Instinkt noch in sich trugen, eine Simulation als solche zu erkennen. Sie reagierten allergisch darauf, nochmals belogen zu werden. Sie sprachen von »Fake News«, weil es aus ihrer Sicht »Fake News« war, weil sie die Simulation einer Ökonomie meinten, die sie im Stich ließ. Ihre Antwort darauf war und ist jedoch zutiefst menschenverachtend, primitiv und stets gegen die Falschen gerichtet. Das Problem der Rechten ist nicht ihre Diagnose vom Unrecht in der Welt, sondern ihre Schlussfolgerung, dieses Unrecht läge an Minderheiten und sie selbst seien das eigentliche Volk. Sie wollten also die Herrschaft übernehmen, wodurch sie genau jene Ideologie replizieren, die auch sie zu Opfern machte. Darum ist es derart bequem für das Establishment, sich die Rechten als Gegenspieler zu halten, mal näher, mal distanziert, um die Frage von Gerechtigkeit niemals entlang von Gleichwertigkeit zu bearbeiten, sondern stets entlang von brutaler Dominanz. Die Rüpelrepublik ist das, was auch ein Kanzler Weintraube kultiviert, in Debatten über »Sozialschmarotzer«. Gerechtigkeit wird stets in Abgrenzung gegen die »anderen« definiert. Sie werden nicht mitgedacht. Das ist ganz im Sinne des Kapitalismus.

Tatsächlich hätten wir eine Debatte um das Übermaß an Verdinglichung und Effizienzsteigerung führen müssen, über den Verlust an komplexer Wahrheit, statt über die Irrationalität von Wutbürgern. Überall in Deutschland wurde reflexartig der Wert der Wissenschaft hervorgehoben, also der objektiven Fakten, als Antwort auf den »Fake News« Vorwurf, aber das führte nur zu einem Missbrauch von Wissenschaftlichkeit, damit Privilegierte sich im Impetus der Objektivität über den wütenden Pöbel stellen konnten, ohne auf das reale Problem der Simulation eingehen zu müssen. Das Objektive konnte nicht genügen, wenn es die Erfahrungswelt der Ausgeschlossenen nicht sichtbar machte. Dadurch wurde dies nur zu einem weiteren Beleg der Inszenierung, einer funktionierenden Welt, die ohne den »Pöbel« besser funktioniert.

Der Rechtsruck war somit nicht nur eine Folge des Verteilungskampfes um Jobs und Ressourcen, sondern auch und vor allem die Folge des Kampfes um Sichtbarkeit und Sicherheit in der Simulation. Die Krise, die wir wirklich erleben, ist die Krise der Ehrlichkeit. Es ist eine Krise der komplexen, der emotionalen, der existenziellen, der politischen Wahrheiten, nicht aber eine Krise der wissenschaftlichen Fakten. Man kann darauf also nicht mit Fakten antworten, sondern sollte es mit Menschlichkeit versuchen.

Der Begriff »post-truth« wurde schon vor 25 Jahren von Steve Tesich, einem serbisch-amerikanischen Schriftsteller und Drehbuchautor, in einem Zeitungskommentar mit dem Titel »A Government of Lies« benutzt. Tesich war überzeugt, wie Joël Ben-Yehoshua[159] in einem Essay schrieb, dass die US-amerikanische Bevölkerung infolge der Watergate- und der Iran-Contra-Affäre sowie des ersten Golfkriegs vor der Wahl stand, sich entweder die Schande dieser Ereignisse einzugestehen oder diese Vergangenheit zu ignorieren, um ihren Nationalstolz zu wahren. Eine Scham, die Jahrzehnte zuvor in Europa den Zweiten Weltkrieg befeuerte.

Wir sahen also auch hier fundamentale kognitive Dissonanz, die zu einer kollektiven Lüge führte. Darum braucht es vielleicht heute, mehr denn je, universelle Ehrlichkeit in allen Debatten und Diskursen. Die Distanzierungsstrategien müssen ihr Ende finden. Es braucht neue Kulturen des Dialoges. Man kann einem Rechtsradikalen nur schwer mit Fakten begegnen, sehr wohl aber mit fundamentalen Debatten über Menschlichkeit an sich. Die Frage lautet nicht, ist der Migrant faktisch schuld an der Arbeitslosigkeit im Land oder nicht, sondern welches reale Leid, welche Angst, welche Verzweiflung tun wir Migrant:innen mit dieser Frage an? Wird diese Unmenschlichkeit real, wird also Ungerechtigkeit dort behandelt, wo es um konkrete Erfahrungen von echten Menschen geht, berührt dies die Erfahrungswelten beider Seiten und hat das Potenzial die Debatten im menschlichen Raum zu halten, statt in der rationalen Diskurslogik, welche die Entwertung des Gegenübers immer als legitim erscheinen lässt.

Manchmal ist das Problem der Medien, ihre Debattenlast, ihre Unfähigkeit authentisch menschliche Dimensionen darzustellen oder sichtbar werden zu lassen. Wird die Kamera eingeschaltet, werden die Meisten zu Darstellern, die über Diskurse in Konserven sprechen, aber eben nicht authentisch über den eigenen Schmerz, das eigene Leid, welches Solidarität über die politischen Richtungen hinweg bedeuten könnte. Die Arbeit, die ich leistete, war es das persönliche Leid herauszuarbeiten, welches mit der kapitalisierten Gewalt verbunden war. Ich wollte die Komplexität dieses Leides erkennbar machen. Es ging nie um rasche und einfache Lösungen und auch wenn ich einfache Lösungen versuchte, zeigte die Intersektionalität stets, dass diese nicht funktionierten. Erfolg ist heute keine Option mehr, weil Erfolg ein Verrat an den anderen ist. Was es braucht, ist ein Weiterleben in dem Versuch Wahrheiten abzubilden oder auszudrücken.

3

Angesichts der Tatsache, dass Deutschland beim Grauen des Brexits einfach zusah, als habe man damit nichts zu tun, als gäbe es keinen Unterschied zwischen Briten und Menschen mit britischem Pass, die seit Jahrzehnten in Deutschland lebten und arbeiteten, strebte ich eine Einbürgerung an, um auch hier Nähe und Unmittelbarkeit herzustellen. Ich konfrontierte das System als Mensch. Die Behörden aber taten so, als wäre man für den eigenen Nachbarn nicht zuständig, weil dieser nun per Erklärung »Ausländer« sei. Ich schrieb daher in einem sehr langen Brief an die Ausländerbehörde: *»Konkret habe ich in den vergangenen 21 Jahren 250.000 EUR meines Erbes direkt in die Forschung zu sozialen Problemstellungen investiert, indem ich mich selbst über ein Jahrzehnt als Künstler und Forscher bezahlte. Dazu kommen unzählige unbezahlte Arbeitsstunden in Projekten für das Gemeinwohl. Insgesamt habe ich je nach Berechnungsansatz rund eine Million Euro in die deutsche Gesellschaft investiert. Die wenigsten Deutschen haben einen derart hohen Anteil ihrer Einnahmen, ihrer Arbeitszeit direkt in die deutsche Gesellschaft gegeben«*, sondern fuhren lieber in Urlaub oder kauften sich schöne Dinge.

Ich versuchte verzweifelt zu argumentieren, dass mein Beitrag zum Land nicht darin bestand, tatenlos auf dem Sofa zu sitzen, was ja das Ressentiment gegenüber Armen und Kulturschaffenden war. Dennoch, es half wieder nichts. Je mehr ich versuchte es zu erläutern, umso mehr wurde ich von der Ausländerbehörde rechtsradikal verspottet.

Ich beschwerte mich beim britischen Botschafter Sebastian Wood, aber der schickte mir nur eine Broschüre, wie man sich in Deutschland zu benehmen hätte. Es war, als gehörte ich nirgends mehr hin. Für mich eine tief traumatisierende Erfahrung.

4

Am 9. Januar 2019 reichte ich bei der Ausländerbehörde einen Antrag auf Befreiung von der Gebühr für die Einbürgerung ein. Ich wollte es unbedingt versuchen. Einen Tag zuvor schrieb ich an den Bundesinnenminister Horst Seehofer eine Beschwerde: »*Nun gerate ich durch den Brexit und den Hartz-IV-Bezug in eine unfassbar unmenschliche Situation. Die Ausländerbehörde teilte mir mit, dass ich wegen meiner prekären wirtschaftlichen Lage nicht eingebürgert würde.*«

Das Bundesinnenministerium bestätigte, dass Armut nicht generell ein Hinderungsgrund war. Es sei eine Auslegungssache, somit den Rassismen der jeweiligen Behörde überlassen. Ein wenig später wurde auch dies von Rechtspopulisten bei der FDP im neuen Ausländergesetz geändert. Aber damals 2019 galt noch das Prinzip der Schuldfrage an der eigenen Armut. Hier sollte sich also ein weiteres Mal zeigen, dass die Fakten für den Staat bedeutungslos waren, wenn es um Arme ging.

Der Leiter der Ausländerbehörde Herr H. schrieb: »*Mit Schreiben vom 4.1.2019 und 9.1.2019 aspirierten Sie die Befreiung von der Einbürgerungsgebühr in der Höhe von 255 EUR. Als Begründung gaben Sie Ihre erheblichen Verdienste für Deutschland und ethische Verpflichtungen des Staates Ihnen gegenüber an. Erforderliche Nachweise wurden dem Schreiben beigelegt.*«[160]

Meine Argumente ich könne die Gebühr unter Hartz IV nicht bezahlen, verbunden mit dem Verweis auf meine Leistungen, war für den Leiter der Behörde offenbar unerträglich. Ich hätte wahrscheinlich betteln müssen, trotz meiner Wertlosigkeit als verarmter Kulturschaffender möglicherweise, aus Gnade und wegen Großzügigkeit des Leiters der Behörde, eine Ermäßigung erhoffen zu dürfen.

Er rechnete mir vor, dass in Hartz IV, also im künstlich klein gerechneten Satz, indem unter anderem die Einkaufspreise des Großhandels für Kaffee eingerechnet waren und nicht die höheren Preise im Supermarkt, dass 16 bis 20 % des Satzes als Ansparbetrag gedacht seien und ich daher die 255 EUR in drei Monaten bezahlen könne. Auch hier wieder die Kategorisierungslüge.

Er nahm also einen Hartz-IV-Satz, von dem die Wissenschaft wusste, dass dieser für gesunde Ernährung nicht reichte. Seine Rechnung war pervers und menschenverachtend. Die Frankfurter Rundschau schrieb dazu: »*Laut ‚taz.de‘ soll die Bundesregierung untätig geblieben sein, nachdem sie den Hinweis von verschiedenen*

160 Schreiben der Ausländerbehörde Elbe Elster vom 14.2.2019 / 32.33.30.07

Berater:innen erhalten hat, dass sich Bezieher:innen von Arbeitslosengeld 2, also Hartz IV, eine gesunde Ernährung nicht leisten können. Das ging aus einer Antwort des Bundesministeriums für Arbeit und Soziales (BMAS) um Arbeitsminister Kiwi (SPD) auf eine Anfrage des Grünen-Politikers Sven Dörrpflaume hervor, die der ‚taz‘ vorliegt.«[161]

Mit dem über Betrug verknappten Hartz-IV-Satz konstruierte er entlang von Fake-Daten die Zumutbarkeit einer Ansparung, woraufhin ich ihm Studien schickte und schrieb: »Obwohl Sie mehrfach darüber in Kenntnis gesetzt wurden, dass ich die Gebühr nicht bezahlen kann, dies faktisch belegt ist, ignorieren Sie die Fakten absichtlich und fantasieren eine irrwitzige Begründung, die an Menschenverachtung und Weltfremdheit kaum zu überbieten ist.«[162]

Hinzu kam nun, dass er Einsicht in die Akte beim Jobcenter hatte, in der ich als Abschaum der Menschheit dargestellt wurde und dies ihn in seinem Handeln bestätigte. Man sah also hier, wie das Lügen von Beamten zu immer gravierenderen Konsequenzen für mich führte. Natürlich gab es Härtefallregelungen, die er ohne Probleme hätte nutzen können. Es ging hier aber wieder um Bestrafung. Je mehr ich versuchte, meine Arbeit und meinen Beitrag aufzuwerten, umso drastischer wollten sie mich zu Boden treten. Es ging wie gesagt um eine Einbürgerung nach mehr als zwei Jahrzehnten Aufenthalt in Deutschland. Als aktiver Kulturschaffender dieses Landes. Am 21. Februar 2019 schrieb ich dies alles wieder an den Ministerpräsidenten Süßkirsche und erhielt keine Antwort. Am selben Tag reichte ich Beschwerde beim Landrat Brombeere ein: »Herr H. zeigt eine povertistische Einstellung zu Menschen in Armut, die Ihre Verwaltung auf eine Stufe mit Rassisten und Antisemiten versetzt. Sie wissen seit Monaten nachweisbar und auch unter Zeugenschaft des Gerichts und der Staatsanwaltschaft von unfassbaren Diskriminierungen durch Beamt:innen in Ihrem Haus.«

Mit dem 7. März 2019 antwortete die Ausländerbehörde auf meine Beschwerde: »Zur Begründung trugen Sie die Ihrer Meinung nach allgemein anerkannte Sichtweise vor, dass Hartz IV zu gering sei, um den Bedürfnissen des täglichen Lebens nachzukommen, die Befangenheit des für die Bearbeitung des Gebührenbefreiungsantrags funktionell zuständigen Sachgebietsleiters und die rechtliche Ungebundenheit Ihrer Antragsbegründung.«

Auch hier wurde auf Studien mit keinem Wort eingegangen. Während ich also seitenweise Belege einreichte, genügte es der Behörde ihrerseits nur politische Absichtsbegründungen zu verkünden, die weder dazu geeignet waren meine Belege zu widerlegen noch einen anderen realen Bezug zur Situation hatten, dass ich faktisch

161 Frankfurter Rundschau / Expertin: Gesunde Ernährung mit Hartz 4 nicht möglich Stand:19.05.2021, Yannick Wenig
162 Brief vom 20.2.2019 an die Ausländerbehörde / Leiter Herr H.

die Gebühr nur hätte zahlen können, wenn ich auf Essen verzichtete, was das ist, woran die Leute in Hartz IV stets sparen mussten, weil fast alle anderen Ausgaben nicht einfach zu streichen waren.

»Es lässt sich keine Befangenheit ... des funktionell zuständigen Sachgebietsleiters feststellen.«

Zum Teil wurde die Ablehnung damit begründet, dass ich sagte, ich hoffe auf Einnahmen in der Zukunft. Dazu schrieb die Behörde: *»Ihr persönlicher Wille, in absehbarer Zeit wieder ein Einkommen zu generieren, war diesen Ausführungen zu entnehmen. Das Vorliegen eines solchen Willens zu untersuchen, ist eine tatsächliche Unmöglichkeit. Aus diesem Grund muss die Behörde sich auf Ihre Angaben verlassen. Eine Exkulpation (Schuldbefreiung), dass diese Ihre Begründung auf Hoffnung beruhe, ist somit unzulässig. Ob der Hartz-IV-Regelsatz verfassungsrechtlich zu niedrig bemessen ist, obliegt nicht der Einschätzung des Landkreises.«*

Die philosophische Tiefgründigkeit, mit der die Behörde mal Fakten akzeptierte, dann wieder nicht, machte auch davor nicht halt eine als Hoffnung dargestellte Hoffnung von Amts wegen nur darum, weil man sie nicht als Spekulation abschließend behandeln konnte, einfach als Fakt zu meinem Nachteil zu verdrehen, weil einem dies gerade gelegen kam, um eine Verringerung der Gebühr abzulehnen. Man ermäßigte also nicht, weil es Hoffnung auf Einnahmen gab. Die Diskriminierungsabsicht war offensichtlich.

WDR-Journalist:innen[163] zeigten in der Sendung Monitor vom 17. Mai 2018 und 21:45 bei der ARD: *»Seit Jahren rechnet die Bundesregierung den Hartz-IV-Regelsatz nach unten. Nach Monitor-Berechnungen müssten Empfänger monatlich 155 EUR mehr bekommen. Der Staat spart Milliarden. (10 Milliarden jährlich)«*

Ich reichte ohne Anwalt mit zahlreichen Belegen Klage[164] gegen die Verweigerung der Übernahme der Gebühr ein und verlor postwendend wegen Formfehlern. Die Gerichtsgebühr, die ich dann bezahlen musste, lag bei ca. 150 EUR.

Der Kreisrechtsrat schrieb die Ausländerbehörde verteidigend an das Gericht: *»Wieso aber die Ablehnung eines Gebührenbefreiungsantrags die Gefahr begründen soll, dass Rechte des Antragstellers vereitelt oder wesentlich erschwert würden, ist weder dem Vortrag des Antragstellers zu entnehmen noch sonst ersichtlich.«[165]*

Armut wäre auch hier keine Diskriminierung, sondern legitime Strafe. Dass ich angesichts drohender Ausweisung ein Einbürgerung unbedingt wollte, um mit inneren Ängsten umgehen zu können, die für einen Autisten fatal sind, wollte der Kreisrechtsrat nicht als Kontext akzeptieren.

---

163 WDR Jan Schmitt
164 Klage beim Verwaltungsgericht Cottbus VG 3 L 95/19
165 Schreiben vom Kreisrechtsrat Elbe Elster vom 13.3.2019 / VG 3L 95/19

Um dem Problem der ständigen Verschleierung durch die Behörden entgegenzu-wirken, ein kurzer Themenwechsel, ließ ich 2019, das Verhalten des Herrn B. vom Bundesministerium für Arbeit und Soziales in Berlin, der mir damals in Vertretung für Ministerin Birne und später für Minister Kiwi antwortete, genauer überprüfen. Ich wollte wissen, ob die hunderten Seiten an Essays und an Beweisen, dass Hartz-IV-Menschen zerstörte, tatsächlich bei der Ministerin Birne auf dem Schreibtisch landeten. Ich dachte mir, es muss doch möglich sein, diese ständige Ausschließung, diese Hinterzimmerpolitik zu durchbrechen. Das Ministerium schrieb mir dazu am 26. März 2019: »*Nach eingehender Prüfung weise ich die Dienstaufsichtsbe-schwerde gegen Herrn B. zurück. Mit Schreiben vom 7. September 2018 haben Sie sich an den Herrn Bundesarbeitsminister für Arbeit und Soziales Kiwi gewandt. Sie beschweren sich darin unter anderem darüber, dass Herr B. entscheidende Informa-tionen, die ihn selbst und andere Beamt:innen und Beamte des Bundesministeriums für Arbeit und Soziales schwer belasten, nicht weitergereicht habe und erheben daher Dienstaufsichtsbeschwerde gegen Herrn B. Ich habe Ihren Vortrag dahin gehend ge-prüft, ob ein dienstliches Fehlverhalten von Herrn B. vorliegt. Ein solches ist nach ein-gehender Prüfung des Vorgangs nicht erkennbar. Anhaltspunkte dafür, dass Herr B. der Leitung des Hauses Informationen vorenthalten hat, sind nicht ersichtlich. Ihre Schreiben wurden vielmehr ordnungsgemäß an die insoweit zuständigen Behörden mit der Bitte um weitere Veranlassung weitergeleitet.*«[166]*

Nun beweist dies zwei Dinge, die es zugleich nicht beweist. Herr B. hat ent-weder Minister Kiwi informiert, somit auch Birne. Die Informationen, dass Hartz IV Menschen krank machte, wurde ihnen also nicht vorenthalten. Andererseits wurden »vielmehr«, was auch immer das bedeuten soll, die Schreiben doch nicht an Birne oder Kiwi übergeben, sondern an andere Stellen. Was man als das richtige Verhalten deklarierte, obwohl es von meinem Standpunkt aus falsch war.

Diese Beurteilung hing wiederum davon ab, ob das Ministerium es hier als ein Fehlverhalten ansah, Birne oder Kiwi nicht informiert zu haben, oder ob gerade das nach ihrer Vorstellung richtig war, weil man ja alles woanders hin weiterleiten wollte und konnte, wissend, dass es dort im Papierkorb landen würde. Man deutete also den Skandal so um, dass das skandalöse Verhalten als angemessen erschien.

Anders gedeutet bewies dieser Brief, dass der Apparat die Gefahr erkannte, ich könnte beweisen, dass Birne und Kiwi direkt informiert waren, dass Hartz IV Menschen krank machte und man daher die Formulierung der Weiterleitung wählte, um davon abzulenken. Dieser Schachzug aber konnte unmöglich ohne

---

166 Brief vom BMAS vom 26.3.2019 / AZ Z a 1-01901

die Mitverantwortung oder entsprechende Anweisung durch Birne oder Kiwi geschehen. Dass man an andere Behörden weiterleitete, widerlegt wiederum wegen der Uneindeutigkeit der Schreibweise, nicht, dass die Leistung des Hauses, also die Minister:innen nicht oder doch informiert waren, es sei denn, diese Aussage des Ministeriums war eine glatte Lüge.

In dem von mir später produzierten Kinofilm »Transferprotokoll« gibt es einen Ausschnitt aus einem Clip, indem ich bei einer Konferenz des BMAS die Staatssekretärin Sauerkirsche, also die rechte Hand von Minister Kiwi, direkt mit dem Vorwurf der Gewalt konfrontierte. Diese Videoaufzeichnung belegt, dass zumindest die Staatssekretärin und Leiterin des Bundesministeriums für Arbeit und Soziales in Berlin von massiven Missständen wusste. Noch schlimmer, sie log sogar vor der anwesenden Presse.

SPEED: »*Mein Name ist Timothy Speed, ich bin Arbeits-, Armutsforscher und habe dem Ministerium in den vergangenen Jahren hunderte Seiten und Belege geschickt, die aufzeigen, dass Hartz IV krank macht. Und zwar auf eine Art und Weise, die in Grausamkeit und Brutalität durch nichts zu verharmlosen ist, und was Sie hier tun, ist, sie verharmlosen extreme Gewalt. Extreme Gewalt gegenüber Betroffenen und ich frage Sie, wann endlich verstehen Sie die menschlichen Dimensionen dessen, was Sanktionen und was die Nebenwirkungen davon sind, für die Betroffenen bedeuten.*«

STAATSSEKRETÄRIN SAUERKIRSCHE: »*Also von Gewalt zu sprechen und dass in Zusammenhang mit der Arbeit, die in den Jobcentern gemacht wird, von den Mitarbeiter:innen und Mitarbeitern, es sind ja heute noch mehr als ich erwartet habe, hier im Publikum, das möchte ich wirklich zurückweisen und das widerspricht völlig dem, was auch heute schon in der Praxis passiert.*«[167]

Die Staatssekretärin log eiskalt, weil hier nicht zu lügen bedeutet hätte, dass massive Gewalt aufgeflogen wäre. Sie hätte ihren Job verloren. Das ganze Ministerium hätte am Abgrund gestanden.

Das Ministerium verhielt sich wie eine kranke Sekte mit einer eigenen Ideologie, die der Realität der Betroffenen fundamental entgegenstand.

6

Am 15. März 2019 schrieb ich an das Verwaltungsgericht: »*Die Frage ist zu stellen, wer von Herrn Hä. (Kreisrechtsrat) und Herrn H. (Leiter Ausländerbehörde) überhaupt eine Befreiung von der Gebühr erhält. Denn wenn selbst ich diese nicht erhalte, der ich die Gebühr faktisch nicht bezahlten kann, der ich nur noch um die 150 EUR*

167 Ausschnitt aus dem Spielfilm „Transferprotokoll".

besitze, erhält wohl niemand eine Befreiung. Das aber bedeutet, dass die Verwaltung von Elbe-Elster das Gesetz unter der Deckung des Herrn Hä, oder des Herrn H. auf eine Weise auslegt, die an Betrug grenzt. Ist eine Befreiung gesetzlich vorgesehen, ist diese auch anzuwenden. Und zwar dort, wo Armut vorliegt.«

Herr Hä. antwortete im Schreiben vom 28. März 2018: *»Insbesondere kann aus einer dem Kläger möglicherweise zustehenden ‚Kunstfreiheit' nicht gefolgert werden, dass ihm eine Gebührenbefreiung zustehe. Auch Künstler sind gebührenpflichtig. Inwiefern ein öffentliches Interesse oder gar eine Billigkeit an der Gebührenbefreiung des Klägers bestehen soll, ist dem Vortrag des Klägers nicht zu entnehmen (...). Allerdings fehlt es für diesen Vorwurf (Diskriminierung) an jeglicher Substantiierung der Klage. Die im Stile eines Besinnungsaufsatzes gehaltene Begründung ist hierfür ungeeignet und mag eine Gebührenbefreiung nach hiesiger Ansicht, nicht zu begründen.«*[168]

Erneut verdrehte eine Behörde meine Aussagen auf eine Weise, die mich als dumm erscheinen ließ und lieferte Begründungen, die keine waren. Aussagen wie »auch Künstler sind Gebührenpflichtig« ist eine Verwechslung zweier unterschiedlicher Kategorien.

Herr Hä. formatierte den Umstand, dass Künstler:innen in Deutschland meist prekär leben müssen, weil sie ihre ganze Energie in das Erarbeiten von Kunstwerken für die Kultur des Landes investieren, was entweder überhaupt nicht oder meist viel zu gering honoriert, bezahlt oder sonst gewürdigt wird zu einem Vorwurf gegen Kulturschaffende an sich um, entlang der üblichen abwertenden Ressentiments. Das Ressentiment prägte also die Logik seiner Antwort. Künstler hielten sich für was Besseres. Denen werde er es zeigen. Deren reale Diskriminierung und Benachteiligung wurde in einer Umkehrung gelöscht.

Rein Objektiv wäre eine Billigkeit, somit eine Anerkennung der Ermäßigung abzuleiten gewesen, die sich ja um die Armutsfrage drehen sollte und nicht um die Frage der Kunstfreiheit, was man aber schon mal in der Hitze des Gefechtes übersehen kann, wenn man gegen Kulturschaffende Ressentiments hegt und sie für unnütze »Asoziale« hält. Dies alles passierte, das muss man sich immer wieder klarmachen, vor dem Hintergrund, dass ich über drei Jahre hinweg nicht wusste, ob ich ausgewiesen würde oder nicht. Jene Belastung, die neben mir tausende Menschen im Rahmen des Brexits betraf, war menschenverachtend und ich habe mich bis heute nicht davon erholt. Dass es ethisch nicht zu vertreten war, mir nach 25 Jahren die Einbürgerung zu verweigern, machte das Verhalten der Behörden umso bizarrer.

Am 1. April 2019 schrieb ich an das Jobcenter: *»Vor ca. einem Jahr habe ich*

---

168 Schreiben vom Kreisrechtsrat Elbe Elster an das Gericht. VG 3 274/19 vom 28.März 2019

Sie gebeten, sich darum zu kümmern, dass vom Jobcenter endlich eine aktive Unter-
stützung meiner Arbeit stattfindet und die vorgelegte Forschung entsprechend ernst
genommen wird, welche als Konsequenz ein radikales Umdenken der Behörde, aber
auch gravierende Paradigmenwechsel im Feld der Ökonomie, sowie der Arbeits- und
Armutsforschung erfordert (...). Seit Monaten bin ich in ärztlicher Behandlung.
Nicht nur liegt jetzt eine umfassende ärztliche Dokumentation der Tatsache vor, dass
das Hartz-IV-System Menschen krank macht, sondern Frau M. und Frau B. haben
sich hier strafbar gemacht. Entsprechende Aussagen durch die Ärzte Dr. V. und Dr.
J., sowie durch eine Psychotherapeutin, können der Staatsanwaltschaft in Kürze vor-
gelegt werden.«

Es war meine Absicht, Gutachten und Dokumente von diesen zahlreichen
Ärzt:innen zu bekommen, zu denen ich nun wegen diverser Symptome als Folge
des Terrors laufend musste, aber es gelang nicht, weil ich die Gutachten entweder
nicht bezahlen konnte oder Ärzt:innen sich weigerten. Eine Psychiaterin sagte später zu mir wörtlich, als ich schwer traumatisiert um Hilfe bat: *»Ich will Ihnen nicht*
helfen. Ich will da nicht reingezogen werden.«

Niemand wollte mit der Staatsanwaltschaft zu tun haben, weil alle wussten, wie
schwer es war, wissenschaftlich gefestigte Belege zu erarbeiten. Ohne Geld wollte
niemand sich diese Arbeit antun. Das sollte ich machen.

7

Bezüglich der Vorgänge bei der Ausländerbehörde Elbe-Elster erhielt ich nun als
Antwort auf ein Schreiben an Innenminister Blaubeere aus Brandenburg die Aussage: *»Falls Sie auch Ihre eigenen Möglichkeiten nutzen möchten, zu einem sach-*
gemäßen und effizienten Verfahrensablauf beizutragen, rege ich an, dass Sie die
künstlerischen Freiheiten, die Sie für sich bei der engagierten Wahrnehmung Ihrer
berechtigten Interessen offenbar in Anspruch nehmen, künftig vielleicht zumindest
in Bezug auf die Dienstkräfte der Staatsangehörigkeitsbehörde doch etwas weniger
ausdrucksstark artikulieren, als Sie dies bisher beispielsweise auch in Ihren Bezugs-
schreiben, mit Vorhaltungen wie ,Brutalität', ,Blanker Irrsinn', ,brutaler Härte',
,Psychoterror' und ,blanker Hohn' getan haben. Eine Gemeinwohlorientierung Ihrer
an die Staatsangehörigkeitsbehörde gerichteten Sprachgewalt ... die Sie Ihrem Tun
mit Selbstverständlichkeit zuschreiben, vermag ich jedenfalls nicht zu erkennen.«[169]

Ein Herr Bu. vom Innenministerium drohte mir jetzt im Namen des Innenministers Blaubeere, ich würde nicht eingebürgert, wenn ich weiterhin von »Psychoterror« spreche, wenn ich weiterhin als Kulturschaffender staatliche Stellen

---

169 Schreiben vom Brandenburger Innenministerium vom 10 Mai 2019 / 21-815-21

kritisierte, für Menschenrechtsverstöße und rechte Gewalt. Typisch ist diese in scheinbar höflichen Worten verpackte Unart, sich zynisch über meine Arbeit als Künstler zu äußern. Er sah also in zivilgesellschaftlicher Kritik am Staat, wofür Kunst und Journalismus existieren, keinen Nutzen für das Gemeinwohl, was das ist, was man als eine faschistische Haltung bezeichnen könnte. Auch dieser Beamte machte sich über die Kunstfreiheit lustig. Innenminister Blaubeere hat nach mehrfachen Dienstaufsichtsbeschwerden nie auf die Vorwürfe reagiert. Er sah also dabei zu, wie »Psychoterror« unter Gewaltandrohung durch das Innenministerium marginalisiert wurde. Dass Innenminister Blaubeere zu rechtsradikalen Äußerungen seiner Mitarbeiter:innen, die mich als Künstler verhöhnten, jede Aufklärung verweigerte, lag vielleicht, nur eine Vermutung, daran, dass Herr H. von der Ausländerbehörde, sowie die Leiterin des Jobcenters in ihren Lügen über mich, vom Landrat Brombeere (CDU) gedeckt wurden und dieser ein Parteifreund/Kumpel von Innenminister Blaubeere war.

Beide fand man gelegentlich Bier trinkend im oder in der Nähe des gemeinsamen Kreisverbands der CDU in Herzberg. Dazu gab es Fotos im Internet. Da Innenminister Blaubeere auch nach Schreiben unter Zeugenschaft einer Richterin B. die Akteneinsicht zu den Vorgängen in seinem Haus im Kontext einer späteren SLAPP-Klage gegen mich, auf die ich noch zu sprechen komme, im Jahr 2023 verweigerte, sah die ganze Sache zunehmend nach Vertuschung rechter Gewalt durch den Innenminister Blaubeere aus.

Denn B. schrieb weiter: »*(...) und auch Ihrem Antragsbegehren entsprechenden Zweck ist mir nichts ersichtlich. Ihm wäre jedenfalls objektiv nicht damit gedient, dass Sie mutwillig eine Situation herbeiführen, in der ich mir von der Staatsangehörigkeitsbehörde den vollständigen Originalverwaltungsvorgang vorlegen lassen müsste, um eingehend zu prüfen, ob schon allein Ihr Auftreten gegenüber der Behörde einen im Sinne von § 75 Satz 1 Verwaltungsgerichtsordnung (VsGO) zureichenden Grund dafür darstellt, über Ihr Einbürgerungsbegehren nicht zu entscheiden.*«

Das war eine handfeste Drohung gegen mich als Kulturschaffenden. Wenn ich also als Künstler Kritik äußerte, die ich als Autist entsprechend logisch und scharf formulierte, würde man mich bestrafen. Unter Innenminister Blaubeere konnte ein solcher Beamter also unverhohlen einem Künstler drohen, um einem verklausuliert ins Gesicht zu sagen, man würde einfach strukturelle Gewalt anwenden, wenn ich nicht die Fresse halte. Natürlich würde das mit weiteren Witzen über Künstler:innen begründet werden. Ach, wie lustig. Innenminister Blaubeere war wie gesagt über Jahre mehrfach umfassend informiert worden und ging gegen diesen Rechtsradikalismus im eigenen Haus nicht vor. Ob er seinen Kumpel und Parteifreund Brombeere dadurch schützen wollte, weiß ich nicht. Dass aber sogar der Innenminister von Brandenburg, zeitweise der Leiter der Innenministerkonferenz sich weigerte, die Sache aufzuklären, war ein handfester Skandal.

Die Ausländerbehörde und Herr Bu. verweigerten später die Befreiung von der Gebühr, einerseits weil ich diese angeblich sehr wohl bezahlen konnte, andererseits verweigerten sie bereits die Bearbeitung der Einbürgerung, weil sie ohne eine Vorauszahlung behaupten konnten, sie würden das Geld nie erhalten, weil ich ja offensichtlich zahlungsunfähig sei. Selbst widersprüchliche Aussagen verhinderten kein absurdes Verwaltungshandeln.

Ein Mitarbeiter des Ministerpräsidenten Süßkirsche reagierte auf die Missstände mit den Worten: »*Die Bearbeitung Ihrer Dienstaufsichtsbeschwerde ist seitens der Staatskanzlei mangels Zuständigkeit nicht möglich.*«[170]

Am 20. Mai 2019 schrieb mir Herr H. von der Ausländerbehörde als endgültige Ablehnungsbegründung meiner Einbürgerung: »*(...) Sie den Leistungsbezug (Hartz IV) zu vertreten haben, weil Sie dafür die, wenn nicht maßgebliche, so doch prägende Ursache selbst gesetzt haben, indem Sie es, Ihrer subjektiven künstlerischen Berufung folgend, ablehnen, sich in eine zumutbare Erwerbsarbeit zu integrieren (...)*«[171]

Es war also eine subjektive Berufung, die sich in jedem Fall den Notwendigkeiten der Erwerbsarbeit zu unterwerfen hätte, wenn ich massive Missstände benannte, weshalb mir niemand einen Job gab. Man nahm sich das Recht heraus mich massiv zu bestrafen, weil ich die Kunst ernst nahm und meine Pflicht darin sah, nicht dabei zuzusehen, wie Menschen zerstört werden. Man bezog sich also immerzu auf ein System des Kapitalismus, welches objektiv nicht nur nicht funktionierte, sondern Menschen zerstöre und implizierte fortlaufend, dies sei richtig und angemessen. Es war ein Rechtsstaat in einer selbstreferenziellen Blase.

Herr H., der sich auf die besagte Akte beim Jobcenter bezog und auf mein Buch »Radical Worker«, erklärte mich, wie zuvor die Landrätin Pfirsich, entlang von Sozialrassismus zum Arbeitsverweigerer. Meine Arbeit sei laut Herrn H.: »*nicht im Interesse des deutschen Staatsverbandes*«, was dasselbe war, als wie Hitler und seinesgleichen sinngemäß zu sagen pflegten, diese Künstler:innen seien schädlich für den deutschen Volkskörper und müssten vertrieben, verfolgt und ausgemerzt werden.

H. stellte 2019 künstlerische Arbeit auf dieselbe Weise, im fast identischen Wortlaut, als die Gesellschaft schädigend dar und selbst die Brandenburger Kulturministerin Himbeere (SPD) widersprach nach mehrfacher Aufforderung, dies zu tun, nicht. Denn auch sie hielt verarmte Kulturschaffende, was auf alle zutraf,

---

170 Brief von Staatskanzlei Brandenburg vom 15 Mai 2019 / 32.3/19/00868
171 Schreiben der Ausländerbehörde Elbe-Elster vom 20. Mail 2019 / 32.33.30.07/07-2019/ha

die den Mund gegen Rechts aufmachten, offenbar für wertlose Menschen, die man selbstverständlich bestrafen muss, wenn sie nicht gehorsam sind.

Wie gesagt, dass man für seine Arbeit nicht belohnt wird, bedeutet objektiv weder fehlende Relevanz des Tuns noch fehlenden Wert, gar fehlende Notwendigkeit. Von Komplexität durfte Diskriminierung nicht abgeleitet werden. Wer Fragen stellt, ist nicht der zu Bestrafende.

8

Ich erhielt zwar nach Einigung zwischen der EU und Großbritannien ein unbegrenztes Aufenthaltsrecht, aber ob dies wirklich eine Sicherheit bot, ist mir bis heute nicht klar. Denn Regeln bedeuteten nichts, wenn sie der Deutungshoheit von Rechten unterliegen. Ich war vollkommen auf mich selbst zurückgeworfen und wusste nicht, wie es weitergehen sollte. Also arbeitete ich einfach, versuchte mehr und mehr zu verstehen und Widerstand gegen die unmenschlichen Verhältnisse zu leisten.

Das Bundesministerium für Arbeit und Soziales in Berlin schrieb mir am 23. Mai 2019: »*Sie sprechen die Grundsicherung für Arbeitsuchende nach dem zweiten Sozialgesetzbuch an und wie sie verändert werden müsste.*«

Ein Moment der Hoffnung. Dann weiter: »*Es ist richtig und wichtig, 14 Jahre nach Inkrafttreten der SGB II (Hartz IV) darüber zu sprechen, wie die Grundsicherung für Arbeitsuchende an Herausforderungen und Rahmenbedingungen angepasst werden kann. Deshalb hat Herr Bundesminister Kiwi einen breiten Dialog zur Weiterentwicklung der Grundsicherung für Arbeitsuchende und zur Zukunft der Arbeit, sowie zur sozialen Sicherheit gestartet. Dieser Zukunftsdialog soll Antworten geben, wie wir angesichts neuer Herausforderungen gut in unserem Land zusammenleben, zusammenarbeiten und füreinander da sein können. Im Dialog erfolgt ein Rückblick auf diese 14 Jahre des SGB II. Wir stellen vier wesentliche positive Wirkungen fest. 1. Das SGB II hat sich grundsätzlich bewährt. 2. Nach vorliegenden wissenschaftlichen Erkenntnissen hat das SGB II einen spürbaren Beitrag zum weiterhin anhaltenden Arbeitsmarktaufschwung geleistet. 3. Die Jobcenter integrieren jedes Jahr hunderttausende Menschen in Arbeit und unterstützen sie darüber hinaus z. B. durch vielfältige Beratungsangebote und Weiterbildungsmöglichkeiten. 4. Die Grundsicherung für Arbeitsuchende in Deutschland ist eine international anerkannte, beispiellose Absicherung für fast sechs Millionen Menschen. Sie können sich über die Ergebnisse der Dialoge auf unserer Webseite informieren.*«

Niemand von den kompetenten kritischen Stimmen zu Hartz IV, die sich seit Jahren mit den Problemen befassten, dazu publizierten, wurde zu diesem Zirkus eingeladen. Ich auch nicht. Man hatte somit alle unsere Einwände, Essays, Bücher und Kritiken, im Grunde unsere Leben gegen eine Show ausgetauscht, bei der das Ergebnis des »Dialogs« von Anfang an feststand. Ich erlebte mein 1984.[172]

9

Am 22. September 2019 schrieb ich einen umfangreichen Brief an Innenminister Blaubeere, auf den ich nie eine Antwort erhielt: *»Man kann in einer Demokratie nicht Kulturschaffende auffordern, kritisch und unangepasst zu handeln, weil das ihre Aufgabe in einer Demokratie ist und dann, wenn sie dadurch wirtschaftlich wenig erfolgreich sind, was ja logisch ist, ihnen dies zum Vorwurf machen. Das untergräbt demokratische Grundsätze (...). Wenn Herr H. so tut, als spiele das keine Rolle, dann ist das schlicht Betrug (...). Ich bitte Sie um ein rasches Eingreifen.«*

Besondere Tragik bestand auch darin, dass die Brandenburger Kulturministerin Himbeere und der Deutsche Kulturrat über diese Vorgänge informiert waren und wie gesagt nicht reagierten. Der Kulturrat unter der Leitung von Olaf Zimmermann verspottete mich und nahm die Sache nicht ernst, und die Ministerin Himbeere reagierte einfach nie. Sie reagierte auch nicht, als sie später erfuhr, dass ich von rechtsradikal motivierten Beamten krankenhausreif gemobbt wurde. So ging man in Deutschland mit verarmten Kulturschaffenden um.

In einem Brief an die Landrätin Pfirsich schrieb ich am 17. Dezember 2019: *»Armut ist ein Verbrechen an den Armen, nicht ein Vergehen der Armen an der Gesellschaft.«*

Am 12. Februar 2020 schickte ich dem Innenminister Blaubeere ein weiteres Schreiben mit dem Inhalt: *»Beamte des Innenministeriums decken weiterhin rechtsnational motivierte Misshandlungen und Diskriminierung von mir als Kulturschaffenden (...). Entweder Sie ermitteln endlich gegen diese Beamten im Ministerium und der Herzberger Ausländerbehörde, der Sie ja nahestehen, oder die ganze Sache wird in der Öffentlichkeit so aussehen, als versuchten hier rechtsnational motivierte Beamt:innen mich, als Künstler krankenhausreif zu schikanieren.«*

Alles, was Herrn B. vom Innenministerium, abschließend dazu zu sagen hatte, war: *»Es gibt jedoch in der Sache keine Veranlassung dazu, dem hiesigen Schreiben an Sie vom 10. Mai 2019 etwas hinzuzufügen. Bitte beachten Sie, dass weitere Zuschriften in der Angelegenheit nicht mehr beantwortet werden.«*

In dieser Zeit wurden tausende Menschen eingebürgert, die im Gegensatz zu mir erst ein paar Jahre im Land lebten. Natürlich war das O. K. Es war aber nicht

---

172 Wikipedia: 1984 (Originaltitel: Nineteen Eighty-Four), geschrieben von 1946 bis 1948 und erschienen im Juni 1949, ist ein dystopischer Roman von George Orwell, in dem ein totalitärer Überwachungsstaat im Jahr 1984 dargestellt wird.

okay, mir nach 25 Jahren die Einbürgerung zu verweigern, weil ich als Künstler unangenehme Fragen stellte und dies neben meinem damals noch nicht bekannten
Autismus zu meiner Verarmung geführt hatte.

TAKE-AWAY BOX – KAPITEL »BREXIT – DIE ULTIMATIVE SEGREGATIONSFALLE«

Politische Großrazzia statt Souveränität
Brexit präsentiert sich als Rückgewinn nationaler Kontrolle, wirkt faktisch wie eine staatliche
Razzia gegen die eigene Bevölkerung: Freizügigkeit, Forschungs- und Care-Infrastrukturen
werden gekappt – Dis/Integration ersetzt Kooperation.

Segregation als ökonomische Kurzschluss-Logik
Wie im Jobcenter-Sanktionsregime wird Zugehörigkeit an Nützlichkeit gemessen: »Global
Britannia« für Invest-Eliten, Grenzzäune gegen Wanderarbeiter:innen. Die Insel schrumpft
ihren Affordanz-Raum und bremst Innovations-Flüsse.

Monotropismus auf Nationalebene
Autistische Theorie erklärt Fokusverengung: Ein einziges Thema („Take back control") zieht
sämtliche Ressourcen; komplexe Wechselwirkungen (Lieferketten, Erasmus, Umweltstandards)
werden sensorisch ausgeblendet.

Klassismus + Nostalgie = Populistisches Bindemittel
Wirtschaftlich Abgehängte projizieren Frust auf »Brüssel« ähnlich wie Hartz-IV-Narrative
Schuld auf »Leistungsunwillige« legen. Segregation liefert den emotionalen Kick, ohne struk-
turelle Ursachen anzutasten.

Emergenz-Defizit
MNO-Logik zeigt: Wird das Erleben fremder Perspektiven (EU-Freiheiten) gekappt, kollabiert
die Emergenz-Zone, die neue Ideen generiert. Zurück bleibt eine Indimergenz-Wüste aus hohlen Souveränitäts-Objekten.

Lehre für den Arbeitsbegriff
Ob Nation oder Firma: Wer Beziehungen kappt, gewinnt scheinbare Autonomie, verliert aber
Resonanz- und Lernfähigkeit. Segregation ist kein Randphänomen, sondern die makropoliti-
sche Entsprechung eines Arbeitsplatzes ohne Selbstbestimmung – mit denselben Folgeschäden.

GEWALTAKT 6: CORONA UND DAS VAKUUM

1

Kaum ein Geschehen offenbarte die Irrationalität der Armut deutlicher als die Pandemie um Covid 19, die 2020 begann. Tausende Menschen verarmten im Rahmen der Pandemie, als Folge äußerer Umstände, wie Arbeitsverboten und dennoch wurde den meisten dieser Opfer in Folge ihre Armut als ihre eigene Schuld definiert. Was unter der Pandemie geschah, offenbarte wie kaum eine andere Situation, wie irreal die Schuldzuweisung gegenüber den Armen wirklich war und ist. Denn dass diese für ihre durch die Pandemie verursachte Armut nichts konnten, war offensichtlich. Niemand aber wollte diese Korrektur in den Kapitalismus eingeben, gar berücksichtigen oder als eine Infragestellung des Marktes betrachten.

Man täuschte daher als Alibihandlung Hilfe und Respekt für die Betroffenen an, was aber für sehr viele Menschen und Existenzen die Schäden nicht kompensieren konnte. Nicht annähernd.

Das kapitalistische System war also erneut komplett unfähig, die wahren Ursachen von Verarmung zu erkennen, gar angemessen zu behandeln, und wandte stattdessen dieselbe Gewalt gegen alle Armen an, auch gegen jene, die als Folge der Pandemie und der Restriktionen der Bewegungsfreiheit verarmt waren. Das aber offenbarte erneut eindrucksvoll den Betrug, der im kapitalistischen Markt steckte, der Marktentscheidungen stets so behandelte, als gäbe es reine Marktprozesse mit Chancengleichheit und eben keine Intersektionalität für bestimmte Gruppen, oder andere Formen der Diskriminierung in diesem Prozess.

Am 30. August 2020 schrieb ich einen zehnseitigen Brief an das Jugendamt: *»Sie sind aufgefordert, wieder in der Frist binnen vier Wochen mir mitzuteilen, wie ich Ihnen belegen kann, dass das gesamte Wirtschaftsjahr 2020 unschuldig durch die Pandemie vernichtet wurde?«*

Weil das »subjektiv erlebte Leid« nicht mehr behördlich ergründbar war, nicht mehr in der Politik vorkam, nicht messbar war, zählte es nichts. Es war nicht messbar, weil man sich weigerte, es messbar zu machen. Man rechnete mir also wie unzähligen anderen selbst in der Pandemie weiterhin entlang des Begriffs der Leistungsfähigkeit und der gesteigerten Erwerbsobliegenheit Schulden auf, Tag für Tag, obwohl der Staat mir im Rahmen des Infektionsschutzes ein faktisches Arbeitsverbot erteilt hatte. Das Unrecht, dass die Wirkungen der Pandemie manche extrem und andere, besonders Beamt:innen, überhaupt nicht betraf, in einer Welt, in der Betroffene, wie gesagt, immer seltener Gehör fanden, durfte im Alltag der

Bürokratie keine Abbildung finden. Dass ich als Autist ohnehin nicht leistungsfähig war, spielte zu dem Zeitpunkt keine Rolle, da ich dies damals noch nicht wusste. Die Folgen waren aber natürlich da.

Obwohl der Staat mir wie unzähligen anderen Kulturschaffenden ein Arbeitsverbot auferlegte, um Menschen vor dem Virus zu schützen, ich nicht oder kaum arbeiten konnte, weil ich keinen Kitazugang für meinen kleinen Sohn erhielt, rechnete man mir weiterhin diese Unterhaltsschulden auf, entlang der Idiotie der Leistungsfähigkeit, die selbst angesichts eines Arbeitsverbots durch Kitaentzug nichts von ihrer Funktion verlor, nämlich im Sanktionsparadoxon einen Grund zu liefern, um Armut stets zu bestrafen, egal, was die Ursachen der Armut waren. Die Hauptleidtragenden der Pandemie wurden neben Kindern und Jugendlichen, sowie Pflegekräften besonders jene, deren Wert man für die Gesellschaft als gering einstufte, also Kulturschaffende, Wirte und Arme, die beispielsweise nicht zu den »Systemrelevanten« gerechnet wurden, die Privilegien in der Pandemie genossen. Das Land Bandenburg bereicherte sich an diesen Menschen. Besonders am »Invisable Labor«.

Das Arbeitsverbot bestand bei mir aber nicht nur darin, dass die Kita ausfiel. Es wurden auch viele andere Projekte als Folge der Pandemie an sich behindert oder eingestellt. Das hatte zur Konsequenz, dass Projekte wie das Buch »Radical Worker«, die zu dem Zeitpunkt hätten beworben werden sollen oder andere Versuche, die Einnahmen zu steigern, auch aus den Vorjahren vernichtet wurden. Der Schaden war immens, nicht nur für mich, sondern für sehr viele Menschen im Land. Die Kulturszene hat sich bis heute nicht von den Kürzungen und strukturellen Vernichtungen erholt.

Ich schrieb daher an das Jugendamt: »*Ich betone abschließend, auf Ihr Schreiben Bezug nehmend, dass der vollkommene Verzicht auf jede Forderung mir gegenüber dadurch eindeutig begründet ist, dass ich vom Staat krank gemacht wurde, dass meine Verarmung nicht von mir selbst verschuldet wurde und eine reine Stundung nicht nur eine Frechheit darstellt, sondern diese Übermacht an Schulden, die ich, das zeigen meine bisherigen Einnahmen eindeutig, nie werde zurückbezahlen können, mich massiv gesundheitlich und in meiner ökonomischen Selbstständigkeit beschädigen. Sie behindern mein Bemühen für meine Kinder zu sorgen auf eine unfassbare Weise. Der Staat zerstört mich dadurch.*«

Das Jugendamt antwortete mir, man würde meine »Leistungsunfähigkeit« weiterhin nicht anerkennen, denn ich hätte schon vor Corona »nichts« gearbeitet: »*Bereits vor der Pandemie sind Sie Ihrer Erwerbsobliegenheit nicht nachgekommen.*«

Dieser Satz ist deswegen zentral, weil man damit aussagte, auch wenn die Pandemie ein Arbeitsverbot bedeutete, dies, also die Fakten von der Behörde nicht anerkannt würden. Die Ressentiments gegenüber meiner Arbeit als Künstler waren derart gewaltig, dass Fakten für die Behörde entlang von Ressentiments gelöscht wurden. Die Kunst wurde nicht als mein einzig umsetzbarer Versuch anerkannt, angesichts der Affordanzen meiner Situation, der Armut zu entkommen. Das folgte einer Logik der Verdrehung, durch die Diskriminierung unsichtbar wurde, weil man den Diskriminierten verachtete. Genau das gab ich an die Ministerin für Bildung weiter. Mit einem Brief vom 5. September 2020 teilte ich der Ministerin Britta Ernst, der Ehefrau von Kanzler Olaf Scholz, mit: *»Sie sind aufgefordert zu erklären, weshalb Sie sich als Ministerium weigern, diese Forschung zu berücksichtigen, gar mich zu einem Gespräch einzuladen.«*

Keine Reaktion. Man fuhr einfach mit Rassismen fort und behauptete, die Arbeit eines Kulturschaffenden habe keinerlei Wert für die Gesellschaft. Man führte also die Logik von Nazis fort, gedeckt durch etliche Ministerien.

2

Ich schrieb an die Staatsanwaltschaft Cottbus: *»Im Rahmen meiner Arbeit als Künstler und Armutsforscher haben im Laufe der Jahre etliche Behörden, darunter vor allem Jobcenter, Akten über mich angelegt, in denen Beamte sich auf öffentliche Kritik von mir reagierend, die ich als Künstler und Forscher in Büchern usw. publizierte, versuchten sich reinzuwaschen, indem sie über mich wilde Verdrehungen und Geschichten in Akten eintrugen. Über die Jahre ist dadurch mittlerweile eine gigantische Akte voller Verleumdungen und Lügen entstanden, auf die sich wiederum andere Behörden berufen (...). Wir werden das alles in dem Kinofilm zeigen.«*[173]

Ich bezog mich auf den von mir Produzierten Film »Transferprotokoll«, an dem ich seit vier Jahren arbeitete, der zu diesem Zeitpunkt kurz vor der Fertigstellung stand. Wir sehen also hier, wie ein »Herrschaftsnarrativ«, bei dem die Armen, Fremden, Migrant:innen oder Künstler:innen immer als minderwertig dargestellt wurden, von sämtlichen Ämtern und Behörden in Brandenburg repliziert wurde, um Betrug und massive Missstände zu vertuschen. Meine Arbeit offenbart hier eine systemische Gewalt, die in einer Demokratie nicht ignoriert werden darf. Meine Forschung zeigt, dass sämtliche Behörden in Brandenburg, die mit mir zu tun hatten, sich derart verhielten, es also nach wie vor einfach war, massive Diskriminierung und rechte Gewalt zu beobachten und durch provozierte Empirie dort sichtbar werden zu lassen, wo Behörden an Grenzen ihrer Ambiguität gerieten, das System also an sich selbst scheiterte.

173 Schreiben an die Staatsanwaltschaft Cottbus vom 28.9.2020 / 1360 Js 31976/20

Da ich nun der Landrätin Frau Pfirsich und allen anderen beteiligten Stellen regelmäßig mitteilte, dass der Film Transferprotokoll bald fertig würde, wurden diese natürlich nervös und Frau Pfirsich versuchte im Hintergrund bei der Staatsanwaltschaft Cottbus massiv Druck aufzubauen, um ein Ermittlungsverfahren gegen mich einleiten zu lassen. Auch Blaubeere war ab dem 28. September 2020 über den Film in Kenntnis gesetzt worden. Am selben Tag informierte ich die Staatsanwaltschaft Cottbus erneut über das Problem der Akten voller Lügen, die nun auch die Landrätin Pfirsich an anderer Stelle zu füllen versuchte.

Ab diesem Moment wurden die Behörden sozusagen zum Bösen verleitet, im Sinne von Hannah Ahrendt. Im Selbsterhalt blieb ihnen nur zu lügen (Kategorisierungslüge), weil sie aus Gründen des Machterhalts nicht eingestehen konnten, dass sie grundsätzlich in ihrer Beurteilung der Realität falschlagen. Sie sahen die Welt zu unterkomplex, aber das Komplexe stand im Widerspruch zur Legitimität von Macht.

Mit dem Brief vom 30. September 2020 erstattete ich Strafantrag gegen die Beamten des Jugendamtes, der behauptete, ich hätte schon vor Corona nicht gearbeitet, obwohl ich die ganze Zeit 40 Stunden die Woche arbeitete. Die Staatsanwaltschaft wusste also ab diesem Zeitpunkt, dass das Land Brandenburg sich an Coronaopfern wie mir bereicherte, indem es ihnen Schulden aufrechnete, obwohl sie durch die Coronamaßnahmen an der Arbeit massiv behindert wurden, also eindeutig in diesem Zeitraum nicht leistungsfähig waren.

Die Staatsanwaltschaft hätte darauf reagieren müssen, denn der Betrug war eindeutig und umfassend dokumentiert, aber das hat sie natürlich wieder nicht getan, denn die Logik, dass Armut mit Faulheit gleichzusetzen ist, war hier das dominante Narrativ.

Herr L. vom Jugendamt hatte mir geschrieben: »*Sie vertreten nach wie vor die Auffassung, dass Sie aufgrund von Krankheit und den Folgen der Pandemie nicht in der Lage zur Rückzahlung der an Ihre Kinder gewährten Unterhaltsvorschussleistungen seien.*«

Diese Auffassung war umfassend belegt. Das aber interessierte ihn nicht. Ich forderte die Bundesfamilienministerin Ernst dreimal auf, zu reagieren. Die Frau des Bundeskanzlers schwieg weiter und das lies diesen Betrug an Opfern der Corona-Pandemie einfach geschehen.

3

In einem offenen Brief vom 11. Oktober 2020 warf ich der Landrätin Pfirsich vor, als ehemaliges SED-Mitglied dieselben Methoden wie die Stasi gegen mich

anzuwenden, nämlich unliebsame Kulturschaffende als »Arbeitsverweigerer« darzustellen. Es ging darum, die Komplexität erneut zu erweitern. In der DDR war
wegen des »Asozialen-Paragrafen«, also § 149 StGB, Arbeitsverweigerung verboten und man konnte dafür ins Gefängnis gesteckt werden. Viele Kulturschaffende
landeten in Folge hinter Gittern.

Ich schrieb an die Landrätin: *»Als Sie erfuhren, dass ich als Folge meines gesellschaftlichen Engagements, über Jahrzehnte schließlich, wie viele Kulturschaffende,
verarmt bin und kurzzeitig den Unterhalt für meine beiden Kinder nicht bezahlen
konnte, war es Ihnen vollkommen egal, weshalb ich verarmt war, wie die Schreiben
von Ihnen eindrucksvoll aufzeigen. Nein, für Sie waren die Reflexe Ihrer Vergangenheit sofort präsent. Da besitzt ein Künstler die Frechheit, das ökonomische System
infrage zu stellen, und das muss der Grund für seine Verarmung sein, weshalb nun
der Staat für ihn aufkommen muss. Also ist dieser Künstler mit maximaler Härte
zu bestrafen.*

*Früher, als Ihre SED noch an der Macht war, hätte man Menschen wie mich
zweifelsfrei im Gefängnis verrotten lassen. Klar, dass Sie jetzt, unterstützt von einem
Rechtsruck in den Brandenburger Verwaltungen, glaubten, es sei vollkommen in
Ordnung, mich zu benachteiligen, auch wenn Sie damit gegen das Grundgesetz verstoßen. Das mag für Sie neu sein, aber es herrscht Kunstfreiheit, was bedeutet, dass
es verboten ist, Künstler:innen wegen ihrer künstlerischen Arbeit zu verfolgen, zu diskriminieren und zu bestrafen. Das war Ihnen egal.*

*Was sich hier als »DDR im Kleinen« wiederholt, ist beispielgebend für den bru-
talen Umgang des Staates mit Menschen in Armut und wir werden dies in dem
Kinofilm »Transferprotokoll« in allen Details öffentlich machen. Was Sie getan haben, ist widerwärtig und durch nichts zu entschuldigen.«*[174]

Über diesen Frontalangriff waren die Minister:innen Blaubeere, Süßkirsche,
Ernst und Himbeere, sowie die Bundesregierung und die Staatsanwaltschaft umfassend informiert und reagierten nicht. Es wurden auch Dienstaufsichtsbeschwerden ignoriert, auf die man hätte reagieren müssen.

Am 12. Oktober 2020 ging ein neues Schreiben von mir an Innenminister
Blaubeere: *»Bezug nehmend auf das Schreiben vom 28.9., worauf ich noch immer
keine Antwort erhalten habe, gehe ich jetzt nicht auf alle Details ein, setze Sie aber in
Kenntnis, dass die Landrätin Pfirsich, siehe offener Brief, kurz davor ist, als Ex SED
Mitarbeiterin unfassbare Straftaten zu begehen. Über diese Situation ist Ihr Haus
seit Monaten informiert.«*

Am selben Tag setzte ich den Behördenleiter der Staatsanwaltschaft Potsdam,
Herrn Oberstaatsanwalt Dörrpflaume, darüber in Kenntnis, dass das Jugendamt

---

174 Offener Brief an die Landrätin Pfirsich vom 11.10.2020

mich unter Gewaltandrohung zwingen wollte, ein »Schuldeingeständnis« zu unterschreiben, um die Diskriminierung unter Corona zu vertuschen. Man wollte nun Nägel mit Köpfen machen und die ganze Debatte dadurch beenden, dass man mir mit Gerichtskosten drohte, die ich nicht hätte bezahlen können, wenn ich nicht unterschreibe, dass ich meine Schuld anerkenne. Ich schrieb in künstlerischer Zuspitzung an den Oberstaatsanwalt: *»Die TV-Aufzeichnung wird zeigen, wie Landrätin Pfirsich entlang von rechtsradikalen Ressentiments ein Verbrechen begeht. Sie sind aufgefordert, einzuschreiten.«*[175]

In einem weiteren Brief vom 16. Oktober 2020 ergänzte ich: *»Es werden die tatsächlichen Ursachen der Armut bewusst ignoriert, es wird hier bewusst getäuscht, um durch diesen Betrug Gelder mit maximaler Gewalt zurückfordern zu können. Hier übergeht das Politische das Rechtliche auf eine Weise, die Menschenleben zerstört.«*

Ende Oktober sollte der ganze Fall dem Kreistag präsentiert werden. Dies war aus der Dynamik der Briefe heraus entstanden und ging auf eine Initiative des Brandenburger Innenministeriums zurück, dem ich am 19. Oktober 2020 schrieb: *»Wie Sie dem Schreiben an den Oberstaatsanwalt entnehmen können, versucht die Landrätin, nachdem Sie die Zuständigkeit dem Kreistag zuwiesen, diesen absichtlich zu täuschen. Grundsätzlich steht bei der Abstimmung des Kreistages am 26. die Rechtsstaatlichkeit infrage, da ein Gremium aus Schülern, Studenten, Senioren und AfD-Rechtsnationalen wohl kaum die angemessene Stelle ist, um über das Mobbing gegen einen Kulturschaffenden zu entscheiden.«*

Absurderweise war der Kreistag, den Pfirsich natürlich weitreichend in der Hand hatte, das Gremium, welches eigentlich sie kontrollieren sollte. Wie ich aus der Tagesordnung entnehmen konnte, wollte sie dem Gremium aus Schülern und Rechtsnationalen nur bestimmte Dokumente vorlegen, die nichtssagend waren. Als Reaktion auf meinen Vorwurf diesbezüglich warf sie einfach alle meine Schreiben im übertragenen Sinne in den Ring und führte mich auf diese Weise vor, weil niemand hunderte Seiten lesen wollte, in denen ich mich teilweise wiederholen musste, weil man auf Inhalte niemals einging. Sie mobbte mich also vor dem Kreistag. Sie stellte mich bewusst als Irren dar. Der Kreistag sprach sie am 26. Oktober 2020 von jeder Schuld frei, ohne wirklich verstanden zu haben, worum es ging. Sie hörten nur von einem Armen, der sich beschwerte, der den Unterhalt nicht bezahlen wollte, und sahen unzählige Schreiben, die niemand lesen wollte. Es war eine Farce. Sie inszenierte den rechten Mob herbei, um mich wie ein Schaf vor aller Augen zu opfern.

In einem letzten Brief schrieb ich an die Landrätin: *» Gestern hat mir die Amts-*

---

175 Brief an Oberstaatsanwalt Dörrpflaume vom 12. 10.2020 / zu 360 Js 31976/20

ärztin W. mitgeteilt, dass wegen Corona vorerst keine Termine stattfinden. Es wurden bestehende Termine abgesagt. Das bedeutet, dass ich dieses Jahr, nachdem mir erst seit Kurzem vom Ministerium mitgeteilt worden ist, dass ein Amtsarzt meine Erkrankung prüfen muss, keinen Termin mehr bekomme ... Ich betone nochmals. Sie haben eine ernste Erkrankung nicht ernst genommen, vermutlich weil Sie wussten, dass Sie selbst wegen des von Ihnen durchgeführten Mobbings eine der wesentlichen Ursachen dieser Erkrankung waren und sind. Es wird bis weit im Jahr 2021 dauern, um wieder auf den Stand vor 2020 zu kommen. Es muss daher klar gesagt werden, dass zwei bis vier Jahre an Arbeit durch die staatlichen Corona-Maßnahmen zerstört oder arg beschädigt worden sind. Die Nachwirkungen von Corona sind kaum zu beziffern, da der ganze Markt nun im Keller ist, die ganze kulturelle Infrastruktur am Boden liegt, alle Gelder gekürzt, Perspektiven eingeschränkt werden. »[176]

Mir fiel es immer schwerer, einen klaren Gedanken zu fassen, gar die Verhältnisse zusammenhängend darzulegen. Ich war zu diesem Zeitpunkt dem Mobbing vollkommen erlegen und die Geschehnisse diktierten nun mein Handeln. Alles drehte sich nur noch um das Unrecht, dass ich nicht fassen konnte, weil es in der »Realität« der Simulation nicht abbildbar war.

Da die Staatsanwaltschaft auf nichts reagierte, schrieb ich einen 17-seitigen Brief an den Generalstaatsanwalt Apfel. Ab diesem Zeitpunkt war der Generalstaatsanwalt von Brandenburg also weitgehend informiert, und zwar über so ziemlich alles, was die Probleme über den staatlichen Umgang mit Menschen in Armut in Deutschland betraf. Ich schrieb: »*Im vergangenen Jahr wurde 300.000 Haushalten der Strom abgedreht, überwiegend, weil diese Kosten unter Hartz IV nicht berücksichtigt werden. 74.000 Haushalte mit Kindern wurden sanktioniert. Dabei wurden rücksichtslos Kinder geschädigt. 15 Jahre lang verstieß die Bundesregierung gegen das Grundgesetz und Menschenrechte durch die 100 % Sanktionen, die schließlich vom Bundesverfassungsgericht aufgehoben wurden. Die tausenden Opfer leiden unter unfassbaren psychischen, gesundheitlichen und ökonomischen Schäden und werden schlicht ignoriert. Dies alles geschieht entlang eines Märchens von der Leistungsgesellschaft, vom fairen Wettbewerb, sowie von einer Chancengleichheit, die praktisch nicht existiert. Ginge es hier um eine Autobahnbrücke und nicht um den Umgang des Staates mit Menschen in Armut, säßen die Beschuldigten längst im Gefängnis. Systeme wie Hartz IV haben indirekt, teils direkt, weit mehr Menschen getötet, als eine einstürzende Autobahnbrücke es je könnte.*«[177]

Mir ging es darum, den Generalstaatsanwalt in Zeugenschaft zu nehmen. Er sollte sich damit befassen müssen, dass in unzähligen Behörden Rassismen gegen

---

176 Brief an die Landrätin Pfirsich vom 29.10.2020
177 Brief an den Generalstaatsanwalt Apfel vom 28.10.2020

Arme, Migrant:innen, Künstler:innen oder Erwerbslose stattfanden, die Folgen hatten, die sich von Körperverletzung, Betrug oder Psychoterror kaum oder überhaupt nicht unterschieden.

4

Während dieser Vorgänge hatte die Landrätin Strafantrag gegen mich eingereicht. Sie argumentierte in mehreren Briefen[178], ich hätte sie persönlich beleidigt, indem ich auf ihre SED-Vergangenheit hinwies, und es sei mir nicht darum gegangen, sie in ihrem Amtsverhalten zu kritisieren, sondern sie persönlich, also privat zu treffen. Die Staatsanwaltschaft in Cottbus lehnte eine Anklage zunächst ab, weil es mein Recht sei, sie im Amt zu kritisieren. Die Landrätin aber erhöhte mit diesen vielen Briefen, auch an die Leiterin der Staatsanwaltschaft Cottbus,, mit Hilfe ihrer Amtsmacht, den politischen Druck. Dabei ließ sie auch den Kreisrechtsrat und andere Kreisanwälte für sich arbeiten, obwohl sie bei einer persönlichen Beleidigung durch mich nicht das Recht gehabt hätte, staatliche Stellen einzusetzen, denn dies hätte ja dann ihr Amt nicht betroffen. Das schien aber die Staatsanwaltschaft Cottbus nicht weiter zu stören, die später in einem anderen Verfahren die Argumentation der Landrätin einfach übernahm, um gegen mich als Kritiker der Staatsanwaltschaft vorgehen zu können. Man ließ sich dann von der rechtsradikal argumentierenden Landrätin, die mich mehrfach verleumdete, Anklageschriften gegen mich direkt diktieren.

Rechte Staatsanwälte in Cottbus übernahmen einseitige Ansichten über mich und konstruierten aus vollkommen legitimer Machtkritik an staatlichen Missständen üble Nachrede, ohne sich auch nur im Geringsten mit der Frage zu befassen, weshalb oder in welchem Kontext ich als Künstler die Landrätin kritisierte. Der Arme war schuldig. Das war der Ausgangspunkt, der später zur Anklage gegen mich führen sollte. Durch eine rechtsradikal agierende Justiz.

---

178 Schreiben der Landrätin vom 2.6.2021 Aktenzeichen 30.40.LR.54/20 im Kontext mit 1511 Js 43451/20

TAKE-AWAY BOX – KAPITEL »CORONA & DAS VAKUUM«

Pandemie als Stress-Test für den Arbeitsbegriff
Lockdowns legten offen, dass vermeintlich »systemrelevante« Jobs an der Care-Peripherie
(Pflege, Logistik, Kultur) schlecht bezahlt und institutionell kaum geschützt sind – ein Wert-
vakuum mitten im Wertschöpfungssystem.

Sozialer Resonanzabbruch
Distanzgebote kappten Alltags-Affordanzen: Berührung, Blickkontakt, spontane Kaffeekü-
chen-Debatten. Für Autist:innen bringt das kurzzeitig Entlastung (weniger sensorische Über-
flutung), zeigt aber zugleich, wie sehr Beziehungshandeln hinter jeder Produktivitätsmetrik
steckt.

Digitale Ersatzräume = hohle Objekte
Zoom-Calls reproduzierten Output, nicht Erleben. Ohne geteilte Leiblichkeit schrumpfte das
MNO-Dreieck zum zweidimensionalen Papiertiger: Objekt (Meetinglink) ↔ Wille (Agenda) –
das Erleben blieb leer, emergente Kreativität stockte.

Klassistische Kontinuität
»Stay at home« war Privileg: Homeoffice für Mittelschicht, Präsenzpflicht für Supermarkt-
und Liefer-Belegschaften. Das Virus machte die Kategorisierungslüge sichtbar – dieselbe
Segregationslogik wie im Hartz-System, nur pandemisch beschleunigt.

Monotropismus & Hyperdetail als Krisenradar
Autistische Scharfbewachung von Regel-Inkonsistenzen (Maskenpolitik, Teststrategien) demonstrierte, wie wichtig divergente Wahrnehmung für organisationales Lernen ist – dennoch
wurden diese Warnsignale oft als Störung abgetan.

Fazit für eine Post-Corona-Ökonomie
Das »Vakuum« ist kein Ausnahmezustand, sondern die Normalarchitektur eines Arbeits-
modells ohne verkörperte Beziehungen. Nur ein Übergang zu Universal Care Income + selbstbestimmtem Beziehungshandeln kann künftige Schockwellen abfedern und echte Resilienz
erzeugen.

EINE DEFINITION VON »RECHTSRADIKAL« UND VON ERWEITERTEN RASSISMEN

In diesem Buch wird »rechtsradikal« nicht allein über Parteizugehörigkeit oder Symbolik bestimmt, sondern funktional: Rechtsradikal ist jede Person, Organisation oder Praxis, die Menschen – einzeln oder gruppenbezogen – aus dem universellen Anspruch auf Würde, Gleichwertigkeit und Teilhabe ausschließt und diesen Ausschluss mit Machtmitteln durchsetzt oder legitimiert. Entscheidend sind drei Prüfkriterien: 1) Hierarchisierung des Menschseins (Wertekategorien wie »nützlich/unnütz«, »Volkszugehörigkeit«, »Kostenfaktor«); 2) Delegitimierung universeller Rechte zugunsten von Blut-, Leistungs- oder Marktlogik; 3) normative oder faktische Gewaltbereitschaft, die Ausgrenzung, Entrechtung oder physische Schädigung billigend in Kauf nimmt oder aktiv fordert. Mit dieser Definition lässt sich zeigen, dass rechtsradikale Strukturen nicht nur am Rand, sondern auch im »Normalbetrieb« von Behörden, Unternehmen oder Medien wirksam sein können, sobald sie Menschen auf ökonomische Kenngrößen reduzieren und Sanktionen als sozial »adäquat« rechtfertigen. Die Definition ist schlüssig, weil sie das historische Kernmotiv rechter Ideologien – die Aufkündigung egalitärer Solidarität – auf sein funktionales Prinzip verdichtet und so konkrete Handlungen statt bloßer Etiketten messbar macht.

In diesem Buch wird »Rassismus« als jede Form institutioneller, kultureller oder alltäglicher Praxis definiert, die Menschen nach einem arbiträren Merkmal – seien es Hautfarbe, Herkunft, Religion, Geschlecht, soziale Klasse, Neurodivergenz oder Erwerbsstatus – hierarchisiert, um Zugänge zu Ressourcen, Macht oder Anerkennung ungleich zu verteilen und diese Ungleichheit als »natürlich«, »verdient« oder »unvermeidbar« darzustellen. Der Begriff umfasst drei Ebenen:

STRUKTURELLER RASSISMUS – Gesetz-, Markt- oder Verwaltungsregime, die bestimmte Gruppen systematisch benachteiligen (z. B. Sanktionspraxis gegen Arme, fehlende Barrierefreiheit für Autist:innen).

DISKURSIVER RASSISMUS – Erzählungen, Metaphern und Medienbilder, die Gruppen abwerten oder entmenschlichen (»Leistungsträger« vs. »Kostenfaktor«).

INTERAKTIONELLER RASSISMUS – Alltagsakte, Mikroaggressionen und Ausschlüsse, die die strukturelle Ordnung reproduzieren.

Diese weite, intersektionale Definition ist schlüssig, weil sie das historische Kernprinzip von Rassismus – die Legitimation ungleicher Rechte durch ontologische Abwertung – erkennt und auf jede Kategorie anwendet, mit der Herrschaftssysteme Menschen entwürdigen, seien es klassische »Rassen« oder modernisierte Klassen- und Fähigkeitskonstrukte. So wird sichtbar, dass auch Klassismus, Ableismus oder die Pathologisierung Neurodivergenter rassistische Funktionslogik haben, sich auf einen eugenischen Rassismus beziehen, sobald sie den universellen Anspruch auf Würde selektiv außer Kraft setzen.

DER BEGINN DER BEWEISAUFNAHME

1

In diesem letzten Abschnitt des Buches geht es darum den Hauptbeweis dafür zu liefern, dass selbstbestimmte Arbeit in Beziehungsarbeit unbedingt erforderlich ist und abhängige Beschäftigung als dominante Handlungsform des Menschen, wegen der Neigung zur Simulation und der Entwertung und Entmachtung des subjektiven Individuums, eine Gefahr für die Zivilisation darstellt. Zwar ist diese Fallstudie eine die ausschließlich einen Einzelfall betrifft, aber in einer Tiefe von 10 Jahren ist dies eine einzigartige Untersuchung der realen Verhältnisse geworden, die sich, wenn auch nicht immer im hier vorgeführten Umfang, doch an vielen Stellen dieser Gesellschaft und Ökonomie als allgemeines Prinzip zeigt. Es ist eindeutig erkennbar, dass Menschen mit Jobs simplifizieren, um funktionieren zu können. Wer ein Ökosystem als Gesellschaft oder als Menschheit erhalten will, muss aber Komplexität integrieren können. Ein fundamentaler Widerspruch in der Vorstellung, Erwerbsarbeit erhalte alles. Wir sehen also, dass ohne Invisable Labor, Care-Arbeit und Speeds Arbeit diese Gesellschaft eindeutig zerfallen würde. Sprich sie tut es daher vor unseren Augen. Wie die folgenden Kapitel nun zeigen, ist es nicht nur eine Frage der Integration von Diversität, als Grundlage von Komplexität, oder eine von Gewalt, sondern lässt man die Simulation einfach laufen, schließt sie immer mehr an gelebter Diversität aus und vernichtet Existenzen. Die Gewalt, die dabei zur Anwendung kommt, ist eine indirekte Gewalt, eine symbolische Gewalt nach Bourdieu, die wir im demokratischen Sinne erfassbar machen müssen, wollen wir sie beenden. Diese Gewalt, die Staatsanwaltschaften und Politiker:innen, oder Richter:innen in Deutschland nicht sehen wollen, weil sie rechte Ideologien vertreten, die kann nur durch selbstbestimmte Arbeit, von Menschen wie mir, entlarvt, angeprangert und aufgehalten werden, weil nur der radikale Selbstausdruck freier Individuen erkennbar macht, was diese Leute zerstören, was ihr Verbrechen ist, was sie Menschen im Populismus antun. Das nun hier Gezeigte ist sicherlich kein umfassender Beweis, im Sinne einer quantitativen Studie, aber Beweis genug, um ein fundamentales Umdenken bezüglich des Arbeitsbegriffs zu fordern.

Diese Gesellschaft darf nicht weiterhin Invisable Labor bestrafen und Menschen deswegen vernichten, weil sie nicht entlang von Regeln des Kapitalismus arbeiten und Beiträge leisten. Oder, weil sie im Kapitalismus scheitern.

Unser Ausdruck, unsere Sprache, ist der Lebensraum, in dem wir existieren. Auch Arbeit kann als eine Sprache verstanden werden. Die Subkulturen, die wir erarbeiten, sind die Lebensräume von morgen.

»Von zusätzlicher Wichtigkeit für unsere Überlegungen ist die Tatsache, dass eine Sprache nicht nur Informationen übermittelt, sondern auch Ausdruck einer ganz bestimmten Wirklichkeitsauffassung ist. Wie schon Wilhelm von Humboldt feststellte, sind verschiedene Sprachen nicht ebenso viele Bezeichnungen einer Sache; es sind verschiedene Ansichten derselben.«[179]

Eine reife Gesellschaft muss daher in der Lage sein, vielfältige Formsprachen zu integrieren. Arbeit ist eine Formsprache. Sie schafft Formen als Ausdruck von Ordnung. Der Psychotherapeut und Sprachwissenschaftler Paul Watzlawick, von dem dieses Zitat stammt, beschrieb in seinem Buch »Wie wirklich ist die Wirklichkeit« eine Versuchsanordnung mit einem neurotischen Pferd. Das Tier stand in einer Koppel mit einer Metallplatte unter einem Fuß, welcher dem Pferd einen leichten Stromschlag verpasste, kurz nachdem eine Glocke geläutet wurde. Nach kurzer Zeit lernte das Pferd, den Fuß zu heben, sobald es den Ton hörte. Watzlawick schrieb: *»Dies führt zu dem interessanten Resultat, dass das Tier jedes Mal, wenn es den Huf hebt und ‚daher‘ keinen Schock erhält, in der Annahme bestärkt wird, das Heben des Hufs sei das ‚richtige‘ Verhalten, dass von einem unangenehmen Ergebnis schützt. Damit aber wird das Fehlverhalten selbst bestärkend oder, in anderen Worten: Es ist gerade dieses vermeintlich richtige Verhalten, das es dem Pferd nun unmöglich macht, die für sein Leben wichtigen Entdeckungen zu machen, dass die Bedrohung durch den Schock nicht mehr besteht.«*[180]

Wir können anders arbeiten. Wir müssen nur erkennen, dass die Metallplatte nicht mehr unter Strom steht. In diesem Sinne setzte ich »Speeds Arbeit« fort, um gegen die Gewohnheiten der Ökonomie anzugehen, weil auch die Haltung in einer Arbeit eine Sprache ist, die mehr ausdrückt als die normierte Tätigkeit. Die Nützlichkeit meines Tuns zeigte sich auf vielen Ebenen und wirkte doch mehrdimensional. Das war typisch für eine enaktive Arbeitsweise, die in die Welt eingebunden war.

Meiner Arbeit entgegengesetzt stand aber jene Unkultur, jene Metallplatte im Übertragenen Sinne, die der Autor Evgeny Morozov den sogenannten »Solutionisten« zuwies, also Menschen mit einer bestimmten Arbeitshaltung, die von moderner Technologie geprägt, beispielsweise im Silicon Valley häufig vertreten waren, die mit einer bestimmten Form der Simplifizierung »alle« Probleme lösen wollten und ebendiese Haltung sich besonders mit kapitalistischen Ideen des einseitigen Erfolgs, ohne in Bezugnahme der komplexeren Konsequenzen, als hoch kompatibel zeigte. Alles will in jenem Geist sofort gelöst werden und nichts ist auf

179 Paul Watzlawick / Wie wirklich ist die Wirklichkeit / Serie Piper / S 20
180 Paul Watzlawick / Wie wirklich ist die Wirklichkeit / Serie Piper / S 59

diese Weise wirklich gelöst worden, außer die beschränkte Sicht auf das Problem, die hat sich selbstreferenziell bestätigt. Morozov schreibt: »*Der Begriff des Solutionismus will also nicht einfach nur gespreizt umschrieben, dass für jemanden, der einen Hammer in der Hand hat, alles wie ein Nagel aussieht; er will nicht nur sagen, dass ,technische Lösungen' für ,verzwickte Probleme' ungeeignet sind. Nicht nur sind viele Probleme für den ,Schnell-&-Einfach'- Werkzeugkasten des Solutionisten schlichtweg ungeeignet. Vor allem stellt vieles, was Solutionisten als ein ,Problem' ansehen, das gelöst werden muss, gar kein Problem dar.*«[181]

Das Modell der Solutionisten ist auch längst das Rollenmodell der ArbeiterIn in den Jobs geworden. Daher wird die Sperrigkeit meiner Intervention abgelehnt, als Widerstand oder Gewalt betrachtet, statt als Angebot der Erweiterung.

2

Stellen Sie sich vor, die Welt wäre aus simplen Legosteinen gebaut! Man kann damit einen gewissen Grad an Komplexität erreichen, aber dann ist Schluss. Jeder simple Stein fügt sich unkompliziert in die Reihen ein. Doch was passiert, hält man plötzlich ein komplexes Gebilde als neuen Stein in der Hand, welches sich nicht sofort einfügen lässt? Der Mensch neigt dazu, dieses auszusondern, weil zwei Dinge ihn abschrecken. Erstens der Aufwand, den die Integration bedeuten würde und zweitens die fehlende Vorstellung davon, was dieser komplexe Baustein für einen Nutzen haben kann. Dieser stört zunächst. Das Problem des Kapitalismus besteht darin, dass es notwendige nachhaltige Prozesse unfinanzierbar macht. Die Lösungsangebote des Kapitalismus sind daher zu oft dem Solutionismus geschuldet. Es sind Ersatzlösungen. Dies liegt daran, dass der Kapitalismus durch einseitige Wertzuschreibung systematisch Komplexität abbaut. Das Erfolgsprinzip, dass wegen der monetären Zuweisung, also der Verknüpfung mit konkreten Zahlen erfolgt, ist in sich ein absoluter Begriff. Man ist erfolgreich, oder nicht. Das Leben ist aber nicht derart unterkomplex. Tatsache ist, dass die aus Lego gebaute Welt sich niemals wird, weiter entwickeln können, wenn es darin nicht gelingt, den komplexen Baustein zu integrieren. Die Lego Welt muss sich also teilweise selbst zerstören. Sie muss gegen die eigenen Regeln denken und handeln. Die Menschen in der Lego Welt werden aber zunächst von dem komplexen Baustein erwarten, dass dieser sich anpasst und einreiht. Denn sie sind in der Mehrzahl. Man wird, ich spitze zu, eine Eingliederungsvereinbarung erzwingen wollen, wie beim Jobcenter. Oder den Stein schleifen, bis er passt.

Diese Psychologie der Anpassung wirkt sehr stark in unserer Welt. Das aber

181 Evgeny Morozov / Smarte neue Welt / Karl Blessing Verlag / S 26

ist faktisch ein Problem. Erst die Synthese ermöglicht den nächsten Schritt. Der Kapitalismus aber, das muss die zentrale Erkenntnis sein, mit einem verkürzten Wettbewerb entlang von Effizienz und monetärem Wert, wird diesen komplexen Baustein, wie gesagt, weder finanzieren noch angemessen bewerten. Der Kapitalismus wird dazu führen, mit aller Macht den komplexen Stein zu zerstören. Wir müssen begreifen, dass dies viele Probleme unserer Zeit erklärt, vom Artensterben bis zum Nachlassen der Produktivität der Forschung, weil Menschen im Interregnum mit Anpassung auf fast alles reagieren und somit die Simulation weiter verschärfen. Überall Ängstlichkeit und sehr viele Alibihandlungen und Scheindiskurse. Die tatsächlichen Lösungen sehen aus wie komplexe Bausteine und erscheinen mit der modernen Arbeitswelt inkompatibel. Speeds Arbeit wurde und wird daher immer als falsch betrachtet, solange der Kapitalismus in den Köpfen dominiert. Die Probleme, denen wir gegenüberstehen, sind fast ausnahmslos Probleme, die mit der Simulation zusammenhängen, also Krisen, die ohne radikale Erweiterung der Komplexität nicht angegangen werden können. Darum höre ich nicht auf. Erst wenn diese Gesellschaft Care-Arbeit akzeptiert und honoriert, werden wir in einem neuen Wirtschaftssystem sein. Möglicherweise demokratischer oder partizipativer Sozialismus, um die Hoffnungen von Blakeley, Piketty und Saito zu erwähnen, oder etwas komplett anderes. Tatsache ist aber, dass man bereit sein muss, durch eine »Schwellenphase« (Diversitätsausgleich/ Siehe Buch Radical Worker) zu gehen, bis die Diversität umfassend genug ist, um ein Ökosystem tragen zu können. Will man ein Ökosystem renaturieren, also wieder in Gleichgewicht bringen, muss man sehr viele kleine und große Schritte unternehmen, bis die Schwelle der Diversität erreicht ist, die zum Überleben ausreicht. Dieser Weg aber ist mit Kapitalismus nicht umsetzbar, schon gar nicht mit Neoliberalismus. Denn eine CDU, FDP oder SPD, selbst viele grüne Parteien, denken weiterhin in Erfolgsprinzipien des kapitalistischen Marktes und das verschärft die Simulation. Man ignoriert, dass der Kapitalismus zwar jedem erdenklichen Wert, auch grünen Zielen dienen kann, dabei aber ein auf Ausgrenzung, Spaltung und Ausbeutung beruhender Markt bleibt. Man verschiebt nur die Zielrichtung, benutzt aber dasselbe fatal falsche Werkzeug. Ich sage damit nicht, dass man alles abschaffen muss. Es ist eine Frage des Gleichgewichts. Wir sprechen von einem Rausch der Verdinglichung und Simplifizierung. Dieser muss gestoppt werden. Je gravierender die Krisen werden, umso mehr wird die Entfaltungsfreiheit des Einzelnen reduziert, was die Vielfalt unweigerlich erwürgt. Diesen Fehler dürfen wir nicht immerzu begehen. Die Folge ist immer rechter Populismus, also der Kampf der einen Gruppe, die sich für wertvoller hält, gegen die Unwerten. Die Institutionen können den Weg nicht weisen, weil sie keine Vielfalt herstellen können. Diversität beginnt mit der Selbstbestimmung des Einzelnen und erfüllt sich in der Ambiguitätstoleranz der Gemeinschaft, die zulässt, dass ein komplexes »Wir« steuert, was aber Vertrauen in die Gemeinschaft voraussetzt, und die hat Kapitalismus, aber auch der klassische Sozialismus zerstört.

Es bleibt also nur der Wille des Einzelnen, eine andere Arbeit zu beginnen. Eine, die Wert als relative Beziehungsarbeit begreift.

Die folgenden Abschnitte zeigen nun, wie das Problem immer schärfer eskalierte, wie die Simulation versuchte, sich meiner zu entledigen. Dies führte dazu, dass sogar Staatsanwälte, Richter und Beamte massiv logen. Einzig um die Simulation, um jeden Preis gegen die Diversität zu verteidigen, als hänge davon ihr Leben ab. Wir sehen hier in ihren Jobs eine Perversion des Arbeitsbegriffs. Ja, sie waren erfolgreich und nützlich, im Sinne des Systems, aber eben auch dumm, menschenverachtend, ignorant und massiv schädlich. Es kam zu toxischer Arbeit, die ich als Autist in allen Details dokumentierte.

3

An die Generalstaatsanwaltschaft schrieb ich am 12. November 2020: »*Ich setze Sie hiermit in Kenntnis, dass sich mein Gesundheitszustand als Folge des Mobbings durch diese Behörden in den vergangenen Wochen und Monaten deutlich verschlechtert hat. Da im Rahmen von Corona offenbar keine Amtsärzte zu erreichen sind, weiß ich jetzt nicht, wie die Folgen des Ganzen dokumentiert werden sollen. Wie Sie dem Schreiben an die Frau Dr. W. entnehmen können, ist dies alles sehr kompliziert. Ich bitte um Hinweis. Ich leide als direkte Folge des Mobbings durch die Behörden an verstärkten somatischen Beschwerden, nun fast wöchentliche Migräne, starke Neurodermitis, Entzündungen und die Belastung ist psychisch schwer auszuhalten. Es hinterlässt Spuren, wenn man nach 25 Jahren engagierter Arbeit von Behörden als »gesellschaftsschädlich« dargestellt, ignoriert, kriminalisiert und ausgegrenzt wird und niemand einem glaubt. Vermutlich werde ich mich bald wieder in Behandlung begeben müssen. Ich bin weiterhin nur bedingt belastbar, aber ich kann dies offenbar weder belegen noch interessiert es diese Behörden. Noch immer werde ich von mehreren Behörden (Jobcenter, Jugendamt, Ausländerbehörde) als Arbeitsverweigerer dargestellt und entsprechend diskriminiert, obwohl dies nichts mit der Realität zu tun hat.*«

Verletzlichkeit sichtbar zu machen, ist wesentlich. Etwas, was die Philosophin Judith Butler in vielen ihrer Bücher forderte. »Harte Arbeit« hat keinen Nutzen, wenn die Verletzlichkeit dadurch unsichtbar wird. Wie soll man sich auf das eigene Erleben beziehen, wenn dieses verschüttet ist? Wie sollen wir wissen, was wahr ist, wenn es keine Rolle mehr spielt, ob einen etwas tief verletzt oder nicht?

Am 26. November 2020 schrieb ich an den Generalstaatsanwalt Apfel: »*Mitt-lerweile wurde mir ein Bescheid zur Anzeige gegen den Jugendamtsleiter geschickt. Darin zeigt sich erneut, wie eine Staatsanwältin sich dumm stellt, um in der Sache nicht ermitteln zu müssen. Noch immer erkennt die Verwaltung Teltow-Fläming die durch die Corona-Maßnahmen entstandenen Schäden nicht an, weiß, dass ich da-gegen nicht klagen kann und ist seit Monaten darüber informiert, dass dieses Mob-bing meine Gesundheit ruiniert. Wie Sie aus dem Schreiben entnehmen können, verweigert die Verwaltung Akteneinsicht, da sie offensichtlich verbergen will, wie die Landrätin Pfirsich den Kreistag getäuscht und Verleumdungen über mich verbreitet hat. Das heißt von der Verwaltung Teltow-Fläming erhalte ich keine Reaktion mehr, weil sie Angst davor haben, ich könnte ihnen Betrug nachweisen.*«[182]

Der Generalstaatsanwalt Apfel war spätestens zu diesem Zeitpunkt über zwei Dinge umfassend informiert. Dass ich erkrankt war und dass man die Coronamaß-nahmen entlang von rechtsradikalen Ressentiments vom faulen Armen nicht als Verhinderung der Leistungsfähigkeit anerkannte. Apfel war auch darüber infor-miert, dass ich als Kulturschaffender wegen meiner Arbeit als Künstler direkt be-straft wurde, was alles zusammen Betrug durch staatliche Stellen belegte und mas-sive Diskriminierung. Die Generalstaatsanwaltschaft hätte reagieren müssen, aber das hat sie nicht getan. Sein Job stand dem Generalstaatsanwalt im Weg.

4

In einem Brief an den Landrat Brombeere schrieb ich am 18. November 2020: »*Wenn der einzige Grund der Verweigerung (der Einbürgerung) darin besteht, dass ich Verarmung in Kauf nehmen musste, um die Kultur des Landes mitzutragen, wie viele andere Kulturschaffende auch, dann stimmt hier etwas in der Geisteshaltung der Verwaltung von Elbe-Elster grundlegend nicht und dieses Verhalten des Herrn H. hat mit Verhältnismäßigkeit längst nichts mehr zu tun. Ich fordere Sie auf, die Einbürgerung endlich durchzuführen (...). Wie gesagt, das Bundesinnenministeri-um hat bereits erklärt, dass eine Einbürgerung möglich wäre.*«

Am 11. Januar 2021 informierte ich den Generalstaatsanwalt Apfel erneut in einem neunseitigen Brief über die Gesamtzusammenhänge: »*Ende Oktober 2020 wurden Sie umfassend darüber in Kenntnis gesetzt, dass durch Armutsforschung nun eindeutige Beweise dafür vorliegen, dass der Staat Menschen in Armut bewusst benachteiligt, betrügt und rücksichtslos krank macht. Sie wurden aufgefordert, einen Termin anzubieten, in dem Ihnen diese Forschungsergebnisse im Umfang von hun-*

---

182 Brief an Generalstaatsanwalt Apfel vom 26.11.2020 zu 54 Zs 856/20 und 488 Js 44394/20

derten Seiten erläutert werden, sowie weitere Beweise vorgelegt werden können. Auch wurden Ihnen hunderte Seiten bereits übergeben. Sie haben bis heute, also nach Monaten, keinen Termin ermöglicht. Nicht einmal ein Telefonat zum Sachverhalt. In dieser Zeit sind weitere Menschen schwer traumatisiert und geschädigt worden. Auf die vorgelegte Forschung wird von Ihrer Seite, auch durch Frau R., mit keinem Wort eingegangen. Auch die vorgelegten Fälle, die mich persönlich, als Beispiele betrafen, wurden nun ohne weitere Erklärung zu den Akten gelegt und über den Rest wird schlicht vonseiten der Staatsanwaltschaft geschwiegen.«[183]

Generalstaatsanwalt Apfel war über die Drohungen durch Herrn B. beim Innenministerium genauso durch diesen Brief informiert, wie über die Manöver von Frau Pfirsich oder die Verleumdungen durch Herrn H. von der Ausländerbehörde. »Die Dummheit und der Rechtsradikalismus, der mir aus deutschen Amtsstuben entgegenschlägt, ist durch nichts zu entschuldigen. Aber zu all dem schweigen Sie einfach.«

Hätte Apfel das alles ändern können? Vielleicht nein. Hatte er dennoch ein Recht zu schweigen? Nein. Meine Position, das ist der Skandal, war die eines als minderwertig definierten Menschen. Das nahm mir unweigerlich in Apfels Welt jede Kompetenz. Es musste also klargemacht werden, dass die Fakten nur darum von der Staatsanwaltschaft ignoriert wurden, weil ich als Verarmter als minderwertig galt, was Sozialrassismus in den Behörden sichtbar machte. Ich schrieb weiter und weiter, denn irgendwann, das wusste ich, würde der Damm brechen.

In einem weiteren Schreiben vom 13. Januar 2021 an Generalstaatsanwalt Apfel, im Umfang von zwölf Seiten schrieb ich: »Die Landrätin Pfirsich lügt in Schreiben durch Weglassen von Fakten, durch Verkürzung des Gesamtzusammenhangs, geht auf keinerlei Inhalte ein, ignoriert Beweise und geht mit unverhältnismäßiger Härte vor. Dies zeigt sich besonders im Kontext mit Corona (...) Die Landrätin ist eine Armenrassistin, die Menschen in Armut mit einer Schablone betrachtet, die sie niemals ändert oder ablegt. Nach dieser Schablone sind Arme an ihrer Armut in jedem Fall selbst schuld (...). Die Landrätin gesteht Armen nichts zu.«[184]

Etwas weiter im Brief versuchte ich dem Generalstaatsanwalt zu erläutern, wie es zu dieser Brutalität kommen konnte: »Wir nennen das in der Forschung den »Agentic State«. Die Landrätin und zahlreiche Behörden tun Menschen, die in der Ordnung unter ihnen stehen, in bestimmten Situationen immer schlimmere Dinge an, je irrationaler und brutaler die Handlungen werden und, umso rigider und autoritärer die Anordnungen oder Gesetze von oben gleichzeitig sind. Wir sprechen von einer Eskalation der staatlichen Gewalt. Milgram hat dies untersucht, um zu er-

183 Brief an den Generalstaatsanwalt Apfel vom 11.1.2021 / zu 1360 Js 31976/20, 54 Zs 856/20 und 4130 Js 40390/20
184 Brief an den Generalstaatsanwalt Apfel vom 13.1.2021 / zu 1360 Js 31976/20, 54 Zs 856/20 und 4130 Js 40390/20

klären, wie beispielsweise die Konzentrationslager möglich waren. Es muss doch dem normalen Menschen unmöglich sein, so die Anfangsthese, anderen derartige Folter anzutun, wie sie (verkürzt) heute in vielen Jobcentern beispielsweise vorkommt. Eine 100 % Sanktion im Winter ist schlicht versuchter Mord. Das ist durch nichts zu beschönigen.«

Natürlich war der Agentic State[185] nur ein Aspekt des Problems, aber man sah hier, wie ich händeringend versuchte, einer Behörde, die es nicht einsehen wollte, deren Gewalt zu erläutern. Es ging auch darum zu dokumentieren, dass sie alle erdenklichen Faktoren und Perspektiven in dieser Sache kannten und dennoch nicht reagierten. Sie wussten, dass sie Menschen krank machten, aber die Konsequenzen wären das Ende von Hartz IV/dem Bürgergeld gewesen. Stellen Sie sich vor! Morgen teilt Ihnen jemand mit, Ihr Job führe zum Tod von Millionen Menschen. Wie werden Sie reagieren? Leider, das zeigt nicht nur meine Forschung, führt der »*Agentic State*« dazu, dass die meisten Menschen nicht nur den Job behalten, sondern die Gewalt gegen die Opfer immer weiter verschärfen, um entlang von externalisierten Begründungen und Regeln, das eigene Tun im Umkehrschluss als notwendige Gewalt zu verdrehen. Die Erpressung des Kapitalismus, weil an den Jobs die Existenz hängt, führt zur Durchsetzbarkeit jeder erdenklichen Gewalt und jeder erdenklichen Lüge, denn wie ich nun noch umfassender zeigen werde, brachte dies sogar einen deutschen Generalstaatsanwalt dazu, die simple Wahrheit mit allen erdenklichen Mitteln zu vertuschen, nämlich dass Diskriminierung Menschen krank macht und Klassismus eine massive Form von Diskriminierung darstellt. Der Interessenkonflikt verleitete also einen Generalstaatsanwalt dazu, rechte Gewalt aktiv zu verdecken.

Ich schrieb weiter: »*Die Diskrepanz zwischen den Behauptungen der Landrätin und der Realität sind erheblich. Wie gesagt, ich ackere und die Landrätin sagt, ich hätte ihr nicht bewiesen, dass ich arbeite. Obwohl gerade ein Kinofilm von mir ent-*

185 Der Begriff „Agentic State" beschreibt einen Zustand, in dem eine Person dazu neigt, ihre Handlungen und Entscheidungen anderen Autoritäten oder dem Druck der Umgebung zu überlassen, anstatt ihre eigenen moralischen Überzeugungen oder ihr eigenes Gewissen zu berücksichtigen. Dieser Begriff stammt aus der sozialpsychologischen Forschung und wurde von Stanley Milgram im Zusammenhang mit seinem berühmten Experiment zur Gehorsamsbereitschaft entwickelt.

In Milgrams Experimenten wurden Teilnehmer angewiesen, anderen Personen vermeintliche Elektroschocks zu verabreichen, wenn diese falsche Antworten auf Fragen gaben. Obwohl die Teilnehmer oft moralische Bedenken hatten, gehorchten viele von ihnen den Anweisungen der Autoritätsperson, die das Experiment leitete, und führten die Schocks trotzdem aus. Milgram bezeichnete diesen Zustand, in dem die Teilnehmer sich der Autorität unterwarfen und ihre eigenen moralischen Bedenken unterdrückten, als „Agentic State".

Der Agentic State zeigt, wie Menschen in autoritären oder kontrollierenden Situationen dazu neigen können, ihre persönliche Verantwortung abzugeben und sich dem Willen einer Autoritätsperson zu fügen, selbst wenn dies ihren eigenen Überzeugungen widerspricht. Dieser Begriff ist wichtig für das Verständnis von Gehorsamsphänomenen und sozialen Dynamiken in verschiedenen Kontexten.

steht, was im Internet nachzulesen ist.«

5

Wenn der Staat das Recht hat, jeden und alles in der Verknappung auf derart enge Vorstellungen von Wert zu beschränken, wie dann sollen wir je zu verantwortungsvollem Handeln in der Arbeit gelangen?

Die primitive Konstruktion von Wert und Beitrag, allein über Jobs, musste zu einer Welt der Alternativlosigkeit führen.

»Die Bürokratisierung des Alltagserlebens bedeutet, den Menschen unpersönliche Regeln und Vorschriften aufzuerlegen; unpersönliche Regeln und Vorschriften funktionieren aber nur, wenn sie durch Gewaltandrohung gestützt werden.«[186]

Am 14. Januar 2021 schickte ich ein weiteres Schreiben an die Staatsanwaltschaft Cottbus: *»Seit Monaten ermittelt Ihre Staatsanwaltschaft gegen den Leiter der Ausländerbehörde (Elbe-Elster), weil dieser mir entlang von rechtsnationalem Gedankengut als Künstler die Einbürgerung verweigert.«[187]*

An den leitenden Oberstaatsanwalt Dörrpflaume (Potsdam) schrieb ich am 27. Januar 2021: *»Wir werden nun im TV-Studio aufzeichnen, wie die Landrätin Pfirsich mich unter Gewaltandrohung und Ihrer Zeugenschaft zwingt, zu unterschreiben, ich sei selbst an meiner durch die Corona-Lockdowns verursachten Verarmung schuld. Dies geschieht im Rahmen der Kinoproduktion ,Transferprotokoll', zu der gerade Dreharbeiten stattfinden.«*

Auch die Ministerin Ernst, die Ehefrau von Kanzler Scholz, wurde über die TV-Aufzeichnung informiert. Ebenfalls der Generalstaatsanwalt Apfel.[188] Es kam nun zur letzten großen Inszenierung enaktiver Arbeit an den Verhältnissen.

»Wir werden diese durch Nötigung und Gewaltandrohung erzwungene Unterschrift daher im TV-Studio unter Ihrer Zeugenschaft und Nennung Ihres Namens, sowie der von der Ministerin Ernst aufzeichnen. Somit wird dann später im öffentlich-rechtlichen Fernsehen gezeigt, wie der Staat Menschen, die dieser Staat zuvor in die Pleite gezwungen hat, entlang von Lügen zu pfänden versuchte.«

Ebenfalls über all diese Vorgänge informiert wurde am 24. Februar 2021 die Brandenburger Justizministerin Erdbeere, die später noch wichtig werden sollte. Auf diese Dienstaufsichtsbeschwerde bezüglich des Jugendamtes hat sie nie geantwortet. Am selben Tag wurden die Kulturministerin Himbeere und der Innenminister Blaubeere ebenfalls erneut in Kenntnis gesetzt.

---

186 David Graeber / Bürokratie – Die Utopie der Regeln / Goldmann / S 42
187 Schreiben an Staatsanwaltschaft Cottbus vom 14.1.2021 / 1360 Js 31976/20
188 54 Zs 856/20 und 4130 Js 40390/20

Es wusste also die halbe Landesregierung, dass man in Brandenburg Coronaopfer pfändete, oder dies androhte, wissend, dass man hier Menschen traf, denen man zuvor von Amts wegen über Monate oder bis zu zwei Jahren ein Arbeitsverbot erteilt hatte, deren Existenzen man zerstörte, die sich bis heute teils von den Folgen nicht mehr erholt haben.

Am 11. März 2021 schrieb ich wieder an den leitenden (Staatsanwaltschaft Potsdam) Oberstaatsanwalt Dörrpflaume: »*Ihnen ist schon klar, dass Sie die mehreren Hundert Seiten auch lesen müssen (...) Die Staatsanwaltschaft war über Monate Zeuge des Mobbings durch die Landrätin, die mich hat über Jahre auflaufen lassen (...) Es wird künftig nicht mehr genügen, Rechtsfloskeln vorzutragen, sondern Sie stehen, in der Pflicht entweder konkret zu widerlegen oder gegen Betrüger:innen im Staatsdienst vorzugehen.*«[189]

Man ging weiterhin nicht auf die Fakten ein und widerlegte auch nichts. Stattdessen wurde das Framing (Kategorisierungslüge) geändert. Die Vorwürfe wurden derart reduziert, vereinfacht, dass man alles ablehnen konnte, was man ablehnen wollte. Nur auf Dauer ging diese Strategie immer weniger auf, weil die Masse meiner Schreiben und Interventionen das Muster der staatlichen Vertuschung sichtbar machte. Sie wurde allein dadurch sichtbar, dass kein einziger Staatsanwalt je auf die Rassismen mit einem Wort einging, obwohl offensichtlich war, dass die Staatsanwaltschaft dadurch nur weitere Schreiben und Strafanzeigen durch mich provozierte. Man hat also den eigentlichen Sachverhalt rechtlich nie geklärt, weil man diesen nicht klären konnte. Man hätte den Klassismus anerkennen müssen. Ich betone nochmals deutlich. Kein einziger Staatsanwalt hat sich in all den Jahren mit der simplen Frage befasst, ob einen Künstler als Arbeitsverweigerer darzustellen vielleicht doch eine Verleumdung, basierend auf Volksverhetzung und Betrug sein könnte, weil dies möglicherweise auf Rassismen in den Behörden zurückzuführen ist.

6

Am 25. März 2021 schreib ich an Frau B. von der Kreisverwaltung Teltow-Fläming: »*Seit 10 Monaten habe ich, wie Sie wissen, für unseren dreijährigen Sohn keine Kita (Keine Notbetreuung). Nach zwei Wochen Öffnung ist die Kita nun erneut, vermutlich bis zum Herbst, für uns geschlossen. Dadurch ist Arbeit, von zwei-drei Stunden am Tag abgesehen, nicht möglich, was praktisch nichts ist. Es wurden durch die Lockdowns Projekte im Umfang von geschätzt über 50.000 EUR zerstört, sowie die Arbeit von drei Jahren. Wie die*

189 Schreiben vom 11.3.2021 / zu 456 Ujs 3237/21

meisten Kulturschaffenden erhalte ich für diese Schäden keine Entschädigung.« Man muss sich vergegenwärtigen, dass ich die gesamten Fördergelder (7000 EUR), die ich als Folge von Corona erhielt, in den Spielfilm »Transferprotokoll« steckte. Ich erarbeitete also für die Menschen im Land als Künstler kostenlos einen Spielfilm und nutzte dafür Fördergelder, die teilweise die Verluste durch Corona ausgleichen sollten. Man sieht also auch hier, dass ich pausenlos als Kulturschaffender arbeitete und, wie sich später herausstellte, an dem Kinofilm wieder keinen Cent verdiente, wie ich vermutlich auch an diesem Buch nichts verdienen werde. Was hier passierte, gehört zum Alltag von Künstler:innen in Deutschland. Welche andere Berufsgruppe arbeitet über Jahre ohne Bezahlung? Reflexartig zu behaupten, die Kunst und Forschung, die ich leiste, sei nichts wert, ist eine Rechtsradikalismus entlarvende Haltung, oder etwa nicht?

Dass es dem Staat unmöglich erscheint, massives Unrecht auf der einen Seite gegen Forderungen auf der anderen gegenzurechnen, also auszugleichen, zeigt die ganze Schwäche des Systems. Man muss sich die Rechnung erneut vor Augen halten. Der Staat machte mindestens 140.000 EUR Gewinn mit meiner Arbeit, wollte 20.000 EUR von mir wegen Unterhaltsschulden haben, während man mir zugleich durch ein Arbeitsverbot Schäden um die 50.000 EUR verursachte und mich krank machte, während ich aber weiterhin in Vollzeitarbeit Forschung und Kulturgüter für die Gesellschaft erarbeitete. Und man stellte mich trotzdem weiterhin in Akten als Arbeitsverweigerer dar, um dieses Unrecht zu verdecken. Ich war also ein Arbeitsverweigerer, der in vier Jahren Arbeit einen Kinofilm und hunderte Seiten an Forschung zu Missständen in der Gesellschaft vorlegte. Was lief hier also schief?

Am 28. April 2021 forderte ich die Staatsanwaltschaft Potsdam erneut auf, einen Amtsarzt bereitzustellen. Am selben Tag erinnerte ich auch die Justizministerin Erdbeere an die Geschehnisse. Auch an diesem Tag konfrontierte ich den Generalstaatsanwalt Apfel in einem Brief an ihn, mit folgender Aussage aus seinem Haus: *»Zu einem von Ihnen erwarteten zivilgesellschaftlichen Dialog besteht seitens der Staatsanwaltschaft als Strafverfolgungsbehörde keine Veranlassung.«*[190]

Dies zeigt, dass die Behörde allmählich ahnte, worum es hier ging, aber eben auch die Geisteshaltung jener Behörden, die arrogant dachten, sie müssten sich gegenüber der Zivilgesellschaft nicht rechtfertigen, sie müssten nicht erklären, müssten nicht eingehen, stünden nicht unter Kontrolle. Ich legte Apfel ein weiteres Zitat der Staatsanwaltschaft Potsdam vor: *»Aufgabe der Staatsanwaltschaft ist es, Straftaten natürlicher Personen zu verfolgen. Die Bekämpfung der von Ihnen monierten gesellschaftlichen Missstände obliegt den Strafverfolgungsbehörden hin-*

---

190 Schreiben von Generalstaatsanwaltschaft Brandenburg / 1.3.2021

gegen nicht.«[191]

Diese Haltung war falsch und gefährlich, angesichts der Tatsache, dass sie wussten, dass dies hunderte, wenn nicht tausende Menschen krank machte. Natürlich ist es legitim die Frage zu stellen, was eine Staatsanwaltschaft tun würde, kämen Faschisten erneut an die Macht? Würden Faschisten erneut morden. Hier zeigt sich erschreckend, diese Staatsanwälte würde bei allem mitmachen, denn »gesellschaftliche Missstände« sind ihnen auch dann egal, wenn dabei Menschen zerstört werden. Das ist die Gefahr, die in den Kategorisierungslügen steckt. Darum ist es richtig, dass ich von Staatsanwälten humane und politische Reife verlange. Entscheidend ist nicht, ob ein Mord legal ist, sondern ob man die Reife hat, Gewalt in jeder Form als solche zu erkennen und zu handeln.

Je öfter aus ihnen herausbrach, dass sie mein Unterfangen ablehnten, umso fragwürdiger wurden sie. Denn spätestens jetzt konnte ich sie mit der ethischen Messlatte öffentlich vorführen. Es war eine Frage der Hartnäckigkeit. Die Staatsanwaltschaft konnte in diesem Krieg nur überleben, wenn sie massiv verkürzte. Genau das hielt ich ihnen immer wieder vor: »*Sie decken eine Rechtspraxis, in der basierend auf irrationalen Vorurteilen Menschenleben zerstört werden. Dies entschuldigen Sie mit der tollpatschigen Beugung und Verdrehung von Rechtsvorschriften und Rechtsansichten. Das tun die Ihnen unterstehenden Beamt:innen mit einer Arroganz und Selbstgefälligkeit, die in mir Brechreiz auslöst und die meisten Menschen schockieren wird. In dieser von Ihren Staatsanwält:innen verbockten Schildbürgerwelt haben Sie sich nun derart verstrickt, dass Ihnen offenbar nur noch ein komplettes Abtauchen bleibt. (...) Ihre Unfähigkeit und Ignoranz hat dazu geführt, dass ich mich inzwischen in ärztlicher Behandlung befinde, also Folge eines massiven Mobbingsyndroms. Die aktuell laufenden Untersuchungen werden wegen umfassender psychosomatischer Beschwerden noch Monate andauern, die darauffolgende Therapie voraussichtlich mehrere Jahre, wenn überhaupt heilbar. Sie haben sich an diesem Mobbing beteiligt, sprich tun es noch (...). Wie kann ich den Staat daran hindern, mich systematisch umzubringen?*«

Auf diesen vierseitigen Brief antwortete der Generalstaatsanwalt Apfel nicht. Noch nicht.

Am 29. April 2021 schrieb ich an die Landrätin Pfirsich: »*Sie ignorieren bereits seit Jahren jene Erkrankung, die zu weitgehender Leistungsunfähigkeit geführt hat, weil Sie die Verursacher:innen dieser Erkrankung sind.*«

Am 12. April 2021 ging ein weiteres Schreiben an den Innenminister Blaubeere: »*Ich warte noch immer, seit Monaten, auf eine Aussage zu den rechtsradikalen Ansichten einer Ihrer Beamten, sowie der Ausländerbehörde in Herzberg, die mir*

191 Schreiben von der Staatsanwaltschaft Potsdam / 22.3.2021

entlang von Naziideologie gegenüber Kulturschaffenden die Einbürgerung verwei-
gern. Details sind mittlerweile ins Internet gestellt worden und werden mit dem Ki-
nofilm »Transferprotokoll« auch im Fernsehen gezeigt werden. Sie werden im Film
namentlich als Verantwortlicher genannt.«
Weiterhin schweigen.

An den Landrat Brombeere schrieb ich: *»Die Dreharbeiten verzögern sich zwar*
aktuell, weil mir seit 10 Monaten die Kita für meinen Sohn verwehrt wird, somit
vom Landkreis praktisch ein Arbeitsverbot erteilt worden ist. Aber Sie können ver-
sichert sein, dass dieser ganze Fall früher oder später durch den Film einer breiten
Öffentlichkeit präsentiert werden wird.«[192]

Dem Ministerpräsidenten Süßkirsche schrieb ich am 15. September 2021 in
einem zweiseitigen Brief: *»Der »Saufkumpel« Ihres Innenministers, der Landrat*
Brombeere verantwortet, dass Beamte der Ausländerbehörde in Herzberg mich in
Briefen als gesellschaftsschädlich darstellen und mir nach fast 25 Jahren Arbeit als
Kulturschaffenden, die Einbürgerung entlang von rechtsradikalen Aussagen und
Verwaltungstricks verweigern (...). Brandenburg hat mich krank gemacht. Sie wissen
nun seit über einem Jahr, vermutlich seit zwei Jahren, von dieser rechten Gewalt. Ist
man Opfer rechter Gewalt, braucht man auf Sie nicht zu zählen.«

Logisch, dass auch das Büro von Ministerpräsident Süßkirsche nun schwieg.

Einen Tag später formulierte ich einen Brief an die Kulturministerin mit der
Überschrift *»Kulturministerin Himbeere sieht weiterhin bei rechter Gewalt gegen-*
über Künstler:innen zu.« Im Text stand: *»Seit weit über einem Jahr ignorieren Sie*
die rechte Gewalt, die mir wegen meiner Arbeit als Künstler durch die Landesre-
gierung und zahlreiche Beamte zugefügt wird. Sie wurden in unzähligen Schreiben
darüber informiert, auf die Sie nicht antworten. Eine Kulturministerin, die dabei
zusieht, wie Kulturschaffende von Rechten fertig gemacht werden, ist eine Schande
für dieses Land.«

GEWALTAKT 7: RECHTE GERICHTE UND WASCHMASCHINEN

1

Der Philosoph Kohei Saito schrieb in seinem Buch Systemsturz: *»Denn wahr-*
scheinlich haben sie, nein haben wir eine dunkle Ahnung, dass es uns nur gut geht,

---

192 Brief an den Landrat von Elbe-Elster / 12.4.2021

weil es anderen schlecht geht. Aber wir versuchen, diese Ungerechtigkeit als etwas zu sehen, das uns nichts angeht. Wir ertragen ihren Anblick nicht, doch obwohl wir wissen, »dass wir die Ursache der Ungerechtigkeiten sind, wünschen wir uns insgeheim, dass der jetzige Zustand aufrechterhalten wird.«[193]

Erneut schrieb ich dem Jobcenter: *»Ich beantrage hiermit außerdem Zuschuss für die Anschaffung einer Waschmaschine, Rechnung anbei. Ich weise Sie darauf hin, dass durch Corona und die allgemeine Inflation der Regelsatz objektiv zu niedrig ist. Sollten Sie dies verweigern, werden wir auch das in der Pressekonferenz später anführen.«*[194]

Selbst das tiefste Grauen hat manchmal Momente der Komik. Eine Pressekonferenz zum Nichterhalt einer Waschmaschine mag von einer gewissen Entgleisung der Verhältnismäßigkeiten zeugen, aber letztlich wird diese Gesellschaft nur Heilung finden, wenn wir wirklich fast allen Verhältnissen Relevanz geben.

Natürlich wäre dies hier nicht als die »Waschmaschinenkonferenz« in die Geschichte eingegangen, aber man sollte sich für einen Moment dem Gedanken hingeben, wie anders unsere Welt wäre, kämen die Probleme der unteren Schichten tatsächlich täglich durch Pressekonferenzen in die Abendnachrichten.

»Hubert Meier von Block 5 benötigt ein Bügeleisen. Skandal! Sabine aus der unteren Etagenwohnung ist ihr Fahrrad gestohlen worden, und sie kann kein neues mehr bezahlen. Wie soll sie zur Arbeit kommen? Aufruf! Überall Rassismus. Handlung gefordert!« Was man vernehmen würde, das wäre ein Muster von komplexer Schönheit und Ausdruck der inneren Möglichkeit, die es bedeutet, ein Mensch zu sein, oder eine Gesellschaft, die all das bearbeiten und wiedergutmachen könnte. Und es ist natürlich ein Mittel der Kunst, die Verhältnisse in einer Weise zu zeichnen, welche die tatsächlichen Realitäten erst erfassbar macht. Besonders in ihren Metaebenen. Natürlich wurde auch die Waschmaschine verweigert. »Es ist nur eine Waschmaschine«, mögen manche denken, aber für Arme ist eine Waschmaschine viel mehr. Sie ist ein Symbol. Die Ablehnung der Kosten bedeutete nichts anderes, als einem erneut zu sagen, dass man Dreck ist und folglich auch dreckig bleiben soll.

Mit einem Schreiben vom 11. März 2022 teilte mir nun die Richterin von K. beim Sozialgericht Cottbus in Bezug auf die noch immer ungeklärte Frage der Bedarfsgemeinschaft mit: *»Das Gericht erwägt, über die Klage schriftlich und ohne mündliche Verhandlung durch Gerichtsbescheid zu entscheiden. Das ist in diesem Fall gemäß § 105 Sozialgerichtsgesetz möglich, weil der Rechtsstreit nach Auffassung des Gerichts keine besonderen Schwierigkeiten tatsächlicher oder rechtlicher Art auf-*

193 Kohei Saito / Systemsturz / dtv / S 27
194 Brief an das Jobcenter Elbe-Elster vom 26.1.2022

weist und der Sachverhalt geklärt ist. Es wird Ihnen Gelegenheit zur Stellungnahme innerhalb von zwei Wochen gegeben.«[195]

Die Richterin wollte also vom Schreibtisch aus nicht nur über eine Bedarfsgemeinschaft zwischen zwei Kulturschaffenden entscheiden, um dem Staat Geld zu sparen, sondern die Richterin ignorierte alle meine seitenlangen Ausführungen zum fundamentalen Unrecht der Bedarfsgemeinschaften vollständig. Sie ignorierte Beweise. Es war der Plan der anderen Richter:innen aus Cottbus gewesen, ein oder nun zwei Jahre zu warten und dann eine Bedarfsgemeinschaft allein entlang des Framings zu erklären, man wohne schon so lange in einem Haus, es müsse sich also um eine Einstehungsgemeinschaft handeln. Dennoch war das alles nur ein Verdacht, eine Behauptung. Die Richterin von K. betrieb wie die meisten ihrer Kolleg:innen offenen Betrug. Sie entschied also nicht entlang der Realitäten, sondern entlang stereotyper Annahmen. Die tatsächliche Beziehungsform interessierte sie nicht. Sie überging also hunderte Jahre der zivilgesellschaftlichen Kämpfe um Selbstbestimmung in Beziehungen. Natürlich ist das unverhältnismäßige Gewalt, die ethisch nicht rechtfertigen ist. Man folgte schlicht kapitalistischen Regeln von Schuld und Sühne.

Als sie schrieb: *»Keine besonderen Schwierigkeiten tatsächlicher Art«*, wurde deutlich, dass sie nicht gewillt war, auf meine Darlegungen einzugehen. Sie handelte willkürlich und entlang rechter Ideologie.

2

Ich antwortete dem Gericht: *»Ich setze Sie und das Gericht hiermit in Kenntnis, dass der von Ihnen als ‚eindeutig‘ dargestellte Fall, einer der am besten dokumentierten Fälle der Armutsforschung zu Hartz IV überhaupt, mittlerweile für Kino und TV verfilmt wurde, sich gerade in der Postproduktion befindet und unter dem Titel ‚Transferprotokoll‘ in den kommenden Monaten, spätestens ab Anfang 2023 einer breiten Öffentlichkeit präsentiert werden wird. In dem Film kommen namhafte Politiker:innen wie Katja Kipping oder Bundesarbeitsminister Kiwi, die bekannte Hartz-IV-Aktivistin Inge Hannemann, sowie Wissenschaftler und Betroffene zu Wort. Gezeigt wird, wie Gerichte, Jobcenter und Ministerien Menschen durch systematisches Mobbing krank machten. Gezeigt wird der Armenrassismus, der hinter Hartz IV steckt. Es ist also in einem breiten Diskurs in aller Öffentlichkeit mittlerweile umfassend dargelegt worden, dass das Gericht in dessen voreingenommener Einschätzung des Falls falschliegt. Dies wird mit Erscheinen des Films noch überbor-*

---

195 Schreiben vom Sozialgericht Cottbus / Richterin von K. / 11.3.2022 / Az: S 14 AS 1193/18

dender und offensichtlicher.«[196]

Damit hatte die Richterin von K. wohl nicht gerechnet, was aber erklärt, weshalb sie mir von diesem Zeitpunkt an nicht sonderlich gut gesonnen war.

»Da das Gericht sich zum wiederholten Male weigert, sich ernsthaft mit dem vorliegenden Fall und der Wirklichkeit von Hartz IV zu befassen, sondern gedenkt, diesen Fall nach zwei Jahren der Untätigkeit nun ausschließlich vom Schreibtisch aus abhandeln zu können, setze ich Ihnen eine Frist binnen zwei Wochen, mir mitzuteilen, wie das Gericht sich angemessen mit dem Sachverhalt der ,Bedarfsgemeinschaft' im Allgemeinen und im Speziellen zu befassen gedenkt. Angemessenheit setzt voraus, dass das Gericht sich sowohl den grundlegenden armenrassistischen (povertistischen) Strukturen der Hartz-IV-Gesetzgebung stellt, die durch Forschung objektiv belegt sind, sowie die darin liegenden Mobbingstrukturen im Vorfeld anerkennt, sich mit der dazugehörigen Forschung im Bereich der Psychologie und Ökonomie befasst, sowie mit der gesamten Grundtheorie zu Rassismus und gruppenbezogener Menschenfeindlichkeit.

Angemessenheit bedeutet nicht, dass das Gericht in massiver Verkürzung des Sachverhalts schlicht erklärt, es sei hier ein Bedarfsgemeinschaft vorliegend, da man bereits länger als zwei Jahre in derselben Wohnung lebe. Für derart dumme und unterkomplexe Feststellungen, die alles ignorieren, was an Diskriminierung, Leid, Konflikten und Problemen durch die Erklärung einer Bedarfsgemeinschaft entsteht, sowie die dazugehörige Forschung, habe ich kein Verständnis mehr. Das Gericht wäre für die gesundheitlichen Konsequenzen, die schon jetzt aus dem Verhalten des Jobcenters objektiv resultieren, direkt mitverantwortlich.«

Die Richterin von K. war über alle wesentlichen Details informiert. Der Essay, den ich ihr Schrieb, umfasste neun Seiten: *»Die in das Hartz-IV-System gegossene Aussage des Staates, wer nicht in Erwerbsarbeit arbeite, der leiste keinen Beitrag, der habe keinen Wert, (Wer nicht arbeitet, soll auch nicht essen / Franz Müntefering) ist eine Lüge, die auch das Gericht nicht wird, länger aufrechterhalten können. Darauf beruht aber die ganze Annahme, der Staat habe das Recht, Forderungen an Arme zu stellen, oder sei gar der Geber, der Dankbarkeit erwarten kann. All das ist gelogen und nicht haltbar. (...) Das Gericht handelt in der Verlängerung dieser Lügen. Sie bilden die geistige Grundlage der Hartz-IV-Gesetzgebung. Ich erinnere daran, dass in der deutschen Geschichte, es nicht unüblich war, übelste Vorurteile zu rationalisieren. (...) Sie können nicht einfach behaupten, Hartz-IV-Empfänger:innen stünden gegenüber der Gesellschaft in der Pflicht und davon leite sich Enteignung und Entrechtung ab, wenn fast die gesamte moderne Armuts- und ökonomische Forschung aussagt, dass die Armen überwiegend keinerlei Schuld an ihrer Armut trifft. Wenn*

---

196 Schreiben an v. K. / Sozialgericht / vom 21.3.2022 / S14 AS 1193/18

die Erzeugung von Armut sogar Funktion und wesentliches Ziel der kapitalistischen Struktur ist, um in Ausgrenzung hohe einseitige Vermögen zu ermöglichen, da eine homogenere Werteverteilung dadurch verhindert wird. Das Gericht ist ideologisch voreingenommen und muss sich nun entscheiden, ob es öffentlich mit dieser Voreingenommenheit fortfahren will, mit allen Konsequenzen.«

Etwas weiter im Brief schrieb ich: »Wir sind, das trifft auf die meisten Kulturschaffenden zu, nicht verarmt, weil wir dumm, untätig, faul oder unfähig sind, sondern weil Kulturschaffende das Opfer aufbringen, für die Kultur dieses Landes zu arbeiten, um diese zu erhalten, auch wenn das bedeutet ein Leben lang im Prekariat fristen zu müssen. Die Arbeit, die wir leisten, zu der wir vom Staat teuer ausgebildet wurden, bedingt, dass wir in der Regel im normalen Arbeitsmarkt nicht funktionieren, sprich unsere Tätigkeit, die ja vom Grundgesetz ausdrücklich erwünscht ist, kann professionell und angemessen größtenteils nur in selbstständiger Arbeit vollzogen werden. Das damit verbundene Risiko hat die Gesellschaft mitzutragen.«

Es ging mir also auch darum die Gesellschaft für die Honorierung von Care-Arbeit in die Pflicht zu nehmen. Jahrzehnte des Engagements konnten objektiv nicht zum »Nicht-Beitrag« erklärt werden, ohne dabei auf Sozialrassismus zurückzugreifen. Diese Wechselwirkung zu zeigen, war wesentlich. Jede Behörde, die meiner Arbeit zu 100 % keinerlei Wert beimaß, bediente sich Rassismen, mit denen ich persönlich als Mensch in meiner Würde entwertet wurde. Man konnte nicht rational behaupten, die Arbeit von Kulturschaffenden habe keinerlei Wert. Wenn dieser aber Wert hat, dann muss diese Arbeit auch honoriert werden, oder man muss feststellen, dass im Kapitalismus Leistung eben dann nicht honoriert wird, was ein Widerspruch in sich ist, der das ganze System bedroht.

Am 4. April schrieb ich wieder an die Richterin. Dieses Mal war es ein Essay im Umfang von acht Seiten: »Wenn das Gericht die Tatsache nicht schriftlich anerkennt, dass Hartz IV als Gesetzgebung, als System, als Praxis zu einem großen Teil aus armenrassistisch, povertistisch motivierter Gewalt besteht, auf der basierend Sozialgerichte bisher gegen Menschen geurteilt haben, wird das Gericht öffentlich selbst als Armenrassist am Pranger stehen. Das Gericht steht dann auf einer Stufe mit Antisemiten und Vergewaltigern. Das Gericht hat bis zum 26.4. schriftlich anzuerkennen, dass Kulturschaffende, das ist die Realität in Deutschland, in der Regel in Armut leben müssen, um überhaupt die Kultur des Landes aufrechterhalten zu können. (...) Hebt das Gericht die Bedarfsgemeinschaft für meine Freundin nicht auf, macht es sich auch der Verschlechterung meiner Gesundheit mitschuldig. Gerade dieser Vorwurf wiegt besonders schwer. Ich weise darauf hin, dass die Staatsanwaltschaft über all das informiert wird. Wir werden öffentlich mehreren Jobcentern schwere

Gewalt und Körperverletzung nachweisen. Diese Diskriminierung von Menschen in Armut ist zuletzt beispielsweise vom bekannten Autor Ronen Steinke[197] in mehreren Büchern beschrieben worden, wie kürzlich im Spiegel besprochen. Die Aufarbeitung der Gräueltaten von Richter:innen, Jobcentern und Politiker:innen hat gerade erst begonnen. Wir sehen hier dieselben Grundstrukturen, die beispielsweise zur »Me-Too« Bewegung führten. (...) Sie sind aufgefordert, den Armenrassismus in Hartz IV, als Fakt anzuerkennen, mit Frist bis zum 26. April 2022. Sie sind aufgefordert, die ‚Bedarfsgemeinschaft‘, als Konstrukt grundsätzlich aufzuheben und höhere Regelsätze zu bestimmen, sowie die massive Schuld der Behörden festzustellen.«

Es ist wichtig, sich klarzumachen, dass es natürlich absurd ist, Künstler:innen im Hartz IV oder Bürgergeldsystem zu verwalten, wenn sie als Folge ihrer Kunst verarmen. Es ist tatsächlich genauso absurd, überhaupt Menschen in diesen Systemen zu verwalten, weil die Armut in den meisten Fällen nicht selbst verschuldet ist. Die Frage lautet also, weshalb das Bürgergeldsystem nicht zu einer Infragestellung der systemischen Strukturen benutzt wird, sondern immer nur zur Infragestellung von Individuen? Und warum nimmt man sich das Recht heraus, Menschen zu enteignen, allein weil sie als Folge von Missständen verarmen? Weshalb ist es aus der Sicht der Staatsanwaltschaften kein Betrug, wenn Jobcenter dann, um all das zu vertuschen, all das Unrecht, dazu übergehen, rechtsradikale Narrative über Arme zu verbreiten, wie sie in diesem Buch überall beschrieben sind? Eine Lüge wird nicht zur Wahrheit, nur weil dies politisch erwünscht ist.

3

Am 26. April 2022 kam es schließlich zur Gerichtsverhandlung unter der Leitung der Richterin von K. beim Sozialgericht in Cottbus.

Es hat etwas Absurdes, wenn man allein auf einem Stuhl in einem leeren Raum sitzt und dann vor einem erhaben auf einem Podest drei Damen sitzen, die über einen urteilen wollen. Die Richterin in ihrer lächerlichen Aufmachung und neben ihr zwei ältere Schöffinnen, die aussahen, als kämen sie gerade vom Strickkurs.

Die Richterin verlas zu Beginn meine Zeiten des Hartz-IV-Bezugs, als wäre es ein Strafregister. Keine Erwähnung, wer ich war, was ich als Künstler tat oder was zu meinen Leistungen für die Gesellschaft zählte. Nur eine bürokratische Auflistung von Stigmata, begleitet von einem Augenverdrehen vonseiten der Schöffinnen. Alles in verkündendem Ton, als wäre man in der Kirche.

197 Ronen Steinke (* 1983 in Erlangen) ist ein deutscher Journalist, Sachbuchautor und Jurist. Buch: Vor dem Gesetz sind nicht alle gleich - Die neue Klassenjustiz.

Ich saß da, ohne Anwalt, den ich mir nicht leisten konnte. Prozesskostenhilfe wurde stets abgelehnt. Ich versuchte nochmals, der Richterin umfassend zu erläutern, welche brutalen Konsequenzen die Erklärung einer Bedarfsgemeinschaft für meine Freundin hätte.

Die Richterin wollte möglichst rasch zu einem Urteil kommen. Auf meine Frage, wie nun weiter zu verfahren sei, schrieb sie später in der Urteilsbegründung: *»Die Kammer teilt die Bedenken des Klägers hinsichtlich einer Verfassungswidrigkeit des Konstruktes der Bedarfsgemeinschaft gemäß § 7 Abs. 3 Nr. 3 Lit. C) SGB II nicht. Die Kammer geht davon aus, dass die Regelung verfassungsgemäß ist, weshalb sie sich gegen eine Aussetzung des Verfahrens und die Einholung einer Entscheidung des Bundesverfassungsgerichtes (BVerfG) nach Art. 100 Abs. 1 Grundgesetz (GG) entschieden hat.«*[198]

Die Richterin argumentierte also »sie gehe davon aus«, was keine Auseinandersetzung mit dem Thema offenbart, sondern maximale Gleichgültigkeit. Weiter erklärte sie im üblichen sozialrassistischen Narrativ, die Sozialhilfe sei nur denen zu geben, die sie wirklich benötigen und der Staat könne bestimmen, wie das organisiert wird, und da in der Definition der »Einstehungsgemeinschaft« so zu verfahren sei, sei daran nichts zu beanstanden. Kurz gesagt, die 14. Kammer ging zu keinem Zeitpunkt auf das fundamentale Unrecht der Zuweisung der gesellschaftlichen und staatlichen Schuld an der Armut, an Freunde, Angehörige oder wen auch immer ein. Hauptsache, der Staat musste nicht zahlen, egal, was die Konsequenzen waren. Natürlich wurde wieder das Argument der Subsidiarität erwähnt, welches bedeutet, der Staat dürfe nur dort helfen, wo nicht andere helfen könnten, was oft für staatlichen Verantwortungsentzug missbraucht wurde.

»Von denen, in der familiären Gemeinschaft zumutbar, zu erwarten ist, dass sie tatsächlich füreinander einstehen und ,aus einem Topf' wirtschaften.«

Dass ich etliche Male aussagte, wir wirtschafteten eben gerade nicht aus einem Topf, wurde einfach ignoriert. Ignorieren bedeutete hier, dass die Richterin log. Nachdem ihr also in umfangreichen Schreiben umfassend massives Unrecht dargelegt worden war, welches, wie zuvor besprochen, darin bestand, dass man eine verarmte Künstlerin in eine Bedarfsgemeinschaft mit mir zwang, was mich psychisch extrem belastete und dies die Arbeit meiner Freundin erwiesen schädigte, die also wie ich über Jahrzehnte praktisch kostenlos Kunst für die Gesellschaft machte, kam die Richterin von K. zu folgender unfassbarer Aussage: *»Dass der Kläger und seine Freundin nach den Angaben des Klägers als Künstler bzw. im wissenschaftlichen Bereich tätig sind, führt nach Auffassung der Kammer und entgegen der Auffassung des Klägers nicht zu einer anderen Beurteilung, denn auch die Ausübung*

198 Urteilsbegründung S 14 AS 1193/18

der Kunstfreiheit nach Art. 5 Abs. 3 und auch die Ausübung der Wissenschaft nach Art. 5 Abs. 3 GG ist nicht schrankenlos gewährleistet und eine Einschränkung bei der Ausübung der genannten Freiheiten wird nicht dadurch realisiert, dass Einkommen und Vermögen der Freundin bei der Gewährung existenzsichernder Leistungen für den Kläger berücksichtigt werden. Die Beeinträchtigung weiterer Grundrechte des Klägers durch das Bestehen einer Bedarfsgemeinschaft oder die Gewährung von ALG II sieht das Gericht vorliegend nicht als gegeben an.«

Diese Aussagen waren ein massiver Skandal. Die gewaltsame Pfändung, samt Investitions- und Rücklagenverbot meiner Freundin, einer bedeutenden Künstler:innen in Brandenburg, sollte also keine Auswirkungen auf ihre Selbstständigkeit als international tätige Kulturschaffende haben, die weitgehend unbezahlt für etliche öffentliche Stellen regelmäßig große Ausstellungen erarbeitete. Die Richterin von K. behauptete in ihrem Wahn irre Dinge, wie dass diese Gewalt legitim sei, weil die Kunstfreiheit nicht schrankenlos wäre. Ihre Anmaßung, die Arbeit von Jahrzehnten, die Menschen unbezahlt leisteten, im Dienst an der Gesellschaft, für nutzlos und nichtig erklären zu dürfen, um eine Lüge des Staates zu verteidigen, lies keinen anderen Schluss zu, als eine rechtsradikale Haltung bei ihr anzunehmen und zu bezeugen, nach der wie bei den Nazis, Kulturschaffende weder in ihrer Arbeit schützenswert, noch relevant seien und man ihre Arbeit mit einem Federstrich, ohne diese je gesehen zu haben, gar von der Relevanz zu wissen, faktisch im Dienst am kapitalistischen Markt beenden zu dürfen. Die Richterin listete eine krude Kausalität von Zusammenhängen, die nichts begründeten, gar zur selben Kategorie zählten. Sie belegten aber eine massive Herabwürdigung von Kunst und Wissenschaft, die sprachlos machte. Auch hier konnte also Kunst und Forschung problemlos vom Markt erpresst werden. Das Gericht unterstützte dies und erkannte darin keinen Widerspruch gegen das Grundgesetz, obwohl sie damit die Kunst- und Forschungsfreiheit praktisch und faktisch aufhebte. Wenn also jemand verarmte, weil dieser Missstände sichtbar machte, und Konzerne oder Behörden das nicht wollten und einen daher in die Armut trieben, war diese Armut nicht nur die Schuld von Aktivist:innen, Künstler:innen oder Whistleblower:innen, sondern die Kunst und Wissenschaft wurden von Gerichten gegenüber dem Markt nicht in Schutz genommen, sondern einfach der Willkür der Märkte geopfert. Somit wurde auch die Aufklärung von Unrecht faktisch unterbunden. Die Richterin von K. bediente sich hier faschistischer Narrative, indem das Wohl des Marktes absolut mit dem Wohl des Staates gleichgesetzt wurde, was alle demokratischen Prozesse erodieren lässt.

Die Richterin sah über die massive Diskriminierung, die dadurch für meine Freundin und mich entstand hinweg, ignorierte die Rolle der Kunst als »Vorbehaltlos« und ging mit keinem Wort auf die Tatsache ein, dass meine Freundin und ich uns über 30 Jahre zum Hungerlohn für die Kultur des Landes aufarbeiteten, daher verarmt waren und die Richterin von K. und die 14. Kammer die Frechheit besaßen weiterhin das sozialrassistische Narrativ aufrechtzuerhalten, nach der Arme dem Staat gegenüber in der Schuld stünden und dies auch in Sippenhaft gelte.

Im Rahmen dieser Auseinandersetzung sagte sie zu mir sinngemäß, ich könne froh sein angesichts der Wertlosigkeit meiner Arbeit als Künstler, dass ich überhaupt noch Hartz IV erhalte und man werde nun prüfen, ob man das nicht ändern könne.

Sie drohte mir also indirekt mit Mord. Sie drohte mir mit Auslöschung. Für mich brach in dem Moment alles zusammen. Denn es war komplett egal, was ich sagte. Nichts, keine Realität, keine Wahrheit, keine Fakten wurden akzeptiert. Alles, was zählte, war das dominante Narrativ vom faulen und wertlosen Armen, der zu gehorchen habe, der alles zu tun habe, um dem Markt zu dienen, weil der Markt immer Recht hat.

Auf meine Frage, ob die Fahrtkosten zum Gericht übernommen würden, antwortete sie, das würde nicht passieren, weil meine Anwesenheit vor Gericht nicht erforderlich gewesen sei.

Mir wurde schwindelig. Ich verlor das Gleichgewicht.

Im Anschluss bekam ich 40 Grad Fieber, danach eine Art Hörsturz. Über Wochen konnte ich kaum noch hören. Ein tiefer Schock besetzte meinen Körper. Ich schwitzte, verlor Gewicht, es ging mir immer schlechter. Ab diesem Zeitpunkt war klar, dass etwas passieren musste.

Daher forderte ich das Jobcenter am 29. Mai 2022 auf, die Kosten für eine Therapie zu übernehmen, die ich wegen des Psychoterrors des Jobcenters und des Gerichts benötigte und ich forderte das Jobcenter auf zuzugeben, dass man mich krank gemacht hatte, zuzugeben, dass Hartz-IV Menschen krank macht. Anders wäre Heilung nicht möglich.

TAKE-AWAY BOX – KAPITEL »RECHTE, GERICHTE & WASCHMASCHINEN«

Justiz als Waschsalon der Ideologie
Richter- und Staatsanwaltschaften »reinigen« strukturelle Diskriminierung, indem sie Sozialrassismus als sozialadäquat deklarieren – ein juristisches White-Washing, das Gewalt geruchlos macht.

Rechter Common Sense in Robe
Klassistische Dogmen („Arme sind selbst schuld / Arbeitsverweigerer") spiegeln rechtspopulistische Narrative. Gerichte replizieren diese Frames in Urteilsbegründungen und zementieren so eine Zwei-Klassen-Rechtsordnung.

Waschmaschine als Armuts-Prüfstein
Speed zeigt, wie banale Haushaltsgeräte zu Tatorten werden: Reparaturkosten oder Stromverbrauch dienen den Behörden als Anlass für Misstrauensprüfungen – Alltag wird zum Überwachungslabor.

MNO-Analyse: Objektfixierte Rechtspraxis
Verfahren fokussieren auf formale Tatbestände (Objekt-Ebene) und ignorieren Wille (Motivationslage) und Erleben (Diskriminierungsfolgen). Resultat: legalistische Urteile ohne emergente Gerechtigkeit.

Affordanz-Blockade durch Paragraphen
Für Autist:innen verwandelt sich der Gerichtssaal in eine sensorisch feindliche Umgebung; ihre Zeugnisse werden aufgrund atypischer Kommunikation entwertet. Wahrnehmungsdivergenz kollidiert mit normierter Prozess-Rhetorik.

Fazit: Rechtsstaat in Schieflage
Solange Gerichte strukturelle Gewalt »sauber waschen«, bleibt gesellschaftliche Aufarbeitung blockiert. Ein truly demokratisches Recht müsste Beziehungshandeln und Kontext berücksichtigen – statt nur Paragraphen zu spinnen.

GEWALTAKT 8: MACHT KAPUTT, WAS EUCH KAPUTT MACHT

1

Der Satz »*Macht kaputt, was euch kaputt macht*«, war der Titel eines Songs von dem deutschen Sänger Rio Reiser aus der Politrockband »Ton Steine Scherben«, die den Song 1969 veröffentlichte. Das bringt uns zu der drängenden Frage zurück, wie man eine Simulation zerstört.

Der Präsident des Sozialgerichts in Cottbus, Herr W. schrieb mir, nachdem ich ihm erläutert hatte, dass die Richterin von K. mich entlang rechtsradikaler Narrative diskriminierte, dass er nicht zuständig sei: »*Unabhängig davon kann ich nach Einsichtnahme in die mir vorgelegten Verfahrensakten keinen Verstoß gegen geltendes Prozessrecht erkennen. Dass es Ihnen verwehrt worden wäre, weitere Belege zum Verfahren zu reichen, vermag ich den Akten nicht zu entnehmen.*«[199]

Es wurde jetzt, ähnlich schrieb die Präsidentin des Landessozialgerichts Frau Ananas, zur Normalität, sich in dieser Sache dumm zu stellen. Die Prüfungen referenzierten nur auf jenes Framing, welches Rassismen nicht sichtbar machte und alles, was ich sagte oder schrieb, wurde einfach nicht referenziert.

Es gab von mir ein 24-seitiges Schreiben vom 4.6.2022 an die Justizministerin Erdbeere, welches einen entscheidenden Satz enthielt: »*Generell neigen fast alle Richter:innen am Sozialgericht dazu, den Schmerz der Opfer nicht anzuerkennen. Das Ausmaß an Rationalisierung von massiver Gewalt ist erheblich. Wer diese Gewalt nicht sehen will, sieht sie nicht, weil er oder sie ein Armenrassist ist, also davon ausgeht, Menschen hätten diese Gewalt verdient, weil sie arm sind und es sei vollkommen* »*zumutbare*« *Gewalt. Das aber kann nicht sein, wenn es krank machende Gewalt ist, die überwiegend gegen Unschuldige verübt wird. Ich spreche hier nicht nur von den Sanktionen, denn ich wurde nie sanktioniert, (...).*«

Weiter unten im Brief schrieb ich: »*Ich betone nochmals: Die Sozialgerichte im Land ignorieren zu 100 % die eigentlichen Ursachen der Armut.*«

Auch die Justizministerin Erdbeere hätte darauf reagieren müssen, aber das hat sie nicht getan. Keine Studien wurden beachtet, keine Untersuchungen vertieft, nichts.

Ich forderte sie auf: »*Belegen Sie mir doch mal, dass meine Arbeit weniger Wert für diese Gesellschaft hat als Ihre!*«

Diese Aufforderung war simpel und doch drohte sie, das ganze System zu Fall

---

199 Sozialgericht Cottbus / Schreiben vom Präsidenten des Gerichts vom 1 Juni 2022 / S 13 AS 1193/18

zu bringen. Diesen Diskurs wollte man nicht führen, also schwiegen sie.

2

Am 2. Juli 2022 informierte ich die Leiterin des Jobcenters Frau S., dass ich gegen ihr Haus Strafantrag eingereicht hätte, weil man mir nun fortlaufend Hartz-IV-Bescheide über meine Nachbarin zustellte, was aus meiner Sicht gegen das Post- und Briefgeheimnis verstieß. Es galt nun, einen weiteren Kontext der Diskriminierung aufzuzeigen, um mehr Behörden und Ministerien in den Fall zu verwickeln. Ich wollte zeigen, wie weitreichend diese Gewalt war, wie sehr sie das ganze System der deutschen Behörden durchdrang.

Die Firma RPV, ein privates Postunternehmen, welches für Selbstständige und Behörden günstige Zustelltarife anbot, benutzte für die letzten Meter der Zustellung von Briefen oft Nachbar:innen in den jeweiligen Dörfern Brandenburgs. Das führte dazu, dass in den Dörfern diese eine Person genau wusste, welche Post die jeweiligen Bewohner:innen erhielten. Nun gibt es Briefe, denen man den Inhalt nicht ansieht und jene, auf denen es fett auf dem Kuvert steht. Hartz-IV-Bescheide waren als Briefe vom Jobcenter einfach zu erkennen, genauso wie Briefe von der Polizei oder der Staatsanwaltschaft oder von Gerichten. Es waren also all jene Briefe, die zur Stigmatisierung von Menschen führen können, somit öffentlich für eine Person im Dorf praktisch einsehbar und diese eine Person war nicht selten die größte Tratschtante.

Dies führte dazu, dass alle paar Wochen mein sozialer Status durch das Jobcenter in der Nachbarschaft bekannt gemacht wurde, was für viele Betroffene schlicht Psychoterror darstellt. Dass es sich hier um Psychoterror handelte, war auch damals einfach zu belegen, weil Jahrzehnte früher die Stasi,[200] der berüchtigte Geheimdienst der DDR, bei unliebsamen Kulturschaffenden auf dieselbe Methode zurückgriff. Man ließ den Inhalt von Briefen in der Nachbarschaft durchsickern, um mit stigmatisierenden Inhalten, wie eine Pleite oder Homosexualität, das Sozialleben der jeweiligen Person zu erschüttern, in dem man dadurch Gerüchte streute.

Die Forschung zu diesen Methoden, sie wurden unter dem Begriff der »Zersetzung« an der JHS, der Juristischen Hochschule in Potsdam als »operative Psychologie« gelehrt, ist heute umfangreich und man weiß daher, was die Folgen der Zersetzung für die Opfer waren und sind, nämlich nicht selten eine posttraumatische Belastungsstörung, wie auch ich sie entwickelte.

---

200 Wikipedia: Das Ministerium für Staatssicherheit (MfS), auch Staatssicherheitsdienst, Kurzwort Stasi, war in der Deutschen Demokratischen Republik (DDR) zugleich Geheimdienst und Geheimpolizei und fungierte als Regierungsinstrument der Sozialistischen Einheitspartei Deutschlands (SED).

Es waren also sowohl die Folgen bekannt als auch alle Umstände, die dazu führten, dass Informationen weitergegeben wurden. Sowohl der Generalstaatsanwalt Apfel als auch die Ministerin Erdbeere und viele weitere Stellen waren umfassend darüber informiert, dass man durch diese Praxis der Postzustellung in weiten Teilen Brandenburgs Menschen in Armut, massiver Stigmatisierung und massivem Psychoterror aussetzte, samt gesundheitlicher Folgen.

Am 2. Juni 2022 schrieb ich an den Landrat Brombeere: *»Die Staatsanwaltschaft wurde darüber in Kenntnis gesetzt, dass das Jobcenter Elbe-Elster massiv gegen das Post- und Briefgeheimnis verstößt.«*

Der Landrat antwortete mit Schreiben vom 3. Juni 2022: *»Sie erhalten Ihr Schreiben vom 2. Juni 2022, bei uns eingegangen am 3. Juni 2022 (PE-NR. 533) zu unserer Entlastung zurück. MfG Landrat Brombeere«*

Die Versandmethode wurde demnach nicht eingestellt. Man wusste also, dass man Menschen auch auf diese Weise traumatisierte. Der Landrat machte einfach weiter und glaubte, es würde ihn entlasten, wenn er mein Schreiben einfach an mich retourniert. Diese Vorgänge sind aus heutiger Sicht nicht weniger unglaublich, als sie es damals waren. Ein Menschenleben bedeutete für diese Leute nichts.

Mit dem 4. Juni 2022 forderte ich bei der Justizministerin den Rücktritt des Präsidenten des Sozialgerichts, wegen der Vertuschung von Klassismus und Sozialrassismus im Kontext mit den Handlungen der Richterin von K. Auch hier glaubte ich nicht, dass dies passieren würde, sondern es ging um die Dokumentation und diese führte zu Verstrickungen und somit zu Beziehungen, an denen ich arbeiten konnte. Auf diese Weise verwob ich sämtliche Behörden Brandenburgs ineinander, um die ganzen Querverbindungen sichtbar zu machen.

Ich erhielt am 7. Juni 2022 schließlich, mehrere Behörden prüften sich nun gegenseitig, einen Brief von der Kreisverwaltung Elbe-Elster, in dem ich aufgefordert wurde, mehr Informationen zu den Lügen der Herrn H. von der Ausländerbehörde darzulegen. Herrn N. einem Dezernenten des Landreises schrieb ich in Folge einen fünfseitigen Brief, indem ich alle Details zum Klassismus darlegte und weshalb es klassistisch sei, einen Kulturschaffenden wie mich als Arbeitsverweigerer darzustellen, und mir die Einbürgerung nach fast 25 Jahren zu verweigern, weil ich Künstler bin: *»Offensichtlich erkennt Herr H. das, was Kulturschaffende leisten weder als Arbeit noch als Dienst an der Gesellschaft an. Er verspottet mich deswegen offen.«*

Für einen Moment wollte ich mich dem Beamten persönlich anvertrauen, weil ich mir dachte, dass müsse man doch verstehen, das könne doch für jemanden, der neu draufschaut, nicht unmöglich sein, zu begreifen, dass es sozialrassistisch war, einen Kulturschaffenden wegen dessen Arbeit als asozial darzustellen und schrieb ihm daher auch, wie das alles zu schweren Depressionen bei mir führte: *»Noch schlimmer aber wiegt die Ausgrenzung, die Herr H. mir angetan hat, in dem er mich als schädlich für die deutsche Gesellschaft behauptete, dies in staatlichen Akten festhielt und ich keine rechtliche Handhabe hatte, um mich dagegen zu wehren. Wir zeigen in dem Film, wie Herr H. klassistisch-rassistische Gewalt gegen mich ausübte und der Landrat dabei zusah, gemeinsam mit dem Innenminister Blaubeere.«*

Herr N. antwortete mir mit Schreiben vom 15. Juni 2022: *»Im Ergebnis der Lektüre und Einordnung dessen, was Sie darlegen, komme ich zum Schluss, dass Ihre Vorwürfe gegen Herrn H. nicht berechtigt sind.«*

Auf fünf A4 Seiten an Erläuterungen folgte also ein Satz, in dem er mit keinem Wort auf die Inhalte meines Schreibens einging.

3

Ein wesentliches Kriterium von Mobbing, dies zeigt sich beispielsweise im Leymann Fragebogen (LIPT), mit dem Mobbing gemessen werden kann, sind Angriffe auf die Möglichkeiten zu kommunizieren, Angriffe auf die sozialen Beziehungen, Angriffe auf Qualität und Perspektiven der Arbeit, Angriffe auf das soziale Ansehen, oder Angriffe auf die körperliche Unversehrtheit und das psychische Wohlbefinden. All diese Formen der Gewalt fanden sich in diesem einzigen Satz des Herrn N. Er verweigerte jeden Dialog und jede Auseinandersetzung, also eine vertiefende Besprechung der Geschehnisse. Er unterstützte die Verweigerung der Einbürgerung, also eine radikale Form der Ausgrenzung nach 25 Jahren Arbeit und Leben in Deutschland. Er deutete meine Arbeit offensichtlich wie Herr H. als Arbeitsverweigerung, wertete meine Arbeit also ab und somit griff er auch mein soziales Ansehen an. Nicht zuletzt ignorierte er die gesundheitlichen Folgen für mich und setzte die Gewalt einfach fort. Monate später sprach ihn der Generalstaatsanwalt Apfel dafür, in einem persönlichen Brief an mich, von jeder Schuld frei.

Der Generalstaatsanwalt wusste also nicht nur, dass was H. in die Akten schrieb, eine Lüge war, sondern er deckte auch all jene, die damit weiter machten, worin eine gewisse Logik bestand, denn nach Jahren hätten die Fakten auch Apfel ansonsten massiv belastet. Generalstaatsanwalt Apfel hatte ein Motiv, die Sache immer weiter eskalieren zu lassen, weil dies von seinem Versagen ablenkte. Auch hier sieht man die Simplifizierung der eskalierenden Simulation.

Die Problematik für mich bestand darin, dass je kürzer die Antworten der jeweiligen Behörden wurden, umso schwerer wurde es ihnen, Gewalt nachzuweisen. Denn Gewalt, das hielten die meisten für einen Akt, für etwas, was sichtbar sein müsse. Strukturelle Gewalt verstanden die Wenigsten. Besonders symbolische

Gewalt nach Bourdieu war praktisch unsichtbar. Diese meint eine Form von verdeckter Gewalt, die durch kulturelle Symbole, Sprache, Normen und Werte vermittelt wird. Diese Gewalt wirkt subtil und wird oft nicht als solche erkannt, da sie in den alltäglichen Praktiken und Institutionen verankert ist. Symbolische Gewalt manifestiert sich, wenn dominante Gruppen ihre Weltanschauungen und kulturellen Praktiken als universell gültig darstellen, während die Perspektiven untergeordneter Gruppen marginalisiert oder abgewertet werden. Dies führt dazu, dass soziale Ungleichheiten reproduziert und legitimiert werden, ohne dass physischer Zwang angewendet wird. Ein Schlüsselmechanismus ist die Habitus-Theorie, bei der Individuen bestimmte Denk- und Verhaltensmuster internalisieren, die ihre soziale Position reflektieren. Durch diese Internalisierung akzeptieren Menschen ihre Position innerhalb der sozialen Hierarchie als natürlich oder unvermeidlich. Auf diese Weise werden Rassismen verschleiert.

Zusammenfassend beschreibt symbolische Gewalt die unsichtbaren Prozesse, durch die soziale Machtverhältnisse aufrechterhalten und legitimiert werden, indem sie in den Köpfen der Menschen verankert und als selbstverständlich angesehen werden. Beispielsweise der Umstand, dass Erwerbsarbeit als einzig legitimer Beitrag betrachtet wurde und man die damit verbundene Gewalt nicht sah, weil sie von Prinzipen der Belohnung und Bestrafung in einer ganz eigenen Logik verdeckt wurden. Betrachtete man aber alle meine Briefe zusammen, war es möglich, diese Gewalt sichtbar zu machen. Gleichzeitig wurde auch erkennbar, wie schwer es für mich war, darauf zu reagieren oder damit umzugehen. Dieses dritte Wissen wird auf diese Weise zu einem für die Forschung sehr fruchtbaren Einblick in die tatsächlichen Erfahrungen von Armut. Das massive Leid der Betroffenen des deutschen Sozialsystems wird hier greifbarer, sowie die Lebenssituation vieler prekär lebender Kulturschaffender. Verhältnisse, die in der Forschung teilweise unbehandelt sind.

Die Behörden weigerten sich immer wieder, die hunderten Seiten zu lesen. Man verweigerte Kontextualisierung. Man versuchte durch Reframing (Kategorisierungslügen) die Verantwortungsfelder zu begrenzen, um verantwortungsloses Handeln zu verschleiern. Auch hier sehen wir diese Dysfunktionalität des Staates, die zu immer mehr Ohnmacht und Opportunismus führt. Keine Frage hat mehr Relevanz. Auf nichts wird reagiert. Nichts hat noch Konsequenzen. Die Behörden stehen wie ausgehöhlte Monumente unveränderbar in der Landschaft. Das alles zeigte ein Verschwinden demokratischen Bewusstseins.

Bezüglich der Richterin von K. des Sozialgerichts Cottbus schrieb mir die Präsidentin des Landessozialgerichts Frau Ananas am 16. Juni 2022: »*Für dienst aufsichtsrechtlich zu beanstandendes Verhalten habe ich indes keinerlei Anhaltspunkte. Der Präsident des Sozialgerichts Cottbus hat Ihre Dienstaufsichtsbeschwerde im Verfahren S 14 AS 1193/18 mit Schreiben vom 1. Juni 2022, welches mir vorliegt, unter Anwendung der hierfür geltenden rechtsstaatlichen Maßstäbe zurückgewiesen. Die gegen diese erhobene Dienstaufsichtsbeschwerde weise ich daher zurück.*«[201]

Am 20. Juni. 2022 antwortete ich Frau Ananas mit deutlichen Worten: »*Ihr Verhalten kommt einem Betrug gleich. Sie verkürzen den Sachverhalt auf einen Prüfungsfokus, indem Klassismus möglichst nicht sichtbar wird. Sie gehen auf keinen der Inhalte oder Belege ein, die Klassismus eindeutig zeigen. Sie ignorieren komplett den eigentlichen Vorwurf, um dann von einem gänzlich anderen Thema zu schwafeln. Dabei betrachten Sie den Fall mit einer Schablone, die nahezu alles ausblendet, was an Diskrepanz zwischen der Wirklichkeit und Gewohnheiten des Gerichts vorliegt. (...) Sie müssen schon auf die vorgelegten Beweise eingehen. Sie müssen sich schon damit befassen, dass das Sozialgericht Cottbus hunderte Seiten an Belegen zu Menschenrechtsverstößen im Rahmen von Hartz IV ignoriert und klassistische Gewalt absichtlich gedeckt hat, um sich selbst vor Strafverfolgung zu schützen, auf Kosten der Opfer. (...) Hören Sie auf, sich dumm zu stellen und überlegen Sie, was die Ihnen unterstehenden Gerichte da Menschen antun! Ich fordere Sie nochmals auf, das Bundesverfassungsgericht anzurufen.*«

Die Präsidentin Ananas stellte sich weiterhin dumm und antwortete auf dieses Schreiben nicht mehr. Obwohl die Vorwürfe gegen sie belegt waren und sie in Folge auch der Ministerin Erdbeere vorgelegt wurden. Wie gesagt, nichts hatte mehr Konsequenzen.

5

Mit dem Schreiben vom 21. Juni 2022 wurde mir vom Jobcenter als Reaktion auf meine Forderung zur Übernahme der Therapiekosten und zur Erhöhung des Hartz-IV-Satzes, wegen der hohen Inflation, zwei Formulare geschickt, die später eine enorme Rolle spielen sollten. Ich wurde aufgefordert, die Formulare auszufüllen und zu unterschreiben, ansonsten würden mir wegen der Verweigerung meiner Mitwirkungspflicht Mittel gestrichen. Mir wurde offen gedroht, obwohl man von meiner psychischen Erkrankung wusste.

201 Schreiben von Präsidentin Ananas vom 16 Juni 2022 / 3132E I - 32/22

Das erste Dokument (MEB) war ein Formular zu kostenaufwendiger Ernährung, welches von Ärzten ausgefüllt werden sollte. Es ging also um ein Formular für chronisch Kranke, die besondere Ernährung benötigten. Für mich unbrauchbar. Das zweite Formular (BB) behandelte die »Gewährung eines unabweisbaren besonderen Bedarfs«. Beide Formulare zielten darauf ab, im Reframing das Problem derart zu formatieren, dass das Jobcenter den Eindruck erwecken konnte, man ginge auf die Probleme ein, wobei im zweiten Blick aber sofort klar wurde, dass das Ausfüllen dieser zwei Formulare ins Leere führen musste. Ich also keine Therapie bekäme, denn eine Therapie hätte ja die Gewalt transparent gemacht. Das Jobcenter versuchte mit diesen zwei Formularen von der Gewalt abzulenken, die sie mir antaten, indem man erneut das dominante Framing setzte, die Probleme umformatierte. Aus Erkrankungen als Folge von Sozialrassismus und Psychoterror durch die Behörde wurden Fragebögen, die ich nicht richtig ausfüllte, weil sie weder auf das Problem bezogen waren, noch darin eine Lösung boten.

Meine Forderung bestand darin, die Therapie bezahlt zu bekommen, also die Fahrtkosten. Das war mit beiden Formularen nicht beantragbar. Das Formular BB half nicht weiter, wenn die Kosten im Vorfeld nicht genau beziffert werden konnten. Ich musste erst einen Therapeuten, eine Therapeutin finden und dazu mehrere aufsuchen und Erstgespräche führen. Es lag in der Natur der Sache, dass jede Fahrt eine andere Entfernung, somit andere Kosten bedeutete. Auf meine Frage, wie das zu lösen sei, wurde mir über Monate nicht geantwortet. Über Monate! Das zweite Formular MEB als Reaktion auf die zu hohe Inflation war auf eine Weise surreal, die mich wütend machte. Man hatte mir ein Formular geschickt, in dem Ärzten zwischen den Zeilen gedroht wurde, sie hätten die Mehrkosten nur entlang absoluter Notwendigkeiten zu erklären. Mangelernährung wurde hier entlang des Body-Mass-Index definiert.

Im ganzen Land standen also Menschen bei den Tafeln an, weil der Hartz-IV-Satz nicht für Essen reichte, wollte man auch noch die Stromrechnung bezahlen. Menschen hungerten und das Jobcenter schickte mir als Reaktion auf meine politische Forderung ein Formular, indem »Unterernährung« nur dann anerkannt wurde, wenn man medizinisch gesehen gefährlich abgemagert war. Man wollte also warten, bis Menschen chronisch krank wurden, bis man Unterernährung anerkannte. Von gesunder Ernährung sprach hier niemand mehr. Das aber war die Denkweise der Euthanasie. Siehe ein Zitat aus der entsprechenden Literatur: »*Ein Geisteskranker kostete täglich 4 RM, ein Krüppel 5,50 RM, ein Verbrecher 3,50 RM. (...) Nach vorsichtiger Schätzung sind in Deutschland 300.000 Geisteskranke, Epileptiker usw. in Anstaltspflege. - (b) Was kosten diese jährlich insgesamt bei einem Satz von 4 RM? - (c) wie viele Ehestandsdarlehen zu 1000 RM könnten – unter Verzicht*

auf spätere Rückzahlung – von diesem Geld jährlich ausgegeben werden?«[202]
Die Ehestandsdarlehen betrafen geförderte Eheschließungen von gesunden Deutschen, »ethnisch reiner Herkunft«.

Ein deutsches Jobcenter verteilte also Formulare, die auf der Vorstellung beruhen, der Wert eines Menschen, somit dessen Recht auf Nahrung sei wissenschaftlich berechenbar und man könne darin zwischen nützlich und unnütz unterscheiden, mit dem Ziel die Kosten der »Unnützen« möglichst gering zu halten.

Die beiden Formulare sind kein »Serviceangebot«, sondern ein schulmäßig einstudierter Re-Framing-Trick – ein Klassiker der administrativen Gewalt: Ethik-Forscher sprechen von administrative evil[203]: Bürokratien erzeugen Leid, während sie sich hinter scheinbar neutralen Routinen verstecken. Formzwang dient als Tarnung: Solange der Betroffene »freiwillig« etwas ausfüllt, erscheint das Problem gelöst – selbst wenn das Formular sachlich untauglich ist. Laut Michael Lipskys Theorie der street-level bureaucracy verlagern Sachbearbeiter die Verantwortung für Systemmängel per Formular auf die Klientinnen: »Falsches« oder unmögliches Ausfüllen schafft den Vorwand für Sanktionen. Johan Galtungs Konzept der structural violence beschreibt genau diesen Mechanismus: Kein Prügel, aber Entzug existenzieller Mittel; die Verletzung ist real, nur die Tatwaffe ist Papier. [204]
Aktuelle Policy-Forschung zeigt, dass solche »Aktivierungs«-Formulare gerade im SGB II dazu dienen, Ansprüche abzuwimmeln; der Aufwand (Arztgutachten, Kostenvoranschläge) soll abschrecken und Leistungszahlen drücken.[205]

Die MEB- und BB-Bögen reframen mein Anliegen so, dass das Jobcenter gleichzeitig »Hilfsbereitschaft« demonstriert und faktisch jede Lösung blockiert. Das ist methodisch bekannte indirekte Gewalt – legitimiert durch Bürokratie, verborgen hinter Formularen.

6

Die Antwort des Jobcenters auf die Inflation, die Menschen in den Hunger trieb, war es also, den Wert der Gesundheit von Armen minutiös zu berechnen und abzuwerten. Besonders pervers fand ich den Satz im Formular MEB: *»In der Regel ist bei gesicherter Diagnose einer Mangelernährung ein Mehrbedarf zu bejahen. Der Tatbestand kann ausnahmsweise dann nicht erfüllt sein, wenn zwar die phänotypi-*

202 Adolf Dörner (Hg.): Mathematik in den Diensten der nationalsozialistischen Erziehung mit Anwendungsbeispielen aus Volkswirtschaft, Geländekunde, und Naturwissenschaft. Frankfurt am Main 1935, S. 42 / Entnommen aus dem Buch ausgesteuert-ausgegrenzt ... angeblich asozial / AG SPAK / S. 112
203 https://www.researchgate.net/publication/345858011_Unmasking_Administrative_Evil
204 https://www2.kobe-u.ac.jp/~alexroni/IPD%202015%20readings/IPD%202015_7/Galtung_Violence%2C%20Pea-ce%2C%20and%20Peace%20Research.pdf?utm_source=chatgpt.com
205 https://onlinelibrary.wiley.com/doi/full/10.1002/ajs4.371?utm_source=chatgpt.com

schen und ätiologischen Kriterien erfüllt sind, aber aufgrund der Besonderheiten des Krankheitsbildes tatsächlich nicht von einer kostenaufwändigeren Ernährung auszugehen ist, wie dies bspw. bei Anorexia nervosa (Magersucht) der Fall sein kann.«[206] Wenn sich also die oder der Arme das Essen aus dem Leibe kotzte, wäre das teure Essen verschwendet. Die Magersüchtige hatte demnach keinen Anspruch auf gesunde Ernährung. Also noch weniger als die Arme an sich. Man müsse die Magersüchtige also nicht mehr mit gesundem Essen nachfüllen. Diese Logik war und ist menschenverachtend.

Indem das Jobcenter mir diese Formulare schickte, offenbarte es das ganze Ausmaß an Geistesgestörtheit der Behörde und somit den Grund, weshalb beispielsweise Adorno und Horkheimer derart ausdrücklich vor der instrumentellen Vernunft warnten, die nach Ansicht dieser zwei großen deutschen Intellektuellen direkt nach Auschwitz führte. Die Berechenbarkeit des Wertes eines Menschen musste zwangsläufig in das Grauen führen.

Das Jobcenter benutzte nun fortlaufend diese beiden Formulare des Irrsinns als eine Art Schutzschild. Man habe dem Herrn Speed zwei Formulare geschickt. Er füllt diese nicht aus. Ihm ist folglich wie den Magersüchtigen nicht zu helfen. Man selbst, als Behörde aber, habe alles rechtlich Notwendige getan und stehe in keinerlei weiterer Pflicht, auf Anfragen dieses Menschen je wieder eingehen zu müssen. Auf diese Weise ließ man im ganzen Land Menschen hungern und setzte sie bewusst als Folge hoher Inflation und nicht angepasster Bezugssätze der Unterernährung aus. Ich selbst entwickelte über Jahre einen erheblichen Nährstoffmangel, als Folge der Konsequenz, dass man an Essen laufend sparen musste.

Tatsächlich antwortete das Jobcenter auf fast nichts mehr. Ich bekam mein bedingungsloses Grundeinkommen, es gab über Jahre keine Termine. Ich war ein lebender Toter in ihrem System. Im Jobcenter nannte man in den Anfängen der Hartz-IV-Gesetzgebung solche Fälle intern, das erzählte mir einmal die bekannte Hartz-IV-Aktivistin Inge Hannemann[207], »Künstler«. Auch das zeugte von erheblichen Ressentiments gegenüber Kulturschaffenden.

Ich war also schwer traumatisiert und deckte zugleich massive Menschenrechtsverletzungen in den Behörden auf. Die Antwort der Behörden darauf war systematische Verdrängung und noch mehr Gewalt.

Das Jobcenter verhinderte auf diese Weise mit Hilfe von zwei Formularen über Jahre meine Therapie. Dies verschlimmerte meine Gesundheit erheblich. Das tat das Jobcenter, weil es diesen Leuten wichtiger war, zu verhindern, dass die Ursa-

---

206 Seite 3 im Formular MEB / Hinweise für die Ausstellung der Bescheinigung / für Ärzte.
207 Wikipedia: Inge Hannemann (*21. April 1968 in Hamburg) ist eine deutsche Bloggerin, Hartz-IV-Kritikerin und ehemalige Politikerin

chen meiner Erkrankung bekannt würden, als daran mitzuwirken, diese zu heilen. Das Jobcenter versuchte also zu vertuschen, dass Hartz IV krank machte, indem man meine Behandlung verhinderte, indem man auf die Kontexte der Erkrankung nie einging. Dies wurde später vom Brandenburger Gesundheitsministerium unter der grünen Ministerin Himbeere mitgetragen. Man weigerte sich unter Gewaltanwendung gegen die Betroffenen, zuzugeben, dass der Klassismus in Hartz IV krank machte, konnte das aber nur vertuschen, indem man ständig so tat, als würde ich die Behandlung selbst verhindern, weil ich Formulare nicht ausfüllte, für Unterstützung, die sie ablehnen wollten, weil sie selbst wussten, dass die Formulare dafür nicht taugten. Man verhinderte dadurch die Feststellung, dass die Behörde selbst die Erkrankung schuf und zunehmend verschlimmerte.

Von diesem Trickbetrug wussten mehrere Minister:innen auf Landes- und Bundesebene. Man ließ Menschen verrecken, um nicht zugeben zu müssen, dass der Armenrassismus gegen Arme diese, rund ein Drittel waren gefährdet, erkranken ließ. Dies führte für viele auch zu einem Jahrelangem Freiheitsentzug, weil man diesen Verhältnissen auf diese Weise nicht entkommen konnte.

Die Behörden wussten also von der Gewalt, aber sie wussten auch wie man die Bürokratie missbrauchen konnte, um diese zu vertuschen und um sich selbst aus der Verantwortung zu nehmen. Wir sprechen hier von vorsätzlichem Betrug, an dem ranghohe Beamte direkt und Minister:innen indirekt beteiligt waren. Denn die Konsequenzen waren bekannt. Der Generalstaatsanwalt Apfel wusste genauso davon, wie die Justizministerin Erdbeere, die Gesundheitsministerin Himbeere, der Innenminister Blaubeere oder der Arbeitsminister Kiwi. Auch frühere Arbeitsminister:innen wie Ursula von der Leyen (Präsidentin EU-Kommission), Ministerin Birne oder der spätere Bundeskanzler Olaf Scholz hätten es sehen müssen. Diese massive Gewalt hatte Konsequenzen für die Betroffenen, und diese waren schwerwiegend. Weil man aber »schwerwiegende Konsequenzen« für Arme politisch wollte, wurde dies in symbolischer Gewalt verdeckt.

7

Mit einem Schreiben vom 24. Juni 2022 antwortete ich verzweifelt und in einem gesundheitlichen Zusammenbruch der Leiterin des Jobcenters Frau S., nachdem mir meine Nachbarin erneut ein ablehnendes Schreiben vom Jobcenter zugestellt hatte: *»Das Schreiben Ihrer Behörde grenzt mal wieder an kognitiver Gestörtheit und Verantwortungslosigkeit, die sprachlos macht. Da Sie solche Schreiben offenbar auch an Menschen mit Psychosen schicken, was deren Zustand zweifellos verschlimmert, können Sie damit rechnen, dass wir auch diese menschenverachtende Praxis* *in den Medien zeigen werden. Ihr Verhalten ist vollkommen inakzeptabel. (...) Ihr Schreiben stellt für mich eine Retraumatisierung dar; mit ernsten Konsequenzen. (...) Was Sie hier öffentlich zeigen, ist mir indirekt erneut, das zu unterstellen, wodurch Ihr Haus mich schwer traumatisiert hat. Dass ich als Mensch derart Dreck bin, dass ich betteln muss, selbst das Lebensnotwendigste zu erhalten. Ich sehe mich daher gesundheitlich außerstande, Ihrem Irrsinn Folge zu leisten und lehne dies aus gesundheitlichen Gründen ab, um einen weiteren schweren Depressionsschub zu verhindern.«[208]*

Das Jobcenter half mir nicht aus dieser traumatischen Lage, sondern erstattete in Folge Strafanzeige gegen mich, wegen Beleidigung. Die Leiterin des Jobcenters wusste, dass das meine Gesundheit weiter verschlimmern würde und hat es trotzdem getan, oder gerade deswegen. Ihr war klar, dass meine Aussagen im Kontext eines traumatischen Zusammenbruchs standen, indem sie mir Therapie und Hilfe verweigerte. Arbeitsminister Kiwi war darüber informiert worden und reagierte wie immer nicht. Vonseiten der Behörde aber sah ihr Verhalten vollkommen normal aus. Man hatte Formulare geschickt. Die wurde nicht ausgefüllt. Das ist, was Bourdieu symbolische Gewalt nannte.

In dem Buch »*ausgesteuert, ausgegrenzt (...) angeblich asozial*«, herausgegeben von Anne Allex und Dietrich Kalkan steht ein Zitat aus dem Buch Cluster[209] von Geppert und Hartmann, der die Geisteshaltung in den Jobcentern nochmals erschreckend illustriert: »*Dazu beruft er (Hartmann) sich auf den Leitfaden zum Case-Management (Hartz IV) in Nordrhein-Westfalen, in dem formuliert wird:* »*Aufgabe der Case-Manager ist es, auszuschließen, dass sich die Hilfesuchenden in ihrer Situation einrichten oder sich in ihr arrangieren. Im Bewusstsein, dass die Angebote meist nicht so verlockend sind, soll ein gewisses Maß an Druck und Zwang die Leute in Bewegung bringen. Die Leute verteidigen ihre marginalisierten Lebenszusammenhänge und ihre damit verbundenen Überlebensstrategien. Integrierte Hilfe zur Arbeit soll deshalb einen neuen Lebensentwurf mit den Leuten erarbeiten*« (S. 69) neben der Fall-Diagnose fänden sich dann in den operativen Prozessschritten auch die Analyse der Widerständigkeiten und der Kenntnisse des »Kunden«. (S. 71) Und am Ende stehe der Druck durch Sanktionen, wenn dieser trotz intensiver Klärung seine Möglichkeiten nicht nutze. »Die Drohung mit Existenzvernichtung, ja mit dem Hungertod, mit Prekarisierung, Deklassierung und dem Ausschluss in die Überflüssigkeit sind der äußerste Pol der Zwangsmittel, um Subjektivität zuzurichten.« (S. 23)«*

---

208 Brief an die Leiterin des Jobcenters vom 24.6.2022
209 Cluster: Die neue Etappe des Kapitalismus von Gerald Geppert und Detlef Hartmann / Assoziation A

Diese Grundhaltung »gehorchen, funktionieren, oder bestraft werden«, zielte, wie schon zuvor erwähnt, darauf ab, die Arme derart in die Enge zu treiben, bis sie wie beim Herrn G. schreiend aus dem Raum rennt, sich widersetzt, damit man sie dann wegen sozial widrigem Verhalten sanktionieren könne. Da bei mir die klassischen Sanktionen nicht umsetzbar waren, da mein Widerstand längst eine andere Ebene erreichte, ging man jetzt, nachdem man mich krank kaum noch zu Arbeit zwingen konnte, zu meiner schrittweisen Kriminalisierung über, was dann in späterer Folge, ich gehe noch näher darauf ein, zu einem Strafverfahren gegen mich führte. Nach 10 Jahren wollte man mich also ins Gefängnis stecken, weil ich aussagte, dass der Staat Arme krank macht. Dass es überhaupt so weit kommen konnte, während mehrere Minister:innen dabei zusahen, zeigt das ganze Ausmaß des Zerfalls demokratischer Verhältnisse.

Meine Arbeit zeigt wie eine simple Tatsache, dass diese Gewalt Menschen krank macht, da es sich um ein politisches Tabu handelte, in den Behörden, Ministerien, Gerichten und Staatsanwaltschaften zu Ausweichmanövern führte, die darauf abzielten, mich vernichten zu wollen, weil ich dem eigentlichen Skandal zunehmend näherkam. Je mehr Minister:innen und Richter:innen in ihren Jobs bedroht waren von der durch mich stattfindenden Aufklärung, umso widerlicher wurden, die Versuche, mich direkt oder indirekt zu zerstören. Man kann daher sagen, dass je gewaltiger das Tabu ist, umso grenzenloser ist die Gewalt und sind die Lügen, die ein Staat bereit ist aufzubringen, um die Aufdeckung zu verhindern. Dabei ist weder ein Rechtsstaat noch der Job von Leuten in irgendeiner Weise hilfreich, gar ein Schutz, sondern ausschließlich die Beziehungsfähigkeit und Reife von Menschen, die bereit sind, derartige Konflikte auszuhalten und demokratisch zu bearbeiten.

Das Naheliegendste spielte keinerlei Rolle. Da war ein Künstler, der war als Folge seiner Kunst verarmt. Das stellte an die Gesellschaft eine ethische Frage nach Gerechtigkeit. Diese wurde von Beamt:innen in ohnmächtig machenden Jobs jedoch nicht in Verantwortung beantwortet, sondern in der Vernichtungsabsicht gegenüber dem Künstler und dem Versuch, die Verhältnisse unveränderbar zu erhalten. Dieser Sachverhalt aber kann und darf so nicht weiter bestehen. Dass ich als Autist in autistischer Integrität keine Chance hatte, dem zu entkommen, ist eine weitere Tragik der Geschehnisse.

Simulationen töten. »Stop Simulation!«

8

Am 6. Juli 2022 erhielt ich vom Landrat Brombeere ein Kuvert, in dem zwei Briefe von mir zu finden waren, die ich dem Landrat geschickt hatte. Beide Briefe waren ungeöffnet. Auf dem jeweiligen Kuvert klebte ein Aufkleber, ein Post-it, auf denen Stand: »*Sendung unerwünscht*«.

Meine Briefe, in denen ich um Hilfe bat, in denen massive Missstände dargelegt wurden, auf die der Landrat hätte, rechtlich gesehen, reagieren müssen, wurden ungeöffnet an mich retourniert. Dieses Verhalten war der Staatsanwaltschaft aus mehreren Schreiben bekannt. Auch Generalstaatsanwalt Apfel wusste davon.

Als Reaktion darauf versuchte ich nach entsprechenden Ratschlägen der Datenschutzbeauftragten Dagmar Hartge, den Landrat dazu zu zwingen, mir die Quellen zu nennen, nach denen nach seiner Meinung belegt wäre, ich sei ein Arbeitsverweigerer. Ich wusste, er würde derartige Belege nicht finden, gar vorlegen können. Entsprechend retournierte er weiterhin schreiben von mir oder reagierte überhaupt nicht.

In der Zwischenzeit, mit Schreiben vom 13. Juli 2022, antwortete die Staatsanwaltschaft Cottbus auf den RPV-Briefskandal mit folgenden Worten: »*Mit Ihrer Anzeige hatten Sie Verantwortlichen des Jobcenters Elbe-Elster vorgeworfen, Post an Sie versandt zu haben, wobei von außen sichtbar auch die Absenderadresse erkennbar ist. Da dadurch zwangsläufig alle Zusteller, also nicht nur sogenannte Privatzusteller, sondern sämtliche infrage kommenden Postzusteller Kenntnis von der Adresse des Absenders und des Empfängers erhalten, glauben Sie, dass dadurch das Postgeheimnis gemäß § 206 StGB verletzt sei. Dies ist jedoch nicht der Fall.*«[210]

Auch dieses Schreiben begann also schon mit einer Verkürzung der Zusammenhänge und einem seltsamen Reframing. Es ging nie um die anderen Zusteller:innen, sondern ausschließlich um die Nachbarn von Betroffenen. So schwer, das könnte man meinen, wäre das nicht zu verstehen.

»*Dass bei Postsendungen eine Absenderadresse anzugeben ist, ist schlicht weg eine posttechnische Notwendigkeit, da ansonsten z. B. bei Nichtzustellbarkeit einer Postsendung nicht an den Absender zurückgesandt werden könnte und der Absender auch keine Kenntnis von der Nichtzustellbarkeit erhalten würde.*«

Man war sich auch nicht zu schade den Sinn von Absenderadressen zu erklären, um das Reframing logisch erscheinen zu lassen. Man kann hier viel über Reframing lernen und über rhetorische Tricks von Staatsanwält:innen.

»*Gerade eben, weil diese Angaben der Adresse von Absender und Empfänger einer Postsendung erforderlich sind und bleiben, ist die Weitergabe dieser Information durch z. B. die Postzusteller nicht durch § 206 STGB unter Strafe gestellt. Dabei ist es unerheblich, ob die damit befassten Personen, sogenannte Privatzusteller, mit dem Postzustelldienst vertraglich verbunden sind oder ob es sich um fest angestellte Mitarbeiter des Postzustelldienstes handelt. D. h. also konkret, dass auch sogenannte Pri-*

210 Brief der Staatsanwaltschaft Cottbus vom 13. Juni 2022 / 1417 Ujs 16728/22

vatzusteller dem Post- und Briefgeheimnis unterliegen und entsprechende Informationen nicht weitergeben dürfen. Dass die Postzusteller im Rahmen ihrer Tätigkeit zwangsläufig die Möglichkeit hätten, Informationen weiterzugeben, reicht für einen Straftatbestand nicht aus. Für einen Verdacht der Verletzung des Post- und Briefgeheimnisses gemäß § 206 StPO müssen konkrete Anhaltspunkte dafür vorliegen, dass dem Briefgeheimnis unterliegende Tatsachen unbefugt weitergegeben worden sind.«

Die Staatsanwaltschaft Cottbus ignorierte also einfach den Umstand, dass das Jobcenter Hartz-IV-Bescheide an meine Nachbarin übergab und folglich meine Nachbarin über meinen sozialen Status informierte. Diese konnte nun schwerlich verhindern, dass sie die Information an sich selbst innerhalb ihres Gehirns weitergab. Für die Staatsanwaltschaft war die Nachbarin keine Person im persönlichen Umfeld, sondern nur eine anonyme Postzustellerin, was eine absurde Verdrehung darstellte. Das Verbrechen bestand nicht darin, dass die Postzustellerin etwas weitergab, das ließ sich nicht beweisen, sondern dass das Jobcenter faktisch meiner Nachbarin den Inhalt von Briefen mitteilte. Die Nachbarin wurde nicht allein dadurch zur anonymen Größe, indem sie eine Postzustellerin wurde, sondern es blieb meine Nachbarin, folglich eine Verletzung meines Privatbereichs, informierte man real die Nachbarin über meinen sozialen Status. Die Staatsanwaltschaft wusste wie zuvor erwähnt von den gesundheitlichen Folgen dieses Terrors, wollte davon aber nichts wissen, weil diese Form der Postzustellung dem Staat jährlich sehr viel Geld sparte. Lieber log man einfach durch dummes Reframing, indem man den Sinnzusammenhang auf die Frage fokussierte, ob Postzusteller:innen grundsätzlich den Absender lesen können oder nicht, statt realen Psychoterror zu verhindern.

»In Ihrem Fall haben Sie ausdrücklich formuliert, dass Sie Ihre Nachbarin, die wohl als eine solche Privatzustellerin tätig ist, nicht beschuldigen wollen. Aus Ihrer Anzeige ergeben sich also keine ausreichenden Anhaltspunkte dafür, dass eine der Postzusteller auch tatsächlich das Post- und Briefgeheimnis verletzt hat. Für Außenstehende ist aus dem verschlossenen Umschlag der Briefsendung außer den vorgenannten Adressen für Absender und Empfänger keine weitere Information zu erkennen, sodass sich ein Verdacht der Verletzung des Briefgeheimnisses durch Mitarbeiter des Absenders der Postsendung, hier also des Jobcenters nicht begründen lässt.«

Auch das war schlicht falsch.

Ich informierte die Generalstaatsanwaltschaft am 15. Juni 2022 über das selten dumme Schreiben der Staatsanwaltschaft aus Cottbus. Diese leitete die Sache an die Behördenleiterin der Staatsanwaltschaft Cottbus weiter. Die Sache war zu heiß geworden. Niemand wollte auf diesen Irrsinn in einer Weise antworten müssen, die ich hätte zitieren können. Also schrieb man auf Kosten der Steuerzahler:in seitenweise Ausweichbriefe, in denen man ständig vom Thema abwich. Fakt war aber, dass die Nachbarin sich unmöglich in eine Postbotin und eine Nachbarin spalten konnte. Sie verstieß also in sich selbst gegen das Postgeheimnis. Die kranke Trennung, an die Staatsanwälte glauben wollten, war nicht real. Mein Schmerz hingegen schon.

9

Am 11. August 2022 wurden mir die beiden Formulare erneut zugeschickt, mit der Drohung, mir Mittel zu kürzen, wenn ich sie weiterhin nicht ausfülle und unterschreibe. Man sieht also die Absicht der Erpressung. Man wollte mich, wie die Landrätin zuvor, mit Gewalt dazu zwingen, die Realitäten der Behörden anzuerkennen. Entweder ich folgte ihrem Narrativ und ihrer Lesart der Geschehnisse, oder ich müsste hungern, mir würde noch mehr Gewalt angetan. Auf die Inhalte des zuvor von mir geschickten Schreibens, das später zur Strafanzeige gegen mich führte, wurde mit keinem Wort eingegangen. Man wollte mich also eindeutig zwingen, diese Leute aus der Verantwortung zu entlassen, indem ich ihren Formalismen so folge, dass sie scheinbar legitim jede Hilfe ablehnen könnten. Was die Leiterin des Jobcenters Frau S. hier trieb, war kriminell. Man ignorierte den ihr schriftlich mit Studien belegten Terror von Hartz IV und wollte durch Formalismen vom Thema ablenken, um die Gewalt weiterführen zu können, von der man nun doch wusste, dass diese mich krank machte.

Daher schrieb ich am 13. August 2022 eine 44-seitige Klageschrift und reichte sie erneut beim Sozialgericht Cottbus ein, mit dem Hinweis auf die Probleme mit der Richterin von K., wegen offensichtlicher Befangenheit, der ich nicht nochmals begegnen wollte. Diese sehr umfangreiche Klageschrift ging auch an Arbeitsminister Kiwi (BMAS) und an die Justizministerin Erdbeere.

Ich schrieb der Richterin S.: »*Konkret geht es um zwei Dinge. Solange das Hartz-IV-System leugnet, Menschen krankzumachen, können die Opfer nicht gesund werden. Auch Therapien sind dann kaum erfolgreich. Ich musste eine Therapie abbrechen, weil diese angesichts des fortgesetzten Terrors durch den Staat nicht wirken konnte. Man kann ein Trauma nicht therapeutisch bearbeiten, wenn es laufend fortgesetzt wird. Ich klage hier also gegen das Jobcenter und gegen das Gericht, damit dieses anerkennt, selbst die Ursache von Krankheit und unfassbarem Leid bei Betroffenen zu sein. Das Gericht muss also den Klassismus in Hartz IV vollkommen anerkennen, oder es wird beschuldigt, Menschen weiterhin krankzumachen. Dazu gehört auch, dass der Druck gegen Betroffene aus dem Hartz IV (Bürgergeld) System vollständig entfernt werden muss. Der zweite Aspekt betrifft die grundsätzliche Anerkennung, dass der Hartz-IV-Satz zu einem gesunden Leben nicht ausreicht. (...)*

Wir sprechen mittlerweile von einer achtfach höheren Inflation, als im Hartz-IV-Satz einberechnet. Zitat Prof. Sabine Pfeffer / Friedrich-Alexander-Universität Erlangen / Soziologie: »Gesunde Ernährung mit Hartz IV geht nicht.« «

Die Richterin wurde auch umfänglich über den IAB-Forschungsbericht von 2017 informiert, indem die Forschungsstelle des Bundesarbeitsministeriums feststellte, dass die Zahl psychisch kranker im Hartz-IV-System kontinuierlich zunahm: »*Elf Befragte benannten konkrete Kundenanteile von psychisch Kranken; das Spektrum ist diesbezüglich sehr weit und reicht von zehn Prozent psychisch Kranker im Kundenstamm bis zu achtzig Prozent. (...)* »*Ich habe ja in geballter Form die Kunden mit Einschränkungen und da sind die psychisch Kranken nicht selten*«. [01 03 Fallmanager]«

Andere Untersuchungen wiesen auf ca. 60 % Erkrankte in Hartz IV hin.

Weiter hieß es in der Studie: »*Es wird zunächst ersichtlich, dass die überwiegende Mehrheit der Befragten in ihrer subjektiven Wahrnehmung übereinstimmt, dass der Kundenkreis von psychisch kranken Leistungsberechtigten in den vergangenen Jahren anteilig im Rechtskreis SGB II zugenommen hat. Als eine mögliche Erklärung hierfür wurde von manchen Interviewten auf die verbesserte Arbeitsmarktlage verwiesen, mit der Konsequenz, dass Personen, die* »*fit*« [03, 03 Fallmanager] *seien, relativ schnell vermittelt werden könnten, während der* »*Bodensatz*« [02, 06 Gesundheitsamt] *verbleibe.* »*Lange Verläufe oft, also über zehn Jahre lange Krankengeschichten und sehr, sehr beeinträchtigte Personen. Das ist so etwas, was jetzt immer dichter wird im Moment. Aus dem Verlauf würde ich mal sagen, man hat anfangs uns die Fälle vorgestellt, wo man nicht recht wusste, wie es mit dem Arbeitsmarkt werden könnte, aber vielleicht auch eher die, wo man meinte, dass eine rasche Eingliederung gelingen könnte und der Teil ist abgeschöpft. Man dringt jetzt immer weiter durch in immer länger arbeitslose Leute, die wirklich ganz schwer erkrankt sind und ich habe so das Gefühl, das hört sich jetzt negativ an, aber dass der Bodensatz im Moment erreicht ist*«. [07 06 Ärztlicher Dienst] *Des Weiteren äußerten einige der Befragten die Einschätzung, dass Langzeitarbeitslosigkeit und langjährige Abhängigkeit von staatlichen Leistungen zu einem Gefühl der Nutzlosigkeit und psychischen Beeinträchtigungen führen würden und hierdurch erhöhte Anteile von psychisch Kranken im SGB II zu erklären seien.* »*Und mir fällt auch auf, das sind oftmals auch Leute, die schon sehr lange im SGB-II-Bezug sind. Und da kommt dann für mich das (...) macht der SGB-II-Bezug auch krank, macht das auch krank, weil ich denke, Arbeit ist ja (...) hat ja auch einen Stellenwert für jeden von uns, wo man Selbstbestätigung bekommt, und das ist ja ein Part, der bei den Menschen einfach auch fehlt*«. [06 03 Fallmanager]«[211]

211 IAB-Forschungsbericht 2017/ S. 88

Diese menschenverachtenden Aussagen aus einer Studie, die das BMAS selbst in Auftrag gab, die also dem Ministerium und somit Birne und Kiwi vorlagen, zeigen zwei Dinge. Man wusste, dass es ein zunehmendes Problem mit psychischen Erkrankungen gab und man wusste, dass es Hinweise darauf gab, dass das Hartz-IV-System selbst Menschen krank machte, aber dies wurde in der Regel so formuliert, dass die Erwerbslosigkeit an sich zum Stigma, zur Entwertung führte und nicht das Hartz-IV-System, welches die Stigmatisierung, Abwertung und Bedrohung erst konstruierte.

Es zählte zu den selbstwerterhaltenden Lügen vieler Beamt:innen im Hartz-IV-System, dass man sich selbst nicht als die Ursache des Problems betrachtete, sondern die abstrakte Armut. Die Armut an sich bedeutet aber noch lange keinen gesellschaftlich hergestellten Psychoterror, der mit der Stigmatisierung der Armen einherging. Das war das Geschäft der Jobcenter und rechtspopulistischer Politik. Nach dem zweiten Weltkrieg erlebtem viele Armut. Sie erlebten aber auch viel Solidarität. Die Armut selbst ist, von Nahrungsmangel abgesehen, heute in Europa oft nicht das vorrangige Problem, sondern das damit verbundene Stigma. Das gilt besonders für Armut in Industrieländern mit Sozialsystem. Die Frage von Wert durch Arbeit war und ist generell eine junge Kategorie, die erst mit Aufkommen der Industrialisierung allmählich auftauchte, als man nicht mehr Sklave von Adeligen war. Zu der Zeit wurde von Freidenker:innen wie Hegel die Vorstellung selbstbestimmter Arbeit entworfen, die einem Menschen Würde verlieh. Die Umdeutung dieses Gedankens, dass die Arbeit an sich Sinn und Wert verleihen würde, die später zur Kritik von Marx im Sinne der Entfremdung der Arbeit führte, ist auch heute verzerrt und beispielsweise würde Kant über die Jobcenter vermutlich ähnlich empört schreiben wie ich, denn ob jemand sich als wertvoll für die Gesellschaft erlebt, hängt nur scheinbar davon ab, ob er oder sie Arbeit hat, sondern ob die eigene Existenz Wert hat, was ja auch dadurch ermöglicht werden könnte, indem das Jobcenter die Armen als Menschen begreifen würde, die von sich aus Wert haben. Es gibt auch genug Arbeiter:innen und Angestellte, die sich trotz Jobs als wertlos behandelt wahrnehmen. Der Faktor Job ist also keine Kategorie, die über Selbstwert entscheidet. Sondern die mit den Jobs verknüpfte Stigmatisierung oder Würdigung, um die herzustellen, man keine Jobs benötigt, sondern schlicht ein Ende der verzerrten Wertzuschreibung. Auch stellen Jobs eben gerade keine gerechte Bewertung von Leistung dar oder bilden Beiträge angemessen ab, wie zuvor ausführlich dargelegt.

Die Verwechslung zwischen Wert des Menschen und dem Nachgehen einer Erwerbsarbeit ist nur eine weitere Verdrehung durch jene, die die Entwertung der Armen als einen menschlichen Akt erscheinen lassen wollen, weil man sie scheinbar nicht mit Gewalt, sondern mit Wohlwollen in Arbeit zwingen möchte. Dies ist typisch für die Doppelbindung. »Wir wollen den Leuten nur helfen, wir meinen es gut und darum bestrafen wir sie.« Damit sie aus dem »Bodensatz« aufsteigen.

Schuld an den Erkrankungen ist also aus Sicht des Staates nicht die Stigmatisierung der Armut, sondern wieder die Arme selbst, die nicht funktioniert. Dies impliziert natürlich, dass man auch psychische Erkrankungen, ähnlich den Nazis, als Zeichen minderwertigen Lebens betrachtete. Das gehörte quasi dazu.

In der Studie hieß es auf Seite 89: »*Aber wie viele das jetzt wirklich sind, weiß ich auch nicht, bin ich auch vorsichtig, weil das erlebe ich auch oft bei den Vermittlern, das ist wie bei Flüchtlingen, die Bilder sind sehr stark. Das heißt, alle haben den Eindruck, äh, ganz Deutschland ist nur noch voller Flüchtlinge. Das ist Nonsens. [...] Das ist genauso auch bei psychisch Kranken, die (...) da ist man erstmal beeindruckt, auch äh das beschäftigt einen und dann geht es ja auch schnell, dass man sagt: Ja, wir haben sooo viele psychisch Kranke und wenn man dann nochmal wirklich hinterfragt, dann merkt man: Ja nee, sooo viele sind es ja dann auch wieder nicht. Also ich (...) ist für mich nicht fassbar, die Zahl.« [08 01 Teamleitung] Insbesondere die Mitarbeiter:innen und Mitarbeiter des Berufspsychologischen Service äußerten sich zurückhaltender zu den Anteilen von psychisch Kranken im SGB II und haben auf die Schwierigkeit verwiesen, die Anteile in konkrete Zahlen fassen zu können, da diese nicht systematisch erfasst werden würden.*«

Natürlich wurden die Zahlen nicht erfasst. Man wollte es nicht genau wissen. Denn die Hetze gegen »Arbeitsverweigerer« in Hartz IV hätte für Leute wie Weintraube oder Pflaume (CDU) nicht mehr so gut funktioniert, wenn die Zahlen aussagen würden, dass diese Personen als Folge von Hartz IV an schweren Erkrankungen litten. Darum war es nachvollziehbar, dass die Sachbearbeiter:innen davon sprachen, es würden immer mehr, während die, deren Job es war, das Problem in den Griff zu bekommen, also der berufspsychologische Service, die Zahlen eher marginalisieren wollte. Hinzu kam, dass man als Profi das Leid doch sah und weil man auch hier seinen Job behalten wollte, bestand ein Interessenkonflikt. Die Lage zu dramatisieren, hätte zu viele Fragen aufgeworfen, zumal eine Aufklärung politisch nicht erwünscht war, weshalb diese Studie zu keinerlei Konsequenzen im Ministerium unter Kiwi führte.

Die Sprache, mit der hier über Arme gesprochen wurde, lässt sich kaum von jener der Fürsorgeanstalten der NS-Zeit unterscheiden. Wir haben dieselbe Art der verdeckten Gewalt. Weiter schrieb man in der Studie auf Seite 90: »*Insbesondere Fachkräfte aus dem Fallmanagement betonten, dass bei ihren Klient:innen und Klienten in der Regel mehrere Einschränkungen vorlägen und eine psychische Erkrankung meist nur eine von vielen Vermittlungshemmnissen darstelle. »Und die*

Arbeitsmarktfernen, die unter anderem natürlich auch psychische Probleme haben, als Vermittlungshindernis, die landen dann im SGB II. Sie dürfen das als Auffangstelle sehen. Da konzentrieren sich derartige Fälle«. [02 06 Gesundheitsamt]«

Weiter stand in der Studie: »*Nach Analyse des Textmaterials ist auffällig, dass die Kundengruppe der psychisch Kranken von der überwiegenden Mehrzahl der Befragten in den besuchten Jobcentern als defizitär beschrieben wurde. Es überwiegen Einschätzungen, die psychisch Kranke als motivationsarm, arbeitsmarktfern, isoliert und resigniert wahrnehmen. Relativ häufig wurde darauf hingewiesen, dass psychisch Kranke die gestellten Anforderungen am Arbeitsmarkt nicht erfüllen könnten. Vereinzelt äußerten Fachkräfte die Einschätzung, dass Betroffene die Krankheit deshalb wie eine Schutzfunktion vor sich hertragen würden. Häufig wurde in diesem Zusammenhang darauf hingewiesen, dass eine Integration in den Arbeitsmarkt bei dieser Personengruppe nicht im Fokus der Bemühungen stehe, sondern vielmehr das Ziel der Stabilisierung.*«

Es war also dem BMAS und Minister Kiwi offensichtlich bekannt, dass es massive Probleme mit psychisch Kranken gab und man sie in den Jobcentern behandelte, als würden sie ihre Erkrankung benutzen, um nicht arbeiten zu müssen. Es wurden also Menschen, die man wegen der Stigmatisierung durch die Jobcenter nicht selten mit krank gemacht hatte, dann als Arbeitsverweigerer begriffen und weiter stigmatisiert. Man verschärfte also durch das Amtshandeln die Erkrankungen und Minister Kiwi muss das gewusst haben, sprich, wir wussten es alle.

Dies war eine Studie, die man, wie gesagt, selbst in Auftrag gegeben hatte. Wenn man diese Studie kannte, musste einem klar sein, dass hier massive Menschenrechtsverstöße und Diskriminierungen vorlagen. Man wusste auch, dass es ein Massenphänomen in allen Jobcentern im ganzen Land war.

Besonders tragisch wurde es, sah man sich näher an, wie das Personal in den Jobcentern mit Kranken umging und sie, wie zuvor besprochen, weiter stigmatisierte (S. 93): »*Also ich sage mal, auffällig ist es ja oftmals hier, wenn die Leute hereinkommen, also zum Teil, sieht man es, dass sie, die sind niedergeschlagen oftmals, ja? Also man merkt, dass die irgendwo (atmet tief aus) schon am Gesichtsausdruck teilweise, also wie die ganze Körperhaltung. Wenn die hier reinkommen, die setzen sich hierhin und die sagen, also entweder sagen sie gar nichts. Ja, also es ist wirklich so, mit manchen kann man sich eine Stunde anschweigen, wenn man nicht selbst irgendwo immer wieder in Aktion tritt, da kommt einfach vom Gegenüber nichts. Ja? Andere sind ach, verhaltensauffällig, also da hat man so extreme Stimmungsschwankungen drinnen, die brausen auf, sofern man irgendwo was sagt, was nicht bei denen so ins Konzept reinpasst. [04 02 Fallmanager]*«

In der Studie stand auf Seite 94: »*Viele Fachkräfte wiesen darauf hin, dass im*

Rahmen der Beratungsgespräche versucht werde, ein enges Vertrauensverhältnis auf-
zubauen, das eine offene Ansprache von Auffälligkeiten, die eine psychische Erkran-
kung vermuten lassen, ermögliche.«

Man glaubte also, man würde eine menschliche Augenhöhe herstellen, indem
man behauptete, eine solche zu ermöglichen, ignorierte dabei aber, dass das ganze
Setting, das Ziel nach wie vor die Maximierung der Leistungsfähigkeit war und
nicht die Heilung, somit auch nicht die Beschäftigung mit den gesellschaftlichen
und hochkomplexen Ursachen der Armut an sich, geschweige denn mit dem Leid
der Opfer. Die Lügen über die Schuld der Armen, über ihren Unwillen, ihre Faulheit, blieben unaufgearbeitet im Raum und wirkten weiterhin verletzend. Das
führte zu unauthentischem Verhalten, worauf besonders sensible Menschen oder
Menschen mit psychischer Instabilität entsprechend reagierten, denn darin steckte
eine massive Entwertung, eine Doppelbotschaft und paradoxe Kommunikation.
»Ich nehme Dich ernst, aber eigentlich bist Du nur ein wertloser Arbeitsloser, den
ich irgendwie wieder in Arbeit zwingen muss.« Das Ziel der Behörde war Vermittlung um jeden Preis. Das blieb auch im erodierenden Bürgergeldsystem so, welches
von Woche zu Woche, nach dessen Einführung, immer mehr wie das alte Hartz IV
aussah.

Diese ständigen Lügen, die einem mit einem Lächeln im Gesicht verkauft wurden, entsprachen dem typischen Mobbing-Schema. Das Setting war also bereits
ein Akt von massiver Gewalt, indem die eigentlichen Probleme nicht angesprochen
werden durften. Wer es tat, der wurde wie ich systematisch bestraft oder stigmatisiert.

Die Studie ging auch darauf ein, welche »Typen« von Arbeitsvermittler:innen
es gab, in Bezug auf den Umgang mit psychisch Kranken. Insbesondere aufschluss-
reich war der Typus *»Negativsicht auf psychisch kranke Leistungsberechtigte«* mit
dem Zitat von Seite 99: *»Zum Beispiel jetzt heute beim Kunden, ich habe einen*
Kunden heute hier gehabt, da habe ich mir beim Erstgespräch vor eineinhalb Jahren
gedacht: Boah, das ist ein fauler Sack. Der hockt jetzt jahrelang zu Hause, der hat
ein System entwickelt, der will überhaupt nicht. Ich habe mir nicht die Frage in dem
Augenblick gestellt: Kann der noch? Ja, also der hat so viel Zeit mit Hütchen (...) ich
sage immer Hütchen schieben verbracht und spielen, dass ich da erst mal den Fokus
draufgehabt habe. [08 04 Arbeitsvermittler]«

Das Ministerium wusste also, dass es reichlich Fälle gab, in denen Fallmana-
ger:innen psychisch Kranke massiv falsch behandelten. Die Überforderung lag laut
der Studie bei einem Drittel der Mitarbeiter:innen, wobei der Rest sich selbstsicher
und mit Handlungsstrategien zeigte, was sich ähnlich negativ auf die Betroffenen
auswirken konnte. Das Problem bestand darin, dass man wie gesagt mit Gewalt

versuchte, das Problem auf die Frage der Arbeitsvermittlung zu reduzieren und einem dabei die Psyche vieler Menschen in der ganzen Komplexität in die Quere kam. Zu keinem Zeitpunkt aber gelangte man zur Erkenntnis, die Erwerbsarbeit an sich sei ein zu enges Korsett der Beurteilung von Beitrag in einer Gesellschaft und man diese Menschen nicht ausgesondert hatte, weil sie Makel hatten, sondern weil man sie nicht derart zum Funktionieren bringen konnte, dass sich davon hohe Gewinne ableiten ließen und sie folglich in ihrem Menschsein Konkurrenz bei der ungerechten Werteverteilung im Kapitalismus darstellten, man diese Menschen also aus der Verteilungsrechnung heraushalten wollte, wie die Peripherie des Globalen Südens. Es war das Prinzip des Funktionierens, also der Reduzierbarkeit an sich, welches das eigentliche Problem darstellte, weil der Kapitalismus Menschen benötigte, die auf gezielte Funktionalität hin beschränkt werden konnten, indem man alle anderen Aspekte entwertete. Das machte Menschen krank und psychisch Kranke benötigten Zuwendung, Respekt und Aufwertung entlang humaner Werte, entlang von Ethik und einem tieferen Verstehen von Ökosystemen und ihren Erfordernissen, und davon verstand man in den Jobcentern nichts. Man wollte einen Schaden mit Gewalt wegmachen, den man selbst verursacht hatte.

»Das Problem bei psychischen Erkrankungen ist eigentlich aus unserer Sicht immer, dass wir sie nicht wirklich erkennen und wenn wir sie nicht erkennen, können wir sie natürlich auch nicht fördern.« [07 01 Teamleitung]« (S 104)

Dieser freudsche Versprecher, man bedaure nicht mehr psychische Krankheiten fördern zu können, sagt sehr viel über die Perversion der sozial Rassistischen Haltung in den Jobcentern.

Interessant sind auch die Momente, in denen die Simulation sich in sich spiegelte (S 105): *»Das Problem ist ja, bei vielen gibt es keine Diagnose, weil sie eben sagen, die Welt ist verrückt. Also das spinnen alle, so. Die (...) erzählen nichts über ihre psychische Erkrankung, weil ich ja psychisch krank bin und nicht die Kunden. Mag auch sein, aber auf alle Fälle, sie sehen bei sich keine Erkrankung. Und dann erzählen sie natürlich auch nicht, was sollten sie dann erzählen über ihre Erkrankung.« [03 02 Fallmanager]«*

Die Studie zeigte ebenfalls das völlige Chaos bei der Beurteilung von Leistungsfähigkeit (S. 128): *»Jetzt gibt es einen Arzt, unser Arzt, der mir sagt, der kann gar nicht. Und dann gibt es einen Arzt, der mehr wert ist oder wie auch immer, das sind auch keine anderen Ärzte als bei unserem ärztlichen Dienst (lachend), oftmals keine Fachleute und der sagt, der kann. Und dann muss ich den zurücknehmen und sagen, Sie können aber doch, weil der Arzt, der darf mehr sagen als der andere Arzt. Dann wird das ein bisschen schräg, sage ich mal.« [03 02 Fallmanager] Ein anderes Thema in den Interviews war emotional seitens der Fachkräfte so aufgeladen, nicht* *zuletzt da viele der Fachkräfte den Eindruck haben, dass ihnen durch die restriktive Handhabung der Fachdienste, der Rentenversicherung und der Gesundheitsämter Klient:innen und Klienten im Bestand verbleiben, die sie unter keinen Umständen in den Arbeitsmarkt integrieren können.«*

Die Ideologie der Behörde um die Frage von Leistungsfähigkeit oder eben Krankheit oder Faulheit zeigte sich also als in der Praxis weitgehend unlösbar, weil alle diese Kategorien auf Rassismen beruhten, also nichts mit der Realität zu tun hatten. Es waren Versuche, den Menschen um die Frage der Funktionalität herum zu stereotypisieren, was fehlschlagen musste. Da das Ministerium unter Minister Kiwi und davor unter Ministerin Birne das mit Gewalt versuchte, machte man immer mehr Menschen krank, verschärfte die Probleme und den Betroffenen unfassbares Leid an.

Ein Problem blieb auch die grundsätzliche unkritische Haltung der Mitarbeiter:innen der Jobcenter, sie selbst seien per se Helfende und nicht Täter:innen. So zitierte die Studie eine Arbeitsvermittlerin mit den Worten (S. 136): *»Klassiker ist ja unsere Arbeitsgelegenheit, (lacht kurz) gebe ich eine Arbeitsgelegenheit und tatsächlich blühen die auf, weil sie Tagesstruktur haben, weil sie jemanden haben, der sich um sie kümmert, Volltreffer. Dann gibt es welche, die empfinden das schon als Bedrohung und (...) und äh fallen in eine depressive Phase, weil das Jobcenter von ihnen was will.« [08 01 Teamleitung]«*

Auch hier wurde nicht begriffen, dass dies alles Akte waren, denen eine massive Erniedrigung und strukturelle Beleidigung vorausging. Die natürliche Reaktion auf diese Fremdbestimmung war immer und muss immer auch Widerstand sein. Es ist also vollkommen angemessen, dass sich Menschen massiv gegen Anweisungen der Jobcenter wehrten. Denn jemand mit Depression, Autismus oder Angstproblemen oder einfach jemand ohne psychische Probleme kann und darf nicht zulassen, dass sie oder er derart entwertet wird und man gezwungen wird, eine Gewalt zu leugnen, die real ist, weil das natürlich existenzvernichtend ist und wirkt und wenn man nicht schon krank war, dann hatte die von den Jobcentern implizierte Doppelbindung, für jeden psychisch und existenziell fatale Folgen.

Das System der Jobcenter versuchte, besonders mit dem Schritt von Hartz IV zum Bürgergeld, sich als Hilfsorganisation zu stilisieren. Tatsächlich war man weiterhin eine Institution verdeckter struktureller und symbolischer Gewalt. Jeder, der dagegen Widerstand leistete, hatte recht und stand ethisch auf der richtigen Seite. Aber bei der allgemeinen Hetze gegen Arme machten eben sowohl die meisten Medien wie der Spiegel oder die F.A.Z unverhohlen mit, wie auch »Scheininstitute« wie die IAB, die also dem Staat selbst gehörten und entsprechend Studien nicht selten populistisch einfärbten. Beispielsweise erschien 2024 eine neue Studie des IAB, in der natürlich im populistischen Narrativ festgestellt wurde, dass nach Lockerung der Sanktionen im Bürgergeld 4 % weniger Arbeitsaufnahmen stattfanden. Das wurde sofort als Legitimation von Sozialrassismus in den Raum gestellt. Das war angesichts der massiven Rassismen gegen Arme unverantwortlich, weil man einen »Skandal« suggerierte, der nur darum suggeriert wurde, weil dies weitere Gewalt gegen Arme legitimierte. Das wegen 4 %. Außerdem wurde nicht gefragt, welche anderen positiven Effekte die Zurücknahme der Sanktionen hatte. Auch die Abschaffung der Sklaverei hat dazu geführt, dass viel weniger Schwarze ausgebeutet werden konnten, was ein wirtschaftlicher Schaden war. Das führte sogar zu 100 % weniger Sklaven in den USA. Legitimiert das etwa dessen Wiedereinführung? Dennoch titelte die F.A.Z: »*LOHNT SICH ARBEIT NOCH?: Bürgergeld bremst laut Studie Einstieg in Arbeit.*«[212] Der Spiegel titelte: »*Minister Kiwi, unser Arbeitsbehinderungs-Minister*«[213] Man bediente also die üblichen sozialrassistischen Ressentiments, beförderte als Spiegel und F.A.Z Volksverhetzung, basierend auf einer 4 % Schwankung, die angesichts der beschränkten Perspektive der Studie sicherlich nicht als objektive Rechtfertigung von mehr Gewalt taugte. Dennoch wurde genau das in der Studie und den vielen Artikeln, sowie von Sozialrassist:innen bei der FDP[214] gefordert. Es zeigte sich also auch hier, dass »Wissenschaftlichkeit« sozialrassistisch missbraucht wurde, indem man das Framing so setze, dass die Untersuchung die viel umfassenderen Kontexte von Armut und Arbeit ausblendete und nur das zeigte, was man zeigen wollte.

Das Sozialgericht war also umfassend darüber informiert, dass in den Jobcentern Menschen massiv misshandelt wurden. Meine Aussage »Hartz IV mache Menschen krank« war fundiert. Ebenfalls die Erklärung, dass die Jobcenter Gewalt gegen Kranke und Betroffene aktiv vertuschten.

10

Ich schreib der Leiterin des Jobcenters Frau S. am 19. August 2022: »*Ich wiederhole nochmals. Ich möchte wissen, ob Sie die Fahrtkosten zu mehreren Therapeut:innen, zu Erstgesprächen und Beratungen im Vorfeld einer Therapie übernehmen, und zwar im Voraus. Diese Kosten werden von der Krankenkasse nicht übernommen.*«

Frau S. beantwortete diese Frage nicht, sondern beharrte weiterhin auf dem

---

212 F.A.Z / Dietrich Creutzburg / https://www.faz.net/aktuell/wirtschaft/mehr-wirtschaft/neue-studie-zum-buergergeld-bestaetigt-zweifel-lohnt-sich-arbeit-noch-19704468.html
213 Spiegel Online / Alexander Neubacher / https://www.spiegel.de/politik/deutschland/buergergeld-hubertus-Kiwi-unser-arbeitsbehinderungs-minister-kolumne-a-f6a07262-6801-413a-86a9-48ef44738414
214 F.AZ / Dietrich Creutzburg / https://www.faz.net/aktuell/wirtschaft/mehr-wirtschaft/fdp-fordert-von-der-ampel-eine-korrektur-des-buergergelds-19707619.html

Ausfüllen der zwei sinnlosen Formulare. Wissend, dass sie damit eine Therapie dauerhaft verhinderte und meine Gesundheit schädigte. Sie stellte die Bürokratie über die Gesundheit eines Menschen.

Mit Schreiben vom 26. und 27. August 2022[215] teilte ich der Generalstaatsanwaltschaft und der Staatsanwaltschaft Cottbus mit, dass man mir erneut Post über RPV schickte, also dass ein Hartz-IV-Bescheid erneut durch meine Nachbarin zugestellt worden war.

An Frau S. vom Jobcenter schrieb ich am 26.: »*Sie machen mit dem Psychoterror einfach weiter, um Ihre eigene Schuld zu verschleiern. All diese Details werden wir öffentlich machen.*«

Inzwischen erhielt ich den ersten von vier Vorladungen bei der Polizei, wegen der Anzeigen durch das Jobcenter wegen Beleidigung und Nötigung, weil ich verlangte, sie sollten anerkennen, dass Hartz IV krank macht. Ich versuchte am 31. August 2022 in einem Schreiben an die Staatsanwaltschaft Cottbus erneut alles zu erklären. Das Schreiben umfasste zwölf Seiten, in denen ich von schwerem Leid und den Kontexten der Kunstfreiheit, sowie des Klassismus in Hartz IV schrieb. Ich hoffte, damit sei die Sache erledigt.

Mit einem Schreiben vom 29. August 2022 antwortete die Generalstaatsanwaltschaft nun auf den RPV-Skandal. Eine Staatsanwältin B. schrieb: »*Das Versenden von Briefen mit dem Absender des Jobcenters Elbe-Elster über einen Zusteller, welcher Privatpersonen mit der Zustellung arbeitsrechtlich beauftragt hat, stellt keine strafbare Handlung dar. Ihr geäußertes Unwohlsein über die Zustellung der Briefe durch Ihre mit der Zustellung beauftragte Nachbarin vermag keine Strafbarkeit zu begründen.*«[216]

Menschen wissentlich krankzumachen war also nicht strafbar. Auch die Generalstaatsanwaltschaft betrieb weiterhin Lügen und Reframing, obwohl man längst wusste, dass diese Praxis zu schweren Traumatisierungen führte. In ganz Brandenburg. Das Zustellen von Post war nicht strafbar, aber das in Kauf nehmen von Erkrankungen bei den Betroffenen sehr wohl.

Ich informierte als Folge am 2. September 2022 den Generalstaatsanwalt Apfel erneut und schrieb ihm: »*Ich möchte Sie sehen, Herr Apfel, wenn ich Ihren Nachbarn per Brief wöchentlich Ihren Kontostand mitteile, oder Details zu Ihrem Sexleben. Das ist die Kategorie, die öffentlichen Demütigung, von der wir hier sprechen.*«

Mit einem Brief vom 8. September 2022 an die Richterin S. schrieb ich: »*Gegen Frau B. (Sachbearbeiterin beim Jobcenter) wird bei der Staatsanwaltschaft Strafantrag wegen Betrugs mit Körperverletzung als Folge eingereicht. Sie belügt das Ge-*

215 AZ 1417 Ujs 16718/22 A
216 Schreiben der Generalstaatsanwaltschaft Brandenburg vom 29. August 2022 / 54 Zs 595/22

richt durch Weglassen wesentlicher Sachverhalte und versucht auf diese Weise, nach dem das Jobcenter mich aktiv durch jahrelangen Psychoterror krank gemacht hat, dem Opfer die Schuld zuzuweisen und von den wesentlichen Grundvoraussetzungen der Therapie abzulenken.«

Diese Sachbearbeiterin hatte dem Gericht gegenüber mehrere Kategorisierungslügen verbreitet, die darauf abzielten, das amtliche Handeln in der unterkomplexen Darstellung als rechtens darzulegen.

Wegen dieses Schreibens, indem ich ausführlich darlegte, wie das Jobcenter mich durch das wiederholte Zusenden dieser zwei Formulare in den Wahnsinn trieb, wurde ich erneut bei der Polizei angezeigt. Dieses Mal wegen übler Nachrede.

Am 14. September 2022 schickte ich der Richterin S. etliche Studien und ergänzte: *»Anbei die aktuell neu publizierte Studie zu den Folgen von Sanktionen und den allgemeinen Drohungen, also der Kultur der ständigen Angstmache in Hartz IV. Diese Studien zeigen die gesundheitlichen Folgen auf und bestätigen das bereits von mir Gesagte.«*

Dennoch verfolgte mich die Staatsanwaltschaft weiterhin mit dem Vorwurf der üblen Nachrede, weil ich sagte, Hartz IV mache krank und dies am konkreten Fehlverhalten von Sachbearbeiter:innen festmachte.

11

Ich erhielt dann von der Generalstaatsanwaltschaft am 15. September 2022 einen Brief, indem ein leitender Oberstaatsanwalt M. mir zum RPV-Skandal schrieb: *»Auf Ihre vorbezeichnete Eingabe, die Herrn Generalstaatsanwalt vorgelegen hat und die ich als Gegenvorstellung gegen den hiesigen Bescheid vom 29.8.2022 ansehe, habe ich den Sachverhalt nochmals eingehend geprüft, zu einer Änderung der Entscheidung jedoch keinen Anlass gesehen.«*[217]

Das bedeutete nochmals, dass Generalstaatsanwalt Apfel informiert war, dass möglicherweise hunderte Menschen in Brandenburg Stigmatisierungen ausgesetzt waren, die jenen Zersetzungsmaßnahmen glichen, wie sie auch die Stasi vollzog. Apfel wusste auch, dass dies das Potenzial hatte, Menschen massiv zu traumatisieren. Er wusste, dass das Jobcenter dennoch damit fortfuhr. Er sah dabei einfach zu.

12

Am selben Tag erhielt ich den Beschluss der Richterin S.: *»Der Antrag auf Erlass einer einstweiligen Anordnung den Antragsgegner zu verpflichten, einen Mehrbe-*

---

217 Schreiben der Generalstaatsanwaltschaft Brandenburg vom 15. September 2022 / 54 Zs 595/22

darf für kostenaufwendige Ernährung und Aufwendungen für Medikamente und Fahrtkosten für Arztbesuche sowie Kinderbetreuungskosten zu übernehmen, wird abgelehnt.«[218]

Wie in einem schrägen Film argumentierte die Richterin über Seiten entlang von Zusammenhängen bezüglich der Sonderernährung für Kranke, um die es nie ging. Sie folgte einfach stur der absurden Logik der zwei Formulare und der Vertuschungsstrategie des Jobcenters. Weiter schrieb sie: »*Wegen des Inhalts seiner zahlreichen Schreiben, denen Nachweisunterlagen zur Höhe des begehrten Mehrbedarfs nicht zu entnehmen sind und die den Vorwurf des Klassismus in Hartz IV mehrfach wiederholend enthalten, wird auf die zur Gerichtsakte gereichten Schriftsätze des Antragstellers Bezug genommen*«. Sie ging weder auf den Klassismus ein noch auf die ihr dargelegten Studien, die ja in hunderten Seiten wohl kaum als Nachweisunterlagen zu ignorieren waren. Sie hat all das offenbar schlicht nicht gelesen. Dass ich die Höhe des Mehrbedarfs im Vorfeld unmöglich beziffern konnte, wie schon dargelegt, wurde zu meiner Schuld verdreht. Dass das Jobcenter über Monate meine Fragen dazu nicht beantwortete, wurde von der Richterin ignoriert.

Ich hatte nicht das Geld, um Therapeut:innen aufsuchen zu können. Welche Diagnose, welche Strecke, welche Kosten war im Vorfeld nicht zu klären. Es bedurfte also der Aussage, dass man die Kosten, die anfallen, tragen werde, entsprechend den Belegen, die man nachträglich, und zwar offensichtlich nur nachträglich würde einreichen können. Die Richterin schrieb stattdessen elf Seiten an Erklärungen, die beweisen sollten, weshalb das Jobcenter darin recht hatte, mir jede Therapie zu verweigern, weil ich die zwei Formulare nicht ausfüllte. Das ist ein irrer Gewaltvorgang, die absichtliche Verweigerung von Hilfe. Ich hatte versucht, es der Richterin zu erklären, aber all das war egal, denn es ging nur darum zu bescheinigen, dass was das Jobcenter tat, in jedem Fall richtig sei, weil auch was das Gericht tat, immer richtig sei und außerdem: »*Soweit der Antragsteller dies als ‚Terror‘ des Antragsgegners diffamiert und ständig strafrechtliche Verfolgung der zuständigen Mitarbeiter:innen des Antragsgegners fordert, entbehrt dies jeglicher rechtlichen Grundlage.*«

Die Richterin S. lieferte somit die rechtliche Basis, nach der mir in Folge über Jahre als Autisten eine Therapie unmöglich gemacht wurde, bei gleichzeitiger Aufrechterhaltung des Terrors. Die Richterin und das Jobcenter wussten, dass sich als Folge meine Gesundheit weiter verschlechtern würde. Sie taten es trotzdem, schlicht, um massive Missstände zu vertuschen, denn indem mir Gutachten unmöglich gemacht wurden, indem Kosten für Fahrten verweigert wurden, indem ich sie nicht aus ihrer Schuld entließ, indem ich ihre Narrative mit Unterschriften und dem Ausfüllen von Formularen nicht bestätigte, inszenierten sie eine Opfer-

---

218 Beschluss vom Sozialgericht Cottbus vom 15. September 2022 / Az: S 22 AS 612/222 ER

beschuldigung auf Kosten meiner Gesundheit. Die Richterin wollte anscheinend die Ressentiments glauben, die in meiner Akte beim Jobcenter standen, von denen Generalstaatsanwalt Apfel seit Jahren wusste und gegen die nichts unternommen wurde. Die Richterin deckte also den offensichtlichen Betrug des Jobcenters, um als Sozialrichterin auch sich nicht selbst infrage stellen zu müssen, weil sie dieses System über Jahre selbst mitgetragen hatte. Man deckte sich gegenseitig.

Ich schrieb an den Präsidenten des Sozialgerichts in Cottbus: »*Ich setze Sie in Kenntnis, dass Richter:innen Ihres Gerichts Forschungsergebnisse bewusst ignoriert haben, weil sie diese nicht widerlegen konnten und offenbar in einen Interessenkonflikt gerieten, den sie auf Kosten von Hartz-IV-Beziehenden durch Rechtsbeugung zu lösen versuchten.*«[219]

Nach dem Urteil schrieb ich an die Leiterin des Jobcenters Frau S.: »*Wir haben nun die konkrete Situation, dass mir eine Therapie so lange unmöglich ist, bis Sie als Jobcenter Ihre Mitschuld an meiner Erkrankung eingestehen und damit aufhören, direkt oder indirekt Druck auf mich auszuüben.*«[220]

Die Leiterin des Jobcenters Elbe-Elster aber, wie sich noch zeigen sollte, verhinderte nicht nur therapeutische Behandlung, sondern eskalierte die Gewalt, indem sie die Polizei mit immer mehr Lügen über mich fütterte. Nur auf diese Weise konnte sie die Gewalt vertuschen.

Dies alles zeigt, wie Speeds Arbeit immer tiefer in die Verhältnisse bohrte und immer mehr Gewalt sichtbar machte. Eine Kategorisierungslüge folgte in den Behörden der Nächsten. Obwohl man hätte, schlicht nur das Naheliegende anerkennen müssen, dass nämlich Klassismus und Sozialrassismus in den Jobcentern Menschen krank machte, was wissenschaftlich betrachtet als Fakt anzuerkennen ist, ging man gegen mich vor. Dass dies passieren kann, in der einen oder anderen Abteilung, erscheint fast schon auf tragische Weise normal in unserer Welt, aber dass die gesamte Brandenburger Justiz sich daran über Jahre beteiligte, bis hoch zu Minister:innen, ist erschreckend und verdeutlicht, weshalb wir diese Strukturen mit Arbeit angehen müssen. Mit einer Arbeit, die aber offenbar verboten ist.

13

Ich erhielt nun, ein seltsamer Nebenschauplatz des Geschehens, immer mehr Einstellungsbescheide der Staatsanwaltschaft, zu irgendwelchen Strafanzeigen, die ich nie eingereicht hatte, weil die neue Strategie der Behörden darin bestand, meine Zusendungen zu zerstückeln, um sie aus dem Zusammenhang zu reißen,

---

219 Brief an den Präsidenten des Sozialgerichts Cottbus vom 16.9.2022
220 Brief an Frau S. vom Jobcenter Elbe-Elster vom 16.9.2022

damit das Gesamtbild des Grauens nicht sichtbar würde. Man verteilte also Teile daraus an unterschiedliche Stellen und Behörden, wodurch niemand dort das eigentliche Problem erkennen konnte. Man verweigerte mir somit nicht nur Beziehung, sondern entkontextualisierte mich komplett. Meine Arbeit wurde nicht als Einheit in einem zunehmend komplexer werdenden Fall betrachtet, sondern in Splittern, als Fetzen von Briefen, die irgendwo wieder auftauchten, die vom Apparat willkürlich beantwortet und ausgespuckt und in ganz Deutschland verteilt wurden. Dies lag am Zustand fortgeschrittener institutioneller Schizophrenie. Die Behörde war also nicht mehr in der Lage, Informationen entlang von Kategorien und Relevanzen zu ordnen. Unwesentliches wurde groß, Relevante Dinge verschwanden aus der Wahrnehmung. Alles passierte, um unangenehmen Wahrheiten auszuweichen, die man von sich abspaltete. Sie litten alle an einer Schizophrenie, die aus den Doppelbindungen, also den kognitiv nicht mehr zusammen bringbaren Widersprüchen und Konstrukten resultierten. Sie redeten sich mit aller Gewalt ein, sie würden Armen mit Hartz IV helfen, während sie gleichzeitig genau wussten, dass sie überall Menschen zerstörten, deren einziges Versagen es war, unschuldig verarmt zu sein.

Mit Schreiben vom 27. September 2022 erklärte mir die Staatsanwaltschaft Berlin, sie habe die Ermittlungen gegen Wolfgang-Hubertus Ernst Ulrich Kiwi[221], also den Arbeitsminister, eingestellt. Ich erfuhr weder in welchem Kontext noch warum. Ebenfalls erfuhr ich von der Staatsanwaltschaft Nürnberg-Fürth, man habe Ermittlungen gegen den Chef der Agentur für Arbeit, Detlef Scheele,[222] eingestellt.

Seit Jahren bewegte ich mich in einem Raum ohne Response. Auf nichts wurde eingegangen, obwohl wir hier vom angeblich intelligentesten Rechtsstaat der Welt sprechen.

Das Justizministerium schrieb am 10. November 2022: *»Ich bitte um Ihr Verständnis, dass ich auf weitere Schreiben von Ihnen in dieser Sache nur reagieren werde, sofern sie neuen Tatsachenvortrag enthalten.«*

Obwohl man nie auf die Inhalte einging, konnte der Apparat durch Simulation den Betrug verwirklichen, durch den es so aussah, als habe man bereits alles bearbeitet und meine erneute Einreichung sei daher unzulässig.

Ein Staatsanwalt aus Cottbus schrieb mir am 11. November 2022: *»Insbesondere haben Sie, trotz Ihrer sehr umfangreichen Schriftsätze, die behaupteten Taten der Rechtsbeugung u. a. gegen von K., die Leiterin des Jobcenters Frau S., sowie den Landrat durch nichts konkret und nachprüfbar unterstützt. Ihre Unmutsäußerungen und wertenden Erklärungen begründen jedenfalls einen entsprechenden Anfangs-*

221 237 Js 3107/22
222 214 Js 28293/22 vom 19.10.2022

verdacht nicht.«²²³

Es war nun nicht mehr nachvollziehbar, weshalb Briefe ohne Anhang, Strafanträge ohne beigefügte Beweise im Umfang von teilweise hunderten Seiten bei der Staatsanwaltschaft verschwanden oder teilweise beantwortet wurden, jedoch ohne jeden Kontext und vollkommen sinnbefreit. Weil man die symbolische Gewalt zu 100 % leugnete, wurden die Rassismen im Hintergrund nicht erkannt. Man behandelte jeden Gewaltakt einzeln und von den politischen Umständen isoliert und man behandelte diesen ausschließlich in der Logik der Täter.

14

Dass ich am 22. November 2022 wegen angeblicher erneuter Bedrohung und Beleidigung zum vierten Mal bei der Polizei vorgeladen wurde, machte die Sache zu einer Groteske. Man war also in der Lage, einzelne Sätze bei mir herauszupicken, die angeblich Sachbearbeiter:innen einer Behörde in der Ehre verletzten, war aber komplett unfähig, umfangreiche Menschenverachtung in der Hartz-IV-Gesetzgebung oder massive strukturelle Gewalt durch die Jobcenter zu erkennen.

Wieder schrieb ich einen zehnseitigen Essay an die Polizei, zu Hartz IV und Klassismus, in der Hoffnung, die Sache sei damit erledigt. Je mehr ich aber schrieb, umso verdächtiger erschien ich in deren Logik. Je ungewöhnlicher und individueller meine Situation erläutert wurde, umso unglaubwürdiger erschien sie für die Beamten, die in Stereotypen dachten. Es entstand eine Glaubwürdigkeitslücke aus dem Umstand, dass die Simulation des Staates eine komplexe Lebens- und Erfahrungswelt, aus der ich über 20 Jahren hinweg die Zusammenhänge zwischen Arbeit, Ökonomie, Armut und Ökosystem erforscht hatte, ich unbezahlt weiterarbeitete, 40 Stunden die Woche, schlicht in den Köpfen von Beamt:innen mit nichts vergleichbar war, was sie kannten. Somit alle meine Aussagen reflexhaft abgelehnt und gegen rassistische Narrative getauscht wurden.

Wenn man nicht anerkannte, dass das Hartz-IV-System sozialrassistisch war, dann begriff man auch nicht, weshalb die Logik der Jobcenter zu massiven Rassismen und folglich zu ethisch nicht zu rechtfertigender Gewalt führte. Dann wurde auch die Gewalt in dem Handeln der Behörden nicht sichtbar, weil dieses als eine legitime Strafe umformatiert worden war, für ein angebliches Fehlverhalten, dass nie stattfand. Die Behörden leiteten stets von der Bestrafung eine Schuld ab und damit war der Fall für sie erledigt.

---

223 1360 Jas 30829/22

TAKE-AWAY BOX – KAPITEL »MACHT KAPUTT, WAS EUCH KAPUTT MACHT«

Kreative Fehlanpassung 2.0
An Martin Luther Kings „creative maladjustment" anknüpfend fordert Speed die bewusste Verweigerung destruktiver Normen – nicht als Randprotest, sondern als lebensrettende Pflicht gegenüber Körper und Psyche.

Strategische Mikro-Sabotage
Statt heroischer Großrevolte nutzt das Kapitel konkrete Alltagstechniken (Verzögerung, Regel-Overload, Umdeutung von Formularen), um ausbeuterische Systeme von innen her zu überlasten – die „sanfte Sabotage" als wirksamste Waffe der Prekären.

Affordanz-Reframing
Dinge, Räume, Paragraphen bieten immer mehr Möglichkeiten als vorgesehen; indem Autist*innen diese verborgenen Affordanzen aufspüren und verdrehen, wird das Herrschaftsskript kurzgeschlossen.

Vom individuellen Burn-out zur kollektiven Emergenz
„Kaputtmachen" richtet sich nicht gegen Menschen, sondern gegen Strukturen, die Gesundheit und Beziehung zerstören. Im MNO-Sinn befreit das Loslassen überholter Objekte (Indimergenz) Energie für neue, solidarische Emergenz-Netze.

Ethik der Verhältnismäßigkeit
Radikale Gegenwehr ist kein Selbstzweck: Zerstört wird nur, was bereits zerstörerisch wirkt. Damit positioniert sich die Strategie zwischen militanzkritischer Theorie (Butler) und antikolonialer Notwehr (Fanon).

Leitgedanke
„Systempflege beginnt mit dem Entfernen toxischer Module." Erst wenn dysfunktionale Regeln, Institutionen und Selbstbilder aktiv demontiert werden, kann eine wirklich beziehungsfähige Arbeitswelt entstehen – jede:r kann an der Demontage mitwirken.

GEWALTAKT 9: WIR LEUGNEN ALLES.

1

Ab dem 12. August fing ich damit an, mich auch an das Ministerium für Gesundheit in Brandenburg zu wenden. Es ging auch hier darum, dem omnipotenten Geflecht mit aktiver Beziehungsarbeit zu begegnen. Ich schrieb der für die Gesundheit der Bevölkerung verantwortlichen Leiterin der LAVG: *»Vor diesem Hintergrund wurden dem Jobcenter im vergangenen Sommer hunderte Belege vorgelegt, die aufzeigen, dass Hartz IV Menschen krank macht. Das Jobcenter wurde aufgefordert dies anzuerkennen, da Heilung ansonsten unmöglich ist, mein Gesundheitszustand sich weiter verschlimmert. (...) Sie sind daher nun öffentlich als für die Gesundheit in Brandenburg zuständige Beamtin aufgefordert, schriftlich anzuerkennen, dass Hartz IV krank macht und die Zustände sofort zu beenden. Auf Nachfrage können Ihnen weitere Details geschickt werden, sowie umfassende Zeugenaussagen zu den Vorfällen. (...) Gerade Menschen mit psychischen Erkrankungen werden zusätzlich Retraumatisierungen ausgesetzt. Wir sprechen hier von Racheakten von Beamten gegenüber Menschen in Armut, die sprachlos machen.«*

Mit einem Schreiben vom 19. August 2022 an den Landrat schrieb ich: *»Bis heute weigern Sie sich, Artikel 15 und weitere Gesetze und Regeln einzuhalten, da Sie und Herr N. schlicht nicht in der Lage sind, Quellen vorzulegen, die Verleumdungen aus Ihrem Haus als Tatsachen belegen können. Sie lassen weiterhin zu, dass das Jobcenter eine Lügenakte betreibt, um mir maximal zu schaden.«*

Natürlich drehte ich auch langsam durch. Wem wäre es nicht so ergangen? Seit Jahren verging kein Tag, an dem ich nicht mit diesem Problem aufwachte. Alles, was ich wollte, war, einen Menschen in einer Behörde zu finden, der mir glauben würde. Besonders als Autist war es mir unmöglich, dieses Unrecht loszulassen, gar zu relativieren.

2

Am selben Tag schrieb ich an Arbeitsminister Kiwi: *»Im Film wird sichtbar, wie das BMAS über Jahre von schweren Gesundheitsschäden durch Hartz IV wusste und diese vertuscht hat. Die Dokumentation und journalistischen Recherchen reichen bis weit in die Zeit von Birne zurück. (...) Da ich Ihnen nicht erklären muss, was Klassismus bedeutet, sollte Ihnen klar sein, dass es einfach ist, Ihrem Haus schwere Verfehlungen nachzuweisen, die auf klassistischen Narrationen, also auf Lügen über*

Menschen in Armut beruhen. Mein Fall ist der bestdokumentierte Fall von staatlicher Gewalt gegen Menschen in Armut, der bisher existiert. Hunderte Seiten an Belegen, Zeugen, Büchern und bald ein Film. Sie haben versucht, durch das Bürgergeld all das Grauen zu verdecken, was Ihnen wegen der CDU/CSU nicht gelungen ist. Hartz IV bleibt trotz Namensänderung Hartz IV. Umso heftiger werden die Reaktionen sein, sobald die Fakten über massive Misshandlungen öffentlich werden. (...) Sie sind daher hiermit aufgefordert öffentlich anzuerkennen, dass Hartz IV als auf klassischen Lügen vom faulen und unwerten Armen basierendes Gesetz Menschen krank macht. Kommen Sie dem nicht nach, sehen Sie weiterhin zu wie ich vor aller Augen vom Jobcenter als Kulturschaffender wegen meiner Arbeit gefoltert werde, wäre das der endgültige Beweis, dass das BMAS schwere Gesundheitsschäden auch dann noch toleriert, wenn diese längst durch Wissenschaft und Staatsanwaltschaft dokumentiert sind. Der Vorteil dieses Momentums, für Sie, besteht darin, dass Sie durch diesen Fall die Chance haben, wenn Sie es denn wirklich wollen, auch das wird ja hier dokumentiert, Hartz IV, also die Sanktionen vollständig zu beenden. Denn mein Fall zeigt, wohin der Druck gegen Arme führt. Sie können nun, mit Verweis auf mich und andere, sofort öffentlich erklären, dass der Druck vollständig aus Hartz IV entfernt wird. Weil Sie weitere posttraumatische Belastungsstörungen und andere Gesundheitsschäden bei den Betroffenen verhindern wollen. (...) Es ist angesichts von 25 Jahren öffentlich dokumentierter Arbeit für die Menschen in diesem Land, die ich für teilweise 3 EUR die Stunde geleistet habe und weiterhin leiste, als Kulturschaffender, als Armutsforscher, vollkommen irre, mir gegenüber klassistische N-Wörter wie »Fördern und Fordern« in den Mund zu nehmen, geschweige denn von Pflichten zu reden. Wie mir ergeht es Tausenden. (...) Wenn Sie nicht öffentlich anerkennen, dass Hartz IV, dass das Bürgergeld Menschen krank macht, obwohl dies durch Forschung längst belegt ist, die Ihnen und Ihrem Haus ja seit Jahren immer wieder vorgelegt wurde, dann machen Sie Menschen wie mich weiterhin krank. Ich und die anderen Opfer können nur Heilung erfahren, wenn das gesamte Hartz-IV-System offiziell als Terror bezeichnet und entsprechend beendet wird.«

Am 29. August musste ich mit Zittern und Beklemmungsgefühl in die Notaufnahme. Der Arzt gab mir Psychopharmaka. Ich hatte Angst, zu sterben.

3

Die Leiterin der Gesundheitsbehörde LAVG ließ mir am 3. Januar 2023 schreiben: *»Nach Prüfung der Angelegenheit bin ich beauftragt worden, Ihnen zu antworten und die Angelegenheit zuständigkeitshalber an Referat 51 des Ministeriums für*

Wirtschaft, Arbeit und Energie des Landes Brandenburg weiterzuleiten.«[224]
Die Gesundheitsbehörde ignorierte somit das gesundheitliche Problem und versuchte alles durch Weiterleitung an eine Abteilung im Wirtschaftsministerium zu vertuschen. Durch dieses Reframing war die Gesundheitsbehörde aus dem Schneider. Das Formatieren der Problemfrage hin zum Referat 51 war in etwa genauso verantwortlich, als hätte man es zum »Area 51«[225] in die USA geschickt, wo angeblich UFOs lagern. Es war klar, dass »Area 51« mit der Sache nichts würde anfangen können und mein Fall in einem schwarzen Loch gelandet wäre.

Ich antworte der Gesundheitsbehörde am 9. Januar 2023: *»Statt wie aufgefordert die Fakten und Studien sowie die Inhalte anzuerkennen, die eindeutig aufzeigen, dass Hartz IV Menschen krank macht, überlassen Sie nun anscheinend alles den internen ‚Hartz-IV-Behörden', welche diese Untersuchung voraussichtlich, wie in der Vergangenheit auch, soweit verkleinern werden, bis es beispielsweise nur noch um technische Fragen des Ausfüllens von Formularen geht. Sie machen somit aus einem das ganz Hartz-IV-System betreffenden Skandal mit massiver Gesundheitsgefährdung für tausende Personen, ein lokales Phänomen, und am Ende der Untersuchung, davon können wir ausgehen, wird den Opfern die Schuld selbst zugewiesen und für sie werden Behandlungen weiterhin nicht möglich sein, während Sie dabei zusehen, um aus politischen Gründen ein menschenverachtendes System weiterhin am Leben zu halten. Ihr Versuch, sich aus der Verantwortung zu stehlen, wird hier dokumentiert. (...) Eine komplexe posttraumatische Belastungsstörung nach ICD-11 weist hier auf jahrelange schwere Misshandlung durch Brandenburger Behörden hin.«*

Am selben Tag informierte ich den Staatssekretär im Gesundheitsministerium in Potsdam, Herrn Holunder. Er sollte öffentlich zugeben, dass der Klassismus und Sozialrassismus in Hartz IV Menschen krank macht: *»Kommen Sie dem nicht nach (Klärung und Anerkennung), sehen wir eine Beteiligung des Ministeriums an Betrug, mit Körperverletzung als Folge als belegt an. Die Öffentlichkeit wird dann informiert.«*

Kurz darauf, am 11. Januar 2023 antwortete das Referat 51, wie von mir erwartet und gegenüber dem Gesundheitsministerium vorausgesagt: *»Gerne würde ich Ihnen Unterstützung zukommen lassen, jedoch bitte ich Sie um Verständnis, das das MWAE Ihrem Begehren mangels Aufsichtszuständigkeit nicht nachgehen kann«.* Das Referat 51 wiederum leitete alles ans BMAS (Arbeitsministerium) nach Berlin weiter, von wo ich nie eine Antwort erhielt. Das BMAS antwortete mir, wie gesagt, seit Jahren auf keinerlei Schreiben mehr. Man wollte mich lieber sterben lassen, als

224 Schreiben vom Landesamt für Arbeitsschutz, Verbraucherschutz und Gesundheit vom 3.1.2023 / PB-0732-3-PH
225 Area 51 ist ein militärisches Sperrgebiet im südlichen Nevada (USA) im Besitz der United States Air Force und des US-amerikanischen Verteidigungsministeriums. Bekannter Ort in Verschwörungstheorien zu UFO-Sichtungen.

das Risiko einzugehen, mir Briefe zu senden, aus denen ich hätte zitieren können. Kiwi schwieg aus Kalkül. Er muss gewusst haben, was die Konsequenzen dieser Aufdeckungen sein würden.

Die von mir vorgelegten Beweise, dass Hartz IV krank machte, bestanden überwiegend aus Studien, die gesundheitliche Folgen von Rassismus aufdeckten und belegten, sowie Studien, welche Gesundheitsfolgen wegen Diskriminierung untersuchten. Es war somit nicht erforderlich, explizit nachzuweisen, dass Hartz IV im Speziellen diese Konsequenzen hatte, sondern es genügte zu beweisen, dass in Hartz IV und im Bürgergeld, somit in den Jobcentern Rassismen, also gruppenbezogene Menschenfeindlichkeit angewandt wurde. Dass Diskriminierung in diesem Ausmaß Menschen krank machte, war längst durch Forschung umfassend erwiesen. Es war Common Sense, also gesunder Menschenverstand. Erschreckend ist der Umstand, dass mehrere Ministerien in Brandenburg dennoch vehement leugneten, dass Diskriminierung und Rassismen krank machen.

Dazu kommt eine breite Public-Health-Literatur, die längst als »settled science« gilt: Seit den 1990ern zeigen Epidemiolog:innen wie Nancy Krieger, David R. Williams, dass chronische Diskriminierungserfahrungen biologische Stressachsen dauerhaft hochfahren (Cortisol-Dysregulation, Allostatic Load) und so das Risiko für Depression, kardiovaskuläre Erkrankungen, Diabetes II und Autoimmunstörungen exponentiell steigern. Es gibt internationale Studien, die zeigen, dass Sanktionen bei Sozialleistungen negative Auswirkungen auf die mentale Gesundheit haben können. [226]

Arline Geronimus (University of Michigan) – entwickelte die „weathering hypothesis" über vorzeitige Alterung durch chronischen Stress. Schlüsselkonzepte mit starker Evidenz finden sich beim Allostatic Load (Bruce McEwen, Rockefeller University) – das ursprüngliche Konzept der physiologischen „Abnutzung" durch chronischen Stress. John Henryism (Sherman James, Duke/Emory) – zeigten Copingstrategie bei chronischer Diskriminierung, die paradoxerweise Gesundheit verschlechtert. Gut dokumentierte physiologische Mechanismen sind: HPA-Achsen-Dysregulation (Hypothalamus-Hypophyse-Nebennierenrinde), chronische Entzündungsreaktionen (erhöhte Interleukine, TNF-α), telomer-Verkürzung durch chronischen Stress Epigenetische Veränderungen (DNA-Methylierung). Robuste Gesundheitseffekte: Hypertonie und kardiovaskuläre Erkrankungen, Diabetes Typ 2, Depression und Angststörungen, Beschleunigte Immunseneszenz, Erhöhte Infektanfälligkeit. Methodisch starke Studien dazu kommen von den Whitehall-Studien (Michael Marmot) zu sozialer Hierarchie und Gesundheit, Jackson Heart Study zu Rassismus und kardiovaskulärer Gesundheit, sowie den

226 https://onlinelibrary.wiley.com/doi/full/10.1111/spol.12628

MIDUS-Studien zu Allostatic Load. Diese Referenzen haben solide empirische Grundlagen und sind in der Public Health-Community anerkannt.

Anders gesagt: Man braucht keine gesonderte »Hartz-IV-Pathophysiologie«, die Pathomechanik ist dieselbe wie bei jedem anderen systemischen Ausschlussregime. Wenn Brandenburger Ministerien dies leugnen, verweigern sie nicht nur wissenschaftlichen Konsens, sie verletzen die gesundheitliche Aufklärungspflicht des Staates und perpetuieren genau jene strukturelle Gewalt, deren Wirksamkeit dutzendfach nachgewiesen wurde.

4

Ich schrieb erneut an den Staatssekretär Holunder: *» Wie Sie im beiliegenden Schreiben nachlesen können, ist das Referat 51, wie wir alle schon die ganze Zeit wussten, nicht zuständig. Frau L. hat, um sich der Verantwortung zu entziehen, den Fall ins Nirgendwo verschwinden lassen. Das kann als Betrug, mit Körperverletzung als Folge verstanden werden, sowie als unterlassene Hilfeleistung. (...) Da längst erwiesen ist, dass der Staat, folglich auch das Land Brandenburg über die vielen Zusammenhänge und Auswirkungen von Diskriminierung, Ausgrenzung und Ausbeutung im Markt, sowie menschenverachtenden Ideologien des kapitalistischen Marktes an sich, auch an der neoliberalen Diskriminierung von Menschen in Armut, auch Klassismus genannt, beteiligt ist, besteht eine Garantenpflicht des Staates gegenüber den Armen, die sich von eben jener Ingerenz[227] ableitet, also von dem aktiven Mitmachen der Landesregierung, bei der systematischen Zerstörung von Gesellschaft und Umwelt, durch kapitalisierte Gewalt, die bewusst Ausgrenzung von Migrant:innen und die absichtliche Stigmatisierung von Armen durch Systeme und Gesetze wie Hartz IV/Das Bürgergeld.«*[228]

Der Begriff der Ingerenz war für mich zentral, denn dies bedeutete, dass eine Garantenpflicht, also eine Beziehung zwischen Armen und Staat bestand, wenn man nachweisen konnte, dass der Staat die Armut schuf oder diese verschärfte. Ich hoffte auf diese Weise, das ganze Hartz-IV-System zu Fall zu bringen, weil dieses nur durch die Ausklammerung aller Zusammenhänge zwischen Armut und Kapitalismus, zwischen Armut und Rassismen im Markt aufrechterhalten werden konnte. Die Arme war nur so lange die faule Arme, die Arme in der Verantwortungsgemeinschaft, die Arme deren Leistungsfähigkeit zugleich ihre Schuld in ihr Versagen belegte, wie es dem Staat gelang, den Eindruck zu erwecken, man habe

---

227 Wikipedia: Definition: Was ist „Ingerenz"? Form einer Garantenpflicht aus einer bestehenden Garantenstellung beim strafrechtlichen unechten Unterlassungsdelikt, durch das tatsächliche Herbeiführen einer Gefahrenlage.
228 Schreiben an das Ministerium für Soziales, Gesundheit, Integration und Verbraucherschutz Brandenburg, vom 19.1.2023

mit der Armut und den Armen nichts zu tun und wenn diese Gelder wollten, dann müssten sie dankbar für die Hilfe sein, denn sie seien ja Bedürftige und keine Betrogenen.

Darum war es derart wichtig, die Staatsanwaltschaft immer wieder in dieselbe Schleife zu zwingen, weil nur auf diese Art allmählich klar wurde, dass man Gewalt gegen Arme systematisch vertuschte. Denn man musste jedes Mal eine andere Methode anwenden. Für sich allein waren dies noch keine Belege, aber in der Summe zeichneten sie ein eindeutiges Bild rechter Ressentiments und symbolischer Gewalt gegen Arme. Denn man sieht hier, dass ich als Autist keine Chance hatte, diesem Irrsinn zu entkommen. Man sieht, dass die Behörden dies nicht einsehen wollten, weil sie hätten, dann das ganze System ändern müssen. Wir sehen also, wie einzelne Beamte, Politiker:innen sich an Betrug beteiligten.

Am 23. Januar musste ich erneut in die Notaufnahme. Dieses Mal wegen Kribbeln im rechten Bein und neurologischen Ausfällen. Es konnte keine eindeutige Ursache festgestellt werden.

5

Im Februar 2023 reichte ich zum ersten Mal umfassende Strafanträge gegen mehrere Staatsanwälte ein: »*Gegen die zuständigen Staatsanwälte der Generalstaatsanwaltschaft, Herrn Apfel, sowie jene zuständigen der Staatsanwaltschaft Cottbus, siehe Herrn H., wird hiermit Strafantrag eingereicht, wegen der Beteiligung an Strafvereitelung zur Vertuschung von Klassismus in den Jobcentern und anderen Behörden in Brandenburg, was zu schwerer Körperverletzung geführt hat. Es geht hier auch um konkrete unterlassene Hilfeleistung sowie das Decken von Betrug.*«[229]

Die Staatsanwaltschaft Cottbus antwortete am 7. März 2023 bezüglich der Strafanträge gegen den Landrat und die Leiterin des Jobcenters Frau S.: »*Hiernach sehe ich mich jedoch nicht veranlasst, ein strafrechtliches Ermittlungsverfahren einzuleiten bzw. strafprozessuale Maßnahmen anzuordnen.*«

Während man gegen mich entlang von vier Ermittlungsverfahren ermittelte, wurde jede erdenkliche Anschuldigung gegen Sozialrassist:innen von der Staatsanwaltschaft Cottbus auch dann geblockt, als sie wussten, dass ich als Folge an einer PTBS litt.

Wie noch klarer werden sollte, bestand zu diesem Zeitpunkt bei den Staatsanwaltschaften bereits ein erhebliches Ressentiment gegen mich. Die Staatsanwaltschaft verstrickte sich von Strafantrag zu Strafantrag in ein Netz von Vorurteilen, Willkürhandlungen und Schutzbehauptungen, um die Simulation in ihren Jobs

---

229 Schreiben an Staatsanwaltschaft Cottbus vom 8.2.2023 zu ST 1360 Js 32887/22 und ST/0006400/2023

zu verschleiern.

Ich schreib am 14. März 2023 der Staatsanwältin M. nach Cottbus: *»Sie wussten, dass der Landrat Herrn H. deckt, der mich in Akten wegen meiner Arbeit als Künstler als Arbeitsverweigerer darstellte und mir daher die Einbürgerung verweigerte. Diese Verleumdungen haben Sie schwarz auf weiß vorliegen. Sie lassen also weiterhin zu, dass rechtsnational motivierte Beamte Kulturschaffende als gemeinschaftsschädlich und arbeitsfaul darstellen, weil sie Kulturschaffende sind und davon Amtsentscheidungen ableiten. Sie leugnen die gesundheitlichen Folgen dieses Terrors. Die Staatsanwaltschaft Cottbus deckt diese rechtsnational agierenden Beamten in Herzberg seit nun über zwei Jahren, vermutlich weil der Landrat ein Kumpel von Minister Blaubeere ist, dem Innenminister. Die Vertuschung ist allein dadurch belegt, dass mir nie wieder geantwortet wurde. (...) Sie wussten auch davon, dass mir ein ranghoher Beamter im Innenministerium drohte. (...) Sie wussten auch, dass mir Behandlungen verweigert wurden. (...) Sie erteilen Frau S. (Jobcenter) und dem Landrat einen Freibrief weiterhin, mit maximaler Härte gegen mich vorzugehen. (...) Sie tragen die Verantwortung dafür, dass ich bis heute nicht behandelt werden kann, weil der Terror einfach nicht endet. Das ist eine Straftat.«*

Mit dem 16. März wurde die Gesundheitsministerin von Brandenburg, Frau Himbeere (Grüne), erneut persönlich informiert: *»Um nicht zugeben zu müssen, dass Jobcenter in Brandenburg krank machenden Psychoterror betreiben, hat man mir als Opfer gegenüber einfach den Kontakt abgebrochen, man hat mich als Kulturschaffenden Gewalttäter:innen mit rechtsnationaler Gesinnung überlassen und gedacht man könne auf diese Weise massive Missstände vertuschen.«*

Am selben Tag reichte ich Strafantrag gegen die Leiterin der LAVG und den Staatssekretär Holunder vom Gesundheitsministerium ein. Die Staatsanwaltschaft war also hier auch darüber informiert, wie das Ministerium für Gesundheit und die LAVG die Sachverhalte vertuschten. Wie gesagt, ging es bei den Strafanträgen immer darum, den Dialog aufrechtzuerhalten. Denn unter anderen Bedingungen wurde schlicht nicht mehr mit mir kommuniziert.

Es war der 5. März 2023, als ich dem Pressesprecher des Generalstaatsanwaltes, Herrn Oberstaatsanwalt B. einen vierseitigen Brief schrieb: *»Am 27. März wurde beim Zahnarzt W. in Schönewalde bei mir Bruxismus festgestellt, also Zahnschäden als Folge von nächtlichem, stressbedingtem Zähneknirschen. So wie es aktuell aussieht, muss ich künftig als Folge des von staatlichen Stellen verursachten Traumas eine Zahnschiene tragen. (...) Auf Bitte, mir schriftlich die PTBS oder die alternativ zu treffende Diagnose zu bestätigen, damit ich dies der Staatsanwaltschaft und dem Jobcenter vorlegen kann, antwortete die Psychiaterin, ich zitiere: »Ich werde Ihnen nicht helfen. Ich will da nicht hineingezogen werden.« (...) Das hat also zur Folge,* *dass mir nun zum dritten Mal Hilfe durch Stellen verweigert wurde, die dafür zuständig sind, Menschen mit psychischen Erkrankungen zu helfen. Das führt dazu, dass es mir erschwert wird, »gerichtsverwertbar« gesundheitliche Schäden vollständig zu dokumentieren. Eine Staatsanwaltschaft, die davon Kenntnis hat, steht in der Pflicht, dies zu ändern, statt sich ignorant zurückzulehnen und weiterhin die Fakten zu leugnen, weil die Opfer nicht die Mittel haben, um noch umfassendere Belege zu organisieren. Ihnen muss klar werden, dass wir das in den Medien zeigen werden. (...) Das Gesetz mag scheinbar legal sein, nicht zuletzt, weil auch das Bundesverfassungsgericht von Armenrassismus nicht frei ist, aber die davon abgeleiteten Handlungen von Beamten, Richtern, Staatsanwälten, die wissen, dass sie damit Menschen krank machen oder diskriminieren, sind es nicht.«*[230]

Eine Leiterin der Personalabteilung beim Ministerium für Gesundheit in Potsdam teilte mir am 11. April 2023 mit: »*Ich bitte um Ihr Verständnis, dass die Bearbeitung noch einige Zeit in Anspruch nehmen wird, da u. a. Stellungnahmen der Betroffenen eingeholt werden müssen.*«

Man schob also alles auf die lange Bank.

6

Mit dem 24. April 2023, also zwei Jahre und acht Monate nach Einreichung der Anzeige, teilte mir die Staatsanwaltschaft Cottbus mit, dass man Herrn H. von der Ausländerbehörde und Herrn B. vom Innenministerium, der mir gedroht hatte, ich würde nicht eingebürgert, wenn ich als Künstler weiterhin staatliche Stellen für Menschenrechtsverletzungen kritisiere, nicht wegen Verleumdung oder Bedrohung verfolgen werde, weil ich die Frist von drei Monaten für die Anzeige damals überschritten hätte.[231] Ferner würde man keine Straftat feststellen. Auch Ermittlungen wegen Strafvereitelung von Staatsanwälten wurden fallen gelassen. In keinem der Schreiben wurde erläutert, weshalb, sondern nur auf fehlenden Tatverdacht verwiesen.

Der fehlende Tatverdacht aber bedeutete jedes Mal, die Gewalt habe nie stattgefunden.

Ebendarum forderte ich in Zeugenschaft des Pressesprechers des Generalstaatsanwaltes, Herrn B., die Täter Herrn H. von der Ausländerbehörde, Herrn B. vom Innenministerium, sowie den Landrat und den Herrn N. vom Dezernat auf, bis zum 19. Mai 2023 ein Geständnis abzulegen und die Verleumdungen gegen mich in den Akten zurückzunehmen, was bedeutet hätte mich einzubürgern.

230 Schreiben an Oberstaatsanwalt B. vom 5.4.2023 zu 52 AR 145/23
231 Schreiben von der Staatsanwaltschaft Cottbus zu 1360 Js 31421/22 und 1360 Js 31976/20

Ich schrieb an Herrn H. von der Ausländerbehörde Elbe-Elster: »*Kommen Sie dem nicht nach, halten Sie das Mobbing gegen mich weiterhin aufrecht, wissend, dass Sie damit meine Gesundheit schädigen. Ich reiche daher nun im Vorfeld Strafantrag gegen Sie beim Oberstaatsanwalt ein, da Sie sich vermutlich nicht einsichtig zeigen. Der Fall ist fürs Kino verfilmt worden und kommt 2024 in die Kinos und ins Fernsehen.*«[232]

Somit wollte ich eine neue Strafanzeige einreichen, unter Einhaltung der Frist von drei Monaten. Dies hätte, das war zumindest meine Vorstellung, die Staatsanwaltschaft gezwungen, den Fall neu aufzurollen, wenn diese Briefe, ich komme später genauer darauf zu sprechen, nicht bei der Staatsanwaltschaft verschwunden wären.

7

Da ich mich in der Praxis des Zahnarztes beim Versuch, die Gussform für die Spange anzulegen, dreimal übergeben musste, entschloss man sich zu einem digitalen Zahn Scan, der 150 EUR kosten sollte. Die Krankenkasse wollte die Kosten nicht übernehmen, also beantragte ich die Kostenübernahme beim Jobcenter: »*Unter Zeugenschaft der Staatsanwaltschaft werden Sie aufgefordert, die Kosten für einen Zahn Scan zu übernehmen. Als Folge der durch Sie und Ihr Haus begangenen Körperverletzung ist es zu starken Zahnschäden gekommen. Sie sind aufgefordert, mir binnen einer Woche mitzuteilen, ob Sie nach Vorlage der Zahnarztrechnung die Kosten voll übernehmen werden.*«[233]

Erst nach Monaten wurde mir mit einer Ablehnung geantwortet. Monate, in denen ich unter Schmerzen litt, was das Jobcenter wusste. Auch Frau S., die Leiterin, wusste persönlich davon, die vier Strafanzeigen gegen mich eingereicht hatte und diese weiterhin aufrechterhielt.

Zwischenzeitlich kontaktierte ich auch per Brief vom 4. Mai 2023 die Bundeskulturministerin Roth. Ich schrieb ihr zweimal, erhielt aber nie eine Antwort. Dies galt schon für ihre Vorgängerin Grütters. Niemand benötigte eine Kulturministerin, die sich vor die Presse stellte, wenn es Kulturschaffende zu maßregeln galt, aber stets abwesend war, wenn Künstler:innen von Rechtsradikalen oder schlicht der Brutalität des Prekariats zerstört wurden. Auch die Kulturministerin Claudia Roth war über alles informiert und tat nichts.

Am 12. Mai 2023 informierte ich erneut den Innenminister Blaubeere: »*Sie selbst waren mehrfach über diese rechten Übergriffe informiert worden und haben*

232 Schreiben an Herrn H. Leiter der Ausländerbehörde Elbe-Elster vom 1.5.2023
233 Schreiben an Frau S. Vom Jobcenter Elbe Elster vom 27.4.2023

nicht reagiert. Nun steht der Vorwurf im Raum, Sie hätten hier Ihren Kumpel Brombeere geschützt.«

Von Blaubeere wieder keine Reaktion, obwohl es sich um eine offizielle Dienst-, Fach- und Sachaufsichtsbeschwerde handelte, die man hätte, rechtlich gesehen, beantworten müssen. Sie verschwand offenbar einfach im Papierkorb.

8

Dem Jobcenter und der Staatsanwaltschaft schickte ich jetzt 18 Seiten mit Links zu hunderten Studien, die aufzeigten, wie Hartz IV Menschen krank machte. Teilweise im Kontext mit der Forschung zu Rassismus und den Folgen, aber auch zu den Wirkungen und Zusammenhängen von Klassismus oder der krank machenden Wirkung von Armut selbst.

Weiterhin gab es keine Reaktion.

An den Oberstaatsanwalt B. schrieb ich daher: »*Ich weise Sie außerdem darauf hin, siehe Anschreiben, dass das Jobcenter, also Frau S. mich seit 20 Tagen unter Zahnschmerzen auf die Kostenübernahme warten lässt. (...) Ich reiche nun abschließend Strafantrag gegen die Staatsanwaltschaft Cottbus ein, wegen absichtlicher Verfolgung Unschuldiger, da bisher, trotz zweifacher Aufforderung die vier Ermittlungsverfahren gegen mich nicht eingestellt wurden, obwohl Sie wissen, Herr B., dass diese darauf abzielen, mich als Kulturschaffenden und Medienvertreter einzuschüchtern und obwohl Sie wissen, dass die Staatsanwaltschaft auf dies Weise meine Gesundheit weiter beschädigt, sich somit an Körperverletzung beteiligt.«*[234]

Der Pressesprecher des Generalstaatsanwaltes antwortete nicht auf dieses Schreiben. Die Ermittlungen gegen mich gingen weiter.

9

Ich schrieb eine Mail an Innenminister Blaubeere. Dieses Mal über seinen persönlichen Mailaccount beim CDU-Kreisverband Elbe-Elster. Keine Reaktion. Ich hatte geschrieben: »*Die Staatsanwaltschaft hat Ermittlungen aufgenommen. Ich fordere Sie hier auf, auch als CDU-Kreismitglied Stellung zu den Vorfällen zu nehmen und dafür zu sorgen, dass die Einbürgerung durchgeführt wird. (...) Wer Künstler als Arbeitsverweigerer darstellt, ist rechtsradikal und in Ämtern nicht haltbar.«*[235]

Mit dem 25. Mai wurde auch Minister Kiwi erneut über die Vorgänge infor-

234 Schreiben an Oberstaatsanwalt B./ Generalstaatsanwaltschaft Brandenburg / 19.5.2023
235 Mail an Innenminister Blaubeere über Kreisverband CDU Elbe-Elster vom 31.5.2023

miert. Am 26. Mai erneut Frau Kulturministerin Roth.

10

Das Jobcenter lehnte die Bezahlung des Zahnscans mit der Begründung ab: »*Die beantragte Leistung ist keine Leistung nach dem zweiten Buch Sozialgesetzbuch. Eine Zahlung ist daher nicht möglich.*«[236] Mit keinem Wort ging man auf den Vorwurf ein, die Zahnschäden seien eine Folge des vom Jobcenter mitverursachten Psychoterrors. Die vier Strafanzeigen wurden nicht vom Jobcenter zurückgenommen.

11

Den ganzen Juni hindurch schrieb ich etliche Schreiben an Pressesprecher B. und Generalstaatsanwalt Apfel, in denen ich den ganzen Sachverhalt abermals umfangreich darlegte. [237]

Am 7. Juni 2023 an B.: »*Die Staatsanwaltschaft weiß seit dem Schreiben vom 19.12.22 an Minister Kiwi, dass das BMAS bewusst die Fakten vertuscht hat, dass Hartz IV Menschen entlang gruppenbezogener Menschenfeindlichkeit krank macht. Die Staatsanwaltschaft sah dabei zu. (...) Die Tendenz zur Verharmlosung rechter Gewalt ist im Cottbuser Justiz- und Gerichtsapparat allgemein bekannt und umfassend auch in den Medien dokumentiert.*«

Bezüglich der von den Behörden angewandten Vertuschung erklärte ich ihm: »*Der Trick geht so: Man wird beispielsweise mit dem Vorwurf des Rassismus konfrontiert. Die Sache wird dann an eine Abteilung zur Prüfung übergeben, die Rassismus nicht bewerten kann, oder die schlicht eine Prüfung durchführt, die Rassismus nicht sichtbar macht. In der Regel sind das reine Prüfungen im Rahmen des Dienstrechts.*«

In einem umfangreichen Essay vom 12. Juni 2023 erklärte ich dem Generalstaatsanwalt Apfel: »*Es ist also objektiv belegt, dass das Bürgergeld keinerlei Unterscheidung trifft, zwischen, jemandem, der auf dem Gehsteig sein ganzes Geld verbrennt und daher Hartz IV beziehen muss und einer alleinerziehenden Mutter, die wegen Ausgrenzungsmechanismen im Markt so wenig verdient, dass sie sich und ihr Kinder nicht ernähren kann. Die Pflicht zu Gehorsam wird also ausschließlich von der Armut selbst, nicht von irgendeinem Verhalten abgeleitet. (...) Dies betrifft also die Strafe, die das Bürgergeld bereits an sich darstellt, die Abwertung, die Schuldzuweisung und Entrechtung noch ehe wir von so etwas wie Sanktionen sprechen.*«

236 Ablehnungsbescheid vom 31.5.2023
237 Zu 1360 Js 31421/22, 1360 Js 313976/20, 1360 Js 32887/22

Der Generalstaatsanwalt wusste also auch, dass, was in Hartz IV und dem Bürgergeld passierte, massives Unrecht war. Er wusste von der pauschalen Stigmatisierung der Armen, die auf Betrug basierte. Er war nicht nur informiert, sondern er wusste, weil mehrfach bestätigt war, dass meine Schreiben auf seinem Tisch landeten und von ihm gelesen wurden.

12

Ein Glücksfall für die Forschung war es, dass ich im Juli 2023 einen Staatsanwalt provozierte, der ausreichend unfähig war, sich sachlich zu äußern und alles persönlich nahm, wodurch ich erstmals tieferen Einblick in die Ideologien bei der Staatsanwaltschaft erhielt. Dieser Staatsanwalt M. von der Staatsanwaltschaft Cottbus, der von hier an eine größere Rolle spielen sollte, war derart arrogant, dass er glaubte, er müsse die Ressentiments gegen mich nicht verbergen, was dazu führte, dass die Denke der Staatsanwaltschaft sich nun endlich offen zeigte.

M. schrieb mir am 5. Juli 2023 bezüglich der Anzeige gegen eine Staatsanwältin M., wegen Strafvereitelung: »*Sie sehen sich als Opfer aller möglichen Institutionen, die Ihnen notwendige Hilfe verweigern würden. Im Weiteren bleiben sie eher vage und schaffen es nicht, in geraden, klaren und verständlichen Sätzen zu schildern, welche von Ihnen als solche vermutete Straftat durch wen Ihnen, wann widerfahren ist.*«[238]

Man muss sich nochmals klarmachen, dass Klassismus zu diesem Zeitpunkt kein exotischer Fachterminus mehr war. Der Staatsanwaltschaft, auch in Cottbus, lagen hunderte Seiten an Studien und Literaturverweisen vor. Man war aber in dieser Arroganz und als Folge der symbolischen Gewalt, die strukturell verdeckt wurde, nicht gewillt, den Stoff zu lesen, weil es einfach nicht sein durfte, dass Arme wie ich derartige Konsequenzen hätten aufzeigen können. Der Staatsanwalt behandelte mich daher herablassend und setzte Komplexität mit Unklarheit gleich.: »*Stattdessen liefern Sie lediglich allgemeine Betrachtungen, die zudem wenig nützlich sind. Außerdem diagnostizieren sie bei sich selbst eine posttraumatische Belastungsstörung, wobei Sie für eine solche Diagnose schon die erforderliche Qualifikation nicht besitzen.*«

Rassismus oder Sozialrassismus wurde von ihm als: »*lediglich allgemeine Betrachtungen*« angesehen. Dass er diese damit bewusst verdecken wollte, lässt sich darin belegen, dass er mich später offen entlang rechter Narrative vom faulen Armen beleidigte.

Es ist besonders Generalstaatsanwalt Apfel schwer anzulasten, dass er immer

---

238 Schreiben vom Staatsanwaltschaft Cottbus vom 5.7.2023 / zu 1360 Js 15444/23

mehr Steuergelder damit verschwendete, Ausreden von Staatsanwälten formulieren zu lassen, statt Sozialrassismus ernst zu nehmen, gar konkret zu untersuchen. Es ging hier nicht um Philosophie, sondern um konkrete Gewalt. Wie gesagt, jeder, auch ich hätte Verständnis dafür gehabt, wenn er gesagt hätte, er könne nicht, wenn die Staatsanwaltschaft nicht gleichzeitig behauptet hätte, es hätte nie ein Verbrechen stattgefunden, die Gewalt gegen Arme sei somit OK.

Tatsächlich besaß ich, um auf die andere Aussage von M. einzugehen, eine offizielle Heilerlaubnis, führte also über Jahre auch eine Praxis für Psychotherapie nach HPG, konnte aber davon nicht leben, da ich keine Kassenzulassung besaß, also laufend als Therapeut mit Eiern und Torten bezahlt wurde. Ich gab die Praxis daher auf. Allerdings durfte ich nicht nur gewisse Patienten behandeln, sondern hatte auch eine staatliche Prüfung abgelegt, nach der ich Diagnosen stellen können musste, um keine Gefahr für Patient:innen darzustellen. Ich war mit dieser Praxis offiziell beim Gesundheitsamt gemeldet gewesen. Dies teilte ich M. später auch mit, aber es wurde einfach weiter ignoriert, wie alles, was ich aussagte. Wurden Staatsanwält:innen direkt mit Fakten korrigiert, kam danach einfach keine Antwort mehr. Das war typisch für das Vorgehen der Staatsanwaltschaft in Brandenburg. Es war auch nicht relevant, ob meine Diagnose stimmte, sondern die Frage, weshalb er diese nicht überprüfen ließ, obwohl ich zumindest als Fachkraft ein wenig mehr Ahnung davon hatte als er.

»Da es im Übrigen nicht die erste Strafanzeige dieser Qualität ist, die Sie erstatten, sehe ich keinen Sinn darin, sie polizeilich vernehmen zu lassen, da dadurch kein Gewinn an Klarheit und Erkenntnissen zu erwarten ist.«

Der Staatsanwalt M. betrieb somit ganz gezielt, was Miranda Fricker epistemische Ungerechtigkeit nennt, um mich als Zeugen zu marginalisieren. Der ganze Apparat rechtsradikaler Staatsanwälte benutzte ständig diese Formulierungen, die auf eine Logik hinwiesen, nach der es keinen Sinn habe, die Fakten zu lesen, da sie ja von einem Armen und Migranten stammten. Er stempelte mich als Irren ab. Dies war schon die ganze Zeit die Grundhaltung der Behörden mir gegenüber, aber erst M. sprach die Ressentiments direkt aus. Der Code lautete also »Komplexität ist Dummheit« und »Armut ist Faulheit« und »der Staat hat immer recht«. Was nicht verkürzt und simplifiziert werden konnte, war für diese Leute nicht real. Währenddessen gingen tausende Menschen im Bürgergeld-Bezug durch die Hölle. Schwangere, Kinder, Alte, die kaum wussten, wie sie über die Runden kommen sollten.

13

Ich schrieb als Reaktion einen sieben- und vierseitigen Brief an Pressesprecher B. und Apfel. Oberstaatsanwalt B. antwortete mir am 1. August 2023 wegen der Einstellung von Ermittlungen im RPV-Skandal: »*Der gleichwohl darauf bezogene Vorwurf der Strafvereitelung ist schlichtweg abwegig.*«[239]

Man merkte an der Sprache, dass sie genervt waren. Am 17. August 2023 schrieb mir ein anderer Oberstaatsanwalt der Generalstaatsanwaltschaft: »*Aus den Ihnen mitgeteilten Gründen muss eine Einstellung des Verfahrens verbleiben.*«

Man war sehr bemüht, die Sache nun endgültig abzuschließen.

Ich antwortete am 9. August mit einem vierseitigen Schreiben an den Generalstaatsanwalt Apfel und an B.: »*Ihr Schreiben vom 1. August belegt zwei Dinge. Sie beide wussten von den Gesundheitsschäden durch den mit dem RPV-Skandal verbunden Psychoterror. (...) Sie hätten unabhängig von den vermeintlichen Rechtsnormen jederzeit etwas unternehmen können, um den Psychoterror zu beenden, von dem Sie, wie zuvor erwähnt, wussten, dass dieser Menschen krank macht, was einem schon der Hausverstand klarmachen sollte. (...) Frau S. und der Landrat haben absichtlich gesundheitsschädlichen Terror weiter betrieben, wissend, dass dies mich und andere schwer traumatisierte.*«

Ein weiterer Oberstaatsanwalt schrieb mir am 17. August 2023 in Bezug auf die Strafvereitelung durch die Staatsanwältin M.: »*Ihre Beschwerde weise ich daher als unbegründet zurück.*«[240] Er nannte keine näheren Gründe.

14

Am 31. August 2023 erhielt ich ein Schreiben im Umfang von acht Seiten, in denen das Ministerium für Gesundheit versuchte zu verdecken, dass man die Gesundheitsschäden durch Hartz IV vertuschte.

Zunächst versuchte man in dem Schreiben zu erklären, wie man bestimmte Aspekte meines Schreibens, die das Jobcenter betrafen, aus dem Gesamtkontext herauslöste, was erklären sollte, weshalb man an das Referat 51 weiterleitete. Man beschönigte durch Reframing: »*Eine Zuständigkeit des LAVG ergibt sich also nicht daraus, dass Sie vortragen, durch das Verhalten einer Mitarbeiterin oder eines Mitarbeiters des Jobcenters Elbe-Elster sei eine gesundheitliche Beeinträchtigung hervorgerufen worden.*«

Die zuständige Stelle war also nicht zuständig, wenn sie zuständig war. Die Sache

---

239 Schreiben von Oberstaatsanwalt B. vom 1. August 2023 / 54 ZS 568/23
240 Schreiben der Generalstaatsanwaltschaft Brandenburg vom 17.8.2023 / 54 ZS 565/23

wurde in der Formatierung des Ministeriums von einem gesamtgesellschaftlichen Problem mit Konsequenzen für unzählige Menschen zur Frage von Fehlverhalten eines Einzelnen reduziert, obwohl in allen Briefen von mir vom Hartz-IV-System an sich gesprochen wurde, welches Menschen durch Klassismus krank machte. Die Präsidentin des LAVG wurde auf diese Weise geschützt, weil sie nicht für das einzelne Jobcenter zuständig war. So ging es dann im Brief weiter. Das eine Mal wäre die Präsidentin nicht zuständig, weil es eine andere Behörde betrifft, dann weil sie keine Ärztin sei. Da das alles nicht wasserdicht war, schrieb man schließlich: »*Die von Ihnen gewünschte Anerkennung durch die Präsidentin des LAVG, dass Hartz IV krankmacht, das Bürgergeld als Psychoterror zu bezeichnen ist, kann daher – unabhängig von der Frage, ob eine solche Aussage zuträfe – schon nicht die von Ihnen gewünschte Behandlung zur Folge haben. Was als Krankheit gilt und was nicht, wird durch die internationale statistische Klassifikation der Krankheiten (ICD) festgelegt. (...) Sie ist die offizielle Nomenklatur, mit der Krankheiten und Todesursachen von der WHO gezählt werden. Derzeit wird weder Hartz IV noch das Bürgergeld für eine der ICD-indizierten Krankheiten als ursächlicher Auslöser genannt. Eine »Anerkennung« durch die Präsidentin des LAVG – wiederum losgelöst von der Frage, ob es zuträfe – hätte keine Konsequenzen. Weder wird dadurch ein (Neu-)Eintrag in der ICD ausgelöst noch Ihre Behandlung ermöglicht.*«[241]

Man bestritt nicht nur indirekt, dass der Klassismus und Sozialrassismus in Hartz IV krank machte, sondern benutzte dümmliche bürokratische Floskeln, um die Zusammenhänge so lange in sich zu verdrehen, bis aus der simplen Feststellung, dass Diskriminierung von Armen natürlich diese auch krank machen konnte und man das als Gesundheitsministerium zu verhindern hätte, ein Verweis auf das Fehlen in einem Diagnosehandbuch für Ärzte wurde, in dem überhaupt keine Krankheitsursachen zu finden waren. Genauso wenig wäre demnach Vergewaltigung oder Erschießen eine Krankheits- oder Todesursache, weil auch diese Gewaltformen in der ICD-11 keine Erwähnung fanden.

Man log also auch hier, weil man politisch keine Debatte darüber haben wollte, ob die Jagd auf Arme, die man über Jahrzehnte betrieben und durchgewunken hatte, Folgen für die Betroffenen hätte, die man weiterhin als wertlos und offensichtlich auch als dumm betrachtete. Dies zeigt somit, mit welchen Methoden Behörden versuchten die simple Tatsache zu vertuschen, dass der auf Klassismus basierende Psychoterror natürlich zu gesundheitlichen Konsequenzen führen musste.

241 Schreiben des Ministeriums für Gesundheit vom 31.8.2023

15

Ein weiterer Oberstaatsanwalt, Apfel beauftragte in der Abwehr gegen mich von Tag zu Tag immer mehr davon, stellte nun vier Jahre nach dem Vorfall Ermittlungen im Fall des Leiters der Ausländerbehörde, Herrn H. ein: »*Anhaltspunkte einer kriminellen Handlung im Sinne des Strafgesetzbuches können Ihren Ausführungen nicht entnommen werden.*«[242]

Wie sich später herausstellen sollte, wurden die rechtsradikalen Verleumdungen durch Herrn H. ununterbrochen einfach als legitime Meinung eines Beamten gewertet. Die klassistische Abwertung darin wurde einfach nicht erkannt, weil es für die Generalstaatsanwaltschaft unter Apfel normal erschien, dass arm gleich faul bedeutete. Sie stellten also die Aussagen von Herrn H. grundsätzlich nicht infrage, obwohl ich zu diesem Zeitpunkt dem Generalstaatsanwalt bereits mehrfach das Problem erläutert hatte.

Ich schrieb daher an Apfel: »*Sie sind hiermit unter Zeugenschaft der Justizministerin Erdbeere, sowie der Presse aufgefordert bis zum 1. November 2023 entweder Beweise dafür vorzulegen, dass die ‚Verleumdungen' des Herrn H., ich verweigere Arbeit, der Wahrheit entsprechen, oder sofort gegen H. Anklage zu erheben, wegen Verleumdung und späteren Betrugs, sowie damit verbundener Körperverletzung durch Mobbing und Psychoterror. Entweder Sie legen Beweise vor, statt die Ausflüchte der Ihnen unterstehenden Staatsanwälte, oder Sie treten zurück!*«[243]

Apfel konnte diese Beweise nicht vorlegen, weil ich erwiesen all die Jahre als Aufstocker arbeitete. Ich war nicht als »arbeitssuchend« registriert, sondern ich arbeitete ja bereits die ganze Zeit. Selbst das Jobcenter erkannte dies als Arbeit an. Es hätte ansonsten keinen Sinn gemacht, mich 10 Jahre lang als Selbstständigen zu führen, wenn ich nicht auch als freischaffender Künstler gearbeitet hätte. Der Generalstaatsanwalt wurde hier also dabei erwischt, wie er Sozialrassismus mittrug, weil er es selbst offenbar als legitim ansah, mich in Akten als Arbeitsverweigerer darzustellen, weil ich als Künstler den Staat kritisierte, was als wertlos betrachtet wurde und ich darum unter seiner Aufsicht später kriminalisiert werden sollte.

16

Am 13. September 2023 schrieb ich der Gesundheitsministerin Himbeere eine Antwort auf die Aussage, Hartz IV mache nicht krank, weil Hartz IV als Krankheitsursache in der ICD-10, wie Vergewaltigung, nicht erwähnt werde. Ich forderte

242 Schreiben der Generalstaatsanwaltschaft vom 11.9.2023 zu 54 ZS 571/23
243 Brief an den Generalstaatsanwalt Apfel vom 8.9.2023

umfassende Untersuchungen, die erneut beim Ministerium auf die lange Bank geschoben wurden, vermutlich weil man mittlerweile wusste, dass die Staatsanwaltschaft gegen mich ermittelte und hoffte, sie würden mich wegsperren, bevor sie die unangenehmen Fragen beantworten müssen.

Am selben Tag informierte ich die Justizministerin Erdbeere und reichte eine Dienstaufsichtsbeschwerde gegen den Generalstaatsanwalt Apfel ein, wegen der Verdeckung von Rechtsradikalismus und Klassismus bei der Staatsanwaltschaft, mit Rechtsbeugungen als Folge.

Mit Schreiben vom 14. September 2023 antwortete mir die Staatsanwaltschaft Potsdam auf meinen Strafantrag gegen die Ministerin Himbeere, die weiterhin nicht reagierte: »*Sie werfen der Angezeigten vor, dass diese unter anderem Ihre Gesundheit nicht schützen würden, da die Kostenübernahme für eine Zahnarztrechnung nicht erklärt wird und nicht bedingungslos der Hartz IV bzw. Bürgergeldsatz ausgezahlt werde.*«

Es war nicht, wie Staatsanwalt M. zuvor meinte, meine Unfähigkeit mich klar auszudrücken, sondern die Staatsanwaltschaft kommunizierte auf eine Weise, die derart verkürzt war, dass man sich auch untereinander kaum verstand. Es wurde also Bezug auf Sachverhalte genommen, die so nie stattfanden, die aber aussahen, als hätten sie auf diese Weise stattgefunden, weil die jeweiligen Staatsanwälte derart verdrehten und simplifizierten, um mir möglichst wenige Aussagen zu geben, die ich in Zitaten würde zerpflücken können. Dadurch kam es zu derartigen Aussagen, als hätte ich je eine bedingungslose Auszahlung von Hartz-IV-Sätzen verlangt. Absurd, da ich doch ohnehin schon ein bedingungsloses Grundeinkommen erhielt, seit fast 10 Jahren. Die Ressentiments der Beamten waren aber derart tiefgreifend, dass man reflexartig stereotype Annahmen herleitete, sobald jemand Hartz IV kritisierte.

»*Das vorgeworfene Verhalten stellt weder einen Betrug noch eine unterlassene Hilfeleistung dar.*« Natürlich nicht. Der Betrug bestand darin zu vertuschen, dass der Klassismus und Sozialrassismus in Hartz IV, im Bürgergeldsystem Menschen krank machte. Die nicht bezahlte Zahnarztrechnung im Kontext mit der Frage der Kostenübernahme im SGB2 war nicht Kern der Anklage.

Der Staatsanwalt belehrte mich dann, wie einen Fünfjährigen, darüber, was Betrug ist und meinte: »*Ein konkret beziffert oder bezifferbarer Vermögensschaden ist jedoch nicht ersichtlich, eine Täuschung durch die Angezeigten ebenfalls nicht.*«

Wo ist der Vermögensschaden bei diskriminierten Armen? »Hmm!« Wo ist die Absicht der Täuschung, wenn man als Ministerium nicht zugeben will, dass Diskriminierung krank macht?

»*In Hinblick auf die Frage der erforderlichen Hilfe gilt der Grundsatz: Ultra posse nemo obligatur – über das Können hinaus wird niemand verpflichtet.«* Man schrieb weiter: *»Im Hinblick auf die Ministerin für Soziales, Gesundheit, Integration und Verbraucherschutz des Landes Brandenburg und ihre Mitarbeiterin war es gerade nicht möglich, die von Ihnen gewünschten Kosten zu übernehmen oder das Bürgergeld sofort bedingungslos auszuzahlen.«*

Man tat wirklich alles, um nicht auf das eigentliche Verbrechen eingehen zu müssen. Staatsanwälte verbrachten Stunden damit, Schreiben an mich zu formulieren, die rechte Gewalt legitimieren sollten.

Eine weitere Staatsanwältin argumentierte zum selben Vorwurf gegen die Ministerin und das LAVG: *»Unglücksfall im Sinne dieser Vorschrift ist ein plötzlich eintretendes Ereignis, das eine erhebliche Gefahr für einen anderen Menschen oder fremde Sachen von erheblichem Wert bedeutet. Hierzu gehört nach höchstrichterlicher und obergerichtlicher Rechtsprechung allerdings eine zudem seit Längerem andauernde Erkrankung nicht. Gemeine Not im Sinne dieser Vorschrift ist eine die Allgemeinheit betreffende Notlage. Gemessen an diesen Voraussetzungen kommt nach Ihrem Anzeigenvorbringen eine Strafbarkeit wegen unterlassener Hilfeleistung bereits aus Rechtsgründen nicht in Betracht.«*[244]

Es existierte also keine Pflicht zu helfen, wenn es um Arme ging. Wann wird jemand begreifen, dass die Arbeit, die ich hier leiste, relevant und wichtig ist und in keinem Job hätte gemacht werden können? Habe ich es verdient, derart zerstört zu werden, nur weil ich verhindern will, dass Rechtsradikale in deutschen Behörden Menschen zerstören oder Konzerne das Ökosystem vernichten? Wie sonst sollte das arbeitsintegrierte Beziehungshandeln stattfinden? Welche Arbeit könnte heute relevanter sein als diese?

Man sieht an diesen Schreiben, wie mich all das schrittweise emotional überforderte, wie verzweifelt ich war und wie hartnäckig die symbolische Gewalt einfach geleugnet wurde. Wesentlich ist hier die Feststellung, dass ich keine Chance hatte, die offensichtlichen Rassismen und Diskriminierungen erkennbar zu machen. In ihren Köpfen hatte sich ein Bild verfestigt, indem sie einen Armen sahen, der als Künstler Arbeit kritisierte. Das blendete in ihrer Fixierung vollkommen aus, dass ich 40 Stunden die Woche unbezahlt an gesellschaftlichen Problemen arbeitete, die wesentlich dringender zu lösen waren als die Frage eines sozialversicherungspflichtigen Jobs, den ich als Autist nicht hätte machen können. Egal, wie man es dreht und wendet. Nichts rechtfertigt, dass man mich derart zerstörte, weil ich das tat, was Künstler:innen nun mal tun, nämlich neue Wege aufzuzeigen und Missstände sichtbar zu machen. Weiß man, dass ich zusätzlich Autist war, was meine Hartnäckigkeit auch erklärt, wird die Sache umso brisanter.

244 Schreiben der Staatsanwaltschaft Potsdam vom 15.9.2023 / 4130 Js 36498/23

Ich antwortete am 28. September 2023 der Staatsanwältin, in der Hoffnung sie käme zur Besinnung: »*Sie sind nun ca. die 50. Staatsanwältin, die unter Zeugenschaft von Generalstaatsanwalt Apfel und seinem Pressesprecher B., sowie der Presse, in dieser empirischen Untersuchung bewusst oder unbewusst lügt, um Gewalt gegen Menschen in Armut weiterhin zu decken und als normal darzustellen. Wie die Argumente Ihrer Kolleg:innen, sind auch Ihre davon gezeichnet, dass Sie ganz bewusst mit keinem Wort auf die vorgelegten Fakten und Studien eingehen, sich aktiv weigern Forschungsergebnisse zu lesen und versuchen, mit Ausweichmanövern in der Form juristischer Floskeln davon abzulenken, dass Sie keinerlei Belege dafür vorlegen können, die Aussage sei falsch, dass Klassismus, also die bewusste Diskriminierung, Abwertung, Entmenschlichung von Betroffenen in Hartz IV (Bürgergeld) hunderte Menschen direkt oder indirekt krank gemacht hat und weiterhin krank macht. Sie sind nicht bereit, einzugreifen, sondern lassen Körperverletzung in hunderten Fällen einfach weiter passieren.*«

Dieses Schreiben umfasste acht Seiten, auf die wiederum nie mit einem Wort eingegangen wurde.

Am 29. September 2023 versuchte die Generalstaatsanwaltschaft erneut den Fall, um den Leiter der Ausländerbehörde zu unterdrücken. Durch dieses Schreiben wurden nun Sichtweisen der Staatsanwälte erkennbar, die noch umfassender belegten, dass man klassistische Ressentiments teilte. Gerade weil ich Apfel zwang, immer mehr Staatsanwälte in den Ring zu werfen, wurde öffentlich, auf welchen Mustern beruhend die Staatsanwaltschaften rechte Gewalt deckten: »*Mit Ihrer Anzeige bringen Sie vor, sich durch einen Gebührenvorschussbescheid des Landkreises Elbe-Elster vom 20. Mai 2019, welcher durch den Beschuldigten H. erlassen wurde, betrogen zu sehen. Eines Betruges gem. § 263 StGB macht sich strafbar, wer in der Absicht, sich oder einem Dritten einen rechtswidrigen Vermögensvorteil zu verschaffen, das Vermögen eines anderen dadurch beschädigt, dass er durch Vorspiegelung falscher oder durch Entstellung oder Unterdrückung wahrer Tatsachen einen Irrtum erregt oder unterhält.*«[245]

Weil der Gebührenbescheid in sich selbstreferenziell richtig erschien, sah man keinen Betrug, der ja auf der Ebene von Sozialrassismus und struktureller Gewalt, bei der man mitmachte, stattfand. Etwas, was auch dieser Staatsanwalt nicht über-

---

245 Schreiben der Generalstaatsanwaltschaft Brandenburg vom 29.9.2023 / zu 1360 Js 31421/22 und 1360 Js 27204/23

prüfte, obwohl insbesondere Benachteiligung nach sozialer Herkunft auch in Brandenburg verboten war. *»Nach Ihrem Anzeigenvorbringen ist bereits die für einen Betrug erforderliche Täuschung über Tatsachen nicht ersichtlich.«*

Dass Sozialrassismus eine Lüge über Arme darstellt, drang auch hier nicht zum Staatsanwalt durch. Mich als Arbeitsverweigerer darzustellen, betrachtete er nicht als Verleumdung. Er erkannte die Verleumdung nicht, obwohl bereits derart viele Schreiben und Essays von mir bei der Staatsanwaltschaft vorlagen, die genau das umfassend darlegten. Die Bereicherung bei Diskriminierung entlang von Rassismen betraf in erster Linie den Staat, also man bereicherte für den Staat, weil der Staat einen dafür belohnte. Natürlich war das Betrug, natürlich passierte da Täuschung. Herr H. erweckte den Eindruck, ich verweigere Arbeit. Sein Motiv war es, dem Staat Geld zu sparen, da der Staat ihn dafür belohnte, auch durch soziales Ansehen in seiner Blase, weil er wieder die Einbürgerung eines weiteren »unnützen Ausländers« verhindert hatte.

»Auch soweit Sie mit Ihrer Strafanzeige und der Beschwerdebegründung sich einer Beleidigung bzw. Verleumdung und Körperverletzung ausgesetzt sehen, vermag ich keine tatsächlichen Anhaltspunkte für derartige Straftaten zu erkennen. Allein der Umstand, dass Ihnen in diesem Bescheid mitgeteilt wird, die Entscheidung gründe unter anderem darauf, dass Sie den Leistungsbezug selbst zu verantworten hätten, verwirklicht weder den Tatbestand der Beleidigung noch der Verleumdung.«

Zu dieser Überzeugung gelangt man nur, hält man die Aussage, Arme seien an ihrer Armut selbst schuld, für eine zulässige Meinung. Er formulierte bewusst im Framing des Leistungsbezugs, was harmloser klang als mit der darin implizierten Aussage, ich verweigere Arbeit zu argumentieren. Der Staatsanwalt war nicht fähig, Rassismen zu erkennen oder wollte es nicht.

»Denn diese rechtliche Wertung wurde nicht in der Absicht geäußert, Ihre Ehre zu verletzen. Andererseits handelt es sich dabei auch nicht um eine Tatsachenbehauptung, womit für die Tatbestände der §§ 185 und 187 StGB jeweils wesentliche Elemente nicht verwirklicht sind.«

Dieser Satz ist sehr wesentlich, denn er zeigt den Sozialrassismus im Denken der Staatsanwälte direkt. Diese Leute glaubten tatsächlich, Menschen als unwert zu bezeichnen sei rechtens, weil Arme und Migrant:innen in ihren Augen unwerte Menschen waren. Das war der ganze Sinn der Feststellung, ich sei an meiner Armut selbst schuld. Sie kamen also nicht auf die Idee, es könnte dahinter eine unfassbare Verleumdung stecken. Der Globale Süden ist faul. Die Umweltzerstörung eine Notwendigkeit des Fortschritts. All das zeugt vom Irrsinn des kapitalistischen Arbeits- und Wertebegriffs. Wenn es aber nur, was diese Aussage des Staatsanwaltes rechtlich bedeutet, die subjektive Meinung des Herrn H. war, dass ich ein Arbeitsverweigerer sei, gedeckt von der Meinungsfreiheit, wie konnte er mir dann darauf beruhend die Einbürgerung verweigern, wenn die objektiven Fakten seine These vom Arbeitsverweigerer widerlegten? Ähnlich hatte man schon bei der Landrätin Pfirsich argumentiert. Wie gesagt, ich arbeitete als Aufstocker 40 Stunden die Woche und mehr. Jemanden als Arbeitsverweigerer hinzustellen ist meist mit der Absicht verbunden, einen in der Ehre zu verletzen. Das hat in Deutschland eine lange Tradition. Es stand nicht ohne Grund der Ausspruch »Arbeit macht frei« über dem Eingang von Auschwitz. Der Staatsanwalt versuchte also, wie zuvor schon beschrieben, Rassismen als Meinungen zu tarnen. Das ist dasselbe als zu sagen, der Schwarze muss der Drogendealer sein. Solche Aussagen kann und darf man nicht als Meinungsfreiheit deklarieren, weil Rassismen und Diskriminierungen dann immer verdeckt werden.

Zusammenfassend: Der Vorgang ist ein Skandal, weil sich hier drei Ebenen institutioneller Gewalt gleichzeitig offenbaren:

STRUKTURELLE BLINDHEIT DER JUSTIZ:

Die Staatsanwaltschaft reduziert den Vorwurf des Betrugs auf die Binnenlogik eines Gebührenbescheids und weigert sich, die rassistisch-klassistische Motivation – den Ausschluss eines »unnützen Ausländers« – überhaupt als rechtserheblich zu prüfen. Damit verwandelt sie systemische Diskriminierung in eine scheinbar harmlose Verwaltungsroutine.

RE-FRAMING VON RASSISMUS ZU »MEINUNG«:

Indem die Behauptung, der Betroffene sei selbst schuld an seiner Armut, als bloße Wertung / Meinungsfreiheit deklariert wird, legitimiert die Staatsanwaltschaft die zentrale Ideologie rechter Gewalt: Wer ökonomisch stigmatisiert ist, verliert automatisiert die Anspruchs- und Ehrrechte. Das ist klassistischer Rassismus unter dem Deckmantel des Art. 5 GG.

JURISTISCHE SELBSTIMMUNISIERUNG:

Weil die Behörde die eigene Diskriminierung in ein Verfahren zur »Leistungskontrolle« umlabelt, entsteht ein Zirkelschluss: Die Kategorie »Arbeitsverweigerer« wird benutzt, um Leistungen zu streichen – und gerade dieser Entzug gilt anschließend als Beweis dafür, dass keine Diskriminierung vorlag. Gerichtliche Kontrolle wird so systematisch ausgehöhlt.

Kurz: Die Staatsanwaltschaft wird zum Komplizen eines Verwaltungsrassismus, der Menschenrechte über Formeln neutralisiert, soziale Gewalt unsichtbar macht und dadurch genau die rechte Logik stützt, die er eigentlich verfolgen müsste.

Der Generalstaatsanwalt Apfel warf nun eine weitere Oberstaatsanwältin in den Ring, nachdem alle zuvor darin versagt hatten, mich zum Schweigen zu bringen, die am 9. Oktober 2023 zum Fall um den Herrn H. schrieb: »*Ich habe den Sachverhalt nochmals eingehend geprüft, zu einer Änderung der Entscheidung jedoch keinen Anlass gesehen.*«[246]

Dass Apfel dies tat, lag daran, dass mittlerweile das Justizministerium gegen ihn ermittelte, wegen des Vorwurfes rechte Gewalt gegen mich zu decken. Die Justizministerin war unter Druck geraten, als es hieß, der Film würde bald ins Kino kommen.

Ich schrieb am 11. Oktober an den Generalstaatsanwalt Apfel: »*Anbei erneut Dokumente, die aufzeigen, wie ein Staatsanwalt unter Ihrer Aufsicht bewusst oder unbewusst lügt und Rechtsbeugung betreibt.*«

246 Schreiben der Generalstaatsanwaltschaft Brandenburg vom 9.10.2023 zu 54 Zs 571/23

TAKE-AWAY BOX – KAPITEL »WIR LEUGNEN ALLES«

Institutionalisierte Verdrängung
Von Jobcenter bis Justiz ziehen sich Behörden auf formale "Sachbearbeitung" zurück und erklären strukturelle Gewalt zur Einzelfall-Abweichung. Stanley Cohens states of denial vollziehen sich hier als offizielle Routine.

Double-Bind für Betroffene
Wer Missstände belegt, gilt als „renitent"; wer schweigt, akzeptiert die Sanktion. Das System erzeugt widersprüchliche Handlungsaufforderungen, die jede Selbstverteidigung als Regelbruch erscheinen lassen – psychologischer Zersetzungseffekt.

Kategorisierungslüge 2.0
Klassistische Labels („fehlende Mitwirkung", „Arbeitsverweigerung") löschen komplexe Realitäten und ersetzen sie durch vorgefertigte Akten-Codes. So wird Diskriminierung buchstäblich aus dem Datensatz gelöscht.

Epistemischer Kurzschluss
Weil offizielle Statistik nur das codierte Objekt erfasst, verschwindet das subjektive Erleben samt Leidensfolgen – ein selbstverstärkender Feedback-Loop: „Was nicht in der Datei steht, existiert nicht."

Autistische Gegenstrategie: Radikales Zeugnis
Durch hyperdetailiertes Protokollieren, Wiederholen und Loopen bricht Speed den institutionellen Tunnelblick auf; jede verweigerte Anerkennung wird zum neuen Datenpunkt, der das Leugnungssystem sichtbar macht.

Gesellschaftliche Kosten
Leugnung verschiebt Verantwortung nach unten und staut Frustration, bis sie sich als Populismus oder Self-Harm entlädt. Nur aktive Anerkennung (truth-telling, Restitution, Reform) kann den Kreislauf durchbrechen und echte Arbeits- wie Lebensqualität herstellen.

DIE SLAPP-KLAGE

Strategic Lawsuits Against Public Participation – kurz SLAPP – sind Klagen, die gar nicht auf einen ernsthaften juristischen Sieg zielen, sondern auf eines: Kritiker:innen mit Zeit-, Kosten- und Einschüchterungsdruck mundtot zu machen. Mächtige Akteure – Konzerne, Politiker, Immobilienentwickler – nutzen hohe Streitwerte, komplexe Verfahrensschritte und Rufschädigung, um Aktivistinnen, Journalistinnen oder Wissenschaftler:innen von öffentlicher Kritik abzuhalten. Studien von PEN America (2020) und der Coalition Against SLAPPs in Europe (CASE) zeigen, dass schon die Androhung einer SLAPP-Klage Redaktionen Beiträge streichen lässt und NGOs von Kampagnen abzieht; die eigentliche Gerichtsentscheidung wird für die Kläger dadurch fast zweitrangig. Inzwischen erkennen auch Gesetzgeber die demokratiegefährdende Wirkung: Die EU-Anti-SLAPP-Richtlinie (2023) sieht frühzeitige Abweisung offensichtlich missbräuchlicher Klagen und Schadensersatz vor. Vor diesem Hintergrund ist die gegen mich geführte Klage nicht bloß ein privates Rechtsproblem – sie ist ein prototypischer Versuch, Speeds Arbeit und die damit verbundene öffentliche Teilhabe zu ersticken.

GEWALTAKT 10: DER PROZESS GEGEN MICH UND DER BEGRIFF DES »RECHTSRADIKALEN SMALLTALKS«

1

Als ich am 19. Oktober 2023 in meinen Briefkasten schaute, fand ich dort ein von der Nachbarin zugestelltes Schreiben von einer Amtsanwältin S., die schrieb, sie würde gegen mich einen Strafbefehl erlassen, wegen Verleumdung und übler Nachrede.[247]

Am selben Tag erhielt ich ein persönliches Schreiben vom Generalstaatsanwalt Apfel, in dem er schrieb: »*(...) habe den Bescheid nochmals eingehend geprüft, zu einer Änderung der Entscheidung jedoch keinen Anlass gesehen. Aus den Ihnen mitgeteilten Gründen muss es bei der Einstellung des Verfahrens verbleiben. (...) einen abschließend geprüften Sachverhalt durch eine Strafanzeige gegen die die Beschwerde bearbeitende Dezernentin erneut zur Überprüfung zu stellen, ist rechtsmissbräuchlich und daher unzulässig.*«[248]

Apfel beendete somit meine Praxis, die Verstrickung immer weiterzutreiben, indem ich eine Staatsanwältin nach der Nächsten anzeigte, um den Fall immer wieder neu überprüfen zu lassen. Erstaunlich, dass er das erst nach Jahren und nach ca. 50 Staatsanwält:innen und unfassbar vielen Arbeitsstunden tat.

Am Ende blieb offenbar nur er selbst übrig, um die Sache abzuwiegeln, was mir ermöglichte nun zu beweisen, dass der Generalstaatsanwalt über alle Details des Falls vollkommen Bescheid wusste und dennoch die rechtsradikalen Ressentiments gegen mich weiterhin deckte. Er gestand mir nichts zu, obwohl er wusste, dass ich mittlerweile als Folge des Terrors schwer erkrankt war. Hätte er mir nur in einem Punkt zugestimmt, wäre sein Versagen komplett aufgeflogen. Daher hielten er und seine Staatsanwält:innen sich stets bedeckt, schrieben wenige Sätze mit kaum Inhalt, versuchten dadurch zu verhindern, dass man die Zusammenhänge ihrer Entscheidungen würde nachvollziehen können.

Apfel hätte die Anklage gegen mich, die jetzt ihren Anfang nahm, jederzeit beenden können, denn er wusste, dass die Vorwürfe lediglich einer SLAPP Klage, also meiner Einschüchterung dienten. Apfel wusste, denn ich hatte es ihm in mittlerweile hunderten Seiten dargelegt, dass was ich sagte, auf Fakten beruhte. Den-

247 Schreiben vom 18.10.2023 zu 1618 Js 2225/23
248 Schreiben von Generalstaatsanwalt Apfel persönlich vom 18.10.2023 / 543 Zs 571/23

noch ließ er zu, dass ich als Künstler wegen übler Nachrede verfolgt wurde, weil ich sagte, Hartz IV mache mich krank und aufzeigte, wie einzelne Beamt:innen dies durch konkret dokumentierte Handlungen vertuschten. Er wusste von meinen Zusammenbrüchen und er wusste von dem menschenverachtenden Vorgehen der Jobcenter. Trotzdem ignorierte er den massiven Sozialrassismus in den Jobcentern und ließ mich stattdessen auch wegen Beleidigung verfolgen, mitunter weil ich das Gerede der Richterin von K., die sinngemäß ausgesagt hatte, ich könne froh sein angesichts der Wertlosigkeit meiner Arbeit als Künstler überhaupt noch Hartz IV zu erhalten, als »rechtsradikalen Smalltalk« bezeichnete. Ich meinte damit die all-gegenwärtige Normalität von rechten Ressentiments gegenüber Armen, die man in so vielen Behörden jener Tage in Form dummer und erniedrigender Sprüche vernehmen konnte. Auch Rassismus hatte wieder einmal die Ebene des scheinbar legitimen Smalltalks erreicht. Der Generalstaatsanwalt ließ somit genervt eine un-haltbare Anklage gegen mich zu, wohl in der Hoffnung, er würde mich auf diese Weise los.

2

Ein laufendes Gerichtsverfahren bedeutete für mich einen massiven Zusammen-bruch und führte dazu, dass von diesem Zeitpunkt an all die involvierten Behörden und Ministerien darauf lauerten, nun endlich von mir erlöst zu werden. Man ant-wortete daher auf nichts mehr. Sie agierten wie Geier, die dachten, dass es mit dem Opfer jeden Moment vorbei sei.

Am 26. Oktober 2023 erreichte mich der Strafbefehl mit der Androhung von 60 Tagessätzen und einer Strafe von rund 1000 EUR. Ich legte sofort Einspruch ein.

Die folgenden drei Monate war ich mit nichts anderem mehr befasst als ohne Anwalt, den ich mir nicht leisten konnte, einen Prozess vorzubereiten. Ich studier-te Jura auf YouTube und las unzählige Bücher zum Thema. Zu diesem Zeitpunkt hätte ich den Film vermarkten sollen, der gerade bei der Berlinale abgelehnt wor-den war, was mich weiter nach unten zog, aber ich konnte meinen Kopf jetzt nicht mehr freibekommen. Ich versuchte, den Prozess möglichst im Zwischenverfahren zu beenden, indem ich unzählige Briefe an die Richterin schrieb. Ich hatte Angst davor, im Gefängnis zu landen, was nicht unrealistisch war, weil ich die 1000 EUR hätte nicht bezahlen können. Wer Strafen nicht zahlen konnte, musste in Deutsch-land eine Ersatzstrafe im Gefängnis antreten. Man kann sich vorstellen, welche Ängste ich dadurch als Autist durchleben musste.

Nach fast 10 Jahren war es mir gelungen, umfassend zu beweisen, dass und wie man Sozialrassismus und die rechte Gewalt gegen Arme vertuschte, bis hinauf zu Minister:innen und einem Generalstaatsanwalt. Ich hatte einen Spielfilm abgedreht und eine unfassbare Arbeit abgeschlossen, aber ich fühlte mich unendlich müde, voller Panik und komplett aus der Bahn geworfen. »Speeds Arbeit« ermöglichte dieses Grauen sichtbar und bearbeitbar zu machen, ich erhielt ein bedingungsloses Grundeinkommen, welches ich gegen den Staat durchgesetzt hatte, aber keinerlei Anerkennung für meine Arbeit. Noch immer galt ich als Dreck, als Bodensatz der Gesellschaft.

Es war vollkommen unklar, ob der Film, an dem ich vier Jahre jeden Tag gearbeitet hatte, überhaupt irgendwo gezeigt würde. Ich setzte alles auf eine Karte.

3

In einem Schreiben vom 24. Oktober 2023 an die Richterin B. vom Amtsgericht Bad Liebenwerda erklärte ich: *»Die Amtsanwältin S. weiß, dass ich hier als Kulturschaffender und Armutsforscher ausschließlich Tatsachenbehauptungen geäußert habe, die in einem konkreten Sachbezug stattfanden, die auf der Klassismusforschung beruhen, sowie auf umfassenden Untersuchungen. Das hat sie Ihnen offensichtlich verschwiegen. Das ist strafbar, weil damit, wenn dies zutrifft, sie meine offensichtliche Unschuld verheimlicht hätte. Man kann die Tatsachenbehauptungen nicht als solche erkennen, wird der Aspekt verschwiegen, dass ich seit Jahrzehnten zu Klassismus forsche und zahlreiche öffentliche Aktionen als Kulturschaffender dazu initiiert habe, in denen Behörden und Firmen öffentlich vorgeführt wurden, im Rahmen der Kunstfreiheit. (...) Als Kulturschaffender habe ich in der Vergangenheit öfter die Staatsanwaltschaft in Cottbus dafür kritisiert, dass sie auf dem rechten Auge blind ist und häufig zweifelhafte rechte Ansichten vertritt, die darauf abzielen, Minderheiten zu diskriminieren. Dies könnte also als Racheakt einer Staatsanwaltschaft betrachtet werden. (...) Der ganze Fall ist daher finanziert von Land und Bund fürs Kino verfilmt worden.«*

Der Staatsanwältin und der Richterin lagen auch eine 30-seitige Broschüre der Friedrich-Ebert-Stiftung zu Klassismus vor. Ich tat also alles, um die Richterin davon zu überzeugen, dass die Vorverurteilung der Staatsanwaltschaft, ich sei ein Wutbürger, der rechtschaffende Beamt:innen in Behörden beleidigte, falsch wäre.

Mit einem Schreiben vom 27. Oktober 2023 reichte ich Strafantrag gegen die Amtsanwältin S. ein, wegen den Verdachts der absichtlichen Verfolgung Unschuldiger, in Form politischer Verfolgung. Der Generalstaatsanwalt wurde am selben Tag gemeinsam mit seinem Pressesprecher B. informiert.

Ebenfalls an jenem Tag wurde die Amtsanwältin S. umfangreich über die gesamten Hintergründe des Falls in Kenntnis gesetzt, samt der PTBS und der Forschung zu Klassismus und rechten Ideologien in den Jobcentern. Man konnte also nicht mehr davon sprechen, dass sie die eigentlichen Zusammenhänge nicht kannte.

Am 28. Oktober 2023 schrieb ich an das Gericht: »*Da dieser Fall sich über 5 Jahre im Speziellen und 20 Jahre im weiteren Umfang erstreckt, ich habe zehn Bücher publiziert, weise ich das Gericht darauf hin, dass es nicht im Sinne des Staates ist, dass wir bei der dünnen Beweislage gegen mich über Tage und Wochen eine Hauptverhandlung führen, in der ich alle hier erforderlichen Beweise umfassend darlegen werde, wenn im Vorspiel schon eindeutig erkennbar ist, dass, weil eben eindeutig keine Schmähkritik vorlag, das Gericht sich unweigerlich wird mit einem hochkomplexen Fall um die Frage befassen müssen, ob Kulturschaffende erwiesen Rechtsradikale als solche kritisieren dürfen oder nicht. Die Staatsanwaltschaft in Cottbus, sowie Generalstaatsanwalt Apfel wissen seit Jahren, dass ich als Menschenrechtsaktivist und Künstler völlig legal und völlig legitim klassistische Verbrechen in Behörden aufdecke und öffentlich mache. Wie die Kolleg:innen vom Zentrum für politisches Schönheit[249] (Künstlergruppe), darf auch ich dabei zu Mitteln der Kunst, der Zuspitzung usw.... greifen und ich erinnere daran, dass die Staatsanwaltschaft unfassbar viele Prozesse, die genaue Zahl kann ich nachschlagen, gegen das ZPS (Künstlergruppe) verloren hat, in Fällen, die weit extremer waren als dieser hier, und Ermittlungen und Anklagen wie bei diesem Fall überwiegend politisch vonseiten der Konservativen und der Rechten motiviert waren und sind. (...) Nicht zuletzt kann ich umfassend darlegen, wie das Jobcenter mich gemeinsam mit der Ausländerbehörde durch Psychoterror und Lügen krank machte. Dies ist möglich, weil der Staatsanwaltschaft umfassende Dokumentationen dazu vorliegen, und weil erwiesen ist, dass Klassismus, also die damit verbundenen Handlungen, die Frau S. und Frau B. tätigten, zwangsläufig bei Menschen, die nicht resilient sind, früher oder später zu schwerer Erkrankung führen. Der Staatsanwaltschaft liegt eine Studie vor, ich kann sie Ihnen noch heraussuchen, die zeigt, dass rund ein Drittel der Personen, die dem Stress ausgesetzt werden, der vom Jobcenter ausgeht, an einer posttraumatischen Belastungsstörung erkranken. Es gibt auch etliche Studien, die Erkrankungen als Folge der Misshandlung unter Hartz IV als hoch wahrscheinlich und im Einzelfall als eindeutig belegbar aufzeigen.*

Hier sei auch betont, dass die Anschuldigungen gegen Frau S. und Frau B. überwiegend nicht darauf beruhen, dass diese Damen im Speziellen kriminelle Handlungen vollzogen hätten, obwohl das auch zur Debatte steht, beispielsweise im Rahmen

---

249 Aus Wikipedia: Das Zentrum für Politische Schönheit (ZPS) ist ein Zusammenschluss von über 100 Aktionskünstlern und Kreativen (Stand: November 2023) unter der Leitung des Philosophen und Aktionskünstlers Philipp Ruch.

unterlassener Hilfe, wissend, um daraus folgende Gesundheitsschäden, sondern sie allein dadurch, dass sie für das Jobcenter arbeiten und in diesem Kontext auf der Basis von grundsätzlich armenrassistischen, institutionellen Verbrechen, wie die unbegründete Entwertung von Menschen, allein entlang ihrer Armut, bereits an eindeutig rechtsradikal motivierten Handlungen beteiligt sind. Das gilt auch für das Sozialgericht. Genauso, wie jemand, der Homosexuelle in den 70er-Jahren ins Gefängnis steckte, oder Rassismus in den 60er-Jahren als Staatsbedienstete deckte oder da mitmachte. Also zu einem Zeitpunkt, als was menschenverachtend als Verbrechen angesehen werden muss, zu der Zeit politisch und juristisch als legal erschien.«[250]

Für das Verstehen des späteren Verlaufs des Verfahrens ist es also wichtig zu erfassen, dass die Richterin sich mit einem hochkomplexen Fall konfrontiert sah, den man zunächst entlang rechter Ressentiments gegenüber Armen, für eindeutig hielt, was zu einer peinlichen Situation führte, aus der man möglichst rasch wieder herauswollte. Jedenfalls die Richterin wollte das offenbar.

DIE FALLE

Am 28. Oktober 2023 kam es zu einem entscheidenden Brief von mir an den leitenden Oberstaatsanwalt Dörrpflaume in Bezug auf die Einstellung der Ermittlungen gegen Herrn H. durch Generalstaatsanwalt Apfel und den Schreiben, die ich verschickt hatte, mit der Aufforderung die Täter:innen in der Verwaltung von Elbe-Elster und der Ausländerbehörde sollten ein Geständnis ablegen und die Lügen über mich aus den Akten nehmen, was sie nie taten.

Darin schrieb ich: »*Um H. nun trotz Ablauf der 3 Monatsfrist für den Strafantrag noch anklagen zu können, stellte ich ihm eine Falle. Ihm und seinen Mitbeschuldigten wurde ein Schreiben (anbei) zugestellt, mit der Aufforderung, ein Geständnis abzulegen und die Lügen aus den Akten zu entfernen. Auch Innenminister Blaubeere war über diese Schreiben informiert. Alle Beschuldigten reagierten darauf nicht und meldeten sich meines Wissens nicht bei Oberstaatsanwalt B., wozu sie aufgefordert worden waren. Sie hielten also den Betrug aufrecht. Das ist zentral. Sie weigerten sich, die belegten Lügen zurückzunehmen. Ich erhielt bis heute dazu keine Reaktion.*

Entscheidend ist jetzt, dass durch das Schreiben von Apfel an mich persönlich, von 18.10. indem er trotz kritisierter Lügen und Unterschlagung von Fakten durch Staatsanwälte in diesem Fall, die er persönlich bei der Generalstaatsanwaltschaft beauftragt hatte, man hat einfach massiv versucht, den Fall wegen der Ermittlungen der Justizministerin schnell loszuwerden, es prüften gleichzeitig mehrere Staats-

250 Schreiben an die Richterin B. des Amtsgerichts Bad Liebenwerda vom 28.10.2023 / 36 Cs 225/23 / 1618 Js 225/23

anwälte, jede weitere Ermittlung gegen H. und die Mitbeschuldigten von ihm nun untersagt wurde, somit eindeutig belegt ist, dass der Strafantrag vom 19.5.2023, bezüglich der vier Schreiben an die Täter, auf den ich nie eine Antwort erhielt, der gewissermaßen verschwunden ist, nun offiziell von ihm blockiert wurde, wissend, dass hier eine Strafverfolgung möglich gewesen wäre. Man kann also nicht mehr behaupten, der Strafantrag sei noch nicht bearbeitet. Nein. Man hat bewusst, so der Vorwurf, einen erneuten Betrug durch H. und die anderen ignoriert, während Apfel hochoffiziell weitere Untersuchungen verboten hat.

Dies, obwohl meine vier Briefe vom 1.5.2023, an die Beschuldigten, mit der Aufforderung ein Geständnis abzulegen, bei Herrn B., Apfel cc informiert, vorlagen und Apfel davon gewusst haben muss. Es gibt auch Schreiben von B., in denen er bestätigt, alles Apfel vorgelegt zu haben.

Wir haben also hier rechtsradikale Lügner in der Ausländerbehörde und weiteren Behörden, die durch Verweigerung eines Geständnisses die Straftat begingen, Falschbeurkundungen und Lügen weiterhin in Akten bestehen zu lassen, die also Betrug begehen bis heute, während der Generalstaatsanwalt von diesen Lügen seit Jahren wissend, offenbar einen fristgerechten neuen Strafantrag verschwinden ließ, oder nicht beachtet hat, der es ermöglicht hätte, den Betrug aufzudecken und strafrechtlich zu verfolgen.

Es existierten also keine relevanten Gründe, um Ermittlungen einzustellen, zumal der Betrug schon umfassend belegt wurde. Die Ausreden anderer Staatsanwälte laufen alle an dem Punkt zusammen, an dem versucht wurde, von der rechtsradikalen Behauptung des Herrn H. abzulenken, ich verweigere Erwerbsarbeit. Man hat bei der Generalstaatsanwaltschaft rechtsradikale Haltungen mir gegenüber als Kulturschaffenden als salonfähig und normal beurteilt. Die Staatsanwälte bemerkten ihre eigenen Ressentiments gegen Arme nicht und setzen Hartz-IV-Bezug mit Arbeitsverweigerung gleich. Das bewirkte massive Rechtsbeugung.

Dies war für diese Staatsanwälte darum so einfach, weil Apfel bis heute Klassismus (Armenrassismus) als Straftat, als Hasskriminalität ignoriert und somit rechte Gewalt hochoffiziell deckt.

Das bedeutet, es ist für die Presse nun eindeutig dargelegt, dass Apfel und B. massiv Ermittlungen gegen Rechtsradikale behinderten, bis hin zu realer Strafvereitelung. Ich habe die Justizministerin informiert und bitte Sie in dieser Sache Ermittlungen aufzunehmen.«

Ich liste die Sachverhalte in dieser Genauigkeit auf, weil dies zeigt, wie sehr eine bestimmte Arbeitsweise eigene Realitäten erschuf. Bei der Staatsanwaltschaft, aber auch bei mir. Es geht mir nicht darum, dass allein mein Weltbild hier dominiert, sondern es geht um die Frage, warum wir nicht mehr tun, um die Realitäten in ihren Bezügen und Beziehungen zu verstehen? Der Staat erschuf mit Gewalt eine bestimmte »Realität«, die zu wenig komplex war, um die Existenz von jemandem wie mir zu begreifen. Als Folge tat man mir immer mehr Gewalt an. Hierin zeigt sich das Problem der »Herrschaftsnarrative«, also des dominanten Narrativs. Dieses kann sich ausschließlich nur mit immer mehr Gewalt legitimieren, weil zum offenen Diskurs, zu demokratischer Kultur weitgehend unfähig. Daher ist es notwendig, hier zu zeigen, wie die Situation immer weiter eskalierte und dass die Staatsanwaltschaft die Verhältnismäßigkeit komplett aus dem Fokus verlor. Als Autist erlebte ich eine massive Traumatisierung, die ich durch immer mehr Details versuchte zu kompensieren, aber dies wiederum wurde mir in den Augen der Staatsanwaltschaft zum Verhängnis, weil ich dadurch zunehmend irrationaler erschien.

5

Später stellte sich durch das Schreiben eines anderen Staatsanwalts heraus, dass dieser Brief offenbar verschwunden war. Nun musste das alles nicht der Beleg einer »Verschwörung« sein, sondern es konnte auch einfach daran liegen, dass man keinen Bock mehr hatte oder es Missverständnisse gab. In der Summe jedoch zeigten sich einfach zu viele Momente, die belegten, dass der Apparat der Staatsanwaltschaften rechte Gewalt nicht sehen wollte, schon gar nicht in den eigenen Reihen.

Tatsache ist, dass man die Lügen in der Akte des Jobcenters und bei der Ausländerbehörde und beim Landkreis Teltow-Fläming einfach bestehen ließ und folglich dabei zusah, wie diese Falschinformationen über mich, sich immer weiter in den Behörden ausbreiteten und schließlich zur Anklage gegen mich führten.

Ich bin kein Jurist, weshalb ich nicht alle »Hindernisse« der Staatsanwaltschaft im Vorgehen beurteilen kann. Entscheidend ist hier aber, ich betone es nochmals, dass niemand von der Staatsanwaltschaft je zu mir gesagt hat oder geschrieben hat: »Wir verstehen Sie, Herr Speed. Das ist rechte Gewalt. Aber leider können wir wegen juristischer Komplexität darauf nicht eingehen.« Nein, man behauptete jedes Mal, direkt oder implizierend, die rechte Gewalt existiere nicht, ich sei nicht krank und wenn habe dies nichts mit Hartz IV zu tun oder mit Klassismus. Es liege somit kein Verbrechen vor. Das aber konnte ich unmöglich so stehen lassen. Eine Demokratie, in der sich nicht mehr alle Stellen und Institutionen unabhängig von ihrer Zuständigkeit aktiv gegen rechte Gewalt und massives Unrecht einsetzen, ist auf dem Weg, keine Demokratie mehr zu sein, sondern ein hierarchisches Herrschaftssystem.

ANZEIGE GEGEN DIE AMTSANWÄLTIN

Am 29. Oktober 2023 wurde die Leiterin der Staatsanwaltschaft Cottbus, Frau Oberstaatsanwältin Banane, darüber informiert, dass gegen die Amtsanwältin S. Strafantrag wegen der Verfolgung von Unschuldigen eingereicht wurde. Ich schrieb: »*Sie sind aufgefordert, die Amtsanwältin vom Fall abzuziehen und sofort alle Anklagepunkte fallen zu lassen. Kommen Sie dem nicht nach, müssen Sie damit rechnen, dass der Ruf der Staatsanwaltschaft Cottbus als rechtslastig, vermutlich endgültig in der Öffentlichkeit festgeschrieben wird, durch die über den Fall berichtende Presse.*«

Da man bei den Behörden Klassismus so behandelte, als sei es eine Erfindung von mir, schickte ich der Richterin B. am selben Tag ein Zitat vom sächsischen Gleichstellungsportal, also einer staatlichen Organisation: »*Auch bei der Stigmatisierung von Arbeitslosengeld II / (Hartz IV) Empfänger:innen handelt es sich um eine klassistische Diskriminierung. So wird die Schuld an der eigenen Arbeitslosigkeit oftmals den Betroffenen gegeben und so strukturelle Hürden ausgeblendet und individuelle Eigenverantwortung in den Vordergrund gestellt. Der Soziologe Andreas Kemper spricht hierbei davon, dass soziale Unterschiede naturalisiert werden. So herrscht oftmals das Vorurteil, Menschen aus »höheren Klassen« hätten sich ihren Wohlstand verdient und hart erarbeitet, während ärmere Menschen einfach zu faul oder zu dumm wären. Unterschiedliche Ausgangsbedingungen und strukturelle Ausschlussmechanismen werden hierbei völlig ausgeblendet. So führt Klassismus auch zu Scham und der Abgrenzung von anderen Betroffenen. Klassenprivilegien werden selten benannt.*«[251]

Auch Apfel hatte dieses Zitat erhalten.

Ich schickte am 9. November 2023 eine Mail an die Behördenleiterin Oberstaatsanwältin Banane aus Cottbus: »*Ich setze Sie hiermit in Kenntnis, dass ich als Folge der rechtsradikal motivierten Strafverfolgung aus Ihrem Haus gerade einen gesundheitlichen Zusammenbruch erleide und mich nun schleunigst in Notbehandlung begeben muss. Entsprechende Stellen wurden gerade kontaktiert. (...) Sie lassen mich seit Tagen warten, wissend, dass ich mit einer PTBS diesen Zustand gesundheitlich nicht aushalten kann und es unweigerlich zu weiteren Gesundheitsschäden kommt.*«

Es folgten an die weiteren 20 Mails an sie, in denen ich die Zusammenhänge erklärte, von der Kunstfreiheit bis zum Sozialrassismus. Dies ging so weit, dass als ich im Büro der Leiterin der Staatsanwaltschaft Cottbus anrief, die Vorzimmerdame mir schnippisch vorwarf, ich würde doch jeden Tag Post schicken, implizierend,

251 Gleichstellungsportal in Sachsen, Webseite https://www.gleichstellungsportal.de/abc-der-gleichstellung/klassismus/

dass dies unverschämt sei. Die Staatsanwaltschaft wurde im Anschluss auch über das Problem des epistemischen Unrechts umfassend in Kenntnis gesetzt. Jeden Tag schickte ich neue Belege meiner Unschuld, es waren an die zweihundert Seiten. Im Rückblick ist dies auch dem Autismus geschuldet, also der Schwierigkeit, Unrecht einfach stehenzulassen.

Zu meiner als Beleidigung gewerteten Aussage zur »kognitiven Störung«, als Folge der mehrfachen Zusendung der zwei Formulare schrieb ich mit Verweis auf die Arbeit von Professor de Vries von der Harvard Business School und der Universität von Amsterdam: *»Das Anwenden von psychischen Diagnosen auf Organisationen, oft als »institutionelle Diagnosen« bezeichnet, ist ein Ansatz, der in den Sozialwissenschaften und in der Organisationspsychologie zunehmend an Bedeutung gewinnt. Dieser Ansatz ermöglicht es, die psychische Gesundheit und das Verhalten von Organisationen zu analysieren und zu verbessern. (...) Institutionelle Diagnosen beziehen sich auf die Anwendung von Konzepten aus der Psychiatrie und Psychologie auf Organisationen und Institutionen. Dieser Ansatz hat das Ziel, systemische Probleme in Organisationen zu identifizieren und zu lösen, um die Effizienz, das Wohlbefinden der Mitarbeiter und die allgemeine Leistungsfähigkeit zu verbessern.«*[252]

Weiter schrieb ich der leitenden Oberstaatsanwältin Banane: *»Ich betone hier also in aller Deutlichkeit. Sie dürfen einem Kulturschaffenden mit staatlicher Erlaubnis zur Erstellung von Diagnosen unter keinen Umständen verbieten, auch bezüglich des Verhaltens von Behörden diagnostische Aussagen zu treffen, diese im Rahmen der Kunstfreiheit zum Ausdruck zu bringen. Wenn Sie im eindeutigen Sachbezug vor dem Hintergrund meiner jahrzehntelangen Forschung in diesem Feld mutwillig eine Beleidigung konstruieren, lässt sich hier sehr einfach in der Presse belegen, dass politische Verfolgung von Ihrem Haus ausgeht.«*

Die Oberstaatsanwältin Banane war sehr umfassend über die Zusammenhänge in Kenntnis gesetzt worden, zog aber dennoch die Amtsanwältin S. nicht vom Fall ab, die Beleidigungen aus Briefen von mir konstruierte, die voller Beweise für massive Misshandlung des Jobcenters gegen mich waren, weil ich darin um Therapie bettelte. Sie wusste also, dass die von mir angezeigte Amtsanwältin weiterhin, mit fatalen Folgen für mich, über das Verfahren entscheiden durfte. Ich bat mehrfach um einen Termin, um den Sachverhalt aufklären zu können. Keine Reaktion. Die Leiterin der Staatsanwaltschaft, Oberstaatsanwältin Banane, wusste auch, dass die Amtsanwältin S. wusste, dass ich sie wegen der Verfolgung Unschuldiger angezeigt hatte. Ihre Unbefangenheit war somit dahin.

---

252 Kets de Vries, M.F.R. (2001). „Organisational Diagnosis: A Lifetime Experience." In: European Management Journal, 19(4), 404-415.

VERLEUMDUNG DURCH DEN GENERAL

Mit einem Schreiben vom 2. November 2023 schrieb ich dem Generalstaatsanwalt Apfel und Oberstaatsanwalt B.: »*Ihnen wurde eine Frist zum 1. November gesetzt, um Beweise dafür auf den Tisch zu legen, die bezeugen, dass die Aussage des Herrn H. (Ausländerbehörde Herzberg), Zitat:* »*Sie verweigern Erwerbsarbeit...*«, *der Wahrheit entspricht. Wie vorhergesagt, sind Sie dazu nicht in der Lage und werden die Frist offensichtlich nicht einhalten. (...) Ihnen war auch bekannt, dass das Jobcenter eine* ›*Lügenakte*‹ *über mich betrieb und weiterhin betreibt.*«

Das Schreiben umfasste acht Seiten, in denen ich nochmals die wichtigsten Fakten zusammentrug.

Aus Potsdam erhielt ich nun am 9. November 2023 ein erstes Schreiben vom Staatsanwalt N., der aus dem Zusammenhang gerissene Briefe, in denen ich auf einen Strafantrag gegen Apfel Bezug genommen hatte, dazu benutzte, um Ermittlungen gegen Apfel einzustellen. Man riss also wieder in einem Fall, der Jahre betraf, einzelne Schreiben aus dem Kontext, um sie in der Isolation als ungenügend darstellen zu können. Weiterhin benutzte man diese strukturelle Gewalt gegen mich, um den Elefanten im Raum nicht anerkennen zu müssen.

8

Am 10. November 2023 schrieb ich wieder an das Gericht: »*Am 5.7. (Schreiben anbei) wies der Staatsanwalt M. eine Strafanzeige von mir gegen die Staatsanwältin M. (Namensgleichheit) zurück, mit der Begründung es mache keinen Sinn, mich, als Zeugen zu vernehmen, weil ich sinngemäß keinen klaren Satz formulieren könne, da die* »*Qualität*« *meiner Aussagen minderwertig sei. Das sagt er über mich als Buchautor und Armutsforscher. Dies begründete er mit einer Lüge, indem er behauptete, ich hätte nicht die erforderliche Qualifikation, um eine PTBS zu diagnostizieren. Ich lege dem Gericht meine staatliche Heilerlaubnis des Gesundheitsamtes Teltow-Fläming vor. (...) Dies zeigt nur eines von unzähligen Fällen, bei denen die Staatsanwaltschaft Cottbus rechte Gewalt deckte oder zu decken versuchte. Es besteht also ein klares Motiv, weshalb hier übermäßig, trotz der Sachlage, gegen mich als Kulturschaffenden im Rahmen meiner Arbeit vorgegangen wird, weil meine Arbeit die Staatsanwaltschaft Cottbus öffentlich in Bedrängnis bringt.*«

9

Dem leitenden Oberstaatsanwalt Dörrpflaume aus Potsdam schrieb ich am 10. November 2023: »*Zu Apfel weise ich Sie darauf hin, dass mehrere Aussagen von Staatsanwälten und Oberstaatsanwälten bei der Generalstaatsanwaltshaft eindeutig aufzeigen, dass man rechte Gewalt bewusst vertuschte. Schauen Sie sich die Darlegung des Staatsanwaltes B. an, im Schreiben vom 29.09.23 54Zs 398/23, indem er auf Seite 2 erklärt: »Allein der Umstand, dass Ihnen in diesem Bescheid mitgeteilt wird, die Entscheidung gründe unter anderem darauf, dass Sie den Leistungsbezug selbst zu vertreten hätten, verwirklicht weder den Tatbestand der Beleidigung noch der Verleumdung.« Hier passieren zwei Dinge. Der Staatsanwalt ignoriert den davorstehenden Satz von Hanke, in dem dieser meine »subjektive künstlerische Berufung« verhöhnt, sowie die Darstellung, ich verweigere Erwerbsarbeit, was eine eindeutige Lüge ist. Wir haben also hier einen Staatsanwalt, der eine in Schwarz auf Weiß vorgelegte Lüge, verbunden mit einer Schmähkritik, ignoriert. Eine Schmähkritik deswegen, weil es keinen Sachbezug gibt, in der künstlerischen Arbeit, als subjektive Berufung zu diffamieren wäre und Künstler:innenfeindlichkeit wie Rassismus nicht durch die Meinungsfreiheit gedeckt sind. Meine Freundin ist gerade an einem EU-Projekt beteiligt, indem man gemeinsam mit der Universität Oxford im Auftrag der EU die Rechtsnormen neu festlegen will, in denen dargelegt wird, weshalb Kunst wissenschaftlich belegt für den Erhalt der Demokratie wesentlich ist. Wir sprechen in der Kunst schon seit 200 Jahren nicht mehr von subjektiver Berufung, sondern die Wirkung von Kunst und ihr ganzer Sinn in einer Gesellschaft ist längst erforscht und belegt. Es mag sich zwar in der Kunst um subjektive Prozesse handeln, die Arbeit von Künstler:innen bezieht ihre Legitimation aber nicht aus subjektiver Berufung, sondern aus ihrem belegten Wert in einer Gesellschaft, der vom Grundgesetz nicht ohne Grund geschützt ist. Wir haben also hier einen Staatsanwalt, der Schmähkritik ignoriert und ernsthaft annimmt, Armut sei mit Arbeitsverweigerung gleichbedeutend. Von derartigen Schreiben habe ich etliche. Es dürfen also offenbar, geschützt durch den Generalstaatsanwalt, Beamte unfassbare Lügen und Verleumdungen in Akten verbreiten, während ich als Künstler sofort vor Gericht gezerrt werde, wenn ich das kritisiere. Wir haben hier ein Ausmaß an Lügen und Rechtsbeugungen durch Staatsanwälte von Cottbus bis zur Generalstaatsanwaltschaft, die, sobald diese öffentlich werden, eine erhebliche Rechtsstaatskrise bedeuten.*«

10

Am 15. November schrieb ich dem Staatsanwalt N. aus Potsdam: »*Ist der Strafantrag gegen Apfel nun in Bearbeitung oder wurde dieser von Ihnen an die zustän-*

dige Stelle weitergereicht? Wann erhalte ich ein Aktenzeichen zum Strafantrag?«
Ich erhielt nie eine Antwort.

DIE BEHÖRDE PRÜFT SICH SELBST

Das Justizministerium in Potsdam erklärte als Reaktion auf meine Beschwerde gegen Apfel per Brief vom 17. November 2023: *»Soweit Sie die staatsanwaltschaftliche Sachbehandlung seitens der Staatsanwaltschaft Cottbus und der Generalstaatsanwaltschaft des Landes Brandenburg zu den von Ihnen dargelegten Verfahren bemängeln, obliegt es zunächst dem Generalstaatsanwalt des Landes Brandenburg als Dienstvorgesetztem aller im Land Brandenburg tätigen Staatsanwält:innen und Staatsanwälte, Ihr Vorbringen entgegenzunehmen und zu prüfen. Ich habe Ihr Schreiben daher zuständigkeitshalber an den Generalstaatsanwalt des Landes Brandenburg weitergeleitet. Von dort werden Sie weitere Nachricht erhalten.«*[253]

Man ließ also wieder den Generalstaatsanwalt sich selbst prüfen: *»In Hinblick auf die von Ihnen erhobene Dienstaufsichtsbeschwerde gegen Generalstaatsanwalt Dr. Apfel, wurde die Sache an die für die Dienstaufsicht über Richter und Staatsanwälte zuständige Abteilung I hier im Haus weitergeleitet. Insoweit werden Sie gesondert Nachricht erhalten.«*

Das führte zu einer paradoxen Situation. Der Generalstaatsanwalt ermittelte nun im Auftrag des Justizministeriums gegen Staatsanwälte, die in seinem Auftrag oder von ihm geduldet mehrfach rechte Gewalt gegen mich deckten, während im Justizministerium eine Ermittlung gegen ihn selbst lief, die ich ausgelöst hatte. Man kann sich also vorstellen, wie unvoreingenommen diese ganze Untersuchung war. Das Justizministerium, ich komme noch darauf zu sprechen, schob das alles auf die sehr lange Bank und war bestrebt, den ganzen Fall irgendwo versickern zu lassen.

NOTLAGE IST KEINE NOTLAGE

Mit 20. November 2023 erhielt ich ein weiteres Schreiben der Staatsanwaltschaft Cottbus, indem auf die Anzeige gegen Beamte des Gesundheitsministeriums Bezug genommen wurde: *»Eine Strafbarkeit wegen unterlassener Hilfeleistung*

---

253 Schreiben des Ministeriums für Justiz Brandenburg / 17. Nov. 2023 / (II.6) 1402-E III.054/23

gemäß § 323c Strafgesetzbuch setzt voraus, dass der Täter bei Unglücksfällen, gemeiner Gefahr oder Not Hilfe nicht leistet, obwohl dies erforderlich und ihm den Umständen entsprechend nach zuzumuten ist. Unglücksfall im Sinne dieser Vorschrift ist ein plötzlich auftretendes Ereignis, dass eine erhebliche Gefahr für einen anderen Menschen oder fremde Sachen von bedeutendem Wert bedeutet.«[254]
Es wurde also erneut ein Staatsanwalt beauftragt, den ganzen Sachverhalt mit den fast identischen Worten wie die Vorgängerin, zu verkürzen und weiterhin die Tatsache straflos bestehen zu lassen, dass tausende Menschen als Folge von Hartz IV erkrankten.

RECHTSRADIKALER SMALLTALK

Am selben Tag erhielt ich wieder ein Schreiben vom Staatsanwalt M. aus Cottbus, der gelogen hatte, als er aussagte, ich könne eine PTBS nicht diagnostizieren. Jetzt versuchte er mir zu erklären, weshalb die rechten Ressentiments der Amtsanwältin S. die gegen mich Anklage erhoben hatte, keine Rechtsbeugung darstellten: *»Da die Beschuldigte gleich einem Richter zur Leitung und Entscheidung über eine Rechtssache berufen ist, muss nach ständiger Rechtsprechung des Bundesgerichtshofs neben anderen Tatbeständen wie z. B. der Verfolgung Unschuldiger stets auch der der Rechtsbeugung (§ 339 StGB) erfüllt sein, um eine Strafbarkeit zu begründen. Dies kommt hier jedoch nicht in Betracht, da die Rechtsbeugung nicht allein falsche Rechtsanwendungen, sondern einen schwerwiegenden Fehler erfordert, dass daraus eine Entfernung von Recht und Gesetz sowie Ersetzung dessen durch eigene Vorstellungen hervorgeht. Der von Ihnen beanstandete Strafbefehl kommt dem nicht einmal nahe.«[255]*
Die Verdeckung von Sozialrassismus und weiteren Rassismen galt bei der Staatsanwaltschaft Cottbus also nicht als Rechtsbeugung, sondern als angebrachtes Verhalten, sprich als legitime Meinung. Staatsanwalt M. versuchte also zu erklären, dass Rassismen keine Rassismen waren, wenn sie von einer Amtsanwältin benutzt wurden, um eine Anklage gegen mich als Kulturschaffenden zu ermöglichen, weil ich aussagte, Hartz IV mache Menschen krank. Dass er dabei das Wort Sozialrassismus oder Klassismus nicht in den Mund nahm, sondern nur über Formalismen sprach, die nicht dazu taugten die Kritik an Rassismen zu legitimieren, gar Rechtsbeugung festzustellen, illustrierte erneut mit welcher Dreistigkeit offensichtliches Fehlverhalten verdeckt werden konnte. Fakt ist, dass die Amtsanwältin vermeintliche Beleidigungen aus Schreiben pickte, die, wie gesagt, voller Bitten um die Ermöglichung einer Therapie waren, die meine Verzweiflung zeigten und

---

254 Schreiben der Staatsanwaltschaft Potsdam / 20.11.2023 / 496 Js 18831/23
255 Scheiben der Staatsanwaltschaft Cottbus / 20.11.2023 / 1360 JS 43133/23

mein psychischer Zusammenbruch für jeden mit Verstand darin eindeutig zu erkennen war. Sie ignorierte Betrug und Körperverletzung, um überwiegend aus politischen Gründen wegen Beleidigung gegen mich vorzugehen. Denn man wollte mich loswerden. Man wollte mich bestrafen, weil ich die Behörden kritisierte und Missstände aufdeckte. Man missbrauchte die Anklage als eine neue Form der Sanktion gegen Arme. Seitenweise Darlegungen von unfassbarem Leid schob sie einfach beiseite und übernahm die Beschwerde des Jobcenters im Wortlaut 1:1. Die Amtsanwältin hatte keine Entlastungszeug:innen befragt. Sie hatte also offensichtlich das Opfer zum Täter gemacht, entlang von rechten Ressentiments vom den Staat kritisierenden Hartz-IV-Bezieher. Die »Beleidigung« hätte ohne den sozialrassistischen Kontext im Denken der Staatsanwaltschaft Cottbus nie zu einer Anklage geführt, sprich die Auslegungsmöglichkeiten waren hier derart offen, dass man in alle erdenklichen Richtungen hätte entscheiden können. Staatsanwalt M. wollte mit seinem Bescheid den offensichtlichen Sozialrassismus einfach beiseiteschieben: »*Da Ihre umfangreichen Ausführungen und Anwürfe hier nichts zur Sache tun, ist dazu nichts weiterzusagen.*«

Auch so kann man Rassismen vertuschen. Man muss sich vergegenwärtigen, dass es längst belegter Fakt war, dass der Klassismus in den Jobcentern Menschen krank machte. Wie auch nicht? Vor diesem Hintergrund zu behaupten, dies tue nichts zur Sache, war und ist eine glatte Lüge, von der auch die Justizministerin Erdbeere wusste. Sie reagierte aber nicht darauf. Staatsanwalt M. blieb im Amt. Alle wussten davon, aber mir recht zu geben hätte bedeutet, einen gewaltigen Skandal zugeben zu müssen. Das Weltbild von Konservativen und Rechten wäre auf den Kopf gestellt worden. Also log man einfach weiter oder sah weg. Ich war selbst immer wieder überrascht, wie mächtig kognitive Dissonanz wirken konnte. Rationale, gar objektive Fakten hatten in dieser Situation keinerlei Relevanz mehr für die Behörden. Man nahm die Anklage gegen mich nicht zurück, weil es für die Behörden einen massiven Gesichtsverlust bedeutet hätte. Sprich, eine Rücknahme der Anklage hätte den Vorwurf des Sozialrassismus bei der Staatsanwaltschaft bestätigt. Das zeigte nun das ganze Ausmaß an krimineller Energie bei der Staatsanwaltschaft in Cottbus und bei der Generalstaatsanwaltschaft, die eine Verfolgung von mir als Künstler zuließen, weil ich Sozialrassismus in Jobcentern aufdeckte und benannte. Sie waren dabei erwischt worden, wie sie schlampig und in einem Automatismus gegen einen Hartz-IV-Empfänger vorgingen und statt einfach aufzuhören, verstrickten sie sich immer weiter in Lügen, um ihre Institution zu schützen.

14

Der Staatsanwalt M. verspottete mich nun weiter und ignorierte die massive einseitige Ermittlung durch die Amtsanwältin S. Ein Skandal war die Angelegenheit auch deshalb, weil meine frühere Beschwerde gegen den Staatsanwalt M., die auch an das Gericht ging, weil er meine PTBS marginalisierte, mir die Fähigkeit absprach, diese beurteilen zu können, in der Ermittlungsakte gegen mich zu finden war. M. wusste also, dass ich ihn persönlich der Rechtsbeugung beschuldigte, als er die Amtsanwältin S. freisprach, die auch hätte gegen ihn vorgehen können. Indem Staatsanwalt M. die Amtsanwältin S. von dem Vorwurf der Verfolgung von Unschuldigen freisprach und Ermittlungen gegen sie einstellte, entstand für sie ein Interessenkonflikt, da sie ja jetzt einen Vorteil davon hatte, nicht gegen den Staatsanwalt M. vorzugehen, der meine Erkrankung leugnete. Somit wurde die Marginalisierung meiner Erkrankung durch ihn, auch in den Ermittlungen der Amtsanwältin S., zu einem von ihr anerkannten Fakt. Natürlich lässt sich nicht beweisen, dass dies der Hauptgrund für die Amtsanwältin war, meine Erkrankung im ganzen Verfahren zu ignorieren, aber belegt ist zumindest der massive Interessenkonflikt, der es unmöglich machte, weiterhin objektive Entscheidungen im Verfahren, durch die Amtsanwältin zu erwarten. Die Oberstaatsanwältin L. als Leiterin der Staatsanwaltschaft Cottbus wusste von dem Interessenkonflikt und unternahm nichts dagegen. Sie ließ weiterhin eine Amtsanwältin gewähren, gegen mich als Kulturschaffenden und Menschenrechtsaktivisten vorzugehen, die faktisch belegt befangen sein musste. Das zeigte, wie sehr die Ressentiments mir gegenüber wirkten und dass ein politischer Wille bestand, mich zu verurteilen. Man wollte diesen Prozess um jeden Preis. Je offensichtlicher es wurde, dass man den eigenen Vorurteilen erlegen war, umso vehementer wurden diese von der Staatsanwaltschaft Cottbus verteidigt. Die Erklärungen wurden wieder einmal zunehmend kürzer und die Aussagen absoluter. Man muss sich das nochmals klarmachen. Ich hatte das Jobcenter und Beamte dafür kritisiert, dass sie mich krank machten und ich bezeichnete den Psychoterror durch das dauernde Zusenden der falschen Formulare, um den Terror zu vertuschen, als »kognitiv gestört«, als krank und sprach bei der Marginalisierung von rechter Gewalt durch eine Richterin von »rechtsradikalem Smalltalk«. Nirgends existierte eine Schmähkritik, noch irgendeine andere Beleidigung, denn der Sachbezug war überall in etlichen Schreiben ersichtlich und Generalstaatsanwalt Apfel kannte seit Jahren die Kontexte meiner Arbeit und meiner Beschwerden. Er wusste, dass ich sachbezogen als Künstler und Armutsforscher sprach. Er wusste, worum es mir ging, nämlich um politischen Aktivismus und um Kunst. Warum also hörte man mit dem Irrsinn nicht auf? Warum verfolgte man mich, wissend, dass man mich durch den Psychoterror hätte umbringen können? Was war derart schützenswert, dass man bereit war, die eigenen Karrieren zu riskieren, um mich kaputtzumachen? Warum behauptete man fest und steif etwas derart Irres, wie die Aussage Hartz IV mache nicht krank, oder dies könne nicht bewiesen werden, oder es sei keine Verleumdung, Kulturschaffende als Arbeitsverweigerer darzustellen? All das war längst faktisch durch unzählige Studien und Dokumentationen umfassend belegt. Natürlich war es rechtsradikal, die Arbeit von Künstler:innen als die Gesellschaft schädigend darzustellen, und davon die Bestrafung eines Künstlers abzuleiten. Warum also log man als Staatsanwaltschaft weiter?

15

Am 20. November 2023 schrieb ich erneut an das Gericht: »*Sie erhalten hier an die 100 Seiten an Korrespondenz zwischen Jobcenter, mir und dem Sozialgericht, im Kontext des Zeitpunktes der Strafanträge gegen mich. Darunter an die 30 Seiten Studienverweise zu Klassismus und wie das Hartz-IV-System Menschen krank macht, mit Verweisen im Umfang von tausenden Seiten weiterer Dokumente, die Frau S. und Frau B. vorlagen, Literaturlisten, sowie 44 Seiten Klageschrift, in der damals alle Details aufgeführt wurden. Frau S. und Frau B. war über Jahre bekannt, dass ich schwer erkrankte. In den Schriftstücken wird ersichtlich, dass das Jobcenter mich über Jahre durch Mobbing und Psychoterror, der sowohl direkt vollzogen wurde, als auch indirekt durch institutionellen Klassismus, schließlich schwer krank machte. Gemeinsam mit der Ausländerbehörde. Diese Gewalt wurde ebenfalls über Jahre von der Staatsanwaltschaft Cottbus ignoriert und mitgetragen. Das zeigen die Schreiben.*«

GESUNDHEIT IST EGAL

Am 27. November 2023 antwortete mir ein Staatsanwalt K., von der Generalstaatsanwaltschaft in Brandenburg, zu den Ermittlungen gegen die Leiterin der Gesundheitsbehörde und dem Ministerium für Gesundheit: »*Nach Prüfung des Sachverhalts sehe ich keinen Anlass, in Abänderung des angefochtenen Bescheids die Aufnahme von Ermittlungen oder die Erhebung der öffentlichen Klage anzuordnen. (...) Erkrankungen stellen sich nicht schon dann als Unglücksfall dar, wenn eine sofortige Behandlung notwendig wird, ohne dass weitere Schäden drohen, sondern erst, wenn eine plötzliche Verschlimmerung vorliegt. (RGSt 75, 68 (71); MüKo StGB § 323c RN. 58). Soweit der Bezug von Leistungen nach SGB II bei Ihnen gesundheitliche Schäden verursacht haben soll, ist das Handeln oder Unterlassen der Bean-*

zeigten hierfür weder kausal noch ist ihr dies objektiv zurechenbar.«[256] Die General-staatsanwaltschaft war, wie in diesem Buch umfassend dargelegt, jahrelang über fortschreitende Verschlimmerungen informiert. Die Worte des Staatsanwaltes K. waren von einer Perversion, die sprachlos machte. Es ist auch hier wichtig klar-zustellen, dass dieser Staatsanwalt zu keinem Zeitpunkt etwas unternahm, um zu überprüfen, ob Klassismus Menschen krank machte. Er implizierte stattdessen einfach, dies sei nicht wahr. Er benutzte ein Reframing, um von der eigentlichen Frage abzulenken, weshalb man Menschen in Behörden auf eine Weise sozialrassis-tisch stigmatisierte, dass diese in Folge laufend erkrankten, um die Frage darauf zu fokussieren, ob es sich um unterlassene Hilfeleistung handelte oder nicht, wenn man irgendwelchen abstrakten Kranken nicht half. Immer wurde grundsätzlich bezweifelt, dass der Klassismus in Hartz IV krank machte, obwohl man dafür kei-nerlei objektive Belege hatte, dass dies nicht der Fall wäre, sondern ausschließlich Vorurteile über Arme, die demnach jene Bestrafung verdienten und daher durfte dieselbe Bestrafung nicht auf eine Weise krank machen, die Körperverletzung oder andere Verbrechen darstellte.

Ich empfehle Ihnen als Leser:in hier gelegentlich eine Pause einzulegen, denn dieser Text ist sehr dicht. Das ist aus Gründen der authentischen Dokumentation wichtig, aber kann als sehr kräftezehrend erlebt werden.

17

Ich schrieb an die Justizministerin Erdbeere: »*Ich betone nochmals. Es ist wissen-schaftlich belegter Fakt, dass Klassismus wie Rassismus oder Antisemitismus krank machen. Es ist belegter Fakt, dass das Hartz IV (Bürgergeld) System ideologisch von Klassismus durchzogen ist. Also von Lügen entlang derer Arme als wertlos, nutz-los, faul und widerständig dargestellt werden. Dies hat Enteignungen und Entrech-tungen zur Folge, die gegen fundamentale Menschenrechte verstoßen. Recht kann nicht auf Spinnereien von Rechtsradikalen beruhen. Genau das aber finden wir im Hartz-IV-System überall. Klassismus ist wie Antisemitismus ein Verbrechen und wir haben mehrere Minister:innen und Beamte und Staatsanwälte und Richter:in-nen dabei erwischt, wie sie schriftlich dokumentiert versuchten zu vertuschen, dass in Deutschland hunderte Menschen über Klassismus krank gemacht werden.*«[257]

Man kommt als hier sicherlich an einen Punkt, an dem man all das nicht mehr hören möchte, weil es eine irre Überforderung darstellt. Mir geht es darum, dass Sie nachvollziehen können, wie die Geschehnisse abliefen und wie schwer es für

256 Schreiben der Generalstaatsanwaltschaft vom 27. November 2023 / 54 Zs 757/23
257 Schreiben an die Justizministerin in Brandenburg, vom 30.33.2023

Betroffene ist, sich dieser Gewalt zu entziehen. Denn hätte ich einfach aufgehört, Briefe zu schreiben, wie hätte es weitergehen sollen? Wie hätte ich ohne Gerechtigkeit aus Depression und Verzweiflung entkommen können, in einer Situation, in der nicht nur jede Hilfe abgelehnt wurde, sondern man mir auch keine Brücke baute, um mit meinen Ressourcen der Armut zu entkommen. In meiner neuronalen Divergenz konnte ich das Unrecht nicht einfach übergehen. Was aber wäre die Lösung gewesen? Im Grunde sollte der Staat anerkennen, dass, was Künstler:innen tun, Arbeit und wichtiger Beitrag ist und daraus resultierende Armut weder ihre Schuld ist noch einen legitimen Grund darstellt, das Ende ihrer Kunst zu verlangen. Man konnte nicht wie ich 30 Jahre eine Arbeit machen, die kaum honoriert wurde, ohne dass diese Arbeit zum Teil der eigenen Identität wurde. Ohne sie wusste ich nicht mehr, was ich in der Welt sollte.

18

Mit einem Brief vom 1. Dezember 2024 versuchte die Staatsanwaltschaft Cottbus sich erneut zu rechtfertigen: »*Sie rügen die ausbleibende Übernahme von Behandlungskosten (Zahnscan für Knirsch Schiene) und sehen darin Körperverletzung.*«[258] Die Körperverletzung bestand, wie zuvor besprochen, nicht im Kern darin, dass man mir die Knirsch-Schiene nicht bezahlte, sondern, dass man leugnete, dass ich diese als Folge des Psychoterrors durch das Jobcenter benötigte. Der Psychoterror mit Zahnschäden als Folge war eindeutige Körperverletzung. Die Staatsanwältin Ö. verdrehte einfach die Fakten so lange, bis sie Ermittlungen einstellen konnte. Der Bruxismus wäre ein Beleg der Körperverletzung an sich gewesen, aber dann hätte man ja alle anderen Fälle unter diesem Licht neu betrachten müssen. Dann wäre, was ich die ganze Zeit sagte, wahr gewesen. Natürlich informierte ich die Generalstaatsanwaltschaft auch über diese Rechtsbeugung. Keine Reaktion. Fehler wurden, wie schon besprochen, nie korrigiert. Man machte einfach mit einem neuen Staatsanwalt, einer neuen Staatsanwältin weiter, die dann wiederum verkürzt auf den Fall blickte und alles ignorierte, was komplex war, um Ermittlungen gegen rechte Beamte einstellen zu können.

RECHTE ÖKONOMEN

Am 1. Dezember 2023 beschwerte ich mich beim bekannten Ökonomen Prof. R., der in einem Artikel im Spiegel schrieb: »*Angefangen beim Bürgergeld, dass stärker an die Leistungsfähigkeit des Einzelnen geknüpft werden sollte, (...) Fast jeder Mensch kann und soll etwas tun. Und wenn das nicht reicht, dann geben wir ihm den Rest.*

258 Schreiben der Staatsanwaltschaft Cottbus vom 1.12.2023 / 1360 Js 27204/23

Das war schon immer der Gedanke unseres Sozialstaats. Was ich meine: Es kann zum Beispiel nicht sein, dass in Berlin in manchen Stadtteilen 40 Prozent Grundsicherungsquote herrscht – aber am Flughafen BER keine Koffer eingeladen werden können, nur weil Menschen fehlen.« Der Ökonom wollte auf härtere Gangart gegenüber Armen hinaus. Die Spirale des Rechtspopulismus drehte sich nun immer schneller, denn das Geld für die Ampel-Regierung von Kanzler Scholz wurde knapp. Ich schrieb ihm: »*Diese Aussage von Ihnen beruht auf typisch klassistischen, armenrassistischen Narrativen (...)*« Er antwortete: »*Sorry, aber in der wissenschaftlichen Literatur zur Armutsforschung habe ich Sie gerade nicht gefunden.*« Man erlebte hier die gängige Arroganz vieler Ökonom:innen, die Sozialrassismus bewusst vernebelten.

Jedes Mal, wenn ich wieder einen dieser Artikel las, oder davon hörte, wie Pflaume oder Weintraube oder Avocado oder neoliberale Ökonomen hetzten, bedeutete es für mich Tage in Depression, Wut, Verzweiflung und Angst. Es bestand für die Körper und Seelen der Betroffenen kein oder kaum ein Unterschied darin, ob man von diesen Leuten rechtsradikal, antisemitisch, rassistisch oder frauenfeindlich beleidigt wurde. Immer bedeutete es das Zufügen von Schmerz. Pflaume, Weintraube, Avocado, sie alle schlugen mit diesen unsäglichen Worten auf Menschen ein und wir bezahlten sie fürstlich in ihren Jobs, in ihrem Status und dachten, dass seien die Erfolgreichen, die das Land voranbringen. Was für eine perverse Wahnvorstellung.

DIE NÄCHST STUFE DER GEWALT

Kurz nach Weihnachten, man zerstörte absichtlich meine Feiertage mit der Familie, erhielt ich die Vorladung zur Hauptverhandlung, die am 29. Januar 2024 stattfinden sollte. Das neue Jahr begann für mich also erneut mit Terror. Ich war bereits über Wochen mit nichts anderem mehr beschäftigt gewesen als mit der Vorbereitung der Verteidigung. Lange hoffte ich, dachte ich, sie würden die Klage doch noch zurücknehmen, denn das alles machte rechtlich keinerlei Sinn.

Ich forderte als Nächstes das Jobcenter auf, mir umfassende Akteneinsicht zu gewähren. Es galt nun, weitere Beweise für die Lügen zu sammeln und zu dokumentieren. Ich forderte auch bei Innenminister Blaubeere und beim Landrat Akteneinsicht. Niemand antwortete. Auch die Kulturministerin Himbeere reagierte auf die Aufforderung, zum Skandal Stellung zu nehmen, erneut nicht. Himbeere schwieg also dazu, dass ich vor Gericht gezerrt wurde, obwohl sie seit Jahren wusste, dass rechte Beamte mich wegen meiner Kunst fertig machten.

21

Ich schrieb am 3. Januar einen weiteren Brief an die Gesundheitsministerin Melone: »*Am 27.9.2023 wurde mir von T. aus Ihrem Haus mitgeteilt, dass ich in Kürze über Ermittlungsergebnisse zur Vertuschung von Gesundheitsschäden durch Ihr Haus, im Rahmen von Mobbing im Hartz IV/Bürgergeld System informiert werde. Bis heute habe ich von Ihrer Seite nichts erfahren. Sie versuchen, die Sache offensichtlich zu vertuschen.*«

22

Am 8. Januar 2024 wurde der mich beleidigende Staatsanwalt M. erneut von einem Staatsanwalt P. von jeder Schuld, sprich Strafvereitelung freigesprochen.[259]

DER 130 KILO MANN. LÜGEN DER ZEUGIN

Einen Tag später erhielt ich die Kopien aus der Gerichtsakte, die ich beim Amtsgericht Bad Liebenwerda einsehen durfte. Im Protokoll der Vernehmung der Leiterin des Jobcenters Elbe-Elster Frau S. heißt es über mich: »*Der Beschuldigte wird durch das JC betreut und ist dort bekannt. Bereits mehrfach kam es zu Auseinandersetzungen mit dem Beschuldigten, bislang ‚nur‘ verbal.*«[260] Als ich das zum ersten Mal vor Ort im Gericht las, drehte ich mich um und fragte den ca. 130 Kilogramm schweren Justizbeamten, weshalb er hinter mir stehen würde. Er antwortete, es läge an dem, was in der Akte über mich stünde.

24

Somit wurde klar, weshalb die Staatsanwaltschaft derart vehement auf eine Anklage beharrte. Neben der Akte voller Lügen beim Jobcenter hatte auch die Leiterin Frau S. massiv dazu beigetragen, mich als gewaltbereiten Schläger darzustellen. Sie überzog maßlos, wissend, dass dadurch die rechten Ressentiments gegen Arme noch stärker verfangen würden: »*Der Beschuldigte ist im Jobcenter immer wieder durch äußerst aggressives und unkooperatives Verhalten aufgefallen. Das Personal des JC fühlt sich durch den Beschuldigten bedroht und ist verängstigt, da nicht vorauszusagen ist, ob es der Beschuldigte bei verbalen Angriffen belässt.*«

Frau S. griff also sehr großzügig in die Schublade des Populismus und log einfach extreme Anschuldigungen herbei, von denen sie wusste, diese würden mir bei

259 Schreiben der Staatsanwaltschaft Cottbus vom 8.1.2024 / 1360 Js 50061/23
260 Protokoll von der Polizei vom 31.5.2022

Polizei und Staatsanwaltschaft schaden. Ich weise darauf hin, dass fast alle Dokumente, die zu dieser Einschätzung des Jobcenters führten, in diesem Buch zitiert oder besprochen wurden. Dies als Gewalt durch mich zu deuten, war eine Gewalt für sich. Was sie »aggressives Verhalten« nannte, nämlich schlicht harte Kritik an Menschenrechtsverstößen und an unfassbaren Zuständen in den Behörden, war zu jedem Zeitpunkt richtig und wichtig. Indem sie die Kritik durch einen Kulturschaffenden als »aggressives Verhalten« bezeichnete, wollte sie ganz bewusst ein Bild zeichnen, in dem ich als gewaltbereit erscheinen würde. Denn die Leiterin des Jobcenters wusste oder ahnte wohl, dass die Anzeige ansonsten nicht greifen würde: »*Im vorliegenden Sachverhalt hatte der Beschuldigte ein Anschreiben an das JC, namentlich an die Anzeigende gesendet. In diesem Anschreiben stellt er unwahre Behauptungen auf, so zum Beispiel, dass das JC und dessen Umgang ihm gegenüber an einer Verschlechterung seines Gesundheitszustandes schuld wäre.*« Das dies tatsächlich bis zum Gerichtsverfahren als »reale Verleumdung«, oder »üble Nachrede« von der Staatsanwaltschaft Cottbus behandelt wurde, ohne, dass diese den objektiv überall feststellbaren und allgemein bekannten Psychoterror in den Jobcentern beachtete, zeigt, dass die rechten Ressentiments massiv Fakten auslöschten. Selbst der Generalstaatsanwalt Apfel, dem diese Zitate mehrfach vorgelegt wurden, sah hier keinen Grund, die Klage zurückzuziehen. Im Protokoll stand weiter: »*Ihm wurde dabei mit dem Entzug der Hartz-IV-Leistungen gedroht, was der Beschuldigte als Morddrohung gegenüber seiner Person auffasste. In dem Anschreiben teilt der Beschuldigte dann auch mit, dass er dieses auch an Staatsanwaltschaft und Landrat EE geleitet habe, somit erhalten diese Behörden auch Kenntnis von der Arbeit des JC EE. Dieses stellt sodann die Angezeigte als üble Nachrede dar, da die Behauptungen des Beschuldigten nicht der Wahrheit entsprechen, diese dann aber in dem Fall Behörden weitergetragen wurden, was das Ansehen des JC EE schmälert.*« Es war somit für die Amtsanwältin S. offenbar relevanter, dass ich das Ansehen einer zweifelhaft agierenden Behörde schmälerte, indem ich diese als Armutsforscher, Therapeut (nach HPG) und Künstler entlang von Fakten kritisierte, während sie zu 100 %, ohne jedes fachliche Wissen, ohne die Fakten zu prüfen, davon ausging, zu sagen das Jobcenter habe mich krank gemacht, sei in jedem Fall eine Lüge. Die Amtsanwältin hatte weder mit meiner früheren Therapeutin noch mit Ärzt:innen gesprochen. Sie wurde darin von der Leiterin der Staatsanwaltschaft Cottbus und dem Generalstaatsanwalt Apfel gedeckt, während auch die Justizministerin Erdbeere weiter tatenlos zusah und diese Verfolgung wohl aus politischen Gründen zuließ. Anders lässt sich die Sache angesichts von etlichen Briefen, in denen die Sachverhalte aufgeklärt wurden, nicht bewerten. Im Protokoll der Polizei klang es fast, als hätte ich Morddrohungen ausgesprochen. Man muss sich vorstellen, dass die Staatsanwaltschaft seit Jahren wusste, dass ich laufend Beweise dafür vorlegte, dass der Klassismus und Sozialrassismus in Hartz IV krank machte, man dennoch, Generalstaatsanwalt Apfel war wie zuvor besprochen über all das informiert, eine Anklage wegen übler Nachrede verfolgte, flankiert von rechtsradikalen Ressentiments, ich sei ein Schläger, also ein »Asozialer«, weil ich mich als Verarmter beschwerte. Die Leiterin des Jobcenters Elbe-Elster tat alles, um sozialrassistische Narrative gegen Arme zu bedienen.

In einem weiteren Protokoll bezüglich einer der anderen drei Anzeigen bei der Polizei hieß es zur Aussage von Frau S, der Leiterin des Jobcenters: »*Im vorliegenden Fall wurde vom JCEE ein Antrag des Beschuldigten abgelehnt bzw. Unterlagen nachgefordert. In einem Antwortschreiben in diesem Bezug beleidigt dann der Beschuldigte die Anzeigende, in dem er dieser vorwirft, an kognitiver Gestörtheit zu leiden.*«

Auch hier wieder eine extreme Verzerrung des Sachverhalts, der Apfel mitgeteilt wurde. Der tatsächliche Satz lautete: »*Das Schreiben Ihrer Behörde grenzt mal wieder an kognitive Gestörtheit, die sprachlos macht.*«

Neurotypische mögen dies als Beleidigung simplifizieren, weil sie alles auf den Status in der Gruppe beziehen, somit auf Ehre, was Neurodivergente so nicht tun. Für Autist:innen ist dies eine präzise und sachlich gemeinte Aussage. Es ging also dabei nicht um Frau S. persönlich, sondern um das kranke Verhalten des Jobcenters, mir pausenlos diese zwei unsinnigen und menschenverachtenden Formulare zuzusenden, um eine Therapie zu verhindern, durch die ja schwere Traumata, verursacht durch das Jobcenter, hätten belegt werden können. Das benannte Schreiben war außerdem ein von einer Software generierter Text voller Textbausteine. Sowohl die Amtsanwältin S. als auch der Generalstaatsanwalt wurden mehrfach darüber in Kenntnis gesetzt, dass es sich bei diesem Satz von mir offensichtlich um eine Machtkritik im Sachbezug handelte. Weit und breit keine Beleidigung. Für Autisten ist diese direkte und klare Ausdruckweise nicht ungewöhnlich. »*Weiterhin stellt der Beschuldigte in dem Schreiben ein Ultimatum, insofern alle seine Forderungen innerhalb einer Woche zu erfüllen wären, sämtliche Kosten zu bezahlen sind.*« Natürlich war dies weder eine Bombendrohung noch eine Erpressung, sondern ich benutzt schlicht statt des Begriffes »Fristsetzung« das Wort »Ultimatum«. Ich benutzte also das in der Kunst gängigere Wort, während Juristen lieber von Fristsetzung sprechen. »*Der Beschuldigte ist im JCEE nicht unbekannt. Er zeigt sich bei allen bislang erforderlichen Bearbeitungen als unkooperativ. Durch ihn ergingen bereits mehrfach solche Anschreiben an das JCEE, wohl mit dem Versuch auf dieses, bzw. dessen Mitarbeiter einschüchternd einzuwirken. Seitens des JC ist man bemüht, alle diese Fälle zur Anzeige zu bringen, da nicht abzusehen ist, ob sich der*

Beschuldigte zu einer Steigerung seines Verhaltens hinreißen lässt. Ein Übergriff auf
Mitarbeiter des JCEE ist dem Beschuldigten zuzutrauen.«

25

Frau S. ist mir nie persönlich begegnet. Ich sah sie erst im Rahmen der Gerichtsverhandlung. Dennoch äußerte sie Spekulationen, von denen sie wusste, diese würden durch das ganze Verfahren zu extremem Leid bei mir führen. Sie argumentierte, ich würde versuchen, sie und ihre Mitarbeiter:innen einzuschüchtern. Natürlich, das ist ja der ganze Sinn von Presse- und Medienfreiheit, dass staatliche Stellen Angst davor haben sollen, dass ihre Vergehen veröffentlicht werden. Natürlich machen Aktivist:innen Druck und Künstler:innen provozieren. Das alles ist Teil eines demokratischen Diskurses und eine Notwendigkeit gegen Machtmissbrauch, wie man hier doch sieht. Die Staatsanwaltschaft Cottbus ließ also zu, dass normales demokratisches Verhalten, wie die harte Kritik an staatlichem Fehlverhalten zu einem Vorwand wurde, um Kritiker:innen in Prävention zu kriminalisieren, als wäre die logische nächste Stufe von investigativem Journalismus immer Terrorismus, oder als wäre die Folge von kritischer Kunst stets ein Amoklauf. Was Apfel hier zuließ, war schlicht demokratiefeindlich und zeugte von einem fachlich unterirdischen Verständnis von Rechtsstaatlichkeit. Offenbar war diese Praxis in vielen Jobcentern üblich, was man nur als Verbrechen für sich bezeichnen kann. Denn jeden, der das Jobcenter zu Recht kritisierte, kriminalisierend unter dem zynischen Vorwurf der Gefahrenabwehr vor Gericht zu zerren, war und ist menschenverachtend und geisteskrank. Bezeichnend ist hier auch, dass der Ausdruck *»Bearbeitungen«*, also das Bearbeiten von Menschen, ein klassischer Stasi-Begriff war. Jemanden zu bearbeiten bedeutete in der Regel mehr oder weniger psychische Gewalt oder Folter anzuwenden. Auch Sätze der Polizei wie: *»Der Beschuldigte ist viermal polizeilich bekannt«* trugen nicht gerade dazu, bei, Angelegenheit sachlich zu begegnen. Die Polizei wusste ja, dass es dabei immer um dieselben Vorwürfe des Jobcenters ging.

Weiter sagte die Leiterin des Jobcenters Frau S. in einem anderen Polizeiprotokoll über mich: *»Mir zum Beispiel wirft er in meinem Handeln ihm gegenüber Mobbing vor, wo er einen gesundheitlichen Schaden erlitten haben will. Die Frau B. vertritt das Jobcenter vor Gericht. Auch ihr wirft er durch Weglassen wesentlicher Sachverhalte vor Gericht vor, dass er auch dadurch einen gesundheitlichen Nachteil erlitten hat. Dazu reiche ich auch weitere Schreiben des Herrn Speed dazu ein. Ich bitte diese Anzeige zu den anderen gestellten Anzeigen mit hinzuzunehmen.«*

Selbst, wenn alles, was ich aussagte, dass man mich beispielsweise krank machte, damals falsch gewesen wäre, auch Frau S. lagen die Studien vor, so war es nun offensichtlich richtig, denn ihr rechter Terror gegen mich bestätigte ja meine Vorwürfe von Rechtsradikalismus und Mobbing in der Behörde. Das Jobcenter zeigte nun offensichtlich, wie es stigmatisierte, diskriminierte, log und betrog. Arbeitsminister Kiwi war Monate davor aufgefordert worden, die Leiterin S. genau deswegen zu entfernen, hat aber auch darauf nie reagiert. Menschenleben waren dem Arbeitsministerium offensichtlich egal. Es war auch von seiner Seite politisch erwünscht, dass derart mit Armen umgegangen wurde. Das traf auch auf Ministerin Birne zu, die nun die Bundesagentur für Arbeit leitete.

DER WUTBÜRGER HAT KEINE KUNSTFREIHEIT

Die Staatsanwaltschaft Cottbus sah sich, das zeigte auch die Akte im Gericht, viele der Einstellungen von Strafanträgen an, die ich eingereicht hatte, ohne aber den Gesamtkontext zu beachten. Sie hätten sich hier auch mit dem Problem der Vertuschung von Klassismus in all diesen Einstellungen befassen können. Man benutzte stattdessen die vielen Einstellungen als Beweis dafür, dass ich lügen würde. Man konstruierte somit aus den Lügen der Staatsanwaltschaft eine Wahrheit für sich, indem man die wiederholte Abweisung meiner Anzeigen als Beweis der Richtigkeit der Behörden wertete. Weil Staatsanwalt M. mir die PTBS nicht glaubte, sich weigerte diese zu überprüfen und weil Amtsanwältin S. von ihm wegen der Verfolgung Unschuldiger freigesprochen wurde, lies sie sich, so zumindest der Verdacht, auch von meinem Einspruch mit all den Details und Fakten nicht beirren und schrieb am 8. November 2023: *»Bezugnehmend auf den Einspruch des Beschuldigten vom 26.10.2023 wird mitgeteilt, dass die Begründung zu keiner Änderung meiner Rechtsauffassung führt. Der Beschuldigte fühlt sich durch das Jobcenter im Allgemeinen und den ausgefochtenen Sozialgerichtsstreit unzweifelhaft benachteiligt. Die Verwaltungsvorschriften bestehen und müssen auch von den entsprechenden Sachbearbeiter:innen eingehalten werden. Daran kann der Beschuldigte durch seine zahlreichen Schreiben nichts ändern. Der von dem Beschuldigten empfundene ‚Psychoterror‘ stellt keinen Rechtfertigungsgrund dar.«*[261]

27

Die Amtsanwältin S. stellte mich als jemanden hin, der, wie zuvor schon Staatsanwalt M. schrieb, alle Welt für das verantwortlich machte, was mit ihm geschah. Dies stimmte insofern, als es ja permanent darum ging, alles in Beziehung zu setzen, um die Simulation zu durchbrechen und die flächendeckenden Missstände

261 Schreiben der Staatsanwaltschaft Cottbus in der Akte des Gerichts vom 8.11.2023

sichtbar zu machen. Dies benutzte die Amtsanwältin aber wie Staatsanwalt M., um mich letztlich als verrückten Wutbürger hinzustellen. Sie konnte dadurch auch einfach über meine Erkrankung Lügen in den Raum stellen, um üble Nachrede meinerseits zu begründen. Bezeichnend war auch, dass die politische Seite der Arbeit, die ich als Künstler und Menschenrechtsverteidiger seit Jahrzehnten tätigte, immer geleugnet wurde. Das erlaubte es, alles ins Subjektive zu verschieben. Was ich tat, stand somit nicht mehr im Kontext einer Gesamtgesellschaft oder im Zusammenhang der legitimen Arbeit von Künstler:innen und Wissenschaftler:innen, zur Aufdeckung von Missständen, die uns alle angingen, sondern es sollte nur noch um mein subjektives Problem mit den Behörden gehen. Anders hätte sie eine Beleidigung nicht begründen können. Die Kunstfreiheit hätte Vorrang gehabt. Die Amtsanwältin S. leugnete die gesamte politische und künstlerische Dimension. Nur dadurch war die Anklage möglich. Diese Abspaltung war und ist typisch, gerade für Staatsanwaltschaften im Umgang mit Aktivist:innen aus dem linken Spektrum. Das ist demokratisch hochgefährlich. Auf diese Weise grenzte man auch die eigene behördliche Verantwortung und Zuständigkeit laufend ein. Man tat so, als existiere die Probleme und Missstände nicht, welche die Aktivist:innen sichtbar machen wollten und wofür sie alles riskierten. Auf diese Weise erschien das Verhalten von Aktivist:innen als unangemessen, somit war es einfacher, was Aktivist:innen taten, als Gewalt zu verzerren. Diese Methode des Entzugs der politischen, journalistischen, wissenschaftlichen oder künstlerischen Legitimität im Handeln von Aktivist:innen, Künstler:innen, Journalist:innen, diente als Reframing der bewussten Verfolgung von Unschuldigen, wie man es bei Julien Assange genauso beobachten konnte, wie bei den Aktivist:innen der letzten Generation und schließlich auch bei mir. Die Legitimität der Kritik wurde dadurch beseitigt. Dass die Amtsanwältin S. von »Psychoterror« unter Anführungszeichen sprach, dieses damit marginalisierte und verharmloste, belegte, dass die rechten Ressentiments so weit reichten, dass mein Leid hier nicht mehr gesehen werden konnte. Jobcentermitarbeiter, die lediglich in Briefen kritisiert wurden, erschienen für diese Staatsanwälte als Opfer von »linksterroristischer Gewalt«, während Menschen wie ich, die im Machtgefälle ganz unten standen, die ausgeliefert waren, echter Gewalt unterlagen, kriminalisiert werden konnten, und zwar problemlos. Natürlich hatte und hat Deutschland ein massives Problem mit Rechtsradikalen in den eigenen Behörden. Das zeigte mein Fall eindeutig.

Indem sie sogar »Psychoterror« nicht als angemessenen Grund ansah, um als Opfer den Täter zu »beleidigen«, zeigte, wie wenig das Leben eines Armen für sie wert war. In ihrem Kopf gab es eine eindeutige Vorstellung von Höherwertigkeit der Ehre von Beamt:innen gegenüber der Gesundheit von Armen. Die symbolische Gewalt bestand darin, dass man als Arme dankbar zu sein hatte, aber eben die »Hilfe« nicht kritisieren durfte. Das wäre unverschämt und dadurch blendete sie die Gewalt durch das Jobcenter vollkommen aus. Wir nennen dies im allgemeinen Sozialrassismus.

VERSTECKTE AKTEN

Im Anschluss schrieb ich am 12. Januar 2023 der Leiterin der Staatsanwaltschaft Cottbus, Frau Banane.: »*Sie sind angesichts der hiermit eingereichten Beweise aufgefordert, die SLAPP-Klage gegen mich sofort einzustellen.*« Selbst als die Lügen der Jobcenterleiterin Frau S. bekannt wurden, wurde die Klage von der Amtsanwältin nicht eingestellt. Denn diese stellten ihre Ressentiments nicht infrage, sondern bestätigten das Bild eines niederträchtig, Beamte beschuldigenden Armen. Am selben Tag reichte ich einen Antrag auf Einstellung des Verfahrens wegen Unschuld nach § 170 oder § 153 StGB ein. Dieser Antrag wurde dann, was unfassbar ist, wieder an die Amtsanwältin S. übergeben, die nun in einen weiteren Interessenkonflikt geriet, denn hätte sie die Einstellung zugelassen, hätte sie sich selbst beschuldigt, mich doch unschuldig verfolgt zu haben. Denn es wurde ja noch immer in dieser Sache gegen sie ermittelt. Man hätte die Amtsanwältin also längst austauschen müssen. Ein schweres Fehlverhalten der leitenden Oberstaatsanwältin Banane.

29

Ich schrieb der Justizministerin Erdbeere am 11. Januar 2024: »*Mein Arzt sagte vor zwei Tagen zu mir:* »*Wenn das so weitergeht, bringt sie das um.*«» Die Ministerin reagierte weiterhin nicht. Sie wusste durch dieses Schreiben auch davon, dass die Zeugin Frau S. massiv gelogen hatte und die Amtsanwältin ausschließlich Frau S. und Frau B. befragen ließ, wobei Frau B. fast nichts aussagte, außer dass ihre Chefin Frau S. ihr gesagt habe, man hätte mich angezeigt. Frau S. war mir, wie zuvor besprochen, bis zur Gerichtsverhandlung nie begegnet. Die Amtsanwältin befragte selbst jetzt, da die Lügen von Frau S. erläutert worden waren, meine tatsächliche Jobvermittlerin, die mich über Jahre kannte, nicht. Also die Person, die hätte den ganzen Betrug aufdecken können, die mich laufend in unzähligen Treffen zu meiner selbstständigen Tätigkeit als Künstler beriet, die ja von der Staatsanwaltschaft als Arbeitsverweigerung betrachtet wurde. Ich forderte auch die Ministerin auf, die Amtsanwältin S. abzuziehen. Auch das passierte nicht.

30

Noch immer wartete ich auf die Akteneinsicht bezüglich der Jobcenter-Akte. Zwischendurch erhielt ich ein Schreiben mit der Frage, ob ich »alle« Akten sehen wolle. Also antwortete ich Frau S.: »*Sie wurden am 29.12.23 angesichts des am 29.01.24 geplanten Strafverfahrens aufgefordert, Zitat: ‚Sie sind hiermit unter Zeugenschaft der Richterin B., sowie der Staatsanwaltschaft aufgefordert, mir binnen einer Woche kostenlose Akteneinsicht in die gesamte Akte über mich zu ermöglichen, die in Ihrem System vorliegt.' Als Reaktion darauf erhalte ich nach Ablauf der gesetzten Frist vom 15.1. am 17.1. ein Schreiben aus Ihrem Haus, in dem es lautet: »Bezieht sich Ihre Anfrage auf einen bestimmten Zeitraum? Wenn dem so ist, dann benennen Sie mir bitte diesen.« Obwohl klar und deutlich Einsicht in die »gesamte Akte über mich« angefragt wurde, also alle Jahre des Bezugs, verdrehen Sie nun den Sachverhalt absichtlich in der üblichen Verkomplizierung durch Bürokratiemissbrauch, um Zeit zu schinden, damit ich nicht vor der Hauptverhandlung Einsicht in die gesamte Akte nehmen kann. Sie versuchen hier offenbar durch Täuschung, durch bürokratische Tricks die Aufdeckung von Lügen und Betrug im Jobcenter zu verhindern oder zu erschweren. Ich habe daher die Richterin B., sowie den Oberstaatsanwalt G. von der Generalstaatsanwaltschaft und die Leiterin der Staatsanwaltschaft Cottbus, Frau Oberstaatsanwältin L. über Ihre Tricksereien informiert. Wenn Sie nicht wollen, dass ich mit der Datenschutzbeauftragten Hartge, der hier in Brandenburg zuständigen Verwaltungsjuristin, bei Ihnen unter Zeugenschaft der Presse, auf rechtlichem Wege Akteneinsicht erzwinge, was Sie noch schuldiger aussehen lässt, dann empfehle ich Ihnen, mir zudem vor Verhandlungsbeginn vollständige Akteneinsicht zu ermöglichen.*«

Dies hatte zur Folge, dass ich dann zwei Tage vor Beginn der Hauptverhandlung einen großen Karton von der Post erhielt, indem sich sechs dicke Aktenordner befanden. Man hatte mir die gesamte Akte geschickt, also Kontoauszüge, im Grunde alles, was ich denen jemals geschickt habe, aber eben gerade nicht die internen Notizen in VerBIS[262], um die es immerzu ging. Also nicht die eigentliche Akte voller Lügen über mich. Dies war ein erneuter Schachzug, um zu versuchen, der Staatsanwaltschaft gegenüber, die Verhältnisse so aussehen zu lassen, als mache man alles richtig.

Ich legte auch diesen Betrugsversuch allen beteiligten, Behörden und Ministerien nochmals dar. Die Amtsanwältin lehnte vor diesem Hintergrund auch meinen neuen Antrag auf Einstellung ab und somit kam es am 29. Januar 2024 zum ersten Termin der Hauptverhandlung in Bad Liebenwerda.

DER RECHTE M. OFFENBART SICH

Kurz davor erhielt ich einen entscheidenden Brief vom hier bereits mehrfach erwähnten Staatsanwalt M. von der Staatsanwaltschaft Cottbus: »*Zu Recht hat die Staatsanwältin zwischen der Zahnbehandlung einerseits und deren Finanzierung*

---

262 Software im Jobcenter, zur Verwaltung der Erwerbslosen.

auf Kosten der Allgemeinheit oder der Solidargemeinschaft der Krankenversicherten andererseits unterschieden. Als Bezieher von Bürgergeld sind Sie im Zweifel bei der AOK krankenversichert, wobei die Krankenkasse nahezu alle notwendigen ärztlichen Behandlungen übernimmt.« Tatsächlich war ich bei der Barmer versichert und auch hier sah man, wie wenig den Staatsanwalt die Fakten interessierte: *»Hierauf hat die Arbeitsverwaltung keinen Einfluss, denn die Entscheidung der Krankenkasse ergeht in deren eigener Verantwortung. Hier hat sie scheinbar die Übernahme der Kosten abgelehnt, was stark auf eine nicht unbedingt notwendige Behandlung hindeutet.«*

Staatsanwalt M. fabulierte einfach Kausalitäten, die er nicht überprüft hatte. Hätte die Behandlung nicht stattgefunden, wäre es zum vollständigen Zahnverlust gekommen. Das unter Schmerzen über Wochen und Monate oder Jahre. Der Staatsanwalt verdrehte durch Reframing die Tatsache, dass nach wie vor nicht die Verweigerung der Zahlung allein das kriminelle Verhalten war, sondern das mit der Verweigerung der Zahlung verbundene Vertuschen der Gewalt durch das Jobcenter, welches erst den Bruxismus hatte mit entstehen lassen. *»Es besteht keine Pflicht der Arbeitsverwaltung, solche Mehrkosten für Sie zu übernehmen«*. Auch das war falsch, wenn man die Erkrankung selbst mit verursacht hatte. Auch gab es Härtefallregelungen, die hier hätten angewendet werden müssen, und letztlich bestand eine Garantenpflicht, die aber grundsätzlich vom Staat geleugnet wurde. *»Sie sind nicht gehindert, sich dennoch behandeln zu lassen, müssen denn allerdings die Kosten dafür selbst aufbringen. Dies können Sie durch Sparsamkeit und Verzicht bewerkstelligen.«* Wie gesagt, ich arbeitete 30 Jahre zum Hungerlohn für die Gesellschaft, wie viele andere Kulturschaffende auch. Das ganze Ausmaß rechtsradikaler Ideologie aber zeigte sich nun im Folgenden: *»Eine Möglichkeit – an die ich Sie natürlich wegen Ihrer zu erwartenden wütenden Beschwerde ungern erinnere – wäre Arbeit. Sie haben so oft auf Ihr Talent als Buchautor, Künstler und Filmproduzent hingewiesen, dass Ihnen ein solcher Schritt (bei gehöriger Selbstüberwindung) möglich sein sollte.«*

Der Staatsanwalt M. sprach es nun direkt aus. Auch die Staatsanwaltschaft hielt mich für einen Arbeitsverweigerer, weil ich die Kunst nicht aufgab und nicht mit Speeds Arbeit aufhörte. Man hielt mich für einen Arbeitsverweigerer, weil meine Beiträge von 30 Jahren kaum honoriert wurden, obwohl alles in einer 40-Stunden-Woche stattfand und man als Gesellschaft mit meiner Arbeit Gewinne erzielte. Auch die Staatsanwaltschaft, das zeigte sich nun zunehmend deutlicher, setzte Armut mit Faulheit gleich und ignorierte den gesamten komplexen Sachverhalt um Armut und Arbeit. Man bediente die üblichen Lügen des Kapitalismus, sowie die dazugehörigen rechtsradikalen Narrative. Die Folge davon war es, dass man mich wegen einer Arbeit verurteilte, die offensichtlich aufzeigte, dass die Jobs nicht taugten, um die komplexen Problemfragen unserer Zeit bearbeitbar zu machen, denn diese Leute arbeiteten nicht mit. Es war ihnen vollkommen egal, dass tausende Menschen schwer erkrankten. Die Wahrheit war ihnen egal. Wichtig war für sie nur, dass sie am Ende des Monats Geld bekamen, was alles legitimierte, was sie taten. Wie also kann man zu der irren Behauptung gelangen, die Jobs seien ein hundertprozentiger Beweis für einen nützlichen Beitrag zur Gesellschaft und wer keinen Job habe, sei entsprechend zwangsweise nutzlos? Und sehen Sie, um solche Zusammenhänge sichtbar zu machen, ist die Arbeit da, die Kulturschaffende leisten.

32

Der Staatsanwalt M. beleidigte mich sozialrassistisch und zeigte dadurch die Grundhaltung, die bei den Staatsanwaltschaften gegenüber Armen vorlag und die zu jener Rechtsbeugung geführt hatte. Der Staatsanwalt M. wurde für seine rechten Thesen nicht belangt. Nach zehn Jahren Forschung hatte ich nun endlich einen direkten Beleg rechter Gewalt und rechter Ideologie bei der Staatsanwaltschaft. Weil M. dies sagte, wurde wesentlich klarer wie die Rechtsbeugung stattfand, nämlich einerseits durch Reframing, durch Vertuschung, sowie durch Zerstückelung von Beweisen, um sie aus dem jeweiligen Kontext zu reißen, andererseits durch die Marginalisierung der Zeugenschaft der Opfer entlang von epistemischem Unrecht. Bei den Staatsanwaltschaften, das war nun belegt, herrschten massive Rassismen, welche die Realität ersetzten, mit erheblichen Folgen für die Justiz an sich und für die Betroffenen. Am 24. Januar 2024 informierte ich die Justizministerin Erdbeere bezüglich der Beleidigungen mir gegenüber durch den Staatsanwalt M.: »*Dies schreibt M., ein Staatsanwalt dieses Landes über mich als Künstler, der ich 40 Stunden die Woche, prekär, wie fast alle Künstler:innen im Land, für den Erhalt der Kultur ackere. Dies schreibt er, obwohl ich gerade einen Spielfilm abgedreht habe, im Marktwert von ca. zwei Millionen Euro, unter Teilnahme der damaligen Oppositionsführerin im Bundestag und späteren Sozialsenatorin Berlins, Katja Kipping, sowie der Unterstützung der nationalen Armutskonferenz. Das schreibt M., obwohl er wusste, dass ich seit drei Jahren staatlich mit Stipendien und Kulturförderungen finanzierte Projekte für das Land abarbeite, zu einem Hungerlohn. Nämlich dem Hartz-IV-Satz. Wie viele andere Kulturschaffende im Land auch, ohne die dieses Land keine freie Kulturszene mehr hätte.*«
Am selben Tag schrieb mir der Staatsanwalt M. erneut: »*Das Verfahren ist eingestellt worden, weil keine Straftat zu erkennen war. Ihr Begehren nach einer Entschuldigung der Staatsanwaltschaft Cottbus für welches Ihnen zugefügte Unrecht*

auch immer bedingt ein Verhältnis wie zwischen sich gleichberechtigt begegnenden Privatpersonen. Dies liegt hier aber nicht vor, da die Staatsanwaltschaft Cottbus kraft gesetzlicher Pflicht gehalten ist, sich sowohl mit Ihren Eingaben zu befassen als auch gegebenenfalls Ihre Straftaten zu untersuchen. Geschieht dies nicht zu Ihrer Zufriedenheit, eröffnet Ihnen das Gesetz (hier: die Strafprozessordnung) weitere Möglichkeiten. Der Anspruch auf eine Entschuldigung ist ihr jedoch fremd. Zudem liegt kein Entschuldigungsgrund vor.«[263]

Der Staatsanwalt ließ nichts aus, um mich weiter zu erniedrigen. Er schrieb: *»Ebenso wenig kann sich ‚das Jobcenter' strafbar machen, denn dieses ist lediglich eine Institution und nach allgemeinem Sprachgebrauch auch ein Gebäude. Strafbar machen können sich nur natürliche Personen, wofür aber Ihre Anzeige keine Anhaltspunkte liefert. Vielmehr handelt es sich um gebetsmühlenartige Wiederholungen von Vorwürfen, die offensichtlich unsinnig sind und bereits mehrfach beschieden wurden.«*

DER ERSTE VERHANDLUNGSTAG

Es war ein unterkühlter Tag am 29. Januar 2024, als ich mit meiner Freundin beim Amtsgericht in Bad Liebenwerda ankam. Ich war sichtlich nervös. Wir mussten noch eine halbe Stunde warten, weil vor uns eine andere Verhandlung stattfand. Die Richterin hatte mir zuvor mitgeteilt, dass sie einen Gerichtspsychiater bestellt hatte.

Mein erster Gedanke dazu war, man wolle mich offenbar für verrückt erklären, um mir nie wieder zuhören zu müssen. Damit alles, was ich in 30 Jahren erarbeitet hatte, die Arbeit eines Irren wäre. Gleichzeitig sah ich darin eine Chance, nun endlich durch einen Psychiater bestätigen zu lassen, dass der Psychoterror real wäre.

Als ich aufgerufen wurde, ich hatte keinen Anwalt, betrat ich den Gerichtssaal, hatte einen riesengroßen Rollkoffer voller Akten und Bücher mit Verweisen eingepackt und packte diese erst mal aus. Die Richterin, die sich schon davor bei mir beschwerte, ich würde so viele Briefe schreiben, blickte latent entsetzt, angesichts von hunderten Seiten von vorbereiteten Beweisanträgen, die ich vor ihr ausbreitete. Drei Tische waren voll mit Papier. Sie forderte mich entsprechend schnippisch auf, mich zu setzen, ich suchte aber noch nach einem Präzedenzfall des Bundesverfassungsgerichts, nachdem die Aussage »rechtsradikal« keine Schmähkritik sei. Ich fand die Dokumente nach wenigen Minuten und übergab sie ihr. Es folgte die übliche Eröffnung und Verlesung der Anklage in den drei bereits erwähnten Punkten zu Beleidigung und übler Nachrede. Als ich fragte, ob die anwesende Staats-

---

263 Schreiben der Staatsanwaltschaft Cottbus vom 24.1.2024 zu 1360 Ujs 30680/23

anwältin unabhängig von Amtsanwältin S. entscheiden könne, wurde mir verdeutlicht, dass man sich würde, nicht weiter von mir kritisieren lassen. Der Raum war erfüllt von Antipathie mir gegenüber.

Ich kündigte an, nun eine halbe Stunde eine Erklärung vorzulesen. Das wurde mürrisch zur Kenntnis genommen. Ich verlas also laut: »*Es ist dringend erforderlich, dass die Beteiligten an diesem Verfahren ihre Perspektive entsprechend ändern. Dieser Fall hat mehrere Schichten. Da sind eine politische Dimension und eine persönliche Dimension und eine Dimension der Kunst, sowie eine des psychischen Traumas. Ich bin der festen Überzeugung, dass ich, was ich sagte, in einer Demokratie sagen darf und sagen können muss. Ferner sagte ich es in beiden Fällen der angezeigten angeblichen Beleidigungen in der Verfassung eines schweren Traumas im Rahmen der komplexen posttraumatischen Belastungsstörung als Folge der Verfolgung durch staatliche Stellen im Zeitraum von 10 Jahren. Ich wurde, wie ich aufzeigen werde, über Jahre und ganz konkret im Vorfeld meiner Äußerungen vom Jobcenter massiv bedroht und schikaniert. Die zunehmende Schärfe meiner Sprache resultierte auch aus dem Umstand eines Notstandes, in dem ich um Therapie bettelte und man mir diese unmöglich machte. Es muss hier also auch die Notwehr betrachtet werden, denn da mir weder die Staatsanwaltschaft noch die Polizei in dieser Notlage helfen wollten, wurde die Lage für mich existenz- ja lebensbedrohlich. Ich lebte in schwerer Angst und Traumatisierung, durch massives Mobbing, auch durch das Jobcenter Elbe-Elster. Dieses emotionale Trauma kann ich Ihnen heute, dass wird der Gutachter für Psychiatrie Ihnen sicherlich erläutern können, nicht in diesem Saal zeigen, weil ich mich schützen muss und dies daher als Schauspieler wie eine Art Rolle begreife, da ich ansonsten angesichts des auch hier gegen mich begangenen Terrors zusammenbrechen würde. (...)Die Staatsanwaltschaft muss akzeptieren, dass es hier nicht um die Frage geht, ob das Verhalten der von mir kritisierten Beamten und Staatsbediensteten rechtens war, entlang der Frage, ob diese ihren Job richtig machten, darum ging es nur auf den ersten Blick, sondern es ging immer wesentlich darum, staatliche Stellen mit der Tatsache zu konfrontieren, dass ihr »regelkonformes Verhalten« Menschen krank macht und auf rechtsradikalen Ideologien beruht, die sich durch Forschung bis zum DDR und NS Faschismus zurückverfolgen lassen, weil der Umgang mit Armen nach 1945 eben in der Bundesrepublik und der DDR nicht aufgearbeitet wurde.*

Wir finden also überall Spuren rechter Ideologie in den Institutionen. Aus den Fürsorgeeinrichtungen der Eugenik gingen die heutigen Jobcenter hervor, übernahmen dabei Begriffe wie die Eingliederung oder Asozialität, sowie die Logik der Misshandlung der Armen. Aus der Rassewertgruppe IV wurde Hartz IV. Die Menschenverachtung blieb. Meine Kritik an dem eugenischen Rassismus, dem Sozialdarwinismus und Sozialrassismus, der wegen des in der Bürgergeld / Hartz-IV-Gesetz-

gebung beinhalteten Klassismus, also die bewusste Stigmatisierung und Verachtung von Armen, sowie deren institutionelle Diskriminierung, die allgegenwärtig ist, kann von mir als Armutsforscher und Künstler und Publizist natürlich jederzeit öffentlich kundgetan werden, als Machtkritik. Denn wir leben in einer Zeit, in der man kaum etwas mehr fürchten muss als die Wiederkehr der alten Menschenverachtung des Faschismus.

Die Staatsanwaltschaft bewegt sich in sehr gefährlichem Fahrwasser, wenn sie den Vorwurf des Sozialrassismus und der damit verbundenen Rechtsradikalität nicht ernst nimmt. Wenn sie leugnet, dass in den Handlungen des Jobcenters, worauf wir umfassend werden eingehen müssen, wie im Verhalten der Staatsanwaltschaft, natürlich rechtes Gedankengut gegenüber Armen zu finden ist. Denn wie heißt es im Gesetz gegen Volksverhetzung und die Leugnung des Holocaust: »Mit Freiheitsstrafe bis zu fünf Jahren oder mit Geldstrafe wird bestraft, wer eine unter der Herrschaft des Nationalsozialismus begangene Handlung der in § 6 Abs. 1 des Völkerstrafgesetzbuches bezeichneten Art in einer Weise, die geeignet ist, den öffentlichen Frieden zu stören, öffentlich oder in einer Versammlung billigt, leugnet oder verharmlost.« Wenn die Staatsanwaltschaft also den Sozialrassismus, wegen dem tausende sogenannte ›Asoziale‹ in Konzentrationslagern ermordet wurden, als die Hartz-IV-Empfänger jener Zeit, verharmlost, wenn also die Spuren dieser Gewaltideologie nicht im Bürgergeldsystem erkannt und ernst genommen werden, müssen wir auch von Holocaustleugnung bei der Staatsanwaltschaft sprechen.«

34

Man konnte das Schlucken der Jurist:innen förmlich hören. Natürlich war meine Aussage eine Zuspitzung. Aber ich erkannte eine Chance darin, die Verharmlosung des Sozialrassismus mit der Verharmlosung des Holocaust in Verbindung zu bringen. Ich setzte nicht Hartz IV mit Dachau gleich, aber ich stellte eine Verbindung her, zwischen einem Rechtsruck im Land, der zunehmend zur Verfolgung und Gewalt gegen Arme führte und sich zugleich auch gegen Juden und weitere Gruppen richtete, die seinerzeit auch unter den Nazis verfolgt wurden. Wer also den Sozialrassismus verharmloste, der verharmloste auch den Antisemitismus oder Rassismus, weil diese Rassismen ineinander verwoben waren. Der eugenische Rassismus musste nach meiner Ansicht im Hartz-IV-System deutlich erkennbar werden, als eine Ideologie der Rassenhygiene, denn es traten ähnliche Sprechakte und ähnliche Ansichten über Arme auch im Bürgergeld zutage. Man wollte etwas Minderwertiges in den eigenen Reihen, mit Druck und psychischer Gewalt, bis hin zur Verweigerung von Nahrung, ausmerzen. Und man wollte diese strukturelle Gewalt immer weiter steigern, wovor Adorno und Horkheimer gewarnt hatten, bezüglich des Irrsinns der instrumentellen Vernunft. Als ich in die Augen der mir gegenübersitzenden Staatsanwältin blickte, hatte ich den Eindruck, dass zum ersten Mal etwas ins Bewusstsein trat, was zumindest für Sekunden ein Erkennen des Leides und des Schmerzes der Armen zuließ.

35

» Wer heute noch leugnet, dass Arme nach wie vor wegen ihrer angeblichen Asozialität in Deutschland verfolgt, gedemütigt und bedroht werden, der verharmlost die deutsche Geschichte und trägt dazu bei, dass dieses Grauen sich an derselben Opfergruppe wie damals wiederholt. Schon heute fordern Politiker:innen wie Weintraube, Avocado, Aprikose oder Pflaume entlang von Volksverhetzung den kompletten Entzug von Nahrung bei Armen, die sie für asozial erklären, ohne die tatsächlichen Sachverhalte auch nur annähernd zu begreifen. Dies führt natürlich zu einer massiven Traumatisierung von Millionen Menschen im Land, die wegen solcher rechtsradikalen Ideologien in Angst leben, wie Juden, Roma und Sinti es heute ebenfalls tun. (...) Die Form der Kritik, die ich wähle, steht nach § 5 der Kunstfreiheit vorbehaltlos. Das bedeutet, es gibt hier zunächst keinerlei Vorbehalt gegen künstlerisch geprägte Kritik am Jobcenter. Auch wenn diese harsch ausfällt. Das hat das Bundesverfassungsgericht, kürzlich klargestellt.

Weil was ich kritisiere, entscheidend ist für gesellschaftliche Diskurse, daher wurde der Fall ja fürs Kino verfilmt, darf hier nicht eine Zensur stattfinden, weil bürgerlich-konservative Einstellungen bei der Staatsanwaltschaft Schnappatmung erzeugen, wenn von ihnen als unfehlbar angesehene staatliche Stellen dann mal von einem Künstler klar und zugespitzt in ihrem Verhalten kritisiert werden. Denn es wurde immer ein sachbezogenes und konkretes Verhalten kritisiert, nie einzelne Personen. Wenn es um Personen ging, dann um deren Funktion in Abläufen, nicht um ihre private Persönlichkeit. Da was ich tat, nicht zum ersten Mal geschah, sondern ich seit Jahrzehnten Institutionen und Firmen im Rahmen der Kunstfreiheit provoziere, im Dienst an der Gesellschaft, mit staatlichen Stipendien dafür belohnt werde, kann die Staatsanwaltschaft eben nicht jetzt so tun, als könne sie hier isoliert vom Gesamtkontext von 30 Jahren Arbeit für die Kultur dieses Landes mein Verhalten isoliert von meiner Absicht betrachten, die ja öffentlich bekannt ist.

Auch Frau S. wusste über diesen Kontext Bescheid. Das bedeutet, die Abwägung mit Persönlichkeitsrechten ist hier reichlich komplex. Ich sage Ihnen, warum. Weil dies sich eben nicht auf die Kunst im Allgemeinen beziehen lässt, deren Rechte, was ja die vorbehaltlose Freiheit der Kunst einschränken würde, sondern nur in konkretem Bezug mit der Kunst der jeweiligen Künstler:in. Man kann also nicht sagen, die

Kunst im Allgemeinen hätte hier Grenzen, denn wie das Bundesverfassungsgericht festgestellt hat, kommt es eben auf das konkrete Werk an. Man muss also das Werk der Künstler:in kennen, muss wissen, was die Künstler:in will und weshalb sie tut, was sie tut, muss sich in einem Urteil der Abwägung zwischen Kunstfreiheit und eventuell verletzten Persönlichkeitsrechten eben auch auf die konkrete Künstler:in beziehen. Alles andere wäre eine Verkennung des Grundgesetzes. Dies ist der Unterschied zwischen vielen anderen Bereichen des Grundgesetzes, die nicht vorbehaltlos gewährt sind. Das erschwert es aber auch im Vorfeld, grundsätzliches Unrecht hier feststellen zu können. Etwas, was schon ein sehr fundamentales Verständnis der Arbeit dieser speziellen Künstler:in im Kontext der Kunst im Allgemeinen erfordert.

Wenn es also etwa Mittel der konkreten Kunst ist zu provozieren, kann dies nicht losgelöst von jener Kunst allein in Bezug auf die Persönlichkeitsrechte eines anderen betrachtet werden, weil dies mit der Vorbehaltlosigkeit der Kunst kollidiert. Man kann also nicht einfach Provokation als Beleidigung werten, als hätte diese auf der Straße zwischen normalen Bürger:innen stattgefunden, sondern dies muss im Lichte der konkreten und bekannten Kunst der jeweiligen Künstler:in erfolgen, was die Amtsanwältin S. nicht getan hat, denn sie kennt meine Kunst der letzten 30 Jahre schlicht nicht. Einfach gesagt, es existiert keine einheitliche Rechtsmeinung darüber, was eine konkrete Künstler:in in ihrem Werk äußern darf, in Bezug auf die Persönlichkeitsrechte eines anderen, von Extremen abgesehen, weil dies eben wesentlich vom Werk der jeweiligen Künstlerin, ihrem Wollen, ihrer Absicht abhängt. Siehe dazu den Aufruf vom Künstler Schlingensief seinerzeit: »Tötet Helmut Kohl!« Künstler dürfen in ihrer Inszenierung eben sehr viel, zu Recht. Denn es gilt, öffentliche Diskurse mit veränderten Perspektiven zu füttern. Es muss zwischen Rezeption und Absicht unterschieden werden.

Nur weil Kunst mich kränkt, heißt es nicht, dass die Künstler:in dies beabsichtigte. Das bedeutet, dass von der jeweiligen Künstler:in nicht zu erwarten ist, dass sie das Rechtsverständnis von Richter:innen, die den Fall im Nachgang betrachten, in ihrer Kunst im Vorfeld mitdenkt. Denn so wäre Kunst nicht möglich. Denn sehr viel Kunst führt zu Empörung. Das aber ist eben nicht strafbar. (...) Niemand, der einen anderen »Arschloch« nennt, oder dessen Ehre bewusst verletzen will, tut dies basierend auf 10.000 Seiten Sekundärliteratur und publiziert dazu im Vorfeld neun Bücher zum Thema, dreht parallel einen zweistündigen Kinofilm über das Verhalten des Jobcenters, mit Schauspielern, Interviews und gigantischem Produktionsaufwand. Staatlich finanziert, also von hohem öffentlichem Interesse, wie meine Arbeit beweist. (...) Wie man an den Aussagen und Verordnungen von Amtsanwältin S. sehen kann, spricht sie mir das Recht ab, als Kulturschaffender staatliche Stellen mit deutlichen und harschen Worten kritisieren zu dürfen. Dazu aber hat sie kein Recht, denn es geht mir hier um das Bewahren von Menschenleben. Es geht um die Aufklärung von Missständen, an denen Menschen kaputtgehen. (...) Es spielt also keinerlei Rolle ob Frau S. oder Frau B. oder die hier zuständigen Staatsanwälte das Hartz IV oder Bürgergeld Gesetz ändern können oder nicht, wovon natürlich keine Unangemessenheit meiner Kritik abzuleiten ist, sondern entscheidend ist hier allein die durch Forschung belegte Tatsache, dass das »rechtskonforme Verhalten« der Beteiligten Behördenmitarbeiter:innen dazu geführt hat, mich und andere krankzumachen und selbst als sie dies wussten, als dies ihnen gegenüber umfassend belegt wurde, mit Studien und Forschungsergebnissen, diese Richter:innen, Staatsanwält:innen und Personen wie Frau S. (Jobcenter Leiterin) oder der Generalstaatsanwalt Apfel weiterhin an der Gewalt festhielten, sich aktiv daran beteiligten diese gegen mich zu verschärfen, oder wie Apfel eben dabei seelenruhig zusahen. (...) Darum fordere ich, das wird durch die Presse gehen, die Staatsanwaltschaft auf die simple Tatsache zu akzeptieren, dass der Klassismus im Bürgergeldsystem zu Mobbingsituationen führt, die Menschen krank machen und wenn ich diesen Irrsinn, diese unfassbare Menschenverachtung dann mit deutlichen Worten kritisiere, dies in einer Demokratie zu akzeptieren und natürlich in einer freien Gesellschaft wünschenswert ist.

Jeder Versuch, mich als Irren oder kriminellen Wutbürger darzustellen, wird entsprechend dazu führen, dass die Staatsanwaltschaft sich noch schuldiger macht, als dies eh schon der Fall ist. Mir ist klar, dass Sie es als Jurist:innen nicht gewohnt sind, dass jemand frei, prägnant und direkt Probleme anspricht. Aber das ist nun mal das, was Künstler:innen tun, und es darf nicht zu meiner Diskriminierung führen, dass dies nicht Ihren Wertvorstellungen entspricht, denn das Grundgesetz will ja, dass ich Ihre Wertvorstellungen erweitere. (...)

Als Rosa Parks am 1. Dezember 1955 in den USA sich als Schwarze weigerte, vom Sitzplatz eines Weißen aufzustehen, um sich gegen Rassismus zu wehren, interessierte es sie nicht, ob der Busfahrer nur seinen Job macht oder nicht. Dies ist ein Grundsatz dessen, was Menschenrechtsverteidiger:innen wie ich tun. Nämlich dauerhafte und konsequente Konfrontation von örtlichen Stellen mit ihrem Verstoß gegen fundamentale Menschenrechte. Rosa Parks setzte sich in einen Bus. Profaner kann man sich den Ort des Konfliktes kaum vorstellen. Warum also sollte ich nicht in einem deutschen Jobcenter formulieren dürfen, dass hier rechte Sprechakte stattfinden oder das Zusenden von irren Formularen ohne jeden Zusammenhang kognitiv gestört ist? Natürlich ist das automatisierte Versenden von Textbausteinen, samt damit verbundener Verwirrung und Kontext befreiter Sprache, kognitiv gestört. Umso irrer, wenn damit die Androhung der Verwehrung der kompletten Existenzgrundlage bei einem PTBS-Betroffenen wie mir verknüpft wird.

Die Staatsanwaltschaft hat auch die UN-Deklaration vom 9. Dezember 1998 zu akzeptieren, die auch von der Bundesregierung unterschrieben wurde. Darin heißt es: »Jeder Mensch hat das Recht, einzeln wie auch in Gemeinschaft mit anderen, den Schutz und die Verwirklichung der Menschenrechte und Grundfreiheiten auf nationaler wie auch auf internationaler Ebene zu fördern und darauf hinzuwirken.« Es stehen hier also sogar die Vereinten Nationen hinter mir. Ich fordere Sie daher auf, als Kulturschaffender dieses Landes und Menschenrechtsverteidiger die Gewalt gegen Arme zu beenden und sofort gegen die wirklichen Schuldigen vorzugehen. (...) Sie haben anzuerkennen, dass Klassismus krank macht, oder damit zu leben, dass Sie als Sozialrassisten und Holocaustleugner öffentlich durch die Zivilgesellschaft angeklagt werden.

Sie haben die politische Dimension dieses Falles zu akzeptieren und die Arbeit von Kulturschaffenden zu respektieren. Die Staatsanwaltschaft Cottbus sollte sich dafür schämen, dass sie vor diesem Hintergrund zuließ, dass ein Staatsanwalt M. mich als »Asozialen« ganz in der Tradition der Nazis beleidigte.«

36

Am Ende meines Vortrages, man konnte eine Stecknadel fallen hören, erklärte die Richterin B. ein wenig verunsichert, es spiele natürlich auch die Kunstfreiheit hier eine Rolle, aber das müsse man erst prüfen. Ich bezog mich auf die Kunstfreiheit im ganzen Verfahren, weil ich tatsächlich in allem, was ich tat als Autist nicht als Person von meiner Kunst getrennt war, sondern alles enaktive Arbeit im Sinne der Kunst darstellte. Mein Tun somit eine künstlerische Skulptur im öffentlichen Raum war. Alle meine Briefe, alle meine Aussagen waren Teil dieser Skulptur.

Ich war jetzt irritiert, aber reagierte darauf nicht, sondern wartete ab. Die Richterin war sich offensichtlich selbst der Absurdität der Situation im Klaren. Gleichzeitig schien sie politisch gebunden, sprich, man wollte die Institution vor mir schützen. Man wollte nicht, dass ich Minister:innen als Zeug:innen vorlade und die dann von mir in der Gegenwart der Presse befragt würden. Das man das Naheliegende nach ganz hinten schob, nämlich meine offensichtliche Unschuld, erklärte sich dadurch, dass man zu weit gegangen war, um jetzt einfach aufzustehen und die Sache zu beenden, was für zu viele ranghohe Beamt:innen Gesichtsverlust bedeutet hätte, was nach einem neuerlichen Reframing verlangte. Daher sprach sie nun den Gerichtspsychiater an, ob er mit mir einen Termin ausmachen könne, um zu klären, ob ich denn schuldunfähig sei.

Was die Richterin hier tat, war unfassbar. Sie sprach mich nicht frei, trotz offensichtlicher Unschuld, sondern beauftrage einen Psychiater, mich für schuldunfähig zu erklären, allein um den Institutionen zu ermöglichen, ihr Gesicht zu wahren. Dies tat sie noch bevor die Beweisaufnahme überhaupt begonnen hatte. Mir wurde somit keine Gelegenheit gegeben, meine Unschuld und die Schuld der Beamt:innen zu beweisen. Ich betone es nochmals. Mir wurde die Gelegenheit genommen, die Schuld der anderen zu beweisen. Es wurde einfach vorausgesetzt, meine Aussagen seien falsch, beruhten nicht auf 20 Jahren Forschung und seien folglich schlicht Beleidigungen. Dabei verwies die Richterin B. auf das, was anscheinend vor 10 Jahren vorgefallen sei, weil ich doch ausgeführt hätte, es wären 10 Jahre gewesen. Die Richterin wollte offensichtlich darauf hinaus, dass man einen Grund für all das möglichst vor einem Jahrzehnt, also ganz weit zurückliegend, finden sollte, damit alle, auch das Jobcenter, unbeschadet aus der Sache herauskämen. Ich widersprach nicht, denn ich war erschöpft und es schien klar, dass sie sich durch diesen perversen Schachzug nur weiter verstrickten. Dieses Manöver sollte verdecken, dass man mich über Monate aus politischen Gründen unschuldig verfolgt hatte. Meine Schuldunfähigkeit hätte mir zugleich eine Schuld zugewiesen, ohne diese beweisen zu müssen und somit alle anderen entlastet.

DIE RACHE DER LANDRÄTIN

Eine Woche später, ich war wie betäubt, erhielt ich eine erneute Vorladung zur Polizei, wegen einer neuen Strafanzeige gegen mich. Es ging wieder um üble Nachrede. Schockiert rief ich bei der Polizei an, um zu erfahren, was los war. Der Polizeibeamte erklärte mir, die Staatsanwaltschaft habe den alten Fall um die Landrätin Pfirsich ausgegraben, der schon lange verjährt war und hätte festgestellt, ich sei nie vernommen worden und man wolle das jetzt nachholen. Die Staatsanwaltschaft beabsichtigte mich also dazu zu verlocken, Erklärungen abzugeben, die ihr vielleicht ermöglicht hätten, jetzt auch in dem Bereich gegen mich vorzugehen, obwohl die Staatsanwaltschaft die massiven Versuche der Landrätin, mich strafrechtlich verfolgen zu lassen, um das Erscheinen des Kinofilms zu verhindern, zuvor mehrfach zurückgewiesen hatte. Da es aber jetzt politisch dringend erforderlich war, mir noch mehr anzuhängen, wurden selbst verjährte Fälle ausgegraben. Ich sagte den Termin bei der Polizei ab und forderte bei der Staatsanwaltschaft in Cottbus Akteneinsicht, die über die folgenden Monate nicht gewährt wurde.[264] Ich hatte der Staatsanwältin klargemacht, dass diese Verschwendung von Steuergeldern publik gemacht würde. Sie schwieg.

Wie ich bei einer späteren Akteneinsicht feststellen musste, ließ sich die Staatsanwaltschaft eine Anklageschrift von der Landrätin diktieren, sprich übernahm einfach ihre Argumente 1:1 und bereitete eine weitere Anklage vor. Die leitende

---

264 Schreiben der Staatsanwaltschaft Cottbus vom 5.2.2024 zu 1511 Js 43451/20 und ST/0013928/2024

Oberstaatsanwältin Banane argumentierte in einem Schreiben an die Landrätin, der Fall sei auch noch nicht verjährt, weil man erst jetzt die Vernehmung von mir angeordnet habe, nachdem der Fall über Jahre liegen geblieben war. Man sieht hier also, wie das Recht gebeugt wurde, weil es nun politisch erforderlich schien, alles gegen mich zu verwenden.

BEFANGENHEIT?

Mit dem Schreiben vom 6. Februar 2023 erreichte mich ein Brief der leitenden Oberstaatsanwältin der Staatsanwaltschaft Cottbus Banane: *»Sofern Sie mit E-Mail vom 29.1.2024 beantragt haben, Amtsanwältin S. »aus der Betreuung des hiesigen Falles wegen nachgewiesener massiver Befangenheit« zu entfernen, wird dem Antrag nicht entsprochen. Zwar ermöglicht die Ersetzungsbefugnis gemäß § 145 GVG die Möglichkeit, einen Staatsanwalt/Amtsanwalt, an dessen Objektivität Zweifel bestehen, von der Bearbeitung eines Verfahrens zu entbinden. Ein Anspruch der Verfahrensbeteiligten besteht jedoch nicht (BeckOK GVG, 21. Aufl. Inhofer, zu § 145). Nach einer eingehenden Prüfung des Falls liegen keine Hinweise auf eine sachliche oder persönliche Betroffenheit der Amtsanwältin S. vor, die eine Entbindung vom Verfahren erfordern. Soweit Sie behaupten, dass Amtsanwältin S. Verfolgung von Unschuldigen betreiben würde, ist bereits ein Verfahren gegen diese eingeleitet worden (1360 Js 43133/23), dass mangels Anfangsverdachts eingestellt ist. Auf Ihre dagegen gerichtete Beschwerde wurde der Vorgang der Generalstaatsanwaltschaft des Landes Brandenburg zur Prüfung vorgelegt (54 ZS 886/23)«*[265]
Ich antwortete ihr am 10. Februar 2024: *»In Ihrem Schreiben an mich vom 6. Februar 2024 tätigen Sie folgende Aussage, Zitat: »Nach einer eingehenden Prüfung des Falles liegen keine Hinweise auf eine sachliche oder persönliche Betroffenheit der Amtsanwältin S. vor, die eine Entbindung vom Verfahren erfordern.« Sie formulieren hier sehr geschickt »die eine Entbindung erfordern«, um juristisch die Sache in der Schwebe zu halten, um sich möglichst unklar auszudrücken. Diese Strategie ist durchsichtig und lässt sich in der Analyse der Öffentlichkeit erläutern. Sie wird Ihnen zum Verhängnis werden. In Zeugenschaft des BKA, der Presse und der Ministerin Erdbeere fordere ich Sie auf, bis zum 20.2. zu begründen, weshalb Sie hier nicht die Wahrheit sagen! Liefern Sie keine Begründung Ihrer Aussage, ist es sehr wahrscheinlich, dass die Öffentlichkeit Sie für eine Lügnerin halten wird. Fakt ist, dass die Amtsanwältin S. von mir kurz nach Zustellung des Strafbefehls wegen der Verfolgung Unschuldiger angezeigt wurde, wovon die Amtsanwältin S. wusste. Sie wusste auch von Anfang an, dass ihr einseitige Ermittlungen und rechte Ressentiments gegen mich als Künstler und Armen vorgeworfen wurden, entlang der Tatsa-*

---

265 Schreiben der Leiterin der Staatsanwaltschaft Cottbus vom 6.2.2024 zu 1618 Js 2225/23

che, dass sie Briefe als Belege von Beleidigungen und übler Nachrede ansah, in denen seitenweise schweres Mobbing gegen mich dokumentiert war.

Es war also klar, wer das eigentliche Opfer ist. Sie glaubte allzu bereitwillig den Worten einer Frau S. (Leiterin Jobcenter), die mir noch nie persönlich begegnet war, ich sei ein gewaltbereiter Schläger, eine Bedrohung für das Leben von Sachbearbeiter:innen im Jobcenter. Amtsanwältin S. befragte im Jobcenter niemanden, von den betroffenen Sachbearbeiter:innen, die Frau S. Lügen hätten sofort widerlegen können, besonders Frau L. nicht, die mich über Jahre kannte. Die Amtsanwältin S. schrieb in ihrer ersten Begründung zur Ablehnung der Einstellung des Verfahrens gegen mich: »Der von dem Beschuldigten empfundene ›Psychoterror‹ stellt keinen Rechtfertigungsgrund dar.«

S. wusste, dass man mir eine Behandlung im Rahmen einer PTBS verweigerte. Sie wusste, dass man mich in Verzweiflung trieb. Bitte erklären Sie uns doch, Frau Banane, wie Sie zu der gewagten These gelangen, Amtsanwältin S. sei in der Lage, objektive Entscheidungen in dem Fall zu treffen, wenn sie selbst medizinische Fakten ignoriert, weil diese nicht in ihr Weltbild vom widerständigen Armen passen, den es zu Gehorsam zu zwingen gilt, egal mit welchen Mitteln? Es wäre objektiv gewesen, zunächst abzuklären, ob man mir weiterhin eine Therapie verweigerte, ob es mir gut ging, ob meine Gesundheit gefährdet war. Das alles hat Amtsanwältin S. nicht getan, denn es war ihr offensichtlich egal, wie es mir ging. Sie wollte die Rachefantasien von Frau S. (Jobcenter) befriedigen. Auch um den Preis einseitiger Ermittlungen und rechter Ressentiments entlang der üblichen Klischeevorstellungen über Arme, die sich im Jobcenter beschweren. Das aber ist Sozialrassismus.

Frau S. bediente sich schamlos der Narrative des Sozialrassismus, um meine Schuld zu begründen, trotz der Tatsache, dass ich offensichtlich, das steht ja in all den Briefen, das Opfer von schwerem Mobbing war. Das alles zeugt nach wie vor von massiver, einseitiger Ermittlung. Das ist so, als würden Sie nach einer Vergewaltigung das Opfer anklagen, weil es den Täter anbrüllt: »Geh von mir runter, Arschloch«, dann aber den Vergewaltiger laufen lassen. Nur wer Arme derart für Dreck hält, dass er oder sie deren offensichtliche und umfassend dokumentierte Misshandlung für gerechtfertigt erachtet, käme auf die Idee, angesichts einer erwiesenen PTBS als Folge von »empfundenen Psychoterror« zu sprechen. Weil das eben nicht in das Bild des »asozialen Armen« passte.

Die Amtsanwältin S. verdrehte die Fakten bewusst, vertuschte diese so, wie sie es gerade für die Anklage benötigte. Somit setzte sie willentlich rechte Gewalt gegen mich fort, samt gesundheitlicher Folgen für mich. Die Amtsanwältin S. bekam dann, nachdem all dies in einem Schreiben an die Ministerin vom 24.1.2024 festgestellt wurde und der Amtsanwältin folglich sozialrassistische Ressentiments nachgewiesen wurden, das besagte Schreiben mit massiver Kritik an ihrem Verhalten vorgelegt, um darauf basierend natürlich dann den nächsten Antrag auf Einstellung des Verfahrens abzulehnen. Was hätte sie auch sonst tun sollen, angesichts der Tatsache, dass eine Einstellung sie selbst widerlegt hätte und der Vorwurf der Verfolgung eines Unschuldigen sich offensichtlich gezeigt hätte. Sie, Frau Banane, wussten all das im Vorfeld und hätten S. vom Fall abziehen müssen. Sie wurden mehrfach schriftlich von mir aufgefordert. Das haben Sie nicht getan, was grobes Fehlverhalten darstellt. Denn der Einspruch gegen die Einstellung der Ermittlungen durch M. gegen S lag ja, was sie wusste, nun bei der Generalstaatsanwaltschaft.

Amtsanwältin S. musste also damit rechnen, dass weiter gegen sie ermittelt wurde. Da ist es nur naheliegend, dass sie damit fortfuhr, mich unschuldig zu beschuldigen, besonders nachdem ihr natürlich belegt worden war, dass S. (Jobcenter) massiv log. Dass sie und Sie, Frau Banane, sich noch immer auf die Einstellung durch Staatsanwalt M. beziehen, der mich sozialrassistisch beleidigte und in Akten über mich log, spricht Bände.

Dank Ihres persönlichen Schreibens an mich, kann ich nun der Presse darlegen, dass Sie von all dem wussten und absichtlich Frau S. trotz all der dies widerlegenden Fakten allen Ernstes als »nicht befangen« darstellen. Ich schlage vor, Sie packen schon mal Ihre Sachen! Ich erwarte Ihre Begründung. Erklären Sie uns doch bitte, weshalb Amtsanwältin S. nicht befangen ist und nicht hätte vom Fall abgezogen werden müssen!«

SICH ÜBERSCHLAGENDE VERTUSCHUNGEN

Mit 14. Februar 2024 schrieb mir ein Staatsanwalt S. von der Staatsanwaltschaft Cottbus, während das Justizministerium noch immer gegen Generalstaatsanwalt Apfel wegen des Vorwurfes der Deckung rechter Gewalt ermittelte, bezüglich der in Potsdam eingereichten Anzeige gegen Generalstaatsanwalt Apfel und seinen Pressesprecher Oberstaatsanwalt B.: *»Soweit Sie in ihrer Strafanzeige vom 24.10.2023 vortragen, dass Sie gegen Herrn Generalstaatsanwalt Apfel und Herrn Oberstaatsanwalt B. Strafantrag einreichen würden, »um klären zu lassen, inwiefern (diese) sich ... des Betrugs und er absichtlichen Rechtsbeugung sowie Strafvereitelung schuldig gemacht haben«, sind auch diesem (substanzlosen) Vortrag zureichende tatsächliche Anhaltspunkte für eine von Ihnen angenommene Strafbarkeit der beiden vg. Beamten nicht zu entnehmen. Ihrem Vorbringen fehlt auch insoweit wieder jeglicher Vortrag von tatsächlichen Umständen, die die von Ihnen angenommene Strafbarkeit der vg. Beamten auch nur im Entferntesten möglich erscheinen lassen.«[266]*

---

266 Schreiben der Staatsanwaltschaft Potsdam vom 14. Februar 2024 zu 456 Js 49296/23

Auch dies war Folge der Zerstückelung der Beweise, sowie des Verlorengehens der konkreten Anschuldigungen gegen den Generalstaatsanwalt bei der Staatsanwaltschaft Potsdam. Da jetzt auch die Staatsanwaltschaft Cottbus zunehmend unter Druck geriet, erhielt ich auch ein Schreiben von dort vom 21. Februar 2024, indem man erneut versuchte zu erklären, weshalb man die sozialrassistische Beleidigung des Leiters der Ausländerbehörde, Jahre zuvor, duldete: »*Sie werfen Herrn H. vor, vorsätzlichen Betrug und rechte Gewalt begangen zu haben und mit diesen – Ihrer Auffassung nach bewussten Lügen – Ihre Einbürgerung verweigert zu haben. Tatbestandliche Voraussetzung des Betrugs gemäß § 263 Strafgesetzbuch ist u. a., dass durch eine Täuschungshandlung des Täters beim Geschädigten ein Irrtum verursacht wurde, der diesem zu einer Vermögensverfügung veranlasst und bei ihm oder einem Dritten zu einem Vermögensschaden geführt hat. Hierzu tragen Sie in der Strafanzeige nichts vor. Dem Inhalt Ihrer Strafanzeige und den beigefügten Unterlagen habe ich entnommen, dass seitens Herrn H. als Mitarbeiter der Kreisverwaltung des Landkreises Elbe-Elster Ihr Einbürgerungsantrag wohl zurückgewiesen wurde. Es ist jedoch nicht Aufgabe der Staatsanwaltschaft, verwaltungsrechtliches Handeln auf Rechtmäßigkeit hin zu überprüfen. Vielmehr steht Ihnen hierfür der im Verwaltungsrecht vorgesehene Rechtsweg zur Verfügung.*«

Nach vier Jahren war es also noch immer möglich, dass Staatsanwälte den Fall derart verkürzten, um rechte Gewalt zu decken. Der hier bearbeitende Staatsanwalt hatte schlicht keine Ahnung von dem Fall. Irgendjemand hatte ihm diesen ohne den Gesamtkontext, sowie ohne hunderte Seiten an Belegen zur Bearbeitung übergeben. Auch das war Betrug.

AB IN DIE PSYCHIATRIE

An einem Donnerstag, den 14. März 2024, traf ich mich mit dem Gerichtsgutachter für Psychiatrie in dessen Räumlichkeiten. Die Klinik für Psychiatrie in Finsterwalde hatte den Charme einer Anstalt aus dem 19. Jahrhundert. Diese hohen Räume, alte Holztüren, alles in vergilbtem weiß gestrichen. Keine Bilder an den kahlen Wänden, nur wenige Zimmerpflanzen, die in den dunklen Gängen ums Überleben kämpften. Eine Stimmung wie in dem Film »Einer flog übers Kuckucksnest«. Als würden sie noch die Elektroschockgeräte benutzen, wenn einer ausflippt.

Der Psychiater, ein sehr tiefenentspannter Mann, Mitte 50, forderte mich auf, an seinem vor Akten überquellenden und reichlich unaufgeräumten Schreibtisch Platz zu nehmen. Er fragte nach meiner Kindheit und nach unzähligen Details aus meiner Familie, was gefühlt fast eine Stunde dauerte, bis wir zu den eigentlichen Geschehnissen gelangten. Ich sagte ihm, die Richterin suche offensichtlich nach einem für sie einfachen Ausgang. Er nickte. Es sei wichtig, sagte ich, dass er sich klarmache, dass je weiter die Ursache meines Leides auf der Zeitschiene von zehn Jahren nach hinten verschoben würde, umso höher die Wahrscheinlichkeit sei, dass der Terror gegen mich im Anschluss des Verfahrens von den Behörden fortgesetzt werde. Was ich bräuchte, wäre ein Feststellung des Terrors im Hier und Jetzt.

Nach zwei Stunden (150 Minuten laut später eingesehener Rechnung des Psychiaters) waren wir aus seiner Sicht fertig. Auf die Frage, wie er die Lage einschätze, sagte er, er müsse noch darüber nachdenken. Ich ging mit einem Gefühl von Verwirrung und der Unklarheit, ob ich alles Wesentliche wirklich mitgeteilt hatte. Denn wie sollte ich all das in zwei Stunden klarmachen?

WAS WAR DA LOS?

Am 3. April 2024 erreichte mich ein Schreiben des Gesundheitsministeriums, indem mir in einem vierseitigen Brief erläutert wurde, das Gesundheitsministerium habe richtig gehandelt und dass Hartz IV krank mache, wenn das denn überhaupt sein könne, habe mit ihnen nichts zu tun. Ich bezeichnete das in einem letzten Schreiben an die Ministerin Melone als Betrug.[267]

42

Ein Staatsanwalt P. von der Staatsanwaltschaft Cottbus schrieb mir am 16. April 2024 bezüglich der Anzeige gegen den Staatsanwalt M. wegen der rechtsradikal motivierten Beleidigung gegen mich: »*Im Ergebnis liegen zureichende tatsächliche Anhaltspunkte dafür, dass die von Ihnen behauptete Tat begangen worden sein könnte, nicht vor. Deshalb habe ich das Verfahren gemäß § 170 Absatz 2 in Verbindung mit § 152 Absatz 2 Strafprozessordnung eingestellt.*«[268]

Die Staatsanwaltschaft Cottbus war also weiterhin der Meinung, einem Künstler Arbeitsverweigerung zu unterstellen, weil ich 30 Jahre unbezahlt für die Kultur im Land ackerte und diese Arbeit nicht zerstören lassen wollte, sei ein angemessenes rechtsstaatliches Verhalten, dass nicht als rechtsradikal zu bezeichnen sei, weshalb es auch legitim wäre, mich weiterhin mit aller Härte zu verfolgen.

Das Gutachten des Psychiaters, das sagten sie, darauf müsse ich noch zwei weitere Monate warten.

43

Die Gesundheitsministerin und der Staatssekretär Holunder wurden in der Zwischenzeit zwei weitere Male von Staatsanwälten als unschuldig bezeichnet. Es dau-

---

267 Schreiben vom Gesundheitsministerium Brandenburg / 3. April 2024 / 07-12-1214/2022-022/007
268 Schreiben der Staatsanwaltschaft Cottbus vom 16.4.2024 / 1360 Js 20409/24

erte über drei Monate, bis ich von der Richterin B. am 3. Juli 2024 erfuhr, dass man den Fall um die Landrätin Pfirsich nun mit der Anklage gegen mich zusammenlegte. Zu diesem Zeitpunkt hatte man mir weiterhin keine Akteneinsicht zu 36 DS 44/24, also dem Fall um die Landrätin gewährt. Ich wusste noch immer nicht, was man mir bezüglich der Landrätin Pfirsich vorwarf. Zwei Tage später rief ich beim Gericht an und erfuhr, dass das Gutachten des Psychiaters nun vorlag und man die Akte mit dem Gutachten zur Staatsanwaltschaft geschickt habe. Das erfuhr ich aber nur zufällig. Man hätte es mir verschwiegen, hätte ich nicht die Sekretärin danach gefragt. Ich müsse nun zwei Wochen warten, bis ich Akteneinsicht bekommen könne, hieß es am Telefon. Dieses Vorgehen war befremdlich und meines Wissens nicht legal. Ich beantragte also erneut Akteneinsicht und beschwerte mich darüber, dass mir das Gutachten nicht parallel als Kopie zugesandt worden war. Man versuchte offensichtlich zu verhindern, dass ich Rechte geltend machen hätte können, oder gar Dokumente einsehe, die aufzeigen, was die Staatsanwaltschaft hier gemeinsam mit der Richterin hinter verschlossenen Türen trieb. Man muss sich vergegenwärtigen, dass vier Minister:innen und unzählige Beamte mit dem Vorwurf des Rechtsradikalismus von mir in Anwesenheit der Presse in den Zeugenstand geladen worden wären. Darunter auch Generalstaatsanwalt Apfel. Man hatte also ein erhebliches Motiv, den Prozess zu begraben, noch bevor dieser richtig begonnen hatte. Und zwar auf eine Weise, durch die die Behörden und die Staatsanwaltschaft ihr Gesicht auf meine Kosten wahren konnten.

TRICKBETRUG DER JUSTIZ

Mit Schreiben vom 18. Juli 2024, also zwei Wochen später, teilte mir das Gericht dann plötzlich mit, die Anklage sei eingestellt worden. Keine weitere Begründung. Angeblich hätte die Staatsanwaltschaft den Strafbefehl zurückgezogen. So jedenfalls schrieb es die Richterin in ihrem Brief. Zunächst dachte ich, damit sei alles erledigt. Als hätte es den Prozess offiziell nie gegeben.

Mit einem Schreiben vom 23.7. teilte mir dann die Amtsanwältin S. mit: »*Das gegen Sie gerichtete Verfahren habe ich gemäß § 170 Abs. 2. Strafprozessordnung, i. V.m. § 20 Strafgesetzbuch, eingestellt.*« Ich wusste nicht, was das bedeutet, und verstand es erst, als mir vom Bundeszentralregister zwei Tage später mitgeteilt wurde, es gäbe einen Eintrag wegen Schuldunfähigkeit in Zusammenhang mit Beleidigung. Zu diesem Zeitpunkt lag mir weder eine offizielle Urteilsbegründung vor, noch hatte ich Einsicht in das Gutachten erhalten. Mir wurde keine Gelegenheit gegeben, dazu Stellung zu nehmen, und mir war auch die Akte zu den Vorwürfen der Landrätin zu diesem Zeitpunkt noch immer nicht gezeigt worden. Somit war belegt, dass Staatsanwaltschaft und Gericht mich tatsächlich ohne Gehör, also ohne

Anhörung für schuldunfähig erklärten, gleichzeitig indirekt für schuldig, um rechte Gewalt zu vertuschen. Das, bevor die Beweisaufnahme stattgefunden hatte. Bei einer späteren Akteneinsicht wurde klar, dass man mir anscheinend auch die Schuld gab, dass ich misshandelt wurde, weil ich als Künstler provozierte. Eine typische Opferbeschuldigung und Missachtung der Kunstfreiheit. Erst für den 14. August 2024 erhielt ich einen Termin zur Akteneinsicht, also nach Ablauf der Einspruchsfrist im Verfahren. Es wäre also komplett unmöglich gewesen, fristgerecht Einspruch einzulegen. Vor Ort konnte ich beim Termin zur Akteneinsicht nur die Rechnung des Psychiaters in der Höhe von knapp 4000 EUR und wenige Zeilen zur Einstellung einsehen. Jedoch keine Begründung. Man achtete darauf, möglichst nichts in den Akten zu belassen, sondern hatte offensichtlich Absprachen mündlicher Art getätigt, über die ich nicht informiert wurde. Man schrieb in den zwei, drei Zeilen, die ich finden konnte, von schwerer geistiger Erkrankung, aber nicht, worum es sich handelte. Das Gutachten hatte man aus der Akte vorsorglich entfernt. Ich war also 3 Stunden umsonst im Auto gesessen, in dem Glauben, das Gutachten einsehen zu dürfen.

Eine Woche später, nach mehreren Telefonaten, wurde mir mitgeteilt, die Leiterin der Staatsanwaltschaft Cottbus, Oberstaatsanwältin Banane, habe das Gutachten an sich genommen und werde prüfen, ob ich es sehen dürfe.

Mit Schreiben vom 25. August 2024, also einen Monat nach der Einstellung des Verfahrens, schrieb sie mir: »*Da Sie bislang für Ihren Einsichtsantrag vom 19.7.2024 lediglich zu Dokumentationszwecken anführten, wird Ihnen gemäß § 480 StPO eine weitere Einsicht nicht gewährt. Gegebenenfalls wird eine Auskunftserteilung gemäß § 475 StPO an Sie zu prüfen sein, sofern Sie ein begründetes Interesse dafür geltend machen.*«[269]

Die Oberstaatsanwältin wusste seit Monaten, dass »Dokumentationszwecke« hier nicht eine Art Schmetterlingssammlung meinte, sondern die Dokumentation von Rechtsradikalismus bei der Staatsanwaltschaft Cottbus, um diese als Künstler und Menschenrechtsaktivist strafrechtlich verfolgen zu lassen. Das Sie nur von »Auskunftserteilung« sprach, deutet daraufhin, dass Sie nicht die Absicht hatte, das Gutachten an sich auszuhändigen. Ich warf ihr daher in mehreren E-Mails und einem Brief vom 24. August vor, mit dieser Aktion bewusst Rechtsradikalismus in ihrem Haus vertuschen zu wollen, weil das Gutachten sie und Generalstaatsanwalt Apfel schwer belastete. Das dachte ich jedenfalls zu dem Zeitpunkt. Denn wahrscheinlich, das dachte ich, wurde dadurch bestätigt, dass ich durch Psychoterror krank gemacht wurde. Sowohl die Justizministerin Erdbeere als auch der Generalstaatsanwalt wurden von mir am selben Tag darüber informiert, dass die

---

269 Schreiben vom 21.8.2024 / Aktenzeichen 313 E – 1 DA.25/24

Oberstaatsanwältin rechte Gewalt vertuschte. Ich verband dies mit der Forderung, das Gutachten sofort herauszugeben, da anders eine Aufklärung und Verteidigung nicht möglich wäre.

Natürlich hatte ich das Recht, das Gutachten zu sehen. Die Staatsanwaltschaft war nach all dem Irrsinn aber weiterhin der Meinung, ich müsse dies als Opfer rechter Gewalt begründen. Man wollte dann keine Begründung anerkennen. Ich kündigte an, die Oberstaatsanwältin beim BKA, Abteilung Staatsschutz anzuzeigen, weil sie wiederholt rechte Gewalt deckte und Aufklärung erschwerte. Fatal ist der Umstand, dass von diesem Zeitpunkt an alle Behörden mich als Verrückten behandeln würden. Es war also der Schlimmste aller Fälle eingetreten. Was diese Gewalt mit einem Menschen macht, ist schwer zu beschreiben. Es ist, als würde man in den Zustand eines unwissenden Kindes versetzt. Niemand nimmt einen mehr ernst. Egal, was man sagt, alles steht im Verdacht, ein weiteres Zeugnis meines Wahnsinns zu sein. Es entstand somit eine weitere fatale Mobbingerfahrung.

Der Staat hatte mich offenbar für »verrückt« erklärt, weil man meine Arbeit anders nicht widerlegen konnte. Dass man mir sogar das Recht verweigerte, das Gutachten zu sehen, gar die Diagnose zu erfahren, zeugte von einer erheblichen Menschenverachtung. Denn man wusste auch, dass mir auf der anderen Seite jede Behandlung verweigert wurde. Die Gewalt gegen mich wurde somit einfach fortgesetzt. Weder die Ministerin noch der Generalstaatsanwalt schritten ein.

Ein derartiges Gutachten bedeutet je mehr Gewalt, umso weniger darüber bekannt ist. Es taugte nun nicht mehr, um die staatlich verantworteten Ursachen schwerer Traumata zu belegen, von denen die Staatsanwaltschaft und etliche Minister:innen seit Jahren nichts wissen wollten, sondern nur noch, um mich zu stigmatisieren. Nicht der Staat hätte mich krank gemacht, die Staatsanwaltschaft dies mitgemacht, sondern alles sei mein Wahn und man müsse die Gesellschaft vor mir schützen, indem man meinen Irrsinn ins Bundeszentralregister eintrug, damit erneut jede andere Behörde darauf Bezug nehmend, mir alles Mögliche antun konnte. Ich erlebte dies als massive und retraumatisierende Gewalt, denn wenn selbst der Generalstaatsanwalt Apfel dieses rechtsstaatlich bedenkliche Verfahren durchwinkte, an wen hätte ich mich jetzt noch wenden sollen? Der Staat machte weiterhin tausende Menschen krank und jeder, der dies sichtbar machen wollte, musste damit rechnen,, wie ich für die Aufdeckung der Wahrheit strafrechtlich verfolgt zu werden. Jede unerwünschte Kritik am Staat konnte ab hier automatisch als üble Nachrede oder Beleidigung umgedeutet werden. Dieser Automatismus der Rechten könnte schon bald hunderte Kulturschaffende, Journalist:innen und Whistleblower:innen treffen. Was würde wohl als Nächstes passieren?

Die Brandenburger Behörden zeigten hierdurch, dass die Kunst-, Wissenschafts- oder Pressefreiheit für sie nichts bedeutete. Künstler waren Verrückte. Wer in satirischer Zuspitzung Politiker:innen oder Beamte kritisierte, musste damit rechnen, dass Rechte der Staatsanwaltschaft Klageschriften einfach diktierten, um die Opfer mit aufwendigen Prozessverfahren (SLAPP Klagen) zu bestrafen. Ich selbst verlor durch diesen Prozess ein ganzes Jahr, indem ich kaum noch arbeiten konnte. Die zivilgesellschaftlichen Mittel der Machtkritik wurden durch die Brandenburger Staatsanwaltschaften nur wenige Wochen vor den Landtagswahlen, bei denen die rechtsradikale AfD massiv gewinnen sollte, schlicht nichtig gemacht. Man sieht also hier, wie einfach es für die AfD werden würde, die Justiz komplett zu dominieren, denn es war längst der Fall, dass rechtsradikale Weltbilder die Justiz in Deutschland prägten. Mindestens ein Drittel der Bevölkerung war schon rechtsradikal eingestellt. Das traf natürlich auch auf viele Behörden zu.

45

Mit einem Schreiben vom 28. August 2024 teilte mir das Justizministerium mit: *» Wie ich Ihnen bereits mehrfach, zuletzt mit Schreiben vom 3. Mai 2024, mitgeteilt habe, obliegt es zunächst dem Generalstaatsanwalt des Landes als Dienstvorgesetzten aller im Land Brandenburg tätigen Staatsanwält:innen und Staatsanwälten, Ihr Vorbringen zu prüfen. Ferner habe ich Ihr Schreiben erneut auch an die für die Dienstaufsicht über Richter und Staatsanwälte zuständige Abteilung I hier im Haus zur weiteren Veranlassung weitergeleitet.«*[270]

Diese Antwort erhielt ich als Reaktion auf ein weiteres Schreiben an die Justizministerin Erdbeere. Nun sieht man hier, dass das Justizministerium über Monate eine Untersuchung verzögerte, indem sie so tat, als sei es verständlich und akzeptabel, dass der Vorwurf der Vertuschung von Rechtsradikalismus gegen den Generalstaatsanwalt in der Priorität der Behörde ganz unten stünde. Es ist vollkommen undenkbar, dass ein derart schwerer Vorwurf gegen einen der Leiter der Brandenburger Justiz nicht oberste Priorität hätte und dass daher die Untersuchung Monate dauerte, konnte nur als absichtliche Verzögerung betrachtet werden. Auch weil man nichts gegen den Umstand unternahm, dass auch Generalstaatsanwalt Apfel seit Monaten nicht reagierte und noch immer Akten nicht zur Überprüfung ans Justizministerium gesandt worden waren, oder man diese dort versteckt hielt. Das Justizministerium unter Ministerin Erdbeere unternahm alles, um den Skandal möglichst lange zu verdecken.

---

270 Schreiben des Justizministeriums vom 28.8.2024 / (III.6) 1402-E III.054/23

DAS VERSCHWUNDENE GUTACHTEN

Mit Schreiben vom 4. September 2024 schrieb mir die Amtsanwältin S.: »*Ihnen wird mitgeteilt, dass Ihnen Akteneinsicht in das psychologische Gutachten gewährt wird. Bitte vereinbaren Sie erneut einen Termin zur Gewährung der Einsicht.*«[271] Statt mir also die Akte einfach, wie seit Wochen angefordert, als Kopie per Post zu schicken, sollte ich erneut um einen Termin in weiteren Wochen bitten, extra anreisen, mit der Unsicherheit, ob ich Kopien machen dürfe. Daher rief ich am 9. September bei der Staatsanwaltschaft an. Dort wollte eine Dame erst mit der Amtsanwältin S. klären, ob mir Kopien zugeschickt werden dürften. Die Sache wurde also erneut verkompliziert. Ich schrieb am selben Tag in einer Mail an die Staatsanwaltschaft, dass jeder Tag, an dem die Akten nicht auf meinem Tisch lägen, gegenüber der Presse und der Ministerin weiterhin als Verweigerung der Akteneinsicht gewertet würde.

47

Am 14. September erreichten mich zwei Schreiben. Eines war die Kopie des Gutachtens. Im zweiten Schreiben informierte mich das Justizministerium, dass ich im Bundeszentralregister von »Beleidigung« auf »Bedrohung« hochgestuft wurde. Das war eine Reaktion auf die von mir eingereichte Strafanzeige beim BKA, Abteilung Staatsschutz, gegen die Leiterin der Staatsanwaltschaft Cottbus. Ich schrieb: »*Sie sind erneut unter Zeugenschaft der Presse und des Generalstaatsanwaltes aufgefordert das Gutachten herauszugeben.*«[272] Das bedeutet, dass die Leiterin der Staatsanwaltschaft und vermutlich auch die Amtsanwältin S., danach sieht es zumindest aus, mich in der Polizeiakte bewusst als »gewaltbereit« stigmatisierten, um die Ermittlungen des Staatsschutzes zu manipulieren. In jedem Fall aber ging es darum, mich erneut entlang von Lügen zu schädigen, denn »Bedrohung« war der Sprechakt der Leiterin des Jobcenters gewesen, die eindeutig als rechtsradikal motivierte Lügnerin entlarvt worden war. Man hat also legitime Kritik durch Kunst und Presse als »Bedrohung« gelabelt. Man wusste, dass dies nicht stimmte, war aber bereit, mich über die kommenden 10 Jahre, denn so lange würde dieser Eintrag bestehen, maximal in staatlichen Akten zu diskriminieren.

---

271 Schreiben von Amtsanwältin S., der Staatsanwaltschaft Cottbus vom 4.9.2024 / 1618 Js 2225/23 A
272 Email an die Leiterin der Staatsanwaltschaft Cottbus, vom 4.9.2024

DER WAHN DES DR. W.

Ich musste also bis zum 14. September warten, bis ich nach mehreren Schreiben an die Justizministerin und den Generalstaatsanwalt endlich das Gutachten einsehen durfte. Die ganze Zeit hatte ich gehofft, die PTBS würde bestätigt und das Leid von Jahren endlich objektiv dokumentiert. Stattdessen fand ich ein »Gefälligkeitsgutachten« im Sinne der Justiz, mit fatalen Folgen für mich.

In der Akte zum Fall, die ich später einsehen konnte, befand sich bereits vor Monaten ein Brief aus dem Büro der Richterin, an die Staatsanwaltschaft, welcher am 15.01.2024 verfasst worden war, indem stand: *»Hier ist möglicherweise eine krankhafte Verfolgungsjagd naheliegend.«* Die Richterin wollte darauf hinaus, dass ich an einem Verfolgungswahn leide. Am Ende des Briefes standen die Worte: *»Eilt sehr !!!«*. Die Richterin wollte den Fall loswerden. Die Staatsanwaltschaft sollte das Verfahren einstellen, was sie aber nicht tat. Vermutlich, weil die Amtsanwältin S. sich damit selbst belastet hätte.

Dass der Gutachter die von ihr bereits im Vorfeld implizierte Feststellung eines Verfolgungswahns fast 1:1 übernahm, zeigte sich in seiner Diagnose eines querulatorischen Wahns (F 22.8). Bei genauerer Untersuchung sieht man, dass der Psychiater sich nicht mit einem Trauma befasste, welches reale Ursachen hatte, nämlich all das, was mir angetan worden war, was aber die Behörden blamiert und in Erklärungsnot gebracht hätte, sondern er ganz im Sinne der Richterin die weit hergeholte Stigmatisierung durch einen Wahn verfolgte, wodurch alle Behörden auf einen Schlag aus der Schuld befreit wurden und nichts von dem, was ich je an Kritik anbrachte, in einem realen Kontext stünde. Wie sich später zeigte, hatte der Psychiater die Diagnose eines Wahns aus wissenschaftlicher Sicht frei erfunden.

Der Vorwurf des »Gefälligkeitsgutachtens« erhärtet sich in dem Umstand, dass im Gutachten zahlreiche Falschdarstellungen und selektive Formatierungen von Aussagen zu finden sind, die aufzeigen, wie man mit Gewalt versuchte das, was ich sagte als möglichst verrückt aussehen zu lassen, indem man den Kontext wegschnitt, oder bewusst Aussagen so aneinanderreihte, dass das Bild eines Wahnsinnigen gezeichnet werden konnte. Beispielsweise wurde meiner Mutter eine Borderlinestörung als Fakt attestiert, obwohl immer nur von einem Verdacht geplaudert wurde, dies 20 Jahre nach ihrem Tod auch nicht ansatzweise zu belegen war. Meine Darlegung der Erfahrungen als Migrant wurde zur Beschreibung eines Sonderlings verzerrt. Der Gutachter Dr. W. schrieb beispielsweise: *»In der Schule habe er eine Außenseiterposition innegehabt: Aufgrund seiner kreativen Intelligenz sei er einerseits unterfordert, andererseits ausgegrenzt gewesen.«* Dr. W. erweckte hier den Eindruck, ich hätte keine Freunde gehabt und glaube, ein kreatives Genie zu sein. Damit trug er zum üblichen Klischee bei. Spätestens hier hätte er erkennen müssen, dass ich ein unerkannter Asperger-Autist bin. Im Gutachten reiht Dr. W. solche von ihm verzerrten Aussagen zu Hinweisen auf eine gestörte Persönlichkeit, die er dann aber diagnostisch nicht beweisen kann. Später schreibt Dr. W. über mein Verhältnis zur Wirtschaft: *»Die ganze Medienwelt sei zu oberflächlich geworden, er habe den Eindruck gehabt, dass viele Dinge auf Lügen aufbauen.«* Diese Art von Aussagen nahm er zunächst nicht direkt als Beleg, dass ich eine Verschwörungstheorie entwickelt hätte, aber in der Sprache, die er benutzte, weil das Protokoll eben kein wortgleiches Protokoll meiner Aussagen war, sondern er erzählt nach, er interpretierte neu, was ich gesagt hatte, entstand zunehmend genau der Eindruck, den er bewusst oder unbewusst erzeugen wollte, um seine Diagnose zu rechtfertigen. Obwohl schon hier alles auf Autismus hinwies, was meine detailreichen Ausführungen neben forschender Gründlichkeit erklärte. Er schrieb etwa im Kontext mit meinem Vortrag bei der Typo 2001, bei dem ich von ca. 1000 Werbeleuten ausgebuht wurde, weil ich sagte, die Werbung mache uns kaputt: *»Seit dem Kongress sei er das schwarze Schaf gewesen«.* Somit verquickte Dr. W. meine Inszenierung im Rahmen meiner Kunst und meines Aktivismus auf eine Weise mit einem Familiensystem (schwarzes Schaf der Familie), welches stereotyp dargelegte Erfahrungen des Scheiterns, in einem meine Persönlichkeit betreffenden Sinne verzerrte. Er nahm mehrfach die falsche diagnostische Abzweigung. Wir sehen hier, wie immer wieder politische Arbeit ins Subjektive und Persönliche verzerrt wurde, um die gesellschaftlichen Probleme zu negieren und um indirekt Aktivisten die persönliche Schuld zuzuweisen, wenn sie abgelehnt werden. Als täte ich alles nur, um meinem Vater etwas zu beweisen und es gäbe kein reales Unrecht in der Gesellschaft. Das Scheitern wurde, wie auch bei Armen, zu einer persönlichen Schuld, weil auch hier die Kontexte und das Politische vollkommen ausgeblendet wurden, weil der Psychiater die Institutionen bewusst oder unbewusst schützen wollte. Er wollte mich stigmatisieren. Denn die Justiz wollte das.

Das ganze Gutachten beruhte auf massivem Gaslighting gegen mich. Das Leid, dass ich erlebte, führte nicht zu einem Aufschrei, gar Mitgefühl, sondern zu meiner Verdammung. Etwas sei schlicht falsch mit mir und das wäre der Grund für meine Probleme, die ich selbst verursache und die real nicht existieren.

Dem Gutachter unterliefen mehrere Bestätigungsfehler. Er behandelte zu keinem Zeitpunkt meine Aussagen so, als könnten sie normale Reaktionen auf massive Missstände sein, sondern konstruierte Belege für einen Wahn. Das Gutachten basierte allein auf dieser Perspektive. Es war wissenschaftlich betrachtet mehrfach bedenklich und falsch.

Hätte er mich als Autisten erkannt, wäre klar gewesen, dass ich die Probleme lediglich aus der Perspektive eines Autisten mit sehr vielen Details und viel Hartnäckigkeit beschrieb, die Erkenntnisse aber eben nicht nur nicht falsch waren, sondern wegen meiner erhöhten Mustererkennungsfähigkeit mit hoher Wahrscheinlichkeit sogar wertvolle Beiträge und Einsichten darstellten.

Hinzu kam, dass ich im gesamten Gutachten als schuldig vorausgesetzt wurde, da die Richterin das Gutachten noch vor der Feststellung von Schuld, weit vor der Beweisaufnahme, in Auftrag gab. Daher folgte Dr. W. stur dem Formalismus üblicher Gutachten, die normalerweise erst dann stattfinden, wenn die Schuld klar ist. Das führte dazu, dass ein Kapitel mit der Überschrift »Aktuelle Delinquenz« begann, was mich faktisch als Kriminellen festlegte, obwohl es weder ein Urteil noch eine richtige Gerichtsverhandlung gab. Unter dieser Überschrift listete Dr. W. dann Aktionen, die ich als Künstler und Aktivist tätigte, um staatliche Stellen zu kritisieren, als wären es Verbrechen. Wir sprechen von kritischen Essays. Das führte dazu, dass im Gutachten vom Grundgesetz geschützte Arbeit von Künstler:innen und Aktivist:innen pauschal als krankhaft und kriminelles Verhalten präsentiert wurde. Er listete also unter der Überschrift Delinquenz allen Ernstes seitenweise klassische Kapitalismuskritik und allgemein bekannte Vorwürfe gegen das Hartz-IV-System. Ebenfalls unter dieser Überschrift listete er massive Menschenrechtsverletzungen gegen mich auf, wie die Verweigerung der Therapie, aber ließ dies im Raum stehen, als sei es Teil meines kriminellen Wahns. Das las sich dann folgendermaßen: »*Diese Diskriminierung leite sich von Klassismus ab, dass sei eine krankmachende Sache. Er habe verlangt, dass sie die wissenschaftlichen Fakten lesen sollen.*« Die Worte, »*Klassismus, das sei eine krank machende Sache*«, zeigen wie er den Fakt, dass Klassismus wie Rassismus krank macht, schlicht sprachlich, durch ungeschickten Ausdruck, als Teil meines Irrsinns verzerrte. Natürlich habe ich zu keinem Zeitpunkt gesagt, Klassismus sei eine krank machende »Sache«, sondern legte hunderte Studien in sehr präziser Sprache vor. Durch seine Art mich mit seinen Worten darzustellen, als könne ich keinen geraden Satz formulieren, erschien es fast wie verrückt, dass jemand verlangte wissenschaftliche Fakten mögen doch gelesen werden. Indem er ständig meine Aussagen mit »es sei so und so« einleitete, implizierte er, dass es nur so sei, aber nicht so ist. Das machte das Gutachten sprachlich hoch manipulativ. Wir haben auch hier das, was Amanda Fricker »epistemische Ungerechtigkeit« nennt, also die systematische Schwächung der Position eines Opfers. Weiter schrieb er zu meiner Auseinandersetzung bezüglich der Wiedereingliederungsvereinbarungen in den Jobcentern: »*Also müsse man ihnen einen Vertrag unterjubeln, gegen den sie dann verstoßen. Das sei das Grundprinzip der Wiedereingliederungshilfe. Deswegen habe er die Wiedereingliederungshilfe immer abgelehnt.*« Dr. W. benutzte hier nicht nur sonderbare Verdrehungen, sondern auf fatale Weise den falschen Begriff. Indem er »Wiedereingliederungshilfe« schrieb, statt »Wiedereingliederungsvereinbarung« suggeriert er, ich würde Hilfe ablehnen und nicht einen staatlich auf erzwungenen Vertrag kritisieren, was nicht nur ich tat, sondern etliche Armenverbände, Wissenschaftler:innen oder Aktivist:innen. Seine Verdrehung ließ mich auch hier im Gutachten erneut als irre erscheinen. Dr. W. schaffte es sogar, das in diesem Buch erwähnte Rasenmäherbeispiel so verzerrt darzustellen, dass die eigentliche Aussage darin verschwand und ich wieder, wie ein Irrer wirkte, der was von Rasenmähern stammelte. »*Sein ganzer Schriftverkehr fülle mittlerweile sieben große Aktenordner.*« Hier versuchte Dr. W. die von mir betriebene Forschung direkt als Beleg eines Wahns anzuführen. Es sei verrückt, dass ich so viele Quellen gesammelt hätte, die aufzeigen, wie staatliche Stellen Arme diskriminieren. Das schreibt er nicht direkt, aber indem er diese Fetzen zusammensetzt, entsteht eben genau dieser Eindruck.   Es sind aber eben keine wissenschaftlich haltbaren Belege seiner Diagnose, sondern Konstruktionen und Erfindungen von ihm.

Wenn Sie einen durchschnittlich gebildeten Psychiater aus der Provinz damit beauftragen, die Arbeit eines Physikers, oder eines anderen Wissenschaftlers, oder eines Künstlers wiederzugeben, mit den eigenen Worten. Und Sie geben diesen Ausdruck dann der jeweiligen Fachwelt zu lesen, dann wird die Öffentlichkeit nicht nur Einstein für komplett durchgeknallt halten. Dr. W. war intellektuell unfähig, auch nur ansatzweise die Komplexität meiner Intervention in Konzerne und Behörden wiederzugeben. Er verstand auch die provozierte Empirie in meiner Arbeit nicht. Auch war er zu faul oder unwillig meine Bücher zu lesen und nicht in der Lage auf meiner Webseite zu recherchieren, dass es in meiner Kunst darum geht, dass ich meine eigene Person als Projektionsfläche, als Auslöser von gesellschaftlichen Debatten einsetze, denn schon bald ging er dazu, über die Diagnose des Wahns daran festzumachen, dass ich als Künstler mich selbst zum Ausdruck bringe. Es wurde das, was Künstler:innen an Akademien beigebracht wird, nämlich so lange zu trainieren, bis das Innerste frei zum Ausdruck kommt, als pathologische Selbstbezogenheit verzerrt.

Nachdem er bei mir keinerlei Auffälligkeiten dokumentieren konnte, hakte es dann doch, als er Folgendes feststellte: »*Dabei wurde deutlich, dass er das Gespräch mit einem anderen Menschen, der seinen vermeintlichen Opferstatus nicht sieht oder anerkennt, zwar nicht ablehnt, aber letztlich für sinnlos hält.*« Angesichts der in 400 Seiten in diesem Buch dokumentierten Missstände ist seine Aussage eine Ungeheuerlichkeit, denn sie zeigt, wie einfach in der irren Simulation des Staates jede Kritik gelöscht werden konnte.

Nun, das ist natürlich äußerst bedenklich, dass ich so sehr auf die Realität beharrte. In seinen Argumenten finden sich ausschließlich Begründungen, die auf

Sie und mich und auf so ziemlich jede Künstler:in, Aktivist:in oder Wissenschaftler:in zutreffen. Weiter schrieb er, er finde keine sonstigen Auffälligkeiten. Ich würde aber zornig, wenn ich über das Jobcenter spreche. Wobei »Zornig« wiederum massiv übertrieben war, als hätte ich den Blitz von Zeus geschwungen, sondern »verärgert« hätte es auch getan. Einen Absatz weiter unten präsentierte er ohne jeden wissenschaftlich haltbaren Beweis die Diagnose »Anhaltende wahnhafte Störung. (querulatorische und expansiv paranoische Entwicklung).«

Dr. W. listete nun in Simulation eines Gutachtens scheinbar alternative Diagnosekriterien auf. Es waren sechs. Nur eine davon traf auf eine Persönlichkeitsstörung zu, die er hier als einzige Gegenbetrachtung zuließ. Es müssen aber drei erfüllt sein. Dass meine Kritik auf echten Begebenheiten beruhte, wurde weiter von ihm in der Differenzialdiagnose ignoriert. Was er tat, war tatsächlich derart dummdreist und simpel, wie es klingt. Er erklärte mich als Aktivisten für wahnhaft, weil ihm meine politischen Ansichten nicht passten. Der einzige Punkt einer erfüllten Persönlichkeitsstörung war der Leidensdruck, der also auf so ziemlich jede denkbare Erkrankung zutrifft. Besonders auf Autismus. Das Fatale ist nun, dass gerade dieses Fehlen von Schizophrenie und einer Persönlichkeitsstörung wegen der Schwammigkeit der Diagnosekriterien im Rahmen des querulatorischen Wahns, verknüpft mit dem politischen Unwillen des Dr. W., die Diskriminierung von Armen im Bürgergeldsystem als Realität anzuerkennen, ihn dazu verleitet, es müsse sich bei mir um einen Wahn handeln, denn die Unterdrückung von Minderheiten, sowie das wovon Feminist:innen reden, Rassismus oder gruppenbezogene Menschenfeindlichkeit seien nicht nur nicht reale Missstände, sondern darauf vehement und unnachgiebig zu reagieren, sei in jedem Fall pathologisch. Wir sehen hier also eine politisch und kleinbürgerlich missbrauchte Psychiatrie, die in der »Pathologisierung von Dissens« mündete und dabei keinerlei Hemmung besaß mich als Aktivisten und Künstler massiv zu stigmatisieren, mit fatalen Folgen für mein Ansehen, meine Gesundheit und meine Arbeit als Kulturschaffender.

Dr. W. schrieb: »*Herr Speed führt seit 10 Jahren eine Auseinandersetzung mit dem Jobcenter und weiteren Institutionen des Staates gegen vermeintliche Ungerechtigkeit und Unmenschlichkeit im Hartz-IV-System. In diesem Zusammenhang erlebt er das Vorgehen des Staates als gegen sich selbst gerichtet, dass er diese Ungerechtigkeit aufdeckt. Nach seiner Überzeugung werden die Haupttäter (Staatsanwälte, Mitarbeiter des Jobcenters usw...) gedeckt und er als Opfer kriminalisiert. Was sich hier zeigt, ist eine zunehmend psychopathologische Entwicklung, die mittlerweile zum Selbstläufer geworden ist, was sich in einer immer ausgeprägter werdenden querulatorischen Entwicklung zeigt. Das Wesen der querulatorischen Entwicklung liegt darin, dass sich das spezielle Tun – wie bei anderen psychopathologischen Ent-*

wicklungen auch – verselbstständigt. Es geht nicht mehr um die Durchsetzung eines bestimmten Anspruchs, sondern um die Anerkennung des in einem besonderen Sinne verstandenen Rechts schlechthin.«

Wir sehen hier wieder eindrucksvoll, wie die Kategorisierungslügen eine vollkommen andere Realität entstehen lassen, die politisch in der Simulation verwertbar wird, um Andersdenkende zu stigmatisieren. Es versteht sich von selbst, dass diese Erklärung jeden NGO auf dieser Welt, jede Aktivist:in, jede Künstler:n die gegen Diskriminierung kämpft, pathologisiert, wenn wir unnachgiebig über Jahre gegen Unrecht anarbeiten. Und besonders wenn es um strukturelle Gewalt oder systemische Missstände geht, also um fundamentales Unrecht. Natürlich kommen wir dabei an Grenzen. Natürlich muss man sich oft die Frage stellen, wäre es nicht vernünftiger aufzugeben. Was ich als Autist ja nicht konnte. Die Arbeit von Künstler:innen und Aktivist:innen hat gelegentlich irrationale Züge. Aber nichts rechtfertigt einen Staat, der Psychiater missbraucht, um den Kampf um Freiheit und Gerechtigkeit dummdreist zu pathologisieren. Mit welchem Recht will Dr. W., ein gut situierter weißer Mann mittleren Alters entscheiden, wann es für einen Migranten oder eine schwarze Frau oder einen diskriminierten Autisten genug an Widerstand ist? Mit welchem Recht will Dr. W. sich ein Urteil über das Leid von Betroffenen anmaßen und über die Verhältnismäßigkeit ihres Widerstands? Zu behaupten, hier verselbstständige sich ein Wahn, ist für sich schon wahnhaft. In diesem Buch verselbstständigt sich gar nichts. Es ist vollkommen legitim, dass ich gerade all diese Jahre und Situationen umfassend dokumentierte, weil erst dadurch sichtbar wird, wohin die Simulation, die jeder Bürokratie eigen ist, am Ende führt. Dr. W. wusste auch, dass ich für ein Buch recherchiere. Er log als er von »verselbstständigen« sprach, als wäre mein Handeln ziellos, was angesichts dieses Buches als sehr verwegene Theorie zu betrachten ist.

1851 prägte der amerikanische Arzt, Samuel A. Cartwright den Begriff der Drapetomanie. Damit gemeint war eine angebliche psychische Erkrankung, die den »Drang des Sklaven zur Flucht« pathologisierte. 2024 wurde ich von Dr. W. vom Elbe-Elster Klinikum für verrückt erklärt, weil ich mich und andere grundsätzlich aus der Armut befreien wollte. Der Autist Julien Assange saß sieben Jahre in der ecuadorianischen Botschaft fest. Andere Menschenrechtler:innen mussten Jahre im Gefängnis verbringen. Künstler:innen verfolgen ihr ganzes Leben Dinge, die sie nicht selten wirtschaftlich ruinieren. Er pathologisierte mich vor diesem Hintergrund, weil ich den Mut aufbrachte und die Hartnäckigkeit, um über Jahre gegen einen gigantischen Apparat anzukämpfen, um in dessen Ignoranz und Widerständigkeit fundamentales Unrecht erkennbar zu machen. Investigativer Journalismus oder Kunst basieren oft auf Jahrzehnten der Arbeit, in denen man nicht weiß, ob der Aufwand jemals zum Ziel führt. Auch ist diese Fähigkeit für Autisten typisch.

Dr. W. schrieb weiter: »*Mit dem besonderen Sinn ist das Ausblenden der Erkenntnis gemeint, dass Recht etwas Relatives ist, das heißt, nicht ohne Kompromisse und ohne Rücksicht auf die Rechte des anderen verwirklicht werden kann. Letztlich geht es dem Querulanten um die Durchsetzung seines Rechts, das exzessiv als sein Recht betrachtet, das von ihm gleichzeitig als Verwirklichung des absoluten Rechts angesehen wird.*« Dr. W. zeigte hier eine Geisteshaltung, die leider weitverbreitet ist, die den Widerstand von marginalisierten Gruppen, Umweltaktivist:innen oder Menschenrechtler:innen als eine gegen die Demokratie gerichtete Gewalt verzerrt, die den Diskurs nicht will. Diese Täter-Opfer-Umkehr ist in rechtsradikalen Kreisen oft zu finden, aber auch bei Konservativen. Sie ist ein wesentliches Merkmal von Rechtspopulismus. Man geht davon aus, wenn »die ihr Recht« durchsetzen, also die Marginalisierten, denen man kaum zuhört, dann gäbe es Diktatur. Dabei wird komplett negiert, dass weitgehend vonseiten des Staates kein Dialog mit Aktivist:innen stattfindet und wie mein Fall zeigt, wurde auch mit mir zu keinem Zeitpunkt ein Diskurs auf Augenhöhe ermöglicht. Die Vorstellung von absolutem Recht zeigte hingegen wesentlich bei den Behörden. Dr. W. schreibt: »*Herr Speed mag am Beginn einer solchen Entwicklung ein (subjektiv) erlebtes Unrecht gestanden haben. Im Verlauf der Entwicklung suchte und schaffte er sich jedoch immer wieder konfliktträchtige Situationen, sodass sich sein Erleben, ungerecht behandelt zu werden, weiter verfestigte.*« Diese Aussagen sind für die Forschung wertvoll, denn sie zeigen, wie Machtstrukturen funktionieren und wie Hierarchien sich durch Jobs übertragen. Dass Dr. W. ohne meine Forschungsarbeit von 20 Jahren, in zehn Büchern, je gelesen zu haben, immerzu meine »Subjektivität« und Zweifel an der Fundiertheit meiner Aussagen betonte, zeigt eine direkte Absicht, mir keinerlei Recht oder Relevanz zuzugestehen. Dass er keine meiner Aussagen akzeptierte, die ihm natürlich belegt wurden, diente dazu, mein Handeln in einen überzogen subjektiven Raum zu sperren, durch den er mich schlicht als Mensch abwerten konnte. Er machte diese Entwertung zu einem Fakt in seinem Gutachten. Seine persönliche Meinung, die eines Unwissenden im Sinne meiner Forschungsarbeit, wurde in der Verkürzung seiner Annahmen für ihn zu einer Selbstverständlichkeit. Alles, was der Arme sagt, muss wertlos und falsch sein.

Auch hier wurde die Arbeitsmethode von Kunst und Aktivismus (provozierte Empirie), also Provokation und Prozessorientierung pathologisiert, nämlich das Konfrontieren von Behörden mit staatlich verursachtem Unrecht. Erkannte auch nicht die in der Soziologie anerkannten Krisenexperimente als solche an. Obwohl auch das Buch »Radical Worker« von mir in der Akte lag, er somit meine Forschung hätte also solche erkennen können.

Wir hören und lesen diese Floskeln in der Geschichte der Bürgerrechtsbewegungen immer wieder. Demonstranten gingen doch nur zur Demo, um sich von der Polizei verprügeln zu lassen, damit sie sich als Opfer darstellen könnten. Frauen im Iran stehen doch nur gegen das Regime auf, weil sie sich vor den Kameras zu Boden stoßen lassen wollen. Das junge Ding wurde doch nur vergewaltigt, weil sie einen kurzen Rock trug. Mit solchen Sprüchen lässt sich jeder politisch legitime Kampf gegen Menschenrechtsverletzungen als absichtliche Selbstgeißelung verdrehen. Das aber darf niemals die Grundlage eines forensischen Gutachtens werden. Im gesamten Gutachten vollziehen weder er noch die Staatsanwaltschaft im Anschluss eine Null-Hypothese. Es wird also nie gefragt, ob, was ich sagte, nicht vielleicht doch zumindest teilweise stimmen könnte. Er negierte tatsächlich zu 100 % die Diskriminierung von Armen im Bürgergeldsystem, wobei er mir beim Gespräch vorspielte, er stimme mir zu. Er täuschte mir also Vertrauen und Respekt vor, belog mich bezüglich seiner persönlichen Haltung, um mich zu manipulieren, die Dinge zu sagen, die er für das Gutachten benötigte.

»In diesem Zusammenhang ist bezeichnend, dass er den eigenen Beitrag am Zustandekommen des Konfliktes mit dem Jobcenter etc. vernachlässigt, bzw. die Schuld komplett auf der anderen Seite sieht.« Ich weiß nicht, wie oft ich versucht habe, ihm zu erklären, dass ich hier eine in der Bürgerrechtsbewegung und der Kunst übliche Methode der Disruption anwende, um diese Missstände herauszuarbeiten. Er hatte weder Kenntnisse von Ansätzen wie dem »Creative Maladjustment« noch von »Artistic Research«. Ich habe sogar versucht, ihm die einzelnen Schritte dieses Handwerks zu erläutern. Es half aber nichts, weil er es nicht hören wollte. Denn natürlich provoziere ich. Natürlich moderiere ich Konflikte und das ist gut so. Ganz sicher leugne ich das nicht und selbstverständlich ging es die ganze Zeit darum, die Verstrickungen in den Behörden, auch untereinander im Rahmen dieser Forschung sichtbar zu machen, was ja gelungen ist. Das aber passte nicht in das von ihm vorgefertigte Bild. Er konnte nicht unterscheiden, zwischen professioneller Bürgerrechtsarbeit oder Kunst und der Tatsache, dass ich unabhängig davon, also ohne, dass ich damit etwas Falsches oder Verwerfliches getan hätte, von staatlichen Stellen als Folge von Kunst und Aktivismus massiv diskriminiert wurde. Natürlich drehte ich teilweise auch durch. Ich litt immerhin an einer PTBS und wusste nicht, dass ich ein Autist bin. Er warf mir ideologischen Starrsinn vor, was auch typisch für Autisten ist, weil ich in einem Setting, indem es darum ging, meine Perspektive darzulegen, nicht auch noch einfühlsam die Perspektiven der Täter:innen integrierte, nach der er auch nicht fragte. Wohl gemerkt in einem Gespräch von nur knapp zwei Stunden, indem überwiegend Fakten zu den konkreten Abläufen dargelegt

werden mussten.

Über meine umfangreiche Forschung, die er, wie gesagt, nicht kannte, schrieb er: »*Dies alles ist geschaffen worden, die so nachweisbare Quantität des Geschriebenen belegt die eigene Tüchtigkeit, auch wenn an Verwertbaren eigentlich nichts übrigbleibt.*«

Was für eine dummdreiste Anmaßung vom leitenden forensischen Psychiater des Elbe-Elster Klinikums! Was für ein Betrug! Was er hier schrieb, war und ist verletzend, gerade weil es teilweise richtig und dennoch auf skandalöse Weise falsch ist. Natürlich ist es für jemanden wie mich, der ich über Jahrzehnte unbezahlt arbeitete, eine tiefe Hoffnung, dass wenigstens die Quantität, wenn schon nicht der Inhalt belegt, ich nicht umsonst gelebt habe. Tatsache ist aber auch, dass er damit aussagte, meine Kunst habe keinerlei Wert und rechtfertige es nicht, dass meine Kunst, folglich ich selbst, weiterhin existiere, weil dies nur dem Fake dient, mir künstlich Wert zu verleihen, wo real kein Wert ist. Er stützte somit die rechtsradikalen Ressentiments gegen mich und maß sich gegen die Kunstfreiheit ein Urteil über meine Arbeit als Kulturschaffender an. Er entwertete 20 Jahre Arbeit, die ich ohne Bezahlung leistete, und sah diese Leistung nicht als Zeugnis von ehrlichem Engagement, sondern als Beleg meines Wahns an. Dies wirft fundamentale Fragen auf, bezüglich der Absolutheit der Referenz auf ein kapitalistisches System.

Anschließend ging er dazu über, wie zuvor erwähnt, künstlerischen Selbstausdruck zu pathologisieren. Also jene Selbstbezogenheit, ohne die wir Künstler:innen nicht authentisch arbeiten könnten.

»*Im Rahmen der Begutachtung wirkte Herr Speed starr und unnachgiebig. In diesem Zusammenhang stellt sich die Frage, ob seine starre Argumentation bereits ins Wahnhafte abgeglitten ist. (...) Als wesentlich krankhaftes Moment am Wahn ist die Eigenbeziehung zu nennen: In gewisser Weise ist jeder Wahn ein Größenwahn, weil die eigene Person in den Mittelpunkt des Erlebens gerückt ist. Zum Wahn gehört, dass immer wieder neue Nahrung erhält, weil die anderen Menschen die Überzeugung des Wahnkranken nicht teilen. Vereinfacht kann man den Wahn als eine Privatrealität bezeichnen, wobei das Krankhafte am Wahn nicht so sehr sein Inhalt ist, der häufig aus dem Leben und Erleben des Kranken verständlich werden kann, sondern die Abgehobenheit von der Wirklichkeitserfahrung der Mitmenschen.*«

Dies einem Autisten zu sagen, ist kriminell und durch nichts zu entschuldigen. Wie also sollen sich Opfer rechter Gewalt in einer Gesellschaft befreien, in der, wie heute in Brandenburg, an die 30 % AfD wählen, also Rechtsextremisten? Ist das Leid derer, die von Rassismus betroffen sind, nicht längst eine Privatrealität? Ist es nicht Größenwahn, dass sie sich selbst zum Mittelpunkt der Welt machen wollen, im Bestreben überhaupt Gehör zu finden? Und ist Self-Empowerment nicht eine vernünftige Antwort, in einer Welt, die Minderheiten stets klein halten will? Dr. W. schien derart ungebildet, dass er offenbar nicht wusste, dass Kulturschaffende sich selbst inszenieren, weil man das eigene Ich nur schwer von künstlerischer Arbeit trennen kann und dem Wert zu geben, natürlich für manchen neurotypischen Außenstehenden mit Minderwertigkeitsproblemen als Größenwahn erscheinen kann. Dass Künstler sich selbst im Mittelpunkt ihrer Kunst verorten, ist vollkommen normal. Dr. W. impliziert, Künstler seien wahnhaft, weil sie abgehoben sind, letztlich, weil sie anders sind. Damit repliziert er jenes Gerede, welches direkt in die Finsternis vergangener faschistoider Gesellschaften führt. Minderheiten haben kein Recht auf ihre eigene Wahrnehmung. Das lässt ihn zu dem für die Demokratie fatalen Schluss gelangen: »*Herr Speed hat sein Leben dem Kampf gegen die vermeintliche Ungerechtigkeit des Staates gewidmet. Er ist davon überzeugt, dass vonseiten des Staates eine Verschwörung vorliegt, die sich bis in höchste Regierungskreise erstreckt. Sämtliche staatliche Institutionen, Staatsanwaltschaften, Jobcenter usw.) sprechen sich miteinander ab und haben sich gegen ihn verschworen.*« Auch hier, für die Forschung äußerst fruchtbar, zu sehen, wie er Stereotype formte, um meine Aussagen zu verzerren. Für jene, die erst auf dieser Seite das Buch aufschlagen, will ich abermals kurz das offensichtliche festhalten. Ich glaube nicht an eine Verschwörung. Meine Forschungsarbeit von 30 Jahren ist dafür bekannt, dass ich Systeme untersuche. Das ist ein erheblicher Unterschied. Eine Verschwörungstheorie ist auch nicht erforderlich, denn dieses Buch zeigt, wie jene Mischung aus Dummheit und Rechtsradikalismus, verbunden mit Simulationen in Bürokratien, zu struktureller und symbolischer Gewalt führen. Ich denke, das habe ich in unzähligen Publikationen und Ausführungen ausreichend belegt.

Dr. W., das muss ich so sagen, denn ich habe ihm umfassend erklärt, dass ich nicht an eine Verschwörung glaube, lügt hier schlicht, weil er lügen muss, um die Diagnose zu rechtfertigen. Er muss mich als Verschwörungstheoretiker darstellen, weil er einen Realitätsverlust belegen muss, den er so bei reiner Bürgerrechtsarbeit oder Kunst nicht feststellen kann. Also überspitzt er sprachlich, in der Wiedergabe meiner Aussagen. Das tut er mit Sätzen wie: »*Letztlich behauptet Herr Speed, dass die Justiz das Recht beuge und das nicht nur gegen ihn, sondern gegen tausende Menschen vorgegangen wird. Dieser Missbrauch schaffe nicht nur Unrecht gegen ihn, es resultieren tausende neue Opfer.*«

Dr. W. stellt dies so dar, als wäre das eine unfassbar irre Aussage. Gerade letzte Woche forderte der CDU-Vorsitzende Weintraube, jeden Asylsuchenden an der Grenze pauschal abzuweisen, obwohl das gegen EU-Recht verstößt. Man tut es nun trotzdem. Es passieren also immer wieder Rechtsbrüche mit tausenden Opfern. Die 100 % Sanktionen im Hartz-IV-Betrieb verstießen über

Jahre gegen das Grundgesetz. Tausende Menschen wurden zu Unrecht sanktioniert. Das Hartz IV, sprich das Bürgergeldgesetz, ist unter Experten hochumstritten. Wo kommen wir also hin, wenn jeder Hinweis auf wissenschaftlich belegtes Unrecht als Wahnvorstellung stigmatisiert werden kann und die Staatsanwaltschaft dies als faktisches Dokument von Realität behandelt? Was bedeutet das für das Grauen des Faschismus, welches längst unsere Gesellschaft unterwandert? Was bedeutet das für Millionen potenzielle Opfer rechter Gewalt? Diese Vorgänge folgen einem bekannten Muster, das die Forschung als »weaponized psychiatry« oder »diagnostic Gas-Lightning« beschreibt: Eine Fachperson greift nicht den formalen Denkprozess, sondern den Inhalt einer politisch brisanten Aussage an und etikettiert sie als Wahn, um eine pathologische Diagnose zu rechtfertigen. Das Rosenhan-Experiment von 1973 war ein bahnbrechender Versuch, der die Zuverlässigkeit psychiatrischer Diagnosen infrage stellte:

Der Versuchsaufbau:

David Rosenhan schickte acht gesunde Personen (Pseudo-Patienten) in verschiedene psychiatrische Kliniken. Diese gaben vor, Stimmen zu hören, die Worte wie »leer«, »hohl« oder »dumpf« sagten – ansonsten verhielten sie sich vollkommen normal und gaben wahrheitsgemäß Auskunft über ihr Leben (nur Namen und Beruf wurden geändert).

Das Ergebnis:

Alle acht wurden sofort eingewiesen und mit Schizophrenie oder manisch depressiver Psychose diagnostiziert. Obwohl sie sich ab der Aufnahme vollkommen normal verhielten und sagten, die Stimmen seien verschwunden, wurden sie im Durchschnitt 19 Tage festgehalten. Das Personal interpretierte normales Verhalten als pathologisch – beispielsweise wurde Notizenschreiben als »zwanghaftes Schreibverhalten« gedeutet.

Die Kernaussage:

Das Experiment zeigte, dass psychiatrische Fachkräfte dazu neigten, einmal gestellte Diagnosen zu bestätigen und normales Verhalten durch die »Brille« der Diagnose zu interpretieren. Es demonstrierte die Macht von Labeling und Kontexteffekten - das Setting der psychiatrischen Klinik führte dazu, dass jedes Verhalten als Symptom gedeutet wurde.

Die Bedeutung:

Das Experiment löste heftige Debatten über die Validität psychiatrischer Diagnosen aus und trug zur Reform des Diagnosesystems bei.

Auch das Konzept des »psychiatric labelling of dissidents« durch das CPT (Committee for the Prevention of Torture) des Europarats ist ein wichtiges menschenrechtliches Thema mit weitreichenden Implikationen:

Historischer Kontext:

Die Praxis der psychiatrischen Pathologisierung von Dissidenten hat eine dunkle Geschichte, besonders bekannt aus der Sowjetunion. Dort wurde Psychiatrie verwendet, um politische Gegner zu entmündigen und aus der Gesellschaft zu entfernen, die offen Überzeugungen äußerten, die der offiziellen Doktrin widersprachen.[273]

Der Mechanismus der Entpolitisierung:

Das »psychiatric labelling« funktioniert als perfide Form der Delegitimierung, weil es:

Realitätsverlust unterstellt: Kritik am System wird nicht als politische Meinungsäußerung, sondern als Symptom einer Geisteskrankheit interpretiert

Zwangsmaßnahmen legitimiert: Die Verwendung psychiatrischer Krankenhäuser anstelle von Gefängnissen verhindert auch, dass die Opfer Rechtsbeistand erhalten, macht unbegrenzte Inhaftierung möglich und diskreditiert die Person und ihre Ideen.

Rechtsstaatliche Verfahren umgeht: Dies kann ausgenutzt werden, um Standard-Rechtsverfahren zur Bestimmung von Schuld oder Unschuld zu umgehen und politische Dissidenten effektiv zu inhaftieren, während öffentliche Kontrolle vermieden wird.

Moderne Relevanz:

Die Anzahl der Berichte über politischen Missbrauch der Psychiatrie hat seit Beginn des 21. Jahrhunderts zugenommen, besonders in den letzten Jahren in Russland, Belarus und Kasachstan.[274] Die CPT-Warnung von 2015 ist daher hochaktuell und zeigt, dass diese Praktiken nicht der Vergangenheit angehören.

---

273 https://en.wikipedia.org/wiki/Political_abuse_of_psychiatry_in_the_Soviet_Union
274 https://pmc.ncbi.nlm.nih.gov/articles/PMC4768845/

Definition nach Global Initiative on Psychiatry:

Politischer Missbrauch der Psychiatrie bezieht sich auf den Missbrauch psychiatrischer Diagnose, Behandlung und Inhaftierung zum Zweck der Behinderung der grundlegenden Menschenrechte bestimmter Individuen und Gruppen in einer gegebenen Gesellschaft. [275] Die CPT-Warnung unterstreicht damit ein fundamentales Problem: Wenn Bürgerrechtsarbeit psychiatrisch pathologisiert wird, untergräbt dies nicht nur individuelle Rechte, sondern die demokratische Meinungsbildung insgesamt. Thomas Szasz, The Myth of Mental Illness (1961) kritisierte bereits, dass »unerwünschte Wahrheiten« durch psychiatrische Etiketten neutralisiert werden; neuere Analysen sprechen von diagnostic overshadowing (Reiss & Szyszko 2020), wenn Neurodivergenz genutzt wird, um Kritik als Krankheit abzutun.

Dr. W. konstruierte eine »Verschwörungstheorie«, um Realitätsferne zu belegen, weil er sonst die Diagnose nicht halten konnte – ein klassischer Fall psychiatrischer Instrumentalisierung, der in der Literatur als Machttechnik gut dokumentiert ist. »*Inzwischen bestimmt der Kampf gegen den Staat weite Teile seines Lebens, sodass es ihm nicht mehr gelingt, Meinungen oder Intentionen eines Gegenübers zu folgen oder zumindest als Alternative in Betracht zu ziehen, geschweige denn, realitätsgerecht zu prüfen.*« Das schrieb er, obwohl er wusste, dass ich im Rahmen der Forschung dieses Buch schrieb und einen Spielfilm fertiggedreht hatte. In beiden Arbeiten ging es darum, ein breites Phänomen, um Sozialrassismus in allen Details greifbar zu machen. All das wurde von ihm bewusst ignoriert. Dr. W. stellte nicht eine Diagnose, sondern pathologisierte schlicht das politische Gegenüber. Seine persönlichen politischen Meinungen sollten mich als Künstler durch die Stigmata eines Wahns mundtot machen. Dies ist auch dadurch belegt, dass ich ihm am 14.3.2024, also direkt nach unserem Treffen eine E-Mail schickte, weil ich nochmals klarstellen wollte, dass meine Arbeit in einem Forschungskontext stand: »*Sehr geehrter Herr Dr. W. Hier kurz noch der Link zum Filmtrailer, der Film läuft die kommenden Wochen bei den Filmfestivals an. Es macht Sinn, sich kurz 10 Minuten mit der Arbeit von mir als Kulturschaffendem und Armutsforscher zu befassen, weil viel von dem, was ich tue, sonst schräg wirkt, wenn man meine Arbeit von 30 Jahren noch nicht gesehen hat, sprich zu wenig kennt. :-) https://timothy-speed.com/ MfG Timothy Speed*«

Der Vorwurf gegenüber Dr. W. besteht nicht nur darin, dass er mit der Diagnose aus politischen Gründen opportunistisch der Richterin in den Hintern kroch, sondern er log und vernachlässigte das Naheliegende, nämlich die simp-

---

275 https://pmc.ncbi.nlm.nih.gov/articles/PMC2800147/

le Tatsache, dass was ich erlebte bei statistisch jedem Dritten zu einer PTBS geführt hätte und die PTBS alle emotionalen Aspekte meines Handelns in Form von Traumatisierung erklärte. Noch besser erklärte dies alles der Autismus. Das aber hätte die Behörden als Täter offenbart. Obwohl er wusste, dass mir weiterhin von denen eine Therapie verweigert wurde, dass ich eine wollte, was ebenfalls seiner Diagnose widersprach, denn Querulant:innen haben in der Regel diese Selbstreflexion nicht, um sich Hilfe zu suchen. Er ließ mich in der Behauptung eines massiven Wahns ohne Behandlung und Hilfe zurück. Das ist aus fachlicher Sicht fahrlässig und in Bezug auf die mit dieser Fehldiagnose verbundenen Stigmatisierung als kriminell zu bezeichnen. Er hätte auch den Autismus erkennen müssen. Die Staatsanwaltschaft missbrauchte das Gutachten, um mich in der Logik der Diagnose als Bedrohung zu stigmatisieren. Denn Querulanten eskalieren.

Wir sehen also hier, in einer Dokumentation von 10 Jahren, wie meine Arbeit zerstört werden musste, weil was ich tat zu keinem Zeitpunkt Wert haben durfte, weil es nicht in Erwerbsarbeit stattfand, weil es nicht den Normen einer Mehrheitsgesellschaft entsprach, es den Arbeitsbegriff an sich infrage stellte, und dann auch noch tatsächlichen Wert entfaltete, was die Behörden in kognitive Dissonanz mir und den Fakten gegenüber zwang. Was ich erarbeitete, ein historisches Dokument, welches zeigt wie der Staat rechte Gewalt vertuschte, wäre in Jobs auch niemals umsetzbar gewesen. Wir müssen uns also die Frage stellen, welche Form der Arbeit oder des Beitrags soll die Basis unserer Gesellschaft sein. Ich denke diese Frage findet in diesem Buch eine angemessene Antwort. Es muss eine Arbeitsweise sein, die sich nicht isoliert, eine Arbeit, die in Beziehung zu allen Verhältnissen bleibt, offen, ehrlich und wach. Mein Fall widerlegt, wie unzählige Fälle da draußen, die Lügen der Meritokratie, nach der »Chancengleichheit« herrsche und alles vom Fleiß und der Leistung abhänge, was faktisch falsch ist. Sprich, es ist eine dümmlich primitive Annahme, die davon ausgeht, Chancengleichheit sei überhaupt realistisch herstellbar und von oben zu verordnen. Statt von Chancengleichheit zu sprechen, müssen wir endlich beziehungsfähig werden, um einen Weg zu finden, mit dem massiven Unrecht in den Strukturen und Verhältnissen dieser Gesellschaft umzugehen und um dem jeweiligen Einzelfall in Respekt gegenüber dem Individuum und dessen Erleben gerecht zu werden. Das ist eine Pflicht, keine Kür. Wird das Individuum entwertete, stirbt die Demokratie.

ERSTE SPUREN VON ÖFFENTLICHKEIT

Am 18. September 2024 organisierte der PEN Berlin eine Podiumsdiskussion, unter anderem mit der Schriftstellerin Juli Zeh. Auch der Journalist Deniz Yücel war vor Ort. Die Diskussion handelte von Meinungsfreiheit und fand in Ludwigsfelde in Brandenburg statt.

Als eine Dame aus dem Publikum sagte: »*Wir reden hier in der freiheitlichsten Gesellschaft, die wir je auf deutschem Boden gehabt haben*«, stand ich auf und erwiderte. Die Märkische Allgemeine Zeitung erwähnte meinen Auftritt in einem Artikel wie folgt: »*Ein Mann, der sich als Kulturschaffender vorstellt, beklagt, dass er in Behörden zunehmend rechtes Gedankengut wahrnehme, sich eingeschüchtert fühle: ›Kunstfreiheit gilt nicht mehr.‹*«[276]

EIN BRIEF VOM INTENDANTEN

Am selben Tag schrieb mir der Vorsitzende Intendant der ARD, Prof. Dr. Kai Gniffke, SPD-Mitglied: »*Ihr Film ›Transferprotokoll‹ ist ein hybrider Mix aus Gesellschaftssatire, Dokufiction mit Anleihen im Science-Fiction-Genre, künstlerisches Selbstportrait und zugespitztem Thesenfilm. In Ihrer satirischen Beschäftigung mit dem Thema Armut drehen Sie den Spieß um und klagen die deutsche Bürokratie an, um Ihren Blick auf gesellschaftliche Machtstrukturen pointiert darzustellen. Geschmacklich und politisch kann man sich an Ihrem Werk reiben. (...) Das spielt bei der Beurteilung für eine mögliche Eignung auf einem unserer Sendeplätze aber nicht die Hauptrolle. Maßgeblich ist bei der redaktionellen Einschätzung viel mehr, dass »Transferprotokoll« von seiner ganzen Machart ein essayistischer Film für ein engeres Publikum ist. Dennoch ist unser Eindruck, dass Probleme mit Hartz IV bzw. dem heutigen Bürgergeld und der damit verbundenen Kritik einer anderen Vermittlung an unser Publikum bedürfen. Auch für die ARD-Mediathek kommt der Film deshalb nach Einschätzung unserer Fachredaktion nicht für einen Ankauf in Erwägung.*«[277]

Alle Sender lehnten somit vier Jahre unbezahlte Arbeit ab, weil man Kunst für nicht relevant erachtete und zu feige war »seinem Publikum« eine Kontroverse zuzumuten. Eine Arbeit, die sich als Diskursprozess und nicht als Produkt begriff. Dies schrieb der Intendant vier Tage vor der Entscheidungswahl in Brandenburg, bei der die AfD massive Zuwächse erzielte. In nur wenigen Monaten sollte Weintraube von der CDU, ein Rechtspopulist, der massiv gegen Arme hetzte, das Kanzleramt übernehmen. Die öffentlich-rechtlichen Sender hatten nicht nur mich, sondern durch Opportunismus den gesamten zivilgesellschaftlichen Widerstand gegen Rechts massiv geschwächt. Die Sicherung ihrer Jobs war ihnen wichtiger, als die notwendigen Diskurse zu führen, die den Menschen hätten vielleicht komplexere Zusammenhänge zugänglich gemacht. Der Film war mit nur 7000 EUR

276 Märkische Allgemeine Online Ausgabe 19.9.24 / 15:31 / Karen Grunow / Schriftstellerin in Ludwigsfelde. Juli Zeh über die Arbeit in der Politik: „Dank an alle, die bereit sind, diesen Scheißjob zu machen"
277 Schreiben vom 19.9.2024 / Prof. Dr. Kaj Gniffke / Intendant SWR, Vorsitz ARD,

Kulturförderung entstanden und brachte somit alles zum Ausdruck, was die Erfahrung von Armut ausmachte. Je mehr und, umso genauer, professioneller, zielgerechter ich arbeitete, umso umfangreicher ich leistete, umso mehr wurde meine Arbeit abgelehnt und ich in Armut gehalten. Man wollte lieber einen weiteren belanglosen Krimi zeigen, als einem Marginalisierten eine Stimme zu geben. Mit Transferprotokoll hätten die Öffentlich-Rechtlichen an die hunderttausend Euro und mehr eingespart. Stattdessen füllten sie die Sendezeit mit belanglosen und teureren Produktionen, ohne jede Reibung.

MIT VERGEBLICHKEIT UMGEHEN

Sämtliche Verleumdungen gegen mich blieben in den Akten. Gegen rechtsradikal motivierte Beamt:innen, Staatsanwält:innen, Richter:innen wurde nicht ermittelt, geschweige denn Anklage erhoben. Die Amtsanwältin S. schrieb noch am 23.12.2024, als die Ärztekammer bereits gegen den Gutachter ermittelte, als objektiv längst massive wissenschaftliche und ethische Fehler im Gutachten nachgewiesen wurden: »*Anhaltspunkte, dass das Gutachten von falschen Tatsachen ausgeht, sind nicht erkennbar.*«[278] Zwei Strafanträge gegen Apfel und die Leitung der Staatsanwaltschaft Cottbus, sowie gegen die Amtsanwältin S. verschwanden beim BKA spurlos. Das Elbe-Elster-Klinikum vertuschte das rechte Gutachten des Dr. W. und beschäftigte ihn weiter, als wäre nichts passiert. Am 7.1.2025 schrieb eine Staatsanwältin Banane aus Cottbus: »*Zureichende tatsächliche Anhaltspunkte für das Vorliegen einer verfolgbaren Straftat durch den von Ihnen angezeigten Arzt im Zusammenhang mit der Erstellung eines Gutachtens liegen nicht vor.*«[279]

Der mich zuvor rechtsradikal beleidigende Staatsanwalt M. schrieb am 3.3.2025 angesichts der Vorlage von 11 Seiten Widerlegung des Gutachtens entlang objektiver Fakten, der Kenntnis, dass Dr. W. mehrfach log und über Fakten informiert war, die seiner Diagnose widersprachen, sowie die Ärztekammer gegen Dr. W. ermittelte: »*Sie können der Amtsanwältin S. nicht vorschreiben, wie sie ein Gutachten eines anerkannten Facharztes zu werten hat. Vielmehr ist sie in dieser Frage frei und entscheidet nach eigenem Ermessen. Rechtsbeugung ist deswegen abwegig.*«[280] Der Staatsanwalt M. hatte, was die Leiterin der Staatsanwaltschaft Cottbus wusste, ein klares Motiv, um jeden Preis am Gutachten festzuhalten, um eigenes Fehlverhalten zu decken. Wie so oft verdrehte er die Fakten zum eigenen Vorteil.

Das Justiz- und das Gesundheitsministerium vertuschten weiterhin die Gewalt im Bürgergeldsystem. Am 17.3.2025 schrieb ich an den Leiter des LKA Branden-

---

278 Schreiben der Amtsanwältin S. vom 23.12.2024 / 1618 Js 2225/23 A
279 Schreiben der Staatsanwältin L. vom 7.1.2025 AZ 1570 AR 16/25
280 Schreiben von Staatsanwalt M. vom 3.3.2025 AZ 1360 Js 10414/25

burg, Herrn Litschi: »*Das Ihnen vorliegende Skript (Speeds Arbeit) zeigt, wie die Leiterin der LAVG und das Gesundheitsministerium wissentlich den Umstand vertuschten, dass der in Jobcentern allgegenwärtige Klassismus und Sozialrassismus Menschen krank macht. Man hatte eine Studie vorliegen und ausreichend Beweise, um anerkennen zu müssen, dass, was einem der Hausverstand schon sagt, die von Rechtspopulismus angetriebene Stigmatisierung von Armen in diesem Land selbstverständlich Auswirkungen auf deren Gesundheit hat. Man wusste, dass Jobcenter logen und betrogen, wie mein Fall umfassend belegt. Meine Forschung zeigt, wie dies ebenfalls bei etlichen anderen Jobcentern stattfand und es weiterhin tut. Es ist ein systemisches Problem.*

Sowohl das Ministerium für Gesundheit als auch das Justizministerium haben Gesundheitsschäden, die ihnen belegt wurden, bewusst in Kauf genommen, um aus politischen Gründen nicht einschreiten zu müssen. Dabei bedienten sie sich juristischer Tricks, durch Reframing des Falls, um somit vom eigentlichen Problem abzulenken. Das ist umfassend im Skript dokumentiert und kommt so in den Buchhandel. Sie sind aufgefordert, gegen diese Beamten und Staatsanwälte vorzugehen, die an dieser Vertuschung beteiligt waren, siehe hintere Kapitel im Skript.«

Der Sender n-tv berichtete auf deren Webseite am 16.3.2025 von einer Studie, die regionale und politische Diskriminierung von Menschen in Armut belegte, also genau das, was ich immerzu beschrieb, weswegen ich von Dr. W. für verrückt erklärt worden war. Darin stand: »*Was im Einzelfall schwierig ist, gelingt in der Masse, betonen die Forscher um Schneider.*« Das war auch mein Ansatz. Daher die vielen Daten, die ich sammelte. »*So begründe die wiederholte zeitliche und räumliche Ungleichbehandlung vergleichbarer Personen den »Verdacht auf administrative Diskriminierung« in Deutschland. Darunter leiden nicht nur die direkt Betroffenen, heißt es in der Studie. »In der Summe erschüttert die administrative Ungleichbehandlung auch das Vertrauen in den Rechtsstaat.*«« [281] Sowohl Oberstaatsanwältin Banane als auch der neue Generalstaatsanwalt Kirsche waren über die Studie und den Artikel informiert.

Man ließ mich dennoch krank und unschuldig verschuldet zurück, in einer Situation, die keinerlei Hoffnung auf Gerechtigkeit erwarten ließ. Es wurde weder die Notwendigkeit meiner Arbeit akzeptiert noch die Komplexität meiner Situation. Diese Leute werteten weiterhin entlang symbolischer Gewalt, also in der Vorstellung, dass alle so wie sie selbst zu handeln und zu leben hätten und jene, deren Leben andere Herausforderungen zeigte, seien minderwertige Menschen, die man

---

281 N-tv Artikel vom 16.3.2025 / von Sarah Platz / Titel: Erfolg hängt von Wohnort ab „Damit werden Asylanträge in Deutschland zur Lotterie" / https://www.n-tv.de/panorama/Damit-werden-Asylantraege-in-Deutschland-zur-Lotterie-article25628563.html

mit Gewalt in das entsprechende Format pressen müsse. Dabei wurden die fatalen Folgen des eigenen Handelns zu 100 % ausgeblendet. Auch in den folgenden Wochen und Monaten war es den Behörden egal, was mir in diesen 10 Jahren zustieß und man war bereit, mir dies auch die nächsten 10 Jahre anzutun. Sämtliche betroffenen Ministerien vertuschten die Missstände. Unzählige Kulturschaffende im ganzen Land gingen durch ein ähnliches Leid wie ich, sowie tausende Menschen in Armut. Der Staat machte weiterhin Menschen krank. Niemand war bereit, den Sozialrassismus zu beenden, sondern dieser nahm in der Gesellschaft von Tag zu Tag zu. Generalstaatsanwalt Apfel ging am 31. August 2024 in den Ruhestand. Sein Nachfolger unternahm nichts, um die Sache aufzuklären. Man hatte die Untersuchungen gegen Apfel entsprechend lange hinausgezögert, um nun nicht mehr weiter ermitteln zu müssen.

In wenigen Monaten würde eine neue Regierung unter Friedrich Weintraube gewählt, einem Rechtspopulisten, der noch härter gegen Arme vorgehen wollte. Schon jetzt drohte man »Arbeitsverweigerern« noch mehr Gewalt an, also einer von Rechtspopulisten stigmatisierten Gruppe, unter der man auch mich einordnete, sowie alle, die den Klassismus kritisierten. Unsere legitimen Gründe für den Widerstand wurden einfach ignoriert und von Hass und Verfolgung überschattet. Wer dagegen ankämpfte, den machte man fertig. Dies alles, um keinerlei Widerspruch gegenüber dem Kapitalismus zu tolerieren. Man tat allen Ernstes seitens der Behörden so, als habe der Markt immer recht. Und wenn dieser massive Schaden anrichtete, dann zahlte man entweder die Banken mit Milliarden aus, oder man verfolgte die Armen. Das aber ist weder Zeugnis demokratischen Handelns, noch zeigt es einen reifen Bezug zur Realität. Im Oktober 2024 erfuhr ich durch Zufall, dass ich Autist bin. Dies erklärte in meinem Leben alles und erschütterte mich grundlegend.

Im Frühjahr 2025 erhielt ich die Nachricht, dass mir nun plötzlich ein Pflichtverteidiger zugewiesen worden war. Die Richterin hatte diesem erklärt, die Staatsanwaltschaft habe einen Fehler gemacht. Das Verfahren müsse nun neu und anders, nach §153, eingestellt werden. Weder die Richterin noch die Staatsanwaltschaft noch mein Pflichtverteidiger teilten mir mit, wie es zu dieser Erkenntnis gekommen sei. Vermutlich ging sie, so mein Verdacht, vom Justizministerium aus. Das schließe ich aus zwei Schreiben, die davon zeugen, dass die Staatsanwaltschaft weiterhin keine Fehler eingestehen wollte und die Generalstaatsanwaltschaft das rechtsradikale Gutachten weiterhin deckte.

Am 16. 4. 2025 schrieb mir der Oberstaatsanwalt N. von der Generalstaatsanwaltschaft: *»Auf Ihre Beschwerde sind mir die Akten zur Entscheidung vorgelegt worden. Nach Prüfung des Sachverhalts sehe ich keinen Anlass, in Abänderung* *des angefochtenen Bescheids anzuordnen. Die Entscheidung der Staatsanwaltschaft Cottbus entspricht der Sach- und Rechtslage. Ihre Beschwerde weise ich daher als unbegründet zurück.«*[282] Es ging um eine Anzeige gegen die Amtsanwältin S. wegen Rechtsbeugung im Kontext des rechtsradikalen Gutachtens. Der Oberstaatsanwalt, der das ihm vorliegende Skript dieses Buches vermutlich ignorierte, deckte das rechtsradikale Gutachten durch Reframing.

Die leitenden Oberstaatsanwältin Banane schrieb mir am 15.4.2025, nach Einreichung eines Gutachtens, welches mich als Autisten belegte, samt einer umfassenden Widerlegung des Gutachtens des Dr. W.. Sie wurde von mir darin aufgefordert, das Gutachten zurückzuziehen und das Verfahren wegen dem Autismus einzustellen, auch weil offensichtlich keine Beleidigung vorlag, sondern nur eine schroffe Autisten-Sprache, wenn überhaupt.: *»Ihr Schreiben habe ich als Dienstaufsichtsbeschwerde gewertet. Es bot mir indes keinen Anlass, gegen die sachbearbeitende Dezernentin meiner Behörde dienstaufsichtsrechtlich Maßnahmen zu veranlassen. Fehler in der Verfahrensbearbeitung waren für mich nicht erkennbar.«*[283]

Sie leugnete, dass bereits massive Fehler bei der Staatsanwaltschaft festgestellt worden waren. *»Bei Dr. W. handelt es sich überdies um keinen Bediensteten meiner Behörde. Er erstattet seine Gutachten als unabhängiger Sachverständiger.«* Mit diesen Worten ignorierte sie dessen kriminelles Fehlverhalten und entzog sich der Mitverantwortung, um mir im Anschluss indirekt zu drohen: *»Indessen weise ich darauf hin, dass Sie nur auf der Grundlage des Gutachtens der Verhängung einer Strafe in dem hier geführten Verfahren (Geldstrafe oder Haftstrafe) entgangen sind. Ein Rückzug des Gutachtens hätte rechtlich keine Sie begünstigende Wirkung.«*

Sie drohte mir also mit Gefängnis, wenn ich weiterhin darauf beharre, dass ein rechtsradikales Gutachten, welches Kunst pathologisiert, zurückgezogen wird. Dabei ignorierte sie den Umstand, dass das Verfahren noch vor der Beweisaufnahme abgebrochen worden war, also noch immer die Unschuldsannahme galt. Mir ist zu keinem Zeitpunkt illegales Verhalten nachgewiesen worden. Das Verhalten der Oberstaatsanwältin wirft Fragen auf, die vermutlich nicht mehr beantwortet werden.

Der Wille zur Vertuschung fundamentalen Unrechts war im System derart vordergründig, dass nun nicht mehr zu erwarten war, dass der Staat das begangene Unrecht von sich aus einsehen würde.

Mit diesem Buch lege ich also die Arbeit eines Jahrzehnts vor, die nicht nur massive Gewalt und Diskriminierung aufzeigt, sowie ein alternatives Verständnis von Ökonomie, sondern einen möglichen Weg, wie die Menschenverachtung im

---

282 Schreiben von der Generalstaatsanwaltschaft Brandenburg / Az. 54 Zs 238/25 im Kontext mit 1360 Js 1041/25 A)
283 Schreiben der leitenden Oberstaatsanwältin Banane / 15.4.2025 / Az 313 E – 1 DA.9/25 zu 1618 Js 2225723

Kapitalismus mit einer anderen Form der Arbeit begegnet werden kann. Heute das Sozialsystem, morgen die ganze Welt. Lasst uns die Arbeit beginnen!

TAKE-AWAY BOX – KAPITEL »DER PROZESS GEGEN MICH & DER BE-GRIFF DES ›RECHTSRADIKALEN SMALLTALKS‹«

Alltägliche Radikalisierung

Rechtsradikaler Smalltalk beschreibt beiläufige Pausen- und Amtszimmer-Floskeln („muss man den nicht abschieben?", „wer nicht arbeitet, soll halt hungern"), die rassistische & klassistische Gewalt normalisieren, ohne offen extremistisches Vokabular zu nutzen.

Gericht als Echokammer

Im Verfahren gegen Speed werden solche Äußerungen nicht als Beweismittel rechter Gewalt gewertet, sondern als „Meinungsfreiheit" banalisiert. Das Tribunal spiegelt damit strukturelle Voreingenommenheit und verleiht alltäglicher Hetze Rechtsschein-Legitimität.

MNO-Analyse: Sprachobjekte ohne Erleben

Das Gericht fokussiert auf die Wortoberfläche (Objekt), ignoriert Betroffenen-Erleben (traumatisierende Wirkung) und Willensabsicht (Entmenschlichung). Ergebnis: Ein rechtsförmiges Urteil, das die eigentliche Gewalt unsichtbar macht.

Double Empathy Breakdown live

Autistische Zeugenaussagen, die auf Präzision & Kontext bestehen, prallen auf neurotypisch getaktete Verhandlungsroutine. Missverständnisse werden fälschlich als „Verwirrtheit" oder „Querulanz" interpretiert – ein epistemisches Machtgefälle.

Präzedenzrisiko

Wenn Gerichte strukturelle Diskriminierung unter Smalltalk-Deckmantel nicht sanktionieren, entsteht ein grauer Raum für radikale Ideologien in Verwaltung & Unternehmen – ähnlich den Frühphasen historischer Autoritarismen.

Strategische Schlussfolgerung

Nur durch Explizieren (Transkripte, Audio-Logs, Diskursanalyse) kann alltägliche Rechtsradikalisierung belegt werden. Artistic-Research-Methoden liefern die nötigen dichten Beschreibungen – ein Forschungsfeld, das künftige Antidiskriminierungspolitik dringend integrieren muss.

ABSCHLIEßENDE GEDANKEN: WAS BEDEUTET ALL DAS FÜR DEN BEGRIFF VON ARBEIT UND BEITRAG IM ZEITALTER VON ROBOTIK UND KI?

1

Der bekannte Zukunftsforscher Tony Seba sagt in seiner neuesten Vorhersage: *» Over the next 15–20 years, humanoid robots will disrupt human labor throughout hundreds of industries across every major sector of the global economy. The disruption of labor will be among the most profound transformations in human history, and therefore simultaneously represents one of the greatest opportunities and greatest challenges our civilization has ever faced.«*[284]

Seba geht davon aus, dass Erwerbsarbeit wie wir sie die letzten 100 Jahre kannten, verschwinden wird, weil Roboter den Großteil der Arbeiten billiger verrichten können. Das würde außerdem das demografische Problem lösen. Teilweise könnte dies auch zu ökologischen Vorteilen führen. Nun hat die Diskussion um KI dazu geführt, dass viele das Ende der Arbeit kommen sehen, aber tatsächlich ist diese Revolution erst dann zu erwarten, wenn die KI einen Körper erhält, somit zu einer vollständigen Arbeiter:in wird. Viele denken noch immer, im linearen Sinne, es gäbe dann eben andere Jobs für die Menschen, wie bei jedem technologischen Fortschritt der Vergangenheit. Aber diese Entwicklungen kann man kaum vergleichen, weil beispielsweise jede Dampfmaschine noch jemanden benötigte, der sie bediente. Wir sprechen bei KI und Robotik nicht mehr nur von einem Tool, von einem Werkzeug, sondern vom Umbau unseres Bezugs zur Realität.

Tony Seba hat bezogen auf Mobilität etwas gesagt, was ähnlich ambitioniert klingt, was sich aber nun tatsächlich am Horizont zeigt und ein anschauliches Beispiel für disruptive Transformationsprozesse ist. Dass wir nämlich bald auch das Ende von Privatautos erleben könnten. Viele denken noch heute bei elektrischen Fahrzeugen im linearen Sinne an Lösungen, die vom Verbrenner abgeleitet werden. Sie denken, wir würden dann einfach nur Autos mit Batterien fahren, aber sonst würde sich nichts ändern. Seba geht, was augenscheinlich nicht nur vernünftig, sondern viel billiger erscheint, davon aus, dass nur noch Flotten von E-Fahrzeugen existieren werden, die permanent fahren, also keine Parkplätze mehr benötigen, wodurch generell weniger Autos erforderlich sind. Als Elon Musk von Tesla

---

284 https://www.rethinkx.com/blog/rethinkx/the-disruption-of-labour-by-humanoid-robots

vor einer Woche erklärte, er werde die Verteilung von Ladestationen in der Fläche beenden, war dies möglicherweise der Anfang dieses Modells. Denn wenn Privatautos nicht mehr existieren, braucht es nicht mehr so viele Ladestationen. Flottenfahrzeuge könnten sich im Zweifel gegenseitig aufladen oder sich auf halber Strecke selbst austauschen, wie man früher die Pferde an Poststationen wechselte. Es verändere sich also die Mobilität an sich, nicht nur das Fahrzeug. Dasselbe werden wir unweigerlich bezüglich Arbeit sehen.

Es gibt eine wesentliche Gefahr, die darin liegt, wenn alle Arbeit von Robotern mit KI umgesetzt wird. Weil diese dann Arbeit nur noch als Simulation begreifen. Maximale Effizienz bedeutet, das habe ich in diesem Buch umfassend gezeigt, das Ende komplexer Beziehung. All die Streitereien mit Gewerkschaften, die Probleme zwischen Beruf und Familie, die Ungerechtigkeit im Markt usw... würden sich verschieben oder verschwinden. Diese gigantische Simplifizierung des Lebens würde es zunehmend schwieriger für den Menschen machen, Teil der eigenen Kreationen zu werden. Die Sinnfrage würde eine gigantische Krise erfahren.

Wie zu Beginn im Kontext der MNO-Theorie vorhergesagt, würden der Wille und das Erleben der Menschen keine Rolle mehr spielen. Sie würden nicht mehr auf neue Fixpunkte in ihrem Handeln stoßen. Der Mensch wäre entkontextualisiert und der Rest würde weiterhin in einer Simulation arbeiten.

Vor allem aber impliziert dies den notwendigen Tod des »funktionierenden Menschen«. Nach 100 Jahren Optimierung der menschlichen Arbeiter:in ist es denkbar, dass diese binnen 15 Jahren ersetzt wird, wenn man den Aussagen von Tony Seba zustimmt. Denn kein Mensch kann mit einem Roboter konkurrieren, der problemlos zerbrechliche Erdbeeren pflücken kann, Pakete tragen, Supermarktkassen bedienen und weniger kostet als ein Computer heute. Das Problem massiver Erwerbslosigkeit wird möglicherweise kommen. Es wird zunächst vermutlich nur Umschichtungen in neu entstehenden Branchen geben. Sicherlich. Aber in einer Welt, in der ein Elon Musk allein Fabriken betreiben kann, mit Millionen Robotern, die sich selbst reparieren und verbessern, benötigt keine Arbeiter:in mehr.

Wir stehen dann nicht mehr vor der Frage, wie gibt man Menschen Arbeit, damit sie ihren Lebensunterhalt verdienen können, damit man sie weitgehend kontrollieren kann, sondern Lebensunterhalt wird entweder zur brutalen Frage von Macht und Verteilung, unabhängig von Arbeit, was es schon immer war, aber nun deutlich verschärft würde, oder man führt, wie es Musk und viele andere der großen Monopolist:innen vorgeschlagen haben, ein bedingungsloses Grundeinkommen ein, um die Menschen ruhigzustellen. Wir sehen also hier, wie alles, was ich in diesem Buch beschrieben habe, plötzlich, obwohl es die Erfahrungswelt eines

Armen ist, zur zentralen Frage der Zukunft der Menschheit führt. Wie wollen wir künftig Realitätsbezug auf eine Weise erarbeiten, damit daraus eine gemeinsame Welt entsteht, in der sich das Individuum entfalten kann, ohne in einer Simulation gefangen zu sein? Speeds Arbeit, sprich das, was ich damit meine, wird in einer Welt mit Millionen Robotern plötzlich zentral. Dasselbe gilt für das Universal Care Income, denn was es nun benötigt, ist eine Wertschätzung ganz und gar vielfältiger Beitragsformen, die nicht mehr von oben einseitig bewertet werden sollten. Der Mensch muss wieder ein komplexer und lebendiger, kreativer Organismus werden, statt eine Funktion zu sein, die sich allein der Effizienz unterordnet. Wir sollten vielmehr das entfalten, was uns immer von einer KI und Robotern unterscheiden wird.

Wir stehen also vor der Frage, entweder absolute Macht von Wenigen, eine Wüste der Entmenschlichung oder eine Menschheit, welche Wertschöpfung umfassender und komplexer begreift.

»For the purposes of illustration, consider a humanoid robot with a total lifetime cost of $200,000 that works 20,000 hours before decommissioning: its labor would cost $10 per hour. Even at this relatively high cost point, humanoid robots are already competitive with human labor in a substantial fraction of the global economy. In reality, lifetime costs of humanoid robots are likely to be far less than $200,000 right from the start.«[285]

Das große Problem einer Roboterarmee von Arbeiter:innen, ist wie dieses Buch zeigt, der Verlust an Realitätsbezug im Handeln, in der Wertschöpfungskette, sowie der Verlust an Beziehungsfähigkeit, weil nicht mehr auf der breiten Basis humaner Lebenswelt gehandelt wird, sondern in Simulationen, also Reduktionen und Verkürzungen, somit ein Verlust an Bewusstsein über Zusammenhänge entsteht. Der Anstieg an struktureller Intelligenz bei der KI könnte mit einer entsprechenden systemischen Verdummung bei den menschlichen Strukturen einhergehen, weil wir zu viel abgeben, uns auf zu viel verlassen, uns ausklinken aus der »gemeinsamen Welt«. Gleichzeitig würde die KI wie eine Megabehörde über unser Leben wachen. Wir müssen es daher schaffen, binnen dieser 15 Jahre eine Arbeitsweise zu etablieren, die vom »funktionierenden Menschen« fortführt, hin zu einem kritisch denkenden, kreativen, subjektiv und selbstbestimmt sowie solidarisch mitgestaltenden Wesen. Karl Marx sprach einst von der Entfremdung der Fabrikarbeiter:in und meinte damit, dass diese sich nicht mehr in ihrer arbeitsteiligen Beschäftigung wieder findet. Ich spreche nicht nur von einer Entfremdung von der Arbeit, sondern von einem Verlust an Realität und politischer Mitgestaltungsfähigkeit in Bezug auf die ganze Welt. Wir verlieren das Ökosystem und wir

285 https://www.rethinkx.com/blog/rethinkx/the-disruption-of-labour-by-humanoid-robots

verlieren die Gesellschaft. Wir verlieren massiv an Fähigkeit angemessen zu handeln und werden dies als Folge symbolischer Gewalt vermutlich teilweise nicht bemerken, außer in Form von zunehmenden psychischen und sozialen Problemen.

Um dem entgegenzuwirken, muss es zu einer radikalen Demokratisierung aller Bereiche kommen, sowie zu sehr viel Autonomie und Selbstbestimmung bei gleichzeitiger Solidarität. Wir können uns eine Politik, in der Menschen wie Aktivist:innen, Künstler:innen, Care-Arbeiter:innen bestraft und diskriminiert werden, weil sie alternativen Wert und alternative Relevanz erzeugen, die in Konkurrenz zum Kapitalismus stehen, nicht mehr leisten. Denn wir benötigen diese Leute mit ihrem Willen, sich zu kümmern und kritisch zu hinterfragen. Denn wenn es eine wesentliche Kompetenz gibt, die Care-Arbeiter:innen gelernt haben, dann ist es, selbstständig zu agieren und dabei sich zugleich sozial und kreativ um das größere Ganze zu kümmern. Die Frage des Arbeitsbegriffs ist der Schlüssel zur Lösung der ökologischen, sozialen Krise, aber auch das Ende des Machtmissbrauchs, sowie die Grundlage, um eine intelligentere und humanere Ökonomie zu gestalten, die wahrhaft innovativ ist. Ich habe in diesem Buch gezeigt, dass »funktionieren« nicht die Grundlage der Existenz sein kann und der Kapitalismus zu primitiv ist, um die Probleme der kommenden Jahrzehnte lösen zu können. Das arbeitsintegrierte Beziehungshandeln ist eine mögliche Antwort. Der Anfang einer spannenden Reise hin zu einem grundlegend neuen Verständnis von Beitrag.

»End Simulation«, ist die zentrale Forderung an die Erwerbsarbeit und die Politik von heute. Hört auf so zu tun, als könnte man mit Jobs ein Ökosystem erhalten, gar human gestalten. Das ist ein Modell von gestern. »*Today, we are on the cusp of the most profound disruption of human labor since the advent of electricity and combustion engines over a century ago.*«[286]

3

Obwohl ich sehr viel Wut gegenüber den Verantwortlichen der Gewalt gegen Arme empfinde, würde ich niemals Birne, Minister Kiwi oder all die Richter:innen und Staatsanwält:innen, die unfassbares Leid über Menschen gebracht haben, dem aussetzen wollen, was Hartz IV bedeutete. Ich wäre der Erste, der fordern würde, sie nach einer Woche aus dieser Hölle zu befreien, denn kein Mensch sollte das durchmachen müssen. Das ist der Unterschied zwischen denen und mir.

Dieses Buch funktioniert nicht für jeden und das ist OK. Ganz bewusst habe ich es so angelegt, dass meine subjektive Sicht darin nicht hinter objektiven Fakten verborgen wird. Ich will nicht behaupten, dass alles, was ich anging, perfekt ge-

---

286 https://www.rethinkx.com/blog/rethinkx/the-disruption-of-labour-by-humanoid-robots

lungen ist. Aber ich habe über Jahrzehnte versucht, etwas an den Verhältnissen zu ändern, und ich glaube, dass man aus meinen Versuchen lernen kann. Man muss nicht zu denselben Schlüssen gelangen wie ich, aber dieses Dokument zeugt von erforderlichem Response, von dem ich hoffe, dass dieser nun stattfinden kann. Wir müssen die Simulation durchbrechen, um wieder zu Menschen zu werden. Das ist meine Antwort auf die Herausforderungen der Zukunft, die von KI und Robotik wesentlich geprägt sein werden. Wie der Mensch diese Entwicklung überlebt, hängt wesentlich von seinem Widerstand gegen überkommene Vorstellungen von Erwerbsarbeit und Beitrag ab.

WWW.TIMOTHY-SPEED.COM